Ricarda B. Bouncken, Thorsten Jochims,
Elmar A. Küsters (Hrsg.)

Steuerung versus Emergenz:
Entwicklung und Wachstum von Unternehmen

GABLER EDITION WISSENSCHAFT

Ricarda B. Bouncken, Thorsten Jochims,
Elmar A. Küsters (Hrsg.)

Steuerung versus Emergenz: Entwicklung und Wachstum von Unternehmen

Festschrift zum 65. Geburtstag
von Prof. Dr. Egbert Kahle

GABLER EDITION WISSENSCHAFT

Bibliografische Information Der Deutschen Nationalbibliothek
Die Deutsche Nationalbibliothek verzeichnet diese Publikation in der
Deutschen Nationalbibliografie; detaillierte bibliografische Daten sind im Internet über
<http://dnb.d-nb.de> abrufbar.

Mit freundlicher Unterstützung von:

Ihr unabhängiger Finanzoptimierer

1. Auflage 2008

Alle Rechte vorbehalten
© Betriebswirtschaftlicher Verlag Dr. Th. Gabler | GWV Fachverlage GmbH, Wiesbaden 2008

Lektorat: Claudia Jeske

Der Gabler Verlag ist ein Unternehmen von Springer Science+Business Media.
www.gabler.de

Das Werk einschließlich aller seiner Teile ist urheberrechtlich geschützt. Jede Verwertung außerhalb der engen Grenzen des Urheberrechtsgesetzes ist ohne Zustimmung des Verlags unzulässig und strafbar. Das gilt insbesondere für Vervielfältigungen, Übersetzungen, Mikroverfilmungen und die Einspeicherung und Verarbeitung in elektronischen Systemen.

Die Wiedergabe von Gebrauchsnamen, Handelsnamen, Warenbezeichnungen usw. in diesem Werk berechtigt auch ohne besondere Kennzeichnung nicht zu der Annahme, dass solche Namen im Sinne der Warenzeichen- und Markenschutz-Gesetzgebung als frei zu betrachten wären und daher von jedermann benutzt werden dürften.

Umschlaggestaltung: Regine Zimmer, Dipl.-Designerin, Frankfurt/Main
Gedruckt auf säurefreiem und chlorfrei gebleichtem Papier

ISBN 978-3-8349-0858-2

Vorwort

Aufgeschlossen, scharfsinnig, schnell, lebendig, freundlich, höflich, neugierig und einfallsreich,– so kennen wir Herrn Professor – Herrn Kollegen Kahle. Schon lange, wenn nicht schon immer, kann man ihn so beschreiben, dies sehen wir selbst und bekommen es von Anderen berichtet. Kaum zu glauben ist jedoch, dass er nun den 65. Geburtstag erreicht hat und damit eine wichtige Zahl, eigentlich einen Schwellenwert in der akademischen Laufbahn.

Schon vorgesorgt hat er für die nächsten Jahre, bloß nicht stillzustehen: Kleinere und größere Projekte in Forschung und Lehre wurden angestoßen und auch das Heer der Doktoranden wird erst einmal nicht ohne ihre Galionsfigur, ihren Förderer dastehen. Wie gut, dass wir zunächst nicht vollständig auf ihn verzichten müssen.

Blicken wir dennoch zurück: Lüneburg und wieder Lüneburg; zurückgekommen ist er während seiner akademischen Wirkungszeit an den Ort seiner eigentlich geplanten militärischen Laufbahn. Nach dem Abitur und während seiner vierjährigen Laufbahn als Offizier bei der Bundeswehr verschlug es ihn nach Lüneburg, in die Scharnhorstkaserne und so in die Gebäude, die danach mehr als 25 Jahre seine berufliche Heimat und Kern seines Schaffens wurden.

Im Laufe der 1990er Jahre wurde die Scharnhorstkaserne in die universitäre Nutzung, dem eigentlichen Campus der Universität Lüneburg, überführt. Gern erinnerte Herr Professor Kahle, dass sein Büro die ehemalige Zahnarztpraxis in der Kaserne war und bemerkt dann mit einem leichten Augenzwinkern: „Zähne werden hier immer noch gezogen". Um ehrlich zu sein, konnte ich in den fünf Jahren meines Wirkens zwei Büros weiter nur wenige Schmerzensschreie vernehmen. Ob das nun daran lag, dass er sehr sanft Zähne zog, den Studierenden und Anderen mit Begehren zuvor eine kräftige Dosis Betäubungsmittel zudachte, die Behandelten alle außerordentlich tapfer waren oder Herr Professor Kahle doch gar keine Zähne zog, vermag ich nicht zu beurteilen.

Das Ende seiner militärischen Karriere haben wir zumindest einem Käfer zu verdanken. Dabei handelte es sich nicht etwa um ein äußerst gefährliches seltenes Insekt, sondern um ein außerordentlich weit verbreitetes Kfz. Dies stach ihn natürlich nicht, sondern fiel ihm auf die Schulter. Die Verletzung war dann so heikel, dass er danach keine Kurven mehr mit dem Käfer nehmen wollte und er keine mehr mit Bundeswehr sollte.

Im Jahre 1969, vor 39 Jahren, erwarb Herr Professor Kahle dann in Göttingen den Grad des Diplomkaufmanns. Danach promovierte (1973) und habilitierte (1977) er sich wiederum an der Universität Göttingen. Nach einer Lehrstuhlvertretung an der Universität Kassel folgte er dem Ruf an die Universität Lüneburg: Lehrstuhl für Entscheidung und Organisation. Dort schaffte er so unendlich viel, kaum zählbar. Ein paar Schlaglichter sollen es dennoch sein: Maßgebliche Initiierung und Förderung der Studiengänge Kulturwissenschaften, Umweltwissenschaften und Integriertes Praxismanagement, nahezu 24 Jahre Dekan sowie die intensive Betreuung von über 58 Doktoranden. Habilitanden waren es sehr viel weniger, aber diese alle erfolgreich in ihren anschließenden Betätigungsfeldern.

Betreuung, Verantwortung übernehmen und sich interessiert um die Anliegen Anderer zu kümmern, das liegt ihm immer besonders am Herzen. In kaum enden wollenden Sprechstunden kümmert er sich um die Ideen und Sorgen der Studierenden und um die der Doktoranden in zahlreichen Einzelbesprechungen und jährlich ca. acht Doktorandenseminaren.

Dass er seit 1983, mit nur einer Unterbrechung von zwei Jahren, Dekan der Fakultät war, verdeutlicht wiederum diese zentralen Werte. Seine Kollegen an der Fakultät konnten sich immer auf seine Weitsicht und Umsicht verlassen. Aber nicht nur in den unmittelbaren universitären Aufgaben konnte man auf ihn bauen. Sein Engagement galt auch der Kultur, der Geschichte und insbesondere der Stadt Lüneburg, die eine so reiche mittelalterliche Historie mit zahlreichen materiellen und immateriellen Schätzen aufweist. Komplementär und synergetisch fügten sich vor allem hier seine Kompetenzen und Engagement mit denen seiner Frau Rotraut Kahle zusammen. Parallel und gemeinsam übernahmen sie zahlreiche Ehrenämter. Herr Professor Kahle ist beispielsweise Schatzmeister der Lüneburger Stadtarchäologie e.V. sowie der Michaelisakademie e.V. So mancher wird sich an Altstadtfeste in Lüneburg erinnern, bei denen Herr Professor Kahle und seine Frau in historischen

Kostümen die Besucher begeisterten. Ihre Kostüme sowie die vieler anderer Gaukler, Herzöge, Sülfmeister usw. wurden Jahr für Jahr von Frau Kahle selbst genäht und kommen immer wieder bei Festivitäten zum Einsatz. Inwieweit Herr Professor Kahle auch hier Hand angelegt hat, haben wir allerdings nie in Erfahrung gebracht. Im Hinterkopf jedoch ist mir geblieben, dass Herr Professor Kahle sich mehr als der „fürs grobe" bezeichnet hat. Dies verdeutlichte er oft mit Gesten, die aufs Spaten, Axt oder Hacke schwingen schließen ließen. Bei dem Umbau seines jetzigen denkmalgeschütztem Haus in der Innenstadt soll er selbst Hand angelegt haben und, dass er nicht auch noch einen Bagger fuhr, liegt sicher an der denkmalgeschützten Toreinfahrt des Hauses. Von wegen Professoren seien wirklichkeitsfern, nicht pragmatisch und verabscheuen körperliche Arbeit.

Insgesamt kann das Wirken von Herrn Professor Kahle mit vielen Vorurteilen aufräumen. Vor allem dem der Schmalspurigkeit. Herr Professor Kahle beschäftigte sich nicht nur mit der Betreuung von Studierenden und wissenschaftlichem Nachwuchs, der Konzipierung und Implementierung von Studiengängen, er war nicht nur in der akademischen Selbstverwaltung intensiv und lenkend tätig – nein er publizierte auch noch eine Vielzahl von Aufsätzen in wissenschaftlichen Zeitschriften, Lehrbücher in mehrfacher Auflage und wirkte in verschiedenen Forschungsgruppen und wissenschaftlichen Kommission mit. Zweimal sogar, in den Jahren 2001 und 2002, war er Vorsitzender der Kommission Organisation im Verband der Hochschullehrer für Betriebswirtschaft und richtete die jeweiligen Tagungen in Lüneburg aus. Seit ein paar Jahren, beschäftigt er sich mit der weitere Entwicklung der Universität Lüneburg, die nun den Namen Leuphana trägt. Gerade hier trägt er dazu bei, Altes und Neues synergetisch und evolutionär zu verbinden.

Über seine vielen Talente und sein Engagement haben wir uns viele Jahre gefreut und erhoffen, nein im Grunde sind wir weiterer Inspiration und Zusammenarbeit gewiss. Ein kleiner Dank an ihn soll diese Festschrift sein. Sein Pfad war immer Weiterentwicklung, Wachstum und das Entstehen von Neuem, und dies unter dem Prinzip: nicht mehr Lenkung als nötig. Genau aus dem Grund beschäftigt sich diese Festschrift mit der Emergenz und dem Wachstum. Lieber Herr Kahle, herzlichen Dank für Alles, weiterhin beste Gesundheit und viel Erfolg für Ihre Ideen und Projekte.
Univ. Prof. Dr. habil Ricarda B. Bouncken

Entstehen und Gelingen wissenschaftlichen Arbeitens war und ist nicht nur Sache seiner Schüler, sondern war und ist immer auch Produkt des koevolutionären Austausches mit ihm gewesen. Das universal angelegte Blickfeld von Herrn Professor Kahle, der immer positiv-wohlwollende, gleichzeitig kritisch-analytische Dialog hat allen in seinem wissenschaftlichen Umfeld Wirkenden die Dimension von „Emergenz" konkret erfahren lassen: Hier war der geistige Nährboden, wertvolle Gedanken für den jeweils eigenen Kontext entstehen zu lassen, die so ohne Dialog nicht vorhersehbar waren. Ich will hier für mich sowie für eine große Gruppe von Schülern und Beteiligten unbedingt unterstreichen, dass wir an der Zusammenarbeit mit Herrn Professor Kahle „gewachsen" sind. Und noch etwas ist in der heutigen Hochschulzeit mehr als beachtlich: Herr Professor Kahle hat seinen Schülern nicht nur bis zum Diplom, bis zur Promotion als Doktorvater und bis zur Habilitation immer ansprechbar zur Seite gestanden. Er hat gezeigt, dass für ihn die Lehrvater- oder Doktorvaterrolle auf Dauer angelegt ist. Für viele von uns sind verlässliche, kollegiale wie freundschaftliche Verbindungen geblieben, die quasi auf Abruf unabhängige, präzise und wertvolle Ratschläge in den „universal angelegten Winkeln" des Lebens bereithalten. Lieber Herr Kahle, herzlichen Dank und alles Gute für Sie!

Dr. Elmar A. Küsters

Zunächst möchte ich betonen, dass ich mich den Worten von Frau Bouncken voll anschließen kann und dass diesen Worten kaum noch etwas hinzuzufügen ist. Als wissenschaftlicher Assistent arbeite ich nun ca. 2 Jahre unter/mit Herrn Prof. Kahle, denn das Arbeiten mit ihm war und ist mehr ein Miteinander. Neben seinen weit über die Universität Lüneburg hinaus geschätzten fachlichen Qualitäten konnte ich als Mitarbeiter vor allem auch von seinen menschlichen Qualitäten profitieren. Das Vertrauen, das er mir entgegenbrachte und die stets ermutigenden Worte führten schnell zu einer eigenen Selbständigkeit von der ich sehr profitiert habe.
Sein herzliches und freundliches Auftreten sorgte am Lehrstuhl immer für eine positive Atmosphäre, die das Arbeiten immer sehr angenehm gemacht hat. Schon im Studium wusste jeder Student, bei Problemen und Fragen hat Herr

Prof. Kahle immer ein offenes Ohr, kümmert sich ohne Vorurteil und ohne strategisches Kalkül um die Belange aller Personen. Er war stets um Ausgleich bemüht und hat die Universität durch seine Art wesentlich geprägt. Beim Gedanken an den 65. Geburtstag von Herrn Kahle regen sich in mir ganz unterschiedliche Gefühle. Einerseits sehe ich den Festlichkeiten mit Freude entgegen – auch um mit dieser Festschrift das Wirken von Prof. Kahle ein wenig zu würdigen. Andererseits beschleicht mit auch tiefes Unbehagen, wenn ich daran denke, Herr Prof. Kahle könnte dann seine aktive Laufbahn an der hiesigen Universität beenden. Bei all den Projekten, Aktivitäten und Engagements, die Herr Prof. Kahle verfolgt, mache ich mir um ihn weniger Sorgen. Vielmehr würde durch sein Ausscheiden die Universität leiden. Daher hoffe ich sehr, dass Herr Prof. Kahle auch der Universität Lüneburg, die sich gerade in einem schwierigen Umbruchprozess befindet, noch lange erhalten bleibt. Denn mit seiner Weitsicht, seinem Engagement, seinen fachlichen und insbesondere seinen menschlichen Fähigkeiten ist er aus meiner Sicht einer der wenigen, die diesen Prozess zum Erfolg führen können.

Ansonsten wünsche ich Ihnen, lieber Herr Kahle, das, was man nur wenigen Menschen aufrichtig wünschen kann:

Bleiben Sie einfach wie Sie sind (und uns noch lange erhalten)!

Dipl.-Kfm. Thorsten Jochims

Ziele und Inhalte des Bandes

Leitidee

Die Betriebswirtschaftslehre wird oft als Lehre von der systematischen Gestaltung, Steuerung und Überwachung von zweckorientierten sozialen Systemen bezeichnet. Der Führung der Unternehmen kommt zumeist die Aufgabe der Überwachung des Geschehens im Unternehmen und der strategischen Planung zu. Die strategische Führung gewinnt wiederum im Wachstumsprozess der Unternehmen besondere Bedeutung und erhält im Rahmen der Betriebswirtschaftslehre ihre eigene Disziplin (strategisches Management – z.T. auch strategische Unternehmensführung). Zudem existieren zahlreiche Ansätze, die sich mit der Problematik der Steuerung komplexer Systeme beschäftigen (siehe hierzu grundlegend u.a. die Arbeiten von Stafford Beer zum „Viable System Model"; Egbert Kahle zur Kybernetik in der Managementforschung und Niklas Luhmann zur Systemtheorie) und die eindeutig die Grenzen der bewusst geplanten Steuerung von Unternehmen als komplexe soziale Systeme darlegen. Dennoch wird die grundsätzliche Möglichkeit der bewussten Steuerung in Theorie und Praxis immer wieder als oberstes Unternehmensziel proklamiert. Das strategische Management gerät oft zur „Paradedisziplin der Managementforschung" und es wird leider all zu oft versucht, dem Praktiker normativ Erfolgsrezepte zur bewussten strategischen Planung an die Hand zu geben. Eine grundlegende Gemeinsamkeit vieler in der Literatur aufgeführter Strategiekonzepte besteht daher auch in ihrer besonderen Betonung der aktiven und bewussten Planungs-/ Gestaltungsleistung des Managements.

Unter dem Begriff „Strategie" wird in der Literatur häufig das Festlegen auf ein Handlungsmuster verstanden. Dies geschieht bewusst und zielorientiert. Strategien legen bestimmte Handlungsweisen fest und schließen damit andere aus. Es lässt sich zudem zwischen expliziter, impliziter und subjektiver Strategie unterscheiden. Während sich die explizite Strategie in detaillierten, bewusst geplanten Zielen und schriftlichen Plänen niederschlägt und meist von oben vorgegeben wird, kristallisiert sich die implizite Strategie aus der Summe der Handlungen im Unternehmen heraus. Sie diffundiert eher von unten durch das

Unternehmen und bildet sich in einer Art „evolutionärem Prozess". Im alltäglichen Handeln der Unternehmen lassen sich demnach Strategien empirisch beobachten, die auf ganz unterschiedliche Weise zustande gekommen sind. Oft erfahren implizit entstandene Strategien – insbesondere wenn sie sich als erfolgreich erwiesen haben – nachträglich die Legitimation der Unternehmensleitung und werden als bewusst geplante Strategien dargestellt. Karl Weick geht in diesem Zusammenhang noch einen Schritt weiter, indem er postuliert, „dass die Strategien letztlich nach Abschluss der Programmumsetzung erst geschaffen werden, um den damaligen, bedeutungsleeren Handlungen im Nachhinein Sinn zu verleihen." Handlungen in Unternehmen folgen nicht einem vorab festgelegten Muster – keinen vorgegebenen Zielen, vielmehr treten Handlungen aus irgendeinem von mehreren Gründen auf. Erst nach einer kritischen Überprüfung durch das Individuum erfolgt retrospektiv eine Zuschreibung von Sinn. Demnach sind viele Strategien und langfristige Planungen zufällig entstanden und ihnen wurde nachträglich der Anschein einer bewussten Planung gegeben. Der strategischen Planung haftet zudem fast unhinterfragt positive Eigenschaften an, so dass zumindest der Praktiker (wenn er als guter Manager gelten möchte – und wer will das nicht) ganz automatisch auf bewusste Steuerung zurückgreifen muss. Und gerade in der Gründungsphase und beim Wachstum von Unternehmen rückt die Steuerung in den Vordergrund, da in diesen Phasen das Unternehmen einer starken Änderung unterworfen ist, dessen Ergebnis die Unternehmensleitung gern bestimmen würde.

Seit Anfang der achtziger Jahre lässt sich auch auf dem Gebiet der „Organisationssoziologie" eine intensivere Auseinandersetzung mit KMU-spezifischen Fragestellungen beobachten. In entsprechenden Forschungsarbeiten geht es um die Überwindung der Einseitigkeit der nahezu ausschließlich auf die Gestaltungsabsichten des Gründers/Eigentümers abstellenden Entrepreneurship-Forschung. Ausgehend von der Überlegung, dass sich die Herausbildung betrieblicher Handlungsstrukturen auf der Grundlage komplexer sozialer Abstimmungs- bzw. Aushandlungsprozesse vollzieht, richten die einschlägigen Studien ihren Blick weniger auf die individuellen Verhaltensdispositionen einzelner Akteure, als vielmehr auf die jeweiligen sozialen Verhältnisse im Betrieb. Insbesondere Personalstrategien markieren gemäß einer solchen Sichtweise „emergente Handlungsmuster", in denen sich neben ökonomischen und situativen Kräften vor allem auch die besondere Qualität der Beziehung zwischen einer Organisation und ihren Mitgliedern widerspiegelt.

Trotz der begründeten Zweifel an der Möglichkeit der Steuerung komplexer Systeme nach dem Top-Down-Prinzip ist dennoch festzustellen, dass sich in Unternehmen – zumindest in denen, die länger bestehen – Strukturen herausbilden, die die Akteure zwar nicht auf bestimmte Handlungen festlegen, aber einen Handlungsrahmen vorgeben, innerhalb dessen die Akteure sich dann bewegen. Die Bildung dieser Strukturen verläuft häufig ungeplant (emergent) als komplexes Zusammenspiel der Elemente der Mikroebene der Organisation. Emergenz zielt somit auf alle Mechanismen ab, die das Entstehen von Ordnung aus dem System heraus bedingen. Und selbst in Formen der Selbstorganisation, der neurotischen oder chaotischen Unternehmung zeigen sich bei genauerem Hinsehen gewisse handlungsleitende Strukturen. Hier taucht ganz automatisch die Frage auf, wie sich diese Strukturen genau herausbilden und ob der Prozess der Strukturbildung nicht doch aktiv beeinflusst werden kann. Denn irgendwie können sich der Praktiker und der Theoretiker (zumindest einige) nicht damit abfinden, dass in komplexen Systemen die Ordnung irgendwie und völlig unbeeinflussbar entsteht. Auch Werner Kirsch scheint es in diesem Zusammenhang ähnlich zu ergehen, wenn er in seiner umfangreichen Forschung zum strategischen Management bzw. der strategischen Führung von Unternehmen von einer „geplanten Evolution" spricht. Dieser scheinbare Gegensatz dokumentiert den schwierigen aber doch begründeten Versuch, die Evolution von Unternehmen in gewisser Hinsicht mitzugestalten.

Im vorliegenden Band werden diese Fragen aus verschiedenen Perspektiven aufgegriffen. Es werden allgemein die Steuerungsmöglichkeiten komplexer Systeme aufgegriffen. Neben unterschiedlichen theoretischen Ansätzen wird in der vorliegenden Festschrift auch ein Blick aus der unternehmerischen Praxis auf das Thema vollzogen, um die Perspektivenvielfalt abzurunden. Durch unser Vorgehen soll allerdings nicht der Anspruch erhoben werden, das weite Feld von Planung und Emergenz; Kybernetik und Systemtheorie usw. umfassend zu behandeln. Vielmehr soll die Diskussion zu diesem Thema weiter belebt werden. Zudem soll der vorliegende Band auch die Forschungsschwerpunkte von Prof. Kahle kurz thematisieren. Herr Prof. Kahle hat sich in seinen Arbeiten stets von einem allzu einseitigen Blick auf sein Forschungsgebiet gelöst und seinen Kollegen und Mitarbeitern, Doktoranden, Diplomanden und Ehemaligen immer wieder ermutigt, ihm dies gleichzutun. Unternehmen als komplexe soziale

Zweckgemeinschaften haben eindeutig ihre Eigendynamik. Ein Zugang zu dieser Komplexität lässt sich nicht eindimensional oder monotheoretisch erschließen, sondern sollte durch verschiedene Ansätze vollzogen werden. Die vorliegenden Aufsätze sollen einen bescheidenen – aber hoffentlich nicht unerheblichen – Beitrag dazu leisten.

Aufbau und Inhalte des Buches

Das vorliegende Buch teilt sich grundlegend in vier größere Bereiche. *Teil A* beschäftigt sich allgemein mit der Thematik Steuerung und Emergenz oder Evolution und Planung im Management. Runkel greift diesen Bereich direkt auf und behandelt die Problematik von Evolution und Planung (Zufall und Gestaltung) unter Rückgriff auf Parsons. Die folgenden Arbeiten von Küsters, Wilms, Breit Eichhorn und Glück beschäftigen sich alle mit dem Phänomen der Emergenz aus unterschiedlichen Perspektiven (u.a. Theorie und Praxis). Insbesondere wird eine mögliche Steuerung komplexer sozialer Systeme unter Berücksichtigung der Kybernetik diskutiert. Durch die Betrachtung von Emergenz können zunehmend viele Ergebnisse bezüglich der Möglichkeiten der bewussten Steuerung von Unternehmen zumindest angezweifelt werden. Dennoch ist – wie eingangs beschrieben – der Glaube an bewusste Gestaltbarkeit des organisationalen Geschehens noch weit verbreitet (auch in wissenschaftlichen Lehrbüchern). Grunwald beschäftigt sich hiermit näher und identifiziert neben dem Mythos der Planung in Unternehmen noch zahlreiche andere Mythen, die sich im Laufe der Jahre verbreitet haben und (leider) immer noch weiter verbreiten.

In *Teil B* wird das Leitthema des Bandes auf KMU bezogen. KMU weisen aufgrund ihrer in der Literatur schon häufig thematisierten Struktur Besonderheiten im Gegensatz zu Großunternehmen auf. Welter untersucht den Bereich der Emergenz auf die gesamte KMU bzw. Entrepreneurship-Forschung. Oft wird – auch in der Forschung – dem Unternehmensgründer die dominante Rolle zur Entstehung von Strukturen und auch zur Steuerung der Unternehmen zugestanden. Welter hebt die Komplexität des Gründungsprozesses hervor und stellt heraus, das ordnungsbildende Prozesse in KMU hauptsächlich emergent entsehen und nicht dem reinen Gestaltungswillen des Gründers unterliegen. Auch der Beitrag von Martin reiht sich in diese Argumentation ein. Er relativiert ebenfalls den „Mythos" des dominanten KMU-Unternehmers, der einzig und allein über Erfolg und Misserfolg des Unternehmens entscheidet. Im Beitrag werden gerade die positiven Auswirkungen von kollektiver Entscheidungsfindung in KMU herausgestellt, wobei Martin nach situativen Voraussetzungen unterscheidet und somit zu einem differenzierten Ergebnis gelangt.

Teil C beinhaltet verschiedene Aufsätze mit Ansatzpunkten zur Steigerung und auch Steuerung von Wachstum von Organisationen. Bouncken untersucht unterschiedliche Einflussfaktoren auf die Offenheit beim Wissenstransfer in Biotechnologie-Kooperationen und deren Wirkungen auf die Innovativität. Hierbei wird deutlich, dass Offenheit und Struktur einander begleiten können. Wegner beleuchtet Visionen als Steuerungsinstrument der Unternehmensführung, während sich Stotz mit Wachstumsfaktoren auf der gesamtwirtschaftlichen Ebene auseinander setzt. Reese/Waage betrachten in ihrem Aufsatz die Komplexität der Zulieferer-Abnehmer-Beziehung und liefern ein computergestütztes Modell, das der Supply Chain gerade in Wachstumsphasen den Umgang mit Kapazitätsänderungen erleichtert. Bekmeier/Sikkenga; Tscheulin/Dietrich; Baxmann und Weisenfeld beleuchten verschiedene Organisationstypen im Wachstumsprozess. Insbesondere werden die Möglichkeiten und Grenzen der Steuerung von Veränderungsprozessen thematisiert. Bekmeier/Sikkenga plädieren in diesem Zusammenhang für Emergenz durch Steuerung. Baxmann befasst sich nicht nur mit den Grenzen der Steuerung von Wachstum, sondern zeigt auf, welche Defizite die diesbezügliche Forschung aufweist. Bosse beschreibt abschließend in diesem Teil die Job Family Cluster als neue Organisationsform für erfolgreich wachsende Unternehmen.

Teil D beschäftigt sich dann mit weiteren Ansätzen zur Erklärung von Verhalten in Unternehmen im Wachstum. Weisenfeld geht genauer auf das Management von Wandel in Innovationsprozessen ein. Ein weiterer Schwerpunkt dieses Teils bildet die Auseinandersetzung mit den Phänomenen Kultur und Vertrauen. Nach der Kultureuphorie der achtziger Jahre des letzten Jahrhunderts ist eine Phase der Ernüchterung eingetreten, mit der Erkenntnis, dass sich Kultur dem Gestaltungswillen des Managements weitgehend entzieht aber dennoch zur Koordination von Verhalten in den Organisationen eine entscheidende Rolle spielt. Das Kulturverständnis erweitert die Organisationsforschung und verhindert einen allzu einseitigen Blick auf die Steuerung von Unternehmen über die Logik der Ökonomie. Behrends beschreibt daher eingehend den Einfluss von Organisationskultur auf den Wandel von Unternehmen. Eine Koordination des Handelns über Vertrauen entzieht sich ebenfalls weitgehend einer aktiven Steuerung. Vertrauen entseht im Wesentlichen aus dem sozialen Wechselspiel der beteiligten Akteure. Im Rahmen der Diskussion zur Steuerung von Netzwerken wurde Vertrauen gar als dritter Koordinationsmechanismus neben Markt und Hierarchie gesehen. Und obwohl die Diskussion zur Steuerung von Unternehmensnetzwerken erheblich nachgelassen hat, ist die Bedeutung von Vertrauen zur Kanalisierung von Verhalten in Organisationen geblieben. Osterloh/Homberg; Müthel als auch Vittar setzen sich mit dem Bereich Vertrauen aus verschiedenen Perspektiven näher auseinander. Merkel rundet mit ihrem Beitrag zur wissenschaftlichen Weiterbildung an der Universität Lüneburg und der Würdigung der Leistung von Prof. Kahle auf diesem Gebiet die Festschrift ab.

Danksagung

Wir bedanken uns natürlich bei allen Autorinnen und Autoren für ihre Aufsätze und nützlichen Kommentare und bei Frau Sabrina Blunk, die durch unermüdliches Korrekturlesen und Formatierung der Beiträge einen oftmals viel zu sehr unterschätzten Beitrag zur Erstellung eines entsprechenden Druckmanuskripts beigetragen hat.

Inhaltsverzeichnis

Vorwort..V

Thorsten Jochims
Ziele und Inhalte des Bandes.. X

Teil A: Planung und Emergenz

Gunter Runkel
Evolution Planung und Zukunft...3

Elmar A. Küsters
Emergente Unternehmensentwicklung als Voraussetzung für eine
wirksame und transparente Unternehmensführung 25

Falko E. P. Wilms
Steuerung emergenter Sachzusammenhänge..........................37

Volker Breit
Sytemkybernetische Zielbildung – Element, Organisation,
Selektion und Kommunikation der emergenten Zielbildung....63

Michael Eichhorn
Prinzipien- statt regelbasierter Regulierung von Unternehmen?
Überlegungen zum Umgang mit Emergenz aus aufsichtsrechtlicher
Perspektive unter besonderer Berücksichtigung der britischen
Financial Services Authority..81

Wolfgang Grunwald
Wer oder was bestimmt „Wirklichkeit" in Organisationen?...117

Thomas Glück
Möglichkeiten und Grenzen des Information Security Management............145

Teil B: KMU und Emergenz

Friederike Welter
Emergenzphänomene in der Entrepreneurshipforschung............................163

Albert Martin
Individuelle oder kollektive Unternehmensführung?
Die Bedeutsamkeit der kollektiven Führung für die unternehmerische
Entscheidungsfindung und den Unternehmenserfolg in kleinen und
mittleren Unternehmen..187

Teil C: Ansatzpunkte zur Steigerung von Wachstum

Ricarda B. Bouncken
Wissenstransfer in Projektkooperationen der dynamischen
Biotechnologieindusrie..219

Ulrich Wegner
Zur motivatorischen Wirkung von Unternehmensvisionen........................243

Martin Stotz
Überlegungen zu ausgewählten Wachstumsfaktoren auf
gesamtwirtschaftlicher Ebene aus einer tauschtheoretischen
Perspektive..263

Joachim Reese, Marco Waage
Supply Chain Management in wachsenden Märkten..............................307

Sigrid Bekmeier-Feuerhahn, Jörg Sikkenga
Transformationsprozesse im Kulturbereich: Museen auf dem
Weg zur Marke - Eine empirische Studie...333

Dieter K. Tscheulin, Martin Dietrich
Non.Profit-Organisationen zwischen Wachstums- und
Ethik-Zielen: Eine kritische Analyse am Beispiel der
katholischen und evangelischen Kirche..367

Ulf G. Baxmann
Überlegungen zur Betriebsgrößenproblematik von Kreditinstituten.............385

Niels Bosse
Die Job-Family-Cluster-Organisation...409

Teil D: Ansatzpunkte zur Erklärung von Verhalten in Organisationen

Ursula Weisenfeld
Organisation von Innovation im Wandel...431

Thomas Behrends
Organisationaler Wandel im Lichte der Organisationskultur....................445

Margit Osterloh, Fabian Homberg
Vertrauen und Kontrolle in der Forschung......................................485

Carlos Vittar
Interkulturelles Vertauen als Erfolgsfaktor der wirtschaftlich
orientierten Unternehmung im globalisierten Kontext..........................505

Miriam Müthel
Interpersonales Vertrauen:
Integration normativer und situativer Einflüsse auf Basis der
Theorie des geplanten Verhaltens..523

Wilma Merkel
Lehrangebote, wissenschaftliche Veranstaltungen und Forschung
der Universität Lüneburg zum Security Management.............................551

Teil A:

Planung und Emergenz

Evolution, Planung und Zukunft
*Gunter Runkel**

1. Evolution
2. Planung
3. Zukunft

Literatur

---

* Professor Dr. Gunter Runkel (Jahrgang 1946) stammt aus Lahnstein und lehrt seit 1974 an der Universität Lüneburg. Er absolvierte Studium, Promotion und Habilitation an den Universitäten Mainz, Marburg, Hamburg und Lüneburg und war Gastprofessor für Soziologische Theorie, Sexualsoziologie und Familiensoziologie an der "Central Connecticut State University (USA)". Er wurde zum Wissenschaftsrat am "Shanghai Sex Sociological Research Centre" ernannt, war jahrelang Präsident der "Deutschen Gesellschaft für Sozialwissenschaftliche Sexualforschung" und Mitglied der International Academy of Sex Research". Er ist Mitglied der Sektion "Soziologische Theorie" der "Deutschen Gesellschaft für Soziologie" und der "International Academy of Science", in deren Vorstand er als Repräsentant für Mitteleuropa im Jahre 2006 gewählt wurde.

1. Evolution

Die Begriffe *Emergenz* und *Steuerung*, die den Hauptteil der vorliegenden Festschrift für Egbert Kahle (Bouncken, Jochims, Küsters 2008) bilden, werden in folgendem Beitrag unter *Evolution* und *Planung* gefasst, die den Begriffen *Emergenz* und *Steuerung* zugrunde liegen.

Evolution (Luhmann 2004, 1975a, 1975b, 1975c) ist eine Form der Veränderung von Systemen, die man nach den Funktionen Variation, Selektion und Stabilisierung unterscheiden kann. Evolution beinhaltet jede Strukturveränderung, die durch Differenzierung und das Zusammenspiel dieser Mechanismen entsteht. Variation und Selektion liefern Lösungen, die durch Stabilisierung in unterschiedlichen Teilsystemen realisiert werden. Evolution ist dabei selbstreflexiv aufgebaut, sie erklärt Evolution aus früherer Evolution. Der Mechanismus der Variation in der Gesellschaft wird u.a. durch Sprache erfüllt, die Konflikte und Negationsmöglichkeiten verstärkt. Die Sprache dient als Selektionsmechanismus, der bestimmt, welche Themen ausgewählt und besprochen werden. Nach dem Übergang zu Hochkulturen entwickeln sich Interaktionsmedien wie Geld, Macht, Recht, Wahrheit und Liebe, die die Selektion steuern. Daraus entwickeln sich Systeme, so durch Ausdifferenzierung von Subsystemen für Wirtschaft, Politik, Recht, Wissenschaft und Intimbeziehungen. Die Interaktionsmedien differenzieren sich in ihren Subsystemen stärker heraus. Auf einer späteren Evolutionsstufe treten Inklusionsprozesse auf, die Interpenetration und Generalisierung erzeugen. Dies führt zu einer höheren Abstraktionsebene und größeren Komplexität des sozialen Systems.

Gesellschaften stellen eine besondere Form von sozialen Systemen dar. Parsons sieht in Anlehnung an Aristoteles Gesellschaften als die Klasse von Sozialsystemen an, die als System das höchste Ausmaß an Autarkie im Verhältnis zu ihrer Umwelt erreichen (Parsons 1976a) und als selbstgenügsam betrachtet werden. Gesellschaften müssen sich in die Form eines kollektiv organisierten Gemeinwesens bringen, die eine normative Ordnung durchsetzten, Kontrolle über ein Territorium ausüben und seine Mitglieder normalerweise über Geburt und Sozialisation rekrutieren.

Talcott Parsons beschäftigt sich intensiv mit der *Evolution* von Gesellschaften. Er verwendet die an das AGIL-Schema angelehnten evolutionären Begriffe, wie *adaptive upgrading*, was man mit *adaptivem Aufschwung* übersetzen kann, *Differenzierung*, *Integration* und *Wertgeneralisierung* (Parsons 1975, 1976b).

Der *adaptive Aufschwung* ist ein Prozess, in dem mehr Ressourcen für ein System verfügbar gemacht werden können (z.b. größere Bevölkerung, Einführung der Landwirtschaft); *Differenzierung* bewirkt die Aufteilung von systemischen Einheiten, die nun größere funktionale Bedeutung für das System erhalten (z.b. die Differenzierung von Verwandtschafts- und Berufsrollen); die *Integration* muss die auseinanderstrebenden Teilsysteme koordinieren (z.b. über Ausweitung von Partizipation); dies geht mit einer *Wertgeneralisierung* einher, weil die Gesellschaft angemessene Legitimierungen und Orientierungsmuster benötigt, die in komplexeren sozialen Systemen auf eine höhere Stufe der Verallgemeinerung gehoben werden (dies wird in der modernen Forderung, dass alle Menschen unveräußerliche Menschenrechte genießen sollen, deutlich.).

Die Universalisierung des Wertsystems führt dazu, dass alle als gleichberechtigt definiert und keine askriptiven Differenzen zugelassen werden. Dies wird dann auf Benachteiligte übertragen.

Diese Generalisierung von Kulturmustern aus Teilbereichen in andere fördert die Evolution, weil fortgeschrittenere, modernere Formen, die in einem Subsystem entwickelt wurden (etwa Gleichberechtigung und Rollenerwerb durch eigene Leistung im politischen System) auf andere Teilbereiche übertragen werden.

Der Prozess der Implementierung solcher neuen Formen in andere Bereiche stellt einen Teil von Interpenetration dar. So ist jedes Umweltsystem durch Interpenetration in einem Handlungssystem eingeschlossen. Die Interpenetration stellt einen Faktor der Integration dar. Die Evolution ist nur in den sich gegenseitig bedingenden Prozessen von Differenzierung und Integration möglich. Da solche Prozesse in einer kontingenten Umwelt auf Sinn verwiesen, bedarf es Kommunikations- und Interaktionsmedien (Parsons 1980). Solche Medien, wie Geld, Macht, Liebe, stellen Codes dar, die die Komplementarität des Erwartens und Handelns herstellen. Codes sind gesellschaftlich konstruierte Selektionsangebote. In der Moderne wird Selbstreferenz in solche Codes eingebaut. Als Folgeproblem produziert die wachsende Ausbreitung von

Selbstreferenz wiederum wachsende Ansprüche an Autonomie und Selbstverwirklichung, wodurch sich diese Prozesse gegenseitig steigern.

Gesellschaften sind nicht aus einem Vertrag verschiedener Individuen hervorgegangen, sondern sie hat es schon immer, d.h. auch bei unseren tierischen Vorfahren, gegeben. So begründen nicht die Individuen "die Gesellschaft, indem sie sich zum Zusammenleben entschließen und einen entsprechenden Vertrag schließen, sondern die Gesellschaft begründet die Individuen, indem sie es ihnen ermöglicht, sich als Individuen zu behandeln, Verträge zu schließen, sich wechselseitig zu binden, verantwortlich zu machen, zu sanktionieren." (Luhmann 1995b: 129f).

Parsons unterscheidet drei evolutionäre Stufen, die er *primitiv*,[1] *intermediär* und *modern* nennt. Dabei sind Schwellen der soziokulturellen Evolution erkennbar, so dass man verschiedene Stufen der gesellschaftlichen Entwicklung unterscheiden kann.

Die erste Stufe in dieser gesellschaftlichen Entwicklung wird also die archaische genannt, die den bisher längsten Teil der menschlichen Geschichte ausmacht. Auf dieser Stufe sind die Mechanismen der Variation und Selektion nicht deutlich geschieden, da die gesprochene Sprache auf dieser Stufe beide Mechanismen umfasst. Die archaischen Gesellschaften sind durch segmentäre Differenzierung, d.h. geringe endogen erzeugte Variation, hohe Umweltabhängigkeit und Differenzierung in gleiche Einheiten gekennzeichnet.

Die nächste Stufe, die intermediäre, ist durch stratisfaktorische Differenzierung, d.h. schichtmäßiger Gesellschaftsaufbau, Herausbildung von Herrschaft und Patriarchat und Zentralisierung der Ressourcen gekennzeichnet. Dadurch entstehen Hochkulturen. Dies führt zu einer höheren Ausdifferenzierung verschiedener sozialer Gruppen, insbesondere von Kriegern und Priestern mit ihren unterschiedlichen moralisch-religiösen Vorstellungen. Es bilden sich größere Gruppierungen, die ein größeres Heer aufstellen, befestigte Städte bauen, Landwirtschaft, Handel und andere Arbeitsbereiche organisieren. Durch die evolutionär bedeutsamen Strukturgewinne entstehen Schichtung, Arbeitsteilung,

---

[1] Der Begriff primitiv ist unglücklich gewählt, weil diese Gesellschaften nicht im Wortsinne primitiv sind, sondern komplexere Gebilde darstellen. Deswegen ziehe ich den Ausdruck archaisch vor.

Heeresverfassung, Stadtbildung, Bevölkerungswachstum und Komplexität der Symbolsysteme.

Die dritte Stufe der gesellschaftlichen Entwicklung stellt die moderne Gesellschaft dar, die durch funktionale Differenzierung, d.h. durch weitgehende Autonomie der Teilsysteme gekennzeichnet ist (Runkel, Burkart 2005). In dieser Gesellschaftsform sind segmentäre und schichtmäßige Differenzierungen mit enthalten.

Parsons fundiert seine Evolutionstheorie mit *evolutionären Universalien*.

Dies sind beim Übergang von tierischem Verhalten zu frühen, archaischen Gesellschaften u.a.

A   die Entwicklung von Technologien (wie Werkzeuggebrauch), die weitergegeben werden können, die die physische Umwelt zu bearbeiten helfen. Man findet zwar schon bei anderen Lebewesen, z.B. bei Menschenaffen, rudimentären Werkzeuggebrauch, doch ihre Perfektionierung ist dem Menschen vorbehalten.

G   Kommunikation durch Sprache, die in der Form der gegenseitigen, elaborierten Rede erst beim Menschen auftaucht und für den Menschen zentrale, evolutionäre Bedeutung erlangt hat (Parsons 1967).

I   die Integration über eine Verwandtschaftsordnung, die verschiedene Rollen umfasst und komplexere Sozialordnungen ermöglicht. Das Verwandtschaftssystem regelt über die bisexuelle Reproduktion und das Inzesttabu die Erhaltung der Art.

L   die Herausbildung von Ahnenverehrung und Natur-Gottheiten, die über Symbolik und Kulte und zugeschriebene Bedeutungsrelevanz Handlungen beeinflussen und legitimieren.

Der Übergang von der archaischen zur intermediären Stufe beruht auf "kritischen Entwicklungen der Code-Elemente der normativen Strukturen" (Parsons 1975, S. 46), so auf der Herausbildung einer geschriebenen Sprache.

Mit der Erfindung der Schrift fallen auch die Zunahme der Mitglieder einer Gruppe und die Akkumulation eines gesellschaftlichen Überschusses (Childe

1975) durch eine Elite, die sich in einem aus dem Verwandtschaftssystem ausdifferenzierten Herrschaftssystem etabliert hat, zusammen. Die Entwicklung der zweiten Stufe zur dritten ist nach Parsons bedingt durch die Entwicklung universeller Prinzipien, wie formale Rationalität (Weber 1925), wobei auf dieser Stufe die kulturellen Faktoren die Steuerung der Evolution übernehmen (Weber 1972).

In intermediären Gesellschaften treten in den verschiedenen Bereichen folgende Veränderungen auf:

A   Die *Ausdifferenzierung* einer *Marktorganisation* mit der Einführung des *Geldes* als Austauschmedium. In diesen Gesellschaften bilden sich als evolutionäre Universalien *Geld* und *Markt* aus. Geld wird zu einem allgemeinen symbolischen Medium, das genügend neutral ist, um den Erwerb von Gütern, die viele anstreben, zu regulieren. Auch der Markt, der die Konsumtion und die Produktion zusammenführt, was u.a. zur Herausbildung und dem Aufblühen von Städten führt (Runkel 2000), stellt eine evolutionäre Universalie der Hochkultur dar.

G   Kommunikation durch *Schrift*. In intermediären Gesellschaften werden die Schriftkundigen zum Kern einer *bürokratischen Organisation*, die dann politische Herrschaft, wie sie sich in stratifizierten Gesellschaften ausdifferenziert, unterstützen und auf Dauer stellen kann. Die Entwicklung und Institutionalisierung der Schrift ist am Beginn der zweiten Stufe auf religiöse und bürokratische Experten beschränkt, in späteren Stufen intermediärer Gesellschaften wird der Zugang zu diesen Kenntnissen auf alle Männer der Oberschicht ausgeweitet.

I   Herausbildung einer *sozialen Schichtung* mit damit verbundener Hierarchie, die funktional effizienter wirkt als andere Formen und den Mitgliedern klare Rollen zuweist. Auch die Entwicklung der *sozialen Schichtung* in intermediären Gesellschaften aus den ursprünglich stärker auf Gleichheit ausgerichteten Systemen geht mit einer Ausdifferenzierung von Rollen, die sich z.B. im Kriegeradel und der Priesterkaste bündeln, die dann häufig von einzelnen Familien übernommen werden, einher. Stratifikatorische Differenzierung wird abgesichert durch einen Prozess der *kulturellen Legitimierung*, der die sich herausbildenden stärkeren Rollen- und Machtdifferenzen mit dem

Verweis auf ähnliche Rollen- und Machtverteilungen im Jenseits begründet.

L Die *Religionssysteme*, die sich von Naturreligionen über polytheistische Religionen bis hin zu monotheistischen Religionen (Runkel 1998) weiterentwickeln, übernehmen die Rolle der kulturellen Legitimierung, die sich aus den Ungleichheiten und Spannungen der diversen Gruppen ergeben. In intermediären Gesellschaften bilden sich *demokratische Assoziationen* aus, so z.B. in der griechischen Polis, dem römischen Senat, den Kardinalskollegien, den Adelsversammlungen in den Adelsrepubliken und den Gilden, Zünften und anderen Frühformen von Kooperativen (Runkel 2003), die teilweise in moderne Gesellschaften hineinreichen.

Damit verbunden ist eine Institutionalisierung von *generalisierten universalistischen Normen*, die dann in der Einführung eines *Rechtsstaats*[2] und dem englischen Common Law kulminieren.

Im Laufe der gesellschaftlichen Entwicklung bildet sich ein Rechtssystem aus, das sich von den religiösen Bezügen löst, und eine größere Partizipation der Bürger an ihren öffentlichen und privaten Angelegenheiten ermöglicht. Es findet nach Parsons eine Entwicklung zu bedeutenderen Freiräumen in der Moderne statt, die sich in größerer Selbstverantwortung der Akteure, legalen Wahlverfahren und stärkerer Solidarität äußern. Sie sind das Ergebnis der gesellschaftlichen Entwicklung, in der sich evolutionäre Universalien herausgebildet haben.

In modernen, funktional differenzierten Gesellschaften setzen sich die Prozesse der intermediären Gesellschaften fort. Es bildet sich ein kulturelles Muster aus, das wie folgt beschrieben werden kann. Auf der Ebene der Anpassung (A) erfolgt eine Ausdifferenzierung des *rationalen Lernens* mit einer gesteigerten Bedeutung von Schul- und Hochschulausbildung, da in der modernen Gesellschaft die Schriftbeherrschung für alle Erwachsenen und Jugendlichen institutionalisiert wird, was einen weiteren Modernisierungsschub auslöst. Das Ziel (G) stellt die *selbstverantwortliche Persönlichkeit* als Ergebnis

---

[2] Parsons verwendet hier den deutschen Terminus in: ders., Evolutionary Universals..., a.a.O., S. 513.

selbstreferenzieller Prozesse dar. Die 'soziale Interaktion' (I) erfolgt unter dem Rahmen des *rationalen Kapitalismus*, da sich andere Wirtschaftsformen historisch überlebt haben, das politische System wird nach demokratischen, rational-legalen Herrschaftsformen aufgebaut, im Gemeinschaftssystem kommt es zu Formen einer Zivilgesellschaft und im sozio-kulturellen Bereich zu universalisierter Bildung und differenzierten, auf Argumenten aufgebauten Diskursformen. Als kulturelles Muster bildet sich der Individualismus aus, der sich mit dem Aktivismus der Weltgestaltung, dem Universalismus und dem Rationalismus verbindet (L).

Dies ergibt folgendes Schema der modernen, säkularisierten Kultur (ähnlich Münch 1986):

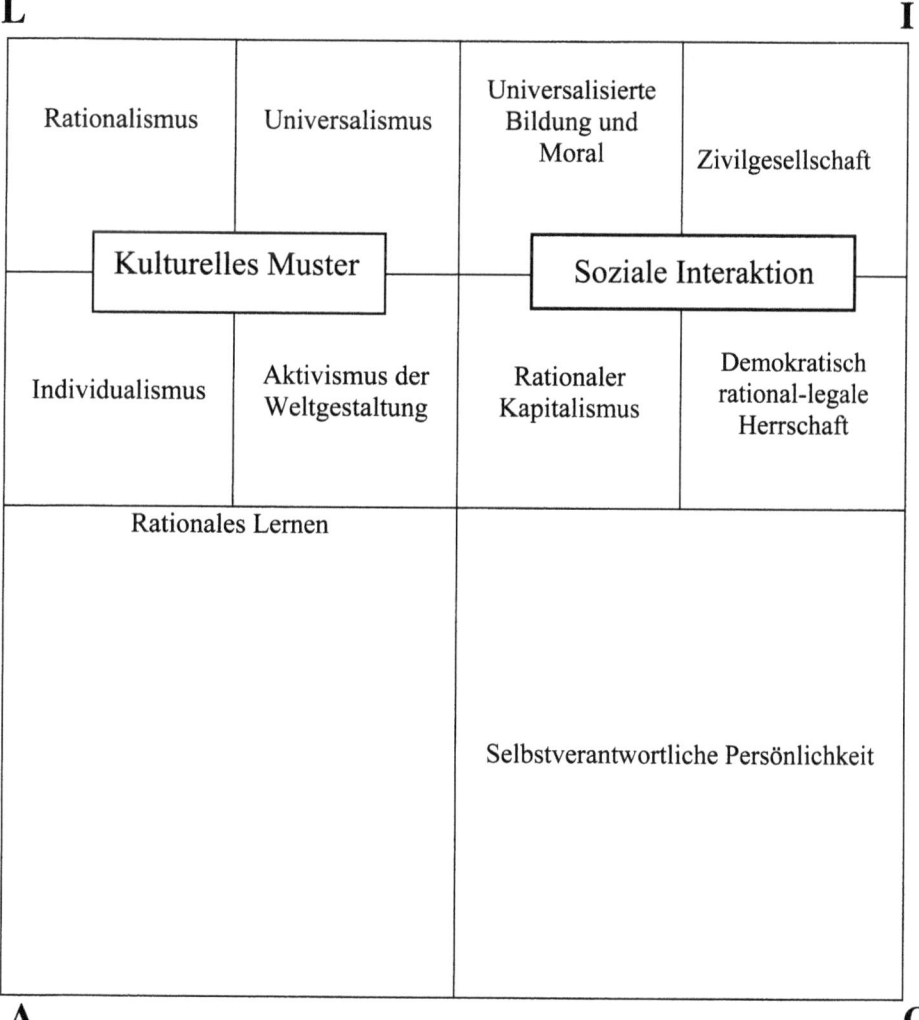

Parsons ordnet auch die evolutionären Universalien dem AGIL-Schema[3] zu.

L		I
Generalisierte universalistische Normen		Demokratische Assoziation mit gewählter Führung und freiwilliger Mitgliedschaft
Geld, Macht		Bürokratische Organisation
A		G

Gesellschaft stellt einen Typus des sozialen Systems dar, das sich durch den höchsten Grad der Selbstgenügsamkeit (self sufficiency) im Verhältnis zu seiner Umwelt und anderen Sozialsystemen auszeichnet (Parsons 1976a). Ein solches Sozialsystem wird im Wesentlichen über das Persönlichkeitssystem, Status und Rollen, Identifikationen und über die Koordination der verschiedenen Subsysteme integriert. So entwickelt sich im Persönlichkeitssystem eine wechselseitige Orientierung an eigenen Entscheidungen, an Erwartungen an Andere und an gemeinsam geteilten Werten zwischen Ego und Alter.

Die Anpassung der Persönlichkeitssysteme an das Sozialsystem erfolgt durch Sozialisation, die wiederum die Schritte Lernen, Verinnerlichung und externe Kontrolle umfasst. Ein wesentlicher Teil der Sozialisation besteht in der Internalisierung der Werte und Normen einer gegebenen Gesellschaft, in die ein Individuum hinein geführt wird.

Status und Rolle sind weitere wichtige Kategorien, die den Handelnden über seine Zielorientierung mit dem Sozialsystem verbinden. So versuchen die Akteure, einen hohen Status zu erreichen oder zu verteidigen. Eine Verfestigung des Status zeigt die Schichtung einer Gesellschaft auf. Die Schichtungslage und die damit verbundenen Rollen entstehen u.a. aus:

---

[3] Siehe Parsons, Talcott und Platt, Gerald M. Die amerikanische Universität, Frankfurt am Main 1990. In diesem Buch hat Parsons, trotz des verwirrenden Titels, die letzte große und abschließende Form seiner Theorie formuliert.

1. der Verwandtschaftsgruppe, da sich der Status auch aus dem Verwandtschaftsgefüge ergibt.
2. persönlichen Eigenschaften wie Geschlecht, Alter, Intelligenz, Schönheit, psychische Robustheit etc.
3. Leistungen, d.h. den Ergebnissen der Handlungen des Akteurs.
4. Eigentum, d.h. dasjenige, das dem Einzelnen qua eigenes Handeln oder qua eigener Geburt gehört und weiter veräußert werden kann.
5. Autorität als Möglichkeit, Andere zu beeinflussen.
6. Macht als Möglichkeit, sich durch Handlungen Einfluss auf Andere zu verschaffen und dadurch Leistungen, Eigentum und Autorität zu steigern.

Die Rolle stellt im Gegensatz zum Status das Prozesshafte an den Interaktionsbeziehungen dar. Das Rollenspiel der Akteure deckt einen wichtigen Bereich ab, in den die Akteure ihre Intentionen einbringen können, wodurch die Ziele eines Sozialsystems neu ausgehandelt werden können. Die Rolle ist ein Ausschnitt aus dem Orientierungssystem eines Akteurs, das für Erwartungen in Bezug auf einen besonderen Interaktionszusammenhang zuständig ist. Dieser wird durch ein besonderes Set von Wertstandards ergänzt, welches die Interaktionen steuert. Erlerntes Rollenverhalten kann problematisch und verändert werden, was man an den tradierten Geschlechtsrollen sehen kann.

Institutionen sind wichtige Elemente der Integration eines Sozialsystems, um ökonomische, politische, pädagogische und religiöse Einrichtungen auf Dauer stellen zu können. Institutionen stellen einen Komplex von Rollen- und Statusbeziehungen, die vergleichbare Muster aufweisen, dar (Parsons 1968). Sie treten in den jeweiligen Subsystemen auf; so eignen sich insbesondere Organisationen (wie Unternehmen und Verbände) zur Institutionalisierung von Eigentum und Eigentumsrechten in der Wirtschaft, Parteien zur Durchsetzung von Macht in der Politik, Familien und Schulen zur Integration in das Sozialsystem und Kirchen und Sekten zur Implantierung der Religion ins Kultur- und Sozialsystem.

Ein soziales System kann auf Dauer nur funktionieren, wenn es durch einen gemeinsamen Wertekanon zusammengehalten wird. Das Ausmaß der gemeinsam geteilten Werte garantiert Kontinuität und somit ein gewisses Maß an Beständigkeit. Die Systeme und ihre Repräsentanten streben die Implantierung eines gemeinsamen Wertekanons an, um Motivationen aufzubauen, Rollen- und Positionszuweisungen vorzunehmen, Institutionen handlungsfähig zu machen, negative Abweichungen zu sanktionieren und moralische Anforderungen einzubauen.

Die primäre Funktion des Sozialsystems besteht in der Integration. Ein wichtiges Element dieser Integration wird in der gesellschaftlichen Gemeinschaft geleistet, die u.a. die Internalisierung von Normen durch Erziehung, Werteübereinstimmung, Rollenübernahme und die Interpenetration von Politik im Sinne der Durchsetzung und Stabilisierung der normativen Ordnung und Ökonomie im Sinne der Regelung von ökonomischen und technologischen Handeln in dem sozialen System steuert.

Es wird deutlich, dass Parsons die jeweiligen Funktionen zwar analytisch trennt, aber dennoch Steigerungen und Abfederungen in ihren jeweiligen Interpenetrationen vorsieht (Münch 1987).

Die moderne Gesellschaft, die sich aus der stratifikatorisch geprägten Gesellschaft entwickelte und zuerst im nordwestlichen Europa entstand, ist für Parsons das Ergebnis dreier Prozesse revolutionären Strukturwandels:

1. der industriellen Revolution

2. der demokratischen Revolution

3. der Revolution des Bildungswesens.

Diese drei Revolutionen fördern sich gegenseitig. Ihnen liegt ein *institutionalisierter Individualismus* zugrunde, der die Verwirklichung der Ziele und Werte der individuellen und kollektiven Einheiten bildet. Dies ist nur möglich, wenn es einen gewissen Konsens über die relevanten Werte und die Grundmuster kultureller Orientierungen gibt, mit denen die Werte verknüpft sind (Parsons, Platt 1990).

1. Die *industrielle Revolution* führt zu einer Zunahme generalisierter materieller Mittel, damit verbundenem Bevölkerungswachstum und steigender Lebenserwartung. Zu den gesellschaftlichen Vorteilen gehört der Aufbau von Arbeitsmotivation, Einhaltung organisationsbedingter

Disziplin und als Kehrseite u.a. gefährliche Technologien und Umweltverschmutzung.

2. Die *demokratische Revolution* hat die Kontrolle des Menschen durch den Staat verringert, eine Kontrolle der Autorität und der gewählten Amtsinhaber bewirkt, die an das institutionalisierte Recht gebunden werden, eine größere Partizipation, politische Freiheit des Einzelnen und freies Unternehmertum ermöglicht.

3. Die *Revolution des Bildungswesens* hat zu einer Universalisierung der Schulbildung geführt; zuerst wurde eine allgemeine Lese- und Schreibfähigkeit und zunehmend eine Teilnahme an Institutionen der höheren Bildung durchgesetzt. Dies verringert die Unwissenheit und führt zur Nutzung von Wissen zur Verwirklichung von menschlichen Zielen und Werten.

Diese drei Revolutionen, die nicht dauerhaft rückgängig zu machen sind, treiben moderne Gesellschaften in eine offene Zukunft.[4]

Anhand der Parsonsschen Theoriearchitektonik füge ich eine *kulturelle Revolution* hinzu, die zunehmend die übrigen Systeme unter einen Legitimationsdruck stellt und als Muster Individualismus, Aktivismus der Weltgestaltung, Rationalismus und Universalismus umfasst, in dem mehr Selbstreferenz und mehr Partizipation angemahnt werden (können).

Die *Orientierungsalternativen des Handelns* sind geprägt von der von Ferdinand Tönnies eingeführten Dichotomie von *Gemeinschaft* und *Gesellschaft*, die von Max Weber mit den Begriffen *Vergemeinschaftung* und *Vergesellschaftung* fortgeführt wird. Sie dienen einer Analyse des menschlichen Handelns. Dies sind:

---

[4] Zu einer ernsthaften Auseinandersetzung mit Parsons und Kritik an seinem Werk siehe: Black, Max (Hrg.), The Social Theories of Talcott Parsons, Englewood Cliffs, N.J. 1961 (mit einem Nachwort 'The Point of View of the Author'). Dagegen fällt die deutsche Parsons-Kritik, z.B. von Ralf Dahrendorf, sehr ab.

1. Diffusität - Spezifität
2. Affektivität - Affektive Neutralität
3. Partikularismus - Universalismus
4. Zuschreibung - Leistungsorientierung
   (Ascription) (Achievement)

Ein weiterer Aspekt ist die Generalisierung oder Universalisierung. Diese *Orientierungsalternativen des Handelns* legt Parsons seiner Evolutionstheorie zugrunde, da sich in der gesellschaftlichen Entwicklung eine Verschiebung von den *gemeinschaftlichen* zu den *gesellschaftlichen* Bereichen vollzieht.

Niklas Luhmann geht von der Systemtheorie von Talcott Parsons aus, die er verändert. Er schließt stärker an die neodarwinistische Evolutionstheorie an und betrachtet Evolution mit den Begriffen von *Variation, Selektion* und *Stabilisierung*. Besonders in seinen Schriften zur Gesellschaftsstruktur und Semantik (Luhmann 1980-1995) analysiert Luhmann die strukturellen und semantischen Veränderungen, die im Zuge des Umbaus der Gesellschaft von vorwiegend stratifikatorischer Differenzierung zu funktionaler Differenzierung im Übergang zur Moderne erfolgt sind. In der gesellschaftlichen Evolution wirken Prozesse der *Differenzierung*, wie die Prozesse der Ausdifferenzierung der Funktionssysteme. Diese ausdifferenzierten Systeme werden durch *Inklusion* zusammengefasst, in deren Folge eine *Wertgeneralisierung* stattfindet. Der Wechsel des gesellschaftlichen Differenzierungstypus von stratifikatorischer zu funktionaler Differenzierung ist zuerst in Europa geglückt.[5] Dieser war unwahrscheinlich, ist nun aber irreversibel, pfadabhängig und hat neuartige Struktur- und Semantikentwicklungen ausgelöst.

---

[5] Luhmann, Niklas: Die Gesellschaft der Gesellschaft, Frankfurt am Main 1997, S. 711: "Die Verhinderung einer theokratischen Reichsbildung ermöglicht es in Europa regionale, sprachliche und kulturelle Unterschiede beim Experimentieren mit Ansätzen zu funktionaler Differenzierung zu nutzen."
Die Diskussion darüber in Max Weber: Gesammelte Aufsätze zur Religionssoziologie, 6. Aufl., Tübingen 1972 und in Machttheoretischen Diskursen: Mann, Michael: Geschichte der Macht, 3 Bd., Frankfurt am Main. New York 1994 – 2001.

Der Übergang von stratifikatorischer zu funktionaler Differenzierung fördert eine operative Schließung der Funktionssysteme unter dem Primat der Selbstreferenz. Die Integration der Gesellschaft über Schichtung verliert die zentrale Prägungskraft und Funktionssysteme behaupten nun jeweils aus ihrer Perspektive auf Gesellschaft Autonomieanspruch und universelle Zuständigkeit. Es erfolgt eine Entwicklung zu funktionsspezifischen Semantiken, in denen Individualisierung und Rationalitätszumutungen steigen. In den verschiedenen Funktionssystemen bilden sich eigene symbolisch generalisierte Kommunikationsmedien, die den Austauschprozess in diesem System organisieren und die funktional äquivalent sind.

In der modernen, funktional differenzierten Gesellschaft sind Kommunikationsmedien auf die Neutralisierung moralischer Zumutungen angewiesen. Sie können sich nicht mehr primär auf Schichtung und Moral stützen, sondern als funktionssystemspezifische Kommunikationsmedien auf Autonomie, Selbstlegitimation und Anwendung auf sich selbst. Die Codierung kann nicht mehr auf höhere Werte zurückgreifen.

Der Umbau der Gesellschaft von stratifikatorischer zu funktionaler Differenzierung hat neue Probleme erzeugt, wie den Rückgang der Moral und einen Bedeutungszuwachs personaler Individualität (Luhmann 1984). Zunehmend wird die mitlaufende Fremdreferenz durch Selbstreferenz ersetzt und sprengt die hierarchische, religiös fundierte Weltordnung und setzt die Funktionssysteme und Personen autonom. Ausnahmen davon gibt es, z.B. Protest- und Friedensbewegungen, die auf eine zentrale Moral zu rekurrieren versuchen.

Bei Luhmann rührt Evolution her aus der Diskontinuität von System und Umwelt und stellt eine Zunahme logischer Kombinationsmöglichkeiten von Negationsleistungen dar. Dabei versucht er zu zeigen, welche spezifischen Strukturen sich in der Evolution gegenüber funktionalen Alternativen durchgesetzt haben, d.h., welche Strukturen eine bessere Problemlösungskapazität haben als andere (Luhmann 1971).

Die Gesellschaft als das umfassende Sozialsystem, das alle möglichen Interaktionen und Kommunikationen zwischen Menschen ordnet, hat sich in verschiedene Funktionssysteme ausdifferenziert, wie Politik, Wirtschaft, Wissenschaft, Erziehung und Intimbeziehungen, die Gesellschaft aus einem spezifischen Blickwinkel mit spezifischen System-/ Umwelt-Perspektiven aktualisieren. Diese Funktionssysteme verbinden hohe Sensibilität für bestimmte Sachfragen mit Indifferenz für alles Übrige. Jede Weiterentwicklung vergrößert zugleich Sensibilität und Indifferenz (Luhmann 1981). Dies führt unter spezifischen Bedingungen zu Steigerungsverhältnissen, so dass es dann mehr politische Freiheit, wirtschaftliche Produktivität und wissenschaftlichen Fortschritt geben kann.[6] Die Systeme können allerdings zusätzliche Probleme produzieren, so die Schule mehr interessenlose Jugendliche, das Medizinsystem resistente Viren und die wissenschaftlich und ökonomisch beeinflusste Agrarwirtschaft neuartige Krankheiten.

Die Systemtheorie zur Analyse funktionaler Differenzierung arbeitet mit der Idee der Polykontexturalität der Funktionssysteme und ihrer Kommunikationsmedien. Sie besitzt die vier Implikationen Universalismus, Spezifität, Bereichsmonopol und Selbstbezüglichkeit (Schimank 2001).

2. Planung

Die *Planungs*theorie betrachtet Strukturveränderungen und intentionale Vorgriffe auf die Zukunft. Diese Intentionen umfassen meist Abweichungen von der Routine. Planungen können nicht bestimmen, wie sich die Struktur eines Systems verändert, und insofern ist Planung Ergebnis von Evolution. Da die Zukunft nicht determiniert ist, muss man statt eines Kausalschemas eine Evolutionstheorie zugrunde legen mit den Problemen, die sich aus der prinzipiellen Unvorhersagbarkeit von Evolution ergeben.

Daher fordert man als Grundlage für Planungs- und Entscheidungstheorie nur noch begrenzte Rationalität und versucht, mit einer Verringerung der Ansprüche an Vernunft auszukommen.

Planung und Steuerung führen dazu, die Kapazität zur Verarbeitung von Neuerungen der entsprechenden Stellen, d.h. Organisationen, einzuschränken, wodurch der Vorteil der Steigerung von Irritationsfähigkeit verringert wird.

---

[6] Ein Gedanke, den Durkheim schon in seinem Werk über die 'Arbeitsteilung' ausgeführt hat.

Wenn etwas funktioniert, wird dies als Ergebnis von Planung missverstanden (etwa das Fußballspiel des Champions-League-Siegers), wenn etwas nicht mehr so gut wie früher funktioniert (wie das Erziehungssystem in Deutschland), als Ergebnis von zuviel oder schlechter Planung oder veränderter Rahmenbedingungen, die sich natürlich immer ändern.

3. Zukunft

Wenn man Zukunft als ein Ergebnis von Evolution und Planung begreift, kann man erkennen, dass Zukunft beeinflussbar ist, ohne dass man einer Determinierung durch Planung verfällt.

Die Gesellschaft kann ihre eigene Zukunft nicht planen, sie ist auf Evolution angewiesen, d.h., über die Zukunft entscheidet nicht planende Vernunft sondern Evolution. Planung und Utopie können Fluchtpunkte in einer ungewissen Zukunft sein. Eine angemessene Evolutionstheorie führt nicht zur Zurückhaltung in allen praktischen Fragen, sondern man kann damit überlegter sehen, was man tun kann.

Da Evolution prinzipiell offen abläuft, kann man diese nicht durch Planung determinieren, sondern nur beeinflussen, wobei auch nichtintendierte Folgen auftreten können.

Dies führt zu einem alten Thema der Soziologie: 'Die unbeabsichtigten Folgen von absichtlichen Handlungen',[7] das man in den verschiedensten Bereichen studieren kann, so z.B. in den gegenteiligen Effekten in der Entwicklungshilfe, in Schulreformen in Deutschland oder in der Erzeugung von Terroristen durch den Irakkrieg.

In der Gesellschaft mit ihren kollektiven und individuellen Akteuren und gesellschaftlichen Strukturen werden häufig die angestrebten Ziele verfehlt, weil sich die Erklärung von Handlungen einerseits auf die Akteure und die Situationslogik, andererseits auf die gesellschaftliche Struktur- und

---

[7] Max Webers These der unbeabsichtigten Entstehung des modernen Kapitalismus aus dem Umstellen der Religion auf calvinistische Religiosität in einigen Regionen Europas: Weber, Max: Gesammelte Aufsätze zur Religionssoziologie, Tübingen 1920/21, Merton, Robert K.: The Unanticipated Consequences of Purposive Social Action, in: American Sociological Review, Vol. 1, 1936.

Handlungssituation, d.h. die Situationsanalyse, beziehen (Schmid 1979). Die Situation umfasst nicht nur die objektive Lage der Akteure, sondern auch die Interpretation der Situation, die davon abweichen kann. Aus der Differenz der Situationslogik und der Situationsanalyse kann sich ein Scheitern und das Gegenteil der beabsichtigten Ergebnisse von Handlungen und Intentionen ergeben. Rationalität und Übereinstimmung in beiden Bereichen sind schwierig.

Eine wichtige Aufgabe der Sozialwissenschaft besteht darin, die unintendierten Folgen menschlichen Handelns zu analysieren.

Zur Illustration von nicht beabsichtigten Folgen findet man ein Wort des bedeutendsten deutschen Dichters Johann Wolfgang von Goethe (1965), der durch die Figur des Dr. Faust den Teufel fragen lässt:

„Nun gut, wer bist du denn?"
Mephistopheles: *„Ein Teil von jener Kraft,*
Die stets das Böse will, und stets das Gute schafft."

Die wachsende Bedeutung der *Zukunft* ist ein Ergebnis von Evolution. Systeme werden von Vergangenheit auf Zukunft umgestellt (Kosselleck 1979). Die Zukunft steht zunehmend nicht mehr für Erlösung, sondern für Variationen. Bis in das 16. Jahrhundert ging man davon aus, dass das Alte besser als das Neue sei und gipfelte in den Bemühungen um Wiederherstellung antiker Formen, so in der Renaissance. Neuerungen wurden noch im 16. Jahrhundert durch die Politik und Religion abgelehnt, da sie als dämonisch galten. Ab dem 16. Jahrhundert versuchte man im Zuge eines aufkommenden Fortschrittsoptimismus, dies religiös zu legitimieren. Gott zeigt sich nicht mehr direkt oder liefert Hinweise, dass seine ‚unsichtbare Hand'[8] die Welt nicht allmählich erschaffen, sondern sie nach und nach zu erkennen gegeben hat, so beispielsweise Amerika, den Buchdruck, sowie andere technische und militärische Neuerungen (Luhmann 1997).

Der generelle Umbruch von der Orientierung an der Vergangenheit auf die Zukunft erfolgt im 18. Jahrhundert. Der Buchdruck verstärkt die

---

[8] Die unsichtbare Hand des Marktes von Adam Smith war ursprüngliche die unsichtbare Hand Gottes. Siehe: Ottow, Raimund: Modelle der unsichtbaren Hand von Adam Smith, in: Leviathan, Heft 19, 1991.

Zukunftsorientierung mit seiner Temporalisierung von Utopien und ermöglicht Kommunikation über eine ausgedachte Zukunft.

Das Tempo der Evolution nimmt in modernen Gesellschaften zu, da die Mechanismen von Variation, Selektion und Stabilisierung unabhängig voneinander institutionalisiert werden. Die Zeithorizonte Vergangenheit und Zukunft treten auseinander und es werden der jeweiligen Gegenwart Möglichkeiten vorgespielt, die nur, wenn überhaupt, in der Zukunft verwirklicht werden können. Das Neue erhält einen Wert an sich und wird als grundsätzliche Chance und nicht als Gefährdung angesehen.

Die moderne Gesellschaft baut Zeitvorstellungen um, und die Vergangenheit wird in Epochen unterteilt. Die Gegenwart soll Neuerungen entwickeln, wobei diese entweder als Neuheit begrüßt oder als Abweichung abgelehnt werden (Luhmann 1995a). Dies führt dazu, dass sich neue Gegenwarten zu ihr passende Vergangenheiten und Zukünfte entwerfen. Jede Gegenwart konstruiert eine neue unbekannte Zukunft und dies garantiert, dass die Welt offen bleibt (Luhmann 1997).

Die Gesellschaft oszilliert zwischen positiv und negativ gewerteten Operationen und zwischen Selbst- und Fremdreferenz und konfrontiert sich mit einer unbestimmbaren Zukunft. Gesellschaftliche Funktionssysteme (Runkel, Burkart 2005) setzen sich in den Zustand selbst erzeugter Unbestimmtheit durch Kommunikationsmedien und orientieren sich an einer unbekannten Zukunft. Zukunft hat mit virtueller Realität, deren Realisierungschancen unklar sind, zu tun. Die Zukunft bleibt evolutionär unbestimmt und unvorhersehbar, wenn man auch Trends und Entwicklungen antizipieren kann und versucht, Zukunftsgewissheit zu vergegenwärtigen.

Die Entwicklung der modernen Gesellschaft vollzieht sich auf verschiedenen Ebenen, die gesellschaftsstrukturelle und semantische Anteile besitzen. Gesellschaftsstrukturell verändert sich die moderne Gesellschaft über Veränderungen des modernen Kapitalismus, wie dies im Begriff *Globalisierung* deutlich wird.

Auf der Ebene der Semantik treten kulturelle Muster der Moderne auf, wie Individualismus (Friedrichs 1998), Aktivismus der Weltbeherrschung, Universalismus und Rationalismus (Aretz 2000), die ebenfalls die gesellschaftliche Entwicklung weitertreiben. Diese Muster finden in den Funktionssystemen semantische Respezifikationen und begleiten gesellschaftliche Wandlungsprozesse. Diese in westlichen Gesellschaften entwickelten Vorstellungen tendieren zu Universalitätsstandards und führen zu einer Dauerirritation der Funktionssysteme und Gesellschaftskonzeptionen, was an kontroversen Diskussionen über die *Globalisierung* abgelesen werden kann.

Doch es wird nicht gelingen, die Welt nach westlichen Standards der Wahrheit, Urteilskraft und des Geschmacks umzuformen (Bauman 1990) und so bleibt als sinnvolle Strategie nur eine schrittweise Veränderung zu mehr Demokratie und Wohlstand.

Die Zukunft ist offen und kann in einem großen Verhängnis enden, da die Menschen nun merken, dass sie auf sich selbst gestellt sind. Die "Geschichte des Menschen [fängt] heute erst an, seine Gefährdung, seine Tragödie. Bisher standen noch die Altäre der Heiligen und die Flügel der Erzengel hinter ihm, aus Kelchen und Taufbecken rann es über seine Schwächen und Wunden. Jetzt beginnt die Serie der großen unlöslichen Verhängnisse seiner selbst..." (Benn 1968: 1933).

Literatur

Aretz, Hans-Jürgen, Individualisierung und Modernisierung, in: Kron, Thomas (Hg.), Individualisierung und soziologische Theorie, Opladen 2000.
Bauman, Zygmunt, Gesetzgeber und Interpreten: Kultur als Ideologie von Intellektuellen, in: Haferkamp, Hans (Hg.), Sozialstruktur und Kultur, Frankfurt am Main 1990.
Benn, Gottfried, Lebensweg eines Intellektualisten, in: ders., Gesammelte Werke in acht Bänden, Bd. 8, Wiesbaden 1968.
Bouncken, Ricarda und Thorsten Jochims (Hg.), Steuerung versus Emergenz: Entwicklung und Wachstum von Unternehmen, Festschrift für Egbert Kahle, im Erscheinen.
Childe, V. Gordon, Soziale Evolution, Frankfurt am Main 1975.
Friedrichs, Jürgen (Hg.), Die Individualisierungs-These, Opladen 1998.
Goethe, Johann Wolfgang von, Faust, Erster Teil, in: Goethe Werke, 3. Band, Frankfurt am Main 1965.

Kosselleck, Reinhart, Vergangene Zukunft. Zur Semantik geschichtlicher Zeiten, Frankfurt am Main 1979

Luhmann, Niklas, Sinn, Selbstreferenz und soziokulturelle Evolution, in: Burkart, Günter und Gunter Runkel (Hg.), Luhmann und die Kulturtheorie, Frankfurt am Main 2004.

Luhmann, Niklas, Funktionale Methode und Systemtheorie, in: ders., Soziologische Aufklärung, Bd. 1, Opladen 1971.

Luhmann, Niklas, Evolution und Geschichte, in: ders., Soziologische Aufklärung, Bd. 2, Opladen 1975a.

Luhmann, Niklas, Systemtheorie, Evolutionstheorie, Kommunikationstheorie, in: ders., Soziologische Aufklärung, Bd. 2, Opladen 1975b.

Luhmann, Niklas, Weltzeit und Systemgeschichte, in: ders., Soziologische Aufklärung, Bd. 2, Opladen 1975c.

Luhmann, Niklas, Gesellschaftsstruktur und Semantik. Studien zur Wissenssoziologie der modernen Gesellschaft, 4 Bände, Frankfurt am Main 1980-
1995.

Luhmann, Niklas, Politische Theorie im Wohlfahrtsstaat, München. Wien 1981

Luhmann, Niklas, Soziale Systeme, Frankfurt am Main 1984.

Luhmann, Niklas, Die Behandlung von Irritationen: Abweichung oder Neuheit?, in: ders., Gesellschaftsstruktur und Semantik, Bd. 4., Frankfurt am Main 1995a.

Luhmann, Niklas, Die gesellschaftliche Differenzierung und das Individuum, in: ders., Soziologische Aufklärung, Bd. 6. Die Soziologie und der Mensch, Opladen 1995b.

Luhmann, Niklas, Die Gesellschaft der Gesellschaft, Frankfurt am Main 1997.

Merton, Robert K., The Unanticipated Consequences of Purposive Social Action, in: American Sociological Review, Vol. 1, 1936.

Münch, Richard, Die Kultur der Moderne, Bd.1, Frankfurt am Main 1986.

Münch, Richard, The Interpenetration of Microinteraction and Macrostructures in a Complex and Contingent Institutional Order, in: Alexander, Jeffrey C., Bernhard Giesen, Richard Münch und Neil J. Smelser (Hg.), The Micro-Macro Link, Berkeley. Los Angeles. London 1987.

Parsons, Talcott, Evolutionary Universals in Society in: ders., Sociological Theory and Modern Society, New York. London 1967.

Parsons, Talcott, The Social System, 4. Aufl., New York. London 1968.

Parsons, Talcott, Gesellschaften. Evolutionäre und komparative Perspektiven, Frankfurt am Main 1975.
Parsons, Talcott, Der Begriff der Gesellschaft: Seine Elemente und ihre Verknüpfungen, in: ders., Zur Theorie sozialer Systeme, hg. von Stefan Jensen, Opladen 1976a.
Parsons, Talcott, Das System moderner Gesellschaften, 2. Aufl., München 1976b.
Parsons, Talcott, Zur Theorie der sozialen Interaktionsmedien, hg. von Stefan Jensen, Opladen 1980.
Parsons, Talcott; Platt, Gerald M., Die amerikanische Universität, Frankfurt am Main 1990.
Runkel, Gunter, The Sexual Morality of Christianity, in: Journal of Sex & Marital Therapy, Vol. 24, No. 2, 1998.
Runkel, Gunter (Hg.), Die Stadt, 2. erw. Aufl., Lüneburg 2000.
Runkel, Gunter, Genossenschaft, Repräsentation und Partizipation, Münster. Hamburg. London 2003
Runkel, Gunter; Burkart, Günter (Hg.), Funktionssysteme der Gesellschaft. Beiträge zur Systemtheorie von Niklas Luhmann, Wiesbaden 2005.
Schimank, Uwe, Theorie der modernen Gesellschaft nach Luhmann – eigene Bilanz in Stichworten, in: Giegel, Hans-Joachim und Uwe Schimank (Hg.), Beobachter der Moderne, Frankfurt am Main 2001.
Schmid, Michael, Rationalitätsprinzip und Handlungserklärung, in: Lenk, Hans (Hg.), Handlungstheorien interdisziplinär II, 2. Halbband, München 1979.
Weber, Max, Wirtschaft und Gesellschaft, 2. Aufl., Tübingen 1925.
Weber, Max, Gesammelte Aufsätze zur Religionssoziologie, 1. Bd., 6. Aufl., Tübingen 1972.

Emergente Unternehmensentwicklung als Voraussetzung für eine wirksame und transparente Unternehmensführung
Elmar A. Küsters[*]

1. Prolog: Der Traveling Wilbury-Ansatz zur Erklärung von Emergenz
2. Unternehmensführung im Zeitalter von Transparenz und verstärkter Regulierung
3. Emergente Unternehmensentwicklung als Ansatz einer wirksamen Unternehmensführung
4. Zur Governance zentraler Governance-Funktionen
5. Epilog: Mit Emergenz noch wirksamer in der Unternehmensführung

Literatur

---

[*] Dr. Elmar A. Küsters, Diplom-Kaufmann, Bankkaufmann, leitet als Direktor den Unternehmensbereich Corporate Governance der AWD Holding AG, Hannover, Email: elmar.a.kuesters@AWD.de. Er ist Lehrbeauftragter der Leuphana Universität Lüneburg, Lehrstuhl für Organisation und Entscheidung, Fakultät für Wirtschafts-, Verhaltens- und Rechtswissenschaften. Er betreibt Forschung und Lehre im Themenfeld der Unternehmensführung, Organisation sowie Corporate Governance und hat hierzu Fachbeiträge publiziert. 1998 Promotion an der Universität Lüneburg bei Herrn Professor Dr. Egbert Kahle, davor Studium der Betriebswirtschaftslehre an der Universität Mannheim mit den Schwerpunkten Organisation und Personal, zuvor Banklehre bei der Deutschen Bank AG sowie Einsätze bei Banken in Deutschland, England und Schweiz.

1. Prolog: Der Traveling Wilbury-Ansatz zur Erklärung von Emergenz

Im Frühjahr 1988 suchte George Harrison, der sich gerade in Los Angeles befand, ein Studio, um einen Song für eine Singleauskoppelung seines Soloalbums aufzunehmen. Er erkundigte sich bei seinem Produzenten Jeff Lynne, der zur gleichen Zeit ein Album von Roy Orbison aufnahm, ob er ein Studio wisse. Lynne schlug die Garage von Bob Dylan vor, diese hatte er zum Mini-Studio umgebaut. Bob Dylan zeigte sich einverstanden. Da Tom Petty noch Harrisons Gitarre hatte, traf man sich gleich in Bob Dylans Garage. Roy Orbison hatte nichts Bestimmtes vor und wollte ebenfalls vorbeischauen. Der Song „Handle with Care" war von den fünf Musikern recht schnell eingespielt und George Harrison befand, dass der Track viel zu gut für die ursprünglich angedachte B-Seite sei. Und so begannen sie, spontan ein ganzes Album aufzunehmen.

Der - zugegeben - verkürzte Charakter von „Emergenz" (ausführlich siehe Küsters 1998, S. 315 ff.; Küsters 2003, S. 97 ff.) kommt in dem aufgezeigten Beispiel zumindest darin zum Ausdruck, dass hier eine der herausragenden Musikbands der späten Achtziger - der „Traveling Wilburys", bestehend aus George Harrison, Bob Dylan, Roy Orbison, Tom Petty und Jeff Lynne - ohne gezielte Planung im Vorfeld entstanden ist. Mehr aus Zufall fanden sich fünf der besten Songwriter und Musiker der Rockgeschichte zusammen. Die richtige Mischung aus „Selbst- und Fremdorganisation" (siehe ebenda) führte das Projekt mit dem Einspielen des ersten Tracks insgesamt auf ein „Ordnungsniveau", welches so nicht vorhersehbar war. Alle Beteiligten hatten Spaß am Generieren weiterer, neuer Musikstücke. In der Küche wurden die nächsten Songs gemeinsam geschrieben und meist noch am gleichen Tag in der Garage eingespielt. Dabei war nicht festgelegt, sondern vielmehr wurde jeweils durch Selbstorganisation herausgearbeitet, wer von den fünf Sängern bei welchem Song die Leadstimme übernahm. Die Aufnahmen selber wurden ohne großen technischen Aufwand produziert, als Schlagzeug musste bei einem Track der Kühlschrank herhalten. Das erste Album („Volume 1") war einschließlich Überarbeitungen im Tonstudio sechs Wochen später vollständig fertiggestellt. Insgesamt veröffentlichten die Traveling Wilburys zwei Musikalben, von denen mehrere US-TOP-Ten-Singles ausgekoppelt wurden. Die Alben erlangten mehrfachen Platin- und bis heute Kultstatus (The Traveling Wilburys Collection, 2 CD und 1 DVD, 2007).

2. Unternehmensführung im Zeitalter von Transparenz und verstärkter Regulierung

Weltweit ist die Entwicklung steigender Transparenzerfordernisse in der Unternehmensführungspraxis zu beobachten. Insgesamt ist eine deutliche Zunahme an transparenter Berichterstattung zur jeweiligen Unternehmensentwicklung festzustellen (siehe beispielsweise von Werder, von / Talaulicar 2007 im Kontext der Akzeptanz des Deutschen Corporate Governance Kodex). Die Kapitalmarkt- und Unternehmensöffentlichkeit bewertet mit zunehmender Aufmerksamkeit die Qualität der Unternehmensführung und -kontrolle (Küsters 2002; Cromme 2007; Maschmeyer / Küsters 2007). Gleichzeitig steigt die Regulierungsdichte - und zwar auf höchst unterschiedlichen Feldern der Unternehmensführung. Eine dynamische Regulierung von außen ist insbesondere durch supranationale Institutionen, nationale Gesetzgeber und Regulierungsstellen zu beobachten. Unternehmen haben mehr Gesetze und Vorschriften denn je zu beachten. Kapitalmarkakteure sehen in Deutschland eine „Überregulierung" (Rosen, R. von 2007). Gleichzeitig forcieren Unternehmen ihre internen Standardisierungen, um sich in puncto Qualität der Führung, Prozesse und schließlich im Marktauftritt dem Wettbewerb erfolgreich zu stellen. Im Grunde sind alle Gremien, Funktionsbereiche, Konzerneinheiten und Abläufe eines Unternehmens betroffen. Angesichts dieser Entwicklung stellt sich aus einer ganzheitlichen Sicht die Frage, wie sich eine ordnungsgemäße Berücksichtigung aller Normen regelmäßig und systematisch mit einer integrierten Organisation bewältigen lässt. In jedem Fall ist eine klare wettbewerbsbezogene Ausrichtung aller Bemühungen sowie die systematische Handhabung von Komplexität vorrangige Aufgabe des Managements. Hier sind Selbst- und Fremdorganisation wesentliche Grundlage für die wirksame Unternehmensführung, die sich mit zunehmenden Transparenzanforderungen einem Wettbewerb um „gute" Unternehmensführung (Good Governance) stellt und dabei immer häufiger einen Nachhaltigkeitsaspekt thematisiert (Corporate Social Responsibility).

3. Emergente Unternehmensentwicklung als Ansatz einer wirksamen Unternehmensführung

Aus der „Vogelperspektive" betrachtet geht es auf der einen Seite vielen Initiatoren um die Weiterentwicklung von Rahmenbedingungen für den jeweils relevanten Markt (z.b. Kapitalmarkt, Markt für Finanzdienstleistungen etc.) und auf der anderen Seite den Unternehmern um das Management zwischen Regulierung und selbstverantwortlichem Handeln zur Erzielung und Fortschreibung von Wettbewerbsvorteilen. Gesetzliche Verordnungen haben hier per se den Nachteil, dass alle Marktteilnehmer sich bestenfalls gleich gut verhalten können – soweit so gut. Sie können aber kaum auf dieser Ebene Wettbewerbsvorteile generieren.

Die Berichterstattung über die Grundlagen der Führung und Kontrolle eines Unternehmens hat vor dem Hintergrund des gewachsenen und regulatorisch geprägten Corporate Governance-Bewusstseins stark an Bedeutung für die Kommunikation von Unternehmen mit den Kapitalmärkten und der Öffentlichkeit gewonnen. Eine deutlich über den gesetzlichen Anforderungen liegende Corporate Governance, die den entsprechenden Umgang im Unternehmen darstellt, erhöht die Transparenz in der Berichterstattung. Eine Kommunikation über die praktische Umsetzung von Corporate Governance-Normen stellt mithin zusätzliche qualitative Kriterien zur Verfügung, die das Analysespektrum zur Einschätzung eines fairen Unternehmenswertes erweitern. Vor diesem Hintergrund haben Unternehmen einen Vorteil, die bereits auf eine mehrjährige Praxis unternehmensbezogener Umsetzungen in Strukturen und Abläufen - und damit inhaltlicher Verarbeitung regulatorischer Vorgaben - zurückgreifen können. Nicht zuletzt können Unternehmen, die eigene Corporate Governance-Grundlagen von sich aus in den vergangenen Jahren freiwillig und aktiv entwickelt haben, hier nicht unerhebliche Beratungsgebühren sparen. Schließlich wird auch von anderer Seite der Zusammenhang von konsistenter Unternehmenskommunikation und Unternehmensbewertung beschrieben (Hoffmann / Meckel 2007).

Im Spannungsfeld von Transparenz, Regulierung und verschärften, von Globalisierung und Verdrängung gekennzeichneten Wettbewerb interessiert daher auch, wie Unternehmen in komplexen Wirkungsgefügen Informationen aufnehmen, verarbeiten, Kommunikation betreiben, komplexe Sachverhalte und andere Systeme verstehen und im umfassenden Sinne Interaktionen mit ihrer Umwelt betreiben. Im Wechsel von Episoden der Selbst- und Fremdorganisation (Küsters 1998) wird ein Zugang zu spontanen Ordnungsentstehungsprozessen gefunden:

- Selbstorganisation ist als evolutionärer Prozess der spontanen Ordnungsbildung zu begreifen.

- Fremdorganisation stellt Ermöglichungsbedingungen für Selbstorganisation bereit und ist eine Randbedingung von Selbstorganisation (Organisation).

- Management wird als die bestmögliche Handhabung der Interaktion zwischen einer Organisation und ihrer Umwelt im Hinblick auf die jeweils verfolgten Ziele verstanden.

- Management ist insoweit als fortwährender Prozess einander abwechselnder Episoden der Selbst- und Fremdorganisation zu denken und beschreibt die wissenschaftliche Leitidee der System-Umwelt-Differenz (Luhmann 1993). Selbstorganisation verweist immer auf ihr Gegenteil, nämlich Fremdorganisation et vice versa. Es geht um die gemeinsame Handlungsausrichtung der Episoden.

- Voraussetzung dafür ist, dass ein Muster von Beziehungen, ein „Code" in den Kommunikationsprozessen vorliegt, mit dem die Organisation Bezug auf sich selbst nehmen kann.

„Emergenz" bedeutet hier, dass unternehmensspezifische Corporate Governance-Regeln im Verlauf der Kommunikation so etabliert werden, dass daraus neue Ausprägungen der Organisation hervorgehen, die so nicht vorhersehbar waren, aber nützlich sind. Emergente Managementstrategien, auf Transparenz und Corporate Governance ausgerichtete Strukturen und Verhalten sind jeweils in einem integrativen Modell zu denken und vom Unternehmen aus zu initiieren und zu gestalten. Als viable Strategien (Glasersfeld, von 1995; siehe auch weiter unten) beinhalten sie ein deutlich tieferes Verständnis davon, welche komplexen

Mechanismen und System-Umwelt-Konstellationen ins Kalkül zu ziehen sind. Sie grenzen sich von den nicht selten simplifizierenden Appellen an die Moral bei der In-Kraftsetzung häufig in sich inkonsistenter Gesetze ab, mit denen weitläufig die Vorstellung verbunden wird, durch die alleinige Vorgabe von Normen zu einer wettbewerbsorientierten, verbesserten Transparenz und Qualität beitragen zu können. Die grundlegende Steuerung und Entwicklung von Unternehmen vollzieht sich vor dem Hintergrund der beschriebenen Episoden der Selbst- und Fremdorganisation. Episoden haben einen Anfang und ein Ende, an deren Punkten offensichtlich Zäsuren durch einen Wechsel von Selbst- und Fremdorganisation erfolgen. In selbstorganisierenden Phasen bilden sich operational geschlossene Einheiten heraus, mit denen Komplexitätsoptimierung im Managementprozess angestrebt wird. Dies ist eine Alternative zur bloßen Vorgabe einer von außen, rein hierarchisch veranlassten Gestaltungsmaßnahme oder hier Regelvorgabe, die zusätzliche Komplexität im System auslöst.

Das damit angesprochene Übergewicht in der Formalisierung im Bereich der Führung ist zum Anlass zu nehmen, stärker das soziale als das technische Konstruieren von Organisationsnormen zugrunde zu legen. Es ist hier stärker im Sinne eines Verstehen-Paradigmas – im Gegensatz zu einem Erklären-Paradigma (Küsters 1998, S. 225) – zu fragen, wie sich Normen und Ordnungsmuster in Organisationen herausbilden und wie unterschiedliche Ausprägungen von Normen in Organisationen entstehen. Regeln werden im basalen Prozess der Organisation (Küsters 2002), also in den Kommunikationen vor dem Hintergrund der vorhandenen Skripte, Routinen und subjektiven Theorien interpretiert. Als viable Managementstrategie greift die Organisation nur auf solche Codes zurück, die ihren bisherigen Erfahrungen entsprechen, die zu ihrem bisherigen Bild über die entsprechende Regel im Kontext ihrer Organisation passen. D.h., solche Strategien können nur aus den erfolgten System-Umwelt-Differenzen heraus beobachtet und verstanden werden und vermitteln die 'erfahrbare Gangbarkeit' im eigenen System.

Führungssysteme in Unternehmen, die beispielsweise Wert auf eine gute Corporate Governance im eigenen Unternehmen legen, werden vom Kapitalmarkt geforderte Standards im Unternehmen Schritt für Schritt und insgesamt systemadäquat zum Thema machen, hierzu regelmäßig ein Feedback geben (Aktualisieren, Vorleben), aber auch Feedback einholen (Akzeptanz).

Corporate Governance ist hier im Sinne einer aktiven Organisationsentwicklung als eigenständiges Führungselement zu begreifen, das sich im Einklang mit der eigenen Unternehmenskultur und auf dem Fundament eines ausgeprägten und innovationsorientierten Corporate Governance-Commitments weiterentwickelt. Dabei beinhaltet „Corporate Governance" die normative Grundordnung für das duale Führungs- und Kontrollsystem des Unternehmens (Aufsichtsrat und Vorstand).

Die durch die verschiedenen Regulierungsinitiativen formulierten Vorgaben sowie eigene Standards sind in Entscheidungs- und Handlungssituationen zu transferieren bzw. sollten sich in den Strukturen, Abläufen und in der Kultur des Unternehmens durch fremdorganisatorische wie auch selbstorganisatorische Maßnahmen verankern. Es geht dabei um eine Fortentwicklung der eigenen Unternehmensverfassung und deren praktische Anpassung in z.B. Unternehmensleitlinien, Satzungen, Geschäftsordnungen, Richtlinien für einzelne Unternehmensfunktionen, Bestellungsverträge für leitende Führungskräfte, Arbeitsverträge mit Mitarbeitern, Tantiemeregelungen, Mitarbeiterbeteiligungsprogramme etc.. Renditeerwartungen der Gesellschafter bzw. der Aktionäre können so bewusst in der Führung und Kontrolle des Unternehmens eingebunden werden. Wachstumsunternehmen mit IPO-Absichten können beispielsweise damit ihre Wettbewerbsattraktivität auf dem Kapitalmarkt erhöhen und so einen langfristig geplanten Börsengang Schritt für Schritt im Einklang mit der internen Unternehmensentwicklung vorantreiben. Der wechselseitige Zusammenhang von Eigentümerwartungen und unternehmerischer Gesamtführung (Aufsicht und operative Führung) wird so auf eine Ebene mit möglichen Kapitalmarkterwartungen konkret im Unternehmen abgebildet. Durch den Emergenzspielraum entwickeln Unternehmen Corporate Governance-Ausprägungen, die so nicht vorhersehbar waren, aber im Wettbewerb um die attraktivsten Eigenkapitalkosten den entscheidenden Ausschlag geben können (zum Zusammenhang Corporate Governance und Ethik als Schlüsselkriterium für Investmententscheidungen siehe die Auswertung maßgeblicher empirischer Erhebungen in Weber / Lentfer / Köster 2007).

4. Zur Governance zentraler Governance-Funktionen

Beim Zusammenspiel zwischen der Normenvorgabe von außen und von innen, der Entwicklung und Gestaltung der Aufbau- und Ablauforganisation im Unternehmen sowie der Überprüfung der Einhaltung von Normen durch vornehmlich Compliance-, Revisions- und Rechtsabteilungen sowie teilweise andere Bereiche wie Risikomanagement oder Qualität- und Servicebereiche ist aktuell ein begrifflicher „Melting-Pot" verbunden mit einer vielfachen Funktionsunschärfe entstanden.

Zum Wesen einer „Governance" zählt, die Grundordnung der Führung, Kontrolle und Organisation eines Unternehmens aus einer ganzheitlichen Sicht von den weiteren Funktionen einer regelhaften und strukturierten Compliance, einer Internen Revision, einer Rechtsabteilung und möglichen weiteren Aufgaben sprachlich und operativ zu trennen.

- Eine verbindliche „Governance" eines Unternehmens ist auf eine wirksame Organisation der Führung, Entwicklung und Kontrolle im Unternehmen gerichtet und dient der Entfaltung und Optimierung der unternehmerischen Potenziale sowie der Verwirklichung einer nachhaltigen Steigerung des Unternehmenswertes. Sie intendiert die Entwicklung eines integrierten Konzepts zur ganzheitlichen Abbildung der normativen Grundordnungen in den Strukturen, Abläufen und der Kultur des Unternehmens. Eine so explizit aufgestellte Governance macht die Erwartungshaltungen transparent, beschleunigt die positiven Effekte wirksamer Führung und Kontrolle und ermöglicht eine regelmäßige sowie systematische Compliance. Die zentralen Stellglieder einer Governance sind sowohl Aufsichtsrat als auch Vorstand. Sinnvollerweise sollte zur Unterstützung ein eigener Unternehmensbereich Corporate Governance eingerichtet sein, der die Weiterentwicklung einer ganzheitlich integrierten Corporate Governance sowie die Etablierung eines klaren Verständnisses zu Transparenz und einheitlichen Standards im Unternehmen in diesem Sinne begleitet und umsetzt.

- „Compliance" ist auf die Einhaltung der gesetzlich kodifizierten und freiwilligen Regelungen gerichtet. Zur systematischen Complianceprüfung sind jeweils definierte Kernprozesse zwingend notwendig. Folgende Rechtsbereiche und Handlungsfelder können u.a. Gegenstand eines Compliance-Managements sein: Kapitalmarktrecht, Insiderrecht, Korruption, deliktische Handlungen, Kartellrecht, Vertragsrecht, Wettbewerbsrecht, Wirtschaftsstrafrecht, Produkthaftung, Arbeitsrecht, Umweltrecht, Exportkontrolle, Steuern, Abschlussprüfung sowie die damit verbundenen Unternehmensbereiche IT, Vertrieb, Produktion, Human Relations und Corporate Governance. Es ist eine Frage der Governance, das unternehmensinterne Zusammenwirken von einzelnen Compliancefunktionen angemessen zu definieren und diese dann regelmäßig über die Governancefelder zu scannen. Detaillierte Reviews und Berichte sollten über Entsprechungen und Abweichungen Auskunft geben.

- Die „Revision" ist auf anlassbedingte Prüfungen der Geschäftsprozesse zur Sicherung der Ordnungsmäßigkeit, Wirtschaftlichkeit, Sicherheit und zur Prüfung von Risiken im Unternehmen gerichtet. Die Revision deckt als „Unternehmenspolizei" und verlängerter Arm der Unternehmensleitung Fehler und ggf. Normenverstöße im Unternehmen auf.

- Die „Rechtsabteilung" arbeitet als Stabsbereich des Vorstands und ist für die rechtliche Prüfung und Vorbereitung sämtlicher rechtlicher Gestaltungsbelange zuständig.

Eine verbindliche Governance ...

Governance ...
- ... ist auf eine wirksame Organisation der Führung, Entwicklung und Kontrolle im Unternehmen gerichtet
- ... dient der Entfaltung und Optimierung der unternehmerischen Potenziale
- ... sowie der Verwirklichung einer nachhaltigen Steigerung des Unternehmenswertes
- ... ist eine Frage der Innenregulierung (unternehmenseigene, interne Standards, Richtlinien etc.)
- ... sowie eine Frage der Außenregulierung (Gesetze, Umsetzungsverordnungen etc.)
- ... und intendiert die Entwicklung eines integrierten Konzepts zur ganzheitlichen Abbildung der normativen Grundordnungen in den Strukturen, Abläufen und der Kultur des Unternehmens

Compliance ...
- ... ist auf die Einhaltung der (freiwilligen und kodifizierten) Normen und Regelungen gerichtet
- ... und erfordert zur regelmäßigen Umsetzung umfangreicher Organisationspflichten die Vorhaltung einer professionellen Compliance-Organisation.
- Zur Complianceprüfung sind jeweils definierte Kernprozesse notwendig.

Revision ...
- ... ist auf anlassbedingte Prüfungen der Geschäftsprozesse gerichtet ...
- ... zur Sicherung der Ordnungsmäßigkeit, Wirtschaftlichkeit, Sicherheit und zur Prüfung von Risiken.

Rechtsabteilung ...
- ... arbeitet als Stabsbereich des Vorstands und ...
- ... ist für die rechtliche Prüfung und Vorbereitung sämtlicher rechtlicher Gestaltungsbelange zuständig.

▷ **... macht die jeweiligen Erwartungshaltungen transparent, beschleunigt die positiven Effekte und ermöglicht Compliance**

Diese grundsätzlichen Unterscheidungen und Rollenverständnisse sind für die interne Governance zentraler Governancefunktionen im Unternehmen ausschlaggebend. Auch hier bietet eine emergente Unternehmensentwicklung die Möglichkeiten, eine differenzierte Governancestruktur entstehen zu lassen.

5. Epilog: Mit Emergenz noch wirksamer in der Unternehmensführung

Transparenz und Wirksamkeit der Unternehmensführung lassen sich durch emergente Managementstrategien im Hinblick auf die eigenen Systemwelten beschleunigen, weil von außen vorgegebene Normen systemadäquater verstanden und in eigene Strukturen und Abläufe sinnhafter transformiert werden. Neuere Ansätze aus der Management- und Organisationstheorie können als Grundlage für die Entwicklung einer wirksamen Führung und Kontrolle von

Unternehmen herangezogen werden. Allerdings besteht Raum für weitere Forschung und praxisbezogene Innovationen. Hier sind weitere Impulse gefragt. Damit sei die Forschung nicht aufgefordert, weitere deterministische Erklärungskonzepte in der Managementpraxis zu propagieren. Ebenso sind legislative Instanzen zumindest durch diese Position nicht aufgefordert, Überregulierung zu forcieren. Aufgrund der Vielfalt von Lösungsoptionen in einer komplexen Managementwelt ist vielmehr die verständliche Vermittlung von Deutungsansätzen, die sinnvolle Interpretationsleistungen auch von Organisationsnormen erlauben, gefragt.

Literatur

Bouncken, R. B. (Hrsg.): Management von KMU und Gründungsunternehmen, Wiesbaden 2003

Cromme, G.: Corporate Governance und Stärkung des Vertrauens in die Unternehmensführung, In: Schäfer, B. (Hrsg.) 2007, S. 615 - 622

Fockenbrock, D.: Rechtliche Fallen lauern an jeder Ecke – Unternehmen kämpfen mit der Flut neuer Gesetze und Vorschriften, In: Handelsblatt, Nr. 41, 27.02.2007, S. 18

Glasersfeld, E. von: Konstruktion der Wirklichkeit und des Begriffs der Objektivität, In: Gumin, H. / Meier, H. (Hrsg.) 1995, S. 9 - 39

Gumin, H. / Meier, H. (Hrsg.): Einführung in den Konstruktivismus, 2. Aufl., München, Zürich 1995

Hoffmann, C. / Meckel, M.: Wahrnehmung und Unternehmensbewertung, In: FAZ, Nr. 122, 29.05.2007, S. 22

Kahle, E.: Wie liest man eine Cognitive Map? – Fragen und Hypothesen zur Sinngebung und Sinnvermittlung in und von Organisationen, Workshop Organisation, 3. / 4. März 2000, Zürich 2000

Kahle, E. (Hrsg.): Organisatorische Veränderung und Corporate Governance, Wiesbaden 2002

Kieser, A.: Fremdorganisation, Selbstorganisation und evolutionäres Management, In: zfbf, März 1994, Heft 3, S. 199 - 228

Küsters, E. A.: Entschlüsselung wirksamer Führung im Familienunternehmen – Skizzen für die Managementforschung und -praxis, In: Bouncken, R. B. (Hrsg.) 2003, S. 93 – 113

Küsters, E. A.: Corporate Governance im basalen Prozeß der Organisation, In: Kahle, E. (Hrsg.) 2002, S. 312 - 371
Küsters, E. A.: Episoden des interkulturellen Managements – Grundlagen der Selbst- und Fremdorganisation, Wiesbaden 1998
Luhmann, N.: Soziale Systeme – Grundriß einer allgemeinen Theorie, 4. Aufl., Frankfurt am Main 1993
Maschmeyer, C. / Küsters, E. A.: Unabhängigkeit und Transparenz als Erfolgsfaktoren für die Führung von Finanzdienstleistungsunternehmen, In: Schäfer, B. (Hrsg.) 2007, S. 687 - 702
Rosen, R. von (Hrsg.): Kosten und Nutzen der Regulierung börsennotierter Unternehmen – Ergebnisse einer Umfrage, Studien des Deutschen Aktieninstituts, Heft 35, 1. Aufl., Frankfurt am Main März 2007
Schäfer, B. (Hrsg.): Handbuch Regionalbanken, 2. Aufl., Wiesbaden 2007
The Traveling Wilburys: Collection, 2 CD und 1 DVD, 2007
Varela, F. J.: Ethisches Können, Frankfurt am Main, New York 1994
Weber, S. C. / Lentfer, T. / Köster, M.: Einfluss der Corporate Governance auf die Kapitalkosten eines Unternehmens – Ein institutionenökonomischer Erklärungsansatz, eine Bestandsaufnahme empirischer Studienergebnisse und eine Partialbetrachtung des Corporate Governance Reporting, In: Zeitschrift für Corporate Governance ZCG, Jg. 2, Heft April 2007, S. 53 - 61
Werder, A. von / Talaulicar, T.: Kodex Report 2007 - Die Akzeptanz der Empfehlungen und Anregungen des Deutschen Corporate Governance Kodex, In: Der Betrieb, 20.04.2007, Jg. 60, Heft 16, S. 869 - 875

Steuerung emergenter Sachzusammenhänge
Falko E. P. Wilms[*]

1. Einführung
2. Arbeitsdefinitionen
3. Arbeitsthesen
4. Systemtheoretischer Hintergrund
5. Die Folgeabschätzung
6. Abschließendes Fazit

Literatur

---

[*] Prof. Dr. Falko E. P. Wilms ist Hochschullehrer für Organizational Behaviour und Systemtheorie an der Fachhochschule Vorarlberg GmbH; zusammen mit Prof. Dr. Egbert Kahle ist er Mitbegründer der Forschungsgruppe Kybernetische Unternehmens-Strategie (FOKUS) und promovierte 1994 bei ihm zum Dr. rer. pol. mit einer Arbeit über multipersonelle Entscheidungsprozesse aus systemtheoretischer Perspektive.

1. Einführung

Im Beitrag wird anhand vorangestellter semantischer Annährungen und auf der Basis von Arbeitsthesen gezeigt, dass Management auf die Steuerung des rekursiven Prozesses der Wertschöpfung hinausläuft, dessen Funktionstüchtigkeit maßgeblich von seinen internen Wechselwirkungen zwischen den dazu gehörenden Aufgaben und den erzielten Erfüllungsgraden abhängt.

Hinsichtlich der effektiven Verwendung von Ressourcen und der Kanalisierung der Erwartungen der mitwirkenden Manager ist mit simulationsfähigen Wirkungsgefügen eine frühzeitige, begründete Abschätzung der Zielwirksamkeit verschiedener Maßnahmen über verschiedene Szenarien hinweg möglich, wobei viele emergente Wirkungen einbezogen werden. Anhand wahrscheinlichkeitsgewichteter Zielerreichungswerte wird dem Management eine Beurteilung verschiedener Maßnahmen auch bei Unsicherheit über das konkrete Eintreten von Szenarien ermöglicht.

‚Mit der vorgestellten Konstruktion eines simulationsfähigen Wirkungsgefüges mit den Bereichen Intervention, Kontext, Ziel und Ziel-Mittel-Relation gelingt die Steuerung eines an sich emergenten Sachzusammenhangs durch das Management.

2. Arbeitsdefinitionen

2.1 Steuerung

Steuerung (Wilms 2001, S. 64 ff.) bezeichnet die Tätigkeit der Sicherung der gegenwarts- und zukunftsorientierten Zielerreichung, von der die eher vergangenheitsbezogene Überwachung ein Nebenprodukt ist. Bei der Steuerung werden die (erwarteten bzw. als wahrscheinlich eingestuften) Konsequenzen der Möglichkeiten des Umgangs mit Ressourcen in eine Rangreihe geordnet. Angestrebte Ziele dienen hierbei als Ordnungskriterien. Unter diesen Möglichkeiten wird die ausgewählt, die die bestmögliche (nicht notwendigerweise maximale) Zielerreichung erwarten lässt.

Für das Management ist insbesondere die Steuerung des Wertschöpfungsprozesses von Bedeutung, wobei die Entscheidung zugunsten einer Ressourcenverwendung stets im Zusammenhang mit den zeitlich vorhergehenden und nachfolgenden Entscheidungen zu sehen ist.

2.2 Emergenz

Emergenz bezeichnet das eigendynamische Auftreten neuer Eigenschaften beim Übergang von einer niedrigeren zu einer höheren Ebene eines Systems, die nicht auf Eigenschaften/Wirkungsweisen beteiligter Elemente zurückführbar sind, sondern durch das wechselseitige Zusammenspiel der Kräfte (Rekursivität der systeminternen Operationen) bewirkt werden.

Die Eigendynamik einer Unternehmung, seiner Produktions- oder Finanzlogik und seine STOP/GO-Entscheidungsgrundlagen sind also nicht aus der Inanspruchnahme von Ressourcen jedweder Art, noch durch deren Vernetzung miteinander heraus erklärbar. Es ist also nicht so, dass das System „Unternehmung" eine Struktur oder ein Verhältnis von an und für sich existierenden Unternehmensteilen ist, vielmehr sind die funktionalen Einheiten der Unternehmung Resultate der internen Systemoperationen; das Unternehmen ist daher nicht die Summe vieler Stellen (Aufgabenbündel), sondern die zielgerichtet gebildeten Aufgabenbündel sind Ergebnisse des Zusammenwirkens der im Unternehmen geltenden Regeln zur Kanalisierung der Verhaltensweisen und Erwartungen bezüglich der internen Wertschöpfung.

Für das Management ist von besonderer Bedeutung, dass die Funktionstüchtigkeit des Unternehmens nicht von der Qualität der einzelnen Aufgabenerfüllungen abhängt, sondern vielmehr von deren Wechselwirkungen, die mit der Gestaltung von Strukturen und Prozesse und deren emergente Folgen gemanagt werden sollen.

2.3 Management

Management (lat. manum agere: an der Hand führen) bezeichnet die zielorientierte Gestaltung und Steuerung (instrumentelle Sicht) von Unternehmen oder Teilen davon (normative Sicht); dabei sind Aufgaben zu erfüllen und Mitarbeiter zu führen (funktionale Sicht); die damit betrauten Personen (personale Sicht) haben bestimmte Stellen im Unternehmen inne (institutionelle Sicht).

Im engeren Sinne (Thiel/Wilms 2007, S. 45 f.) geht es um die Gestaltung von Wertschöpfung, beginnend bei der Ressourcenbeschaffung (bzw. der Ideengewinnung für Neu- und Weiterentwicklungen bestehender Leistungen) über die Produktion und der Vermarktung bis hin zum Verkauf und dem Vertrieb erstellter Leistungen einschließlich des Umgangs mit den dazugehörenden Zahlungs- und Verrechnungsmodalitäten. Wertschöpfung entsteht nur, wenn der Kunde zahlt. Nur mit der Zufriedenstellung zahlungsbereiter Kunden/Anwender angebotener Leistungen gelingt die langfristig effektive Verzinsung des eingesetzten Kapitals.

2.4 Unternehmen

Unternehmen (Thiel/Wilms 2007, S. 31 f.) bezeichnet ein ökonomisch-rechtliches, selbständig agierendes sozio-ökonomisches System, das mit Bezug auf erwartbare Zahlungsbereitschaft potentieller Kunden in einem (oft arbeitsteiligen) Wertschöpfungsprozess vermarktbare Leistungen herstellt und am Markt verkauft, um mit den erzielten Einnahmen nötige Investitionen (z.b. in die Entwicklung neuer Leistungen) und Finanzierungen (z.B. Lohn und Gehaltszahlungen, Kreditrückzahlungen, Instandhaltung, Einkauf neuer Ressourcen) zu tätigen.

Für das Management ist von besonderer Bedeutung, dass die Funktionstüchtigkeit eines Unternehmens stark von der Marktlogik und von der Wirtschaftsordnung geprägt wird, die von der wirtschaftspolitischen jeweils unterschiedlich konkretisiert wird.

2.5 System

System (Wilms 2003, S. 12 f.; Wilms 2006, S. 40 ff.) bezeichnet einen abgegrenzten Sachzusammenhang von Elementen, deren Beziehungen untereinander sich quantitativ und qualitativ unterscheiden von Beziehungen zu anderen Elementen; diese Unterschiedlichkeit beschreibt dann die Grenze des Systems, die das System mit seiner Umwelt verbindet und es zugleich von ihr trennt.

Für das Management ist das Systemdenken insbesondere deshalb von Bedeutung, weil damit hierarchie- und abteilungsübergreifende Kommunikationen und Entscheidungen gefördert werden.

2.6 Struktur

Struktur bezeichnet die wirksamen Bedingungen der Einschränkung oder Förderung aneinander anschlussfähiger Operationen in einem System; somit bezeichnen Strukturen die Anschlussmöglichkeiten, die vor einem bestimmten Ereignis gegeben sind.

Für das Management sind insbesondere Erwartungsstrukturen der Beteiligten von Bedeutung, die bestimmte Kommunikationswahrscheinlichkeiten erhöhen und andere unwahrscheinlicher werden lassen. Dies hat auch Einflüsse auf die zu tätigenden Entscheidungen

2.7 Prozess

Prozess (Wilms 2001, S. 66ff.) bezeichnet eine zeitliche Abfolge von qualitativen oder quantitativen, sich wechselseitig beeinflussenden Einzelereignissen, die nach einem Ereignis bestimmte Anschlussmöglichkeiten nachfolgender Ereignisse aneinander wahrscheinlicher werden lassen als andere. Hierbei ist der Übergang von einem Zustand zu einem im Zeitablauf folgenden Zustand mit Wahrscheinlichkeiten (p) zwischen 0 und 1 belegt. Je höher p ist, desto eher spricht man von Determinismus.

Sind allein quantitative Zustandsänderungen zu beobachten, so handelt es sich um Wachstum; werden hingegen auch qualitative Veränderungen beobachtet, so handelt es sich um eine Entwicklung. Das quantitative Wachstum unterliegt anderen Gesetzmäßigkeiten als die qualitative Entwicklung, beispielsweise sind den Wachstumsprozessen materielle Obergrenzen gesetzt, die zumeist an ein Mini- oder Maximum des zu verarbeitenden Durchsatzes gekoppelt sind. Die Grenzen der Entwicklung hingegen liegen in der Qualität der Verarbeitung des Durchsatzes.

Dient der Output **O** einer Sequenz von Übergängen zu einem folgenden Zeitpunkt als Input der gleichen Sequenz, so handelt es sich um einen rekursiven Prozess. Wird er längere Zeit fortgeführt, gleichen sich die erzielten Werte für **O** im Zeitablauf immer weiter an bis schließlich ein unveränderlicher "Eigenwert" erreicht wird. Rekursive Prozesse haben eine zentrale Bedeutung für die innere Dynamik komplexer Systeme.

Für das Management sind insbesondere Wertschöpfungsprozesse von Bedeutung, die in den Grunddimensionen (Patzack 1982, S. 32 ff.) Energie, Materie und Information anhand empirisch erhobener Daten erfasst werden, die dann mit betriebswirtschaftlichen Methoden in Finanzgrößen umgerechnet und in Währungseinheiten quantifiziert werden können. Auf dieser Grundlage werden im Rahmen der Steuerung bestimmte Ressourcenverwendungen wahrscheinlicher und andere unwahrscheinlicher.

Das Managen von Wertschöpfungsprozessen umfasst die Ressourcenbeschaffung bzw. der Ideengewinnung für Neu- und Weiterentwicklungen bestehender Leistungen über die Produktion und der Vermarktung bis hin zum Verkauf und dem Vertrieb erstellter Leistungen (wofür jeweils Zahlungen zu tätigen sind) sowie der Umgang mit den erzielten Einnahmen, mit denen letztlich die effektive Verzinsung des eingesetzten Kapitals und die Zahlungsfähigkeit für neue Ressourcen zu leisten ist; es handelt sich also um einen rekursiven Prozess, den das Management zu gestalten hat.

2.8 Zwischenfazit

Management läuft auf die Steuerung eines rekursiven Prozesses der Wertschöpfung eines als sozio-ökonomisches System verstehbaren Unternehmens hinaus, das im Rahmen einer Marktlogik agiert. Die Messung des aktuellen Zustandes dieses rekursiven Prozesses erfolgt in den Dimensionen Energie, Materie und Information anhand empirisch erhobener Daten, die in Finanzgrößen umgerechnet und in Währungseinheiten quantifiziert werden.

Die Funktionstüchtigkeit dieses so gemessen und bewerteten rekursiven Prozesses hängt maßgeblich ab von seinen internen Wechselwirkungen mit den dazu gehörenden Aufgaben und den erzielten Erfüllungsgraden. Im Rahmen der Steuerung werden dann bestimmte Ressourcenverwendungen wahrscheinlicher und andere unwahrscheinlicher, wobei der Gestaltung von (Erwartungs-) Strukturen der Beteiligten eine entscheidende Rolle zukommt.

3. Arbeitsthesen

Hinsichtlich der begründeten Abschätzung der Zielwirksamkeit verschiedener Maßnahmen unter Einbezug der emergenten Wirkungen ist grundsätzlich von folgenden Arbeitsthesen auszugehen:

1. Ein Unternehmen (Gutenberg 1929, S. 11ff.; Walger 1993, S. 109 ff.) ist mit einer (wissenschaftlichen) „Als-ob-Konstruktion" erfassbar: Man tut so, als ob der Endzweck der langfristig effizienten Verzinsung des eingesetzten Kapitals durch eine rationale Ziel-Mittel-Relation (= Unternehmung) realisiert werden würde. Hierbei wird im Zuge der Wertfreiheit von der Trennung von Zielen und Mitteln ausgegangen, jedes Unternehmensziel als gegebenes Datum angesehen und die Optimierung der Ziel-Mittel-Relationen angestrebt (Heinen 1962, 1966, 1976).

2. Ein Unternehmen kann man als vielfältig in ein Umfeld (Kontext) eingebettet verstehen, von dem laufend Impulse für Veränderungen (z.B. demographische Entwicklungen der Zielgruppen, technologische Erfindungen oder Gesetzesänderungen) des status quo ins Unternehmen hineinfließen. Insofern wirken in Unternehmen viele dynamische Fließgleichgewichte; mit dieser Dynamik wächst die Wahrscheinlichkeit, dass durch einen initiierten Prozess auch überraschende Folgen bewirkt werden.

3. Die subjektiven Vorstellungen der Akteure über die Wirklichkeit (Conant/Ashby 1970) kann in Form von Mentalen Modellen (Johnson-Laird 1983, 1988; 1983, S. 7-14) bzw. von kognitiven Landkarten (Calori 1991) erfasst werden. Beim Abgleich dieser Vorstellungen kommt den Kommunikationsprozessen bezüglich des Aufbaus gemeinsam koordinierter Bedeutungsinhalte (Taylor/Lerner 1996, S. 259 ff.; Weick 1995) eine besondere Bedeutung zu.

4. Entscheidend für den Aufbau gemeinsamer Bedeutungsinhalte sind geteilte Vorstellungen über bedeutsame Kausalzusammenhänge zwischen Entscheidungsvariablen, Instrumenten, Interventionen, Maßnahmen und deren Wirkungen bezüglich des Erreichens eines oder mehrerer Ziele (Tietz 2005, S. 291-304).

5. Obwohl Rückkoppelungen in qualitativen Argumentationen zumeist fehlen (Axelrod 1976), sind zur Folgeabschätzung von verantworteten Prozessen

erwünschte und unerwünschte, nicht zu verhindernde Neben-, Rück- und Fernwirkungen zu berücksichtigen, wobei nicht allein finanzielle Einflussgrößen zu berücksichtigen sind.

6. In einer Kombination aus Vorwärts- und Rückwärtsplanung ein Wirkungsgefüge (Vester 1976) aus Interventionen, kausalen Zusammenhängen zwischen den damit ausgelösten Einzelwirkungen in Verbindung mit bedeutsamen Kontextvariablen und ihre Auswirkungen auf die Erreichung von angestrebten Zielen erarbeitet werden.

7. In einem solchen Wirkungsgefüge werden die Interventionen, die Ziel-Mittel-Relationen, die Kontextvariablen und die Zielgrößen mit ihren begrifflichen Nennungen erfasst und die wirksamen Beziehungen durch Pfeile dokumentiert (Vester/Hesler 1980; Vester 1999; Gomez/Probst 1998; Kahle/ Wilms 1998). So werden Ziele als Mittel für nachgelagerte Ziele identifiziert; diese Ziel-Mittel-Relationen verwandeln sich in mehrstufige Ketten entlang des Zeitstrahls, die miteinander in Beziehung stehen.

8. Die aufgezeigten Rückkopplungen einzelner Beziehungen haben eine emergente Eigendynamik: Die Gesamtheit der Ziel-Mittel-Relationen hat Wirkungen, die nicht auf einzelne Relationen zurückführbar sind, sondern durch das (rekursive) Zusammenspiel der Kräfte (systeminterner Operationen) bewirkt werden. Durch diese Emergenz wird der Gültigkeitsanspruch bzw. die Überzeugungskraft vieler Argumente und Gegenargumente über die Erwartung bestimmter Folgewirkungen deutlich verändert, zumeist geschmälert!

9. Manager zeigen sich in der betrieblichen Praxis davon irritiert,

    • dass formulierte Ziele eigentlich Mittel zur Erreichung anderer Ziele sind,

    • dass jeder formulierte Endzweck letztlich eine Finalisierung der eigenen Begründungsstruktur ist,

    • dass die Formulierung eines Endzweckes die Folge vorausgehender Entscheidung ist und

    • dass rückbezügliche Relationen auf dem Weg zu einem Ziel zumeist emergente Wirkungen zeigen, wodurch die Geltungsansprüche von Argumenten und Gegenargumenten oftmals sehr deutlich reduziert werden.

10. Manager umgehen diese Irritationen oft dadurch, dass sie Hierarchien in das strategische Denken einführen, um eine Finalisierung ihrer Begründungsstrukturen zu erlangen.

11. Systemtheoretische Ansätze (Wilms 2001, 2005) ermöglichen eine gleichgewichtige Berücksichtigung verschiedenster Einflussfaktoren der Funktionstüchtigkeit eines Unternehmens und fördern die Entwicklung eines konsistenten Ansatzes der Unternehmensführung. Daher eignen sich systemtheoretische Ansätze zur Dokumentation von mentalen Modellen über das Unternehmen und dessen Einbettung in die Umwelt besonders gut.

12. Die Systemtheorie Luhmann'scher Prägung (Luhmann 2006 (zuerst 1984)) basiert maßgeblich auf einem Ansatz von Spencer-Brown (1969, 1997), der mit den Begriffen Bezeichnung (indication) und Unterscheidung (distinction) die Operation des Beobachtens beschreibt, die jede Erkenntnis (z.b. über das Unternehmen seine Einbettung in die Umwelt) bestimmt und mit dessen Anwendung die Form (form) eines Systems und dessen Notation dargestellt werden kann.

13. Die zur Folgeabschätzung oft verwendete Konstruktion von Szenarien (z.B. über das Unternehmen und seine logistische Einbettung in die bedeutsame Umwelt) ist eine praxisorientierte Anwendung der Systemtheorie (Wilms 2007).

14. Die zur Folgeabschätzung verwendbare Konstruktion von multirelationalen Wirkungsgefügen (Wilms 2001, S. 147-162 und S. 173-176) von Unternehmen und ihrer logistischen Einbettung in ihre bedeutsame Umwelt ist eine praxisorientierte Anwendung der Systemtheorie.

4. Systemtheoretischer Hintergrund

Gemäß George Spencer-Brown (1969) grenzt ein Beobachter (*observer*) bei einer Beobachtung durch eine von ihm gesetzte Unterscheidung (*distinction*) etwas (*marked space*) von etwas anderem (*unmarked space*) ab (siehe Abb. 1a) und markiert das vom Rest Unterschiedene durch eine Bezeichnung (indication). Der Rest (*unmarked space*) und die Unterscheidung selbst (*distinction*) können dabei nicht zugleich mitbenannt werden. Die markierte Innenseite wird also von der Außenseite unterschieden (Baecker 1993, S. 12-37) und die verwendete Unterscheidung als Innen-/ Außen-Differenz verwendet, die als *das* Erkennungsmerkmal eines Systems gilt (Luhmann 1968, S. 120).

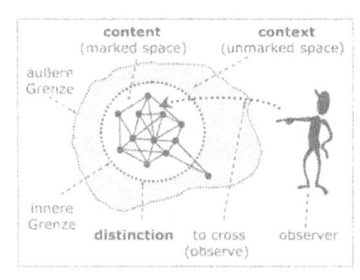
a) Form der Unterscheidung

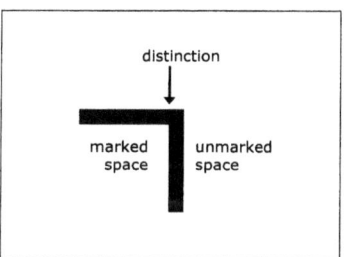
b) Notation der Unterscheidung

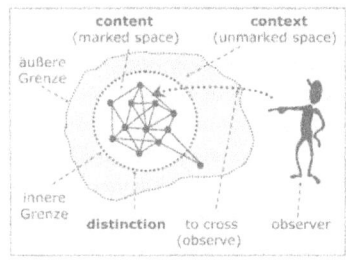
c) Form des Systems

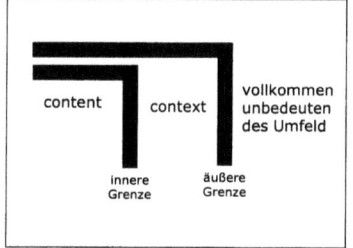
d) Notation des Systems

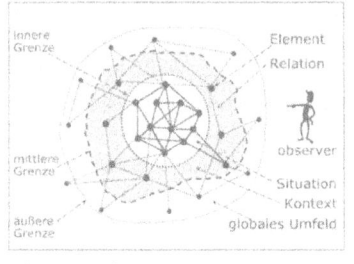
e) Form des Szenarios

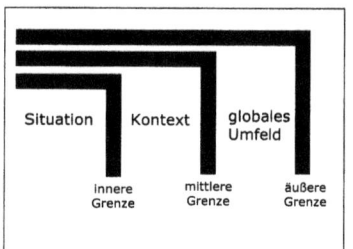
f) Notation des Szenarios

Abbildung 1: Notationen nach Spencer-Brown

Die *distinction*, der *market space* und der *unmarked space* ergeben zusammen die Form der Unterscheidung (*form*). Die sich ergebende Form der Unterscheidung wird von Spencer-Brown graphisch mit Abb. 1a (Spencer-Brown 1969, S. 59) eingefangen und ihre Notation mit Abb. 1b (Baecker 2002, S. 108) dargestellt.

Überträgt man diesen Gedankengang auf das Luhmann'sche Verständnis eines Systems (Wilms 2001, S. 77 ff.), so kann die Form des Systems graphisch mit Abb. 1c wiedergegeben und die Notation des Systems mit Abb. 1d (Wilms 2007, S. 39-60, insb. S. 46) dargelegt werden. Wendet man diesen Gedankengang schließlich auf ganze Szenarien an, so kann die Form des Szenarios mit Abb. 1e veranschaulicht und die Notation des Szenarios mit Abb. 1f notiert werden (Vgl.: Wilms 2007, S. 39-60, insb. S. 48 und 49).

Abbildung 2: Idee des beobachteten Systems (Wilms 2005, S. 13)

Der englisch verfasste Ansatz George Spencer Brown wird oftmals nicht in seiner vollen Breite und Tiefe erkannt, weil das Englische „*to observe*" übersetzt werden kann mit *beobachten*, mit *befolgen einer/mehrerer Regel/n*, oder mit *bemerken der bewirkten Folgen.* Abb. 2 zeigt die Grundidee eines Systems und macht deutlich, dass jedes beschriebene/artikulierte System ein beobachtetes System ist. Der „observer" kann verstanden werden als ein bloßer „Beobachter" oder als ein Akteur, der sich selber (Verfahrens-) Regeln setzt, diese befolgt und die dadurch erwirkten Folgen beobachtet. In der zuletzt genannten Variante ist ein System letztlich ein Resultat eines geregelten Handelns des Beobachtungssubjektes.

Dieser Beitrag setzt hier an und sieht den „observer" als mehrpersonellen Akteur, der mit der auf einem Konsens beruhenden, moderierten Anwendung eines Vorgehensmodells ein Wirkungsgefüge als Abbildung eines Systems konstruiert; die erarbeitete Konstruktion wird als ein plausibles Resultat eines erwählten Konstruktionsprozesses angesehen.

5. Die Folgeabschätzung

Management läuft hinaus auf die Steuerung eines rekursiven und emergenten Wertschöpfungsprozesses eines sozio-ökonomischen Systems, das im Rahmen einer Marktlogik agiert. Hierbei ist immer wieder über die Verwendung von Ressourcen zu entscheiden. Eine Folgeabschätzung von Entscheidungen basiert letztlich auf der Ermittlung von Werten für wahrscheinlichkeitsgewichtete Zielerreichungsgrade einzelner Maßnahmen (und ihren Ressourcenverwendungen).

Mit Fuzzy Logic und Approximate Reasoning (Kahlert/Frenk 1994) können simulationsfähige Wirkungsgefüge konstruiert werden, mit denen konkrete Handlungsempfehlungen zugunsten einzelner Maßnahmen entwickelt werden können (Breuer/Vollbrecht/Juen 2005), so dass der Manager über verschiedene Ziel-Mittel-Relationen der Unternehmung hinweg einen effizienten Weg zu langfristig angestrebten Zielen erarbeiten kann.

Ausgangspunkt der softwaregestützten Methode (Breuer/Juen/Vollbrecht 2006; Breuer/Herburger/Weiskopf/Wilms 2007) sind Wirkungsgefüge, die ein emergentes System mit seinen Elementen und deren gegenseitiger Beeinflussung auf verschiedenen Zeitschichten beschreiben.

Die beteiligten Manager verständigen sich zunächst auf das Denken in bestimmten Zeiträumen; die später durch verschiedene Zeitschichten im Modell erfasst werden. Hilfreich sind die Zeiträume sofort, kurzfristig, mittelfristig und langfristig. Die verwendeten Zeiträume werden im Modell mit t+0, t+1, t+2 und t+3 betitelt. Die Konstruktion eines Wirkungsgefüges als Abbildung der Problemsituation beinhaltet folgende Komponenten:

- *Zielgrößen* sehen wir als Kriterien zur Orientierungsrichtung von Wirkungen zwischen Einflussgrößen eines Sachzusammenhangs. Ihre Verwendung führt von einer eher relationalen Betrachtung eines Sachzusammenhangs zu einer eher finalen Betrachtungsweise eines Ziel-Mittel-Gefüges (Kahle/Wilms 1998, S. 128). Unsere Modelle beinhalten mindestens ein Leistungsziel und ein dazu konfliktäres Kostenziel (beispielsweise „Verringerung der Armut" bei gleichzeitiger „Verbesserung des Gesundheitszustandes" der Landbevölkerung in Kambodscha oder „Finanzierbarkeit der Pflegekosten" bei gleichzeitiger „Zufriedenheit der zu Pflegenden mit den Pflegeleistungen)

  Diese *Zielgrößen* werden im rechten Bereich des zu erstellenden Wirkungsgefüges angeordnet. Im betrieblichen Alltag werden mindestens ein Kosten und ein damit konkurrierendes Leistungsziel verfolgt. Zur Berücksichtigung der zeitlichen Dynamik verwenden wir unterschiedliche *Zeitschichten*.

- *Relationen* beschreiben die Einflüsse zwischen den problemrelevanten Elementen und werden durch Pfeile von der verursachenden Einflussgröße zur Zielgröße dargestellt. Die einzelne Wirkung kann gleich- oder gegengerichtet sein. Eine gleichgerichtete Wirkung zwischen **A** und **B** liegt vor, wenn größere Werte von **A** zu größeren Werten von **B** und kleinere Werte von **A** zu kleineren Werten von **B** führen. Dem entsprechend liegt eine entgegengerichtete Wirkung zwischen **A** und **B** dann vor, wenn größere Werte von **A** zu kleineren Werten von **B** und kleinere Werte von **A** zu größeren Werten von **B** führen. Veränderungen der Impulsstärke der Relationen formalisieren die Systemdynamik.

  Die Impulsstärke jeder durch einen Pfeil repräsentierten Wirkung wird durch eine Legende am entsprechenden Pfeil dokumentiert. Wir verwenden einen Wertebereich von **+ + + + +** (für eine sehr deutliche gleichgerichtet Wirkung) über **0** (für keine Wirkung) bis hin zu **- - - - -** (für eine sehr deutliche entgegengerichtete Wirkung). Zur Berücksichtigung der zeitlichen Dynamik verwenden wir unterschiedliche *Zeitschichten*.

- *Kontextgrößen* repräsentieren problemwirksame Einflussgrößen aus den Rahmenbedingungen, die weder von anderen Größen im Wirkungsgefüge noch vom Entscheidungsträger beeinflusst werden können.

  Diese *Kontextgrößen* werden im obersten Bereich des zu erstellenden Wirkungsgefüges angeordnet. Anhand der Kombinationen von erwarteten Ausprägungen der problemrelevanten Kontextgröße formalisieren wir plausible Szenarien, verstanden als mögliche zukünftige Entwicklungen der problemrelevanten Umwelt. Zur Berücksichtigung der zeitlichen Dynamik verwenden wir auch hier unterschiedliche *Zeitschichten*. Die Veränderung der Kontextgrößen formalisieren Entwicklungen der relevanten Umwelt.

- *Interventionsgrößen* sind Einflussgrößen, die kaum von einer Größe im Wirkungsgefüge beeinflusst werden, aber vom Entscheidungsträger beeinflussbar sind. Es handelt sich hier um geplante Projekte, Maßnahmen oder eben Interventionen im Sinne einer Problemlösung für eine abgegrenzte, durch das Wirkungsgefüge repräsentierte Problematik.

  Diese *Interventionsgrößen* werden im linken Bereich des zu erstellenden Wirkungsgefüges angeordnet. Zur Berücksichtigung der zeitlichen Dynamik verwenden wir auch hier unterschiedliche *Zeitschichten*. Veränderungen der Interventionsgrößen formalisieren den Ressourcenverbrauch von geplanten Maßnahmen, über die im Rahmen der Unternehmenssteuerung zu entscheiden ist.

- *Zwischengrößen* sind im zentralen Bereich des zu erstellenden Wirkungsgefüges angeordnete problemrelevante Elemente, die mit ihren Relationen die Interventions-, Kontext- und Zielgrößen miteinander zu einem organisatorisch zusammengehörigen Funktionszusammenhang (System) verbinden. Zur Berücksichtigung der zeitlichen Dynamik verwenden wir auch hier unterschiedliche *Zeitschichten*.

- *Zeitschichten*: Das konstruierte simulationsfähige Gefüge aus vielen verschiedenen Wirkungsbeziehungen zwischen Ziel-, Kontext-, Interventions- und Zwischengrößen kann sich dynamisch entwickeln. Diese Dynamik erfassen wir durch verschiedene Zeitschichten.

  Welche Zeiträume durch die Zeitschichten dargestellt werden ist frei wählbar (z.B. Ernte- oder Wahlperioden). Entsprechend dieser für die Simulation maßgeblichen, anfänglichen Grundsatzentscheidung werden die Stärken der einzelnen Relationen festgelegt.

Die Eigendynamik des auf diese Art erstellten Wirkungsgefüges ist essenziell, denn sie bewirkt das Auftreten neuer Eigenschaften beim Übergang von einer/einzelnen Relation/en zum gesamten Wirkungsgefüge (Emergenz):

- Die im Zeitablauf veränderlichen Ausprägungen der *Zielgrößen* erlauben die kurz-, mittel- und langfristige Untersuchung des abgebildeten Sachzusammenhangs (Systems): Es wird sozusagen eine Filmsequenz und nicht nur ein Foto generiert.

- Die im Zeitablauf veränderlichen *Wirkungsbeziehungen* erfassen die Dynamik der vielen (zum Teil zirkularen) problemwirksamen Ursache-Wirkungs-Beziehungen.

- Die im Zeitablauf veränderlichen Ausprägungen der *Kontextgrößen* in den verschiedenen Zeitschichten formalisieren erwartbare, zukünftige Entwicklungen der relevanten Umwelt und eben nicht nur plausible zukünftige Zustände.

- Die im Zeitablauf veränderlichen Ausprägungen der *Interventionsgrößen* formalisieren dynamische als sinnvoll erachtete Interventionsstrategien und nicht nur punktuelle Eingriffe.

Zumeist weisen die Wirkungsbeziehungen in verschiedenen Zeiträumen verschiedene Intensitäten auf, Abb. 3 zeigt dies beispielhaft an drei Einflussgrößen in vier unterschiedlichen Zeiträumen; Abb. 4 zeigt diese Beziehungen zu verschiedenen Zeiten in der Darstellung, wie sie in der Software angegeben werden.

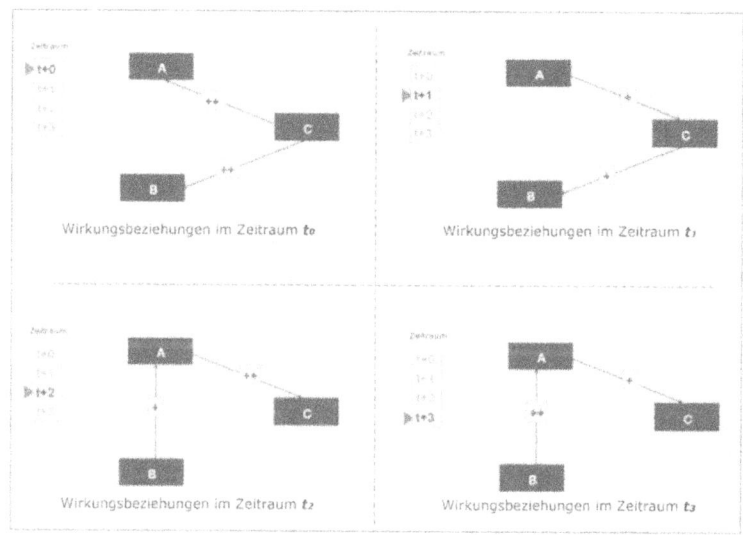

Abbildung 3: Wirkungen in verschiedenen Zeiträumen

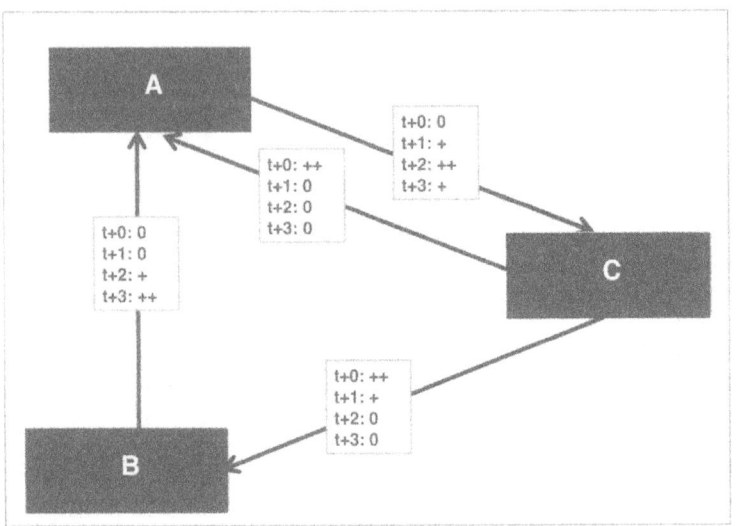

Abbildung 4: Darstellung in der Software

Überträgt man das an der Pinnwand mit Metaplan-Kärtchen erstellte Wirkungsgefüge mit den genannten Bereichen (Abb. 5) in die Software, ergibt sich ein simulationsfähiges Wirkungsgefüge (Abb. 6). Die erwarteten Wirkungen geplanter Maßnahmen sind jeweils von links nach rechts in ihrer Zielwirksamkeit repräsentiert. Zusätzlich sind für jede Interventionsmöglichkeit neben den beabsichtigten Wirkungen immer auch die unbeabsichtigten, aber unvermeidbare Nebenwirkungen integriert.

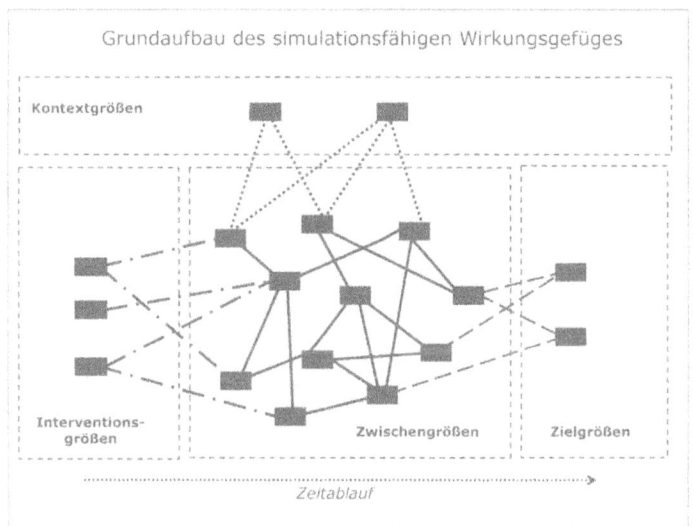

Abbildung 5: Der Grundaufbau des Wirkungsgefüges

Die Berücksichtigung dieser Nebenwirkungen fordert den beteiligten Managern bewusste Entscheidungen ab, verbessert aber deren Grundlage und deren Akzeptanz sehr stark. Auch bei einer unscharfen Datenbasis über die einzelnen Beziehungen können in der Praxis mit gutem Erfolg den problemrelevanten Wirkungszusammenhang genügend detailliert erfassen und konkrete Hilfestellungen ermittelt werden.

Ein solches simulationsfähiges Wirkungsgefüge unterscheidet sich vom traditionellen System Dynamics-Ansatz (Sterman 2006) im Wesentlichen dadurch, dass weitestgehend ohne Zahlen und empirischen Daten erarbeitet wird und auch vages Wissen benutzt werden kann. Die Ausprägungen der Umwelt- und Interventionsgrößen in den verschiedenen Zeitschichten werden durch sprachliche Beschreibungen wie "viel größer", "ein bisschen größer", "mehr oder weniger unverändert", "ein bisschen kleiner" und "viel kleiner" beschrieben und eben nicht durch empirisch erhobene Datenreihen. Es geht hier eher um die Dokumentation von Begründungsstrukturen aufgrund von eigenen Erfahrungen und Erwartungen Auch die einzelnen Relationen werden weder quantitativ noch exakt beschrieben; sie können in einzelnen Zeitscheiben von "stark gleichgerichtet" bis "stark entgegengerichtet" variieren, müssen aber nicht jeweils durch einen exakten funktionalen Zusammenhang beschrieben werden.

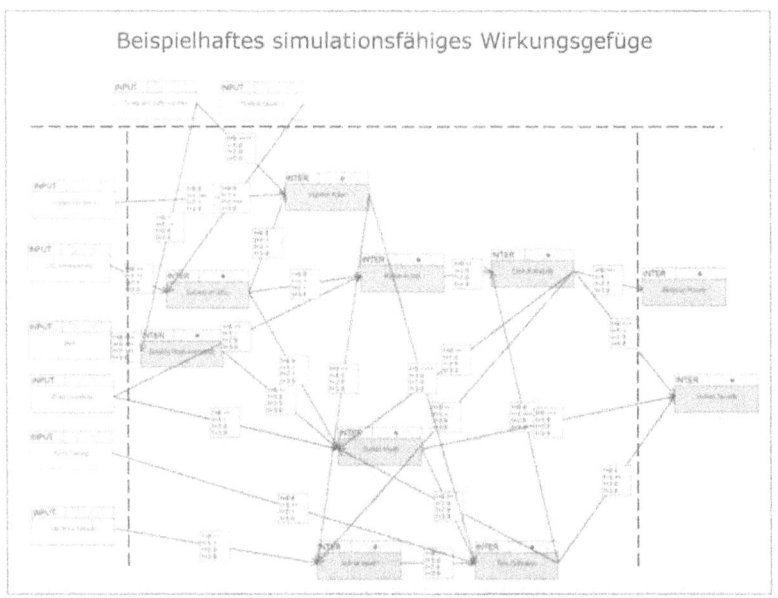

Abbildung 6: Beispielhaftes simulationsfähiges Wirkungsgefüge

Das so erstellte simulationsfähige Wirkungsgefüge unterscheidet sich vom traditionellen Ansatz des Vernetzten Denkens (Vester 1999) im Wesentlichen durch die verwendeten Zeitscheiben und auch dadurch, dass die emergente Eigendynamik des Wirkungsgefüges, nämlich die Fortpflanzung von Interventionsimpulsen durch Veränderungen der Interventions- oder Kontextgrößen durch das Zusammenspiel der Zwischengrößen hindurch auf die Zielgrößen den Regeln der Mamdani-Inferenz (Negnevitsky 2001, S. 87-127) folgt.

Zur Identifikation von Maßnahmen mit einem effektiven Ressourcenverbrauch werden die erwarteten Einzelwirkungen möglicher Maßnahmen über das Wirkungsgefüge hinweg auch unter der Berücksichtigung des Eintretens unterschiedlicher Szenarien (verstanden als verschiedene Einflüsse und Zustände der Kontextgrößen) auf die angestrebten Ziele bearbeitet.

Die von der Software errechneten wahrscheinlichkeitsgewichteten Zielwerte kann der Manager als Hinweis auf die Effektivität des Ressourcenverbrauchs hinsichtlich des damit bewirkten Zielerreichungsgrades deuten. Hierbei ist es auch möglich, eine Maßnahme in t+0 und noch einmal in t+2 zu setzen, während in t+1 und t+3 nichts passiert; Maßnahmenkombinationen können ebenfalls untersucht werden. Die Ergebnisse werden in einer Ergebnismatrix (Abb. 7) zusammengestellt.

		Scenario 1: two years drought		Scenario 2: first year normal, second year drought	
		Human Security	Reduced Poverty	Human Security	Reduced Poverty
Strategy 0	year 1	-0.24	0	0	0
no intervention	year 2	-0.32	-0.38	-0.21	0
	year 3	-0.31	-0.31	-0.31	-0.31
Strategy 1 "FAO"	year 1	-0.24	0	0	0
agricultural and animal health training,	year 2	-0.32	-0.38	-0.21	0
	year 3	0	0	0	0
Strategy 2 "World Bank"	year 1	0.08	0.75	0.34	0.75
infrastructure: roads	year 2	-0.04	-0.08	0.05	-0.22
	year 3	-0.11	-0.11	-0.11	-0.11
Strategy 3 "GTZ"	year 1	-0.24	0	0	0
Integrated: Infrastructure + Training	year 2	-0.16	-0.15	-0.08	0.13
	year 3	-0.03	-0.03	-0.03	-0.03

Abbildung 7: Beispielhafte Ergebnismatrix

Diese Form der Steuerung emergenter Sachzusammenhänge durch das Management an sich beruht auf der auf Konsens aufbauenden, moderierten Konstruktion eines simulationsfähigen Wirkungsgefüges als Abbildung einer Problematik, das von den beteiligten Managern als plausibles Resultat eines erwählten Konstruktionsprozesses angesehen wird, der für die Steuerung des Wertschöpfungsprozesses nützlich ist.

6. Abschließendes Fazit

Management kommt der Steuerung eines rekursiven Prozesses der Wertschöpfung eines als sozio-ökonomisches System gleich, das im Rahmen einer Marktlogik agiert. Die Messung des aktuellen Zustandes dieses rekursiven Prozesses erfolgt in den Dimensionen Energie, Materie und Information anhand empirisch erhobener Daten, die in Finanzgrößen umgerechnet und in Währungseinheiten quantifiziert werden. Die Funktionstüchtigkeit dieses so gemessen und bewerteten rekursiven Prozesses hängt maßgeblich ab von seinen internen Wechselwirkungen mit den dazu gehörenden Aufgaben und den erzielten Erfüllungsgraden. Im Rahmen der Steuerung werden dann bestimmte Ressourcenverwendungen wahrscheinlicher und andere unwahrscheinlicher, wobei der Gestaltung von (Erwartungs-) Strukturen der Beteiligten eine entscheidende Rolle zukommt.

Hinsichtlich der effektiven Verwendung von Ressourcen und der Kanalisierung der Erwartungen der in der Unternehmensführung mitwirkenden Manager ist mit simulationsfähigen Wirkungsgefügen eine frühzeitige, begründete Abschätzung der Zielwirksamkeit verschiedener Maßnahmen(kombinationen) über verschiedene Szenarien hinweg auch ohne exaktes Datenmaterial. Zur Ermittlung eines effektiven Mitteleinsatzes werden die erwartbaren Wirkungen geplanter Maßnahmen über das Wirkungsgefüge hinweg über die Berücksichtigung des Eintretens unterschiedlicher Wirkungen der Kontextvariablen auf die angestrebten Ziele miteinander verglichen, wobei viele emergente Wirkungen erkannt und in die Überlegungen einbezogen werden können. Anhand wahrscheinlichkeitsgewichteter Zielerreichungswerte wird dem Management eine Beurteilung verschiedener Maßnahmen auch bei Unsicherheit über das konkrete Eintreten von Szenarien ermöglicht.

Literatur

Axelrod, R.: The Analysis of Cognitive Maps, in: Axelrod, R. (Hrsg.): Structure of Decision, the Cognitive Maps of Political Elites, New York 1976.
Baecker, D.: Im Tunnel, in: Baecker, D. (Hrsg.): Kalkül der Form, Frankfurt a.M. 1993.
Baecker, D.: Wozu Systeme, Berlin 2002.
Breuer, T./Juen, A./Vollbrecht, H. J.: Der Einsatz vagen Wissens in komplexen Entscheidungsprozessen, in: Wilms, F. E. P. (Hrsg.): Szenariotechnik: Vom Umgang mit der Zukunft, Bern 2006, S. 307-331.
Breuer, T./Herburger, M./Hellrigl, M./Meusburger, B./Weiskopf, R./Wilms, F. E: P.: Szenario-Analyse mit unvollständigen Daten: Beispiel Pflegemodell Vorarlberg, Working Paper des Forschungszentrums für Prozess- und Produkt-Engineering 2007/10, Dornbirn 2007.
Breuer, T./Vollbrecht, H. J,/Juen, A.: Der Einsatz vagen Wissens bei Entscheidungsprozessen, Arbeitsbericht 12/2005 des Forschungszentrum Prozess- und Produkt-Engineering der FH Vorarlberg, Dornbirn, 2005.
Calori, R.: Markets and Managers, in: Calori, R./Lawrence, E (Hrsg.): The Business of Europe – Managing Chance, London et al. 1991.
Contant R. C./Ashby, W. R.: Every good regulator of a system must be a model of the system, in: International Journal of System Science 1/1970, No 2, S. 89-97.
Gomez, P./Probst, G.: Die Praxis des ganzheitlichen Problemlösens, Bern u.a. 1998.
Gutenberg, E.: Die Unternehmung als Gegenstand betriebswirtschaftlicher Theorie, Berlin u.a. 1929.
Heinen, E.: Das Zielsystem der Unternehmung, Wiesbaden 1966.
Ders.: Die Zielfunktion der Unternehmung, in: Koch, H. (Hrsg.): Zur Theorie der Unternehmung, Wiesbaden 1962.
Ders.: Grundfragen der entscheidungsorientierten Betriebswirtschaftslehre, München 1976.
Johnson-Laird, P. N.: Mental Models, New York 1983.
Ders.: The computer and the mind, Cambridge 1988.
Kahle, E./Wilms, F. E. P.: Der Helidem, Aachen 1998.

Kahle, E.: Szenarien in der Unternehmensstrategie, in: Wilms, F. E: P. (Hrsg.): Szenariotechnik. Vom Umgang mit der Zukunft, Bern u.a. 2006, S. 333-352.
Kahlert, J./Frank, H.: Fuzzy-Logic und Fuzzy-Control, Braunschweig 1994.
Luhmann, N.: Zweckbegriff und Systemrationalität, Tübingen 1968.
Ders.: Soziale Systeme, Frankfurt am Main, 12. Aufl. 2006, zuerst 1984.
Ders.: Organisation und Entscheidung, Opladen 2006.
Negnevitsky, M.: Artificial Intelligence: A Guide to Intelligent Systems, Addison Wesley 2001, S. 87-127.
Norman, D. A.: Some Observations in Mental Models, in: Gentner, D./Stevens, A. L. (Hrsg.): Mental Models, Hilsdale, N. J. 1983, S. 7-14.
Patzack, G.: Systemtechnik, Planung komplexer innovativer Systeme, Heidelberg 1982.
Spencer-Brown, G.: Laws of Form, London 1969.
Ders.: Laws of Form. Gesetze der Form, Lübeck 1997.
Sterman, J. D.: Systems Dynamics. Systems Thinking and Modeling for a Complex World, McGraw-Hill 2006.
Taylor, J. R./Lerner, L.: Making Sense of Sensemaking: How Managers Construct Their Organization Through Their Talk, in: Studies in Cultures, Organizations and Societies, 1996, Vol. 2.2, S. 259 ff.
Thiel, M./Wilms, F. E. P.: Unternehmensführung, Bern u.a. 2007.
Tietz, R.: Kausaldiagramme als Kooperationsinstrument – Zusammenhänge zwischen Studiengebühren, Wehrpflicht und Rentensanierung, in: Bouncken, R. B.: Interkulturelle Kooperation, Berlin 2005, S. 291-304.
Vester, F./Hesler, A. V.: Sensitivitätsmodell, Frankfurt 1980.
Vester, F.: Ballungsgebiete in der Krise: Eine Anleitung zum Verstehen und Planen menschlicher Lebensräume mit Hilfe der Biokybernetik, Stuttgart 1976.
Ders.: Die Kunst vernetzt zu denken, Stuttgart 1999.
Walger, G.: Produktive Produktion. Ein Beitrag zur Rekonstruktion. Betriebswirtschaftslehre als ökonomische Theorie, Bern u.a. 1993.
Weick, K. E.: Sensemaking in Organizations, Sage 1995.
Wilms, F. E. P.: Systemorientiertes Management, München 2001.
Ders.: Systemorientierte Unternehmensführung in KMUs, in: Bouncken, R. (Hrsg.): Management von KMU und Gründungsunternehmen, Wiesbaden 2003, S. 3-26.

Ders.: Umgang mit unscharfen Informationen, in: Bouncken, R.: Interkulturelle Kooperation, Berlin 2005, S, 47-57.
Ders.: Szenarien sind Systeme, in: Ders. (Hrsg.): Szenariotechnik, Bern u.a. 2007, S. 39-60.

Systemkybernetische Zielbildung
- Elemente, Organisation, Selektion und Kommunikation der emergenten Zielbildung –

Volker Breit[*]

1. Systemkybernetische Betrachtung von Zielbildung und Zielerreichung in Unternehmen
2. Emergente Eigenschaften im systemkybernetischen Modell
3. Organisatorische Auswirkungen
4. Fazit in Form von Auswirkungen auf Zielsysteme

Literatur

---

[*] Dipl.-Kfm. Dr. Volker Breit ist Geschäftsführer der Onyx Rohr- und Kanal- Service GmbH & Co. KG, einem Unternehmen der Veolia Environnement, Paris. Promotion 1996 zum Dr. rer. pol. bei Prof. Dr. Kahle mit dem Thema „Integrative Zielbildung in Unternehmen".

1. Systemkybernetische Betrachtung von Zielbildung und Zielerreichung in Unternehmen

Zielsysteme verlieren ihren statischen Charakter, wenn sie selbst durch systemkybernetische Prozesse entwickelt werden und sie durch einen **Transformationsprozess** verändert, entwickelt oder originär zustande kommen. Einen Transformationsprozess als "Zielbildung" zu betrachten, ist im betriebswirtschaftlichen Rahmen selten, da Ziele meistens als vom Entscheidungsträger vorgegeben gesehen werden. Ziele ergeben sich aber aus einem Regelwerk der Organisation und müssen nicht individuellen oder hierarchisch abgeleiteten Ursprungs sein. Ziele erfordern einerseits die Auswahl von Mitteln, um gegebene Ziele zu erreichen, andererseits sind Ziele selbst Ausgangspunkt eines Lösungs- und Transformationsprozesses um gewünschte Endsituationen, gegebenenfalls noch wichtigere Ziele oder Oberziele zu erreichen, was sich beliebig „nach oben hin" fortsetzen lässt.

1.1 Hierarchische Betrachtung von Zielbildung und Zielerreichung

Zielbildung erfüllt ihren Sinn, wenn aus ihr abgeleitete *Zielerreichungsfunktionen* einsetzbar sind, oder anders gesagt, wenn die gesetzten Ziele in einem Leistungserstellungsprozess der Unternehmung angestrebt und erreicht werden. Für diesen Prozess der *Zielerreichung* sind die folgenden Komponenten maßgeblich, die zusammen ein systemkybernetisches Modell bilden und in der folgenden Abbildung im unteren Regelkreis angeordnet sind: die unabhängigen Lenkungsvariablen, die den Leistungserstellungsprozess als Input beeinflussen (1), der Leistungserstellungsprozess der Unternehmung (2), der Unternehmenserfolg in finanzieller, gesellschaftlicher und ökologischer Sicht (3), interne und externe Störungen, die von Märkten und von der Gesellschaft ausgehen (4) und schließlich die Rückkopplung nach dem vorhandenen oder jeweils aktuell eingestellten Zielsystem (5).

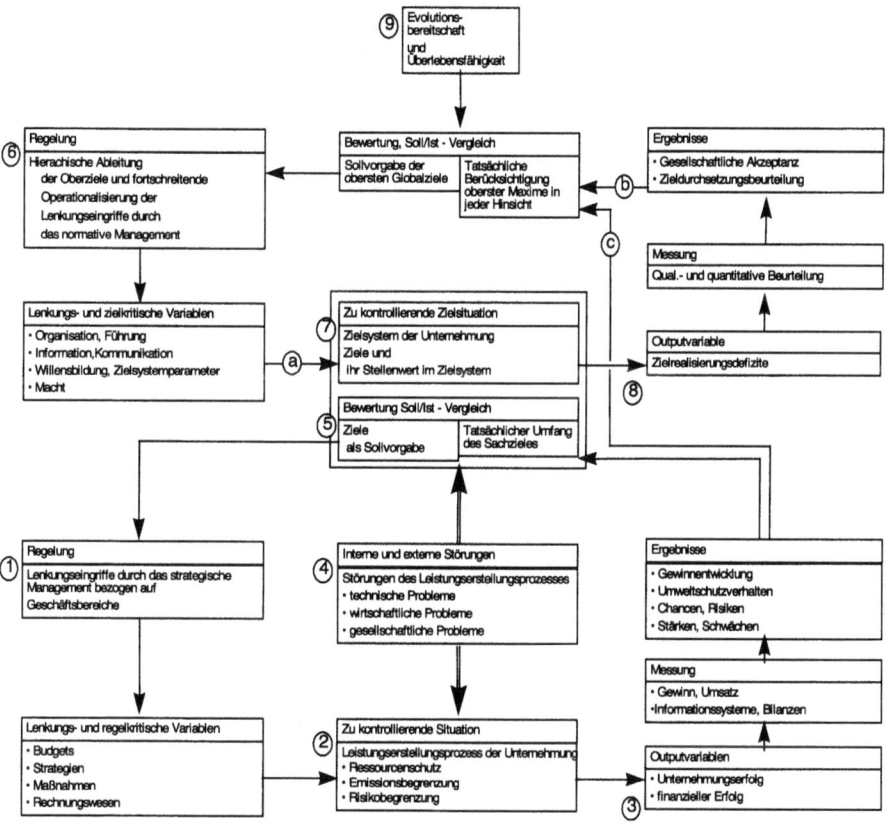

Abb.1: Hierarchie von Zielbildung und Zielerreichung

Für den *Ziebildungsprozess* (im oberen Teil der Abbildung) sind sechs Komponenten ausschlaggebend: Die unabhängigen lenkungs- und zielkritischen Variablen beeinflussen das vorhandene Zielsystem (6). Die sich verändernde Zielsituation und die sich wandelnde Gewichtung der Einzelziele der Unternehmung stellen die Regelstrecke oder das zu überprüfende Zielsystem dar (7). Die eingestellten Ziele werden hier mit dem Zielerreichungsprozess verknüpft (7) => (5).

Die abhängigen Outputvariablen (8), häufig in der Form von Zielformulierungen, entsprechen dem tatsächlichen Stellenwert des jeweiligen Ziels. Interne und externe Störungen können ein definiertes Zielsystem nachträglich verändern (4). Solche Störungen lassen sich inhaltlich von den lenkungskritischen Variablen kaum trennen; sie liegen aber nicht in der Entscheidungssphäre des Unternehmens. Die Rückkopplung (9) führt zu einem Abgleichen der Ziele. Bei der Abgleichung der Ziele werden Ergebnisse aus der qualitativen Beurteilung (b) und Informationen aus dem Leistungserstellungsprozess verwendet (c).

1.2 Nichthierarchische Betrachtung von Zielbildung und Zielerreichung mit den Elementen: Organisation, Selektion und Kommunikation

Die obige kybernetische Betrachtung zur „Erklärung von Zielen" bietet zuletzt kaum Ansätze die „obersten Ziele" herzuleiten und ist auch kein integrativer Ansatz, der emergente Eigenschaften von Zielbildung berücksichtigt. Es besteht das Dilemma der hierarchischen Struktur, dass sie durch eine übergeordnete Instanz legitimiert werden müsste. Eine **nichthierarchische** Anordnung von Elementen und Funktionen führt hingegen zu anderen Erkenntnissen, wenn insbesondere Beobachtungs-, Interaktions- und Kommunikationsprozesse von Organisationsteilnehmern betrachtet werden. Die verknüpften Elemente sind dann in ihrer Wirkung nicht nur eine Aggregation, sondern können Eigenschaften hervorbringen, die nicht mehr erklärbar, berechenbar oder kontrollierbar, also emergent[1] sind. Ein Zielbildungssystem erhält damit eine Identität und ein Lenkungsprinzip, das im Zielbildungsprozess der Organisation auch eine Evolutionsstrategie vorsieht. Ein Erklärungsansatz für die emergenten

---

[1] Vgl. Luhmann, N., Systeme, 1984, S. 157. Vgl. Willke, H., Systemtheorie, 1991, S. 104.

Eigenschaften von Zielbildung ist deshalb im Verhältnis von Handlungen der Individuen in Bezug auf das Zielbildungssystem zu suchen, das aufgrund der Multipersonalität und seiner Unschärfe keine einfache Aggregation sein kann.[2] Die einzelne Handlung hat im komplexen System in ihrer Wirkung eine geringere Bedeutung, was die Vorstellungen über den Zielbildungsprozess, wie ihn die ursprüngliche Betriebswirtschaftslehre beschrieb, in Frage stellt: Die betriebliche Willensbildung und Disposition waren auf die Person, die durch ihr Eigentum an der Unternehmung und deren Leitung und Geschäftsführung gekennzeichnet war, begrenzt. Unternehmungsziele ergaben sich nur aus den Zielvorstellungen des einzelnen Unternehmers.[3] Ursprung dieser Meinung war die relativ einfache, empirische Analyse von Einzelhandlungen des Individuums, die sich im Gegensatz zu einer Analyse von Organisationen für eine statistische Erfassung anbietet. Sie aber greift aus Emergenzgesichtspunkten zu kurz.

Grundlage für eine nichthierarchische Strukturierung sind die *konstituierenden Elemente:* **Organisation,** **Selektion** **und** **Kommunikation**, die für eine Betrachtung von wesentlichen Lenkungsmöglichkeiten im systemkybernetischen Modell herangezogen werden können. Diese drei Elemente beschreiben Zielbildung sehr treffend, weil Individuen als Mitglieder der Organisation im organisatorischen Rahmen handeln. Sie verhalten sich "im Sinne" der Organisation, wie man es von ihnen *erwartet*. Dabei handelt es sich um Erwartungen, die sich auf Veränderungen der Organisation und ihre Ziele beziehen, so dass die Organisation im betriebswirtschaftlichen Zielbildungskontext mit der Organisation[4] als einem System von Handlungen

---

[2] Anders die symmetrische Betrachtung von Organisationsteilnehmern bei Cyert, R.M./March, J.G., Behavioral Theory, 1963. Vgl. dazu Heinen, E., Zielsystem, 1976, S. 200.

[3] Vgl. Bidlingmaier, J., Zielbildung, 1967, S. 246. Vgl. außerdem Heinen, E., Unternehmungsziele, 1988, Sp. 2185.

[4] Als Organisation sei ein "...System von Handlungen und Erwartungen verstanden, das zur Stabilisierung von Verhaltenserwartungen und Verhaltensweisen beiträgt...", Kahle, E., Problemlösungsverhalten, 1973, S. 75.

und Erwartungen[5] identisch ist. Zielbildungshandlungen spielen sich in der Organisation ab und die Organisation konstituiert sich durch ihre Mitgliedschaftsbedingungen ebenso wie durch die Entscheidung über selektive Beziehungen – intern wie extern. Die Organisation konstituiert sich aus Handlungen von Personen und bewahrt eine Differenz zur komplexen Umwelt. Sie schafft ihre Grenzen durch Handlungen von Mitgliedern selbst, insbesondere durch Kommunikation. Kommunikation über Ziele besteht aus organisatorischer Sicht darin, über eine Selbstbeschreibung der Organisation auch die Ziele festzulegen und zu überprüfen, bis sich geeignete Systembeschreibungen in den Zielen wieder finden. Die Bedeutung von Kommunikation liegt hier in der Abstimmung verschiedener Wirklichkeitsbeschreibungen der Organisation, deckt also auch den Dissens über Ziele auf, wenn diese Beschreibungen nicht übereinstimmen. Insgesamt können also rekursive Beschreibungen der Organisation zu **Zielen** *der* **Organisation** führen. Damit sind Zielbildungsprozesse aus den konstituierenden Elementen zu erklären, wenn sie insbesondere nichthierarchisch angeordnet werden. Die emergenten Eigenschaften von Zielbildungsprozessen sind damit begründet, insbesondere weil sie nichthierarchisch ablaufen.

Die folgende Abbildung zeigt ein nichthierarchisches Portfolio von Betrachtungsstandpunkten. Übergeordnete Zielsetzungen, die weder legitimiert werden können, noch rational sein müssen, werden durch diese Betrachtung in ihrer Bedeutung eingeschränkt. Stattdessen ergeben sich (Ziel-)Lösungen in einem **Lösungsraum** der konstituierenden Elemente des Modells, die in einer zweiten Dimension durch interne und externe Einflüsse ergänzt werden.

---

[5] Erwartung ist die Form, in der sich ein individuelles psychisches System der Kontingenz seiner Umwelt aussetzt. Vgl. Luhmann, N., Systeme, 1984, S. 362.

	Konstituierendes Element der Organisation	Konstituierendes Element der Selektion	Konstituierendes Element der Kommunikation
interne Wirkungseinflüsse und Variablen			
externe Wirkungseinflüsse und Variablen			

Abb.2: Portfolio der Betrachtung zur Zielbildung

Bei der Beurteilung von Zielen, die sich aus den Einflüssen der konstituierenden Elemente des Portfolios im Zielbildungsprozess ergeben, sind dann andere Kriterien anzuwenden als bei der Beurteilung von Alternativen einer Mittelwahl für die Zielerreichung.

Die Beurteilung oder Legitimierung von Zielen ist durch Konsens über die Ziele oder durch *Verfahrensrationalität* möglich, wobei Konsens auch nur durch bestimmte *Verfahren* zu erreichen ist. Das Zielbildungssystem wird durch diese Betrachtungsweise zu einem selbstreferentiellen System, das seine Ziele selbst produziert und reproduziert. Es ist geschlossen, aber auch offen, weil es wahlweise Umweltinformationen "hereinholt", was hauptsächlich dadurch geschieht, dass Zielvorstellungen der Unternehmensmitglieder und durch sie selbst auch wieder ethische und gesellschaftliche Einflüsse zur Aufrechterhaltung des Systems berücksichtigt werden. Das Dilemma einer hierarchischen Struktur, dass sie durch eine ultima Ratio legitimiert werden müsste, wird hier dadurch gelöst, dass in Teilbereichen rationale Zustände oder Verfahren erreicht werden.

Die einzelnen ausgewählten Elemente des Betrachtungsportfolios können konkretisiert und ihre Wirkung auf emergente Zielbildungsprozesse erläutert werden:

1.1.1 Interne Organisation - Mitgliedschaftsbedingungen der Organisation

Eine Spezifizierung organisatorischer Mitgliedschaftsbedingungen ist dadurch möglich, dass Handlungen der Individuen aus einer Teilmenge organisatorisch möglicher Handlungen bestehen. Regelungen sind z.B. solche der Machtausübung oder der Konflikthandhabung, die eine Teilmenge des umfassenderen, organisatorischen Regelwerkes darstellen. Mitgliedschaftsbedingungen sind als Teilnahmebedingungen an Unternehmensprozessen zu spezifizieren, wobei eine begriffliche Abgrenzung von Mitgliedschaftsbedingungen und Teilnahmebedingungen kaum möglich ist. Die Teilnahme an Unternehmensprozessen ist sowohl eine Bedingung als auch eine Folge organisatorischer Mitgliedschaftsbedingungen. Mitgliedschaftsbedingungen bilden eine Schnittmenge gleicher Erwartungen.

1.1.2 Interne Selektion - Individuelle Erwartungen

Zwischen der Organisation und der Umwelt besteht ein Komplexitätsgefälle, dessen Differenz die Grenze zwischen den Systemen bildet. Kommt es zu einer Reduktion von Umweltkomplexität im Unternehmenssystem, dann handelt es sich um <u>Selektion</u>, und das Unternehmenssystem nimmt bestimmte Aspekte der Umwelt <u>selektiv</u> wahr, was durch seine *Individuen* geschieht. Die individuelle Komponente von organisatorischen Prozessen besteht nun darin, dass Individuen *individuelle Erwartungen* haben und dass Erwartungen in Organisationen durch Sozialisationsprozesse erfüllt werden, die sich beispielsweise in einer *Unternehmungskultur* manifestieren können. <u>Gemeinsame</u> Erwartungen erweisen sich als eine emergente Relationierung. Die Selektion durch individuelle Wahrnehmungen und Erwartungen jedoch, durch die reduzierte Komplexität erzwungen wird, zieht zwangsläufig Kontingenz im Sinne von Unbestimmtheit nach sich, so dass die Unsicherheit für das System wächst und das Risiko durch Überraschungen letztlich für das System bedrohlich groß werden kann.

1.1.3 Interne Kommunikation - Emergenz in Verhandlungen

Unternehmenssysteme haben emergente Eigenschaften und zeigen damit eine <u>Identität</u>. Ein Erklärungsansatz für die emergenten Eigenschaften ist im Verhältnis von Handlungen der Individuen in Bezug auf das Unternehmenssystem zu suchen, das aufgrund der Multipersonalität und seiner Unschärfe keine einfache Aggregation sein kann. Ebenso ist die einzelne Handlung im komplexen System in ihrer Wirkung von geringer Bedeutung.

Interaktive Kommunikationsprozesse beschreiben das Verhältnis der Individuen zur Organisation.

Kommunikationsprozesse bestehen in der Regel nicht darin, einen Rahmenkonsens durch die Festlegung auf rationale Verfahren zu erreichen. Interindividuelle Abstimmungsprozesse sind meistens ergebnisorientiert, so dass Verhandlungen über Ergebnisse *nicht* zu neuen Verfahren führen. Die Problematik kann nur entsprechend des faktisch Vorfindbaren entschieden werden. Verhandlungen sind u.a. dadurch gekennzeichnet, dass die Verhandlungsteilnehmer Standpunkte einnehmen, die durch ihre Interessenlage und ihr Wissen (Beobachtung, Beschreibung) geprägt sind. Während der Verhandlung werden die Standpunkte beharrlich von den Teilnehmern vertreten. Die Informationen, die zum jeweiligen Standpunkt geführt haben, spielen in der Verhandlung jedoch häufig eine untergeordnete Rolle, so dass der anzustrebende, organisatorische Rahmenkonsens unberücksichtigt bleibt oder sogar bewusst vermieden wird, wenn Informationen im Konflikt missbräuchlich verwendet werden, um den Verhandlungsprozess zu steuern und in seinem Ergebnis zu beeinflussen, oder wenn Individuen die Fruchtbarkeit von Dissens über mögliche Perspektiven verkennen. Gerade diese zeigen jedoch, dass ein Verhandlungsergebnis nie auf ein *einziges* Ziel hinausläuft.

Fazit: Kommunikation der Individuen während eines Verhandlungsprozesses ist wenig determiniert, so dass emergente Eigenschaften eine **Identität der Organisation** begründen. Das gilt auch für Verhandlungen über Ziele, die durch Emergenz zu **Zielen der Organisation** führen.

1.1.4   Externe Organisation - Erweiterung um externe Individuen / Anspruchsgruppen

Zur Verarbeitung von externen Einflussfaktoren bilden sich in Unternehmen *intermediäre Instanzen* aus, denen einzelne Individuen mit ihren Handlungen angehören, wobei sich die Handlungen auf unterschiedliche Instanzen verteilen. Auf den verschiedenen organisatorischen Ebenen der Unternehmung können einzelne Handlungen unwirksam werden, wenn die Wirkungen zwischen den Handlungen erst auf einer generalisierenden Ebene Rationalität aufweisen. Die Handlungen bestehen aus kommunikativen Relationen zwischen Mitgliedern der Organisation und auch einzelnen externen Individuen / Gruppen.

Die *Verschachtelung* der internen und externen Bereiche bewirkt, dass das Unternehmenssystem seine **Identität** verändern kann, dass neue Systeme entstehen und die Organisation mit ihrem Regelwerk bestimmt, welche Signale von externen Individuen / Gruppen als Stimuli zu einer Informationsverarbeitung herangezogen werden.

Fazit: Das Regelwerk und die Reflexion der Organisation unterscheidet auch nach außen das Verhältnis zu Individuen und Gruppen: Wenn man Anspruchsgruppen unterscheidet, zeigt sich, dass in komplexen Gesellschaften zwischen Individuum und Gesamtsystem *intermediäre Instanzen* ausgebildet sind, denen die Individuen mit ihren Handlungen angehören, wobei sich die Handlungen auf die unterschiedlichen Instanzen verteilen.

1.1.5   Externe Selektion - Kontingenz von externen Individuen / Anspruchgruppen

Kommunikation mit externen Gruppen ist von besonders hoher *Kontingenz* geprägt, da die Handlungsmöglichkeiten gegenüber Gruppen / Anspruchsgruppen vielseitig sind, und eine Bewertung der Handlungsalternativen nur im Hinblick auf die aktuellen Umweltbedingungen möglich ist. In ihrer Konsequenz sind die Reaktionen von Anspruchsgruppen unsicher, so dass wider Erwarten organisatorische Regelungen versagen, was zu einer Krise der Organisation führen kann. Die Organisationsgrenzen können nicht statisch oder geschlossen sein, weil Interessen der Gruppen systematisch durch *Thematisierung der Organisation* in Unternehmensprozesse eingehen, so dass „anspruchsgruppenorientiertes Verhalten" stattfindet. Die Bedeutung des einzelnen Managers liegt darin, den Systemcharakter der Organisation *und* den der Anspruchsgruppen in seinen Handlungen zu berücksichtigen.

1.1.6   Externe Kommunikation - Laterale Verknüpfungen

In Ergänzung zur internen Kommunikation ist die externe Kommunikation ebenfalls zunächst aus dem Ansatz der interindividuellen Zielbildungsprozesse nur ergebnisorientiert zu erklären, so dass eine notwendige, wechselhafte Selbstbeschreibung der Organisation fehlt und neue Ziele kaum gesetzt werden. Notwendige Perspektivenwechsel zeigen dann Unstimmigkeiten, weil Entscheidungsträger bei der Aushandlung und bei der Quasilösung von

Zielkonflikten im Verhandlungsergebnis nicht zu gleich günstigen Verteilungen kommen können, so dass nur durch zukünftige Verhandlungsergebnisse mit externen Kommunikationspartnern Lösungen wieder angestrebt werden. Diese dynamische Bertachtung von Abstimmungsverfahren ist auch für die Asymmetrie von Organisation und intermediären Instanzen der Anspruchsgruppen grundlegend, weil sie einen Rahmenkonsens ermöglicht. Deutlich wird dieser Sachverhalt, wenn außerdem die Forderung von "Handlungen auf Emergenzniveau" herausgestellt wird. Die Handlungen bestehen dann aus kommunikativen Relationen zwischen Mitgliedern der Organisation und einzelnen Individuen von Anspruchsgruppen, die ebenfalls in Beziehungen zu anderen Systemen stehen, zu denen wiederum andere Beziehungen aufgebaut oder erweitert werden können. Da nicht alle Beziehungen für ein Zielbildungssystem von gleicher Bedeutung sind, können im Einzelfall Umwelten unterschieden werden.

Die genannten Beziehungen oder kommunikativen Relationen mit anderen Systemen, die hier als *laterale Verknüpfungen* zu bezeichnen sind, bieten die wesentliche Problemlösungsräume, da bereits erprobte Verbindungen zu einer zunehmenden Stabilisierung der Organisation führen. Diese bewährten Verbindungen sind als Muster erfolgreicher Selbstreflexion Schemata für gelungene Perspektivenwechsel und zeigen, wie sich neue Beziehungen in speziellen Bereichen durch Analogien ergeben können.

2. Emergente Eigenschaften im systemkybernetischen Modell

Emergente Eigenschaften eines Unternehmenssystems kommen durch die Berücksichtigung unterschiedlicher Interaktionen von **Elementen** mit anderen **Elementen** oder **Subsystemen** zustande.

Die bereits diskutierten Elemente: **Organisation, Selektion** und **Kommunikation** zeigen emergente Eigenschaften in ihrer wechselseitigen Verknüpfung. Die Verknüpfungen sind mannigfaltig, vielfältig, nicht immer gleich stark ausgeprägt und auf unterschiedliche Weise aktiv. Sie sind mehr oder weniger stabil, innerhalb der internen und externen Bereiche ultrastabil oder übergreifend multistabil. Multistabilität (multistabile Verknüpfungen) gewährleisten die Anschlussfähigkeit von Handlungen und Prozessen und eine besondere *Rationalität* von Problemlösungen, die darin besteht, dass sich das System stabil verhält, sich zügig anpasst und neue Gleichgewichte erreicht.

So ergibt sich insgesamt die folgende relativ technisch anmutende Abbildung eines systemkybernetischen Gestaltungsmodells:

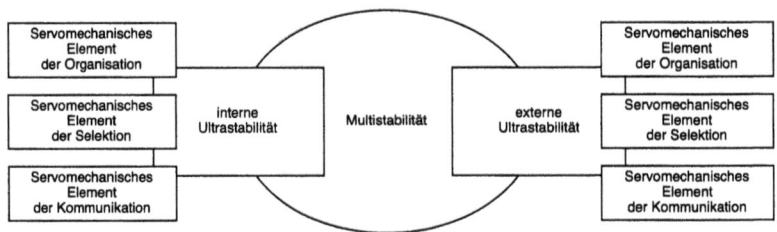

Abb.3: Multistabilität

Für die Operationalisierung der *Modellstruktur* und ihrer *Stabilität* kann davon ausgegangen werden, dass es möglich ist, das Wirkungsgefüge aus dem Grundmodell eines geregelten, gegengekoppelten Systems zu entwickeln. Neben dem Kriterium der Anpassungszeit ist auch das Zeit-Integral über den Betrag der Abweichungen der Zustandsgrößen $w(t)$ von den Führungsgrößen $x(t)$ maßgeblich beteiligt, um zu bestimmen, auf welche Art die lokalen Gleichgewichte erreicht werden:

$$R = \int_0^\infty |(w(t) - x(t))| \cdot dt$$

Die Regelgüte ist dabei umso besser, je kleiner der Wert R des Integrals wird. Einzelne Lenkungseingriffe können durchaus zu irrationalen Ergebnissen des komplexen Ganzen führen, wenn ultrastabile Lösungen im internen oder externen Subsystem Instabilität des multistabilen Systems verursachen. Die Rationalität der Teilsysteme muss hier also an den Bedingungen einer reflektierten Lenkung des Ganzen orientiert sein.

2.1 Einfache Beispiele zur emergenten Zielbildung in der Organisation

2.1.1 Interne Organisation: Qualitätsstreben als Mitgliedschaftsbedingung

Qualitätsstreben als gemeinsame und gegenseitige Erwartung an Mitarbeiter ist häufig in Unternehmenszielsystemen verankert, hat aber nur Sinn, wenn grundsätzlich das Streben nach Qualität mit den organisatorischen Mitgliedschaftsbedingungen verknüpft ist.

2.1.2 Interne Selektion: Individuelle Erwartungen von Vertriebsmitarbeitern

Die individuelle Komponente der organisatorischen Prozesse besteht bei Unternehmen in der *mitarbeiterspezifischen Erwartung* einer entsprechenden Vergütung oder Anerkennung, die häufig zuvor in einem Zielvereinbarungsgespräch festgelegt wird. Das Zielvereinbarungsgespräch ist hier als rationales Verfahren der zentrale Geschäftsprozess, der Zielbildung und Zielsetzung durch Konsens vereint. Erwartungen von Vertriebsmitarbeitern sind durchweg finanzieller Art und die daraus resultierenden Verhaltensweisen von der Organisation gewünscht, anders formuliert sind gegenseitige Erwartungen wieder als Mitgliedschaftsbedingung in Geschäftsprozessen integriert und durch Budgetvereinbarungen immer wieder neu fixiert.

2.1.3 Externe Selektion: Einbeziehung des Kunden als Anspruchsgruppe

Kommunikation mit Kunden ist in Vertragsverhandlungen von hoher *Kontingenz* geprägt, da die Handlungsmöglichkeiten gegenüber Kunden erheblich sind. So sind unterschiedliche Vertragsformen und technische Festlegungen beispielsweise für Betriebsführungsmodelle so umfangreich, dass die Grenzen zum Kunden verwischen. Es handelt sich dann eher um „gemeinsame Unternehmungen".

Entsprechend der obigen Ausführungen ändert sich folglich auch die *Identität der Unternehmung*, da die mit dem Kunden beschäftigen Mitarbeiter nun ständig neue Anforderungen technischer, organisatorischer oder kaufmännischer Art in das Unternehmen bringen und dort kommunizieren, so dass sich die kunden- und dienstleistungsorientierte Unternehmung immer wieder neu gestalten muss. Die

Interessen der Kunden gehen durch *Thematisierung der Organisation* in verschiedene Unternehmensprozesse ein, weil
ein grundsätzliches Vertrauensverhältnis zum Kunden für Kooperationen unerlässlich ist,
die obige qualitätsorientierte Mitgliedschaftsbedingung weiterhin gilt, die Dienstleistung sich aber ändert,
und die selektive finanzielle Vertriebsausrichtung (finanzielle Erwartungen der Mitarbeiter) nicht aufgegeben werden kann, weil die standardisierte Vertriebsform und -vergütung hohe Effizienz des Systems gewährleistet.

Die externe Selektion oder die Verarbeitung von Einflüssen der Dienstleistungserweiterung führen in diesem Beispiel zu einer Überprüfung zumindest der zwei vorgenannten letzten Punkte, die dann eine ultrastabile Eigenschaft im Modell verändern können und nun einen Anpassungsprozeß hin zu einem anderen Gleichgewicht der Modellelemente auslösen.

2.1.4 Externe Organisation: Anpassung der Organisation unter Einbeziehung des Kunden

Zur Verarbeitung externer Einflüsse von Kunden ist die Reflexion der Organisation auf diese Einflüsse ein wesentlicher Erfolgsfaktor. Am Beispiel dezentraler Vertriebsstrukturen wird deutlich, dass über den Akteur vor Ort die erforderliche Handlungsfähigkeit im ersten Ansatz möglich ist. Er gehört bereits einer *intermediären Instanz* an und kommuniziert auf verschiedenen organisatorischen Ebenen der Unternehmung die Wirkungen des Kundeneinflusses. Die Identität der Unternehmung, die sich z.B. in der internen Reflexion der Problemlösungskompetenz im Geschäftsprozess zeigt, wird durch ein Regelwerk des Vertriebs bestimmt, welches die Signale von Kunden aufnimmt und in Handlungen umsetzt. Die Identität der Unternehmung verändert sich durch die Reflexion der Einflüsse von Kunden.

3. Organisatorische Auswirkungen

Beim letztgenannten Beispiel zum konstituierenden Element der externen Organisation zeigt sich, dass Selbstorganisation die Möglichkeiten bietet, im Regelwerk der Organisation Information und Wissen in internen und externen Kommunikationsprozessen zu verarbeiten. Selbstorganisation ist hier das wesentliche Prinzip, das die Individuen beteiligt und externe Einflüsse integriert, um Sinnvermittlung und Legitimation der Ziele zu ermöglichen:

Organisationsstrukturen sichern den Ablauf von Geschäftsprozessen, werden aber durch sie auch verändert. Daraus resultiert ein *organisatorischer Wandel*. Die Institutionalisierung von Prozessen ist immer an Individuen gebunden, die an einmal beschriebenen Verhaltensmustern gern festhalten. So wäre die These, dass organisatorischer Wandel nur durch den Austausch von Personen erreicht werden kann, zum Teil begründet, wenn nicht die emergente Eigenschaft der Organisation gerade in ihrer Wandlungsfähigkeit läge. Die möglichen Kopplungsbeziehungen zwischen den obigen Elementen Organisation, Selektion und Kommunikation, die hohe Komplexität der Interaktionen, die Veränderung der Strukturen durch Information führen zu einer Redundanz der Beziehungen, die das Hierarchieprinzip zur Lösung komplexer Probleme unbrauchbar werden lässt, im nichthierarchischen Modell aber alle Möglichkeiten einer Organisationsanpassung mitbringt. Lenkungseingriffe in die selbstorganisierende Organisation, dem multistabilen System, fallen dann eher in den Bereich des *Koordinierens* von Geschäftsprozessen:
Aus der externen Betrachtung ergeben sich rationale Verfahren, die nicht zu einer *anarchischen Struktur* führen dürfen und Legitimation bedeuten.
Sie sind mit internen Ausdifferenzierungen der Organisation zu verknüpfen, die ebenso rational sind.

4. Fazit in Form von Auswirkungen auf Zielsysteme

Zielbildung ist in einem *organisatorischen* Rahmen diskutiert worden, so dass auch Ergebnisse zum *Zielsystem der Organisation* zu erwarten sind. Die systemkybernetische Analyse der Zielbildung integriert die Problemkreise der *Zielbildung* und jene der organisatorischen *Zielsystemänderungen*, so dass die folgenden allgemeinen Zielvorschläge, die sich aus den Elementen des obigen Modells ergeben, ohne Anspruch auf Vollständigkeit in ein Zielsystem aufgenommen werden können. Sie sind im speziellen organisatorischen und meistens unternehmerischen Rahmen zu spezifizieren und auszugestalten:

Die *Verfahren und Prozesse*, die in einer Organisation Rationalität erzeugen, sollen auf die *Mitgliedschaftsbedingungen* verweisen.

Die *emergente Eigenschaft* der Organisation soll erkannt und postuliert werden und der Organisation entsprechende *Selektionen* ermöglichen werden.
Die *Thematisierung* und Identität der Organisation ist Voraussetzung für selbstorganisatorische Prozesse und erforderliche Anpassungen.
Die Wirkungen *formaler Organisationsstrukturen* auf die Zielbildung müssen zur Vermeidung von Kontingenz transparent sein.
Komplexität im Umgang mit Anspruchsgruppen kann durch *Handlungen auf Emergenzniveau* gelöst werden. Ergeben sich dabei keine rationalen Lösungen, sollte die durch *Systemdifferenzierung* entstandene Ultrastabilität der Unternehmung genutzt werden und reflektierte Lenkung ermöglicht werden.
Die Effekte und rekursiven Beziehungen der Zielbildung sind im Zielsystem zu berücksichtigen.

Als Fazit der emergenten systemkybernetischen Zielbildung zeigt sich, dass die Erkenntnisse zur Zielbildung auch eine präskriptive Aufzählung von Zielvorschlägen hervorbringen.

Literatur

Bidlingmaier, Johannes [Zielbildung, 1967]: Zur Zielbildung in Unternehmungsorganisationen, in: ZfbF (19), 1967, S. 246-256

Breit, Volker [Zielbildung, 1996]: Integrative Zielbildung in Unternehmen: ein systemkybernetischer Ansatz unter besonderer Berücksichtigung der Ökologie, Frankfurt a. M. et al., 1996

Deges, Frank [Unternehmerzielen, 1993]: Die Beschäftigung mit den Unternehmerzielen in der Literatur der alten und neuen Betriebswirtschaftslehre bis 1966, Schriften zur Geschichte der Betriebswirtschaftslehre, Nr.6, hrsg. von Fritz Klein-Blenkers, Köln: 1993

Gomez, Peter / Malik, Fredmund / Oeller, Karl-Heinz [Systemmethodik, 1975]: Systemmethodik, Grundlagen einer Methodik zur Erforschung und Gestaltung komplexer soziotechnischer Systeme, 2 Teile, Veröffentlichungen der Hochschule St. Gallen für Wirtschafts- und Sozialwissenschaften, (St. Galler Dissertation), Schriftenreihe Betriebswirtschaft, Band 4, Bern, Stuttgart: 1975

Heinen, Edmund [Zielsystem, 1976]: Grundlagen betriebswirtschaftlicher Entscheidungen, Das Zielsystem der Unternehmung, 3., durchges. Aufl., Wiesbaden: 1976

Kahle, Egbert [Problemlösungsverhalten, 1973]: Betriebswirtschaftliches Problemlösungsverhalten, Theoretische Überlegungen zum Einfluss von Zielen und Entscheidungsmodellen auf die Lösung betriebswirtschaftlicher Probleme, Wiesbaden: 1973

Luhmann, Niklas [Systeme, 1984]: Soziale Systeme: Grundriss einer allgemeinen Theorie, 1.Aufl., Frankfurt am Main: 1984

Willke, Helmut [Systemtheorie, 1991]: Systemtheorie: Eine Einführung in die Grundprobleme der Theorie sozialer Systeme, 3., überarb. Aufl., Stuttgart, New York: 1991

Prinzipien- statt regelbasierter Regulierung von Unternehmen? Überlegungen zum Umgang mit Emergenz aus aufsichtsrechtlicher Perspektive unter besonderer Berücksichtigung der britischen Financial Services Authority

Michael Eichhorn[*]

1. Einleitung
2. Grundlagen und Abgrenzung einer prinzipienbasierten Aufsicht
3. Chancen und Risiken von regel- und prinzipienbasierter Aufsicht
4. Implikationen für den Umgang mit Emergenz
5. Prinzipienbasierte Finanzdienstleistungsaufsicht in Großbritannien
6. Zusammenfassung und Ausblick

Literatur

---

[*] Dr. Michael Eichhorn arbeitet in London fuer die Royal Bank of Scotland als Head of Market Risk, Group Internal Audit. Er erhielt vor kurzem den Ruf auf die Professur fuer Finanzmanagement ander Hochschule Harz, Wernigerode. 2003 promovierte er bei Prof. Dr. Egbert Kahle mit einer Arbeit zum Qualitaetsmanagement in fuehrenden US-amerikanischen und westeuropaischen Banken

1. Einleitung

Der Umgang mit Emergenz wird häufig aus Sicht von Unternehmen diskutiert. Nicht minder relevant ist die Problemstellung aus einer aufsichtsrechtlichen Perspektive.[1] Zum einen können Phänomene, die zuvor im Verborgenen lagen oder nicht existent waren, mehr als "nur" den Untergang einzelner Unternehmen verursachen - aus Sicht der Aufsicht können sie das jeweilige System als Ganzes gefährden (Systemrisiko), mit direkten und indirekten Ausstrahlungswirkungen auf andere angeschlossene Systeme. Zum anderen besteht für das bisher nicht Dagewesene oder nicht einmal Vorstellbare zum Zeitpunkt des Emergentwerdens in der Regel keine oder keine ausreichende Regulierung. Später beeinflussen Art und Umfang der neu geschaffenen Regulierung die weitere Entwicklung des Emergentgewordenen.

Die Emergenz von Private Equity Gesellschaften und Hedge Funds, so genannten alternativen Investmentvehikeln, verdeutlicht diese Überlegungen. Für etablierte Unternehmen liegt die Problemstellung "nur" darin, sich durch eine geeignete Unternehmenssteuerung gegenüber den neuen, aggressiven Wettbewerbern zu behaupten.[2] Wie schwierig sich die Steuerung aus einer aufsichtsrechtlichen Perspektive darstellt, zeigt die im April/Mai 2005 vom damaligen SPD-Vorsitzenden Müntefering ausgelöste "Heuschreckendebatte". In ihrem Verlauf sahen sich zunächst Private Equity Gesellschaften und später Hedge Funds dem Vorwurf ausgesetzt, "anti-social radicals" (Jenkins 2005, S. 4)

---

[1] Dabei ist es zunächst unerheblich, was Gegenstand der Aufsicht ist. Zwar steht in diesem Beitrag die Finanzdienstleistungsaufsicht im Vordergrund. Die Problemstellung kann aber ebenso für andere Bereiche relevant sein, z.B. Steuerrecht, Rechnungslegung, Arbeitssicherheit und Umweltrecht.

[2] Beispielhaft hierzu "...hedge funds are proving a thorn in the side of Europe's biggest lenders. But away from their role as rebel shareholders, these so-called alternative investment vehicles continue to give banks trouble on another front: as potent rivals who are attracting away from banks some of their best talent and an ever increasing share of assets that they might otherwise have managed." (Hassell 2007, S.67).

zu sein, die rücksichtslos kurzfristige und überzogene Renditeziele verfolgen.[3] Die angelsächsische Wirtschaftspresse betrachtete die Debatte eher als standortschädliches, politisch motiviertes Wahlkampfmanöver.[4] Die britische Financial Services Authority (FSA), das Pendant zur Bundesanstalt für Finanzdienstleistungsaufsicht (BaFin), schätzt einerseits den Beitrag, den Hedge Funds zur Liquidität der Märkte und Diversifikation von Risiken und damit zur Systemstabilität leisten (vgl. FSA 2005a, S. 5 ff., 2006a, S.14 f.).[5] Andererseits fürchtet sie, dass deren hochspekulativen Geschäftsmodelle zu Lasten der Marktstabilität gehen (vgl. FSA 2005a, S. 6 f., 2006a, S. 3 ff.).[6] Trotz der intensiv und nicht selten polemisch geführten Debatte sind die alternativen

---

[3] Z.B. richten sich an Private Equity Gesellschaften folgende Vorwürfe: Ausverkauf der erworbenen Unternehmen (Asset stripping), Arbeitsplatzabbau, "kreative" Steuergestaltung (tax dodges) und Rechnungslegung (vgl. Smith 2007, S. 22 f.). In den USA sorgte im Juli 2007 der Fall einer Private Equity Gesellschaft für Aufsehen. Im Zusammenhang mit dem Verkauf von Anteilen nutzte sie ein Schlupfloch, um ihre Partner effektiv von Steuern auf $ 3,7 Mrd. zu befreien (vgl. Johnston 2007, S. A.1, A.16). In der Rechnungslegung will die Gruppe bestimmte Gebühren als Derivate behandeln, um Bewertungszeitpunkt und Gewinnausweis vorzuverlegen (vgl. Mackintosh 2007b, S. 1).

[4] "This is not a debate about regulation or taxation but about the free market as such. This is not a good time to be in Germany." (Munchau 2005, S. 15; vgl. auch Jenkins 2005, S. 4).

[5] Wie hoch der Stellenwert der alternativen Investmentvehikel inzwischen ist, zeigen die folgenden Beispiele: Angesprochen auf die für Private Equity Gesellschaften bestehenden Steuerprivilegien schloss der britische Chancellor Darling deren sofortige Abschaffung mit der Befürchtung aus, dass plötzliche Veränderungen unerwünschte Auswirkungen auf die "absolut kritische" Rolle haben könnten, welche die Londoner City für die Volkswirtschaft spiele (zit. in: Giles et al. 2007). Die FSA erwägt neue Regeln, um künftig auch Kleininvestoren die Möglichkeit zu geben, Geld in Hedge Funds zu investieren, ohne dafür Offshore gehen zu müssen (vgl. Mackintosh 2007a).

[6] Davies, ehemaliger Wirtschaftsberater Gordon Brown's sieht in der Panik von Hedge Funds die Ursache für den Kollaps des Subprime Markets. Er fordert, dass die Zentralbanken weltweit gravierende Unzulänglichkeiten im Aufsichtssystem korrigieren müssen, sobald die Krise überstanden ist (vgl. Power/Roberts 2007, S. B1).

Investmentvehikel bis heute kaum reguliert. Sanio, Vorstand der BaFin, beschreibt Hedge Funds als "schwarze Löcher des Finanzsystems" (zit. in: Hennemann/Hulverscheidt 2007, S. 20). Noch immer ist strittig, inwieweit die hochspekulativen Investmentvehikel überhaupt reguliert werden können und sollen.[7] Oder vertreibt nicht jede (zu) präskriptive Regulierung die typischerweise Offshore domizilierten und dort mit einem "light touch" beaufsichtigten hochmobilen Unternehmen? Und schließlich, wer soll die Vorschriften erstellen und etwaige Verstöße sanktionieren - die Aufsicht oder sollen die Unternehmen selbst, wie von Finanzminister Steinbrück und anderen empfohlen, einen freiwilligen Verhaltenskodex (Code of Conduct) einführen und überwachen (vgl. Deutsche Presse Agentur 2007; Eckert/Zschäpitz 2007)?

Ein Konzept, das aktuell nicht nur in der Finanzdienstleistungsaufsicht an Beachtung gewinnt, besteht darin, anstelle präskriptiver Regeln vermehrt Prinzipen zu nutzen. Vor diesem Hintergrund untersucht der folgende Beitrag, inwieweit eine prinzipienbasierte Aufsicht den Umgang mit Emergenz verbessern kann. Hierzu stellt Abschnitt 2 zunächst die Grundlagen der prinzipienbasierten Aufsicht vor und grenzt sie von der regelbasierten Aufsicht ab. Im Anschluss vergleicht Abschnitt 3 die Chancen und Risiken beider Konzepte. Anhand dieses Vergleichs fast Abschnitt 4 zusammen, welche Konsequenzen sich für den Umgang mit Emergenz ergeben. Abschnitt 5 rundet die bis dahin eher theoretischen Überlegungen mit dem Anwendungsbeispiel der FSA ab. Der Beitrag schließt mit Zusammenfassung und Ausblick.

2. Grundlagen und Abgrenzung einer prinzipienbasierten Aufsicht

Die Unterscheidung zwischen Prinzipien und Regeln ist nicht trivial. So können Prinzipien im weitesten Sinn auch als Regeln verstanden werden. Zugleich unterscheidet sich eine prinzipienbasierte Aufsicht nicht allein dadurch, Vorschriften mit einem anderen Detaillierungsgrad zu verwenden. Für das hier zugrunde gelegte Verständnis einer prinzipienbasierten Aufsicht sind vor allem drei eigenständige, aber zusammenhängende Merkmale wesentlich. Sie werden im Folgenden vorgestellt.

---

[7] Angesichts der durch den US-Subprime Market hervorgerufenen Krise im weltweiten Bankwesen trafen sich die EU-Finanzminister Mitte September 2007 erneut, um über Regeln für Hedge Funds zu beraten (vgl. Deutsche Presse Agentur 2007).

1.1 Allgemeine Standards anstelle einfacher und komplexer Regeln

Nach Black/Smith LLP lassen sich drei Typen aufsichtsrechtlicher Vorschriften unterscheiden. Sie sind in Tabelle 1 anhand von Beispielen gegenübergestellt. Die als Typ 1 bezeichneten einfachen Regeln, die so genannten "bright line rules", beinhalten ein einziges (quantitatives) Kriterium, das es zu erfüllen gilt, um die Regel einzuhalten. Im Unterschied hierzu bestehen die detaillierten oder komplexen Regeln des Typs 2 aus einer Reihe von Bedingungen, die erfüllt sein müssen. Prinzipien, als Regeln des Typs 3, weisen die folgenden Merkmale aus (Black/Smith LLP 2007, S. 4):

- "They are drafted at a high level of generality, with the intention that they should be overarching requirements that can be applied flexibly to a rapidly changing industry.
- They contain terms which are qualitative not quantitative: general, usually evaluative terms ("fair", "reasonable", "suitable") as opposed to "bright line" rules ("within 2 business days", "turnover of £20 million").
- They are purposive, expressing the reason behind the rule.
- They have very broad application to a diverse range of circumstances.
- The Principles are largely behavioural standards – they are concerned with, for example, the "integrity", "skill, care and diligence" and "reasonable care" with which authorised firms and approved persons conduct and organise their businesses and the fairness with which they treat customers and manage conflicts of interest.
- It follows that breach of Principle must involve an element of fault."

Type 1: Bright line rule	Type 2: Complex/ detailed rule	Type 3: Principle
A firm must execute all orders of under 10,000 securities within one business day.	A firm must execute all orders for customers within one business day in the following circumstances: [definition of customer, definition of order, restriction as to whether discretionary dealing or execution only, definition of one business day, circumstances where large orders may be worked over a longer period etc.].	A firm must pay due regard to the interests of its customers and treat them fairly.

Quelle: Black/Smith LLP (2007), S. 9, Darstellung leicht modifiziert.

Typen aufsichtsrechtlicher Vorschriften

Eine rein regelbasierte Aufsicht stützt sich ausschließlich auf Vorschriften des Typs 1 und/oder 2. Grundlage einer rein prinzipienbasierten Aufsicht ist ein Set von Regeln des Typs 3. Das bedeutet auch, dass eine prinzipienbasierte Aufsicht über die Nutzung von Öffnungsklauseln hinausgeht.

1.2 Ziel- statt aktivitätsorientierte Aufsicht

Eine regelbasierte Aufsicht richtet sich eher auf Maßnahmen und betriebsinterne Prozesse - sie ist aktivitätsorientiert. Mit der prinzipienbasierten Aufsicht verschiebt sich der Schwerpunkt zu den von der Aufsicht verfolgten Zielen (z.B. Konsumentenschutz, Systemstabilität). Die Steuerung erfolgt im indirekten Zugriff. Sie gleicht am ehesten der Führung durch Zielvorgabe (Management by Objectives). Die Aufsicht spezifiziert die Ziele, überlässt es aber der Expertise der Unternehmen, die spezifischen Schritte zu deren Erreichung festzulegen. Dahinter steht die Überlegung, dass das Management eher imstande ist, festzulegen, welche Maßnahmen und Prozesse im jeweiligen Unternehmen erforderlich sind, um die Ziele der Aufsicht zu erreichen. Idealtypisch werden die Ziele über Outcomes operationalisiert. Je nach Branche und Risiken können die Outcomes unterschiedlich differenziert sein.

1.3 Weiter wachsende Managementverantwortung

Wenn die Aufsicht lediglich das Ziel erklärt, die spezifischen Schritte zu deren Erreichung aber denjenigen überlässt, die in den Unternehmen die Verantwortung tragen, bedeutet dies auch, dass sie sich noch stärker auf die Führung der beaufsichtigten Unternehmen verlässt. Das Management hat zu identifizieren, wie die Unternehmen zu organisieren sind, um die Ziele der Aufsicht zu erreichen. Es hat entsprechende Kontrollen zu etablieren und deren Angemessenheit und Wirksamkeit zu überprüfen. Die regelbasierte Aufsicht hebt zwar ebenfalls die Verantwortung des Managements hervor. Allerdings erstreckt sie sich hier eher auf die Einhaltung der durch die Aufsicht vorgegebenen Aktivitäten.

Jedes der drei Merkmale hat, isoliert und in Kombination, Auswirkungen darauf, wie die Aufsicht mit Emergenz umgehen kann. Um diese Auswirkungen zu verstehen, vergleicht der folgende Abschnitt die Chancen und Risiken, die sich aus der Nutzung von Prinzipien und Regeln der Typen 1 und 2 ergeben.

3. Chancen und Risiken von regel- und prinzipienbasierter Aufsicht[8]

Aus der Literaturdurchsicht ergeben sich die in der linken Spalte von Tabelle 2 zusammengefassten Vergleichskriterien für die Angemessenheit und Wirksamkeit von Regeln. Die übrigen Spalten zeigen, welche Ausprägungen die Regeln der Typen 1-3 erreichen und sollen im Folgenden näher erläutert werden. Grundgedanke der regelbasierten Aufsicht ist es, ein Set von Regeln zu etablieren, das dann als "Maßstab" für die zugelassenen Unternehmen fungiert. Die Vorschriften des Typs 1 sind dabei relativ klar und einfach anzuwenden - der "Maßstab" beinhaltet, wie oben darlegt, nur ein einziges Kriterium. Für Typ 2 ist eine ganze Liste von Bedingungen zu prüfen. Im Fall der prinzipienbasierten Aufsicht liegt die Entscheidung über die konkreten Schritte, wie zuvor ausgeführt, beim Management. In dem Maß, in dem die Prinzipien für Unternehmen, die sich um deren Einhaltung bemühen, verständlich und realistisch bleiben, können sie die Umsetzungslösungen verbessern. Andernfalls

---

[8] Die in diesem Abschnitt vorgetragenen Überlegungen fassen im Wesentlichen die Beiträge von Black/Smith LLP 2007 und Livingston 2005 zusammen.

können insbesondere kleine Unternehmen nicht über die notwendigen Ressourcen und Fachkenntnisse verfügen, um die eher allgemein gehaltenen Prinzipien zu interpretieren. Unter Umständen empfinden sie es als einfacher, wenn die Aufsicht ihnen mitteilt, was zu tun ist. Dem steht allerdings entgegen, dass auch kleine Unternehmen aktuell die inhaltliche Unschärfe vieler Regeln der Typen 1 und 2 sowie die zu hohe Regelungsdichte beklagen.

Rule type	Type 1: Bright line rule	Type 2: Complex rule	Type 3: Principle
Ease of application	High	Low	Depends
Congruence	Low	High	High
Scope for regulation	Low	Low	High
Scope for "creative" compliance	High	High	Low
Certainty	High	High	Depends
Impact of enforcement actions	Low	Low	High
Need for retrospective input	High	High	Low
Adaptability	Low	Low	High
Cost of regulation	High	High	Depends
Scope for clash of jurisdictions	Low	Depends	High

Quelle: eigene Darstellung in Erweiterung von Tabelle 4 bei Black/Smith LLP 2007, S. 10.

Vor- und Nachteile von Regeln der Typen 1-3

Regeln der Typen 1 und 2 können nie eine vollständige Kongruenz mit den Zielen erreichen, die für ihre Schaffung maßgeblich waren. Unvermeidlich greifen sie entweder zu weit oder nicht weit genug. Entweder werden Realitäten nicht berücksichtigt, die eingeschlossen werden sollten. Oder es werden Realitäten eingeschlossen, deren Berücksichtigung die Aufsicht zumindest unter den spezifischen Umständen nicht beabsichtigte. Besonders hoch kann die Inkongruenz für Regeln des Typs 1 sein. Bezogen auf das Beispiel in Tabelle 1 kann das Ziel, einen fairen Umgang mit dem Kunden zu erreichen, verfehlt werden. Es können z.B. Situationen auftreten, in denen es für den Kunden vorteilhafter ist, eine Order unterhalb des Schwellenwerts von 10.000 über einen längeren Zeitraum verteilt auszuführen. Im Übrigen ist fraglich, ob das Ordervolumen überhaupt ein geeignetes Kriterium darstellt. Typ 2 kann geringere Diskrepanzen als Typ 1 bedeuten, vorausgesetzt die Aufsicht wählt geeignete Kriterien. Typ 3 verspricht eine höhere Kongruenz, weil die Aufsicht die Auswahl der Maßnahmen, um die gewünschten Ziele zu erreichen, wie zuvor dargelegt, bewusst in die Entscheidungsfreiheit der Manager vor Ort legt. Erklärt werden kann die unterschiedliche Kongruenz aber auch damit, dass dort, wo die Wege fixiert werden, sich die Konsequenzen aber einer bewussten Kontrolle entziehen. Im schlimmsten Fall gehen im täglichen Unternehmensgeschehen gleichzeitig die eigentlichen Unternehmensziele ganz oder in Teilen verloren. Zum einen fixieren die Regeln der Typen 1 und 2 die Handlungs- und Wahlmöglichkeiten. Zum anderen neigen diejenigen, die einer Prüf- bzw. Checklisten-Mentalität folgen, kaum dazu, sich mit der großen Vision ihres Unternehmens oder dem "Scherbenhaufen" auseinanderzusetzen, den einzelne Regeln erzeugen können.

Für die Aufsicht weitet sich durch eine prinzipienbasierte Aufsicht grundsätzlich der Bereich aus, den sie "fassen" kann. Prinzipien können die Aufsicht befähigen, Sachverhalte zeitnah zu adressieren, die erst emergent werden und andernfalls zumindest bis zur Entwicklung von Regeln des Typs 1 und 2 außer Reichweite wären. Auch werden Bereiche zugänglich, die sich ansonsten, etwa auf Grund ihrer Komplexität, schwer oder kaum mit Regeln erfassen lassen. D.h., die Aufsicht kann mit Hilfe von Prinzipien die Grenzen ihres Einflussbereichs verschieben; bis hin zum Missbrauch, der dann allerdings einem vertrauensvollen Verhältnis zwischen Aufsicht und Beaufsichtigten im Weg steht.

Regeln der Typen 1 und 2 sind anfällig dafür, durch die Beaufsichtigten nur vordergründig eingehalten oder umgangen zu werden. Im besten Fall werden sie nur insoweit als "Maßstab" missbraucht, dass sie Unternehmen darin bestärken, nicht über sie hinaus zu gehen; die minimalistische "Compliance-Strategie" lautet: "Wir sind nicht schlechter als die anderen." Denkbar ist aber auch, dass Unternehmen die Absichten der Aufsicht im Stile von "Winkeladvokaten" umdeuten. In Tabelle 1 kann die Regel des Typs 1 u.a. dadurch umgangen werden, dass Orders zusammengefasst werden. Selbst die Schaffung einer Liste, wie sie Typ 2 vorsieht, wird unvermeidbar Lücken lassen, die wiederum Raum für "kreative" Compliance bieten. Im schlimmsten Fall werden die Regeln selbst zum Vehikel, um die mit ihnen verbundenen Absichten zu umgehen. Wenn Unternehmen ihre Compliance-Prüflisten in dieser Weise anpassen, resultieren daraus derart schlechte Umsetzungslösungen, dass die von der Aufsicht verfolgten Ziele von vornherein nicht erreicht werden können, und zwar unabhängig von der bereits angesprochenen Kongruenzproblematik. Um derartige "Schlupflöcher" zu schließen und Missbrauch zu begegnen, kann die Aufsicht dann neue Regeln einführen, die im besten Fall weniger, unter Umständen aber auch andere Lücken lassen. Unabhängig von ihrer Güte erhöht jede neu aufgestapelte Schicht von Regeln die Komplexität weiter, bis es zum Systemversagen kommt. Prinzipien bieten derartige "Schlupflöcher" kaum. Verstöße können auch dann noch sanktioniert werden, wenn die bestehenden Regeln der Typen 1 und 2 dies nicht mehr "hergeben" oder wenn Regeln, die eine Ahndung ermöglichen, in die Zuständigkeit einer anderen Behörde fallen. Allerdings können Unternehmen darauf spekulieren, dass eine scheinbare "Compliance" ausreicht. Dahinter kann das Kalkül stehen, dass es der Aufsicht schwer fällt, Verstöße zu ahnden, wenn die Prinzipien auf verschiedene Art und Weise interpretier- und/oder implementierbar sind. Inwieweit die Regeln, gleich welchen Typs, missbraucht werden können, wird auch davon abhängen, wie sicher sie sind.

Ob eine Regel sicher oder unsicher ist, hängt zunächst weniger davon ab, wie detailliert oder allgemein sie gehalten ist. Eine Regel allein lässt insoweit kaum verlässliche Aussagen zu deren Sicherheit zu. Entscheidend ist, inwieweit Aufsicht und Beaufsichtigte ein gemeinsames Verständnis teilen. Zwar können Regeln der Typen 1 und 2 für Sachkundige klar und für weniger Sachkundige unklar sein. Dennoch ist anzunehmen, dass zumindest unter Sachkundigen ein annähernd gleiches Grundverständnis herrscht. Prinzipien verlangen demgegenüber zwischen Aufsicht und Beaufsichtigten einen gemeinsamen Beurteilungsmassstab darüber, was eher unscharfe Begrifflichkeiten wie "angemessene Sorgfalt" bedeuten. Je unterschiedlicher die Beurteilung hierüber ausfallen kann, desto stärker geht dies zu Lasten der Sicherheit, mit der die Unternehmen täglich Entscheidungen treffen. Letztlich kann die Aufsicht selbst, etwa im Rahmen der Konsultation zu neuen Prinzipien, keine Sicherheit garantieren; vorstellbar ist u.a., dass Gespräche mit unterschiedlichen Vertretern der Aufsicht zu divergenten Ergebnissen führen. Zugleich müssen die Unternehmen vermehrt selbst entscheiden, was die Prinzipien noch erfüllt und sich gewissermaßen "hauseigene Regeln" geben. Hieraus resultiert wiederum das Risiko, den Maßstab entweder zu hoch oder zu niedrig zu setzen. Besonders vorsichtige Unternehmen werden dazu tendieren, die Standards im Zweifel zu hoch zu setzen, um so das Risiko von Sanktionen zu reduzieren; nicht zuletzt, weil die Fehlerkosten für Unternehmen, deren Umsetzungslösung von der Aufsicht als unzureichend eingestuft wird, zumeist höher seien dürften als im Falle der Regeln der Typen 1 und 2.[9] In der Konsequenz verwischen die Grenzen zwischen Best Practice und Mindestanforderungen, welche die Prinzipien noch erfüllen. Unternehmen können dann deshalb der Best Practice folgen, weil sie anzweifeln, ob die Aufsicht tatsächlich bereit ist, die Mannigfaltigkeit von Umsetzungslösungen zu tolerieren, insbesondere in Bereichen, in denen sie zuvor Uniformität erwartete. Von der Aufsicht beabsichtigt oder nicht, können die "hauseigenen Regeln" somit zu einer Verschiebung des Maßstabes nach oben führen. Kommt es zu einer solchen Verschiebung, können Prinzipien zu einer "Zweiklassengesellschaft" führen. Unternehmen, die sich den "Luxus" leisten können, die Verschiebung mitzugehen, stehen andere gegenüber, die hierzu nicht in der Lage sind. Die Aufsicht und nicht der Markt entschiede dann darüber, wer aus dem Wettbewerb ausscheidet. Gleichzeitig kann die Aufsicht die "Übercompliance" nochmals erhöhen, wenn sie "hauseigene Regeln", die objektiv ein Prinzip bereits überfüllen, weiter zu optimieren oder deren Nichteinhaltung zu sanktionieren sucht. Während Sanktionen notwendig sind, um andernfalls unwillige Unternehmen zur Einhaltung von Vorgaben zu motivieren, können Prinzipien insoweit den Wettbewerb in Teilen auf Compliance-Lösungen verlagern, zumindest aber ernsthaft bemühte Untenehmen zu einer Übererfüllung animieren.

Hiermit eng verbunden, drohen Prinzipien das Verhältnis zwischen laufender Aufsicht (Supervision) und der Verfolgung etwaiger Verstöße (Enforcement) aus dem Gleichgewicht zu bringen. Die Einführung von Prinzipien verspricht, wie oben dargelegt, Verstöße auch dann noch ahnden zu können, wenn sich selbige

---

[9] Zu den Fehlerkosten zählen neben den Sanktionen durch die Aufsicht (z.B. Strafzahlungen) und den Kosten zur Herstellung von Compliance (z.B. Kosten für Berater) auch Reputationsschäden. Oft übersteigen die letztgenannten Kosten die Sanktionen der Aufsicht um ein Vielfaches.

durch Regeln nicht mehr sanktionieren lassen oder andernfalls in die Zuständigkeit einer anderen Behörde fielen. Dem kann oft entgegnet werden, dass sich weit über 95% der Verstöße durch bestehende Regeln ahnden lassen, alle Regeln aber nur so gut sind wie ihre Geltendmachung. Immer neue Regeln, gleich welchen Typs, stiften dann solange keinen Nutzen, wie bereits bestehenden Regeln nicht die nötige Geltung besitzen. Vielmehr bauen sie das "Regelungsdickicht" weiter aus. Gehen Prinzipien aber, wie mehrheitlich beabsichtigt, mit der Ausdünnung oder vollständigen Streichung des bestehenden Regelwerks einher, droht ein Ungleichgewicht. In Ermangelung ausreichender Regeln des Typs 1 und 2 können Prinzipien zunächst zu einem Ausweichen in Substitute führen, etwa zur Anwendung des Common Law. Später können Art und Begründung der Ahndung von Verstößen gegen Prinzipien durch die Aufsicht und ggf. durch ein angerufenes Gericht zum Maßstab für deren Interpretation werden. Urteile werden dann zu "quasi-Regeln", die "principle-driven" zu einer "enforcement-driven" Aufsicht. In der Folge können ironischerweise gerade Prinzipien zu einer Art Case Law führen, mit all seiner Komplexität und Unzugänglichkeit. Wie der Name klar warnt, stellen dessen Entscheidungen auf den Einzelfall ab. Dabei würdigen sie alle Umstände des Einzelfalls und sind nicht selten das Ergebnis eines Kompromisses. Zugleich werden nicht alle Entscheidungen der Öffentlichkeit zugänglich gemacht. Weitere Schwierigkeiten können daraus resultieren, dass Prinzipien, wie zuvor dargelegt, statt auf den Weg auf die Erreichung eines Ergebnisses abstellen. Ihre Sanktionierung setzt somit voraus, dass es gelingt, ein faires und objektives Maß dafür zu finden, ob ein Unternehmen dieses spezifische Ergebnis erreicht hat. Die Outcomes müssen somit klar definiert und über verlässliche Messgrößen operationalisiert sein. Eine vollkommene Operationalisierung ist jedoch kaum zu erreichen. Quantitative Messgrößen können immer nur eine Annäherung an das sein, was die Aufsicht eigentlich erreichen will, sich von der Erreichung des eigentlichen Ziels wegbewegen und selbst offen für eine vordergründige Einhaltung sein. Denkbar ist, dass Unternehmen, bewusst oder unbewusst, ein Prinzip zwar buchstabengetreu, aber nicht "im Geist" erfüllen. Gleichzeitig kann die Aufsicht scheitern, derart fehlgeleitete Umsetzungen zu identifizieren. Dort, wo Unternehmen ein Projekt zur Umsetzung einzelner Prinzipien etablieren, kann die Aufsicht z.B. dazu tendieren, bereits dessen Existenz als Nachweis für Compliance zu erachten oder primär das Projekt zu prüfen. Die eigentliche, allerdings weniger tangible Frage, wie das Prinzip in das

Unternehmensgeschehen eingebettet ist und "gelebt wird", bleibt dann offen. Schließlich bedeutet eine rein am Ergebnis orientierte Aufsicht auch, dass Unternehmen selbst dann zu sanktionieren sind, wenn kein schuldhaftes Verhalten erkennbar ist, sondern die "Schuld" allein darin besteht, das Ergebnis, aus welchen Gründen auch immer, nicht erreicht zu haben. In Verbindung mit unscharf definierten Outcomes und Messgrößen kann eine derartige Sanktionierung ohne Schuld vorsichtige Unternehmen erneut zu einer Übercompliance motivieren. Nicht auszuschließen ist auch, dass sowohl die Aufsicht als auch die Unternehmen bei der Beurteilung von Compliance wieder in die Prozesse abgleiten, insbesondere wenn deren Einhaltung einfacher zu überwachen und zu demonstrieren ist.

Zeitlich ist besonders eine regelbasierte immer auch eine vergangenheitsbasierte Regulierung. Je mehr dies der Fall ist, desto stärker gleicht die Aufsicht einem "Navigieren durch den Rückspiegel". Nicht nur im Kontext von Emergenz stößt dies dann an Grenzen, wenn die Zukunft nicht länger ein Spiegelbild der Vergangenheit ist. Insbesondere Regeln der Typen 1 und 2 sind daher immer latent davon bedroht, nicht mehr "zu passen". Heute auf der Grundlage vorangegangener Erfahrungen formuliert, müssen sie sich in einer Zukunft bewähren, die sich unter Umständen unaufhörlich vom Status quo wegbewegt. Im besten Fall sind die Regeln das Ergebnis einer begründeten Vermutung über die Zukunft. Auf Grund der größeren Detailtiefe hat die Aufsicht dann aber sehr viel genauer vorwegzunehmen, wie die Regeln in der Zukunft eingesetzt und angewandt werden. Erneut können Unternehmen, bewusst oder unbewusst, die Regeln in einer Art und Weise interpretieren, die so durch die Aufsicht weder beabsichtigt noch antizipiert wurde. Unabhängig hiervon drohen Situationen zu entstehen, die zum Zeitpunkt der Regelformulierung nicht erwartet oder bekannt waren.

Nach der Auftretenshäufigkeit neuer Situationen lassen sich stabile und instabile Systeme unterscheiden. In stabilen, d.h. weitgehend emergenzarmen Systemen können (erfahrungsgestützte) Regeln des Typs 1 und 2 zunächst ausreichen und zufrieden stellende Ergebnisse liefern. Im Zeitablauf werden sich aber die Regelerfordernisse nahezu jedes Systems ändern. In instabilen Systemen besteht das Erfordernis, die Regeln anzupassen. In besonders instabilen Systemen ist es denkbar, dass Regeln, die zu Beginn eines Zeitabschnitts "passen" gegen dessen Ende kontraproduktiv wirken. Für Regeln der Typen 1 und 2 ziehen derartige Anpassungen oft einen erheblichen Zeitaufwand nach sich, etwa auf Grund eines langwierigen Konsultations- und Genehmigungsprozesses. Unter Umständen nimmt die Aufsicht die Anpassung auch erst nach einer Dekade nachweisbarer Schäden vor; je höher der Schaden, desto mehr und detailliertere Regeln werden möglicherweise eingeführt. Je größer der Zeitversatz zwischen Erfahrung und Einführung der Regel ist, umso größer ist wiederum das Risiko, dass auch die neuen Regeln nicht mehr "passen". Wenn Regeln nicht mehr "passen", kommt es unter Umständen zum oben angerissenen "Hefeteig-Syndrom". Zusätzliche Regeln werden geschaffen, um Probleme zu adressieren oder Lücken zu schließen. Findet die Aufsicht dabei nicht die "richtige" Antwort oder ist die ursprünglich "richtige" nicht länger die "richtige" Antwort, ruft dies zusätzliche Regeln hervor usw. Im schlimmsten Fall werden trotz bester Absichten die Fehlersignale immer weiter verstärkt – mehrere derartige Iterationen und das Aufsichtssystem bricht zusammen. Das Systemversagen hat dabei weniger mit der Intelligenz der Aufsicht zu tun. Es resultiert aus der Beschränktheit der Regeln der Typen 1 und 2. Regeln des Typs 3 sind vergleichsweise flexibel. Sie können Neuerungen meist schnell und flexibel "einbetten". Oft ändert sich weniger die Regel als deren Anwendung.

Letzteres deutet zwar darauf hin, dass Prinzipien zu einer kostengünstigeren Aufsicht beitragen.[10] Prinzipien bedeuten jedoch nicht per se Kosteneinsparungen.[11] Ob sich durch die Nutzung von Prinzipien Kosteneinsparungen realisieren lassen, hängt von vielfältigen Faktoren ab - neben der Eignung der gewählten Regeln etwa von der oben behandelten Stabilität des zu regulierenden Systems und dem zwischen Aufsicht und Unternehmen bestehenden Vertrauen. Gleichzeitig lassen sich die direkten und indirekten Kosten einer Regel, gleich welchen Typs, wahrscheinlich nie vollständig bestimmen. Vereinfacht sei angenommen, dass sich die Gesamtkosten aus Kosten der Regelerstellung, Kosten der Regelanwendung und Fehlerkosten zusammensetzen (vgl. Black/Smith LLP 2007, S. 18 f.).

---

[10] Prinzipien können auch, wie zuvor dargelegt, durch das Ausdünnen des bestehenden Regelwerks zu Einsparungen beitragen. Ebenso lassen sich die administrativen Kosten der Unternehmen senken, wenn die zu erreichenden Ergebnisse so operationalisiert sind, dass Unternehmen deren Einhaltung einfach messen können.

[11] Hierbei ist zu beachten, dass sich die Aufsicht oft über Umlagen und andere Zahlungen der beaufsichtigten Unternehmen (z.B. Geldstrafen) finanziert. Geringere Kosten der Aufsicht bedeuten also potentiell Einsparungen für die Unternehmen.

Fehlerkosten resultieren dabei aus der Unvollkommenheit einer einzelnen Regel oder eines gesamten Typs, z.B. der zuvor erläuterten Inkongruenz von Regeln des Typs 1 und 2. In instabilen Systemen können Regeln der Typen 1 und 2 u.a. in der ersten Kostenart höhere Kosten verursachen, z.b. kann Emergenz laufend die Erstellung neuer Regeln erfordern. In stabilen Systemen kann es kosteneffektiver sein, Regeln des Typs 1 und 2 stärker zu nutzen. Ob und in welchem Maß Prinzipien kostengünstiger als Regeln des Typs 1 und 2 sind, ist von Bereich zu Bereich zu prüfen.

Noch problematischer erscheinen Prinzipien mit Blick auf andere Jurisdiktionen. Regeln der Typen 1 und 2 können Unternehmen, beabsichtigt oder unbeabsichtigt, den Zugang zu Märkten blockieren. Es ist vorstellbar, dass ein Unternehmen ein Produkt in einer anderen Jurisdiktion nicht anbietet, weil es dort nicht in derselben Weise "arbeitet". Unterschiedliche Prinzipien können jedoch bedeuten, dass bereits die grundlegenden Ziele verschiedenartig und widersprüchlich sind. Dem Bemühen der Harmonisierung mehrerer Jurisdiktionen kann wiederum der breite Anwendungsbereich von Prinzipien im Weg stehen. Geht ein Recht dem anderen vor, kann das Bemühen der untergeordneten Jurisdiktion (neue) Prinzipien einzuführen, beeinträchtigt werden, wenn auf der übergeordneten Ebene Regeln der Typen 1 und 2 oder inhaltlich andere Prinzipien dominieren. Umgekehrt können weit gefasste Prinzipien auf der übergeordneten Ebene durch mehrere untergeordnete Jurisdiktionen verschiedenartig interpretiert werden. Bleibt das Zusammenspiel zwischen den Jurisdiktionen unklar, hat erneut entweder der Anwender selbst zu entscheiden oder die Aufsicht muss Regeln des Typs 1 oder 2 vorgeben. Beides ist mit den zuvor erarbeiteten Problemen verbunden (vgl. ausführlich zu Problemen zwischen Jurisdiktionen Cranston 2002, S.437 ff.).

In der Summe lässt der Vergleich keine abschließende Aussage darüber zu, welche Form der Regulierung zu wählen ist. Keiner der drei untersuchten Typen von Regeln war in allen Vergleichskriterien überlegen. Gleichzeitig hängt die Relevanz der Vergleichskriterien wahrscheinlich von individuellen Gegebenheiten ab. Das Vorhandensein oder Fehlen von Emergenz ist im Ergebnis des Vergleichs ohne Zweifel eine wesentliche Einflussgröße. Im Mittelpunkt des folgenden Abschnitts steht daher die Frage, welche Implikationen sich für den Umgang mit Emergenz ergeben.

4. Implikationen für den Umgang mit Emergenz

Grundsätzlich scheint die Unterscheidung zwischen idealtypischer und realtypischer Aufsicht sinnvoll. Weder isoliert noch in Kombination wird eine prinzipien- und/oder regelbasierte Aufsicht eine vollkommene Erfassung von Emergenz ermöglichen. Dies ist nicht damit gleichzusetzen, dass jede Form der Aufsicht per se zum Scheitern verurteilt ist. Neben den zuvor erarbeiteten Risiken lässt es sich u.a. mit den Beschränkungen begründen, denen jede Form sozialer Kontrolle unterliegt. Besonders im Kontext von Emergenz gilt zudem, dass die Aufsicht immer mindestens einen Schritt hinterherhinkt, solange sie schlechter ausgestattet ist als die Unternehmen, die sie beaufsichtigt (vgl. Samuel 2006, S. 6).

Weiterhin ist zu konstatieren, dass eine allein auf Prinzipien basierende Aufsicht wahrscheinlich nur bedingt imstande ist, mit Emergenz umzugehen. Zwar bieten Prinzipien aus Sicht des Autors in fünf Kriterien Möglichkeiten, angemessener und wirksamer mit Emergenz umzugehen (Congruence, Scope for regulation, Scope for "creative" compliance, Need for retrospective input, Adaptability). In mindestens drei Kriterien erscheint die Nutzung von Prinzipien jedoch problematisch (Certainty, Impact of enforcement, Scope for clash of jurisdictions). Von diesen Kriterien wiegt der Aspekt der Unsicherheit besonders schwer. Eine "rein" prinzipienbasierte Aufsicht würde ein "Vakuum" darüber erzeugen, was genau die Aufsicht von den Unternehmen erwartet (Samuel 2006, S. 8). Füllt die Aufsicht dieses "Vakuum" nicht, stößt die zuvor kaum oder gar nicht antizipierbare Größe Emergenz auf eine wenig berechenbare Aufsicht. Die Aufsicht muss also Ansatzpunkte finden, um Unsicherheit zu reduzieren.[12] Ein solcher Ansatzpunkt ist in dem bei Kahle als organisationstheoretischem Paradigma eingeführten Vertrauen zu sehen (vgl. hierzu ausführlich Kahle 1998, S. 1 ff.). Voraussichtlich ist Vertrauen als institutionelles Phänomen und Funktionselement für die prinzipienbasierte noch erfolgskritischer als für die

---

[12] Ebenso ist zu beachten, dass multiple Akteure (verschiedene Vertreter der Aufsicht, Unternehmensführung, Compliance-Abteilungen, angerufene gerichtliche und außergerichtliche Stellen etc.) ein Mindestmass an Sicherheit benötigen. Andernfalls kann die beim Auftreten von Emergenz ohnedies bestehende Unsicherheit durch Interaktion weiter zunehmen.

regelbasierte Aufsicht. Auf der einen Seite können häufiger Situationen vorliegen, in denen unterschiedliche Ziele und Unsicherheit über die Verhaltensergebnisse bestehen. Auf der anderen Seite werden – zusätzlic zum ohnehin beklagten Verlust an institutionellem Vertrauen – abgeleitete Institutionen bewusst "entbetont" (Gerichtsurteile) oder sind weniger spezifisch (Gesetz). Gleichzeitig ist die Umwelt besonders im Kontext von Emergenz ungewiss und dynamisch (vgl. hierzu ausführlich Kahle 1999, S. 12 ff., 2001, S. 15 ff.). Juristen gehen soweit, dass eine mehr prinzipienbasierte Aufsicht eine "Revolution" in der Beziehung zwischen Aufsicht und beaufsichtigten Unternehmen erfordere (Black/Smith LLP 2007, S. 17). Zur Begründung verweisen sie u.a. darauf, dass offene Debatten über unternehmensseitige Anwendungsprobleme zu führen wären und wesentlich mehr Verantwortung auf Unternehmensleitungen und Compliance-Abteilungen laste. Als weiterer, hierzu komplementärer Ansatzpunkt muss die Aufsicht Prinzipien um Orientierungs- und Ankerpunkte erweitern – in Anbetracht der Komplexität von Finanzmärkten scheint eine "rein" prinzipienbasierte Aufsicht illusorisch. Diesbezüglich lassen sich anstelle von Regeln der Typen 1 und 2 auch Leitfäden verwenden. Dort, wo Regeln fehlen, können Leitfäden allerdings schnell den Charakter von "quasi-Regeln" bekommen. Verzichtet die Aufsicht selbst auf Leitfäden, werden andere "Substitute" an ihre Stelle treten, etwa sanktionierte Verstöße. Die angesprochene Gefahr einer "enforcement-driven" Aufsicht ist beim Auftreten von Emergenz besonders hoch, denn es gibt kaum vorangegangene Fälle.

Nahe liegend scheint die Wahl eines Hybrids. Neben der Auseinandersetzung mit dem komplexen organisationstheoretischen Paradigma Vertrauen lautet die Problemstellung dann, dass "optimale" Gleichgewicht von Prinzipien und Regeln des Typs 1 und 2 zu finden. Die Antwort hierauf sollte von Bereich zu Bereich unterschiedlich ausfallen. Vorstellbar ist es, auftretende Emergenz zunächst über Prinzipien zu regulieren. Im Anschluss ist eine Unterlegung mit Regeln des Typs 1 und 2 möglich, etwa in Abhängigkeit davon, welches Maß an Uniformität die Aufsicht wünscht oder welches Vertrauen sie in die beaufsichtigten Unternehmen und deren Expertise setzt. In einem begrenzten Umfang kann es auch sinnvoll sein, Regeln der Typen 1 und 2 mit eher prinzipienartigen Vorschriften zu kombinieren. Beispielgebend enthält die Markets in Financial Instruments Directive (MiFID) sowohl Bestimmungen, die eher dem Typ 3 zuzurechnen sind, als auch solche, die eher den Charakter präskriptiver Regeln des Typs 1 und 2 haben. Dort, wo Prinzipien für einzelne

Unternehmen schwer zu bewältigen sind (z.b. auf Grund begrenzter Ressourcen) kann die Aufsicht den Unternehmen die Möglichkeit einräumen, zwischen Regeln des Typs 1 und 2 oder stärker an Prinzipien orientierten Bestimmungen zu wählen. Exemplarisch sei auf die unterschiedlich präskriptiven und anspruchsvollen Ansätze zur Eigenkapitalunterlegung von Risiken im Rahmen von Basel II verwiesen (vgl. Black/Smith LLP 2007, S. 19). Grundsätzlich erscheint es allerdings zweckmäßig, Prinzipien voranzustellen und diese maßvoll mit Regeln der Typen 1 und 2 oder anderen Erläuterungen zu unterlegen. Durch detaillierte Bestimmungen kann die notwendige Sicherheit geschaffen werden, ohne dass die Vorteile von Prinzipien verloren gehen. Hierzu müssen sich die Regeln des Typs 1 und 2 stringent an den Prinzipien orientieren.[13] Andernfalls verunsichern sie.

Ebenso droht jede ausufernde Unterlegung inkonsistent, präskriptiv, komplex und letztlich unzugänglich zu werden. Eine kurze und prägnante Unterlegung unterstützt die Einhaltung der Prinzipien voraussichtlich eher. Letzteres ist auch deshalb schwierig, weil die Unterlegung in der Praxis auf vielfältige Weise, geschieht, formal und informal (vgl. Black/Smith LLP 2007, S. 13). Neben Regeln der Typen 1 und 2 und formalen Leitfäden der Aufsicht werden Unternehmen u.a. Reden von Vertretern der Aufsicht, Internetforen, Fallstudien und mit der Aufsicht mehr oder minder abgestimmte Leitfäden Dritter zur Interpretation heranziehen. Die größte Bedeutung, speziell beim Auftreten von Emergenz, besitzt aber wahrscheinlich der Dialog auf unternehmensindividueller und Branchenebene im Zuge der laufenden Aufsicht sowie die Sanktionierung von Verstößen. Hier stellen Prinzipien besonders im Kontext von Emergenz neue Anforderungen an Denkmuster, Urteilsvermögen und Reife von Aufsicht und beaufsichtigten Unternehmen. Von der Aufsicht verlangt es einerseits die Bereitschaft, mit einer Bandbreite von neuen Lösungen offen und konstruktiv umzugehen. Andererseits muss sie fähig sein, sich konkret zur Eignung oder fehlenden Eignung dieser Lösungen zu äußern. Wird Lösungen die Eignung abgesprochen, reicht es nicht aus, bei der Sanktionierung mit Augenmass zu agieren. Wie oben dargelegt, gilt es vielmehr, den Stellenwert getroffener Sanktionierungen insgesamt neu einzuordnen. Andernfalls droht gerade für Emergenz die Entwicklung hin zu einer auf Präzedenzfällen statt auf Prinzipien

---

[13] Werden Prinzipien nachträglich eingeführt, sind die bestehenden Regeln der Typen 1 und 2 zu überprüfen und ggf. zu kürzen.

basierenden Regulierung. Zur gleichen Zeit fällt die Entscheidung über die Eignung/Nichteignung von Lösungen oft nicht einfach. Wenn Emergenz über Prinzipien reguliert werden soll, setzt die Interpretation beider Größen, spätestens aber deren Zusammentreffen, daher eine Mischung aus Unabhängigkeit und Erfahrung voraus (vgl. Black/Smith LLP 2007, S. 20). Die Träger von Erfahrung sind aber oft nicht unabhängig. Sobald die Aufsicht jedoch Unternehmen und Interessengruppen (z.b. Verbänden) zu viel Gehör schenkt, besteht die Gefahr, dass die Interpretation letztlich nur den "kleinsten gemeinsamen Nenner" widerspiegelt. Als solcher wäre er ungeeignet, die Standards zu erhöhen und würde die Prinzipien selbst wieder einengen. Gleichzeitig benötigt die Aufsicht aber die Sicht der Interessengruppen, um sich vor Fehltritten zu schützen. Wenn die Interessengruppen -im Widerspruch zu ihrer Bezeichnung- die Interessen derjenigen, die sie vertreten, in Teilen vernachlässigen, laufen sie selbst Gefahr, statt als Anwalt der Unternehmen ungewollt als "Erfüllungsgehilfe" der Aufsicht wahrgenommen zu werden. Besonders beim Auftreten von Emergenz erfordert eine prinzipienbasierte Aufsicht daher vermutlich neue Antworten auf die Frage, wer in welcher Rolle an der Interpretation der Prinzipien mitwirkt. Ein Ansatz kann darin bestehen, unabhängige Experten intensiver in die Unterlegung einzubeziehen, nicht nur in der Konsultationsphase. In der laufenden Aufsicht können Peer Reviews möglicherweise der oben angesprochenen bewussten Unter- und Übererfüllung von Prinzipien entgegenwirken. Für Unternehmen, die wissen, dass Peers oder Experten mit einem tiefgründigen Verständnis des Unternehmens und der Branche die Angemessenheit ihrer Umsetzungslösungen beurteilen, verliert der Aspekt der Unsicherheit unter Umständen an Relevanz. Aus dem gleichen Grund mögen Gruppen, die über die Sanktionierung von Verstößen gegen Prinzipien entscheiden, gerade beim Auftreten von Emergenz eine andere Zusammensetzung erfordern (vgl. Black/Smith LLP 2007, S. 20). Die intensivere Einbeziehung ist allerdings nicht gleichzusetzen mit der eingangs vorgeschlagenen freiwilligen Selbstverpflichtung. Die Erfahrung lehrt, dass freiwillige Verhaltenskodizes oft nicht mehr als einen Minimalkonsens widerspiegeln. Später kann es ihren Trägern an Ressourcen und Erfahrung fehlen, um die Einhaltung der Kodizes zu überwachen und, wenn nötig, zu sanktionieren.

Als Zwischenfazit erscheint eine Regulierung, die Prinzipien einbezieht und – wenn möglich – voranstell, besonders im Fall von Emergenz geboten. Das Beispiel der alternativen Investmentvehikel und die Ausführungen in Abschnitt 3 sprechen dafür, dass sich Emergenz anders kaum angemessen und wirksam regulieren lässt. Umgekehrt kann Emergenz ein Schlüsselargument dafür sein, generell eine stärker auf Prinzipien basierte Regulierung zu nutzen, um aufsichtsrechtliche Ziele wie Konsumentenschutz und Systemstabilität bei gleichzeitiger Vermeidung einer Überregulierung zu erreichen. Ob eine stärker an Prinzipien orientierte Aufsicht diese Ziele tatsächlich erreicht, wird maßgeblich von der konkreten Ausgestaltung abhängen. Der folgende Abschnitt stellt daher abschließend die Hybridlösung der britischen FSA vor, einem Vorreiter auf dem Weg zu einer stärker prinzipienbasierten Aufsicht.[14]

5. Prinzipienbasierte Finanzdienstleistungsaufsicht in Großbritannien

Wesentliches Fundament der britischen Finanzdienstleistungsaufsicht ist der Financial Services and Markets Act (FSMA 2000). Unter Federführung des britischen Wirtschafts- und Finanzministeriums (HM Treasury) im Juni 2000 verabschiedet, trat er im Dezember 2001 in Kraft. Auf seiner Grundlage operiert die FSA als Aufsichtsbehörde. Zentrale Aufgabe der FSA ist es, Organisationen zu regulieren, die von Großbritannien aus bestimmte Finanzdienstleistungen betreiben. Im Rahmen der Aufsicht ist die FSA vier statutarischen Zielen verpflichtet:

Aufrechterhaltung des Vertrauens in das britische Finanzsystem,
Sicherung eines angemessenen Konsumentenschutzes,
Förderung des öffentlichen Verständnisses für das Finanzsystem und
Bekämpfung des Missbrauchs von Finanzdienstleistungsunternehmen für kriminelle Handlungen.

---

[14] Die japanische und US-amerikanische Finanzdienstleistungsaufsicht sind stärker regelbasiert. In Deutschland erfolgt die Regulierung inzwischen oft eher über Öffnungsklauseln innerhalb von Regeln des Typ 1 und 2 als über weit gefasste Prinzipien. Beispielgebend sei auf die Mindestanforderungen an das Risikomanagement von Kreditinstituten (MaRisk) verwiesen.

Während der FSMA 2000 den allgemeinen Rahmen absteckt, werden seine Bestimmungen oft durch die Vorschriften des FSA-Handbuchs spezifiziert. Für die Arbeit der Unternehmen sind daher vor allem die Regelungen des FSA-Handbuchs wesentlich, wobei diese wiederholt auf den FSMA 2000 rekurrieren. Das FSA-Handbuch ist der zentrale Referenzpunkt ("single reference point") für alle der Aufsicht der FSA unterliegenden Organisationen, unabhängig davon, welche regulierten Aktivitäten sie im Einzelnen ausüben. Auf mehreren tausend Seiten enthält es fast alle durch die FSA eingesetzten Regeln und Leitlinien. Das Handbuch besteht aktuell aus sechs Blöcken (High Level Standards, Business Standards, Prudential Standards, Regulatory Processes, Redress, Specialist Sourcebooks), die sich wiederum aus verschiedenen Sourcebooks und Manuals zusammensetzen. Sourcebooks legen Anforderungen an Unternehmen dar. Manuals beinhalten auch Informationen zu den Prozessen und Prozeduren der FSA.

Im Unterschied zu den Detailbestimmungen der übrigen Blöcke legt der erste Block allgemeine Anforderungen fest, die so genannten High Level Standards. Das erste Sourcebook des Blocks und gewissermaßen die "Eingangstür" des gesamten Handbuchs ist das Principles for Businesses Sourcebook (PRIN). Es legt die grundlegenden Pflichten aller Unternehmen fest, die der Aufsicht durch die FSA unterliegen. Später stellt der Block vergleichbare Prinzipien auch auf Individualebene für zulassungspflichtige Mitarbeiter und Manager (Approved Persons) auf. Die Sourcebooks bilden zusammen das "Rückgrat" des Handbuchs. Detailregelungen in den anderen Blöcken dienen teilweise dazu, die Prinzipien zu konkretisieren, was die FSA durch Rückverweise verdeutlicht (vgl. ausführlich Baas 2001, S. 828 ff.; Eichhorn/Eichhorn-Schurig 2005, S. 16 f.).

Das PRIN Sourcebook ist in drei Kapitel untergliedert. Während das erste Kapitel (PRIN 1) u.a. Ziele, Zweck und Anwendungsbereich der Prinzipien beschreibt und PRIN 3 weiter spezifiziert, für wen, was und wo die Prinzipien Anwendung finden, enthält PRIN 2 die eigentlichen Prinzipien. Diese sind in Tabelle 3 dargestellt und gelten in Gänze oder in Teilen für jedes Unternehmen, das unter die entsprechenden Definitionen der FSA fällt. Die Prinzipien 3 und 4 sowie Prinzip 11, soweit letzteres mit Offenlegungspflichten gegenüber der FSA verbunden ist, berücksichtigen zudem die Aktivitäten der Mitglieder einer Unternehmensgruppe. Für bestimmte Unternehmen wird die Anwendung modifiziert, z.B. für einzelne Incoming Firms. Umgekehrt müssen Unternehmen, soweit sie der Aufsicht der FSA unterliegen, die Prinzipien zumindest in Teilen auch auf Märkten außerhalb des Vereinigten Königreiches beachten.

1	Integrity	A firm must conduct its business with integrity.
2	Skill, care and diligence	A firm must conduct its business with due skill, care and diligence.
3	Management and control	A firm must take reasonable care to organise and control its affairs responsibly and effectively, with adequate risk management systems.
4	Financial prudence	A firm must maintain adequate financial resources.
5	Market conduct	A firm must observe proper standards of market conduct.
6	Customers' interests	A firm must pay due regard to the interests of its customers and treat them fairly.
7	Communications with clients	A firm must pay due regard to the information needs of its clients, and communicate information to them in a way which is clear, fair and not misleading.
8	Conflicts of interest	A firm must manage conflicts of interest fairly, both between itself and its customers and between a customer and another client.
9	Customers: relationships of trust	A firm must take reasonable care to ensure the suitability of its advice and discretionary decisions for any customer who is entitled to rely upon its judgement.
10	Clients' assets	A firm must arrange adequate protection for clients' assets when it is responsible for them.
11	Relations with regulators	A firm must deal with its regulators in an open and cooperative way, and must disclose to the FSA appropriately anything relating to the firm of which the FSA would reasonably expect notice.

Quelle: FSA 2007a

Principles for Businesses (PRIN 2.1: The Principles)

Die Bereitschaft und Fähigkeit die Prinzipien zu erfüllen, ist ein wesentlicher Faktor bei der Zulassung von Unternehmen. Umgekehrt kann der Verstoß gegen Prinzipien in Frage stellen, ob ein zugelassenes Unternehmen noch über die notwendige Eignung verfügt. Der Nachweis, dass ein Verstoß vorliegt, ist Aufgabe der FSA. Er ist für die einzelnen Prinzipien unterschiedlich zu führen. So liegt nicht automatisch ein Verstoß gegen Prinzip 3 vor, wenn ein Unternehmen nicht imstande war, unvorhersehbare Risiken zu steuern oder vorzubeugen. Demgegenüber läge ein Verstoß vor, wenn ein Unternehmen außerstande war, angemessene Sorge dafür zu tragen, dass seine Geschäfte verantwortlich und effektiv organisiert und gesteuert werden. Neben der Einschränkung der Zulassung kann die FSA einen Verstoß gegen die Prinzipien auch vor Gericht nutzen, um eine Verfügung für Rückerstattungsansprüche zu erhalten. Privatpersonen geben sie jedoch keine Rechtsgrundlage für den Ausgleich erlittener Schäden.

Die Prinzipien 6, 7, 8, 9 und 10 stellen Anforderungen wie Unternehmen mit ihren Klienten oder Kunden umzugehen haben. Die Anforderungen hängen teilweise von den konkret betroffenen Klienten oder Kunden ab. Beispielsweise bestehen Unterschiede zwischen den Informationspflichten gegenüber Versicherungsbrokern und privaten Versicherungsnehmern. Dies bringt die FSA mit Begrifflichkeiten wie "due regard" (Prinzip 6 und 7), "fairly" (Prinzip 6 und 8), "clear, fair and not misleading" (Prinzip 7), "reasonable care" (Prinzip 9) oder "adequate" (Prinzip 10) zum Ausdruck. Darüber hinaus finden sich in den einzelnen Sourcebooks Hinweise, wie die Begrifflichkeiten bezogen auf den einzelnen Sachverhalt anzuwenden sind.

Obgleich sich einige Regeln der Typen 1 und 2 und Leitlinien des Handbuchs insoweit mit der Einhaltung von Prinzipien unter bestimmten Umständen beschäftigen, sind die Prinzipien als allgemein gültige Anforderungen zu betrachten. Sie gelten ausdrücklich auch für neue und nicht vorhergesehene Situationen sowie in Situationen, in denen kein Erfordernis für Leitlinien besteht. Regeln der Typen 1 und 2 sowie etwaige Leitlinien der FSA dürfen somit nicht als abschließend angesehen werden (vgl. FSA 2007a zu Aufbau und Inhalt des gesamten Handbuchs).

Die Idee, Prinzipien zur Aufsicht von Unternehmen einzusetzen, ist nicht neu - erste Ansätze lassen sich in Großbritannien bereits Ende der 80er Jahre nachweisen (vgl. Samuel 2006, S. 6). Neu ist die konsequente Anwendung von Prinzipien in den letzten Jahren. Exemplarisch verurteilte die FSA im Jahr 2005 die Citigroup Global Markets Limited zu einer Strafzahlung von £ 13,9 Millionen. Hintergrund war eine von der Bank im Markt für europäische Staatsanleihen eingesetzte Handelsstrategie, die das Aufbauen und anschließende schnelle Abschmelzen einer substantiellen Kaufposition beinhaltete und als Marktmissbrauch beurteilt wurde. Aufsehen erregte neben der Neuartigkeit der Marktmanipulation die Höhe der Strafe, vor allem aber die Begründung durch die FSA. Ungeachtet der im Handbuch in einem gesonderten Sourcebook (Code of Market Conduct) bestehenden Regeln des Typs 1 und 2 stützte sich die FSA im Wesentlichen auf den Verstoß gegen die Prinzipien 2 und 3 (vgl. FSA 2005b, 2005c zur Handelsstrategie und Begründung der Aufsicht).

Im Retailgeschäft hat die FSA auf der Basis von Prinzip 6 seit Längerem die "Treating Customers Fairly"-Initiative (TCF) etabliert. Die Initiative dient vor allem der Erreichung des Konsumentenschutzes, einem der vier oben genannten statuarischen Ziele. Durch TCF greift die FSA u.a. in das Design von (neuen) Produkten ein[15] - ein Bereich, der bisher kaum reguliert ist und sich, wie in Abschnitt 3 dargelegt, oft auch nur schwer durch Regeln der Typen 1 und 2 erfassen lässt. Im Unterschied zu den Bestimmungen des FSA-Handbuchs gab es zu TCF keine formale Konsultation. Um die Initiative voranzubringen, nutzt(e) die FSA stattdessen Konferenzen, Hinweise auf der FSA-Website und an die Unternehmensleitungen adressierte "Dear Executive Letter". Die dabei getroffenen Aussagen haben nicht den Charakter von Regeln der Typen 1 und 2. Erneut hat das Management zu entscheiden, wo Risiken für die unfaire Behandlung von Kunden bestehen und wie es diese Risiken minimiert (vgl. hierzu ausführlich Eichhorn-Schurig 2006, S. 573 ff).

Mit Blick auf die eingangs angesprochenen Hedge Funds erkannte die FSA 2005/06 im Rahmen des Konsultationsprozesses ausdrücklich an, dass jede Überregulierung der Attraktivität des Standortes abträglich sein und zu regulatorischer Arbitrage führen kann. Zugleich machte sie den Willen deutlich, die Aktivitäten der hochmobilen Unternehmen im Vereinigten Königreich wirksam zu beaufsichtigen. Hierzu will sich die FSA vermehrt an den für zugelassene Unternehmen geltenden Prinzipien orientieren. Die Prinzipien

---

[15] U.a. werden Ausschlüsse in bestimmten Restschuldversicherungen (Payment Protection Insurances) intensiv diskutiert.

werden dabei um ausgewählte Sourcebooks ergänzt, wobei sich letztere auf ein Mindestmass beschränken (z.B. Senior Management Arrangements, Systems and Controls, Code of Market Conduct). Auf die Etablierung weitergehender Regeln der Typen 1 und 2 soll bewusst verzichtet werden. Beispielgebend machte die FSA deutlich, dass sie die Nichtoffenlegung bestehender Side Letters[16] als Verstoß gegen Prinzip 1 erachtet. Im Zusammenhang mit der Bewertung der von Hedge Funds gehaltenen Assets sieht die FSA in gravierenden Mängeln einen Verstoß gegen die Principles for Businesses, erneut insbesondere von Prinzip 1 (vgl. hierzu ausführlich FSA 2006a, S. 6 ff.).
Das letzte Anwendungsbeispiel ist vor dem Hintergrund der eingangs vorgeschlagenen Selbstverpflichtung bemerkenswert. Verbände drängen ihre Mitglieder seit längerer Zeit auf transparente und angemessene Bewertungspraktiken (vgl. Davis 2005, S. 1). Inzwischen haben sie Sound Practices vorgelegt (vgl. Management Funds Association 2005; The Alternative Investment Management Association 2007, S. 10 f.). Dennoch weisen die Bewertungspraktiken vieler Hedge Funds nach wie vor erhebliche Defizite auf. Setzt die FSA die Prinzipien in der beabsichtigten Weise durch, spricht viel dafür, dass selbige wirksamer sind als die Selbstverpflichtung; zumal Hedge Funds die Selbstverpflichtung in großen Teilen ablehnen (vgl. Mackintosh 2007c). Auf die konsequente Durchsetzung lassen flankierende Schritte schließen, insbesondere die Einsetzung einer Spezialistengruppe, die ausschließlich für Hedge Funds zuständig ist, sowie die Einführung eines Relationship Management-Programms. Beide Schritte sind mit Blick auf die zuvor behandelten Aspekte Erfahrung und Vertrauen instruktiv.[17]
Im Kontext von Emergenz deuten die Beispiele darauf hin, dass sich neue Marktteilnehmer, neue Handelspraktiken und neue Produkte durch eine prinzipienbasierte Regulierung in der Praxis regulieren lassen. Zuletzt hat die FSA in Reden führender Repräsentanten und Diskussionspapieren deutlich

---

[16] Die Nichtoffenlegung kann dazu führen, dass größere Investoren mehr Informationen als kleinere erhalten.

[17] Für die hier geforderte Auseinandersetzung mit Vertrauen zwischen Organisationen erscheint es auch lohnenswert, sich mit den Erfahrungen von Aufsichtsbehörden zu beschäftigen, die selbst auf der Grundlage von Prinzipien arbeiten. Z.B. operiert die britische Environment Agency u.a. auf der Grundlage der General Principles und Principles of Enforcement (vgl. Wolf/White 2000, S. 132 ff.).

gemacht, wie sie weiter vorgehen will. Die Eckpunkte lassen sich wie folgt zusammenfassen (vgl. CMS Cameron McKenna LLP 2006; FSA 2006b-2006i; o.V. 2007, S. 8):

Die FSA beabsichtigt, zu einer noch stärker prinzipienbasierten Aufsicht überzugehen. Schwerpunkte hierbei sind die weitere Verschiebung weg von Vorgehensweisen hin zu Ergebnissen sowie die nochmalige Aufwertung der Verantwortung der Unternehmensführung. Von der Unternehmensführung erwartet die FSA künftig, dass sie das gesamte Unternehmen fortwährend darauf prüft, ob es noch in Übereinstimmung mit den Prinzipien steht.
In naher Zukunft nicht beabsichtigt ist die Umstellung auf eine ausschließlich prinzipienbasierte Aufsicht; begründet wird dies u.a. damit, dass sich das vorgehende EU-Recht in naher Zukunft nicht zu einer "rein" prinzipienbasierten Aufsicht wandeln wird.
Um Konflikte mit dem EU-Recht zu vermeiden, ist die FSA bestrebt, "intelligent zu kopieren". Wie im Fall der MiFID sollen Bestimmungen weitgehend unverändert aus den EU-Richtlinien übernommen und allenfalls interpretatorische Hinweise gegeben werden. Dies soll auch verhindern, dass die FSA den Unternehmen unbeabsichtigt zusätzliche Pflichten auferlegt; bei der Umsetzung der Insurance Mediation Directive (IMD) sah sich die FSA dem Vorwurf des "goldplating" ausgesetzt, da die nationalen Bestimmungen über die IMD hinausgingen.
Ebenso nicht beabsichtigt ist die Nutzung von Prinzipien, um Anforderungen nachträglich zu verschärfen. Angestrebt wird eine berechenbare prinzipienbasierte Aufsicht ("condition of predictability"), die den Unternehmen zur Einsparung von (administrativen) Kosten verhilft.
Die Aufsicht soll sich künftig noch stärker am Risiko sowie am Grundsatz der Proportionalität orientieren bei gleichzeitiger kontinuierlicher Unterstützung der Principles for Businesses.
Die FSA beabsichtigt einen noch intensiveren Dialog mit den Unternehmensleitungen. Sie ist darauf vorbereitet, Fragen zur Interpretation der Prinzipien zu beantworten. Zugleich strebt sie verstärkt die Nutzung von (branchenspezifischen) Leitfäden an. Obschon diese Leitfäden nicht die Verbindlichkeit von Regeln haben, wird die FSA keine Sanktionen gegen Unternehmen ergreifen, die nach anerkannten Leitfäden arbeiten (Safe harbours).

Da Leitfäden nicht denselben Verwaltungsprozess durchlaufen, soll der Dialog auch verwaltungstechnisch gefördert werden.
Die Sanktionierung von Verstößen auf der Grundlage von Prinzipien allein wird künftig nicht länger die Ausnahme sein.

Es ist es zu früh, um den Ansatz der FSA allgemein und im Hinblick auf den Umgang mit Emergenz zu beurteilen. Zum einen liegen bisher kaum praktische Erfahrungen vor. In der Unternehmenspraxis ist zu beobachten, dass viele britische Unternehmen die Prinzipien noch nicht vollständig zum "Lotsen" ihrer Compliance-Lösungen gemacht haben. Beispielgebend sind sie oft noch nicht ausreichend in die schriftlich fixierte Ordnung (z.B. Handbücher, Arbeitsanweisungen und -ablaufbeschreibungen) integriert. Zum anderen bleibt abzuwarten, wie die FSA zentrale Eckpunkte, etwa die angestrebte Berechenbarkeit der Aufsicht ("condition of predictability"), im Einzelnen umsetzt. Hier werfen Kritiker der FSA die folgenden Umsetzungslücken und inhaltlichen Unschärfen vor (vgl. Black/Smith LLP 2007, S. 6 ff.; Samuel 2006, S. 6 ff.):

Die FSA hat bisher kaum nachhaltige Anstrengungen unternommen, um das "richtige" Gleichgewicht zwischen Prinzipien und Regeln des Typs 1 und 2 zu finden. Das mit Prinzipien in Aussicht gestellte Ausdünnen verschiedener Sourcebooks ist kaum vorangeschritten. Stattdessen beabsichtigt die FSA weitere EU-Regeln zu integrieren, wobei das Verhältnis zwischen Prinzipien und EU-Recht nach wie vor unklar ist.
Ebenso unklar bleibt, wie die mehr prinzipienbasierte Aufsicht konkret mit der risikoorientierten Aufsicht in Beziehung steht.
Die Prinzipien sind derzeit derart gefasst, dass sie nicht Ergebnisse in den Vordergrund stellen. Welche Ergebnisse (Outcomes) sich die FSA vorstellt, ist bestenfalls vage definiert. Initiativen wie TCF stellen eher auf Management Standards als auf Ergebnisse ab. Um eine prinzipienbasierte Regulierung zu unterstützen, bedürfen die Prinzipien daher der Überarbeitung.
Ebenso ist noch offen, wie die Ergebnisse beurteilt bzw. gemessen werden. Dies betrifft auch die Frage, wie die FSA die Einhaltung von Prinzipien und im Weiteren die Erreichung von Ergebnissen im Rahmen der laufenden Aufsicht testet und welche Erwartungen sie an die Überwachung durch die Unternehmen stellt.

Ungeklärt bleibt, welche Konsequenzen das Verfehlen von Ergebnissen für die laufende Aufsicht und/oder die Einleitung von Sanktionierungsverfahren hat. Führt die Nichterreichung von Ergebnissen automatisch zur Sanktionierung? Oder liegt es im Ermessen der FSA, derartige Fälle zunächst im Rahmen der laufenden Aufsicht, etwa durch Anschlussprüfungen, weiterzuverfolgen? Die Strafbemessung ist kaum geklärt. Zieht die nicht fristgerechte Einführung von TCF-Anforderungen z.B. lediglich eine Abmahnung nach sich oder stellt sie einen Verstoß gegen Prinzip 6 dar?
Schließlich ist unklar, auf welcher Grundlage sich Unternehmen gegen angedrohte Sanktionen verteidigen können. Reicht es aus, dass ein objektiver Dritter oder ein anderes Unternehmen, die Risiken hätte erkennen können? Muss das Unternehmen nachweisen, dass die Interpretation der Prinzipien in gutem Glauben geschah? Oder muss das Unternehmen nachweisen, dass es Hinweisen der FSA gefolgt ist? Kann es sich dabei darauf berufen, dass die Aufsicht nicht hinreichend deutlich gemacht hat, wie verbindlich oder unverbindlich etwaige Hinweise sind?

Die Kritikpunkte lassen sich auf Grundlage der vorhergehenden Abschnitte nachvollziehen, unterstreichen aber auch die Komplexität der Problemstellung. Bei der (mehr) prinzipienbasierten Aufsicht handelt es sich um eine grundlegend neue Form der Regulierung. Als solche endet sie nicht mit der Formulierung und Einführung von Prinzipien, auch nicht mit deren Operationalisierung über Outcomes. Die Einführung von Prinzipien erfordert vielmehr Veränderungen in allen Phasen der Aufsicht. Über alle Phasen hinweg scheint einmal mehr der Abbau von Unsicherheit bzw. die Berechenbarkeit der Aufsicht als die mit Abstand größte Herausforderung. Die Auseinandersetzung mit den obigen Kritikpunkten, insbesondere im Rahmen der Unterlegung von Prinzipien, muss ein Ansatzpunkt sein, um diese Berechenbarkeit herzustellen. Ein zweiter Ansatzpunkt, um Unsicherheit zu reduzieren, liegt, wie oben dargelegt, in dem Ausbau von Vertrauen zwischen den Organisationen, wie es Kahle als organisationstheoretisches Paradigma einführt. Je stabiler das zwischen Aufsicht und beaufsichtigten Unternehmen bestehende Vertrauen ist, umso mehr verlieren wahrscheinlich Umsetzungslücken und Unschärfen, die beim Auftreten von Emergenz ohnehin immer existieren können, an Bedeutung.

6. Zusammenfassung und Ausblick

Der vorliegende Beitrag ging der Frage nach, ob eine prinzipien- anstelle der aktuell vorherrschenden regelbasierten Aufsicht einen wirksameren Umgang mit Emergenz verspricht, etwa mit Blick auf den Markteintritt von alternativen Investmentvehikeln.

Hierzu wurden zunächst Prinzipien als Regeln des Typs 3 definiert und von einfachen und komplexen Regeln (Typ 1 und 2) abgegrenzt. Zugleich erarbeitete der Beitrag drei Kernmerkmale einer prinzipienbasierten Aufsicht – die Nutzung allgemeiner Standards, die Orientierung an Zielen und die weiter wachsende Verantwortung des Managements.

Im Anschluss wurde die prinzipien- mit der regelbasierten Aufsicht anhand von zehn Kriterien verglichen. Die anschließende Analyse der Implikationen für den Umgang im Emergenz führte zu fünf Kriterien, in denen eine prinzipienbasierte Regulierung aus Sicht des Autors Möglichkeiten bietet, Emergenz angemessener und wirksamer zu beaufsichtigen (Congruence, Scope for regulation, Scope for "creative" compliance, Need for retrospective input, Adaptability). In mindestens drei Kriterien erschien die Nutzung von Prinzipien dagegen problematisch (Certainty, Impact of enforcement, Scope for clash of jurisdictions). Von diesen Kriterien fiel besonders der Aspekt der Unsicherheit ins Gewicht. Eine "rein" prinzipienbasierte Aufsicht droht ein "Vakuum" darüber erzeugen, was genau die Aufsicht von den Unternehmen erwartet. In der Folge müssten die Anwender entscheiden, wie die Prinzipien zu interpretieren sind. Um die damit verbundene Unsicherheit abzubauen, identifizierte der Beitrag zwei Ansatzpunkte: Zum einen erlangt das organisationstheoretische Paradigma Vertrauen mit der Nutzung von Prinzipien auch im Kontext der Aufsicht eine noch größere Bedeutung als bisher. Zum anderen erscheint die Unterlegung von Prinzipien mit Regeln der Typen 1 und 2 notwendig. Im Ergebnis wurde konstatiert, dass weder eine "rein" regel- noch eine "rein" prinzipienbasierte Aufsicht, welcher Art auch immer, *die* Antwort auf Emergenz sein kann. Stattdessen empfahl der Beitrag neben der weitergehenden Auseinandersetzung mit Vertrauen als institutionellem Phänomen die Nutzung einer Hybridlösung, im Sinne einer *mehr* prinzipienbasierten Aufsicht -einer Aufsicht also, die zwar von Prinzipien bestimmt ist, allerdings dort mit Regeln der Typen 1 und 2 unterlegt wird, wo deren Verständnis und Durchsetzung es erfordern. Im Weiteren zeigte der Beitrag auf, wie schwierig die "richtige" Unterlegung ist.

Der letzte Abschnitt stellte die theoretischen Überlegungen in einen praktischen Bezug, indem er die von der britischen Finanzdienstleistungsaufsicht gewählte Hybridlösung erläuterte. Es wurde deutlich, dass die zuständige Aufsichtsbehörde für Unternehmen elf übergeordnete Prinzipien erarbeitet und selbige den Regeln des Typs 1 und 2 im FSA-Handbuch vorangestellt hat. Erste Anwendungsfälle bestätigten, dass sich die Prinzipien in der Aufsichtspraxis nutzen lassen; nicht zuletzt für Sachverhalte und in Situationen, in denen bis dato keine oder keine wirksamen Regeln der Typen 1 und 2 bestanden. Die Beurteilung der Hybridlösung kam dennoch zu dem Schluss, dass es zu früh ist, um verlässliche Aussagen zur Eignung der in Großbritannien gewählten Vorgehensweise zu treffen, da sich die Umsetzung noch in einem Anfangsstadium befindet. Dessen ungeachtet scheint ausblickend auch in Deutschland eine stärker prinzipienbasierte Aufsicht weitere Überlegungen wert. Öffnungsklauseln allein reichen im Ergebnis dieses Beitrages voraussichtlich nicht aus, um Emergenz zu regulieren. Ebenfalls ist anzuzweifeln, ob die aktuell in der Politik diskutierten freiwilligen Verhaltenskodizes das hier deutlich gewordene Potential aufsichtsrechtlicher Prinzipien besitzen. Die Erfahrung mahnt zur Vorsicht.

Literatur

Baas, V. (2001): Die FSA – eine neue Aufsichtsbehörde für neue Herausforderungen, in: Die Bank, o.Jg., 12, S. 828-833.

Black, J./Smith LLP (2007): Principles-based regulation – In principle and in practice, Working paper, The London School of Economics and Political Science, London.

CMS Cameron McKenna LLP (2006): FSA gives further guidance on principles based regulation, Electronic Newsletter, 6. November 2006.

Cranston, R. (2002): Principles of Banking Law, 2nd edition, Oxford, New York.

Davis, P. (2005): Pricing pressure on hedge funds – Industry association urges members to make valuation of assets more transparent, in: Financial Times, 2 May, Fund Management Beilage, S. 1.

Deutsche Presse-Agentur (2007): Finanzminister beraten über Regeln für Hedge-Fonds, in: http://www.wiwo.de/pswiwo/fn/ww2/sfn/buildww/id/125/id/305993/fm /0/SH/0 /depot/0/index.html (Zugriff 14. September 2007).

Eckert, D./Zschäpitz, H. (2007): Angst vor der Hedgefonds-Krise geht um, in: Welt Online, http://www.welt.de/finanzen/article977509/Angst_vor_der_Hedgefonds-Krise_ geht_um.html (Zugriff 26. Juni 2007).

Eichhorn, M./Eichhorn-Schurig, M. (2005): Einen Schritt voraus, in: Versicherungswirtschaft, 60, 1, S. 16-21.

Eichhorn-Schurig, M. (2006): Fair Value of Over-the-Counter Derivatives in the Context of Treating Customers Fairly, in: Journal of International Banking Law and Regulation, 21, 10, S. 573-577.

Financial Services Authority (2005a): Hedge funds: A discussion of risk and regulatory engagement, Discussion Paper, 05/4, London.

Financial Services Authority (2005b): FSA fines Citigroup £13.9 million (€20.9mn) for Eurobond trades, in: http://www.fsa.gov.uk/pages/Library/Communication /PR/2005 /072.shtml (Zugriff 14. Juli 2007).

Financial Services Authority (2005c): Final notice to Citigroup Global Markets Limited, in: http://www.fsa.gov.uk/pubs/final/cgml_28jun05.pdf (Zugriff 14. Juli 2007).

Financial Services Authority (2006a): Hedge funds: A discussion of risk and regulatory engagement, Feedback Statement 06/2, London.

Financial Services Authority (2006b): Principles-based regulation and what it means for insurers, Speech by John Tiner, Insurance Sector Conference, 20 March 2006, in: http://www.fsa.gov.uk/pages/Library/Communication/Speeches/2006/0 320_jt.shtml (Zugriff 21. Juli 2007).

Financial Services Authority (2006c): Regulatory priorities in a principles-based world, Speech by Sarah Wilson, Director, FSA, ILAG Annual General Meeting, 15 June 2006, in: http://www.fsa.gov.uk/pages/Library/Communication/Speeches/2006 /0615 _`sw.shtml (Zugriff 21. Juli 2007).

Financial Services Authority (2006d): Treating Customers Fairly and more principles-based regulation, Extract from speech given at the FSA Summer School, St John's College Cambridge by Clive Briault, Managing Director, Retail Markets, FSA, 24 July 2006, in: http://www.fsa.gov.uk/pages/Library/Communication/Speeches/2006/ 0724_cb.shtml (Zugriff 21. Juli 2007).

Financial Services Authority (2006e): Principles based regulation: the EU context, Speech by John Tiner, Chief Executive, FSA, APCIMS Annual Conference Hotel Arts, Barcelona, 13 October 2006, in: http://www.fsa.gov.uk/pages/Library/Communication/Speeches/2006/1 013_jt.shtml (Zugriff 21. Juli 2007).

Financial Services Authority (2006f): FSA publishes radical proposals for move to principles-based regulation, FSA/PN109/2006, 31 October 2006, in: http://www.fsa.gov. uk/pages/Library/Communication/PR/2006/109.shtml (Zugriff 22. Juli 2007).

Financial Services Authority (2006g): Principles-based regulation - what does it mean for the industry? Speech by Callum McCarthy, Chairman, FSA, Financial Services Skills Council 2nd Annual Conference, 31 October 2006, in: http://www.fsa.gov.uk/pages/Library/Communication/Speeches/2006/1 031_cm.shtml (Zugriff 22. Juli 2007).

Financial Services Authority (2006h): FSA confirmation of Industry Guidance, Discussion Paper 06/5, in: http://www.fsa.gov.uk/pubs/discussion/dp06_05.pdf (Zugriff 22. Juli 2007).

Financial Services Authority (2006i): Making a real difference to consumers through more principles-based regulation, Speech by Clive Briault, Managing Director, Retail Markets, FSA, TCF Conference Keynote Speech, 7 November 2006, in: http://www.fsa.gov.uk/pages/Library/Communication/Speeches/2006/1 107_cb.shtml (Zugriff 22. Juli 2007).

Financial Services Authority (2007a): FSA-handbook, in: http://fsahandbook.info/FSA/ index.jsp (Zugriff 7. Juli 2007).

Giles, C./Blitz, J./Barber, L. (2007): Darling eases buy-out fears, in: Financial Times, 4 July, S. 1.

Hassell, N. (2007): High-rolling hedge funds force banks to sit up and take notice, in: The Times, 16 June, S. 67.

Hennemann, G./Hulverscheidt, C. (2007): Befreiungsschlag eines Aufsehers, in: Süddeutsche Zeitung, 3. August, S. 20.

Jenkins, P. (2005): Müntefering denounces 'locust list' of capitalists, in: Financial Times, 2 May, S. 4.

Johnston, D.C. (2007): Tax loopholes sweeten a deal for Blackstone, in: The New York Times, 13 July, S. A1, A16.

Kahle, E. (1998): Vertrauen und Virtuelle Organisation – Plädoyer für die Einführung von Vertrauen als organisationstheoretisches Paradigma, in: Kurzreferat für den Workshop der Kommission "Organisation", Universität Lüneburg.

Kahle, E. (1999): Vertrauen und Kooperation in Konkurrenzsituationen unter besonderer Berücksichtigung von mehreren Zielen und Unsicherheit, in: Arbeitspapier, Universität Lüneburg.

Kahle, E. (2001): Der Beitrag des Konzepts der Cognitive Maps für das Verständnis multikausaler Entscheidungsprozesse unter besonderer Berücksichtigung der New Economy, in: Arbeitspapier, Universität Lüneburg.

Livingston, W. L.(2005): Governance of Self-Regulating Organizations – Comment Letter on Draft SEC Guidelines – Part 1 of 3, in: http://www.parshift.com/Speakers /Speak 025.htm (Zugriff 23. Juni 2007).

Mackintosh, J. (2007a): FSA to ease hedge fund rules, in: Financial Times, 28 March, S. 19.

Mackintosh, J. (2007b): Blackstone set to use new rule to book profits earlier, in: Financial Times, 30 March, S. 1.

Mackintosh, J. (2007c): Hedge funds reject code of conduct call, in: http://www.ft.com/cms/s/0/99cec212-0800-11dc-9541-000b5df10621.html (Zugriff 15. September 2007).

Management Funds Association (2005): MFA's 2005 Sound Practices for Hedge Fund Managers, in: http://www.managedfunds.org/downloads/MFA%202005%20Sound%20Practices.pdf (Zugriff 1.September).

Munchau, W. (2005): Germany is soured by the politics of envy, in: Financial Times, 2 May, S. 15.

o.V. (2007): FSA moves towards principles-based insurance regulation, in: Internal Auditing & Business Risk, 31, 5, S. 8.

Power, H./Roberts, D. (2007): Hedge fund panic was behind market collapse, in: The Sunday Telegraph, Beilage Business, 12 August, S. B1.

Samuel, A. (2006): A matter of principle, in: Compliance Monitor, 18, July/August, S. 6-8.

Smith, P. (2007): Private Equity: locust or lifeline?, in: Accountancy, 137, 4, S. 22-25.
The Alternative Investment Management Association (2007): AIMA's guide to sound practices for hedge fund valuation, London.
Wolf S./White A. (2000): Principles of Environmental Law, 2nd edition, London.

Wer oder was bestimmt „Wirklichkeit" in Organisationen?
Wolfgang Grunwald[*]

1. Problemstellung
2. Erkenntnistheoretische Gründe
3. Wahrnehmungspsychologische Gründe
4. Persönliche Gründe
5. Die sechs Wirklichkeiten in Organisationen
6. Perspektivische Organisationsbeschreibung
7. Resümee

Literatur

---

[*] Prof. Dr. Wolfgang Grunwald, Diplom-Psychologe, Betriebswirt (grad.), Leuphana Universität Lüneburg, Fak. I, Institut für Sozialwissenschaften, Arbeits- und Betriebspsychologie. Berater und Trainer in Öffentlicher Verwaltung und Wirtschaft für die Bereiche: Führung, Teamarbeit, Konfliktmanagement, Organisationsentwicklung, Coaching und Rhetorik.

Eine erste Version dieses Artikels ist erschienen in: SEM|Radar, 6. Jg. 02/2007.

1. Problemstellung

Befragt man Mitarbeiter verschiedener Hierarchie-Ebenen über Führungsstile, Kommunikation, Arbeitszufriedenheit, Karrieregründe, Entlohnung, Konfliktregelung, Arbeitsplatzsicherheit, Weiterbildung, Unternehmens-Strategie etc. in ihrer Organisation, erhält man regelmäßig unterschiedliche, vielfach konträre Antworten. Für die einen ist das Glas Wasser halbvoll, für die anderen ist es halbleer – je nach Vergleichsbasis, sozialer Herkunft, Arbeitsleben, hierarchischer Position, Gehaltshöhe, Interessenlage, Wertesystem, Menschenbild und politischer Grundeinstellung. Von einer einheitlichen Organisationswirklichkeit, die von allen Mitarbeitern übereinstimmend wahrgenommen, erlebt und interpretiert wird - wie zum Beispiel von allen gleichermaßen akzeptierte Organisationsziele oder Organisationskultur – kann somit überhaupt keine Rede sein.

Es zeigen sich stets unterschiedliche Wirklichkeiten und subjektive Wahrheiten, je nachdem, ob Organisationen aus der „Vogel-", „Frosch-" oder „Maulwurfsperspektive" wahrgenommen werden (müssen). Denn, so Immanuel Kant: „Nie kann aber ein Mensch ganz und gar irren, etwas Wahres ist immer in seiner Erkenntnis" (vgl. Grunwald 2000, S. 21).

Daher haben auch die vielen, vermeintlich theoretisch-empirisch gesicherten Erkenntnisse der Organisationspsychologie und -soziologie mit ihrer Unzahl generalisierender Aussagen über „die" Organisation, „den" Führungsstil, „die" Teamarbeit, „das" Leistungsprinzip, „die" Arbeitsmotivation, „die" Personalpolitik etc. allenfalls Hinweisfunktionen auf wichtige Probleme und Forschungsthemen. Oftmals spiegeln sie einseitige, häufig irreführende, zeitpunktorientierte Durchschnitts-Ansichten von Wissenschaftlern und/oder befragten Führungskräften wider. Dementsprechend sind viele Lehrbuch-„Wahrheiten" für eine sachgerecht-ausgewogene Beschreibung, Erklärung, Vorhersage und Gestaltung der Organisationspraxis oftmals hinderlich, unnütz, irreführend, falsch oder gar schädlich, weil deren Aussagen stets selektiv-perspektivisch, interessengeleitet, ideologisch und/oder normativ im Sinne einer sozial erwünschten, idealen Arbeitswelt geprägt sind. Einen größeren Informationsgehalt hätten sie, wenn ihr Entstehungs-, Begründungs-, Verwertungszusammenhang expliziert würde, was jedoch nur in äußerst seltenen Fällen geschieht (Thielemann 2007).

Mindestens 80 % der gegenwärtigen Organisationsliteratur erfasst auch methodisch die realen Probleme der Organisationsmitglieder in ihren täglichen Arbeits- und Führungsbeziehungen nur unzulänglich, weil das Abstraktions-Niveau der Analyse-Ebenen zu hoch ist: Der Abstand zwischen Erklärendem und Erklärtem, zwischen Beschreibendem und Beschriebenem ist zu groß; die meisten Aussagen sind unkonkret, übergeneralisierend, mehrdeutig und zumeist falsifikationsimmun. Dies erleichtert es, Mythen, Legenden, Ideologien, Fiktionen, Verfälschungen, bewusste Irreführungen, Schönfärberei und Schwarzmalerei bis hin zu ideologiegesteuerten Unwahrheiten, sowohl bei Studierenden der Wirtschafts- und Sozialwissenschaften als auch bei zahllosen Mitarbeitern in den Organisationen, aufrecht zu erhalten, sie immer wieder zu bestätigen oder sie erst in die Welt zu setzen (vgl. Kieser 1996; Westerlund/Sjöstrand 1981; Neuberger 2002; Nicolai 2004). Ein klassisches Beispiel für eine Jahrzehnte alte Lehrbuch-Chimäre in der Betriebs- und Volkswirtschaftslehre – mit der Studierende immer noch indoktriniert werden – ist die Fiktion des „homo oeconomicus": eines stets rational handelnden, über vollständige Information verfügenden und seinen persönlichen Nutzen maximierenden Menschen (vgl. Simon 1993; Woll 1994; Hesch 1997).

Die „Wirklichkeit" komplexer Organisationen wird stets perspektivisch, selektiv und wertend konstruiert und/oder wahrgenommen, so dass dichotomische Aussagen wie: richtig/falsch, gut/schlecht, wahr/unwahr zumeist unangemessen und irreführend sind. Für die rudimentäre, zum Teil trügerische und vielfach ideologisch gefärbte Organisationsforschung und -praxis gibt es a) erkenntnis-/wissenschaftstheoretische und b) wahrnehmungs-/kognitionspsychologische Gründe.

2. Erkenntnistheoretische Gründe

Aussagen über die Wirklichkeit gelten als wahr, wenn der beschriebene Sachverhalt mit der Wirklichkeit übereinstimmt. In einem Drei-Welten-Model unterscheidet Popper (1995, S. 13) verschiedene Wirklichkeiten:
Welt 1: Die physische Welt der materiellen, belebten und unbelebten Dinge/Körper (z.B. Bürogebäude, biologische Grundbedürfnisse)

Welt 2: Die Welt der bewussten/unbewussten Erlebnisse der Menschen (z.B. Wahrnehmung, Denken, Lernen, Problemlösen, Erwartungen, Wünsche, Visionen)

Welt 3: Die Welt der objektiven Produkte des menschlichen Geistes, d.h. auch des menschlichen Teils von Welt 2 (z.B. Bücher, Stühle, Computer, Organisationsstrukturen und -prozesse, Sprechverhalten, Probleme)
Alle drei Welten wirken aufeinander ein und überschneiden sich. Übertragen auf die Organisation bedeutet dies: Sie ist Menschenwerk, um bestimmte ökonomische und nicht-ökonomische Ziele zu erreichen. Die Organisationswirklichkeit ist nur verstehbar, wenn alle drei Welten in ihren Wechselbeziehungen beachtet werden. Es liegt auf der Hand, dass die Wechselwirkung von Welt 2 und 3 für die Beschreibung und Erklärung von Organisationen und der in ihnen tätigen Menschen zu den unterschiedlichsten Ergebnissen/Erkenntnissen führt – je nach Perspektive und persönlicher Interessenlage.

Die Existenz von Welt 1 folgt dem „Primat der subjektunabhängigen, objektiven Realität", die über die subjektive Wahrnehmung, durch logisches Denken und praktisches Alltagshandeln prinzipiell – so wird unterstellt – erkennbar ist (Breuer 1991, S. 31 f.). Bezogen auf die Organisationswirklichkeiten heißt das: Streng genommen gibt es so viele subjektiv geprägte Wahrnehmungen der Organisationswirklichkeit wie es Mitarbeiter gibt! Da dies zu einer babylonischen Sprachverwirrung führen und somit die intersubjektive Kommunikation behindern würde, wird die für alle verbindlich zu geltende „Realität" durch mehr oder wenige autoritäre Beschlüsse (Definitionsmacht, Herrschaftswissen, Eigentumsprivilegien) der Mächtigen in der Organisation bestimmt (vgl. hierzu den Jargon in unteren Hierarchieebenen: „Ober sticht Unter"; „die da oben haben das Sagen"; „Wir hier unten, und die da oben"). Hierdurch „lösen" Führungskräfte der 1. Ebene, ohne sich dessen bewusst zu sein, das erkenntnistheoretische Trilemma, wonach bei jedweder Begründung/Rechtfertigung zwischen drei gleichermaßen unzulänglichen Alternativen entschieden werden muss (sog. Münchhausen-Trilemma, vgl. Albert 1968, S. 11 f.; Kuhlmann 1981, S. 5 f.):
1) Der infinite Regress, d.h. die immerwährende Warum-Frage (logische Unmöglichkeit von Letztbegründungen)

2) Der logische Zirkel: das zu Begründende/Erklärende wird bei der Begründung//Erklärung implizit vorausgesetzt (zirkuläre Erklärung; hermeneutischer Zirkel)
3) Festlegung per Beschluss (Experten; Unternehmensberater; herrschende Meinung; Entscheidung von „oben"; Entscheidungen der opinion leaders; Entscheidung der Kapitaleigentümer und/oder ihrer Dienstklasse; höchstrichterliche Rechtsprechung; Schlichtung)
Erhebliches Konfliktpotential entsteht dadurch, dass unterstellte Mitarbeiter 1) und 2) bevorzugen, hingegen Eigentümer und in deren Auftrag handelnde Führungskräfte eher zu 2) und 3) neigen.

Streng genommen sind alle Generalisierungen aufgrund empirischer Befunde logisch unzulässig, weil sie nur für den jeweils untersuchten Sachverhalt zu einem bestimmten Zeitpunkt an einem bestimmten Ort ausschließlich in Bezug auf die befragten Mitarbeiter gültig sind (sog. Induktionsproblem: unzulässiges Schließen vom Besonderen auf das Allgemeine; dass die Zukunft der Vergangenheit entsprechen wird; keine Schlussfolgerung ohne Voraussetzung; kein Muss nur aus einem Ist [vgl. Popper 2000, S. 85 ff.; Stegmüller 1969, S. 313 ff.; Simon 1993]). Allenfalls sind Wahrscheinlichkeits-Aussagen möglich, sofern sie durch konkrete Randbedingungen mit „wenn-dann-" und „je-desto"-Sätzen spezifiziert werden (vgl. Prim/Tilmann 2000). Bedenklich ist, dass die überwiegende Mehrzahl der (wissenschaftlichen) Fragebogenuntersuchungen – auch in Dissertationen (!) – nur eine durchschnittliche Rücklaufquote von maximal 30% erreichen. Warum haben sich die übrigen 70% der Befragten verweigert und wie hätten sie geantwortet? Diese Schlüsselfrage wird in der Literatur weitgehend ignoriert.

Die Masse der raum-zeitlich generalisierten Aussagen in der einschlägigen wissenschaftlichen Organisations- und Managementliteratur – und fast ausnahmslos in der sog. praxisorientierten Beratungsliteratur – (z.B. „es gibt", „alle", „kann", „könnte", „muss", „müsste", „sollte", „man", „angemessen", „optimieren", „konsolidieren", „gut aufgestellt sein", „Best Practice", „Erfolgsfaktoren", „Profil schärfen", „nachhaltig", „rechtzeitig", „die geeigneten Maßnahmen treffen") sind bezüglich ihres Informationsgehalts entweder banal (nicht falsch = „Körnchen Wahrheit"), tautologisch (zirkulär oder Leerformeln,

weil Aussagen bloß reformuliert werden), häufig irreführend, zuweilen falsch, vielfach unbegründet und/oder bloß unbegründet normativ.
Ein simpler Prüftest des Informationsgehalts von Aussagen ist deren Negation: „Ergibt sich aus der Negation der Empfehlung eine überhaupt nicht in Betracht kommende Alternative (z.b.: „Es sind ungeeignete Maßnahmen zu ergreifen..."), dann bietet sie keine Orientierung, sie ist ohne Informationsgehalt. Die Regel lautet: Je mehr ein Satz einschließt, desto weniger Information enthält er" (Nicolai 2004, S. 101; ausführlich: Prim/Tilmann 2000).
Abstrakte Erklärungsbegriffe, wie z. B Macht, Konflikt, Führung, Motivation, Teams, Kultur, Selbstverwirklichung, die allzu viele Sachverhalte einschließen, sind weder wissenschaftlich nützlich noch heuristisch, denn je höher ihr Abstraktionsgrad, desto weniger Sachverhalte werden ausgeschlossen, und desto geringer ihr Informationsgehalt. Allenfalls geben sie Hinweise auf Untersuchungswerte.

3. Wahrnehmungspsychologische Gründe
Eine voraussetzungslose, neutrale, theoriefreie, wertfreie Wahrnehmung gibt es nicht; vielmehr ist sie stets aktiv-konstruierend, interessengeleitet und interpretierend. „Nicht was wahr *ist*, wirkt, sondern was für wahr *gilt* und damit wahr *gemacht* wird " (Neuberger 2006, S. 223).

Der Mensch verhält sich beim Wahrnehmen, Fühlen und Denken im Allgemeinen als Komplexitätsreduzierer, um in der komplexen Lebens- und Arbeitswelt entscheidungs- und handlungsfähig zu sein. So haben Lern- und Gedächtnis-Experimente von Miller gezeigt, dass die meisten Menschen nur fünf bis neun unterschiedliche Gedächtnis-Items („chunks", wie z.B. Form, Farbe, Größe, Zahlen, Buchstaben etc.) zu erinnern in der Lage sind (sog. Magical Number 7 (+/-2); vgl. Zimbaro/Gerrig 1999, S. 240 f.).

Auf (größere) Organisationen bezogen bedeutet dies, dass ihre vielfältig vernetzten Variablen sowie deren Eigendynamik kognitiv nicht adäquat repräsentiert werden können. Sachliche, operative, soziale und zeitliche Komplexität in Organisationen bedeutet: Viele Probleme sind schwach oder gar nicht strukturiert, es fehlt Wissen über die Eintrittswahrscheinlichkeiten von Ereignissen, Handlungs-, Neben- und Spätfolgen werden nicht bedacht oder sind ungewiss; Ausgangszustände sind nicht bekannt, viele Ziele sind unklar, kompetitiv oder inkompatibel, es gibt unauflösbare Führungs-Dilemmata, das

System verändert sich im Zeitablauf usw. Die Folge ist ein stetes Schwanken zwischen den Extremen muddling through sowie bewussten Ziel-Mittel-Entscheidungen (vgl. Dörner 1990, S. 257 ff., Fisch/Boos 1990, S. 11 f.,; Baecker 1999, S. 169 ff.; Neuberger 2000; Wimmer 2004, S. 55 ff.). Somit wird denn auch das überpointierte Diktum verständlich, wonach eine Organisation nicht wegen, sondern trotz ihrer Topmanager erfolgreich ist, und zwar aufgrund von Selbstorganisationsfähigkeiten der Mitarbeiter in den unteren Hierachie-Ebenen. Nach Ashby's „Gesetz von der erforderlichen Vielfalt" kann zunehmender Umweltkomplexität nur mit Steigerung von Eigenkomplexität der Organisation begegnet (nicht unbedingt bewältigt!) werden. Denn die Folgen sind wiederum vielfältige Politisierungs-, Flexibilitäts-, Koordinations-, Abstimmungs- und Kommunikationsprobleme, die ihrerseits wieder eigenkomplexe Regelungen erforderlich machen. (vgl. Kühl 1994; Ernst/Kieser 2002).

5. Die sechs Wirklichkeiten in Organisationen

Weil sich soziale Herkunft, Wahrnehmungsmuster, Erfahrung sowie persönliche Interessen kreiskausal bedingen („man sieht nur das, was man kennt und was man sehen will"; „das Hemd ist einem näher als der Rock"), lassen sich die verschiedenen Wirklichkeiten in Organisationen in sechsfacher Weise beschreiben. Die Schnittmenge aus allen sechs Facetten dürfte der „wahren" Organisation am nächsten kommen (vgl. Abb.1):

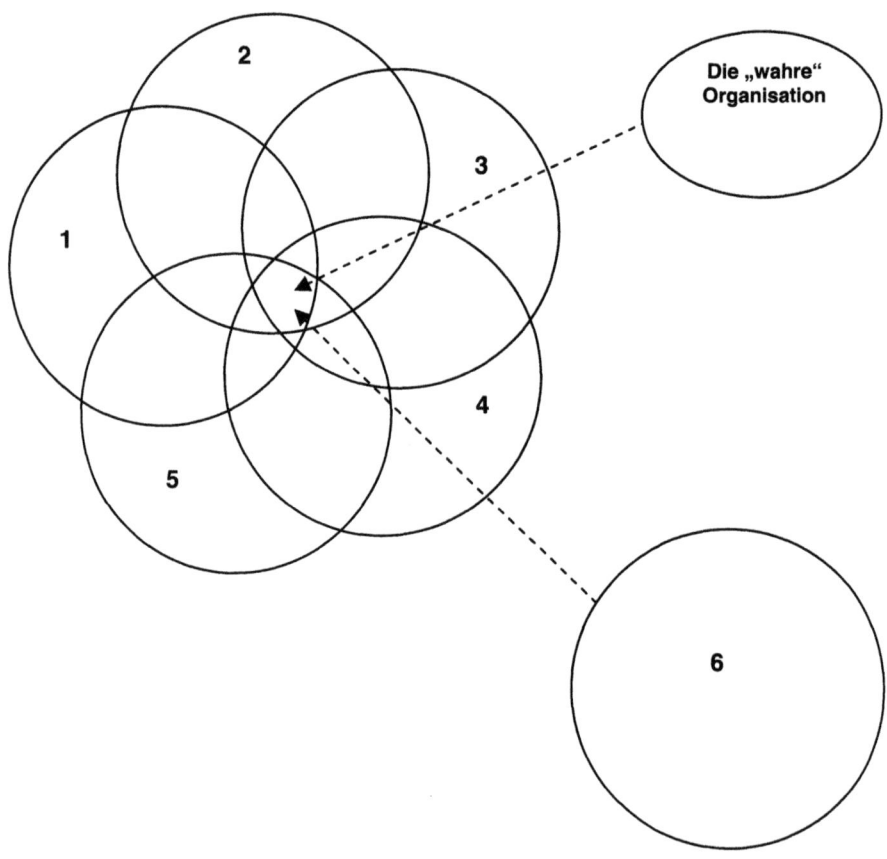

Abb. 1: Die sechs Wirklichkeiten in Organisationen

1 = Ideale Wirklichkeit
2 = Empirische Wirklichkeit
3 = Wissenschaftliche Wirklichkeit
4 = Persönliche Wirklichkeit
5 = Als-Ob-Wirklichkeit
6 = Virtuelle Wirklichkeit

1) Die ideale Wirklichkeit
Es handelt sich hier um die Soll-Vorstellung oder Vision einer idealen Organisation, und zwar aus der Sicht des Idealtypus´ eines vernünftig, fair und uneigennützig handelnden Menschen. Maßstab sind die nach unternehmens-, sozial- und individualethischen Grundsätzen geführten Organisationen (Ulrich 2001; Göbel 2006). Dabei geht es weniger um die zumeist den jeweiligen Status quo rechtfertigende Verfahrens-Gerechtigkeit, als vielmehr um Verteilungs-Gerechtigkeit: Beispielsweise verdienen deutsche Führungskräfte der ersten Ebene auf der Basis aller Wirtschaftsorganisationen 10 bis 300 (!) Mal so viel (z.B. J. Ackermann, Deutsche Bank, 13,2 Millionen Euro für 2006) wie ein(e) tüchtige(r) Durchschnitts-Verdiener(in) mit einem Jahresgehalt von ca. 30.000 Euro. Das durchschnittliche Verhältnis von Angestellten-Einkommen zu Managergehältern beträgt derzeit in Deutschland etwa 1 zu 50 (Berliner Zeitung, 01.04.07). Von unabhängigen, moralisch glaubwürdigen Experten wird eine Relation von maximal 1:10 bis 1:20 als gerecht diskutiert. Denn die Kernfrage lautet: Sind Topmanager wirklich zehn-, fünfzig- oder dreihundert Mal leistungsfähiger, wertschöpfender, intelligenter und kreativer als ihre Mitarbeiter in den unteren Hierarchie-Ebenen? Ein Gedankenexperiment hierzu: Was geschähe mit den Organisationen bzw. ihren Mitarbeitern, wenn es die vielen überbezahlten und/oder sich (legal, aber illegitim) bereichernden Top-Manager nicht (mehr) gäbe?
Die ideale Organisations-Wirklichkeit wird von Arbeitnehmern, Gewerkschaften, Arbeitgebern bzw. Kapitaleignern und Wissenschaftlern naturgemäß unterschiedlich definiert und interpretiert, was zu beständigen, latenten und manifesten Konflikten führt, die in der Regel zugunsten des Kapitals und ihrer Sachwalter entschieden werden (Grunwald 2005).
Das Ideale im Sinne des nachhaltig ökonomisch, technologisch, ökologisch und/oder sozial Wünschenswerten für möglichst alle Stakeholder kann in einer Welt knapper Ressourcen, unterschiedlicher Werte, Erwartungen, Bedürfnisse,

Interessen und unvollkommener Information immer nur angestrebt, jedoch niemals erreicht werden – selbst wenn definierte Kriterien und Ziele vorliegen. Orientierungsgrößen hierbei sind: theoretische Konzepte, Benchmarking, Kennzahlen, Best-Practice-Beispiele, Erfolgsfaktorenforschung, Evaluationsbefunde, Rankings, Experten-Gremien, Auszeichnungen/Preise, Aussagen von Mitarbeitern, Hinweise von relativ neutralen Fachjournalisten, etc. (Nicolai/Kieser 2002; Rau 1996).

Eine ideale, ökonomisch effiziente und zugleich humanistisch ausgerichtete Organisation erfordert Manager, die auch sozial-ethische Prinzipien (vor)zuleben willens und fähig sind. Indes: Die meisten Manager (ca. 70%) orientieren sich primär an formalen juristischen Grenzen („Was ist legal?"; „Was ist (noch) nicht strafbar"?; „Mach´ es, aber lass dich nicht erwischen!"). Eine Minderheit (ca. 20%) orientiert sich an der Goldenen Regel („good ethics is good business"). Aber nur Wenige (ca. 5-10%) handeln nach dem Prinzip der Verantwortung („Wie wünschenswert ist das Machbare?"; „Was sind die berechtigten Interessen von Arbeitnehmern?"; „Was ist gut für das Gemeinwohl, für künftige Generationen und für die Umwelt?").

Angesichts der seit etwa zehn Jahren rasant zunehmenden Verfehlungen von Managern und Politikern (Korruption, Betrug, Untreue, Bilanzmanipulationen, „Seilschaften", Schmiergeldaffären, Massenentlassungen als Folge von Missmanagement; vgl. Airbus, VW, Daimler/Chrysler, Siemens, Infineon, Deutsche Telekom, Grohe, Enron, Worldcom, Motorola, usw.) ist es höchste Zeit – und zwar im Interesse der Gesamtwirtschaft, des Allgemeinwohls, der lohnabhängigen Arbeitnehmer aber auch der Kleinaktionäre – die (künftigen) Führungseliten nicht nur nach fachlichen, methodischen und kommunikativen Kriterien zu rekrutieren, sondern gleichgewichtig oder gar vorrangig gemäß ihrer sittlich-ethischen Grundhaltung sowie ihres moralischen Führungsverhaltens (vgl. Grunwald 2006; Thielemann 2006; Jakob 2003).

In allen Unternehmen und in fast allen einschlägigen Lehrbüchern wird die Zielharmonie von Organisationszielen und Mitarbeiterzielen postuliert. Dabei ist es eher die Regel, dass die Kapitaleigner bzw. ihre Dienstklasse die Arbeitnehmer zu einem möglichst geringen Lohn mit viel Arbeit beschäftigen (wollen) (für viele z.B. Deutsche Telekom; vgl. hierzu die Armutslohn-Debatte); demgegenüber wünschen wohl die meisten Arbeitnehmer ein hohes Entgelt und wenig Arbeit. Dieser *antagonistische Interessenkonflikt* kennzeichnet die Arbeitswelt und nicht die propagierte Zielharmonie bzw. Zielkomplementarität.

Unüberwindbar scheinen die Gegensätze zwischen den kalten Profitinteressen der ökonomisch Mächtigen und jenen, die ihre Arbeitskraft verkaufen müssen, um in Würde leben zu können. Angeblich sorge schon – so die Apologeten der Marktwirtschaft - der Marktmechanismus für einen gerechten Ausgleich gegensätzlicher Interessen. Aufgrund der strukturellen, konjunkturellen und demographischen Massenarbeitslosigkeit sowie der durch kontinuierlichen Mitgliederschwund geschwächten Gewerkschaften ist jedoch das sog. „freie Spiel der Marktkräfte" schon seit vielen Jahren auf dem Arbeitsmarkt weitgehend außer Kraft (Ausnahmen: Ingenieure, Informatiker). Als Folge ist das *reale* Einkommen der lohnabhängigen Arbeitnehmer in den letzten zehn Jahren gesunken; und ein Ende scheint – ungeachtet zeitweiliger Konjunkturerholungen – nicht in Sicht (Grunwald 2006; Bontrup 2007).

Forciert durch den immensen Einfluss der gegenwärtigen Eigentums- und Herrschaftsstrukturen, durch Denken, Sprechen und Tun in der täglichen Führungspraxis, aber auch durch Lehrbücher in den tradierten wirtschafts- und z.T. sozialwissenschaftlichen Studiengängen, werden Mythen systematisch verbreitet, weitgehend geglaubt und gelebt. Dies geschieht vornehmlich aus Tradition und Überzeugung; aber auch aus Unwissenheit, Gedankenlosigkeit, Trägheit, Gleichgültigkeit oder Opportunismus.

Mythen sind letztgültige und daher nicht mehr zu begründende dogmatisierte, selektive und stereotypisierte, sinnstiftende Erzählungen; immer wieder unwidersprochene Feststellungen oder gar schiere Behauptungen. Sie haben verschiedene Funktionen: Ungewissheit und Unsicherheit zu reduzieren, nicht weiter hinterfragbare Gewissheiten zu transportieren und/oder den Status quo zu stabilisieren. Hierdurch werden bestehende und künftige Macht- und Herrschaftsverhältnisse abgesichert. „Indem Mythen das Erwünschte als das Bestehende ausgeben, blenden sie Zweifel aus bzw. lassen ihn gar nicht erst aufkommen. Ihre Einseitigkeit sorgt für Eindeutigkeit". Und weiter: „Von den Herrschenden (und ihren vielen willigen Helfern!, Motto: Wes Brot ich esse, des Lied ich singe, W.G.) werden Mythen gezielt eingesetzt, um ihre Ansprüche zu ‚traditionalisieren' und zu legitimieren" (Neuberger, 2002, S. 101 ff.; Grunwald 2006). Je nach Interessenlage, Wirtschaftssituation und Zielgruppe werden Personen-, Ereignis-, Raum-, Zeit-, Erfolgs- und Misserfolgsmythen propagiert (Hein-Kircher, 2007, S. 26 ff.).

Ohne Anspruch auf Vollständigkeit und Rangfolge seien weit verbreitete Organisations-Mythen aufgeführt (Westerlund/Sjostrand 1981; Kieser 1996; Neuberger 2002, S. 58 ff.; Kühl 2000 u. 2002; Schütz u.a. 2007):

Die hohen Gehälter auf der ersten Führungsebene sind stets leistungsbezogen und marktgerecht, und somit legitim.
Es wird nur nach sach-rationalen Kriterien entschieden.
Es herrscht das Leistungs- und Verantwortungsprinzip: nur die fachlich und charakterlich Besten haben Führungspositionen inne.
Alle Mitarbeiter und Mitarbeiterinnen werden gleich behandelt und haben die gleichen Chancen.
Komplexe Organisationen sind mit komplexen Management-Modellen steuerbar.
Organisationen lassen sich objektiv und vollständig beschreiben/erklären.
Organisatorische Sachverhalte lassen sich kausal erklären.
Das Topmanagement hat aufgrund seines hervorragenden Wissens und seiner exzellenten Fähigkeiten den Überblick und somit alles im Griff.
Top-Manager sind neutrale Vermittler zwischen den Interessenten (stakeholder).
Externe Unternehmensberater sind für Reorganisationen unerlässlich, weil internes Know-how nicht ausreicht, um Strukturen und Prozesse der Organisation zu optimieren.
Erfolgreiche Mitarbeiter verhalten sich wie „Unternehmer im Unternehmen".
Top-Manager tragen auch persönlich die volle soziale und finanzielle Verantwortung für ihr Tun oder Unterlassen.
Der Mensch steht im Mittelpunkt; nicht das Kapital und der Gewinn.
Es gibt eine Unternehmens-Strategie, und sie ist allen Mitarbeitern bekannt.
Die übergreifenden Organisationsziele werden von allen Mitarbeitern akzeptiert und adäquat umgesetzt.
Mitarbeiter der zweiten und dritten Führungsebene können bei wichtigen unternehmerischen Entscheidungen mitentscheiden.
Organigramme spiegeln die Organisationswirklichkeit wider.
Change Management ist bewusste Planung und Entscheidung über zielorientierte Maßnahmen, wobei die Betroffenen zu Beteiligten gemacht werden.
Organisationsziele, Vorgesetztenziele und Mitarbeiterziele sind kongruent.

Eigentümer und Kapitalgeber kommen ihrer sozialen Verantwortung gegenüber den Organisations-Mitarbeitern freiwillig, gern und vollumfänglich nach.
Fusionen, Business Reengineering, Outsourcing, Börsengänge etc. erhöhen die Wettbewerbsfähigkeit und Wertschöpfung der Organisation und sichern dadurch die Arbeitsplätze der Mitarbeiter.
Die von den Mitarbeitern erwirtschafteten Gewinne kommen allen zugute; Gewinne fördern Investitionen und sichern somit Arbeitsplätze.
Es gibt keine „Seilschaften"; alle wichtigen Entscheidungen werden transparent entschieden.
Das Personalwesen vermittelt zwischen Kapital und Arbeit; im Zweifel wird zugunsten der Arbeitnehmer entschieden.
Die Mehrzahl aller Führungskräfte praktiziert einen kooperativen Führungsstil.
Wenn das Unternehmen hohe Gewinne erzielt, geht es auch den Beschäftigten gut.
Die Organisation ist wegen ihres Top-Managements erfolgreich.
Privatisierungen öffentlicher Betriebe sind gut für die Kunden und für die Sicherheit der Arbeitsplätze der Mitarbeiter.
Managemententscheidungen sind rational und strategisch fundiert; es gibt kein muddling through und keine Versuche und Irrtümer.
Frauen erhalten bei gleicher Arbeit die gleiche Bezahlung wie Männer und haben die gleichen Aufstiegschancen.

2) Die empirische Wirklichkeit
Hier geht es um die Messung, Schätzung und Bewertung der Organisation (Abläufe, Strukturen, Arbeitszufriedenheit, Kundenzufriedenheit, Kennzahlen, Zahlenwerk des Rechnungswesens, Bilanzierungsregeln etc.) gemäß den methodisch-statistischen Standards der empirischen Sozialforschung sowie den gesetzlichen Vorschriften für die interne und externe betriebswirtschaftliche Rechnungslegung.
Wertneutrale empirische Erhebungen sind jedoch – wie oben dargelegt – unmöglich: Zu viele verschiedene Interessen sowie sachliche, motivationale, zeitliche und finanzielle Restriktionen sind im Spiel. Viele sozialwissenschaftlich-empirische Untersuchungen spiegeln zudem nur einen nicht-repräsentativen Teilausschnitt zu einem bestimmten Zeitpunkt wider (Querschnitt-Untersuchungen). Totalerhebungen über einen längeren Zeitraum (Längsschnitt-Untersuchungen) sind äußerst selten. Um Stabilität und Wandel zu

erkennen, wären aber Querschnitt-Untersuchungen mindestens an drei verschiedenen Zeitpunkten notwendig. Unabdingbar für die kritische Interpretation empirischer Befunde und für die Ableitung von Handlungsempfehlungen ist die Frage, wer die Untersuchung in welchem Auftrag aus welchem Grunde zu welchem Zweck durchführt (interne Stabsstellen, externe Beratungsunternehmen, Universitäten, öffentliche Institute und Kommissionen, privat-wirtschaftliche Forschungsinstitute, politische Parteien, Stiftungen, Interessenverbände). Überdies sind methoden- und theoriekritische Fragen bezüglich der Repräsentativität des Untersuchungs-Designs (methodische, inhaltliche, ökologische und soziale Validität) zu stellen. Ein Grundproblem jedweder Forschung – auch und gerade bei empirischen Untersuchungen – ist die Frage *woher* die erkenntnisleitenden Forschungsfragen kommen. „Meistens schauen wir nicht zuerst und definieren dann, wir definieren erst und schauen dann" (Walter Lippmann, 1922).
Kritischer Aufmerksamkeit bedürfen vor allem die vielen Umfragen, Konzepte und Analysen der großen Unternehmensberatungs-Firmen (z.B. McKinsey, Berger, KPMG, BCG, PWC etc.), da sie mit ihrer marktradikalen Ideologie viele Wirtschaftsorganisationen und zunehmend staatliche und kirchliche Institutionen (vielfach demokratisch nicht legitimiert) sowie weite Bereiche der Gesellschaft dem Diktat der Ökonomie ausliefern (Kieser 2002; Ernst/Kieser 2002; Glass 2006; Leif 2006; Wernicke/Bultmann 2007).

3) Die wissenschaftliche Wirklichkeit
Die Wissenschaft hat Aufklärungs-, Wissens-, Stabilisierungs- und Legitimationsfunktionen: Sie soll sagen, was ist, warum es so ist und wie es unter bestimmten Bedingungen mit welchen langfristigen Folgen anders sein könnte. Aufgabe der Wissenschaften, insbesondere der Managementwissenschaft, ist die Erzeugung „wahren" Wissens für Organisationen, aber auch für die Gesellschaft sowie immer häufiger auch Politik- und Organisationsberatung. Damit sind vielfältige Interessenkollisionen verbunden, denn diese Funktionen durchdringen sich wechselseitig. Selbst das immer wieder beschworene, angeblich ideologiefreie, jedoch in sich widersprüchliche *Postulat der Wertfreiheit* in den Wissenschaften (paradox, weil es selbst eine Wertung ist!) ist besonders in den letzten zwei Jahrzehnten durch die „normative Kraft des Faktischen", d.h. des direkten oder indirekten

Einflusses von Lobbyisten in Wirtschaft und Politik, ausgehöhlt worden (vgl. Kieser 2002; Thielemann 2007, S. 89 ff.).
Drei Aspekte des sog. Wertfreiheits-Problems sind zu unterscheiden (Prim/Tilmann, 2000, S. 128 f.):
1. Wertbasis der Wirtschafts- und Sozialwissenschaften
a) wissenschaftstheoretische Voraussetzungen (z.b. Empirismus, kritischer Rationalismus, Hermeneutik)
b) Auswahl von Forschungsproblemen (Gutachten, Auftragsforschung, Modethemen, sozial relevante Probleme)
c) Entscheidung für bestimmte Methoden und Techniken (z.B. halbstrukturiertes Interview, Polaritätsprofil, Korrelationsanalyse)
d) Entscheidung über die Anwendung/Verwertung der Forschungsergebnisse (z.b. für oder gegen Mitarbeiter oder Bevölkerungsgruppen).
2. Wertungen im Untersuchungsbereich (z.b. rationale Analyse normativer Aussagen: „Männer und Frauen *sollen* bei gleicher Arbeit gleich bezahlt werden.")
3. Das eigentliche Werturteils-Problem (Wünschenswertes kann nicht logisch aus Vorhandenem abgeleitet werden; vielmehr sollte es eine strikte Trennung zwischen Sein und Sollen geben: Wertungen müssen als persönliche Meinung erkennbar sein)
Relevanz, Akzeptanz und Verwertung wissenschaftlichen Wissens hängen davon ab, „wie Probleme gestellt werden, welches Wissen für ihre Lösung in Anschlag gebracht werden kann, welchen Grad an Verlässlichkeit, d.h. auch welchen Grad an Zustimmungsfähigkeit dieses Wissen hat, welchen Interpretationsspielraum dieses Wissen erlaubt, wie viele Antworten auf das gestellte Problem es zulässt und in welcher Beziehung das Wissen zu gesellschaftlichen Werten und politischen Interessen, d.h. zu dem jeweiligen Bedeutungskontext, steht" (Weingart 2001, S. 144, zit. n. Kieser 2002, S. 10; Martin 2001, S. 71 ff.; und 2006).
Trotz zunehmender Zusammenarbeit ist die Kommunikation zwischen Wissenschaftlern und Praktikern schwierig, nicht selten gestört: Zu unterschiedlich sind Selbstverständnis, Herkunft, Berufs- und Lebenserfahrungen, Erfolgskriterien, Menschen- und Weltbilder, Interessen, Sprache und Zeit-Wahrnehmung. Das zeigt sich dann auch in der gegenseitigen Kritik:

Praktiker-Kritik gegenüber Wissenschaftlern: unverständlicher Jargon, Überinterpretation von Befunden, Überbetonung methodisch-statistisch-theoretischer Probleme und Definitionen, Abschottung in einem „Elfenbeinturm", allzu viele praxisferne Forschungen/Ergebnisse, Käuflichkeit von Gutachtern und Beiräten etc.

Wissenschaftler-Kritik gegenüber Praktikern: Ruf nach einfachen Rezepten für komplexe Probleme, überzogenes Rationalisierungs-Denken, kurzfristiges Gewinnmaximierungsstreben, mangelndes Methoden-, Statistik- und Theoriebewusstsein, ökonomistisch-technokratisches Menschenbild, Wissenschaftler/Gutachter als Alibi für schwierige Entscheidungen etc.

4) Die persönliche Wirklichkeit

Traditionell konkurrieren in der Arbeitswelt verschiedene Prinzipien: das Leistungsprinzip, das Bedürfnisprinzip, das Gleichheitsprinzip, das Senioritätsprinzip, das Solidaritätsprinzip und das Profitprinzip, wobei der „Shareholder Value" mittlerweile alle anderen Prinzipien abgewertet hat. So hat der globalisierte, nach schnellen Profiten (bis zu 20-30 % p.a.) strebende rabiate Casino-Kapitalismus (vgl. die mehr als 10.000 weltweit tätigen aggressiv-spekulativen HedgeFonds/Finanzinvestoren, sog. „Heuschrecken") – neben dem alles beherrschenden Profitprinzip – das individuumorientierte Leistungsprinzip zum Fetisch erkoren. Auch hier handelt es sich bloß um ein ideologisches Credo, denn die rein personenbezogene, kausale Zurechenbarkeit von Erfolg und Misserfolg ist in hochkomplexen, arbeitsteiligen und spezialisierten Organisationen – wenn überhaupt – nur in Ausnahmefällen möglich, denn jedes Wirtschaften ist Gemeinschaftswerk. Bertolt Brecht hierzu: „Cäsar schlug die Gallier. Hatte er nicht wenigstens einen Koch bei sich?"

Gerechter und ökonomisch sinnvoller wäre es, nicht zuallererst die Wertschöpfung von Arbeitnehmern der unteren Hierarchie-Ebenen zu evaluieren, sondern jene der vielfach überbezahlten Führungskräfte auf den obersten Hierarchie-Ebenen. Ein Unternehmens-Berater hierzu: „Jede Führungskraft und jeder Mitarbeiter sollte im Lift zwischen dem ersten und dem dritten Stock erklären können, welches sein Platz in der Wertschöpfung ist" (Simons, 1997, S. 153).

Alle Mitarbeiter machen ihre subjektiven Beobachtungen und Erfahrungen in Organisationen, die – aus individueller Sicht – zwar stets wahr und perspektivisch sind (Körnchen-Wahrheit-Theorie; vgl. das Leibniz-Beispiel weiter unten), aber dennoch nicht als wahr oder falsch bezeichnet werden können. Diese Erfahrungen sind sowohl Ursache wie Folge der persönlichen Wirklichkeitswahrnehmung, die wiederum maßgeblich durch Lebensgeschichte und Berufserfahrungen der Mitarbeiter geprägt wird. So gibt es Optimisten, Pessimisten oder skeptische Optimisten, die ihre Organisation entsprechend bewerten (vgl. das norddeutsche Sprichwort: „Wat den eenen sin Uhl, is den annern sin Nachtigall"). Dies zeigt sich auch in den unterschiedlichen Reaktionen der Mitarbeiter auf die „von oben" bewusst herbeigeführten, massiven Veränderungen von/in Organisationen (Change Management) – selbst wenn ein befristeter Kündigungsschutz zugesichert wird. Erfahrungsgemäß finden sich in Organisationen folgende Durchschnitts-Werte: etwa 5-10% Visionäre und aktive Promotoren, circa 60-70% abwartende Skeptiker und Opportunisten, circa 15-20% Bremser und circa 5-10% aktive Widerständler. Welche Gruppe hat wohl (mehr) recht bei Fusionen – angesichts einer weltweiten Misserfolgsrate (ausbleibende Synergie-Effekte: z.B. für viele DaimlerChrysler) von circa 60-70%? Einerlei, wie sinnvoll Fusionen sein mögen: „erfolgreich" im Sinne horrender Abfindungen und Honorare sind stets die gleichen vier Gruppen: Vorstände/Geschäftsführer, Banken, Anwaltskanzleien und Unternehmensberater.

Diese Sichtweise führt zwangsläufig zu folgenden Fragen: 1) Wer hat welche Interessen?; 2) Wer gewinnt, wer verliert?; 3) Wer ist oben/bleibt oben? Wer ist unten/bleibt unten?; 4) Wer geht/bleibt?; 5) Wer verdient (zu) viel/(zu) wenig?; 6) Wer wird warum befördert/wer nicht? etc.

Beispielsweise geht es in jeder wichtigen Arbeitssitzung, bei jedem wichtigen Projekt, bei jeder wichtigen Entscheidung nicht nur um Fachliches, sondern – direkt oder indirekt – um widerstreitende, zumeist verdeckte, persönliche Interessen: d.h. um die Ausübung, Aufrechterhaltung oder Mehrung legaler und legitimer Macht. In hierarchischen Organisationen mit knappen Ressourcen (Geld, Menschen, Zeit, Information, Technik), die sich in einer entfesselten kapitalistischen Marktwirtschaft behaupten müssen – und dabei häufig zugleich Täter wie Opfer sind – bleibt es für die Führungskräfte, aber auch für untergeordnete Mitarbeiter, nicht aus, offen oder verdeckt gegeneinander zu konkurrieren – allen schönen Reden und Hochglanzbroschüren über Teamarbeit, kooperative Führung, Corporate Social Responsibility, Corporate Governance Codices, Diskursethik, Konfliktmanagement usw. zum Trotz („survival of the fittest"). Diese Probleme werden in der wissenschaftlichen Literatur zu wenig oder nur unkritisch thematisiert; dafür umso häufiger in unzähligen populärwissenschaftlichen Management-Ratgebern unter Überschriften wie: „Die heimlichen Spielregeln", „Mit den Wölfen heulen", „Machtspiele für kleine Teufel", „Der kleine Machiavelli", „Wer siegen will, muss führen" etc. (Neuberger, 2006; Vahs 2005; Picot u.a. 2005; Berg 1995; Drummond 1999; Noll/Bachmann 2007).

5) Die Als-Ob-Wirklichkeit

Die Als-Ob-Wirklichkeit von Organisationen entzieht sich weitgehend der systematischen Analyse und Erforschung, weil sich das „Eigentliche" nach inoffiziellen, verdeckten Spielregeln hinter den Kulissen abspielt.
In der Als-Ob-Wirklichkeit von Organisationen findet sich die „Gleichzeitigkeit des Gegensätzlichen" (Neuberger 2006, S. 170 ff.): Schein und Sein, Fakt und Fiktion, Anspruch und Wirklichkeit. „Als-Ob" ist kein Hilfsbegriff, keine Denkfigur oder eine nützliche Illusion als Mittel der Orientierung, sondern absichtliche Täuschung i.S. „Potemkinscher Dörfer" (Vaihinger 1986, S. 169 f.; Neuberger 2006, S. 217 ff.). Es wird *vorsätzlich* anders gedacht und gehandelt als offiziell gesprochen. Spektakuläres Beispiel für die Diskrepanz von Sein und Schein sind die vielen Korruptionsskandale bei der Siemens AG: Auf der einen Seite war das Unternehmen prominentes Mitglied bei „Transparency International" (im Dezember 2006 aufgrund des Skandals ausgeschlossen!); auf der anderen Seite gab und gibt es (ehemalige) Vorstände und Aufsichtsräte, die von dem ausgeklügelten internationalen System schwarzer Kassen (von bis zu zwei Milliarden (!) Euro ist die Rede) nichts gewusst haben wollen bzw. nichts zu wissen vorgeben. Selbst die *hausinterne* Anti-Korruptionsabteilung (sic!) war/ist Teil des Systems von Bestechung, Bestechlichkeit und Untreue... Aufgrund des Druckes der Öffentlichkeit, Kunden, Lieferanten und Aktionäre trat der langjährige ehemalige Vorstandsvorsitzende und Aufsichtsrats-Chef Heinrich von Pierer im April 2007 widerwillig zurück. Pikant ist, dass der jahrelang von der veröffentlichten Meinung als „moralische Lichtgestalt" und Kanzlerberater Bewunderte sich selbst in einer eigenen Publikation dem Prinzip: „Ethik als Chefsache" verpflichtet sah (vgl. von Pierer 2003, S. 7 ff.).
In Als-Ob-Organisationen gibt es „Doppel- und Schattenwirklichkeiten"; changierende Parallelsysteme mit wirkungsmächtigen Eigengesetzlichkeiten bezüglich der offiziellen und inoffiziellen Information und Kommunikation, wie z.B. die Zuschreibung von persönlichem Erfolg/Misserfolg in der Organisation. Fassaden der Objektivität, Transparenz, Rechtschaffenheit und Korrektheit sollen signalisieren, es gehe alles ordnungsgemäß zu (vgl. hierzu VW-Korruptionsskandal um den inzwischen vorbestraften ehemaligen Personalvorstand Peter Hartz sowie seinem Komplizen, den von der Justiz angeklagten ehemaligen Betriebsratschef Klaus Volkert).
In der klassischen Unterscheidung zwischen formaler und informaler Organisation („Organisation als Eisberg") wird dieses Phänomen angedeutet:

Offiziell gilt die formale Organisation (das Rationale, Sichtbare, Deklarierte, Zelebrierte) in Form von Gebäuden, Statussymbolen, Feiern, Organigrammen, Handbüchern, Richtlinien, Dienstwagen, Protokollen, E-Mails etc.); inoffiziell jedoch (das unvorhergesehene Unsichtbare, Verdeckte, Informelle, Ungeschriebene, Persönliche, Heimliche) gelten die viel wirksameren ungeschriebenen Gesetze und Regeln, die Netzwerke, Seilschaften, Klüngel, Mentoren/Paten und Sprachcodes, welche respektiert, gedeutet und genutzt werden (müssen?), um Macht, Einfluss, Positionen, Einkommen, Privilegien sowie sachliche, finanzielle, zeitliche und personelle Ressourcen abzusichern. Diese „Kulturen" zeichnen sich durch Doppelbotschaften (double bind communication) aus: Es wird etwas gesagt, aber etwas anderes, häufig Gegensätzliches gemeint: Denken, Sprechen und Handeln divergieren: wer den offiziellen Sprachcode für bare Münze nimmt, gehört nicht dazu und läuft ins Leere; wer die ungeschriebenen, „heimlichen Spielregeln" nicht (er)kennt und somit nicht zu nutzen weiß, wird erfahrungsgemäß keine Karriere machen und häufig nicht ernst genommen.

Im Gegensatz zu den meisten Management-Büchern und Aufsätzen in Fachzeitschriften wäre es realitätsgerechter, Organisationen als Systeme zu begreifen, in denen täglich offene und/oder verdeckte Auseinandersetzungen (Konkurrenz und Konflikt) darüber stattfinden, wer letztlich das Sagen hat – ungeachtet aller offiziell verkündeten sozialethischen Verhaltensregeln. So berichten obere Führungskräfte immer wieder (hinter vorgehaltener Hand!), dass sie bis zu 50% (!) ihrer Arbeitszeit aufwenden (müssen), um ihre Position abzusichern. Bei einer internationalen Befragung von 600 beförderten Managern durch die Unternehmensberatung Development Dimensions International (www.ddiworld.com, 05.09.2007, Leadership Transistions: Stepping up, not off") antworteten 65%, dass sie sich vor unternehmensinternen Intrigen und Machenschaften fürchteten; 55% der Befragten fürchteten die zunehmende Komplexität und Mehrdeutigkeit.

Häufig werden in Als-Ob-Organisationen umstrittene Konzepte schönfärberisch verwendet: z.B. Reform, Freisetzung, Optimierung, Verschlankung, Aufgestelltsein, Anpassung, Benchmarking, Outsourcing, Kernkompetenzen, Public Private Partnership etc. Die damit verbundene Sprachmanipulation fördert Sarkasmus, Zynismus, Misstrauen, Opportunismus und Angst. Sie sind typisch für das Arbeitsklima in Als-Ob-Organisationen. Schon Konfuzius schrieb 500 v. Chr.: „Wenn die Begriffe nicht stimmen, ist das, was gesagt wird, nicht das

Gemeinte. Wenn das, was gesagt wird, nicht das Gemeinte ist, gedeihen die Werke nicht." Das heißt, die Mitarbeiter spüren die Absicht und sind verstimmt (Des-Kaiser's-neue-Kleider-Phänomen). Vor allem in Als-Ob-Organisationen finden sich bei etwa 5-8% der Organisationsmitglieder oligarchische Verbindungen (Cliquen). Es sind zumeist Führende der ersten Ebene, die sich in/mit informellen Netzwerken („Seilschaften") die Ressourcen der Organisation nach der Maxime „Teile und herrsche" regelrecht zur Beute gemacht haben. Wichtige Entscheidungen werden z.B. nicht in den offiziellen Gremien vorbereitet und gefällt, sondern überwiegend in informellen Zirkeln innerhalb und außerhalb der Organisation. Solange die Organisationen schwarze Zahlen schreiben, fällt dies nicht auf bzw. wird stillschweigend geduldet; hellhörige Mitarbeiter schweigen, um ihren Arbeitsplatz nicht zu gefährden. Als-Ob-Organisationen sind daher – als Ursache wie Folge – regelrechte Brutstätten für Anpassung, Leisetreterei, Konkurrenz und Konflikt. Die auf Hochglanzpapier veröffentlichten hehren Führungsgrundsätze (Tenor: „Die Mitarbeiter sind unser wichtigstes Kapital") werden nicht gelebt; stattdessen verstärken sie die Unglaubwürdigkeit der offiziell deklarierten Unternehmenspolitik und der dafür verantwortlichen Führungskräfte. Nicht umsonst beschäftigen Als-Ob-Organisationen einflussreiche Marketing-, Public-Relations-Abteilungen oder Werbe-Agenturen, mit deren Hilfe der schöne Schein nach innen und außen vermittelt werden soll (sog. window dressing).

6) Die virtuelle Wirklichkeit

„Virtuell" bedeutet: der Möglichkeit nach vorhanden sein; fluide, temporär, Grenzen und Verfahren überschreitend, ohne im physischen Sinne wirklich existieren zu müssen. Virtualität in und von Organisationen entsteht durch konsequente Nutzung moderner I- und K-Technologien bei räumlich und/oder zeitlich delokalisierten Organisationen/Arbeitsgruppen in a) lokalen (LAN = Local Area Network), b) organisatorischen (Intranet) und c) globalisierten Computernetzen (Internet). Es wird mit rechtlich unabhängigen Partnern spezieller Kernkompetenzen zeitlich befristet kooperiert, um die gesamte Wertschöpfungskette – von der Kundenbestellung bis zur Auslieferung des Produkts sowie der Wartung – zu optimieren, ohne zentrale Managementfunktionen vorzuhalten. Beispiele sind: Strategische Allianzen, Joint Ventures, Outsourcing, Franchising. Im Extremfall produzieren die

Ursprungsorganisationen gar nicht mehr selbst, sondern sind nur noch Entwickler, Vermittler, Agentur und/oder Verkäufer (z.B. Adidas, Nike, Dell, Acer, Hewlett Packard). Der rasante nationale und internationale Wettbewerb (Tendenz: Globalisierung, Digitalisierung, Individualisierung) in und zwischen den Organisationen mit dem Einsatz modernster Technologien forciert die Bildung virtueller Organisationsgebilde über verschiedene Kontinente, Zeitzonen und Organisationsgrenzen hinweg. So verkaufte die Lewis Galoob Toy Company diverse Artikel im Wert von über 50 Mio. Dollar, die a) von unabhängigen Entwicklern und Geschenkartikel-Firmen ersonnen, b) von unabhängigen Ingenieuren konstruiert, c) von Zulieferer-Firmen in Hongkong (die ihrerseits arbeitsintensive Tätigkeiten nach Thailand und China vergaben) hergestellt und verpackt und d) in den USA von unabhängigen Spielzeugfirmen vermarktet wurden (vgl. Grunwald 2001, S. 30 ff.; Wüthrich u.a. 1997; Hirn 2007).
Es versteht sich von selbst, dass eine einheitliche Wahrnehmung dieser fluiden Kooperationsformen (z.B. Stammbelegschaft vs. Leiharbeitnehmer) gar nicht mehr möglich ist. Selbst die Versuche, eine Corporate Identity zu schaffen, scheitern zumeist und reduzieren sich allenfalls auf ein Logo oder eine Marke – verglichen mit dem Wir-Gefühl von Arbeitnehmern mit unbefristeten, langjährigen Arbeitsverträgen in klassischen Organisationen.
Folglich ist die Loyalität der Mitarbeiter in virtuellen Organisationen tendenziell fragil. Eine Steuerung und Motivierung oder gar Identifikation der Mitarbeiter mit „ihrer" Organisation ist nur rudimentär bzw. temporär über interessante Aufgaben, Zielvereinbarungen und gute Bezahlung möglich.
Seit wenigen Jahren präsentieren sich diverse private und staatliche Organisationen im Internet-Onlinespiel „Second Life" (z.B. BMW, Mercedes Benz, IBM, Sony, Reebok, Adidas, die schwedische Botschaft, Greenpeace, das Bundesland Baden-Württemberg, Springer Verlag, Spiegel-Online, französische politische Parteien, E-Learning-Firmen) vor allem zur Imagepflege, aber auch für Produkttests und Produktinformationen. Die Second-Life-„Wirklichkeit" entspricht einer virtuellen 3D-Animation; sie fungiert u.a. als Plattform zur sozialen Interaktion von zurzeit weltweit sechs Millionen Nutzern (vgl. http://de.wikipedia.org/wiki/Second_Life; Gillies 2007, S. 54 f.; Rückel 2007).
Im „Second Life" sind den Wünschen, Projektionen und Phantasien der Nutzer keine Grenzen gesetzt. Es entwickelt(e) sich eine Kunst- und Wunschwelt, welche von der realen Wirtschafts- und Arbeitswelt inspiriert ist, sie aber

gleichwohl nicht 1:1 widerspiegelt. Allenfalls ließe sich künftig von einer künstlichen Wirklichkeit zweiter Ordnung mit indirekten Wechselbeziehungen zur „normalen" Wirklichkeit sprechen, d.h. eine Simulation der o.g. Welten zwei und drei von Popper, sowie vielen Gemeinsamkeiten mit der idealen Wirklichkeit.

6. Perspektivische Organisationsbeschreibung

Man ist auf abweichende, perspektivische Sichtweisen von Organisationen regelrecht angewiesen, um die „wahre" Organisation zu erkennen. Das heißt, dass die "Wirklichkeiten" der Organisation von den direkt und indirekt Beteiligten mit unterschiedlicher Wirksamkeit sozial-konstruktivistisch erzeugt werden: „Wirklichkeit ist, was wir für wahr halten. Was wir für wahr halten, ist, was wir glauben. Was wir glauben, ist auf unsere Wahrnehmungen gegründet. Was wir wahrnehmen, hängt davon ab, was wir erwarten. Was wir erwarten, hängt davon ab, was wir denken. Was wir denken, hängt davon ab, was wir wahrnehmen. Was wir wahrnehmen, bestimmt, was wir glauben. Was wir glauben, bestimmt, was wir für wahr halten. Was wir für wahr halten, ist unsere Realität" (Zukav 1980, S. 328, zit. n. Neuberger 1997, S. 64). Der Philosoph Leibniz hat die selektiven „Wahrheiten" subjektiver Wahrnehmung bildlich beschrieben: „Vier Wanderer nähern sich einer Stadt aus vier Himmelsrichtungen: Ost, West, Nord, Süd. Zwar sieht jeder die Stadt nur aus seiner Perspektive, aber alle sehen dieselbe Stadt; und alle haben sie aus ihrer subjektiven Perspektive recht."

Demzufolge wäre es unabdingbar, jede Organisationsanalyse mindestens aus <u>drei</u> Perspektiven zu beschreiben:

1) Wie sehe ich als Mitarbeiter in einer bestimmten Position die Organisation (persönliche Sichtweise)?
2) Wie würde ich die Organisation beschreiben, wenn ich mich in die Situation/Interessenlage der anderen hineinversetzte (Einfühlung in die Sichtweise der anderen)?
3) Wie würde ein Externer/neutraler Dritter die Organisation beschreiben/bewerten (Sichtweise von Außenstehenden)?

Diese perspektivische Organisationsanalyse ist von allen involvierten Organisationsmitgliedern zu erfragen, um das wechselseitige Verständnis zu fördern und somit die „wahre" Organisation zu erkennen

(Königswieser/Hillebrand 2005; Simon 2006). Es ist offensichtlich, dass der in vielen Management-Journalen sowie in der populärwissenschaftlichen Beratungsliteratur propagierte Manager als omnipotenter Macher wenig mit dieser Grundhaltung anzufangen weiß: Denkt er doch im globalisierten Turbokapitalismus aus Eigeninteresse primär in ökonomistischen Shareholder-Kategorien, welche die wertschöpfenden Mitarbeiter als Mittel zum Zweck für die kurzfristige Profitmaximierung instrumentalisieren; Tenor: „Menschen sind Kosten auf zwei Beinen", so ein ehemaliger Mannesmann-Vorstand (Grunwald 2000, 2006; Hirn 2007).

7. Resumee

Die meisten betriebswirtschaftlichen und organisationspsychologischen Management-(Lehr-)Bücher müssen kritisch gelesen und viele davon eigentlich umgeschrieben werden, weil sie zumeist bewusst – seltener unabsichtlich – Mythen, Legenden, Ideologien, Moden, etc. Millionen von Studierenden und Führungskräften vermitteln und somit den Status quo einer Oligarchie von maximal 5-8% Führenden innerhalb und außerhalb der Organisationen legitimieren und zementieren.

Wie brisant das Thema ist, zeigt sich u.a. daran, dass der Online-Versand „Managementbuch.de" allein bei den Begriffen „Führung" auf 1340 und „Organisation" auf 1508 deutschsprachige Bücher verweist.

Sicherlich würden durch das Umschreiben der (Lehr-)Bücher wieder neue, parteiische Ideologien, Paradigmen, Werte und Normen möglicherweise zugunsten der vielen lohnabhängigen Arbeitnehmer in den mittleren und unteren Hierarchie-Ebenen verbreitet. Aber dies wäre allemal gerechter und humaner, als die Interessen einer Minderheit von Vermögenden und/oder in deren Auftrag Handelnden vielfach verdeckt, aber auch ganz offen als Gesamtinteresse auszugeben (vgl. Grunwald 2006).

Deshalb sind bei der Lektüre von organisationswissenschaftlicher und praxisorientierter Managementliteratur sowie bei Gutachten von Beratungsunternehmen stets die folgenden Fragen zu stellen:

1) Wer beschreibt, beurteilt, verändert die Organisation?
2) in wessen Auftrag (wer finanziert)?
3) aus welcher Position/Funktion heraus?
4) warum und wozu (Interessen, Gründe, Absichten, Grundwerte)?

5) was, wann, wo, wie, womit, mit wem?
6) auf wessen Kosten (monetär, psychisch, sozial, gesellschaftlich)?
7) mit welchen Vorteilen/Nachteilen (für wen)?
8) wie nachhaltig wirken mögliche Maßnahmen auf wen (Spätfolgen, unbeabsichtigte Nebenfolgen)?
9) wer trägt wem gegenüber die persönliche, institutionelle, finanzielle und politische Verantwortung?

Literatur

Albert, H. (1968): Traktat der kritischen Vernunft, Tübingen
Baecker, D. (1999): Organisation als System, Frankfurt/M.
Berg, W. (1995): Mit den Wölfen heulen, München
Bontrup, H.-J. (2007): Wettbewerb und Markt sind zu wenig; in: Aus Politik und Zeitgeschichte (ApuZ), 13/2007, S. 25-31
Breuer, F. (1991): Wissenschaftstheorie für Psychologen, 5. Aufl., Münster
Devereux, J. (1998): Angst und Methode in den Verhaltenswissenschaften, 4. Aufl., Frankfurt/M.
Dörner, D. (1999): Von der Logik des Misslingens, in: Fisch/Boos (Hrg.), s. weiter unten
Drummond, H. (1999): Machtspiele für kleine Teufel, Landsberg
Ernst, B./KIESER, A. (2002): Versuch, das unglaubliche Wachstum des Beratungsmarktes zu erklären, in: Schmidt, R. u.a.(Hg.) (2002): Managementsoziologie, München/Mering, S. 56-85
Fisch, R./Boos, M. (Hg.)(1999): Vom Umgang mit Komplexität in Organisationen, Konstanz
Gillies, C. (2007): Lernen mit den zweien Ich, in: managerSeminare, 110, 5/2007, S. 54-58
Glass, N. (2006): Die große Abzocke, Ffm./New York
Gomez, P./Probst, G. (1995): Die Praxis des ganzheitlichen Problemlösens, Bern
Grunwald, W. (1993): Führung in der Krise, in: io management, 62, S. 34-40
Grunwald, W. (2000): Umgang mit Konflikten, in: io management, Nr. 3, S. 18-24
Grunwald, W. (2001): Führung virtueller Arbeitsgruppen, in: OrganisationsEntwicklung, 4, S. 30-39

Grunwald, W. (2005): Ethik und Konfliktregelung in Unternehmen, in: Personalführung, 5/2005, S. 72-83
Grunwald, W. (2006): Wer hat das Sagen in Wirtschaft und Gesellschaft?, in: SEM|Radar, 1/2006, S. 3-20
Hartmann, M. (2002): Der Mythos von den Leistungseliten, Ffm./New York
Hartmann,M. (2007): Eliten und Macht in Europa, Ffm./New York
Hein-Kircher, H. (2007): Politische Mythen, in: Aus Politik und Zeitgeschichte (ApuZ), 11/2007, S. 26-31
Hesch, G. (1997): Das Menschenbild neuer Organisationsformen, Wiesbaden
Hirn, W. (2007): Angriff aus Asien, Ffm.
Jacob, R. (2003): Wirtschaftsvampire, München
Kieser, A. (2002): Wissenschaft und Beratung, Heidelberg
Kieser, A. (1996): Moden & Mythen des Organisierens, in: DBW, 56. Jg., Nr. 1, S. 21-39
Königswieser, R./Hillebrand, M. (2005): Einführung in die systemische Organisationsberatung, Heidelberg
Kühl, St. (1994): Wenn die Affen den Zoo regieren, Ffm./New York
Kühl, St. (2000): Das Regenmacher-Phänomen, Ffm./New York
Kühl, St. (2002): Sisyphos im Management, Weinheim
Kuhlmann, W. (1981): Reflexive Letztbegründung, in: Zeitschrift für philosophische Forschung, 35, S. 3-26
Leif, Th. (2006): Beraten und verkauft, München
Martin, A. (2001): Personal – Theorie, Politik, Gestaltung, Stuttgart
Martin, A. (2006): Die Beurteilung der Personalarbeit: Informationen mit beschränkter Einsicht, in: Zeitschrift für Personalforschung, Heft 1, S. 22-41
Morgan, G. (1986): Images of organization, Beverly Hills
Neuberger, O. (1997): Personalwesen 1, Stuttgart
Neuberger, O. (2000): Dilemmata und Paradoxon im Managementprozess, Berlin, in: Gottlieb-Daimler-u. Karl-Benz-Stiftung (Hg.); Funktionswandel im Management, Berlin
Neuberger, O. (2002): Führen und führen lassen, 6. Aufl., Stuttgart
Neuberger, O. (2006): Mikropolitik und Moral in Organisationen, 2. Aufl., Stuttgart

Nicolai, A.T./KIESER, A. (2002): Trotz eklatanter Erfolglosigkeit: Die Erfolgsfaktorenforscher weiter auf Erfolgskurs, in: Die Betriebswirtschaft, 62, S. 516-539
Nicolai, A.T. (2004): Die verschlungenen Pfade zum supereffizienten Unternehmen: Tautologien in der Managementliteratur, in: SEM|Radar, 1/2004, S. 99-120
Noll, P./Bachmann, H.R. (2007): Der kleine Machiavelli, München
Ortmann, G. (2004): Als Ob. Fiktionen und Organisationen, Wiesbaden
Picot, A. u.a. (2005): Organisation, Stuttgart
Pierer, H. v. u.a. (2003): Zwischen Profit und Moral, München/Wien
Popper, K.R.: Erkenntnis und Gestaltung der Wirklichkeit, in: Popper, K.R. (1995): Auf der Suche nach einer besseren Welt, München, S. 11-40
Popper, K.R. Das Problem der Induktion, in: Miller, D. (Hg.) (2000): Karl R. Popper, Lesebuch, Tübingen, S. 85-102
Prim, R./Tilmann, H. (2000): Grundlagen einer kritisch-rationalen Sozialwissenschaft, 8. Aufl., Wiesbaden
Rau, H. (1996): Benchmarking: Die Fehler der Praxis, in: Harvard Business Manager, 4, S. 21-25
Rückel, M. (2007): Second Life als eLearning-Plattform, München/Offenbach
Schütz, M. u.a. (2007): Lügen in der Chefetage, Weinheim
Siemons, M. (1997): Jenseits des Aktenkoffers, München
Simon, H.A. (1993): Homo rationalis, Ffm./New York
Simon, F.B. (2006): Einführung in Systemtheorie und Konstruktivismus, Heidelberg 2006
Stegmüller, W. (1969): Metaphysik, Skepsis, Wissenschaft, Berlin
Thielemann, U. (2006): Zwischen Neidargument und Dschungeltheorie, in: Personalführung, 7, S. 18-25
Thielemann, U. (2007): Integrative Wirtschaftsethik als kritische Theorie des Wirtschaftens, in: Breuer, M. u.a. (Hg.)(2007): Wirtschaftsethik als kritische Sozialwissenschaft, Bern, S. 89 -115
Ulrich, P. (2001): Integrative Wirtschaftsethik, 3. Aufl., Bern
Vahs, D. (2005): Organisation, 5. Aufl., Stuttgart
Vaihinger, H. (1927): Die Philosophie des Als-Ob, 10. Aufl. (Neudruck 1986), Leipzig
Weltz, F.: Die doppelte Wirklichkeit der Unternehmen und ihre Konsequenz für die Industriesoziologie, in: Soziale Welt, 1993, S. 97-103

Wernicke, J./Bultmann, T. (Hg.) (2007): Netzwerk der Macht - Bertelsmann, Marburg
Westerlund, G./Sjöstrand, S.-E. (1981): Organisationsmythen, Stuttgart
Wimmer, R.(2004): Organisation und Beratung, Heidelberg
Woll, H. (1994): Menschenbilder in der Ökonomie, Wien
Wüthrich, H.A. u.a. (1997): Vorsprung durch Virtualisierung, Wiesbaden):
Zimbardo, P.G./Gerrig, R.J. (1999): Psychologie, 7. Aufl., Berlin

Möglichkeiten und Grenzen des Information Security Management

Thomas Glück[*]

1. Emergenz
2. Steuerung
3. Informationssicherheitsmanagement
4. Implementierungsempfehlung

Literatur

---

[*] Dr. Thomas R. Glück, Dipl.-Kfm., Bkkfm., München
thomas@knowledgequality.org

1. Emergenz

Ein Experte ist jemand, der die Schwächen seines Systems kennt.

Der Begriff »*Emergenz*« lässt sich etymologisch vom lateinischen emergo ableiten, das übersetzt »auftauchen, sich zeigen« bedeutet. So interpretiert eine im Managementkontext populäre Sicht von Mintzberg Emergenz als die nicht explizit beabsichtigten, »sich herausbildenden« Ergebnisse einer Strategie (s. Mintzberg/Ahlstrand/Lampel 1999, S. 26):

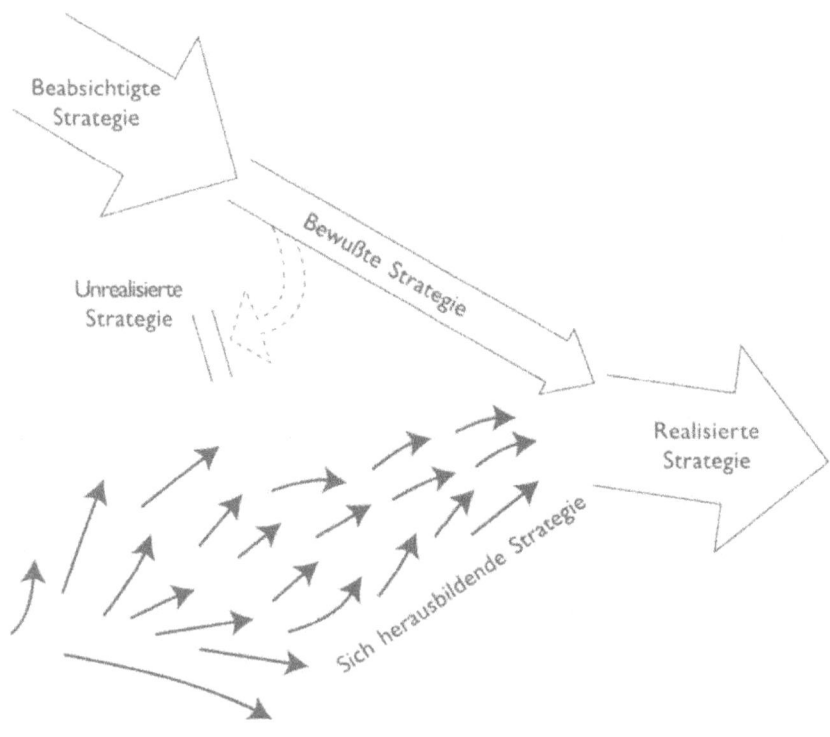

Kahle fasst Emergenz allgemein als »Strukturentwicklung auf der Basis einfacher Regeln« auf (s. Kahle 1995, S. 24).

Als gemeinsamer Nenner der meisten Emergenz-Interpretationen kann eine Informationsasymmetrie unterstellt werden: Würde Emergenz nur als Ergebnis eines Systemverhaltens interpretiert, also ohne besondere Berücksichtigung eines Komplexitätsgefälles, wäre das Konzept trivial (Kahle spricht beispielsweise explizit von »einfachen« Regeln).

Emergenz als Komplexitätsgefälle zu Lasten eines Beobachters ist demnach ein Desinformationsphänomen, das sich aus unterschiedlichen Perspektiven behandeln lässt. Als unabhängige und somit frei kombinierbare Leitunterscheidungen bieten sich hier beispielsweise an:

- eine statische versus dynamische Betrachtung
- eine ex ante- versus ex post-Analyse
- eine aktive versus passive Perspektive

Bei der statischen Sicht werden Systemzustände, bei der dynamischen Systemverhalten miteinander verglichen.

Die ex ante-Perspektive entspricht der Prognose eines Beobachters, bei der ex post-Betrachtung erfolgt ein nachträglicher Vergleich.

Der aktive Zugang betont die Gestaltung eines Systems, während der passive sich mit der Betrachtung selbst begnügt.

Weiterhin lässt sich danach unterscheiden, ob »echte« oder »Pseudo-«Emergenz vorliegt: so differenziert etwa die Komplexitätstheorie nach deterministischem und nichtdeterministischem Chaos. Im ersten Fall lässt sich ein Systemverhalten grundsätzlich mit Sicherheit prognostizieren, was im nichtdeterministischen Fall per definitionem nicht möglich ist.[1]

---

[1] Als Analogie bietet sich hier der Vergleich zwischen echten und Pseudo-Zufallszahlen an. So kann etwa eine Verschlüsselungstechnologie, die keine stochastisch unabhängigen Zufallsfolgen liefert, grundsätzlich gebrochen werden.

»Unechte« Emergenz wird häufig aus Wirtschaftlichkeitserwägungen in Kauf genommen.[2] Zudem ist Emergenz ein kybernetischer Begriff höherer Ordnung, der auf sich selbst angewandt werden kann, was auch »Emergenzen von Emergenzen« ermöglicht. Aus der Wissensqualitätsperspektive ist letztlich entscheidend, ob qualitative Desinformation vorliegt oder nicht (vgl. Glück 2002).

In allen Fällen gilt, dass die Informationsasymmetrie bzw. das Komplexitätsgefälle beobachterabhängig ist. Was einem Betrachter als emergent erscheint, muss es nicht zwingend auch für einen anderen sein.

Außerdem gerät nicht alles, was emergiert, zur emergency: auch die Bewertung von Emergenz hängt von der jeweiligen Interessenslage ab und liegt somit im Auge des Betrachters.

Nicht zuletzt stellt Emergenz angesichts allgegenwärtiger Komplexitätsdifferenzen weniger eine Ausnahme als die Regel dar.[3] Ashby forderte demgemäß in seinem kybernetischen »Grundgesetz« die Herstellung korrespondierender Komplexitäten.[4]

2. Steuerung

Steuerung kann generell als Gestaltung von Systemverhalten aufgefasst werden. Abgesehen von trivial-deterministischen Systemen lässt sie sich auch als Management von Komplexitätsdifferenzen oder als »Nichtwissens-Management« interpretieren.

Bei Übertragung dieser Sichtweise auf die Steuerung von Organisationen und unter der Annahme, dass die Komplexität der Organisation grundsätzlich größer ist als die der Steuerung, gibt es zwei Zielrichtungen für die Herstellung

---

[2] Als Beispiel kann die Anwendung einer Heuristik auf ein Problem dienen, das sich auch algorithmisch lösen ließe.

[3] Für eine Diskussion von Komplexität im Kontext organisationaler Intelligenz vgl. Glück 2002, S. 203 ff.

[4] Er nannte sein Gesetz »law of requisite variety« vgl. Ashby 1971, S. 206 ff.. Varietät ist aus informationstheoretischer Perspektive ein Komplexitätsmaß für die Mächtigkeit einer Elementarereignismenge.

korrespondierender Komplexität: Erhöhung der Komplexität der Steuerung oder Komplexitätsreduktion der zu steuernden Organisation. Letzteres ist umso problematischer, je mehr Beziehungen zur organisationalen Umwelt bestehen. Die Organisation selbst ist unter Umständen nicht mehr in der Lage, adäquat auf veränderte Umweltbedingungen zu reagieren und wird ggf. sogar in ihrem Bestand gefährdet, falls die falschen Komplexitäten reduziert wurden. Steuerung kann also – ebenso wie Emergenz – je nach Kontext nützlich oder schädlich sein (vgl. Glück, Wirksamkeit, 2005).

Die Prämisse »adäquaten« Reagierens zeigt, dass auch der Komplexitätsbegriff alleine noch keine bewertenden Aussagen zulässt. Eine Interpretation der Komplexität als quantitatives Maß für Ereignisse macht noch nicht notwendigerweise Aussagen zur Konstruktion des Ereignissystems und insbesondere zum Zielsystem als Bewertungsgrundlage. Ein Kreuzen von Komplexitäts- mit Rationalitätsaspekten ermöglicht diesbezügliche konzeptionelle Erweiterungen (vgl. Glück 2002, S. 203 ff.).

Als »Werkzeuge« zur Organisationsgestaltung dienen *Strukturationen*. Die Bandbreite reicht von interpretationsbedürftigen Taxonomien zur Sprachregelung über Verfahrens- und Handlungsanweisungen bis hin zu Regelsystemen, welche Bewertungsprozesse steuern.
Eine langjährige internationale Studie der Unternehmensberatung Bain & Company zählt beispielsweise zu den in 2007 populärsten Tools:[5]
- Balanced Scorecard
- Benchmarking
- Business Process Reengineering
- Core Competencies
- Customer Relationship Mgmt.
- Customer Segmentation
- Growth Strategy Tools
- Knowledge Management
- Mission and Vision Statements
- Offshoring

---

[5] in alphabetischer Reihenfolge, vgl. Rigby/Bilodeau 2007.

- Outsourcing
- Scenario and Contingency Planning
- Shared Service Centres
- Six Sigma
- Strategic Alliances
- Strategic Planning
- Supply Chain Management

Die folgende Graphik zeigt eine beispielhafte Verortung insbesondere von mehr oder weniger standardisierten Qualitäts- und Prozessmanagementstrukturationen (Gartner zit. v. Anthes 2004):[6]

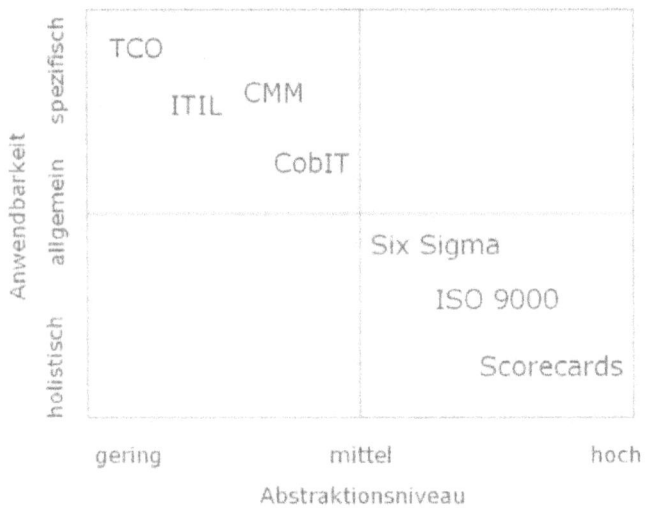

Besonders interessant erscheint, dass Gartner die Anwendbarkeitsskala bei »holistisch« beginnen lässt. Tatsächlich kann aber auch der „ganzheitlichste" Ansatz nur das enthalten, was man bei seiner Anwendung damit assoziiert (das

---

[6] TCO: total cost of ownership; ITIL: IT Infrastructure Library; CMM: Capability Maturity Model; CobIT: Control Objectives for Information and Related Technology.

Akronym GIGO charakterisiert den Zusammenhang zutreffend: garbage in, garbage out). Die beste Annäherung an einen ganzheitlichen Zugang bieten generische Ansätze, die zur Erfüllung dieses Anspruches aber eben auch entsprechend appliziert werden müssen.[7]

Das Management hat die Auswahl aus einer kaum überschaubaren Vielzahl von nicht zwingend überschneidungsfreien, mitunter ineinander verschachtelten Strukturationen. Ihre unkritische Anwendung birgt nicht geringe Risiken: Nicht alles, was im Rahmen »standardisierter« Prozesse erhebbar ist und erhoben wird, ist auch erheblich, woraus zumindest Opportunitätskosten erwachsen. Die Ignoranz des Komplexitätsgefälles zwischen Strukturation und zu steuerndem Sachverhalt verkehrt das Steuerungsziel nicht selten in sein Gegenteil.[8] Kontrollillusion mündet in Kontrollverlust, die Anmaßung von Dynamik in zunächst statischen Modellen neigt zur Entstehung von Kernrigiditäten und Bürokratismen: die Organisation emergiert zum Feind der Organisation (vgl. Glück, Kompetenz, 2005).

Die aus der unintelligenten Anwendung von Strukturationen resultierenden Risiken korrespondieren mit den Chancen der Wettbewerber. Bereits um 500 v. Chr. betonte Sun Tsu die ökonomische Bedeutung von Informationsvorsprüngen in der Strategie. Nicht zuletzt mit zunehmender Wissensintensität der Organisation steigt auch die Relevanz von Informationsasymmetrien.[9]

---

[7] Einer der ersten generischen Ansätze wurde von Ramon Llull (1232-1316) in der Ars Magna entwickelt, als deren Urenkel Kahles Helidem interpretiert werden kann (vgl. Kahle/Wilms 1998).

[8] Dies gilt insbesondere bei passiver Desinfomation bezüglich des Instrumentariums, vgl. Glück 2002 S. 107 ff.

[9] Sun Tsu schreibt: »Der Grund, warum kluge Herrscher und gute Heerführer den Feind schlagen, wo auch immer er sein mag, und warum ihre Leistungen die Taten gewöhnlicher Menschen übersteigen, ist das Vorauswissen. [...] Was man als Vorauswissen bezeichnet, kann man weder von Geistern noch von Göttern erfahren, weder durch Vergleiche mit vergangenen Begebenheiten, noch durch Berechnungen. Man muß es von den Leuten erfahren, die die Feindlage gut kennen« (vgl. Sun Tsu 1989, S. 91).

3. Informationssicherheitsmanagement

Vor dem Hintergrund der Emergenzdiskussion ist kaum ein Gebiet komplexer und dynamischer als das Informationssicherheitsmanagement. Es stellt insofern höchste Anforderungen an eine intelligente Organisationsgestaltung.

Der folgende Graph zeigt beispielsweise, dass die international gemeldeten Sicherheitsvorfälle im Internet bis 2003 exponentiell zunahmen (Quelle: CERT):

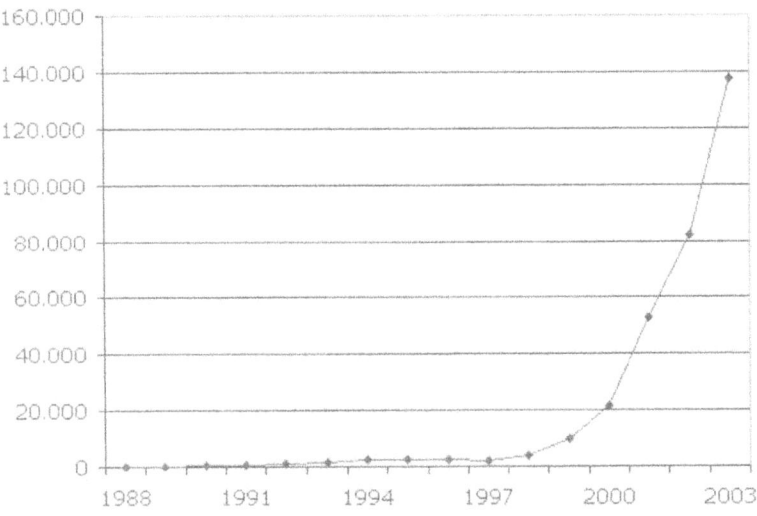

Die Erfassung endete in 2003, weil ihre Aussagekraft angesichts der weiten Verbreitung automatisierter Angriffswerkzeuge nur noch als gering eingeschätzt wurde. Zudem veränderte sich der Angreiferfokus: Während es in den Anfangsjahren als Frage der Ehre galt, möglichst öffentlichkeitswirksam auf sich aufmerksam zu machen, legen Geheimdienste und die mehr oder weniger organisierte Kriminalität Wert darauf, im Verborgenen zu wirken (vgl. Kossel/Kötter 2007).

Im »information warfare« stellt das Internet nur eines von vielen Schlachtfeldern dar. Organisationen können – unabhängig von ihrer Wissensintensität – mit ihrer

Informations- bzw. Wissensbasis identifiziert werden, wodurch sich grundsätzlich Angriffspunkte in allen organisationalen Bereichen ergeben (vgl. Glück 2002, S. 5). Eine umfassende Studie unter Federführung von Egbert Kahle liefert zahlreiche Fallstudien über entsprechende Schadenfälle in Baden-Württemberg und ermöglichte erstmals eine empirisch abgesicherte Hochrechnung für das Gefährdungspotential, das sich deutschlandweit mit ca. 50 Mrd. EUR p.a. beziffern lässt (vgl. Kahle/Merkel 1995, S. 61). Dabei flossen in diese Kalkulation nur direkte Schäden ein; nicht zu unterschätzen sind beispielsweise Reputations- und Markenschäden im internationalen Umfeld durch i.d.R. minderwertigere Plagiate.

Demgegenüber konnten die Aufwendungen für Informationssicherheitsmaßnahmen als sehr gering bezeichnet werden (vgl. Kahle/Merkel 1995, S. 63). Kahle empfiehlt zur Prävention (vgl. Kahle/Merkel 1995, S. 72 ff.):

1. Die Erstellung von Informationsschutzkonzepten, welche personelle, organisatorische, technisch/-bauliche sowie rechtliche Maßnahmen umfassen sollten.[10]
2. Die Entwicklung einer Wissensbilanz bzw. eines Informationsinventars
3. Die Entwicklung eines dynamischen Risikomanagementkonzeptes
4. Die Entwicklung von interdisziplinären Schulungsmaßnahmen zum Themenkomplex Sicherheitsmanagement.[11]

Informationssicherheitsmanagement verfolgt allgemein folgende Schutzziele:
- *Vertraulichkeit*: Informationen dürfen Unbefugten nicht zugänglich gemacht werden.
- *Integrität*: Informationen sind vor unbefugter Veränderung zu schützen.

---

[10] für einen entscheidungstheoretischen Rahmen für das Security-Management aus personalwirtschaftlicher und organisatorischer Perspektive vgl. Kahle 2002.

[11] als Pilotprojekt kann hier der berufsbegleitende Weiterbildungsstudiengang Strategisches Management mit dem Schwerpunkt Security Management am Zentrum für Wissenschaftliche Weiterbildung der Universität Lüneburg genannt werden. Für ein konzeptionelles Grundlagendokument in diesem Kontext s. Kahle 2002.

- *Verfügbarkeit*: Informationen müssen im Bedarfsfall zugänglich sein.
- *Nachvollziehbarkeit*: Informationen müssen ihrer Quelle zuordenbar sein.

Verletzungen dieser Schutzziele können beispielsweise von höherer Gewalt ausgehen (etwa durch Naturkatastrophen), auf organisationalen Mängeln oder menschlichen Fehlhandlungen, auf technischem Versagen oder eben auf vorsätzlichem Handeln basieren.

Was das Problemfeld besonders anspruchsvoll macht, ist die Tatsache, dass die für einen potentiell Gefährdeten empfindlichsten Schwachstellen von ihm selbst nicht wahrgenommen werden. Würde man die Schwächen sehen, dann könnte man entsprechende Maßnahmen ergreifen, sofern man es für nötig erachtet. Dies gilt freilich generell im strategischen Kontext: »Knowing a competitor's blind spots [...] will help [...] to identify competitor weaknesses.« (Zajac/Bazermann 1991, S. 39)[12]

Aus demselben Grund ist eine quantifizierte Risikobewertung oftmals schwierig bis unsinnig. Die Problematik liegt darin, geeignete Ereignissysteme mit (je nach Szenario sehr subjektiven) Eintrittswahrscheinlichkeiten zu definieren: man bewegt sich häufig in einem Bereich von Entscheidungen unter Unsicherheit im engeren Sinn.[13]

---

[12] Für einen umfassenden Überblick zur »Blinden-Fleck-Forschung« und die Einführung qualitativer blinder Flecken als organisationale Basisrestriktion siehe Glück 2002.

[13] Ein hypothetisches Beispiel: Ein System, das der Verwaltung von Textbausteinen für die Vertragsgestaltung dient, weist eine Schwachstelle auf, wodurch für das Unternehmen ungünstige Verträge erstellt und rechtswirksam werden könnten. Mit welcher Höhe soll man die potentiell resultierenden Schäden ansetzen? Welche Eintrittswahrscheinlichkeiten sollte man den jeweiligen Schadenszenarien zuordnen? Weitere Beispiele sind die Beurteilung eines Imageschadens oder eine Szenarienanalyse zur Einschätzung eines Geschäftsverlustes durch „nicht realisierte Vertragsabschlüsse".

Nur ein Teil der Informationssicherheitsrisiken ist überhaupt quantifizierbar (und dieser Teil sollte, nachdem die Schwachstellen dort mit Eintritt des Schadens normalerweise[14] auch bekannt wurde, zumindest am Schadensort nicht lange bestehen bleiben). Es ist eine Plattitüde, dass eine Kette nur so stark wie ihr schwächstes Glied sein kann. Hier kommt erschwerend hinzu, dass die Kette womöglich den falschen Zugang schützt.

4. Implementierungsempfehlung

Unter Berücksichtigung der vorgenannten Restriktionen und vor dem Hintergrund der Emergenzproblematik lassen sich einige Designempfehlungen für die Realisation eines intelligenten, wirksamen Information Security Management Systems (ISMS) aussprechen.[15] Zielsetzung ist die Minimierung von Prozesskosten und Durchlaufzeiten bei maximaler Ergebnisqualität, was ein evolutionäres, anpassungsfähiges Grundkonzept bei redundanzfreier Integration aller abhängigen Prozesse voraussetzt.

Als Ausgangspunkt bieten sich diverse Strukturationen an. International am prominentesten sind die Standards der International Organization for Standardization (ISO) und der International Electrotechnical Commission (IEC). Sie lassen sich auf best practises zurückführen, die zunächst vom British Standards Institute im BS 7799-1:1995 formuliert wurden. Er gilt als erster »offizieller« Standard im Informationssicherheitskontext. In der Version BS7799-1:1999 wurde er von der ISO als ISO/IEC 17799:2000 übernommen. Die aktuelle Revision trägt den Namen ISO/IEC 27002 und ist Teil der ISO/IEC 27000-Standardserie.

---

[14] Für Kahle ist eine »Bewusstmachung des Problems der Informationsgefährdung [...] besonders bedeutsam, weil aus Gründen des „Gesichtsverlusts", aber auch der inneren Betroffenheit von solchen Informationsverletzungen, die davon Betroffenen nicht darüber reden und damit die Öffentlichkeit oder die relevanten „Mitbetroffenen" - weil zukünftig Gefährdeten - nichts davon erfahren« (Kahle/Merkel 1995, S. 1)

[15] Die genannten Aspekte wurden vom Autor bei der Konzeption und Implementierung des Information Security Management Systems eines internationalen Finanzdienstleistungskonzerns erfolgreich umgesetzt.

Wesentlicher Bestandteil von Informationssicherheitsmanagementstrukturationen ist ein Regelwerk als Basis für Prüfungen und Bewertungen: Abweichungen vom Regelwerk sind prinzipiell als Sicherheitslücken zu interpretieren.

Das Regelwerk ist als Prüf- und Bewertungsbasis der Dreh- und Angelpunkt der Securitymanagementprozesse. Eine initiale Version ergibt sich gewöhnlich aus der für die Sicherheitsorganisation zugrundegelegten Strukturation. Nicht erfüllte Regeln sollen als Schwachstellen gelten.
Falls bekannte Bedrohungen existieren, die noch nicht durch das Regelwerk adressiert werden, so ist das Regelwerk entsprechend anzupassen bzw. zu erweitern. Eine darüber hinausgehende Entwicklung von Bedrohungskasuistiken und Taxonomien empfiehlt sich nicht: Während die Suche nach potentiellen Bedrohungen sowie deren Zuordnung von Schutzzielen einerseits kontextabhängig und damit erklärungsbedürftig ist, ist andererseits eine Vollständigkeit der Analyse nicht gewährleistet (abgesehen von trivialen, entsprechend konstruierten Beispielfällen). Ein handfester Nutzen würde sich dann ergeben, wenn sich konsistente, »vollständige« Ereignissysteme mit Eintrittswahrscheinlichkeiten von der Bedrohung bis hin zum potentiell realisierten Schaden konstruieren ließen, um auf dieser Basis Schadenserwartungswerte zu berechnen. Dies wird in der Praxis nur in sehr wenigen, speziellen Fällen möglich sein. In allen anderen gilt: es ist besser, ungefähr richtig zu liegen, als präzise falsch.

Das basale Regelwerk dürfte zunächst ebenso abstrakt wie umfangreich sein, was seine unmittelbare Anwendbarkeit beeinträchtigt. Nicht jede Regel ist für jeden organisationalen Kontext einschlägig, nicht jede tatsächlich anzuwendende Regel ist für den Anwender verständlich. Je nach Situation sind einzelne Regeln womöglich unterschiedlich zu interpretieren. Um hier eine »Paralyse durch Analyse« zu vermeiden, ist eine situative Spezifikationsmöglichkeit vorzusehen, die auch entscheidungsunterstützende Kontextinformationen für die individuellen Prüf- und Bewertungsprozesse bietet.
Die folgende Abbildung gibt einen grundlegenden Überblick zu den erörterten Aspekten:

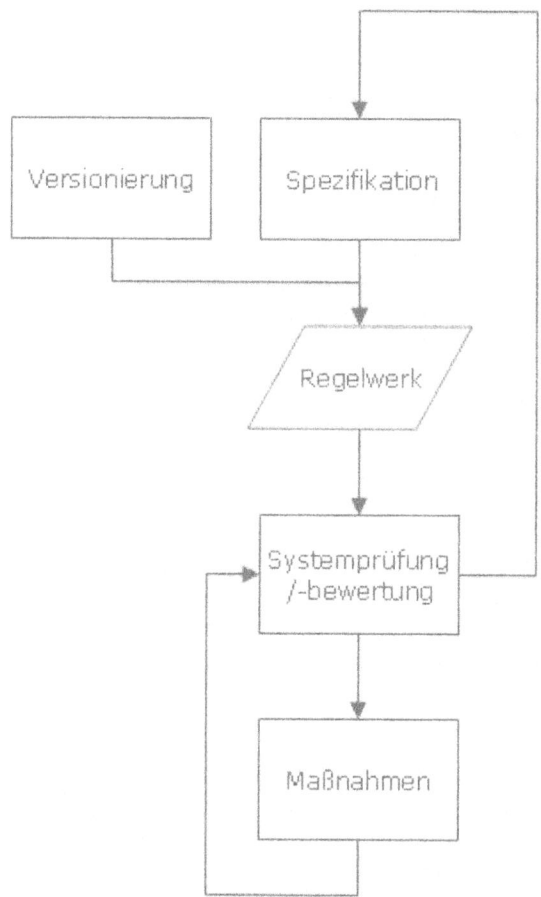

Der Begriff »System« ist hier maßstabsunabhängig zu verstehen und kann die gesamte Organisation, Teile daraus oder Prozesse umfassen. Ebenso ist das ISMS selbst skaleninvariant und generisch zu realisieren, um sich Veränderungen der Systemlandschaft flexibel anpassen zu können. Eine

angemessene Rollengestaltung bei entsprechender Prozessverteilung lässt unnötige administrative Zwischenschichten obsolet werden.
Durch die Integration von heterarchischen und hierarchischen Organisationsprinzipien kann Ashby's Anforderung korrespondierender Komplexität entsprochen werden.

Sofern Prüfungen Sicherheitslücken aufzeigen, sind diese mit geeigneten Maßnahmen zu behandeln. Aus dem Prüfkontext können sich wiederum Spezifikationsanpassungen ergeben.
Die Prüfungs- und Bewertungsergebnisse sollen sich in Echtzeit zu Compliancereports auf beliebigem Aggregationsniveau und aus verschiedenen Perspektiven konsolidieren lassen. Dabei ist auf Robustheit bzgl. unscharfer und fehlender Informationen zu achten (etwa durch die Berücksichtigung entsprechender Signifikanzmaße).

Der Betrieb des so konzipierten Information Security Management Systems führt zu einer laufenden Inventarisierung der Organisation aus unterschiedlichen Blickwinkeln, woraus nicht zuletzt Synergien in Form von verbesserten Steuerungspotentialen für die Unternehmensführung resultieren.

Die wiederholte Anwendung einfacher, generischer Konzepte muss nicht nur Emergentes entstehen lassen – man kann auch komplexe Systeme damit steuern.

Literatur

Anthes, G.: Quality Model Mania, Computerworld, 08.03.2004
Ashby, W. R.: An introduction to cybernetics, London: Chapman & Hall, 1971
Glück, T. R.: Blinde Flecken in der Unternehmensführung : Desinformation und Wissensqualität, Passau: Antea, 2002
Glück, T. R.: Kultur und Kompetenz, Passau: Antea, 2005
Glück, T. R.: Wirkung und Wirksamkeit, Passau: Antea, 2005
Kahle, E.: Entscheidungs- und organisationstheoretische Grundlagen des Security Managements in Unternehmen, Wissenschaftlicher Arbeitsbericht des ZWW, Lüneburg, 2002

Kahle, E.: Kognitionswissenschaftliche Grundlagen von Selbstorganisation, Arbeitsbericht 01/95 der Forschungsgruppe kybernetische Unternehmensstrategie (FOKUS), Universität Lüneburg, 1995

Kahle, E.: Security-Management unter HR- und Organisationsaspekten, in Personalführung 5/2002

Kahle, E.; Merkel, W.: Fall- und Schadensanalyse bezüglich Know-how-/Informationsverlusten in Baden-Württemberg ab 1995, Schlussgutachten Stand 10.06.2004, Universität Lüneburg

Kahle, E.; Wilms, F. E. P.: Der Helidem : Eine nichthierarchische Form der Analyse komplexer Wirkungsbeziehungen, Aachen: Shaker, 1998

Kossel, A.; Kötter, M.: Piraten-Software, in c't special 03/2007 - Security, Heise

Mintzberg, H.; Ahlstrand, B.; Lampel, J.: Strategy Safari, Wien: Überreuter, 1999

Rigby, D.; Bilodeau, B.: Management Tools and Trends 2007, Bain & Company, 2007, http://www.bain.com/

Sun Tsu: Über die Kriegs-Kunst, übers. u. kommentiert v. Leibnitz, K., Karlsruhe: Info Verlagsgesellschaft, 1989

Zajac, E.J.; Bazermann, M.H.,: Blind Spots in industry and competitor analysis, in: Academy of Management Review, Vol. 16, No. 1, 1991

Teil B:

KMU und Emergenz

Emergenzphänomene in der Entrepreneurshipforschung

Friederike Welter[*]

1. Einleitung
2. Systemtheoretischer und komplexitätswissenschaftlicher Hintergrund
3. Entrepreneurship und Emergenz
4. Ausblick

Literatur

---

[*] Friederike Welter, Prof. Dr.: geb. 1962 in Neheim-Hüsten, Studium der Wirtschaftswissenschaften in Wuppertal und Bochum, externe Habilitation an der Universität Lüneburg 2002. Von 1993-2006 im Rheinisch-Westfälischen Institut für Wirtschaftsforschung in der KMU-Forschung tätig. Seit 2005 Professur für Allg. BWL, insb. Management von KMU, an der Universität Siegen; assoziiert an der Jönköping International Business School in Schweden sowie am Small Business Research Centre an der Kingston University in London; Stiftungsprofessur für Entrepreneurship an der SSE Riga in Lettland. Forschungsbereiche: Gründungs- und Entrepreneurshipforschung, strategische Entwicklung in KMU, Genderforschung.

1. Einleitung

Seit den 1960er und 1970er Jahren gewinnen interdisziplinäre, systemorientierte Konzepte, die auch unter dem Sammelbegriff „Komplexitätswissenschaften" zusammengefasst werden, an Bedeutung. Mein Interesse an systemtheoretischen und komplexitätswissenschaftlichen Ansätzen wurde durch Diskussionen mit Prof. Egbert Kahle während der Rencontre-de-St-Gall geweckt; dies führte dazu, dass ich mich näher mit seinen diesbezüglichen Arbeiten beschäftigte – und so inspiriert er auch noch heute meine Forschungen (u.a. Kahle 1995a, 1995b, 1997, o.J., Kahle und Wilms 2005).

Systemtheoretische bzw. komplexitätswissenschaftliche Überlegungen liefern einen guten Rahmen für die Analyse unternehmerischer Handlungen, die im Vordergrund meiner Forschungsarbeiten stehen (z.B. Welter 2003). Sie sind deshalb interessant, weil sie es erlauben, dynamische, nicht linear ablaufende und ergebnisoffene Prozesse zu analysieren – wie es beispielsweise die Strategiegenese in kleinen und mittleren Unternehmen ist oder auch der Unternehmensgründungsprozess. Besonders das Emergenzkonzept hat seinen Reiz, vermag es doch die Entwicklung von neuem (den Prozess) wie auch das Ergebnis (das Neue selbst) zu beschreiben und erlaubt zudem noch eine multidimensionale Analyse. Neuerdings werden derartige Überlegungen deshalb auch vermehrt in der Entrepreneurshipforschung berücksichtigt, oftmals allerdings implizit und ohne wirkliches Verständnis der unterliegenden konzeptionellen Ideen und deren Bedeutung für die Erklärung unternehmerischer Prozesse.

Nachfolgend bringe ich, aufbauend auf laufenden Forschungsarbeiten von Ted Fuller, Lorraine Warren und mir, einen kurzen Abriss der derzeitigen Diskussion in der Entrepreneurshipforschung, insbesondere mit Blick auf den Stellenwert, den komplexitätswissenschaftliche Bausteine für die Weiterentwicklung der Entrepreneurshiptheorie haben können. Dabei gehe ich zunächst kurz auf den systemtheoretischen und komplexitätswissenschaftlichen Hintergrund ein, bevor ich die Grundzüge des Emergenzkonzeptes skizziere und einen Überblick über entsprechende Arbeiten in der Entrepreneurshipforschung gebe. Abschließend trage ich einige Gedanken zur Bedeutung des Emergenzkonzeptes in der Entrepreneurshipforschung zusammen.

2. Systemtheoretischer und komplexitätswissenschaftlicher Hintergrund

2.1 Von statischen zu komplexen Systemen

Die neueren und älteren Systemtheorien unterscheiden sich vor allem hinsichtlich ihres Systemverständnisses. Klassische Systemtheorien sind in der Regel gleichgewichtsorientiert und auch eher statisch ausgerichtet; die Analyse erfolgt komparativ-statisch; die Umwelt wird als externer Faktor gesehen (Mussmann 1995); die Systeme sind vorhersagbar, kontrollierbar und haben eindeutige Anfangs- und Endzustände. Müller identifiziert zustandsdeterminierte Systeme, die sich durch eine vollständige Auflistung relevanter Variablen und ihrer Beziehungen charakterisieren lassen, als das Paradigma der klassischen Systemtheorie (Müller 1992).

In den neueren Ansätzen findet sich demgegenüber ein erweitertes Verständnis von Systemen: diese sind komplex und dynamisch, die Umwelt wird als Einfluss auf Strukturbildung berücksichtigt, Ungleichgewichtszustände sind möglich, Systeme entwickeln sich nichtlinear, sind materiell und informationell offen sowie organisieren sich selbst; die einfachen Rückkoppelungsmechanismen der Kybernetik werden durch rekursive und zirkuläre Mechanismen ergänzt (Kratky 1990, Luhmann 1998).

Komplexe Systeme weisen eine Reihe von Besonderheiten auf. Dabei definiert Luhmann (1999, S. 46) Komplexität als komplexe „zusammenhängende Menge von Elementen..., wenn auf Grund immanenter Beschränkungen der Verknüpfungskapazität der Elemente nicht mehr jedes Element mit jedem anderen verknüpft sein kann". Gleichzeitig liefert Komplexität ein Maß für unvollständige Informationen auf Seiten des Systems, um die Systemumwelt vollständig erfassen und beschreiben zu können (Luhmann 1999, S. 50 f.). Es lassen sich drei Arten von Komplexität unterscheiden (Cramer 1993, Hayek 1972): subkritische Komplexität (Systeme weisen eine gewisse Vielfalt auf, sind aber deterministisch), kritische Komplexität (Systeme beginnen komplexe Strukturen zu bilden) und fundamentale Komplexität (Systeme haben indeterministische oder chaotische Lösungen und der Übergang zu höheren Emergenzebenen erzeugt Komplexität).

Eine stark quantitativ geprägte Richtung der Komplexitätswissenschaften beschäftigt sich mit den Mechanismen, die in Ungleichgewichtszuständen zur

Herausbildung von komplexen, globaleren Mustern und Prinzipien führen. Dazu zählen beispielsweise die interdisziplinären Studien aus dem Santa Fe Institut von Kauffman, Holland, Arthur und Bak oder die Untersuchungen zu dissipativen Systemen der Brüsseler Schule um Prigogine (Tabelle 1). Mit der Betrachtung von Pfadabhängigkeit wird eine „radikalen Verzeitlichung des Elementsbegriffs" (Luhmann 1997, S. 24) eingeführt; Anpassungen und Veränderungen erfolgen über Innovationen und Lernen.

Tabelle 1: Ansätze der Komplexitätswissenschaften

Ansatz	Disziplin	Vertreter	Gegenstand
Autopoiese	Biologie	Maturana, Varela	Kontinuierliche Selbsterzeugung von Lebewesen, zirkuläres Verhalten, geschlossene Systeme, Selbstreferenz
Komplexe Systeme	Biologie Künstliche Intelligenz Physik Ökonomie	Arthur, Bak, Holland, Kauffman, Langton	Ordnung auf höherer Ebene emergente Eigenschaft von Interaktionen auf niedrigerer Aggregationsebene, Ordnung durch Selbstorganisation, Pfadabhängigkeit, positive Rückkoppelung
Dissipative Strukturen	Chemie	Prigogine, Nicolis	Neue Ordnungszustände durch energetische Fluktuation in thermodynamisch offenen Nichtgleichgewichtssystemen
Autokatalytische Hyperzyklen	Chemie, Biologie	Eigen	Molekulare spontane Ausbildung autokatalytischer Prozessstrukturen, auf nächster Ebene Zusammenschluss zu Hyperzyklus mit Fähigkeit zur Korrektur von Replikationsfehlern und zur Erhaltung, Weitergabe komplexer Information

Wahrneh-mung	Kybernetik Kognitions-wissenschaft Konstrukti-vismus	v. Foerster Watzlawick Glasersfeld	Nicht-triviale Maschinen bedingen nicht vorhersagbares Verhalten, selbstorganisierende Systeme in Kognition und Kommunikation, Rekursion Umwelt ist nicht objektiv erfahrbar, sondern konstruiert
Chaostheorie	Meteorologie Mathematik	Lorenz, Mandelbrot	Deterministisches Chaos durch sensitive Abhängigkeit von Anfangsbedingungen, positive Rückkoppelungen (Lorenz) Prinzip der Selbstähnlichkeit (Mandelbrot)
Synergetik	Physik	Haken	Kohärentes, nichtlineares Verhalten durch Zusammenwirken vieler unabhängiger Teile am Beispiel von Laser, Zustandekommen eines geordneten Zustands durch Selbstorganisation
Soziale Systeme	Sozialwissenschaft	Luhmann	Soziales System als emergente Ordnung, Bildung über Kommunikation, Selbstorganisation, Selbstreferenz, autopoietisches System

Quelle: Welter (2003).

Die neuere Systemtheorie, der das Autopoiesekonzept von Maturana und Varela, die Arbeiten von Luhmann und Baecker sowie Studien von Kognitionsforschern und Konstruktivisten (von Foerster, Watzlawick u.a.) zugerechnet werden können, legt einen Schwerpunkt auf die Problematik von Beobachtung und individuellen Wahrnehmungen bzw. Interpretationen. So kann beispielsweise Umwelt nicht losgelöst vom jeweiligen System verstanden werden, da Wahrnehmungen systeminterne und -externe Verhaltensweisen beeinflussen, Kommunikation wiederum Wahrnehmungen verändern kann (Luhmann 1999).[2]
Das Gedankengut von komplexen Systemen und nichtlinearer Dynamik erscheint auch geeignet für die Analyse sozialer und wirtschaftlicher Systeme.[1]
Wirtschaftsgeographen studierten die räumliche Verteilung wirtschaftlicher

Aktivitäten (z.B. Krugman 1996), in der Volkswirtschaft (z.B. Arthur 1994) interessierten konjunkturelle Prozesse oder das Verhalten von Finanzmärkten; in der Organisationsforschung wurden die Entwicklung der Organisationsformen großer Unternehmen oder die Auswirkungen kultureller Unterschiede auf individuelles Handeln (z.B. Anderson 1999, Anderson et al. 1999) untersucht. Auch in der Philosophie haben diese Ideen Anklang gefunden: Stephan (1999) arbeitet den Begriff der Emergenz historisch auf und fragt nach seiner heutigen Bedeutung. Cilliers (2000) versucht den Komplexitätsbegriff in die postmoderne Theoriediskussion zu integrieren.

In der deutschsprachigen Betriebswirtschaftslehre gehört Prof. Egbert Kahle zu den ersten, die neuere systemtheoretische Ansätze nutzten (z.B. Kahle 1995a, 1995b, 1997, o.J.). Die FOKUS-Gruppe aus Lüneburg, von ihm begründet, beschäftigt sich vor allem mit der Analyse und Entwicklung kybernetisch basierter Unternehmensstrategien. Dieser Ansatz inspirierte auch mich bei meiner prozessorientierten Analyse von Strategien und Strategiegenese in kleinen und mittleren Unternehmen (KMU; vgl. Welter 2003), da es sich bei der Entwicklung unternehmerischer Handlungsmuster und Strategien von KMU ebenfalls um komplexe wirtschaftliche Phänomene handelt, bei denen Milieufaktoren, Entscheidungen, Werthaltungen und Einstellungen der maßgeblichen Akteure sowie organisationsinterne Prozesse zusammenwirken und KMU zudem in einer komplexen Umwelt operieren. Bereits Mintzberg mit seiner Charakterisierung emergenter Strategien als ex post beobachtbare Handlungsmuster führte eine implizit system- bzw. komplexitätstheoretische Perspektive in den Strategiefindungsprozess ein:

> "One of the things I discovered here [während der zweiten internationalen Konferenz zu komplexen Systemen, Anmerkung der Autorin] is I guess I've been a complexity theorist for a long time, probably before anybody even used the word 'complexity theory'." (Mintzberg in o.V. 1999: 86).

In jüngerer Zeit haben auch Entrepreneurshipforscher (z.B. William Gartner, Howard Aldrich, Ted Fuller oder Benjamin Lichtenstein) insbesondere einen Baustein der Komplexitätswissenschaft, nämlich die Idee emergenten Verhaltens, aufgegriffen und auf Unternehmensgründungen sowie unternehmerische Handlungen (im Gegensatz zu routiniertem Handeln) übertragen. Fuller und Moran (2001) verweisen auf den Wert von

Komplexitätswissenschaften für eine interdisziplinäre und pluralistische Analyse, da sich verschiedene ontologische Ebenen analysieren lassen: von den makroökonomischen Gegebenheiten über Cluster, Netzwerke, Beziehungen zwischen Unternehmen hin zu Unternehmensvisionen, Unternehmenskonzepten bzw. -strategien, unternehmensinternen Aktivitäten und Beziehungen sowie dem Individuum, seinen Fähigkeiten und seiner Kognition.

„In effect each enterprise is itself a complex adaptive system influenced, for example, by the character and intentions of the key human agent in the system (the owner-manager), but it can also be construed as an agent in a larger complex adaptive system (i.e. the wider network of business ecosystem)." (Fuller und Moran 2001: 50).

2.2 Konstituierende Elemente von Emergenz

Emergenz tritt „immer dann auf (...), wenn man die (...) Frage formuliert, wie denn Mikro- und Makroebene miteinander zusammenhängen (Individuum und Gesellschaft, Handlung und Struktur, Bewußtsein und Realabstraktion, Organisation und Gesellschaft, Organisation und Psyche usw.)" (Türk 1997, S. 157). Ursprünglich durch den englischen Naturphilosophen Lewes im 19. Jahrhundert zur Beschreibung der Entstehung von etwas Neuem geprägt, bezeichnet Emergenz im Sinne der Komplexitätswissenschaften die nicht vorhersehbare Entstehung höherer Seinsstufen durch neu auftauchende Qualitäten aus niederen Seinsstufen (Goldstein 1999. S. 53). In älteren deterministischen Entwicklungsmodellen biologischer Organismen wurde zunächst noch davon ausgegangen, dass sich höhere Seinsstufen zwangsläufig in einem dialektischen Prozess aus niederen Qualitäten entwickeln (vgl. dazu auch Welter 2003).

Tabelle 2: Charakteristika von Emergenz

Merkmal	Beschreibung
Neuartigkeit	neue Eigenschaft (Größe, Qualität, Verhaltensweise, Ebene, System u.a.)
Nichtreduzierbarkeit	emergente Eigenschaft ist nicht reduzierbar auf frühere Bestandteile
Unvorhersagbarkeit	konkrete Endzustände sind nicht vorhersehbar
Akausalität	keine bestimmende Ursache von Entwicklungen bzw. Endzuständen
Quelle: Welter (2003), Flämig (1998), Stephan (1999).	

Das Phänomen der „Emergenz" lässt sich dabei über eine Reihe von Merkmalen näher fassen: emergente Ereignisse sind nicht nur neuartig, sondern auch irreduzibel, unvorhersehbar und akausal (Tabelle 2). Als genuin neu wird das erstmalige Auftreten eines Systems oder einer Eigenschaft verstanden. Eigenschaften wiederum umfassen Größen, Qualitäten, Verhaltensweisen, Strukturen und Ebenen. Nicht neuartig sind lediglich numerisch neue Gegenstände (beispielsweise das neue Auto), Strukturen oder Eigenschaften. Unternehmerische Handlungen sind in diesem Sinne neu, wenn als Ergebnis ein neues System, beispielsweise das neue Unternehmen, entsteht, oder wenn sich, wie von Mintzberg mit seinen emergenten Strategien postuliert, ex post neue Muster in einer Abfolge verschiedener Handlungen ergeben. Dabei führt Handeln auf der Mikroebene zu emergenten Eigenschaften auf der Makroebene.

„In responding to their own particular local context, these individual parts can, despite acting in parallel without explicit inter-part coordination or communication, cause the system as a whole to display emergent patterns – orderly phenomena and properties – at the global or collective level" (Maguire und McKelvey 1999, S. 12).

Mit Bezug auf soziale und wirtschaftliche Systeme können dies kollektive Muster oder Strukturen – beispielsweise die regionale Verteilung von Unternehmen – sein, die sich über individuelle Handlungen bilden.

Irreduzibilität, Nichtvorhersagbarkeit und Akausalität bedeuten, dass das emergente Verhalten eines komplexen Systems nicht über die genaue Kenntnis der einzelnen Komponenten und ihrer Eigenschaften abgeleitet werden kann, sondern auf eine Vielzahl von Einflussfaktoren zurückzuführen ist sowie keine linearen Ursache-Wirkungsketten aufgestellt werden können. Nicht vorhersehbare, akausale Ergebnisse wurden beispielsweise durch von Foerster mit seiner nicht-trivialen Maschine thematisiert, in der sich das Ergebnis bzw. der Output nicht linear über den Input und die vorgeschriebenen Verarbeitungsregeln bestimmen lässt (von Foerster 1990, S. 85 f.). Hier verweist Prof. Kahle (1995a, o.V.) darauf, dass menschliches Verhalten immer nicht trivial und mithin nicht vorhersagbar ist, bedingt durch die Wahrnehmungs- und Erfahrungsgebundenheit individuellen Handelns und Entscheidens. Emergenz ist zudem nicht vorhersehbar, da etwas Neues aufgrund seiner Neuartigkeit nicht antizipiert werden kann, sondern allenfalls erst ex post zu beobachten und zu identifizieren ist (Knyphausen 1988, S. 14 ff.).

Wie entstehen emergente Phänomene in komplexen Systemen? Dies ist in der wissenschaftlichen Diskussion bislang ungeklärt und offensichtlich weit von einer befriedigenden Lösung entfernt. Bekannt sind einzelne Entwicklungsverläufe, ohne dass sich daraus eine vollständige theoretische Erklärung der Entstehung von Emergenz ableiten lässt. Selbstorganisation zeigt einen möglichen Weg auf, wie das Neue – das emergente Phänomen – entstehen kann (Lichtenstein 2000b, 2000d). Während Selbstorganisation in älteren Systemtheorien als Synonym für selbstregulierende Prozesse benutzt wird, bezeichnet es in den neueren Ansätzen das kreative, selbst Anpassungen suchende Verhalten komplexer Systeme (Lissack 1997; vgl. auch generell die Arbeiten von Lichtenstein). Der Akzent liegt hier auf der Dynamik, mithin dem Prozess.

Selbstorganisierende Prozesse sind dabei aus Sicht der Naturwissenschaften immer emergent (Huber 2000, S. 158). Emergenz bezieht sich hier auf Ordnungsbildung durch Selbstorganisation. In Unternehmen können beispielsweise aus einfachen Entscheidungen und Handlungen komplexere Muster entstehen. Selbstorganisation im individuellen Verhalten ist deshalb „the way, in which individuals coordinate their behavior without referring to an exogenous authoritative coordinator." (Weise 1986, S. 717).

3. Entrepreneurship und Emergenz[3]

3.1 Emergenz als Ergebnis individuellen bzw. organisationalen Handelns

Oben wurde die Verwendung des Emergenzbegriffes in der Entrepreneurshipforschung bereits kurz angesprochen. Neben systemtheoretischen Ansätzen bezieht sich die Entrepreneurshipforschung bei ihrer Betrachtung von Emergenz auf soziologische Konzepte (Agenten und Strukturation), Wirtschaftswissenschaften (institutionelle Theorien oder auch die Populationsökologie), Organisationstheorie (Organisationsentwicklung, Legimitätsaufbau und Vertrauen) sowie kognitive Konzepte (Chancenerkennung). Im Vordergrund steht dabei immer die Einbettung des Individuums und seiner Handlungen in die Umwelt, wenn auch oftmals eher unterschwellig. Fuller et al. (2006) konstatieren in dieser Hinsicht:

> "Embedded herein is the notion that 'things' emerge from the relationships between individual and the environment. Such 'things' could be the individual constructing an identity, effectuating a market, developing an opportunity and using bricolage to pull together the resources to act entrepreneurial (...)."

Grundsätzlich lassen sich die diesbezüglichen Arbeiten zwei Grundrichtungen zuordnen: viele, insbesondere ältere Studien verwenden den Emergenzbegriff explizit, neuere Ansätze der Entrepreneurshipforschung setzen ihn eher implizit ein. Zur ersteren Richtung gehören beispielsweise die Arbeiten von William B. Gartner (1985, 1988, 1993, 1995) und Koautoren (Katz und Gartner 1988, Gartner, Bird und Starr 1992), Studien von Busenitz et al. (2003) sowie von Benjamin Lichtenstein (u.a. Lichtenstein 2000a, 2000b, 2000c, 2000d, Lichtenstein und Mendenhall 2002, Lichtenstein und Brush 2001, Lichtenstein et al. 2006, 2007). Eher implizit findet sich das Emergenzkonzept in Arbeiten, die das Verhalten von Unternehmern untersuchen, so beispielsweise in den Studien von Ted Baker zu Bricolage (z.B. Baker und Nelson 2005) oder in Saras Sarasvathys „effectuation"-Ansatz (Sarasvathy 2001), Untersuchungen zum Aufbau von Legitimität und Vertrauen im unternehmerischen Kontext (Delmar und Shane, 2004; O'Connor 2004, Tornikoski und Newbert 2006, Welter und Smallbone 2006), zur unternehmerischen Identitätsfindung (z.B. Down 2006, Fletcher 2003, O'Connor 2004, Warren 2004), sowie in der Betrachtung von

Chancenerkennung (z.B. Gartner et al. 2003, Eckhardt und Shane 2003, Shane und Eckhardt 2003, Sarasvathy et al. 2003). Aus der Organisationsforschung kommt die Idee, Emergenz als einen Indikator einzusetzen, mit dessen Hilfe der Fortschritt im Gründungsprozess gemessen werden kann. Bereits 1988 kritisierte Gartner das bis dato die Forschung konzeptionell dominierende personenorientierte Verständnis von Unternehmertum dahingehend, dass damit „falsche" Fragen aufgeworfen würden, und Unternehmertum eher als ein Prozess der Entstehung neuer Organisationen verstanden werden müsste anstatt Personen und deren Persönlichkeitsmerkmale in den Vordergrund der Analyse zu stellen. Daran anschließend entwickelten Katz und Gartner (1988) vier Merkmale, die Organisationen im Entstehungsprozess (emerging organisations) von bereits existierenden unterscheiden. Dazu zählen Absichten (intention), Ressourcen, Grenzen und Austausch. Damit propagieren die Autoren bereits in den späten 1980er Jahren eine Prozessperspektive für den Gründungsprozess, die erst wesentlich später – nämlich mit den empirischen Panel Study of Entrepreneurial Dynamics von Paul Reynolds initiiert – wieder aufgegriffen wurde. Katz und Gartner (1988, S. 437) sehen etwas Neues als Ergebnis dieses Prozesses, verweisen mithin auf Emergenz:

„By focusing on organizations-in-creation, that is, the transition from preorganization to new organization, we are likely to acquire a better understanding of the nature of the concept of emergence and the answer to the question "How do organizations come into existence?"

Gartner et al. (1992) schlagen vor, Entrepreneurship generell als emergenten Prozess zu verstehen, da über diese Metapher die Entrepreneurshipforschung anschlussfähig an andere Disziplinen sei. Auch hier stehen organisationstheoretische Grundlagen im Vordergrund: Entrepreneurship bzw. der Prozess der Gründung wird interpretiert als Prozess des Organisierens, als organisationale Emergenz, wobei die Autoren mit dem Verweis auf „acting as if" wahrnehmungsgebundene und konstruktivistische Sichtweisen einbeziehen: „Emerging organizations are elaborate fictions of proposed possible future states of existence." (Gartner et al., 1992, S. 17).
Gartner (1993, 1995, S. 82f.) verweist jedoch auch darauf, dass die Entrepreneurshipforschung mit Blick auf Emergenzphänomene eigentlich

sprachlos ist und Emergenz deshalb nicht adäquat abgebildet werden kann. Der Grund dafür liegt eben in der Natur der Emergenz: man kann sich nicht in einer Art und Weise verhalten, die einem nicht vertraut bzw. bekannt ist. Gartner schlussfolgert deshalb, dass eine Theorie der organisationalen Emergenz aus diesem Grunde neuer Vokabeln und Wörter bedarf.

Jüngere Studien konzentrieren sich auf „legitimierende" Aktivitäten von werdenden Gründern (z.b. Tornikoski und Newbert 2007) oder auch auf das Überleben neuer und junger Unternehmen (so Delmar und Shane 2004). Erfolgreiche neue Unternehmer zeichnen sich insbesondere dadurch aus, dass sie in der Lage sind, Vertrauensbeziehungen zu kreieren, mit deren Hilfe sie dann wiederum ihre Legitimation und Reputation im Markt aufbauen und erhalten können (Aldrich 2000). Hier übernimmt Vertrauen die Rolle eines treibenden Faktors für Emergenz, so Gartner und Low (1990, zitiert in Aldrich 2000):

> „Organizations emerge when entrepreneurs are successful in achieving an understanding among the trusting parties – potential customers, creditors, suppliers, and other individuals and organizations – that things will work out."

Implizit beziehen sich auch die neueren kognitiven Ansätze innerhalb der Entrepreneurshipforschung auf das Emergenzkonzept. Entsprechende Studien beschäftigen sich beispielsweise damit, wie unternehmerische Chancen entstehen, ob Chancen in der Umwelt „gegeben" sind (siehe dazu die Diskussion bei Davidsson 2003), oder ob Chancen konstruiert werden, wenn Individuen Wahrnehmungen verarbeiten und darüber eigentlich erst in der Rückschau Chancen „entdecken", wenn sie ihren Handlungen Sinn geben (Gartner et al. 2003, Fletcher 2006).

Der Fokus der bislang angesprochenen Arbeiten liegt vorwiegend auf individuellen Phänomenen; Emergenz wird hier also aus individueller und handlungsorientierter Perspektive betrachtet. Das Neue, das entsteht, ist in diesem Fall das neue Unternehmen bzw. die neue Organisation. Allerdings wird Emergenz auf den Gründungszeitpunkt und -prozess eingeschränkt, während Davidsson et al. (2001) zu bedenken geben, dass Unternehmertum auch im Wachstumsprozess eines Unternehmens reflektiert ist, emergente Phänomene mithin auch in diesen Phasen auftreten können.

3.2 Entrepeneurship als multidimensionales Phänomen

Vernachlässigt werden in den bisher skizzierten Arbeiten auch die Umwelt und die kontextuelle Einbettung von Entrepreneurship – im Prinzip ein Widerspruch zu den oben angesprochenen Merkmalen komplexer Systeme. Sarasvathy et al. (2003) erweitern diese Betrachtung von Emergenzphänomenen und verweisen darauf, dass eine Analyse von Chancenerkennung ebenfalls einen Blick auf gesellschaftliche Nutzenstiftung erlaubt. Damit lenken sie den Blick weg von der engen Interpretation organisationaler Emergenz, wie sie sich beispielsweise in den Arbeiten von Shane oder auch den frühen Arbeiten von Gartner findet, die sich vor allem auf den Prozess der Chancenfindung und -ausbeutung konzentrieren (z.b. Eckhardt und Shane 2003, Shane und Eckhardt 2003), hin zu den Resultaten unternehmerischer Aktivitäten, die auf anderen – höheren – Ebenen auftreten.

Allerdings haben nur wenige Studien bislang, und das auch eher implizit, organisationale Emergenz und unternehmerisches Verhalten im größeren Zusammenhang gesehen, so z.b. Arbeiten, die Giddens Strukturationstheorie nutzten, um Netzwerke von Unternehmern zu untersuchen (z.b. Jack und Anderson 2002), oder Studien, die einen institutionenökonomischen Ansatz zur Analyse unternehmerischen Handelns verwenden (z.B. Smallbone und Welter 2006). Einen weiteren Aspekt, nämlich konstruktivistische Sichtweisen auf den Emergenzprozess, bringen Forschungen zur unternehmerischen Identitätsfindung ein: Down (2006) untersucht die Rolle von Erzählungen und Diskursen bei der Entwicklung von Selbst-Identitäten; einen ähnlichen Standpunkt nimmt Fletcher (2003, 2006) ein, die auf die Bedeutung von Kommunikation, Interaktion und sozialen Interpretationen für organisationale Emergenz verweist (vgl. auch Warren 2004).

Shane and Venkataraman (2001), die im unternehmerischen Prozess der Chancenfindung mehrere Subprozesse unterscheiden, nämlich Entdeckung und „Ausbeutung" von Gelegenheiten, betonen ebenfalls die Emergenz des Prozesses, der ihrer Ansicht nach zu verschiedenen Resultaten auf unterschiedlichen Ebenen führen kann: neuen Organisationen, neuen Produkten und Dienstleistungen. Phan (2004) erweitert diesen Blickwinkel von der alleinigen Betrachtung neuer Geschäftsgelegenheiten und neuen Organisationen um die Entstehung von Industrien bzw. Branchen. Er fordert dazu auf, das Emergenzphänomen zur Entwicklung neuer theoretischer Ansätze für die Entrepreneurshipforschung zu nutzen und dabei Interaktionen zwischen

Kognitionen (also der individuellen Ebene), der Organisation und Industrie zu berücksichtigen (Phan 2004, S. 619).
Fuller und seine Koautoren (Fuller und Moran 2001, Fuller und Warren 2006a; 2006b. Fuller, Warren und Argyle 2004) liefern zwei wesentliche Beiträge zu dieser Debatte. Zum einen verweisen Fuller und Moran (2001) darauf, dass ontologische Strukturen hierarchisch emergent sind: sie entstehen aus Interaktionen ihrer „Substrukturen". Unternehmen sind also beispielsweise ein Ergebnis der Handlungen von Unternehmern, Netzwerke bestehen aus Firmen und ihren Interaktionen, Industrien setzen sich aus Firmen, Unternehmern, Netzwerken zusammen. Ordnungsbildung erfolgt dann mit Hilfe von vier Emergenzprozessen, die eine Reihe von Ereignissen hervorrufen (Fuller et al. 2004) und zeitgleich auf individueller, Unternehmens- und Netzwerkebene ablaufen (Fuller und Warren 2006b).
Lichtenstein (Lichtenstein 2000a, 2000b, 2000c, 2000d, Lichtenstein, Dooley und Lumpkin 2006, Lichtenstein et al. 2000, 2007, Lichtenstein und Brush 2001, Lichtenstein und Mendenhall 2002) beschäftigt sich näher mit diesen Ereignissen, die zu Emergenz im unternehmerischen Prozess führen. Lichtenstein (2000b) zeigt beispielsweise, wie in vier High-Tech Gründungen das Geschäftsmodell mehrere Male geändert und angepasst werden musste, bevor die Gründungen sich stabilisierten – und dies lag nicht daran, dass die eingesetzten Geschäftsmodelle per se fragil gewesen wären, sondern daran, dass die High-Tech Gründungen sich in einem dynamischen und unvorhersagbaren Umfeld bewegten. Diese Verhaltensweisen in den High-Tech Unternehmen bezeichnet Lichtenstein als angepasste Muster, die sich emergent entwickeln, basierend auf Selbstorganisation.
Die jüngste Debatte in der Entrepreneurshipforschung sucht nach einem Theorie- und Analysekonzept, das mehrere Ebenen umfasst und vielfältige Ergebnisse unternehmerischen Handelns berücksichtigt (z.B. Davidsson 2003, Davidsson und Wiklund 2001, Steyaert und Katz 2004), obschon dies bereits 1985 von Gartner vorgeschlagen wurde. Neben Gartner (1985) und Davidsson (2003) haben auch Zafirowski (1999), Fuller und Moran (2001), Phan (2004) und Steyaert und Katz (2004) eine Lanze gebrochen für eine vielschichtigere Analyse von Entrepreneurship-Phänomenen als es die bisherigen Theorieansätze erlauben. Steyaert und Katz (2004) beispielsweise verweisen auf die vielfältigen Kontexte, in denen Entrepreneurship stattfindet und die in der momentanen

Forschung – aus Gründen der Vereinfachung – mehr oder weniger ausgeblendet werden.
In dieser Hinsicht liefert das Emergenzkonzept wertvolle Anhaltspunkte für die Entrepreneurshipforschung, da Emergenz ja bereits beinhaltet, dass etwas Neues auf mehreren Ebenen entsteht, Ordnungsbildung also multidimensional erfolgt: Ein Individuum beschließt, unternehmerisch tätig zu werden und gründet ein neues Unternehmen, das unter Umständen nicht nur imitativ tätig wird, sondern vielleicht ein neues Produkt am Markt einführt; mit der Zeit bilden sich so neue Netzwerke und Kooperationen heraus; während die politische und sozio-ökonomische Umwelt entsprechend reagiert.

4. Ausblick

Hier schließt sich offensichtlich der Kreis von der Entrepreneurshipforschung zur neueren Systemtheorie und den Komplexitätswissenschaften: Unternehmertum ist ein emergentes Phänomen; und Komplexitätswissenschaften können ein Instrumentarium zur Verfügung stellen, mit dessen Hilfe der dynamische, nicht lineare und ergebnisoffene Prozess der Unternehmensgründung und unternehmerischer Betätigung analysiert werden kann. Einige Forscher haben den Wert dieses Ansatzes bereits erkannt; allen gemein ist eine Betrachtung der ordnungsbildenden Prinzipien innerhalb des emergenten unternehmerischen Prozesses mit Blick auf den Einfluss des jeweiligen Kontextes. In dieser Hinsicht können Theorieansätze in der Entrepreneurshipforschung unter Verweis auf das Emergenzkonzept weiterentwickelt werden (McKelvey 1999a, 2004).
Über das konzeptionell-theoretische Verständnis von Emergenz, das vielen Entrepreneurship-Studien unterliegt, lässt sich allerdings trefflich streiten. Komplexitätswissenschaftler verwenden den Emergenzbegriff sehr rigoros, während in der Entrepreneurshipforschung ein oftmals eher laxer „Einsatz" des Konzeptes zu sehen ist. In diesem Zusammenhang muss natürlich auch die generell kritische Diskussion hinsichtlich einer möglichen Übertragung naturwissenschaftlicher Erkenntnisse auf soziale und individuelle Phänomene angesprochen werden. Kritiker der neueren Systemtheorie und komplexitätswissenschaftlicher Ansätze bemängeln, dass diese „bislang eher (...) ein populärwissenschaftliches Artefakt, denn als eine Methodenlehre, die kritischen Maßstäben standhalten könnte" (Müller 1992, S. 344) sei. Dies sehen

ihre Anhänger selbst, wenn sie konstatieren: „What we do have is a rapidly growing collection of results, models and methods. They are producing insights into the nonlinear dynamics of systems found in a wide variety of substantive domains..." (Cohen 1999, S. 375, auch Maguire und McKelvey 1999). Fehlende Rigorosität und konzeptionelle Vielfalt sind jedoch auch Merkmale jeder neuen im Werden begriffenen Theorie und damit per se nicht negativ zu bewerten. Überzogen erscheint allerdings der von einer Minderheit geäußerte Anspruch, mit der Konzentration auf komplexe Phänomene und Systeme eine allgemein gültige und alles umfassende Metatheorie komplexer Systeme entwickeln zu können (dazu z.B. Horgan 1995) – hier liegt auch eine Gefahr der Übertragung komplexitätswissenschaftlicher Erkenntnisse auf die Entrepreneurshipforschung. Lichtenstein (2000a) hat 13 verschiedene Konzepte innerhalb der Komplexitätswissenschaften identifiziert, alle mit verschiedenen Methoden und theoretischen Ansätzen und alle wurden seiner Meinung nach bereits – mehr oder minder erfolgreich – in der betriebswirtschaftlichen Forschung eingesetzt, um neue Erkenntnisse zu generieren. Kritisch kann lediglich eingewandt werden, dass soziale Systeme und Unternehmen nicht mit Organismen oder physikalischen Phänomenen verglichen werden können und die neueren Systemtheorien und Komplexitätswissenschaften mit einer derartigen Übertragung deshalb Gefahr laufen könnten, zu einer der unzähligen Managementmoden zu verkommen (so z.B. McKelvey 1999b). Vor allem der beliebige Einsatz von Metaphern und bildlichen Analogien, basierend auf vermeintlichen Ähnlichkeiten zwischen Naturphänomenen, sozialen Systemen und Organisationen ist kritisch zu hinterfragen. Zwar schärfen Metaphern den Blick für neue Forschungsfragen und haben also eine wertvolle heuristische Funktion: „Die Metapher wirkt für unser Bewußtsein wie eine Linse: Im metaphorischen Denken wird ein unzugänglicher, neuer oder wenig bekannter Bereich mit den Strukturen eines bekannteren gesehen, verstanden, beschrieben oder gestaltet." (Huber 2001, S. 57 f.). Die Verwendung von komplexitätswissenschaftlichen Metaphern in betriebswirtschaftlichen Studien ist jedoch kritisch zu beurteilen (das gilt ebenso für die Entrepreneurshipforschung), wenn eher wahllos naturwissenschaftliches Gedankengut auf betriebswirtschaftliche Phänomene übertragen wird (dazu Stacey et al. 2000, McKelvey 1999b). Eine solche Vorgehensweise stellt letzten Endes den Wert komplexitätswissenschaftlicher Erkenntnisse für die Entrepreneurshipforschung bzw. generell für die Betriebswirtschaft in Frage.

Gut hingegen eignen sich komplexitätswissenschaftliche Überlegungen, versucht man einen gedanklichen Zugang zum Verständnis der Genese und Modifikation unternehmerischen Verhaltens (beispielsweise ausgehend von der Ideenfindung bis hin zur Gründung) zu entwickeln. In dieser Hinsicht besitzt das Emergenzkonzept insbesondere für die Untersuchung von ordnungsbildenden Prozessen auf verschiedenen Ebenen große Bedeutung, mithin für Prozesse, die im Herzen der Entrepreneurshipforschung liegen. Gleichzeitig lenkt eine Emergenzperspektive den Blick auf die Ausgangsbedingungen und Situationen für Unternehmertum. Das können Motivationen, Absichten, Ziele sein, aber auch die sozio-ökonomische, kulturelle und institutionelle Einbettung (potenzieller) Unternehmer. Eine komplexitätswissenschaftliche Herangehensweise nimmt an, dass all diese Bedingungen zusammenhängen und unterschiedliche Ausgangssituationen zu verschiedenen Ergebnissen führen können und deshalb eine getrennte bzw. isolierte Analyse nicht sinnvoll ist. Hier kommt eine Sichtweise von Emergenz zum Tragen, die Prozesse und Interaktionen betont, mithin den Blick auf Lernen und Wissenserwerb, Wahrnehmungen und zeitliche Verläufe richtet – die aber auch, möchte man diese Perspektive empirisch einsetzen, Längsschnittstudien verlangt. Komplexitätswissenschaften, insbesondere der Blick auf Emergenz als ordnungsbildendes Prinzip, haben in dieser Hinsicht erhebliche erklärende und analytische Kraft und können der Entrepreneurshipforschung den oftmals verlangten multidimensionalen konzeptionellen Rahmen liefern.

Literatur

Aldrich, Howard, Entrepreneurial Strategies in New Organizational Populations, in: Swedberg, Richard (Hrsg.), Entrepreneurship: The Social Science View, Oxford 2000, S. 211 – 228 (reprinted from Bull, I., Thomas, H., Willard, G. (Hrsg.), Entrepreneurship: Perspectives on Theory Building Pergamon, 1995).

Anderson, P., Complexity Theory and Organization Science, in: Organization Science 10 (3, 1999), S. 216 – 232.

Anderson, P., Meyer, A., Eisenhardt, K., Carley, K., Pettigrew, A. (Hrsg.), Special Issue: Applications of Complexity Theory to Organization Science, Organization Science, 10 (3, 1999).

Arthur, William B., Increasing returns and path dependence in the economy, Michigan 1994.

Baker, Ted, Nelson, Reed, Creating Something from Nothing: Resource Construction through Entrepreneurial Bricolage, in: Administrative Science Quarterly, 50 (2005), S. 329 – 366.

Busenitz, L.W., West, I., Page, G., Shepherd, D., Nelson, T., Chandler, G.N., Zacharakis, A., Entrepreneurship Research in Emergence: Past Trends and Future Directions, in: Journal of Management, 29 (3, 2003), S. 285 – 308.

Cilliers, P., Complexity and postmodernism: Understanding complex systems, Reprint, first published 1998, London 2000.

Cohen, M., Commentary on the Organization Science Special Issue on Complexity, Organization Science, 10 (3, 1999), S. 373 – 376.

Cramer, F., Chaos und Ordnung – Die komplexe Struktur des Lebendigen, Frankfurt am Main, Leipzig 1993.

Davidsson, Per, The Domain of Entrepreneurship Research: some Suggestions, in: Katz, Jerome, Shepherd, Dean (Hrsg.), Advances in Entrepreneurship, Firm Emergence and Growth, Oxford 2003, Vol. 6, S. 315 – 372.

Davidsson, Per, Wiklund, Johan, Levels of Analysis in Entrepreneurship Research: Current Research Practice and Suggestions for the Future, in: Entrepreneurship Theory & Practice, 25 (2001), S. 81 – 100.

Delmar, Frédéric, Shane, Shane, Legitimizing first: organizing activities and the survival of new ventures, in: Journal of Business Venturing, 19 (2004), S. 385 – 410.

Down, Simon, Narratives of Enterprise: crafting entrepreneurial self-identity in a small firm, Cheltenham 2006.

Eckhardt, J.T., Shane, S.A., Opportunities and Entrepreneurship, in: Journal of Management, 29, (3, 2003), S. 333 – 349.

Flämig, Michael, Naturwissenschaftliche Weltbilder in Managementtheorien: Chaostheorie, Selbstorganisation, Autopoiesis, Campus: Forschung, 773, Frankfurt/Main, New York 1998.

Fletcher, Denise, Framing organizational emergence: discourse, identity and relationship, in: Steyaert, Chris, Hjorth, Daniel (Hrsg.), New Movements in Entrepreneurship, Cheltenham 2003, S. 125 – 142.

Fletcher, Denise, Entrepreneurial processes and the social construction of opportunity, in: Entrepreneurship & Regional Development, 18 (5, 2006), S. 421 – 440.

Fuller, Ted, Moran, Paul, Small enterprises as complex adaptive systems: a methodological question?, in: Entrepreneurship & Regional Development, 13 (1, 2001), S. 47 – 63.

Fuller, Ted, Warren, Lorraine, Complex Explanations of Order Creation, Emergence and Sustainability as Situated Entrepreneurship, in: Christensen, P.R. Poulfelt, F. (Hrsg.), Managing Complexity and Change in SMEs: Frontiers in European Research, Cheltenham 2006a, S. 136 – 155.

Fuller, Ted, Warren, Lorraine, Entrepreneurship as foresight: A complex social network perspective on organisational foresight, in: Futures, Journal of Policy, Planning and Futures Studies, 38 (7, 2006a), S. 956 – 971.

Fuller, Ted, Warren, Lorraine and Argyle, P., Entrepreneurial foresight; a case study in reflexivity, experiments, sensitivity and reorganisation, in: Tsoukas, H., Shepherd, J. (Hrsg.), Managing The Future: Foresight in the Knowledge Economy, Oxford 2004, S. 171 – 78.

Fuller, Ted, Warren, Lorraine, Welter, Friederike, The Contribution of Emergence to Entrepreneurship Theory: a Review, Papier präsentiert auf der RENT, Brüssel, November 2006.

Gartner, William B., A conceptual framework for describing the phenomenon of new venture creation, in: Academy of Management Review, 10 (4, 1985), S. 696 – 706.

Gartner, William B., 'Who is an Entrepreneur?' is the wrong question, in: American Journal of Small Business (1988), S. 11 – 32.

Gartner, William B., Words lead to Deeds: Towards an Organizational Emergence Vocabulary, in: Journal of Business Venturing, 8 (1993), S. 231 – 239.

Gartner, William B., Aspects of Organizational Emergence, in: Bull, J., Thomas, H., Willard, G. (Hrsg.), Entrepreneurship. Perspectives on Theory Building, Oxford et al. 1995, S. 67 – 86.

Gartner, William B., Bird, B.B., Starr, J.A., Acting as if: Differentiating Entrepreneurial from Organizational Behavior, in: Entrepreneurship Theory & Practice, 16 (1992), S. 13 – 31.

Gartner, William B., Carter, Nancy M., Hills, Gerald E., The language of opportunity, in: Steyaert, C., Hjorth, D. (Hrsg.), New Movements in Entrepreneurship, Cheltenham 2003, S. 103 – 124.

Goldstein, J., Emergence as a Construct: History and Issues, in: Emergence, 1(1, 1999), S. 49 – 72.

Hayek, F., Die Theorie komplexer Phänomene, Walter Eucken Institut, Vorträge und Aufsätze, 36, Tübingen 1972.

Horgan, J., From Complexity to Perplexity, in: Scientific American, June (1995), S. 74 – 79.

Huber, A., Weichenstellung: Komplexität und metaphorisches Denken im 21. Jahrhundert, Frankfurt am Main, Wien und Zürich 2001.

Huber, L., Wie das Neue in die Gehirne kommt: Emergenz und Chaos in neuronalen Prozessen, in: Huber, L. (Hrsg.), Wie das Neue in die Welt kommt: Phasenübergänge in Natur und Kultur, Wien 2000, S. 157 – 174.

Jack, S.L., Anderson, A.R., The effects of embeddedness on the entrepreneurial process, in: Journal of Business Venturing, 17 (2002), S. 467 – 487.

Kahle, Egbert, Kognitionswissenschaftliche Grundlagen von Selbstorganisation, Forschungsgruppe Kybernetische Unternehmens-Strategie FOKUS, Arbeitsbericht, 01/95, Lüneburg 1995a.

Kahle, Egbert, Remarks on the cognitional basis of understanding, self-understanding and self-organization, Forschungsgruppe Kybernetische Unternehmens-Strategie FOKUS, Arbeitsbericht, 3/95, Lüneburg 1995b.

Kahle, Egbert, Voraussetzungen und Möglichkeiten organisationalen Lernens aus kognitionswissenschaftlicher Sicht, Forschungsgruppe Kybernetische Unternehmens-Strategie FOKUS, Arbeitsbericht, 01/97, Lüneburg 1997.

Kahle, Egbert, Wie liest man eine Cognitive Map? – Fragen und Hypothesen zur Sinngebung und Sinnvermittlung in und von Organisationen, Manuskript, Lüneburg, o.J..

Kahle, Egbert, Falko E.P. Wilms (Hrsg.), Effektivität und Effizienz durch Netzwerke, Berlin 2005.

Katz, Jerome, Gartner, William B., Properties of Emerging Organizations, in: Academy of Management Review, 13 (3, 1988), S. 429 – 441.

Knyphausen, D. zu, Unternehmungen als evolutionsfähige Systeme. Überlegungen zu einem evolutionären Konzept für die Organisationstheorie, München 1988.

Kratky, K.W., Der Paradigmenwechsel von der Fremd- zur Selbstorganisation, in: Kratky, K.W., F. Wallner (Hrsg.), Grundprinzipien der Selbstorganisation, Darmstadt 1990, S. 3 – 17.

Krugman, Paul, The self-organizing economy, Cambridge, Mass. 1996.

Lichtenstein, Benjamin, Mendenhall, M., Non-Linearity and Responsibility: Emergent Order in 21st Century, Careers, in: Human Relations, 55 (2002), S. 53 – 80.

Lichtenstein, Benjamin, Carter, Nancy M., Dooley, K.J., Gartner, William B., Complexity Dynamics of Nascent Entrepreneurship, in: Journal of Business Venturing, 22 (2, 2007), S. 236 – 261.

Lichtenstein, Benjamin, Dooley, K.J., Lumpkin, G. Tom, Measuring emergence in the dynamics of new venture creation, in: Journal of Business Venturing, 21 (2, 2006), S. 153 – 175.

Lichtenstein, Benjamin, The Matrix of Complexity; A Multi-Disciplinary Approach for Studying Emergence in Coevolution, Working paper, http://www.hsdinstitute.org/e-Clarity/asp_freeform_0001/user_documents//MatrixOfComplexity.pdf 2000a.

Lichtenstein, Benjamin, Emergence as a process of self-organizing - New assumptions and insights from the study of non-linear dynamic systems, in: Journal of Organizational Change Management, 13 (6, 2000b), S. 526 – 544.

Lichtenstein, Benjamin, Generative Knowledge and Self-Organized Learning: Reflecting on Don Schön's Research, in: Journal of Management Inquiry, 9 (1, 2000c), S. 47 – 55.

Lichtenstein, Benjamin, Self-organized transitions: A pattern amid the chaos of transformative change, in: Academy of Management Executive, 14 (4, 2000d), S. 128 – 141.

Lichtenstein, Benjamin, Brush, Candida G., How Do "Resource Bundles" Develop and Change in New Ventures? A Dynamic Model and Longitudinal Exploration, in: Entrepreneurship Theory & Practice, 25 (2001), S. 37 – 59.

Lissack, M.R., Complexity: the Science, its Vocabulary, and its Relation to Organizations, in: Emergence, 1(1, 1999), 110-126.

Luhmann, N., Die Gesellschaft der Gesellschaft, Suhrkamp-Taschenbuch Wissenschaft, 1360, Frankfurt am Main 1998.

Luhmann, N., Soziale Systeme: Grundriß einer allgemeinen Theorie, Suhrkamp-Taschenbuch Wissenschaft, 666. 7. Aufl., Frankfurt am Main 1999.

Maguire, S., McKelvey, Bill, Complexity and Management: Moving From Fad to Firm Foundation, in: Emergence, 1(2, 1999), S. 5 – 49.

Maguire, S., McKelvey, Bill (Hrsg.), Special Issue: A Review of Complexity Books, in: Emergence, 1(2, 1999).

McKelvey, Bill, Self-Organization, Complexity Catastrophe, and Microstate Models at the Edge of Chaos, in: Baum, J.A.C., McKelvey, Bill (Hrsg.), Variations in organization science: In honor of Donald T. Campbell, Thousand Oaks, London, New Delhi 1999a, S. 279 – 307.

McKelvey, Bill, Complexity Theory in Organization Science: Seizing the Promise or Becoming a Fad?, in: Emergence, 1(1, 1999), S. 5 – 32.

McKelvey, Bill, Towards a complexity science of entrepreneurship, in: Journal of Business Venturing, 19 (3, 2004), S. 313 – 329.

Müller, K., „Katastrophen", „Chaos" und „Selbstorganisation". Methodologie und sozialwissenschaftliche Heuristik der jüngeren Systemtheorie, in: Prokla. Zeitschrift für kritische Sozialwissenschaft, Heft 88, 22 (3, 1992), S. 340 – 373.

Mussmann, F., Komplexe Natur – Komplexe Wissenschaft: Selbstorganisation, Chaos, Komplexität und der Durchbruch des Systemdenken in den Naturwissenschaften, Opladen 1995.

O'Connor, E., Storytelling to be real: narrative legitimacy building and venturing, in: Hjorth, Daniel, Steyaert, Chris (Hrsg.), Narrative and Discursive Approaches in Entrepreneurship, Cheltenham 2004, S. 105 – 124.

o.V., The Gurus Speak: Complexity and Organizations: A Panel Discussion at the Second International Conference on Complex Systems, October 30, 1998, Emergence, 1(1, 1999), S. 73 – 91.

Phan, Phil, Introduction: Entrepreneurship theory: possibilities and future directions, in: Journal of Business Venturing, 19 (2004), S. 617 – 620.

Sarasvathy, Saras D., Dew, N., Ramakrishna Velamurti, S., Venkataraman, S., Three Views of Entrepreneurial Opportunity, in: Acs, Zoltan J.,

Audretsch, David B. (Hrsg.), Handbook of Entrepreneurship Research, Dordrecht 2003, S. 141 – 160.
Sarasvathy, Saras D., Causation and effectuation: Toward a theoretical shift from economic inevitability to entrepreneurial contingency, in: Academy of Management Review, 26 (2, 2001), S. 243 – 263.
Shane, Scott, Eckhardt, J., The Individual-Opportunity Nexus, in: Acs, Zoltan J., Audretsch, David B. (Hrsg.), Handbook of Entrepreneurship Research, Dordrecht 2003, S. 161 – 191.
Shane, Scott, Venkataraman, S., The promise of entrepreneurship as a field of research, in: Academy of Management Review, 25 (1, 2001), S. 217 – 226.
Smallbone, David, Welter, Friederike, Conceptualising Entrepreneurship in a Transition Context, in: International Journal of Entrepreneurship and Small Business, 3 (2, 2006), S. 190 – 206.
Stacey, R.D., Griffin, D., Shaw, P., Complexity and management: fad or radical challenge to systems thinking? London, New York 2000.
Steyaert, Chris, Katz, Jerome, Reclaiming the space of entrepreneurship in society: geographical, discursive and social dimensions, Entrepreneurship & Regional Development, 16 (2004), S. 179 – 196.
Stephan, A. (1999), Emergenz: Von der Unvorhersagbarkeit zur Selbstorganisation, Philosophische Schriften, Theorie & Analyse, 2. Dresden, München 1999.
Stewart, I., Cohen. J., Figments of reality: the evolution of the curious mind, Cambridge 1999.
Thornton, P.H., The Sociology of Entrepreneurship, in: Annual Review of Sociology 25 (1999), S. 19 – 46.
Tornikoski, E.T., Newbert, S.L., Exploring the determinants of organizational emergence: A legitimacy perspective, in: Journal of Business Venturing, 22 (2007), S. 311 – 335.
Türk, K., Organisation als Institution der kapitalistischen Gesellschaftsformation, in: Ortmann, G., Sydow, J., Türk, K. (Hrsg.), Theorien der Organisation: die Rückkehr der Gesellschaft, Opladen 1997, S. 124 – 176.
Von Foerster, Heinz, Kausalität, Unordnung, Selbstorganisation, in: Kratky und Wallner (Hrsg.), Grundprinzipien der Selbstorganisation, Darmstadt 1990, S. 77-95.

Warren, Lorraine, Negotiating entrepreneurial identity: communities of practice and changing discourses, in: International Journal of Entrepreneurship and Innovation, 5 (2, 2004), 25-37.

Weise, Peter, Evolution and Self-Organization, Journal of Institutional and Theoretical Economics 152 (1996), S. 716 – 722.

Welter, Friederike, Strategien, KMU und Umfeld, RWI: Schriften, 69, Berlin 2003.

Welter, Friederike, Smallbone, David, Exploring the Role of Trust for Entrepreneurial Activities, in: Entrepreneurship Theory & Practice, 30 (2006), S. 465 - 475.

Zafirovski, M., Probing into the social layers of entrepreneurship: outlines of the sociology of enterprise, in: Entrepreneurship & Regional Development, 11 (4, 1999), S. 351 – 371.

Endnoten

1 Siehe auch die in Maguire und McKelvey (1999) zusammengestellten Besprechungen von wissenschaftlichen und populärwissenschaftlichen Schriften, die komplexitätswissenschaftliche Konzepte vor allem auf die Managementpraxis übertragen.

2 Ein ausführlicher Überblick über die Entwicklung von Wahrnehmung und Verstand im Spiegel der Komplexitätswissenschaften findet sich bei Stewart und Cohen (1999).

3 Dieser Abschnitt ist eine überarbeitete, erweiterte und in das Deutsche übertragene Version von Fuller, Warren und Welter (2006).

Individuelle oder kollektive Unternehmensführung? Die Bedeutsamkeit der kollektiven Führung für die unternehmerische Entscheidungsfindung und den Unternehmenserfolg in kleinen und mittleren Unternehmen

Albert Martin[*]

1. Problembeschreibung
2. Theoretischer Bezugsrahmen
3. Führungsstrukturen
4. Zusammenhänge
5. Diskussion
6. Fazit

Literatur

---

[*] Martin, Albert, Universitätsprofessor, Dr., Universität Lüneburg, Leiter des Instituts für Mittelstandsforschung

1. Problembeschreibung

1.1 Zielsetzung

Der vorliegende Aufsatz beschäftigt sich mit der Frage, ob das Entscheidungsverhalten und der Erfolg von kleinen und mittleren Unternehmen (KMU) davon abhängen, ob ein Unternehmen von einer Einzelperson oder aber von einem Führungsteam geleitet wird und wie sich die Größe des Führungsteams auf Wahrnehmung und Handeln der Unternehmensführung auswirkt. Zur Beantwortung dieser Frage berichtet der vorliegende Aufsatz über ausgewählte Ergebnisse einer Befragung kleiner und mittlerer Industrieunternehmen.

1.2 Datenerhebung

Das Ziel der empirischen Erhebung bestand darin, zu empirisch fundierten Aussagen über das Strategieverhalten von Industrieunternehmen zu gelangen. Erfragt wurden entsprechend Strategieinhalte und der Strategiestil der Unternehmen. Daneben wurden Wahrnehmungen der Unternehmensführung über deren Aufgabenumwelt erhoben, außerdem wurde die Art des Zustandekommens von strategischen Entscheidungen ermittelt. Schließlich wurden mehrere Fragen zur Abschätzung des (langfristigen) Unternehmenserfolgs gestellt. Ein zentrales Anliegen der Studie war es, den Stellenwert von Führungsstrukturen für das Unternehmensverhalten zu analysieren. Hierzu wurden Aspekte der kollektiven Leitung erfasst, die aus organisationstheoretischer Sicht besonderes Interesse verdienen, insbesondere Variablen zur Beschreibung der Aufgabenverteilung und des Führungsklimas (vgl. Martin 2006). Im Folgenden geht es um einen weiteren (sehr handgreiflichen) Aspekt der Führungsstruktur, um die Frage, wie viele Personen in die Unternehmensführung eingebunden sind, und wie sich dies auf die Entscheidungsfindung und den Erfolg eines Unternehmens auswirkt.
Die Stichprobe umfasste N=763 Industrieunternehmen. Sie wurde anhand von Adresslisten der IHK und des Hoppenstedt-Verzeichnisses mittelständischer Unternehmen gezogen. Regional erfolgte eine Beschränkung auf den Großraum Hamburg. An der Befragung beteiligten sich n=170 Unternehmen (Rücklaufquote 22,7%). Zur Messung der einzelnen Variablen wurde – soweit

vorhanden – auf erprobte Skalen und Indizes zurückgegriffen, wobei einheitlich siebenstufige Ratingskalen zum Einsatz kamen (vgl. Martin 2005)[1].

2. Theoretischer Bezugsrahmen

Kann man den vielen einschlägigen Publikationen glauben, dann hat Teamarbeit in vielen Bereichen des Arbeitslebens Einzug gehalten, in denen traditionell eine mehr oder weniger strikte Arbeitsteilung vorherrschte. Auch in der wissenschaftlichen Literatur werden vielfach die Vorzüge der Teamarbeit gepriesen. Es drängt sich daher die Frage auf, ob auch die Führung von kleinen und mittleren Unternehmen nicht besser durch Teams als durch eine einzelne Führungsperson erfolgen sollte. Eine vorschnelle Antwort auf diese Frage sollte man vermeiden. So muss man z.B. skeptisch sein was – jenseits programmatischer Verlautbarungen – die tatsächliche Verbreitung der Teamarbeit in den Unternehmen angeht. Dazu kommt, dass der Begriff der Teamarbeit häufig recht nachlässig gebraucht wird und oft für Formen der Zusammenarbeit verwendet wird, die diesen Namen nicht verdienen. „Echte" Teamarbeit verlangt mehr als räumliche Nähe, sie erschöpft sich nicht darin, dass man sich als Mitglied einer organisatorischen Einheit versteht oder dass man hin und wieder Informationen austauscht. Wirkliche Teamarbeit umfasst ebenso die Abstimmung bei der täglichen Zusammenarbeit, wie die Zusammenarbeit bei der Definition und Verteilung der Aufgaben, sie umfasst die gemeinschaftliche Ausarbeitung von Lösungen, verlangt Hilfestellungen bei der gemeinsamen Umsetzung und richtet sich auch auf die Regelung der Beziehungen zur Aufgabenumwelt. Entsprechend voraussetzungsreich ist Teamarbeit (Martin 2000). Einen Eindruck von den vielfältigen Anforderungen an die Teamarbeit vermitteln die zahlreichen Modelle, die sich mit den Erfolgsbedingungen von Teams beschäftigen (Salas/Stagl/Burke/Good-Win 2007), worauf hier nicht näher eingegangen werden kann.

Im vorliegenden Aufsatz geht es uns nicht um die Tiefen der Teamdynamik, wir befassen uns stattdessen mit einem Phänomen, das auf einer höheren Aggregationsebene – der Strukturebene – angesiedelt ist. Mit entsprechenden Fragen beschäftigt sich vor allem die so genannte Top Management Team (TMT) Forschung (Wagner/Pfeffer/O'Reilly 1984, Hambrick/Mason 1984, Smith u.a. 1994, Pitcher/Smith 2001, Certo/Lester/Dalton/Dalton 2006). In diesen Studien geht es vor allem um Fragen der Zusammensetzung des

Führungsteams (im Hinblick auf Alter, Zugehörigkeitsdauer, Qualifikation, beruflichen Hintergrund usw.) und deren Auswirkungen auf den Unternehmenserfolg (sowie auf weitere Größen wie die strategische Orientierung, die Veränderungsbereitschaft, die Kommunikation und Zusammenarbeit usw.). Die im Rahmen dieser Forschung durchgeführten empirischen Untersuchungen über den Einfluss der Größe des Führungsteams erbrachten keine einheitlichen Ergebnisse. Es gibt Studien, die einen positiven Einfluss der Teamgröße auf den Unternehmenserfolg belegen und Studien, die keinen derartigen Zusammenhang finden (vgl. z.B. Carpenter u.a. 2001 auf der einen und Iaquinto/Fred-Rickson 1997 auf der anderen Seite).

Die Frage, ob die Alleinführung der kollektiven Führung vorzuziehen ist, wird bislang sehr selten systematisch untersucht. In der Managementfolklore ist nach wie vor der Mythos der starken Persönlichkeit (die letztlich den Unterschied zwischen Erfolg und Misserfolg ausmache) sehr verbreitet. Alvarez/Svejenova/Vives (2007) berichten zum Beispiel über Fälle, die zeigen, dass es möglich ist, dass zwei Personen an der Spitze erfolgreich zusammenarbeiten. Katzenbach (1998) vertritt die These, dass die Unternehmensleitung durch ein Führungsteam deutliche Vorteile habe, aber nicht in jeder Situation angebracht sei, weshalb je nach Situation entschieden werden müsse, welche Art der Unternehmensführung anzuwenden ist. Die letztlich verantwortliche Führungsperson solle daher immer gleichzeitig als „Chef" und als „Teammitglied" agieren.

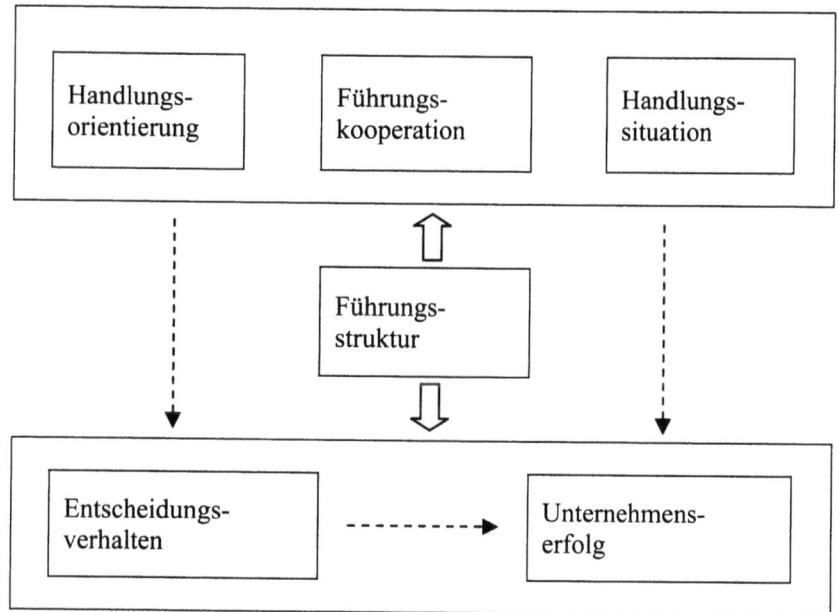

Abb. 1: Grundmodell Strategisches Verhalten in KMU

In unserer eigenen Studie gehen wir der Frage nach, welche Wirkungen von der Art der Führungsorganisation (individuelle Führung oder kollektive Führung) auf das Führungshandeln ausgehen. Außerdem untersuchen wir, welche Bedeutung die Größe des Führungsteams in diesem Zusammenhang hat. In Abbildung 1 ist unser Auswertungsmodell wiedergegeben. Es folgt der Überlegung, dass Handlungen aus dem Zusammenwirken der Handlungsdispositionen der Akteure sowie strukturellen und situativen Größen resultieren. Wir können an dieser Stelle nicht auf das breite Spektrum der damit angesprochenen Aspekte eingehen, wir konzentrieren uns auf ausgewählte Variable, die in der Forschung besondere Aufmerksamkeit gefunden haben.

Näher untersuchen wollen wir die durch die dicken Pfeile bezeichneten Beziehungen (zu den anderen Zusammenhängen vgl. Martin 2005).

3. Führungsstrukturen

Führungsstrukturen umfassen ein breites Spektrum von formalen und informalen Regulierungen, die das wechselseitige Verhältnis und das Zusammenwirken der Führungskräfte einer Organisation bestimmen. Im Einzelnen definiert sich eine konkrete Führungsstruktur durch die gegebenen Institutionen, durch Vorschriften und Rechte, Regeln, Rollen und Gewohnheiten, aber auch durch die gegebenen Machtverhältnisse und die gewonnenen kulturellen Muster der Zusammenarbeit. Wir beschränken uns im vorliegenden Beitrag auf die Betrachtung von einigen eher „formalen" Merkmalen von Führungsstrukturen[2], im Einzelnen beschäftigen wir uns mit der Frage, ob es für das Handeln und den Erfolg eines Unternehmens einen Unterschied macht, ob ein Unternehmer von einem einzelnen Geschäftsführer geleitet wird oder ob eine kollektive Führung vorliegt. Dabei ist zu beachten, dass eine kollektive Führung auch dann vorliegen kann, wenn es formal nur einen Geschäftsführer gibt, da es dem Leiter des Unternehmens frei steht, zusätzliche Personen an der Führung des Unternehmens zu beteiligen. Daher betrachten wir neben den Geschäftsführern auch den engeren Führungskreis, also die Personen, die normalerweise in wichtige „strategische" Entscheidungen über das Geschick des Unternehmens eingebunden werden.

Bei der Frage nach der angemessenen Größe des Führungsteams spielt natürlich die Unternehmensgröße eine besondere Rolle, schließlich macht es einen Unterschied ob man allein (oder mit einem kleinen Führungsteam) ein Unternehmen von z.B. zwanzig Mitarbeitern führt oder ob das Unternehmen mehrere hundert Beschäftigte umfasst. Aus diesem Grund wird in den folgenden Analysen die Unternehmensgröße immer mit einbezogen.

3.1 Geschäftsführung

Die folgende Übersicht zeigt die Zahl der Geschäftsführer in den befragten Unternehmen. Am häufigsten findet man einen oder zwei Geschäftsführer, vier und mehr Geschäftsführer gibt es selbst in den größeren Unternehmen sehr selten. Die Vermutung liegt nahe, dass die Zahl der Geschäftsführer von strukturellen Gesichtspunkten bestimmt wird. Wie bereits angeführt ist der Einfluss der Unternehmensgröße zwar unverkennbar (Tabelle 1), er ist aber nicht sonderlich stark. Ein anderes Strukturmerkmal betrifft den Lebenszyklus, in dem sich ein Unternehmen befindet. Diesbezüglich besonders bemerkenswert ist, dass sich Gründerunternehmer nicht von den übrigen Unternehmen unterscheiden, auch hier findet man – wie ganz allgemein – häufiger eine kollektive Führung als eine Einpersonenführung. Ein weiteres Strukturmerkmal betrifft die Eigentumsverhältnisse. Dabei zeigt sich (erwartungsgemäß), dass Familienunternehmen häufiger eine kollektive Führung aufweisen. Für Unternehmen mit nur einem Eigentümer[3] gilt das Umgekehrte, hier findet man seltener als in den übrigen Unternehmen eine kollektive Führung. Aber diese Tendenz ist nicht sonderlich stark, auch in der Gruppe der Unternehmen mit nur einem Eigentümer überwiegen die Fälle mit mehreren Geschäftsführern.

Zahl der Geschäftsführer * Zahl der Mitarbeiter Kreuztabelle

			Zahl der Mitarbeiter			
			bis 30	31 bis 70	71 bis 500	Gesamt
Zahl der Geschäftsführer	1	Anzahl	22	28	11	61
		% von Zahl der Mitarbeiter	36,7%	47,5%	25,0%	37,4%
	2	Anzahl	31	19	22	72
		% von Zahl der Mitarbeiter	51,7%	32,2%	50,0%	44,2%
	3	Anzahl	6	8	7	21
		% von Zahl der Mitarbeiter	10,0%	13,6%	15,9%	12,9%
	4 und mehr	Anzahl	1	4	4	9
		% von Zahl der Mitarbeiter	1,7%	6,8%	9,1%	5,5%
Gesamt		Anzahl	60	59	44	163
		% von Zahl der Mitarbeiter	100,0%	100,0%	100,0%	100,0%

Tab. 1: Zahl der Geschäftsführer in den befragten KMU

3.2 Führungskreis

Die Führung eines Unternehmens beschränkt sich allerdings nicht auf die Gruppe der Geschäftsführer. Der Inhaber eines Unternehmens kann sich beispielsweise die alleinige Geschäftsführung vorbehalten und dessen ungeachtet weitere Personen eng in die Führung des Unternehmens einbinden. Um den

Kreis derjenigen zu ermitteln, die normalerweise in die Unternehmensführung einbezogen werden, wurden die befragten Geschäftsführer gebeten, die folgende Frage zu beantworten:

Die folgende Frage richtet sich auf die Zusammenarbeit der **Führungskräfte, die zum engeren Führungskreis** gehören. Zu diesem Personenkreis rechnet man üblicherweise die folgenden Personen:
- Personen, die normalerweise bei den wichtigen, das Gesamtunternehmen betreffenden Entscheidungen in die Entscheidungsfindung mit einbezogen werden,
- die einen eigenständigen Verantwortungsbereich haben,
- die Führungsverantwortung für andere Mitarbeiter haben
- und die regelmäßig an Führungsbesprechungen teilnehmen.

Wie viele Personen gehören zum engeren Führungskreis des Unternehmens?
……… Personen

Die Antworten auf diese Frage sind in Tabelle 2 zusammengefasst.

Mitglieder im Führungskreis * Zahl der Mitarbeiter Kreuztabelle

			Zahl der Mitarbeiter			
			bis 30	31 bis 70	71 bis 500	Gesamt
Mitglieder im Führungskreis	1	Anzahl	2	0	0	2
		% von Zahl der Mitarbeiter	3,4%	,0%	,0%	1,2%
	2	Anzahl	10	3	0	13
		% von Zahl der Mitarbeiter	16,9%	5,1%	,0%	8,0%
	3	Anzahl	15	16	2	33
		% von Zahl der Mitarbeiter	25,4%	27,1%	4,5%	20,4%
	4	Anzahl	21	15	7	43
		% von Zahl der Mitarbeiter	35,6%	25,4%	15,9%	26,5%
	5 und mehr	Anzahl	11	25	35	71
		% von Zahl der Mitarbeiter	18,6%	42,4%	79,5%	43,8%
Gesamt		Anzahl	59	59	44	162
		% von Zahl der Mitarbeiter	100,0%	100,0%	100,0%	100,0%

Tab. 2: Zahl der Mitglieder im engeren Führungskreis

Naturgemäß gehören in den größeren Unternehmen deutlich mehr Personen zum engeren Führungskreis als in den kleineren Unternehmen (vgl. Tabelle 2). Unter den 60 kleineren Unternehmen unserer Stichprobe befinden sich 3 Unternehmen, in denen die Führung aus nur einer Person (dem allein verantwortlichen Geschäftsführer) besteht. In jedem sechsten Betrieb findet man dagegen 2 Führungspersonen (d.h. entweder 2 Geschäftsführer oder einen Geschäftsführer plus eine angestellte Führungskraft). In jedem vierten Fall gibt es neben dem Hauptgeschäftsführer zwei weitere Führungspersonen und in mehr als jedem dritten kleineren Betrieb gibt es sogar drei und mehr weitere Führungspersonen. Im Durchschnitt kommen auf eine Führungskraft in den kleineren Unternehmen fünf Mitarbeiter, in den mittleren Unternehmen ist das Verhältnis 1:11 und in den größeren Unternehmen 1:18 (Medianwerte).

4. Zusammenhänge

Welchen Einfluss haben die angeführten Strukturgrößen auf das Unternehmenshandeln? Hierauf wollen wir im Folgenden eingehen.

4.1 Handlungssituation: Feindselige Umwelt

Das Verhalten eines Unternehmens wird ganz maßgeblich von den Gegebenheiten seines wirtschaftlichen, sozialen und politischen Umfelds bestimmt. In der Literatur wird insbesondere die Bedeutung der Wettbewerbsintensität, der Abhängigkeit, der Umweltkomplexität und der Umweltdynamik herausgestellt. Eine weitere zentrale Größe ist die „Freundlichkeit" oder „Feindseligkeit" der Umwelt. Eine feindselige Umwelt verlangt besondere Aufmerksamkeit, treffende Analysen, Flexibilität im Handeln und eine entsprechende unternehmerische Haltung – etwa auch im Umgang mit Risiken (Khandwalla 1972, 1976, Castrogiovanni 1991, Covin/Slevin 1989, 1998). Psychologisch gesehen führt die Wahrnehmung von Feindseligkeit oder von Bedrohungen zu einer eingeschränkten Wahrnehmung und zu wenig überlegtem Vorgehen, also zu einem Verhalten, das den Situationsanforderungen genau entgegen gerichtet ist. Wesentlich bestimmt werden Wahrnehmungen und Reaktionen in derartigen Situationen vom Grad der sozialen Unterstützung (Martin/Matiaske 2002). Entsprechendes Interesse verdient die Frage, ob Geschäftsführer, die ein Unternehmen alleinverantwortlich leiten, die Unternehmensumwelt als feindseliger einschätzen, als Geschäftsführer, die die Aufgabe der Unternehmensführung mit anderen Personen teilen (und die sich entsprechend gegenseitig unterstützen können).

Freundliche Umwelt	freund-lich	weder/noch	feind-selig	*Feindselige Umwelt*
Das wirtschaftliche Umfeld ist sehr sicher, es gibt keine Gefährdung für das Überleben und Gedeihen des Unternehmens.	27%	23%	50%	Das wirtschaftliche Umfeld ist äußerst unsicher, es existieren sehr große Bedrohungen, die das Überleben und Gedeihen des Unternehmens gefährden.
Das wirtschaftliche Umfeld bietet viele Investitions- und Marktmöglichkeiten.	39%	16%	45%	Das wirtschaftliche Umfeld ist sehr „stressig", es ist sehr schwer, zu bestehen.
Das wirtschaftliche Umfeld ist freundlich.	30%	29%	41%	Das wirtschaftliche Umfeld ist feindselig.

Tab. 3: Wahrnehmung einer freundlichen bzw. feindseligen Umwelt

Unsere Studie zeigt, dass die Unternehmer ihre Umweltsituation zwar durchaus unterschiedlich, insgesamt aber doch sehr häufig als feindselig erleben (vgl. Tabelle 3)[4].
Unterschiede im Hinblick auf die Führungsstruktur zeigen sich bei den kleineren und bei den größeren, nicht dagegen bei den mittleren Unternehmen.
- Von den kleineren Unternehmen (bis 30 Mitarbeiter) *mit nur einem Geschäftsführer* sehen sich 38% einem eher feindlichen Umfeld ausgesetzt[5], von den kleineren Unternehmen *mit mehr als einem Geschäftsführer* sind es dagegen nur 24%.
- Bei den größeren Unternehmen (mehr als 70 Mitarbeiter) *mit nur einem Geschäftsführer* sehen sich sogar 64% in einem feindlichen Umfeld, haben die größeren Unternehmen *mehr als einen Geschäftsführer* beträgt dieser Anteil dagegen nur 19%[6].
-
Wie oben angeführt, ergibt sich eine mögliche Erklärung aus der stressreduzierenden Wirkung sozialer Unterstützung: Situationen werden als weniger bedrohlich wahrgenommen, wenn man nicht auf sich allein gestellt ist.[7]
Gestützt wird diese Interpretation durch den Tatbestand, durch die positiven Korrelationen zwischen der Zahl der Mitglieder im engeren Führungskreis und

der Wahrnehmung einer feindseligen Umwelt (τ_b=-0,22 bei den kleineren Unternehmen, τ_b= -0,29 bei den größeren Unternehmen, bei den mittleren Unternehmen findet sich wiederum kein deutlicher Zusammenhang). Möglicherweise verbirgt sich hinter diesen Ergebnissen auch einfach ein Überlastungsphänomen: ein Führungsteam kann naturgemäß einen größeren Aufgabenumfang bewältigen als eine einzelne Führungsperson. Mit zunehmender Unternehmensgröße wächst die Aufgabenbelastung, was den Unterschied zwischen den größeren und den mittleren Unternehmen plausibel macht. Dass auch in den kleineren, nicht aber in den mittleren Unternehmen das Bedrohungsgefühl sinkt, wenn sich mehrere Personen an der Unternehmensführung beteiligen, kann seinen Grund in Erfahrungsunterschieden haben, die zwischen den Leitern von kleinen und mittleren Unternehmen bestehen dürften (was aber durch unsere Daten nicht näher geprüft werden kann).

4.2 Handlungsorientierung: Risikoneigung

Unternehmer gelten als risikofreudig. Häufig wird die Risikofreude nachgerade als *das* wesentliche Charakteristikum des Unternehmers bezeichnet und als Voraussetzung erfolgreichen Unternehmertums gesehen (Mill 1848, Drucker 1970, Burch 1986). Die Ergebnisse empirischer Studien hierzu sind uneinheitlich. Unternehmer zeichnen sich nicht immer durch besondere Risikoneigung aus, Risikoneigung ist auch nicht immer eine Voraussetzung für den Erfolg von Unternehmen (Furnham 1992, Begley/Boyd 1998, Rauch/Frese 2000).

Risikoaverses **Verhalten**	risiko-avers	weder/ noch	risiko-freudig	*Risikofreudiges* **Verhalten**
Wir richten unsere Aktivitäten normalerweise auf Projekte mit geringem Risiko.	49%	31%	20%	Wir richten unsere Aktivitäten normalerweise auf Projekte, die ein relativ hohes Risiko bergen.
Unser Marktverhalten ist dadurch gekennzeichnet, dass wir Schritt für Schritt vorgehen.	57%	11%	32%	Unser Marktverhalten ist dadurch gekennzeichnet, dass wir sehr rasch und umgreifend vorgehen.
Unser Markverhalten ist durch vorsichtiges Vorgehen gekennzeichnet	40%	20%	40%	Unser Marktverhalten ist durch mutiges Vorgehen gekennzeichnet.

Tab. 4: Risikoneigung

Unsere Studie zeigt jedenfalls, dass sich die Risikoneigung von mittelständischen Unternehmern in Grenzen hält. Immerhin die Hälfte der befragten Unternehmer gibt an, dass sie sich normalerweise mit Projekten befassen, die ein nur geringes Risiko aufweisen (Tabelle 4). Wie dem auch sei, die Führungsstruktur scheint jedenfalls einen gewissen Einfluss auf die Risikobereitschaft auszuüben. In den kleinen und mittleren KMU ist die Neigung risikobehaftete Projekte durchzuführen höher, wenn die Unternehmen von Allein-Geschäftsführern und nicht von Führungsteams geleitet werden. In den größeren KMU ist diese Tendenz allerdings nicht zu erkennen. In Tabelle 5 sind die Ergebnisse für die erste der in Tabelle 4 angegebenen Teilfrage aufgeführt. Fasst man alle drei Risikoitems zu einem Index zusammen, so ergeben sich in der Tendenz die gleichen Ergebnisse; allerdings ohne die sich in Tabelle 5 andeutende Umkehrung bei den größeren Unternehmen, d.h. in den größeren KMU ergibt sich – insgesamt betrachtet – keine Beziehung zwischen Alleinführung und Risikoneigung.

Kreuztabelle

Zahl der Mitarbeiter				Zahl der Geschäftsführer einer	Zahl der Geschäftsführer mehrere	Gesamt
bis 30	Risikoneigung	gering	Anzahl	18	36	54
			% von Zahl der Geschäftsführer	81,8%	97,3%	91,5%
		hoch	Anzahl	4	1	5
			% von Zahl der Geschäftsführer	18,2%	2,7%	8,5%
	Gesamt		Anzahl	22	37	59
			% von Zahl der Geschäftsführer	100,0%	100,0%	100,0%
31 bis 70	Risikoneigung	gering	Anzahl	17	26	43
			% von Zahl der Geschäftsführer	60,7%	83,9%	72,9%
		hoch	Anzahl	11	5	16
			% von Zahl der Geschäftsführer	39,3%	16,1%	27,1%
	Gesamt		Anzahl	28	31	59
			% von Zahl der Geschäftsführer	100,0%	100,0%	100,0%
71 bis 500	Risikoneigung	gering	Anzahl	10	24	34
			% von Zahl der Geschäftsführer	90,9%	72,7%	77,3%
		hoch	Anzahl	1	9	10
			% von Zahl der Geschäftsführer	9,1%	27,3%	22,7%
	Gesamt		Anzahl	11	33	44
			% von Zahl der Geschäftsführer	100,0%	100,0%	100,0%

Tab. 5: Risikoneigung, Unternehmensgröße und Geschäftsführung

Bemerkenswert ist, dass mit zunehmender Unternehmensgröße die Risikoneigung deutlich ansteigt (und zwar für alle drei der in Tabelle 3 genannten Items; der Korrelationskoeffizient τ_b liegt zwischen 0,15 und 0,29). Dies schlägt sich auch in der Korrelation mit der Variablen „Führungskreis" nieder: je umfangreicher der engere Führungskreis ist, desto größer ist auch die Risikoneigung (τ_b=0,15). Offenbar ist dies aber ein reiner Betriebsgrößeneffekt, denn innerhalb der drei Betriebsgrößenklassen gibt es keinerlei Beziehungen zwischen der Größe des Führungskreises und der Risikoneigung.

Man kann dieses Ergebnis als Beleg gegen die Risikoschub-Hypothese interpretieren, die behauptet, dass Gruppenentscheidungen riskanter ausfallen als

Individualentscheidungen (Stoner 1968, Pruitt 1971). Tatsächlich stellt sich ja genau das Gegenteil heraus, dass nämlich – zumindest in den kleinen und mittleren KMU – die Risikoneigung dann höher ist, wenn es nur einen Geschäftsführer (als Verantwortlichen für Verantwortliche) gibt. Daran ändert sich auch nichts, wenn man zusätzlich zum Allein-Geschäftsführer die Zahl seiner Führungskräfte berücksichtigt: mit wachsendem Führungskreis verändert sich die Risikoneigung des Allein-Geschäftsführers nicht.

Zusammenfassend kann festgehalten werden, dass die Risikobereitschaft mit zunehmender Unternehmensgröße steigt und dass in den kleineren und mittleren KMU die Risikobereitschaft dann größer ist, wenn nur eine einzelne Person die Geschäfte führt. Der Umfang des Führungskreises ist für die Risikobereitschaft ohne Belang. Erklärungen für den Betriebsgrößeneffekt können sehr unterschiedliche Überlegungen bemühen. So kann zum Beispiel geltend gemacht werden, dass in größeren Unternehmen die objektiven Möglichkeiten um riskantere Projekte in Angriff zu nehmen größer sind, weil dort normalerweise auch die finanziellen Puffer größer sind. Man könnte aber auch vermuten, dass die Risikoneigung deswegen größer ist, weil größere Unternehmen bessere Chancen haben, positive Erfahrungen mit risikoreichen (und damit gewinnträchtigeren) Projekten zu machen. Auch für die Erklärung der größeren Risikoneigung der Alleingeschäftsführer in den kleineren und mittleren KMU bieten sich sehr unterschiedliche Argumente an. Denkbar ist beispielsweise, dass in den kleineren Unternehmen mit nur einem Geschäftsführer weniger persönliche und soziale Rücksichten existieren, die die Handlungsfreiheit des Allein-Geschäftsführers beschränken – was bei einer unterstellten Risikoneigung von Unternehmern auch zu risikoreicheren Projekten führt. Es kann aber auch sein, dass in Führungsteams die Notwendigkeit besteht, sich ein Regelwerk der Zusammenarbeit zu geben, das zumindest als Nebenfolge auch ein vorsichtigeres Agieren bewirkt.

4.3 Führungskooperation: Partizipation, Einfluss und Führungsklima

Die Top Management Team Forschung interessiert sich – wie oben kurz beschrieben wurde – primär für die Zusammensetzung des Teams. Dabei stellt sie unter anderem darauf ab, inwieweit sich die Fähigkeiten, die die Führungskräfte mitbringen, gegenseitig ergänzen. Allerdings genügt es nicht, nur die vorhandenen Potentiale zu betrachten, ebenso wichtig ist, wie sich diese umsetzen, es ist also zu fragen, ob es zu einer „Verhaltensintegration" (Hambrick

1998) kommt. Eine optimale Fähigkeitsausstattung ist also nur von beschränktem Wert, wenn die Fähigkeiten – beispielsweise – aufgrund von Problemen in der Zusammenarbeit nicht genutzt werden. Auf diesen Aspekt wollen wir in diesem Abschnitt kurz eingehen.
Insgesamt vermitteln die Auszählungen der Antworten ein durchaus positives Bild. Das Führungsklima wird als sehr gut beschrieben, die Partizipation wird von der großen Mehrheit der befragten Geschäftsführer als ausreichend beurteilt, Abstriche zeigen sich bei den Einflussmöglichkeiten (Tabelle 6).

Inwieweit treffen die folgenden Aussagen zu?	Trifft überhaupt nicht zu	Trifft nicht zu	Trifft eher nicht zu	Teils/ teils	Trifft eher zu	Trifft zu	Trifft genau zu
	1	2	3	4	5	6	7
Über wichtige Entscheidungen wird immer rechtzeitig informiert, die von einer Entscheidung Betroffenen werden in die Entscheidungen immer von Anfang an und vollständig einbezogen.	0%	2%	2%	20%	24%	42%	10%
Es gibt keine großen Machtungleichgewichte, alle Führungskräfte haben gleichermaßen große Einflussmöglichkeiten zur Bestimmung der Unternehmenspolitik.	2%	15%	13%	15%	23%	24%	8%
Das Führungsklima ist offen und angenehm, es gibt keine Barrieren, die die Kommunikation behindern oder stören.	0%	1%	1%	8%	18%	48%	25%

Tab. 6: Fragen zur Beschreibung der Führungskooperation

Die Differenzierung nach Führungsstrukturen erbringt ein bemerkenswertes Ergebnis; während es bei den kleinen und mittleren KMU keinen Unterschied macht, ob im Unternehmen nur ein Allein-Geschäftsführer agiert oder aber mehrere Personen als Geschäftsführer tätig sind, findet sich bei den größeren KMU ein deutlicher Effekt in eine Richtung, die zunächst vielleicht überrascht. Es sind in dieser Betriebsgrößenklasse nämlich nicht etwa die Unternehmen mit einem einzelnen Geschäftsführer, die im Hinblick auf die Zusammenarbeit im Führungsteam[8] schlecht abschneiden, sondern die Unternehmen mit einer kollektiven Führung auf der Geschäftsführerebene (und zwar bezüglich allen in Tabelle 6 genannten Items).

	Zahl der Geschäftsführer	N	Mittelwert	η
Führungskooperation	Einer	10	5,87	0,46
	Mehrere	32	4,79	
Partizipation	Einer	11	5,82	0,36
	Mehrere	32	4,81	
Machtgleichgewicht	Einer	10	5,40	0,36
	Mehrere	32	4,06	
Führungsklima	Einer	10	6,20	0,29
	Mehrere	32	5,50	

Tab. 7: Führungskooperation in Abhängigkeit von der Zahl der Geschäftsführer
Skalen im Wertebereich von 1 bis 7, Unternehmen mit mehr als 70 Mitarbeitern
Die Variable „Führungskooperation" ist der ungewichtete Summenindex aus den anderen drei in der Tabelle genannten Variablen.

Der kritische Übergang liegt dabei im Unterschied zwischen einem und zwei Geschäftsführern, durch einen dritten oder vierten Geschäftsführer kommt es nicht zu einer weiteren „Verschlechterung" unter das Niveau der

Zweipersonensituation. Offenbar wird die Kooperation in der Führung erschwert, wenn es mehr als nur einen „Chef" gibt. Die schlechteren Werte spiegeln – so betrachtet – den Preis für kollektives Handeln wieder, der allerdings erst dann sichtbar wird, wenn das Aufgabenvolumen wächst und damit mehr Konfliktfelder entstehen, wie dies in größeren Unternehmen der Fall ist.[9]

4.4 Entscheidungsverhalten

Sorgfältig bedachte Entscheidungen sind Entscheidungen vorzuziehen, die aus bloßem Gefühl oder aus reiner Routine heraus getroffen werden. Dies gilt jedenfalls dann, wenn es um strategisch bedeutsame Entscheidungen geht, die nachhaltige Konsequenzen für das Schicksal des Unternehmens haben und einen hohen Grad an Komplexität aufweisen.[10] Um die Sorgfalt der Entscheidungsfindung abzubilden, wurden die befragten Geschäftsführer gebeten, einen in letzter Zeit durchlaufenen und strategisch bedeutsamen Entscheidungsprozess näher zu betrachten und zu beschreiben. Zur Beurteilung der Qualität des Entscheidungsprozesses dienten die in Tabelle 8 angeführten Aussagen über Teilaktivitäten in Entscheidungsprozessen (zu der Prozessbetrachtung von Entscheidungen vgl. Kirsch 1971, Schwenk 1984, Witte/Hauschildt/Grün 1988, March 1988). Dass aufmerksame, systematische und konsequente Entscheidungsprozesse auch die Qualität der letztlich getroffenen Entscheidungen nachhaltig befördern, ist nicht nur plausibel, sondern auch aus theoretischer und empirischer Sicht gut belegt (Hitt/Tylor 1991, Dean/Sharfman 1996).

Geringe Aufmerksamkeit	Gering	weder/ noch	hoch	*Hohe Aufmerksamkeit*
Die Notwendigkeit, sich mit dieser Entscheidung zu beschäftigen, wurde sehr spät erkannt.	19%	14%	67%	Die Notwendigkeit, sich mit dieser Entscheidung zu beschäftigen, wurde sehr frühzeitig erkannt.
Der Problemdruck machte es notwendig, sehr rasch zu entscheiden und zu	38%	14%	48%	Es herrschte kein Problemdruck, so dass sehr viel Zeit zur

handeln.			Verfügung stand, sich dem Problem zu widmen.
Geringe Lösungsbemühungen	Gering	weder/ noch	hoch	***Intensive Lösungsbemühungen***

Geringe Lösungsbemühungen	Gering	weder/ noch	hoch	*Intensive Lösungsbemühungen*
Es wurden von vornherein nur sehr wenige Handlungsmöglichkeiten ins Auge gefasst.	29%	15%	56%	Es wurde sehr offen über ganz unterschiedliche und auch konträre Handlungsmöglichkeiten diskutiert.
Eine ausführliche Abwägung der Vor- und Nachteile der verschiedenen Handlungsmöglichkeiten fand nicht statt.	11%	9%	80%	Die Handlungsmöglichkeiten wurden sehr intensiv gegeneinander abgewogen.

Geringe Umsetzungsbemühungen	Gering	weder/ noch	hoch	*Intensive Umsetzungsbemühungen*
Es erfolgte keine eindeutige und unmissverständliche Festlegung auf eine bestimmte Person, die für die Umsetzung der getroffenen Entscheidung verantwortlich ist.	18%	4%	78%	Es wurde eindeutig und unmissverständlich festgelegt, welche Person für die Umsetzung der getroffenen Entscheidung verantwortlich ist.
Zum Vorgehen bei der Umsetzung der Entscheidung wurden nur vorläufige Überlegungen	31%	11%	58%	Für die Umsetzung der Entscheidung wurde ein schriftlich fixierter Handlungsplan

angestellt.			entworfen.
Der Prozess der Umsetzung der Entscheidung wurde von der Geschäftsführung nicht kontrolliert.	0%	3%	97%	Der Prozess der Umsetzung der Entscheidung wurde von der Geschäftsführung kontrolliert.

Tab. 8: Entscheidungsverhalten bei strategisch bedeutsamen Problemen

Insgesamt zeigt sich, dass strategisch bedeutsame Entscheidungen durchaus ernst genommen werden und einigermaßen Aufmerksamkeit auf sich ziehen, allerdings ist der Bereich, in dem nach Lösungen gesucht wird, eingeschränkt und die Planung der Umsetzungsmaßnahmen wird häufig vernachlässigt. Betrachtet man die genannten Teilaktivitäten daraufhin, ob ihnen auch *allen gleichermaßen* die ihnen gebührende Beachtung zuteil wird, dann stellt man fest, dass dies nur in jedem dritten der von den Unternehmen beschriebenen Entscheidungsprozesse der Fall ist.[11] Mit anderen Worten, in zwei von drei Fällen ist der Entscheidungsprozess – gemessen an den Anforderungen an den Ablauf eines „rationalen" Entscheidungsprozesses – in der einen oder anderen Weise „unvollständig".

Auch hier ergibt sich wieder ein deutlicher Betriebsgrößeneffekt: je größer das Unternehmen ist, desto häufiger lassen sich qualitativ gute Entscheidungsprozesse beobachten. Während in kleineren Unternehmen nur 25% der Entscheidungsprozesse einen befriedigenden Indexwert erreichen, sind dies bei den größeren KMU 56 %.[12]

Die Führungsstruktur hat, auf den ersten Blick betrachtet, keine Auswirkung auf das Entscheidungsverhalten der Unternehmen. Ob das Unternehmen von einem einzelnen Geschäftsführer oder von einem Führungsteam geleitet wird, wirkt sich auf die Qualität des Entscheidungsprozesses nicht aus. Allerdings zeigt sich bei einer näheren Analyse ein durchaus bemerkenswerter Zusammenhang – und zwar in den kleineren KMU. Hier ergibt sich eine deutliche Verbesserung der Entscheidungsqualität mit einer Vergrößerung des Führungskreises (τ_b=0,25 für die ungruppierten Werte).

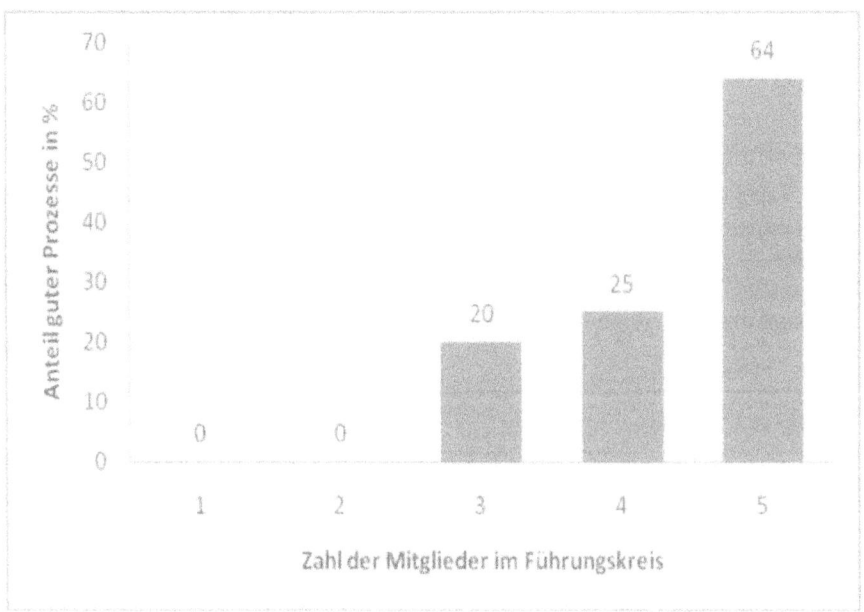

Abb. 2: Qualitativ gute Entscheidungsprozesse in kleinen KMU[13]

Die Abbildung 2 zeigt den Anteil qualitativ guter Entscheidungsprozesse in Abhängigkeit von der Zahl der Mitglieder im Führungskreis kleinerer KMU (bis zu 30 Mitarbeitern).[14] Die Qualitätsverbesserung ist besonders prägnant in den Fällen, in denen es nur einen Geschäftsführer gibt.[15]

4.5 Unternehmenserfolg

Das zuletzt angeführte Ergebnis findet sich in der Tendenz auch im Hinblick auf den Unternehmenserfolg.[16] In der *Gruppe der kleineren Unternehmen* steigt mit der Größe des Führungskreises der Anteil der erfolgreichen Unternehmen an.[17] Dies gilt auch hier insbesondere für Unternehmen mit nur einem Geschäftsführer, d.h. je mehr weitere Führungskräfte sich um diese Geschäftsführer scharen, desto häufiger handelt es sich um überdurchschnittlich erfolgreiche Unternehmen.[18] Die Schlussfolgerung ist naheliegend: es lohnt sich, auch und gerade für Unternehmer, die keine weiteren Geschäftsführer neben sich haben, sich bei seinen Entscheidungen auf einen erweiterten Führungskreis zu stützen.

4.6 Zusammenfassung

In der Tabelle 9 sind die Ergebnisse unserer empirischen Analyse nochmals zusammengefasst. Die Bedeutung der von uns betrachteten Führungsstruktur-Variablen ist durchaus bemerkenswert. Allerdings zeigen sich deren Wirkungen häufig nur in Verbindung mit der Unternehmensgröße; in der Tabelle ist dieser Tatbestand mit dem Symbol • markiert.

Unabhängige Variablen			Abhängige Variable
Unternehmensgröße (Mitarbeiterzahl)	Größe des Führungskreises	Allein-Geschäftsführer (versus Team-Geschäftsführung)	Ergebnisgrößen
→	→	• →	Wahrnehmung Feindseligkeit
→		• →	Risiko-oientierung
	→	• →	Führungs-kooperation
→	• →		Vollständige Entscheidung
→	• →		Unternehmens-erfolg

Tab. 9: Führungsstrukturen und ihre Wirkung

Die folgenden Ergebnisse verdienen es, besonders herausgestellt zu werden:

- Die Unternehmensleiter, die als alleinige Geschäftsführer agieren, nehmen ihre Umwelt häufiger als feindselig wahr, als die Unternehmensleiter, in denen es mehrere Geschäftsführer gibt (Geltungsbereich: kleine und große KMU).
- In den Unternehmen, die mehrere Geschäftsführer haben, ist die Risikoneigung geringer als in den Unternehmen mit einem einzelnen Geschäftsführer (Geltungsbereich: kleinere und mittlere KMU).
- In den Unternehmen, die mehr als einen Geschäftsführer haben, gestaltet sich die Zusammenarbeit auf der Führungsebene schwieriger als in den Unternehmen mit nur einem einzelnen Geschäftsführer (Geltungsbereich große KMU).
- Die Größe des Führungskreises wirkt sich positiv auf die Entscheidungsfindung aus (Geltungsbereich: kleine KMU).
- Die Größe des Führungskreises wirkt sich positiv auf den Unternehmenserfolg aus (Geltungsbereich: kleine KMU).

5. Diskussion

Die Ergebnisse unserer Studie widersprechen einigen gängigen Klischees. Sie zeigen, dass auch in kleineren KMU nicht der dominante Unternehmer alleinherrlich agiert, sondern häufig von einem Führungsteam umgeben ist. Andererseits ist bemerkenswert, dass die Kooperation im Führungsteam oft einfacher ist, wenn es nur einen letztlich verantwortlichen Geschäftsführer gibt. Diese und auch die weiteren Ergebnisse können, wie in den vorangegangenen Abschnitten gezeigt wurde, auf eine theoretisch befriedigende Weise erklärt werden. Mit dieser Feststellung sollen die methodischen Probleme, die bei Umfragen wie der unsrigen auftreten, nicht heruntergespielt werden. Zum einen stützen wir unsere Analysen auf generalisierende und – bedingt durch das vorgegebene Format der Fragen – „standardisierte" Auskünfte, die der Komplexität sozialen Geschehens nur begrenzt gerecht werden können. Bei dem Versuch, abstrakte theoretische Konstrukte abzubilden, muss außerdem mit Verständnisproblemen bei den Befragten gerechnet werden. Um diesem Problem zu begegnen wurden die einzelnen Variablen jeweils durch mehrere Teilfragen abgedeckt und zwar mit Hilfe von Items, die sich in den Studien anderer Forscher bewährt haben. Zusätzlich sollte die Validität der Aussagen zum

Entscheidungsverhalten durch eine methodische Besonderheit verbessert werden: die Befragten wurden darum gebeten, bei der Beurteilung des Entscheidungsverhaltens eine ganz konkrete Entscheidung, die in jüngster Zeit getroffen wurde, zu betrachten. Dieses Vorgehen ist andererseits auch nicht gänzlich unproblematisch, weil ja nicht sicher ist, ob der jeweils betrachtete Fall als typisch für das Unternehmen gelten kann. Ein weiteres Problem ergibt sich im Hinblick auf die Auskunftsperson. Unsere Ansprechpartner waren die Unternehmensleiter, ob sie auch jeweils selbst die Fragebögen ausgefüllt haben, kann aber nicht mit Sicherheit gesagt werden. Allerdings spricht wenig dafür, dass sie diese Aufgabe delegiert haben, zumal es in unserem Fragebogen um Themen geht, die unmittelbar das Verhalten der Hauptakteure der Unternehmen betreffen, das man kaum von Dritten beurteilen lässt. Damit ist allerdings als weiteres Problem die Gefahr verbunden, dass die Selbstauskünfte „geschönt" sein könnten. Auch dieses Problem lässt sich nicht grundsätzlich lösen, angesichts der Breite des tatsächlichen Antwortspektrums, das durchaus selbstkritische Auskünfte umfasst, scheint dieses Problem allerdings im vorliegenden Fall nicht sonderlich schwerwiegend zu sein.

6. Fazit

Teamarbeit empfiehlt sich auch für die Leitung von Unternehmen. Das bedeutet nicht, dass die Alleinführung nicht ebenfalls erfolgreich sein kann, und es bedeutet auch nicht, dass Teamführung immer einfach und unproblematisch ist. Das Gegenteil ist der Fall, der Umgang mit unterschiedlichen Auffassungen, die gemeinsame Willensbildung, die Abstimmung der Tätigkeiten und Verantwortlichkeiten und auch die Konfrontation mit den jeweiligen persönlichen Eigenheiten verlangen Zeit, Energie und manchmal eine hohes Maß an Geduld. Insgesamt betrachtet dürften sich die Mühen jedoch auszahlen, weil die kollektive Führung die Informationsbasis der Entscheidungsfindung verbessert, weil mehr Ideen entstehen, weil man sich gegenseitig korrigieren kann und weil vor allem auch die Identifikation mit den gemeinsam erarbeiteten Lösungen steigt. Letztlich ist die Gestaltung der Führungsorganisation eben auch eine Führungsaufgabe, und zwar nicht die unwichtigste.

Anmerkungen

[1] Von den 170 befragten Unternehmen haben 7 mehr als 500 Mitarbeiter; in unserer nachfolgenden Analyse werden diese Unternehmen nicht berücksichtigt.
[2] Auf eine ausführliche Auseinandersetzung mit dem Strukturbegriff sei an dieser Stelle verzichtet, vgl. u.a. Mintzberg 1983, Martin 1995, Kiesel/Walgenbach 2003.
[3] Und in Unternehmen, in denen es einen Haupteigentümer und mehrere weitere kleinere Eigentümer gibt.
[4] Der Tabelle 3 liegen siebenstufige Ratings zugrunde, die jeweils „positiven" und „negativen" Ausprägungen wurden in der Darstellung zusammengefasst; dies gilt auch für die folgenden Tabellen, die Auszählungen zu einzelnen Items wiedergeben.
[5] Die Feindseligkeit ist als Index aus den drei in der Tabelle 3 angeführten Items definiert (Summe der Ratingstufen von 1 bis 7 geteilt durch 3); als Indikator für die Feindseligkeit wurden die Werte im semantisch negativen Bereich (also wenn die Durchschnittswerte im Bereich zwischen 5 bis 7 liegen) eingestuft.
[6] Dieses Ergebnis ist allerdings zu relativieren, da insgesamt nur elf der größeren Unternehmen über nur einen Geschäftsführer verfügen.
[7] Warum sich dieser Effekt in mittleren Unternehmen nicht zeigt wird damit aber nicht erklärt.
[8] Das neben den Geschäftsführern ja auch die übrigen Mitglieder des engeren Führungskreises umfasst.
[9] Über alle Unternehmensgrößen hinweg ergibt sich eine Korrelation zwischen der Größe des Führungskreises und der Führungskooperation von $\tau_b=-0{,}17$, zwischen der Unternehmensgröße (logarithmierte Mitarbeiterzahl) und den Werten zur Führungskooperation besteht dagegen kein Zusammenhang.
[10] Mit dem Verweis auf die Problemlösungskraft intuitiver Entscheidungen wurde diese Aussage gern auch bestritten, neuerdings wird verschiedentlich die Intelligenz von emotional fundierten Entscheidungen beschworen; auf die vielen Missverständnisse, die in der diesbezüglichen Literatur auftauchen, kann hier leider nicht näher eingegangen werden.
[11] Konkret wurde untersucht, ob die Indexwerte zu den drei Teilaktivitäten Aufmerksamkeit, Lösungssuche und Umsetzung jeweils im „positiven" Bereich liegen.

[12] Der Indexwert errechnet sich aus den in Tabelle 8 angeführten Items, als befriedigend gilt ein Wert von mindestens 5,0, auf der siebenstufigen Skala sind das die Werte, die semantisch im „positiven" Bereich liegen. Die Korrelation zwischen dem Indexwert für die Entscheidungsqualität und dem Logarithmus der Mitarbeiterzahl beträgt r=0,17.

[13] Die Fallzahlen sind 1 Geschäftsführer: n=2, 2 Geschäftsführer: n=10, 3 Geschäftsführer: n=15, 4 Geschäftsführer: n=20, 5 und mehr Geschäftsführer: n=11, der Korrelationskoeffizient zwischen der Zahl der Mitglieder im Führungskreis und dem Anteil der qualitativ guten Entscheidungsprozesse beträgt für die der Abbildung 2 zugrunde liegenden Gruppierung τ_b=0,39.

[14] Als qualitativ guter Entscheidungsprozess gilt hier wie oben bereits angegeben ein Prozess, für den die Skalenwerte im Durchschnitt mindestens den Wert 5 auf der siebenstufigen Skala erreichen.

[15] Die Korrelation zwischen der Zahl der Mitglieder im Führungskreis und der Qualität des Entscheidungsprozesses (in dieser Berechnung gruppiert in gute und weniger gute Prozesse) beträgt in diesem Fall τ_b=0,49 (n=21), gibt es mehr als einen Geschäftsführer beträgt die Korrelation τ_b=0,30 (n=37).

[16] Die Fragen zum Unternehmenserfolg richteten sich auf die langfristige Erfolgssituation, die finanzielle Stärke, die gegenwärtige Ertragslage und strategische Position jeweils im Vergleich zu anderen Unternehmen der Branche.

[17] Isoliert betrachtet haben die Zahl der Geschäftsführer und die Größe des Führungskreises keinen Einfluss auf die Erfolgslage; die Unternehmensgröße hat dagegen einen sehr deutlichen Einfluss, die Korrelation zwischen der (logarithmierten) Mitarbeiterzahl und dem Erfolgsindex beträgt r=0,29.

[18] Die Korrelation zwischen der Zahl der Mitglieder und der Qualität des Entscheidungsprozesses beträgt in den kleinen KMU mit nur einem Geschäftsführer τ_b=0,39 und in den KMU mit mehreren Geschäftsführern τ_b=0,30; die Erfolgsvariable wurde hierbei am Median dichotomisiert in Unternehmen mit unterdurchschnittlichem und Unternehmen mit überdurchschnittlichem Erfolg (in der Stichprobe).

7. Literatur

Alvarez, J.L./Svejenova, S./ Vives, L., Leading in Pairs, in: Sloan Management Review, 48 (4) (2007), S. 10-14.

Begley, T.M./Boyd, D.P., Psychological Characteristics Associated with Performance in Entrepreneurial Firms and Smaller Businesses, in: BIRLEY, S.J. (Hrsg.): Entrepreneurship, Dartmouth (Aldershot), 1998, S. 155-169.

Burch, J., Profiling the Entrepreneur. Business Horizons, (5) (1986), S. 13-16.

Carpenter, M.A., Sanders, W. G. and Gregersen, H. B., Bundling Human Capital with Organizational Context, in: Academy of Management Journal, 44 (2001), S. 495–511.

Castrogiovanni, G.J., Environmental Munificence, in: Academy of Management Revue, 16 (1991), S. 542-565.

Certo, S.T./Lester, R.H./Dalton, C.M./Dalton, D.R., Top Management Teams, Strategy and Financial Performance, in: Journal of Management Studies, 43 (2006), S. 813-839.

Covin, J.G./Slevin, D.P., Strategic Management of Small Firms in Hostile and Benign Environments, in: Strategic Management Journal, 10 (1989), S. 75 – 87.

Covin, J.G./Slevin, D.P., Adherence to Plans, Risk Taking, and Environment as Predictors of Firm Growth, in: Journal of High Technology Management Research, 9 (1998), S. 207-237.

Dean, J.W./Sharfman, M.P., Does Decision Process Matter? in: Academy of Management Journal, 39 (1996), S. 368-396.

Drucker, P., Entrepreneurship in Business Enterprise, in: Journal of Business Policy, 1 (1970), S. 3-12.

Furnham, A., Personality at Work. London (Routledge), 1992.

Hambrick, D. C./Mason, P. A., Upper Echelons: The Organization as a Reflection of its Top Managers, in: Academy of Management Review, 9 (1984), S. 193–206.

Hambrick, D.C., Corporate Coherence and the Top Management Team, in: Hambrick, D.C./Nadler, D.A./Tushman, M.L. (Hrsg.): How CEOs, Top Teams and Boards Steer Transformation, Boston (Harvard Business School Press), 1998, S. 123-140.

Hitt, M.A./Tyler, B.B., Strategic Decision Models, in: Strategic Management Journal, 12 (1991), S. 327-351.

Iaquinto, A./Frederickson, J., Top Management Team Agreement about the Strategic Decision Process: A Test of Some Determinants and Consequences, in: Strategic Management Journal, 18 (1997), S. 63–75.

Katzenbach, J.R., Teams an der Spitze, Wien (Ueberreuther), 1998.
Khandwalla, P.N., Environment and its Impact on the Organization. International Studies of Management and Organizations, 2 (1972), S. 297-313.
Khandwalla, P.N., Some Top Management Styles, Their Context and Performance, in: Organization and Administrative Sciences, 7 (1976), S. 21-51.
Kieser, A./Walgenbach, P., Organisation, 4. Auflage, Stuttgart 2003.
Kirsch, W., Entscheidungsprozesse. 3 Bände. Wiesbaden, 1971.
Martin, A., Führungsstrukturen und Entscheidungsprozesse, Schriften aus dem Institut für Mittelstandsforschung der Universität Lüneburg, Heft 1 (1995), Lüneburg.
Martin, A., Teams und ihre Entwicklung, in: Universitas, 55 (2000), S. 895-910.
Martin, A., Das strategische Entscheidungsverhalten von kleinen und mittleren Unternehmen, Schriften aus dem Institut für Mittelstandsforschung der Universität Lüneburg, Heft 30 (2005), Lüneburg.
Martin, A., Dialectical Conditions. Leadership Structures as Productive Action Generators, in: Management Revue, 17 (2006), S. 420-447.
Martin, A./Matiaske, W., Absentismus als Reaktion auf schädigendes Verhalten am Arbeitsplatz aus stresstheoretischer Sicht, in: VON SALDERN, M. (Hrsg.): Mobbing, Baltmannsweiler 2002 (Schneider Verlag), S. 210-236.
Mill, J.S., Principles of Political Economy. London (Parker), 1848.
Mintzberg, H., Structure in Fives: Designing Effective Organizations. Upper Saddle River (Prentice Hall), 1983.
Pitcher, P./Smith, A. D., Top Management Team Heterogeneity: Personality, Power, and Proxies, in: Organization Science, 12 (2001), S. 1–18.
Pruitt, D.G., Choice Shifts in Group Discussion, in: Journal of Personality and Social Psychology, 20 (1971), S. 339-360.
Rauch, A./Frese, M., Psychological Approaches to Entrepreneurial Success, in: Cooper, C.L./Robertson, I.T. (Hrsg)., International Review of Industrial and Organizational Psychology, 15 (2000), New York (Wiley).
Salas, E./Stagl, K.C./Burke, C.S./Goodwin, G.F., Fostering Team Effectiveness in Organizations, Nebraska Symposium on Motivation, 52 (2007), S. 185-243.
Schwenk, C.R., Cognitive Simplification Process and Strategic Decisionmaking, in: Strategic Management Journal, 5 (1984), S. 111-128.

Smith, K.G./Smith, K.A./Olian, J.D./Sims, H.P./O'Bannon, D.P./Scully, J.A., Top Management Team Demography and Process, Administrative Science Quarterly, 39 (1994), S. 412-438.

Stoner, J.A.F., Risky and Cautious Shifts in Group Decisions, in: Journal of Experimental Social Psychology, 4 (1968), S. 442-459.

Wagner, W.G./Pfeffer, J./O'Reilly, C.A., Organizational Demography and Turnover in Top-Management Groups, in: Administrative Science Quarterly, 29 (1984), S. 74-92.

Witte, E./Hauschildt, J./Grün, O., Innovative Entscheidungsprozesse, Tübingen, 1988.

Teil C:

Ansatzpunkte zur Steigerung von Wachstum

Wissenstransfer in Projektkooperationen der dynamischen Biotechnologieindustrie

Ricarda B. Bouncken[*]

1. Einleitung
2. Theoretische Grundlagen
2.1 Innovationskooperationen
2.2 Offenheit, Ambiguitäten und Vertrauen in Innovationskooperationen
2.3 Interaktionseffekte
3. Untersuchungsmethode
4. Ergebnisse
5. Diskussion und Zusammenfassung

Literatur

---

[*] Prof. Dr. Ricarda B. Bouncken ist Inhaberin des Lehrstuhls für ABWL und Organisation, Personal sowie Innovationsökonomie an der Universität Greifswald. Ihre Forschungsschwerpunkte liegen auf den Feldern Kooperationsmanagement, Innovationsmanagement sowie interkulturelle Innovationsprozesse und Leadership. Bis 2004 besetzte sie den Lehrstuhl für Planung und Innovationsmanagement an der Brandenburgischen Technischen Universität Cottbus. Sie habilitierte sich 2002 an der Universität Lüneburg und war von 1997 bis 2002 wissenschaftliche Assistentin von Prof. Dr. Egbert Kahle. Ihre Dissertation schloss sie 1997 an der Universität St. Gallen ab. Davor lag das Studium der Betriebswirtschaftlehre an der Universität Hamburg (1990-1994).

1. Einleitung

In den vergangenen Jahren wurden zwei Themenkomplexe intensiv diskutiert, wenn es um die Steigerung der Wettbewerbsfähigkeit von Unternehmen geht. Das eine sind Innovationsprozesse, das andere sind Unternehmenskooperationen. Innovationsprozesse ermöglichen Unternehmen die Durchsetzung höherer Preise für ihre neuartigen Produkte (Ibarra, 1993, Allen, 1977, Teece, 1988, Van de Ven, 1988). Unternehmenskooperationen gelten als Mittel zur komplementären Verbindung von Spezialisierungen einzelner Firmen. Durch letzteres lassen sich, dann insbesondere mittels gezielter Innovationskooperationen, auch Innovationsprozesse beschleunigen (Shan et al., 1994, Alm/McKelvey, 2000).

So betrachteten Studien Projektfaktoren wie z. B. Neuheit und Umfang der Innovationen (Brown/Eisenhardt, 1995, Montoya-Weiss/O'Driscoll, 2000), organisationale Aspekte (Cooper/Kleinschmidt, 1986, Hughes/Chafin, 1996, Lewis et al., 2002) oder einzelne Aspekte der Produktentwicklung wie z. B. Kreativität (vgl. Amabile, 1988), Geschwindigkeit (Clift/Vandenbosch, 1999, Swink, 2003) oder Kosten (Pearce/Ensley, 2004). Neben der reinen Betrachtung der Vorteile auf der Basis der Verbindung von Spezialisierungen, bieten Kooperationen aber auch Vorteile für organisationale Lernprozesse und insofern für weitere Innovationsprozesse (Kale et al., 2000).

Eine Vielzahl vorheriger Studien hat sich bereits mit Lernen in Kooperationen und den damit verbundenen Risiken beschäftigt. Nur sehr rudimentär hat sich die Forschung allerdings mit Innovationskooperationen auf der Basis von Projektkooperationen auseinandergesetzt. Erkenntnisse zu Konsequenzen und Antezedenzen von Innovativität und Lernen, insbesondere der Offenheit beim Transfer von Wissen in solchen Kooperationen, fehlen weitgehend. Dieser Beitrag soll Licht in diesen Themenkomplex bringen. Es geht insbesondere darum, wie und unter welchen Voraussetzungen die Kooperationspartner Wissen transferieren, damit Innovativität aus der Zusammenarbeit hervorgeht. Dabei wird berücksichtigt, dass Lernen in Kooperationen mit Risiken behaftet ist. Partnerunternehmen können ganz gezielt asymmetrischen Wissensabfluss verfolgen und sogar, sobald sie genug gelernt haben, die Kooperationen beenden (Kale et al., 2000). Gerade die transaktionskostentheoretisch geprägte Literatur beschäftigt sich deshalb mit Mechanismen, die den unerwünschten Wissensabfluss verhindern sollen (Oxley, 1997 Khanna et al., 1998). Dies aber wird dann meist von der Reduzierung der Offenheit und der evolutorischen Entwicklung der Kooperation und weiterem Wissen begleitet (Inkpen, 1998, Khanna et al., 1998). Das ist besonders limitierend, wenn es um die Generierung von Wissen sowie die Schaffung von kaum planbarem und unsicherem Neuem, Innovationen also, geht (Aghion/Tirole, 1994). Dies verdeutlicht, dass Vertrauen, der bewusste Verzicht auf Absicherung, ein wesentlicher Treiber der Wissensentwicklung sein muss. Langfristige Beziehungen zwischen Unternehmen können Bindung und moralisches Kapital schaffen, die Opportunismus verhindern (Ahuja, 2000, Brown/Duguid, 1991, Gulati, 1995, Nelson, 1989, Wolfe Morrison, 2002). Ferner wird hier untersucht, wie meilensteinbasierte Zahlungen und das Auftreten von Private Benefits auf die Wirkungsweise von Vertrauen auf den Wissenstransfer einwirken.

Dieser Beitrag liefert neue Erkenntnisse, wie und unter welchen Bedingungen Offenheit beim Wissenstransfer innerhalb von gemeinschaftlichen Innovationsprojekten und über dessen Grenzen hinaus wirkt. Als Untersuchungseinheit wurde die sehr dynamische Branche der Biotechnologie gewählt. Hier sind die Unternehmen auf Kooperationen und auf Innovationsprozesse angewiesen, um zu wachsen. Da kaum eines der Unternehmen ausreichend Wissen und andere Ressourcen intern im Unternehmen besitzt, ist der Wissenstransfer sehr stark ausgeprägt.

2. Theoretische Grundlagen

2.1 Innovationskooperationen

Unternehmenskooperationen können die komplementären Spezialisierungsvorteile von unterschiedlichen Unternehmen zusammenbringen und darüber die Innovativität der einzelnen Firmen steigern. Nach Gulati (1995a, 1998) bezeichnen Unternehmenskooperationen die Zusammenarbeit von selbständigen Unternehmen, die Ressourcen, Risiken und Kompetenzen teilen. Bei projektbasierten Innovationskooperationen gehen Unternehmen eine befristete Beziehung zur Durchführung eines gemeinsamen Innovationsprojektes ein. Diese Beziehung kann dann für neue Projekte wieder aufleben und in Projektnetzwerke, die quasi eine Infrastruktur aus Netzwerkroutinen und Partner bilden (Sydow et al., 2004), integriert sein. Auch wenn projektbasierte Unternehmenskooperationen regelmäßig eine vertragliche Basis haben, kann diese wie bei anderen Kooperationen unterschiedlich umfangreich und komplex sein und dadurch mehr oder weniger a priori spezifizierte Aufgabenteile für jeden der Partner beinhalten (Anand/Khanna, 2000). Beispielsweise kann der Grad eines standardisierten Projektmanagements oder Innovationsprojektsmanagement, wie etwa im Sinne von Cooper und Kleinschmidt (1986), bei projektbasierten Innovationskooperationen variieren.

Aufgrund der oftmals geringen Erfolgsrate von Produktinnovationen entwickelte Cooper das Stage-Gate-Modell (Cooper und Kleinschmidt, 1986). Dieses Modell schlüsselt den Produktentwicklungsprozess in verschiedene Etappen (Stages) und kritische Entscheidungspunkte (Gates) auf. Abbildung 1 zeigt den Stage-Gate-Prozess bei der Entwicklung eines neuen Produktes oder einer neuen Dienstleistung. Die Entscheidungen innerhalb des Innovationsprozesses sind sequentiell angelegt: zwischen diesen Sequenzen sind kritische Entscheidungspunkte eingebaut, die oft auch als Meilensteine bezeichnet werden. Im Laufe der Projekte steigen dann meist Investitionsanforderungen und Informationsbasis stetig (Gerybadze, 2004).

Im Regelfall hat ein Stage-Gate-Prozess zwischen vier und sieben Stages (Cooper, 1990). Nach jedem Stage folgt ein Gate, quasi Meilenstein, bei dem eine Evaluierung anhand von zwei Arten von Kriterien erfolgt. Zum einen gibt es „Must"-Kriterien, zum anderen „Should"-Kriterien. Die Kriterien der jeweiligen Gates werden noch vor der ersten Etappe geplant und definiert. Wenn „Must"-Kriterien nicht erfüllt werden, wird der Innovationsprozess abgebrochen. Bei „Should"-Kriterien ist eine Kompensation dieser Kriterien über mehrere Stages möglich, so dass ein Nicht-Erreichen nicht zwangsläufig zu einem Abbruch des Innovationsprozesses führt.

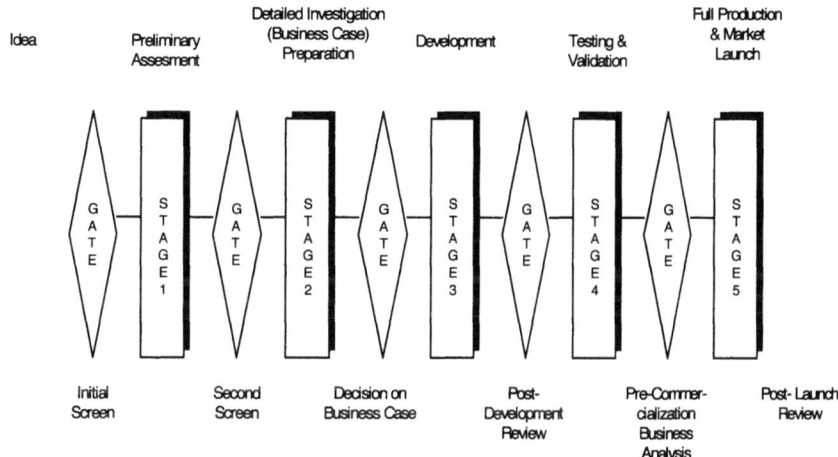

Abbildung 1: Typischer Stage-Gate-Prozess, Quelle: Cooper/Kleinschmidt, 1986

Das Stage-Gate-Modell ist sehr deterministisch, weil alle Kriterien vor Beginn des eigentlichen Innovationsprozesses festgelegt und nicht mehr verändert werden. Gerade bei Kooperationen bzw. kooperativen Innovationsprozessen muss jedoch eine gewisse Flexibilität gewährleistet werden. So lassen sich in Innovationskooperationen zwar mehr oder weniger standardisierte Regeln und Kontrollschritte in die Projekte einbauen, vollständig jedoch ist das gemeinsame Innovationsprojekt nicht planbar, ansonsten handelte es sich auch nicht um eine Kooperation. Durch die Unvollständigkeit ergibt sich die Flexibilität und Emergenz der Kooperation aber auch die Gefahr, Opportunismus ausgeliefert zu sein (Hladik, 1988). Wettbewerbsrelevantes Wissen kann unabsichtlich an den Partner abfließen. So treten Lernrennen auf, bei dem jeder der Partner eigentlich nur den Erwerb von Wissen des anderen anstrebt (Kogut, 1988, Williamson, 1991, Oxley, 1997).

Diesem Risiko sind Innovationskooperationen hochgradig ausgesetzt. Innovationen bedeuten immer, dass das Ergebnis und der Prozess dahin nicht vollständig geplant werden kann. Verträge sind insofern immer unvollständig. Zudem bedarf es zur Ausnutzung der komplementären Ressourcen und des spezifischen Wissens zwischen den Partnern immer des Wissensflusses (Helfat, 1997). Auch wenn Offenheit im Sinne ein- und mehrseitigen Wissenstransfers Risiken birgt, so bietet sie die Grundlage der innovativen Prozesse, weil der Transfer die Wissensbasis vergrößert und die Verbindung von unterschiedlichem Wissen erlaubt.

H1: Mit höherer Offenheit beim Wissenstransfer steigt die Innovativität in Innovationskooperationen.

2.2 Offenheit, Ambiguitäten und Vertrauen in Innovationskooperationen

Eine Vielzahl von Studien hat sich bereits damit beschäftigt, wie man Offenheit und Schutz in Innovationskooperationen ausgleichen kann. Eine Möglichkeit ist der Austausch von Eigenkapital (Kale et al., 2000). Dies aber steht nicht allen Firmen offen oder ist nicht gewünscht, weil man selbständig bleiben will. Die Frage bleibt damit also ungeklärt und andere Lösungen müssen gefunden werden. Ein Lösungsraum könnte darin liegen, zunächst die Art des transferierten Wissens zu betrachten. Dabei ist ein wesentlicher Faktor, zu welchem Grad das Wissen kodifiziert vorliegt bzw. kodifizierbar ist und letztlich dann für den anderen mehr oder minder direkt verstanden werden kann (Polanyi, 1967). Je stärker es in der Sprache ausgedrückt (kodifiziert) ist, desto leichter kann es verstanden werden, auch ohne direkten Kontakt zwischen dem Abgebenden und Empfänger des Wissens. Ambiguitäten sozialer und kausaler Natur treten geringfügiger auf. Nonaka et al. (1994) unterscheiden vier unterschiedliche Formen der Konversion von Wissen. Zentral ist, dass tazites, bzw. stillschweigendes Wissen, viele soziale und kausale Ambiguitäten aufweist und zudem vorwiegend nur durch direkten Kontakt zwischen Personen zu transferieren ist. Dies bietet einerseits einen gewissen Schutz gegen unbeabsichtigten Transfer, aber schafft zugleich Probleme, wenn es in Verträgen beschrieben und fixiert werden soll. Darüber hinaus begründet die Verbindung von tazitem Wissen oft die Schaffung von neuem Wissen, das wertvoll für die Generierung und Evolution von Innovationen ist. Für die Verbindung von tazitem Wissen und vor allem solchem Wissen und Ressourcen, die kausale Ambiguitäten aufweisen, müssen Unternehmen also offen sein und persönliche Interaktionen zwischen den Beteiligten zulassen. Das Zusammenbringen mit dem Ziel emergenter Prozesse bedeutet so, dass beide Partner Wissen abgeben. In Projektkooperationen kann dies bedeuten, dass Wissen über ein Projekt sowie

Wissen über die Grenzen des Projekts hinweg abgegeben und dann synergetisch verbunden wird. Unternehmen können dabei gezielt nur Wissen und Ressourcen austauschen, die hohe Ambiguitäten aufweisen. Nach Barney (1991) bezeichnen kausale Ambiguitäten den Sachverhalt, dass man nicht genau weiß, wie bestimmte Inhalte zusammenwirken. Diese Ambiguitäten unterliegen häufig wertvollem Wissen und begründen oft Wettbewerbsvorteile von Unternehmen, die diese nun gerade nicht verlieren möchten (Reed/DeFillippi, 1990).

Allerdings stellt sich die Frage, ob die mit dem taziten Wissen verbundenen kausalen Ambiguitäten wirklich förderlich für die Offenheit und damit die Emergenz sind oder umgekehrt die kausalen Ambiguitäten zur Verschlossenheit führen. Aufgrund der schlechten Durchdringung und der hohen Potentialität auf die Generierung von Innovationen wird hier angenommen, dass kausale Ambiguitäten zur größeren Offenheit bei den Partnern in Innovationskooperationen führen.

H2: Mit höheren kausalen Ambiguitäten nimmt die Offenheit beim Wissenstransfer zu.

Vertrauen beschreibt die risikoreiche Erwartung eines Akteurs, dass der andere sich ethisch korrekt verhalten wird (Luhmann, 1979). Vertrauen und enge soziale Beziehungen mit ihrem moralischen Kapital wurden bereits als ein sozialer Mechanismus beschrieben. Mit zunehmendem Vertrauen werden Vertragsverhandlungen leichter und Akteure verfolgen mehr als nur ihr Eigeninteresse (Zaheer et al., 1998).

Studie	Operationalisierung von Vertrauen	Konsequenz
Andaleeb, 1991	Ehrlichkeit, Wohlwollen und emotionales Vertrauen	Zufriedenheit
Anderson/Narus, 1999	Absatzhelfer: Vertrauen Produzent: Wohlwollen und emotionales Vertrauen	Konflikt (-) Erfolgssteigerung
Dahlstrom/Nygaard, 1995a;	Wohlwollen und emotionales Vertrauen	Erfolgssteigerung
Dion, 1991	Wohlwollen und emotionales Vertrauen	Expertise, Zunahme Absatzzahlen
Morgan/Hunt, 1994	Ehrlichkeit	Commitment, Kooperation, Entscheidungsunsicherheit (-), Konstruktive Konflikte
Rempel et al., 1985	Vorhersehbarkeit, Abhängigkeit (Ehrlichkeit, Zuverlässigkeit), Gutgläubigkeit	Intrinsische Motivation, Extrinsiche Motivation
Williams, 2001	Affekt, Wohlwollen und emotionales Vertrauen, Integrität, Fähigkeit	Vertrauenswürdigkeit, Kooperation
Ring/Vandeven, 1992	Zuversicht oder Vorhersehbarkeit von Erwartungen, guter Wille und Zuverlässigkeit	Erfolgssteigerung
Cummings/Bromiley, 1996	Zuversicht oder Vorhersehbarkeit von Erwartungen, guter Wille und	Erfolgssteigerung

Sabel, 1993	Zuverlässigkeit Zuversicht oder Vorhersehbarkeit von Erwartungen, guter Willen und Zuverlässigkeit	Erfolgssteigerung
Zaheer/Venkatraman, 1995	Vertrauen auf guten Willen (Faire Geschäfte), Vertrauen auf Zuverlässigkeit (zu dem gesagten stehen)	Erfolgssteigerung
Das/Teng, 1998	Vertrauen in partnerschaftliche Kooperationen, Vorhersehbarkeit von Erwartungen, guter Wille und Zuverlässigkeit	Erfolgssteigerung
McKnight et al., 1998	Wohlwollen und emotionales Vertrauen, Ehrlichkeit, Fähigkeit, Vorhersehbarkeit	Erfolgssteigerung
Sitkin/Roth, 1993	Zuversichtlichkeit oder Vorhersehbarkeit von Erwartungen	Erfolgssteigerung

Tabelle 1: Operationalisierungen und Erfolg von Vertrauen

Allerdings ist Vertrauen ein mehrdimensionales Konstrukt. Eine Vielzahl von Studien unterscheidet unterschiedlichste Arten von Vertrauen. Anhand der Studien aus Tabelle eins lässt sich zwar nicht erkennen, welche Wirkungen Vertrauen auf den Wissenstransfer hat. Die vielen positiven Wirkungen deuten allerdings auf den Erfolg und die Übernahme eines höheren Risikos im Wege von Vertrauen hin. Größeres Vertrauen steigert den Wissenstransfer (Nahapiet/Goshal, 1998). An dieser Stelle wird allerdings zunächst nicht zwischen den unterschiedlichen Formen von Vertrauen unterschieden, weil die

Mehrzahl der Studien aus Tabelle eins ähnliche Richtungen der Vertrauensformen findet.

H3: Mit steigendem Vertrauen, nimmt die Offenheit für den Wissenstransfer zu.

2.3 Interaktionseffekte

Innovationskooperationen sind nicht frei von Gefahren durch Opportunismus. Hier wird angenommen, dass diese Gefahr zunimmt, sobald ein Partner auch ohne den bisherigen Kooperationspartner Nutzen aus der Kooperation ziehen kann. Die Frage danach, ob Partner nur gemeinsam oder auch getrennt Nutzen generieren können, wurde unter den Aspekten geteilten Nutzens (Common Benefits) und auch alleinigen Nutzens (Private Benefits) diskutiert (Inkpen, 2000; Kale et al., 2000). Hier wird davon ausgegangen, dass mit steigenden Private Benefits ein Partner weniger offen für die Abgabe von Wissen an die Partner ist, weil die Chance, dass der andere die Kooperation verlässt und das aufgenommene Wissen für sich nutzt, größer ist.

H4: Das Ausmaß der wahrgenommenen Private Benefits mediiert die Beziehung zwischen Vertrauen und Offenheit bei der Abgabe von Wissen in der Art, dass Private Benefits die positive Wirkung von Vertrauen reduziert.

Projekte werden in Anlehnung an das Stage Gate Modell sehr oft mit einem strukturierten Projektmanagement verbunden. Gerade bei Biotechnologieunternehmen ist es üblich, unabhängig davon, wie stark strukturiertes und regelbasiertes Projektmanagement eingeführt wird, Meilensteine zu definieren. Diese Meilensteine werden a priori geplant und mit spezifischen Zahlungen verbunden. Mit Erreichen des Meilensteins fließen Gelder zwischen den Partnern. Das Definieren von Meilensteinen anhand von Kriterien und von Zahlungshöhen kann als Möglichkeit zur Erhöhung von Kontrolle beurteilt werden. Da Kontrolle und Vertrauen oft in negativem Wechselspiel stehen, wird hier das Setzen von meilensteinbasierten Zahlungen als ein Indikator dafür gehalten, dass der andere Partner misstrauisch ist. Hierdurch erhöht sich das Misstrauen wechselseitig und reduziert den Wissenstransfer.

H5: Die Intensität von meilensteinbasierten Zahlungen mediiert die Beziehung zwischen Vertrauen und Offenheit bei der Abgabe von Wissen, in der Art, dass meilensteinbasierte Zahlungen die positive Wirkung von Vertrauen reduzieren.

3. Untersuchungsmethode

Diese Studie beschäftigt sich mit der Biotechnologiebranche in Deutschland. Biotechnologieunternehmen sind hochgradig innovativ und nutzen, weil sie hoch spezialisiertes Wissen benötigen, stark Kooperationen mit anderen Biotechnologieunternehmen und Pharmaunternehmen (Rothaermel/Deeds, 2004). Für diese Untersuchung wurden sämtliche 334 Biotechnologieunternehmen (Ernst&Young, 2004) in Deutschland angeschrieben. 114 Unternehmen füllten den standardisierten Fragebogen aus. Die Antwortrate war mit 34,13% sehr hoch und verdeutlicht die Relevanz dieses Themas in der Branche. Alle Fragen wurden anhand einer 5-Punkt Likert Skala erhoben. Dabei wurden die Kooperationspartner immer paarweise befragt. Der eine Kooperationspartner machte Angaben über den einen Partner und der wieder über den anderen. Dies liefert nicht nur wichtige Erkenntnisse für den Wissenstransfer, sondern kann auch die Schwäche des Single-Informant Biases überwinden.

Für geplante Innovationen und radikale Innovationen (Lee/Colarelli O'Connor, 2003) sowie für Vertrauen wurden etablierte Skalen, die hohe Gütemaße erzielen, verwendet. Die jeweiligen Antworten auf die Unterfragen wurden mittels Mittelwertbildung verdichtet. Zu Vertrauen wurde erfahrungsbasiertes, kalkulatives und emotionales Vertrauen unterschieden (Dahlstrom/Nygaard, 1995a und Williams, 2001). Damit wird hier zwar ein hypothesenprüfendes Vorgehen verfolgt, jedoch besteht eine gewisse Offenheit durch die Unterscheidung von Kategorien der Konzepte, für die keine separaten Hypothesen formuliert wurden.

4. Ergebnisse

Um die direkten Hypothesen zu untersuchen, wurden hierarchische Regressionsanalysen durchgeführt. In einem ersten Schritt wurden jeweils die Kontrollvariablen, Projektmanagement und Alter der Unternehmen eingeführt. Projektmanagement verdeutlicht dabei den Grad der Strukturierung und Regelbasiertheit innerhalb des gemeinsamen Projekts. Dieses kann gezielt Wissen vorsehen, das abgegeben und geteilt wird. Das Alter der Firmen ist ein wichtiger Einflussfaktor, weil es sich meist um junge

Biotechnologieunternehmen handelt. Diese sind noch in der Phase des Wachstums, die mit hohen Veränderungen und Dynamik der Unternehmensstrukturen einhergeht.
In dem zweiten Schritt wurden dann die Haupteffekte untersucht. Um unterschiedliche Formen der Offenheit zu untersuchen, wurden vier unterschiedliche Variablen untersucht: 1. Ausmaß zu dem Zugang zu eigenem Wissen gewährt wird, dabei auf a) Wissen im Projekt und b) Wissen über das Projekt hinaus und 2. Ausmaß zu dem auf fremdes Wissen zugegriffen werden kann, auf a) Wissen im Projekt und b) Wissen über das Projekt hinaus. Die weiteren Tabellen geben diese Beziehungen wider.

Weil die Kooperationspartner immer paarweise befragt wurden und der eine Kooperationspartner Angaben über den einen Partner und der wieder über den anderen machte, sind in allen Modellen der folgenden Tabelle zwei Werte zu finden. Diese sind sich interessanterweise fast ausnahmslos sehr ähnlich. Die Kooperationspartner haben insofern sehr gleichlaufende Wahrnehmungen.

Die Modelle 1a, b zeigen die multiplen Regressionen auf die abhängigen Variablen radikale und geplante Innovationen. Beide abhängige Variablen wurden mittels vier verschiedener Fragen beantwortet und zu einem Mittelwert für jede der Innovationsformen verdichtet. Die Ergebnisse zeigen, dass höhere Offenheit bei der Abgabe von projektübergreifendem Wissen negativ auf geplante Innovationen wirkt. Dies läuft gegensätzlich zur Hypothese eins. Allerdings hat der Transfer im Sinne des Empfangens von projektbezogenem Wissen eine positive Wirkung auf geplante Innovationen. Bei der Untersuchung der radikalen Innovationen zeigt sich wieder ein Effekt, der die Hypothese eins bestätigt: Mehr Offenheit, hier allerdings beim nicht projektbezogenen Wissenstransfer(erhalt), verbessert radikale Innovationen.

Abhängige Variablen	M 1a geplante Innovationen	M 1b radikale Innovationen
Konstante	3,108	1,341
Abgabe von projektbezogenem Wissenstransfer	,089/,082	-,020/-,018
Abgabe von projektübergreifendem Wissenstransfer	-,251*/-,253*	-,022/-,022
Empfang von projektbezogenem Wissen	,284*/,250*	,089/,077
Empfang von projektübergreifendem Wissen	-,063/-,064	,264*/,264*
R2	,155/,199	,081/,102

Tabelle 2: Ergebnisse der OLS Regressionsanalyse, a Signifikanz: t=p≤0,1;*p≤0,05; **p≤0,01; ***p≤0,005

Die folgenden Tabellen zeigen die Wirkungen durch Kontrollvariablen und Haupteffekte auf die unterschiedlichen Formen der Offenheit beim Wissenstransfer. Das Modell 2a in Tabelle 3 verdeutlicht, dass Projektmanagement eine positive Wirkung sowie zunehmendes Alter eine negative Wirkung auf die Abgabe von projektbezogenem Wissen haben. Die positive Wirkung des Projektmanagement geht verloren, sobald die Haupteffekte (M2b) dazu kommen. Hier hat dann emotionales Vertrauen eine positive Wirkung auf die Abgabe von projektbezogenem Wissen. Bei der Abgabe von projektbezogenem Wissen wirkt eine höhere Ambiguität positiv. Dies bestätigt die Hypothese zwei. Hinsichtlich der Abgabe von projektübergreifendem Wissen (M3a, b) konnten keine signifikanten Beziehungen gefunden werden.

Abhängige Variablen	M2a Abgabe von projektbezogenem Wissen	M2b Abgabe von projektbezogenem Wissen	M 3a Abgabe von projektübergreifendem Wissen	M3b Abgabe von projektübergreifendem Wissen
Konstante	3,204	1,019/1,132	2,539/5,043	1,146/(1,108)
Kontrollvariablen				
Projektmanagement	,247*/,246*	,111/,108	,122/,117	-,079/-,074
Alter	-,220*/-,251*	-,321*/-,262*	,014/-,174	-,011/-,132
Haupteffekte				
Kalkulatives Vertrauen		,116/,095		,173/,135
Erfahrungsbasiertes Vertrauen		-,103/-,078		,347/,254
Emotionales Vertrauen		,439**/,296*		,055/,036
Ambiguität		,413*/,321*		,231/,172
R2	,113/,122	,301/,377	,040/,149	,131/,177

Tabelle 3: Ergebnisse der OLS Regressionsanalyse, Signifikanz: tp≤0,1;*p≤0,05; **p≤0,01; ***p≤0,005

Die Tabelle vier gibt die Schätzungen zum Erhalt von Wissen, d. h. dem Wissenstransfer an das jeweilige Unternehmen, wieder. Projektmanagement hat hier, wenn nur Kontrollvariablen untersucht werden, eine positive Wirkung auf den Erhalt von Wissen. Ferner zeigt sich in den Modellen 4a, b sowie 5a, b nur eine signifikante Beziehung. Emotionales Vertrauen wirkt positiv auf den Erhalt von projektbezogenem Wissen. Auffällig ist auch hier, dass eine zunehmende Ambiguität positiv auf den Erhalt von Wissen wirkt; dabei stärker bei projektbezogenem als bei projektübergreifendem Wissen.

	M4a Empfang von projektbezogenem Wissen	M4b Empfang von projektbezogenem Wissen	M5a Empfang von projektübergreifendem Wissen	M5b Empfang von projektübergreifendem Wissen
Konstante	3,203	,442	1,495	-,971
Projektmanagement	,227**/,255*	,119/,132	,385*/,376*	,234/,225
Unternehmensalter	-,067/-,097	-,009/-,123	-,002/-,027	,000/-,001
Kalkulatives Vertrauen		-,046/-,044		,060/,049
Erfahrungsbasiertes Vertrauen		,148/,137		,079/,063
Emotionales Vertrauen		-,242t /-,210t		,215/,161
Ambiguität		344**/,263**		,343/,227t
R2	,070/,088	,451/,466	,141/,155	,276/,244

Tabelle 4: Ergebnisse der OLS Regressionsanalyse, Signifikanz
t=p≤0,1;*p≤0,05; **p≤0,01; ***p≤0,005

Die nächsten Modelle umfassen die schrittweisen Analysen zur Untersuchung der Mediatoreffekte. Die ersten Spalten (Modelle 6a/b) kontrollieren die Wirkungen zwischen Prediktor (unabhängige Variable) und Mediator. Die zwischen emotionalem Vertrauen und meilensteinbasierten Zahlungen sind signifikant.

Abhängige Variablen	M 6a meilenstein-basierte Zahlungen	M 6b Private Benefits	M 7a Abgabe von projektbezogenem Wissen	M 7b Abgabe von projektbezogenem Wissen	M 8a Abgabe von projektbezogenem Wissen	M 8b Abgabe von projektbezogenem Wissen
Konstante	2,544	2,508		3,293	1,664	,820
Kalkulatives Vertrauen	,102/,058	,031/,023			,068/,058	,064/,054
Erfahrungs-basiertes Vertrauen	-,062/-,039	,105/,086			,015/,014	,042/,039
Emotionales Vertrauen	-,359*/-,213*	-,086/-,065			,005/,005	,033/,028
Ambiguität	,150/,079	-,017/-,012			,360**/,288**	,364**/,289**
Mediatoren meilenstein-basierte Zahlungen			,206*/,318***			,155*/,235*
Private Benefits				198*/,227*		,147t/,168t
R^2	,147/,117	,059/,022	,101/,203	,052/,099	,141/,122	,227/,200

Tabelle 5: Ergebnisse der OLS Regressionsanalyse, Signifikanz t=p≤0,1; *p≤0,05; **p≤0,01; ***p≤0,005

Die Modelle 7a und 7b schätzen die Wirkung von jedem Mediator auf das Kriterion (abhängige Variable). Hier liegt eine positive und signifikante Beziehung bei den meilensteinbasierten Zahlungen vor. Private Benefits weisen in der Regressionsanalyse keine signifikante Beziehung zum emotionalen Vertrauen auf, dürfen also kein Mediator sein. Anhand einer zusätzlichen bivariaten Korrelation wird allerdings deutlich, dass beide Aspekte positiv und signifikant verbunden sind und somit die erste Bedingung für einen Mediator erfüllt ist. Die Modelle 7a, b testen nun die jeweiligen Beziehungen zwischen Prediktor und Kriterion ohne die Integration der Mediatoren. Sobald beide (Meilensteine und Private Benefits) aber integriert werden (Modell 8b), ist die Beziehung zwischen Vertrauen und der Abgabe von Wissen nicht mehr signifikant. Nach Baron and Kenny (1986) liegt damit ein Mediator vor. Aus diesen Analysen wurde deutlich, dass emotionales Vertrauen durch meilensteinbasierte Zahlungen und Private Benefits mediiert wird. Ferner ist anzuführen, dass in dem letztem Modell auch wieder die zunehmende Ambiguität positiv auf die Abgabe von projektbezogenem und projektübergreifendem Wissen.

5. Diskussion und Zusammenfassung

Das Ziel dieser Untersuchung lag darin, den Zusammenhang zwischen Vertrauen, Ambiguitäten sowie Offenheit beim Wissenstransfer in projektbasierten Innovationskooperationen zu untersuchen. Gerade in Innovationskooperationen stehen Unternehmen vor dem Spannungsfeld, auf der einen Seite den Zugriff auf ihr Wissen zu schützen und auf der anderen Seite aber auch das Wissen der unterschiedlichen Partner synergetisch zu kombinieren. Dabei lassen sich gewöhnlich keine umfangreichen Verträge einsetzen, weil diese die Freiheit und die Emergenz innerhalb des Innovationsprozesses zu sehr einengen. Gemeinsame Kreationsprozesse von neuem Wissen, das radikale Innovationen befördert, bedürfen dabei einer gewissen Offenheit. Wie diese Offenheit wirkt und wovon sie abhängt, wurde bisher nicht geklärt. Dieser Beitrag kann allerdings das Bild etwas erhellen.

Dazu waren aber verschiedene Klassifikationen erforderlich. Zunächst hinsichtlich des Wissenstransfers. In projektbasierten Kooperationen kann Wissenstransfer mindestens vier verschiedene Formen einnehmen. Zunächst kann der Wissenstransfer die Offenheit bei der Abgabe von Wissen an den Kooperationspartner betreffen. Hinsichtlich des Objekts, also des transferierten Wissens, ist projektbezogenes und projektübergreifendes Wissen zu unterscheiden. Ferner kann sich der Wissenstransfer auch auf die wahrgenommene Offenheit des jeweiligen Partners, sein Wissen abzugeben, beziehen. Auch hier muss dann wieder zwischen projektbezogenem und projektübergreifendem Wissen unterschieden werden.

Dass Vertrauen eine zentrale Bedeutung für den Wissenstransfer besitzt, wurde oft beschrieben. Dieser Beitrag drang tiefer und mittels einer paarweisen Erhebung unterschiedlicher Facetten von Offenheit und Vertrauen in die Thematik ein. Offenheit wurde im Hinblick auf unterschiedliche Vertrauensarten untersucht. Auf der Basis der etablierten Skalen ließen sich erfahrungsbasiertes, kalkulatives und emotionales Vertrauen unterscheiden (Dahlstrom/Nygaard, 1995a und Williams, 2001). Zudem wurde der Innovationserfolg nach geplanten Innovationen sowie radikalen getrennt. Für letztere fand auch eine etablierte Skala Anwendung (Lee/O'Connor, 2003).

Auffallend ist zunächst, dass die Ergebnisse für den einen und den anderen Kooperationspartner, also die Paare, sehr ausgeglichen sind. Die Wahrnehmung der Partner entspricht sich also sehr stark. Im Einzelnen zeigen die Regressionsanalysen dann ein facettenreiches Bild. Zunächst ist festzuhalten, dass Offenheit teils überraschende Ergebnisse hat. So wirkt eine höhere Offenheit bei der Abgabe von projektübergreifendem Wissen negativ auf geplante Innovationen. Für Unternehmen in dieser Wachstumsbranche ist demnach die Abgabe von projektübergreifendem Wissen äußerst gefährlich. Nicht überraschend hat das Empfangen von projektbezogenem Wissen einen positiven Effekt auf geplante Innovationen. Positiv, dann aber auf radikale Innovationen, wirkt wiederum der verstärkte Empfang von Wissen. Hieran verdeutlich sich das bereits diskutierte Spannungsfeld: die Abgabe von Wissen kann schädlich für Innovationen sein, der Empfang jedoch wirkt positiv auf Innovationen. Aber in Kooperationen sollten immer beide Partner profitieren. Dies sieht hier nicht so aus. Die weitere Forschung sollte sich insbesondere hier um Lösungen bemühen.

Betrachtet man nun die Wirkungen nicht der Offenheit, sondern ihrer Vorläufer, wird deutlich, dass Ambiguität, wie in der Hypothese angenommen, eine positive Wirkung auf die Offenheit hat. Nur bei der Abgabe von projektübergreifendem Wissen ist kein positiver Effekt nachweisbar. Unternehmen in dieser Wachstumsbranche nutzen somit gezielt die Potentialität auf aktuelle und zukünftige Wettbewerbsvorteile durch das stillschweigende Wissen sowie direkt den kausalen Ambiguitäten. Ferner beurteilen die untersuchten Unternehmen die kausalen Ambiguitäten auch als gezielten Schutzmechanismus. Darüber hinaus ist der schwache Effekt von Vertrauen durchaus überraschend. Dieser steht der Vielzahl von Studien, die positive Wirkungen durch enge soziale Beziehungen unterstellen, entgegen; zumindest was den Wissensfluss betrifft. Nur emotionales Vertrauen, das ein gutes Verstehen und eine emotionale Nähe zwischen den Beteiligten ausdrückt, ist in der Lage, positiv auf die Abgabe von Wissen einzuwirken. Umgekehrt wirkt zunehmendes emotionales Vertrauen negativ auf den Erhalt von Wissen. Dieses wirft Fragen auf, denn es sieht hierdurch so aus als bekäme der emotional Vertrauende weniger Wissen – also würde er quasi ausgenutzt. Handelt es sich also auch bei Unternehmen dann um gutgläubige, die dann übervorteilt werden? Dies ist eine vielleicht sogar beunruhigende Fragestellung, die von weiteren Forschungsprojekten intensiv validiert und beleuchtet werden sollte.

Nicht zu vernachlässigen sind die Effekte der Kontrollvariablen. Projektmanagement, das schließlich eine gewisse Absicherung darstellt, fördert die Abgabe von Wissen. Den Gegensatz dazu bildet das Alter der Unternehmen. Hierbei ist zu vermuten, dass entweder die Unternehmen im Laufe ihrer Reife negative Erfahrungen machen und deshalb weniger Wissen abgeben oder aber sie in frühen Unternehmensphasen gezwungen werden, an Kooperationspartner Wissen abzugeben, weil sie ansonsten nicht als Kooperationspartner gewählt und akzeptiert werden.

Die Studie untersuchte das Spannungsfeld zwischen Abgabe und Erhalten von Wissen, aber auch weitere Einflussfaktoren hierauf. Die Untersuchung, ob Meilensteine oder Private Benefits die Beziehung zwischen Vertrauen und der Abgabe von Wissen beeinflussen, galt dazwischen liegenden Einflussfaktoren. In der Tat ließ sich zeigen, dass meilensteinbasierte Zahlungen sowie Private Benefits jeweils Mediatoren auf die Beziehung zwischen emotionalem Vertrauen und der Abgabe von projektbezogenem Vertrauen sind. Dies bedeutet, dass emotionales Vertrauen über die meilensteinbasierte Zahlungen und – allerdings weniger deutlich – über Private Benefits auf die Abgabe von projektbezogenem Wissen wirkt. Überraschend sind die hier jeweils identifizierten positiven Wirkungen. Im Theorieteil wurde die negative Wirkung der meilensteinbasierten Zahlungen diskutiert, weil sie ein Zeichen für Misstrauen sein können. Die positive Beziehung legt hingegen die Vermutung nahe, dass meilensteinbasierte Zahlungen eine Absicherungsmöglichkeit sind. Sehr überraschend ist aber vor allem, dass Private Benefits eine positive und nicht etwa eine negative Beziehung zur Abgabe von Wissen haben. Geben die Unternehmen nur Wissen an den anderen ab, wenn sie in der Kooperation einen Nutzen allein generieren? Dieses gibt Raum für weitere Forschungsprojekte.

Literatur

Aghion P, Tirole J. 1994. The management of innovation. The Quarterly Journal of Economics(November): 1185-1209

Ahuja G. 2000. The dualty of collaboration. Inducements and opportunities in the formation of interfirm linkages. Strategic Management Journal 21(3): 317-344

Allen TJ. 1977. Managing the Flow of Technology Transfer to Developing Countries and the Dissemination of Technological Information within the R& D Organization. MIT Press: Cambridge, MA.

Alm H, McKelvey M. 2000. When and why does cooperation positively or negatively affect innovation? An exploration into turbulent waters. Centre for Research on Innovation and Competition: Manchester

Amabile TM. 1988. A Model of Creativity and Innovation in Organizations. In BM Staw, LL Cummings (Eds.), Research in organizational behavior, Vol. 10: 123-167. JAI Press: Greenwich, CT

Anand B, Khanna T. 2000. Do firms learn to create value? The case of alliances. Strategic Management Journal 21(3): 295-315

Andaleeb SS. 1991. Trust and dependence in channel relationships: implications for satisfaction and perceived stability. AMA Summer Educators Conference Proceedings: 249-250

Anderson JC, Narus JA. 1999. Business Market Management: Understanding, Creating, and Delivering Value. Prentice Hall: Englewood Cliffs, N. J.

Brown J, Duguid P. 1991. Organizational learning and communities of practice. Toward a unified view of working, learning and innovation. Organisational Science 2(1): 40-57

Brown SL, Eisenhardt KM. 1995. Product development: Past research, present findings, and future directions. Academy of Management Review 20: 343-379

Clift TB, Vandenbosch MB. 1999. Project Complexity and Efforts to Reduce Product Development Cycle Time. Journal of Business Research 45: 187-198

Cooper RG. 1990. Stage-Gate systems: A new tool for managing new products. Business Horizons(May-June): 44-54

Cooper RG, Kleinschmidt EJ. 1986. An Investigation into the New Product Process: Steps, Deficiencies, and Impact. Journal Product Innovation Management 3: 71-85

Cummings LL, Bromiley P. 1996. The Organizational Trust Inventory (OTI). In RM Kramer, TR Tyler (Eds.), Trust in Organizations. Sage: Thousand Oaks, London, New Delhi

Dahlstrom R, Nygaard A. 1995a. An exploratory investigation of interpersonal trust in new and mature market economies, 24th Annual Conference of the European Marketing Academy: 299-303

Das TK, Teng BS. 1998. Between trust and control: Developing confidence in partner cooperation in alliances. Academy of Management Review 23(3): 491-512

Dion P. 1991. Fine tuning sales performance concpets: the importance of buyer relevant emdiating variables, 20th Annual Conference of the European Marketing Academy: 1235-1251

Ernst&Young. 2004. Fifth German Biotech Report. Ernst&Young: Berlin

Gerybadze A. 2004. Technologie- und Innovationsmanagement. Verlag Vahlen: München

Gulati R. 1995. Does familiarity breed trust?: The implications of repeated ties for contractual choice. Academy of Management Journal 38: 85-112

Helfat CE. 1997. Know-How and Asset Complementary and Dynamic Capability Accumulation: The Case of R&D. Strategic Management Journal 18(5): 339-360

Hladik KJ. 1988. R&D and international joint ventures. In FJ Contractor, P Lorange (Eds.), Cooperative Strategies in International Business. Lexington Books: Lexington

Hughes DG, Chafin DC. 1996. Turning New Product Development into a Continuous Learning Process. Journal of Product Innovation Management 11(3): 183-200

Ibarra H. 1993. Network centrality, power, and innovation involvement: Determinants of technical and administrative roles. Academy of Management Journal 36(3): 471-501

Inkpen A. 1998. Learning, knowledge acquisition and strategic alliances. European Management Journal 16(2): 223-229

Inkpen AC. 2000. A Note on the dynamics of learning alliances: Competition, cooperation, and relative Scope. Strategic Management Journal 21(7): 775-779

Kale P, Singh H, Perlmutter H. 2000. Learning and protection of proprietary assets in strategic alliances: building relational capital. Strategic Management Journal 21(3): 217-237

Khanna T, Gulati R, Nohria N. 1998. The dynamics of learning alliances: competition, cooperation, and relative scope. Strategic Management Journal 19(3): 193-210

Kogut B. 1988. Joint Ventures: Theoretical and Empirical Perspectives. Strategic Management 9(4): 319-332

Lee Y, Colarelli O'Connor G. 2003a. The Impact of Communication Strategy on Launching New Products: The Moderating Role of Product Innovativeness. J Product Innovation Man 20(1): 4-21

Lee Y, O'Connor GC. 2003b. The Impact of Communication Strategy on Launching New Products: The Moderating Role of Product Innovativeness. The Journal of Product Innovation Management 20: 4-21

Lewis MW, Welsch MA, Dehler GE, Green SG. 2002. Product development tensions: Exploring contrasing styles of project management. Academy of Management Journal 45(3): 546-564

Luhmann N. 1979. Trust and Power. Wiley: Chichester

McKnight DH, Cummings LL, Chervany NL. 1998. Initial trust formation in new organizational relationships. Academy of Management Review 23(3): 473-490

Montoya-Weiss MM, O'Driscoll TM. 2000. From Experience: Applying Performance Support Technology in the Fuzzy Front End. J Product Innovation Man 17: 143-161

Morgan RM, Hunt SD. 1994. The Commitment-Trust Theory of Relationship Marketing. Journal of Marketing 58(3): 20-38

Nahapiet J, Goshal S. 1998. Social capital, intellectual capital, and the organizational advantage. Academy of Management Review 23(2): 242-266

Nelson RE. 1989. The Strength of Strong Ties: Social Networks and Intergroup Conflict in Organizations. Academy of Management Journal 32(2): 377-401

Nonaka I, Byosiere P, Borucki CC, Konno N. 1994. Organizational knowledge creation theory: A first comprehensive test. International Business Review 3(4): 337-351

Oxley EJ. 1997. Appropriability Hazards and Governance in Strategic Alliances. Oxford University Press

Pearce C, Ensley M. 2004. A reciprocal and longitudinal investigation of the innovation process. Journal of Organizational Behavior 25: 259-278

Polanyi M. 1967. The Tacit Dimension. Doubleday: New York

Reed R, DeFillippi RJ. 1990. Causal ambiguity, barriers to imitation, and sustainable competitive advantage. Academy of Management Review 15(1): 88-102

Rempel JK, Holmes JG, Zanna MP. 1985. Trust in Close Relationships. Journal of Personality and Social Psychology 49(1): 95-112

Ring PS, Vandeven AH. 1992. Structuring Cooperative Relationships between Organizations. Strategic Management Journal 13(7): 483-498

Rothaermel FT, Deeds DL. 2004. Exploration and exploitation alliances in biotechnology: A system of new product development. Strategic Management Journal 25: forthcoming

Sabel CF. 1993. Studied trust. Building new forms of cooperation in a volatile economy. Human Relations 46: 1133-1170

Shan W, Walker G, Kogut B. 1994. Interfirm cooperation and start-up innovation in the biotechnology Industry. Strategic Management Journal 25: 387-394

Sitkin SB, Roth NL. 1993. Explaining the Limited Effectiveness of Legalistic Remedies for Trust Distrust. Organization Science 4(3): 367-392

Swink M. 2003. Completing projects on-time: how project acceleration affects new product development. Journal of Engineering and Technology Management 20(4): 319-344

Sydow J, Lindkvist L, DeFillippi RJ. 2004. Project-Based Organizations, Embeddedness and Repositories of Knowledge: Editorial. Organization Studies 25(9): 1475-1489

Teece DJ. 1988. Profiting from Technological Innovation: Implications for Integration, Collaboration, Licensing and Public Policy. In ML Tushmann, MW L. (Eds.), Readings in the Management of Innovations: 621-647. Ballinger Publishing Company: Cambridge, Massachusetts

Van de Ven AH. 1988. Central problems in the management of innovation. In ML Tushmann, WL Moore (Eds.), Readings in the Management of Innovations: 103-112. Ballinger Publishing Company: Cambridge, Massachusetts

Williams A. 2001. A belief-focused process model of organizational learning. JOURNAL OF MANAGEMENT STUDIES 38(1): 67-85

Williamson OE. 1991. Comparative economic organization: The analysis of discrete structural alternatives. Administrative Science Quarterly 36: 269-296

Wolfe Morrison E. 2002. Newcomers' relationships: The role of social network ties during socialization. Academy of Management Journal 45: 1149-1160

Zaheer A, McEvily B, Perrone V. 1998. Does trust matter? Exploring the effects of Interorganisational and interpersonal trust on performance. Organization Science 9(2): 141-158

Zaheer A, Venkatraman N. 1995. Relationsal governance as an interorganizational strategy: an empirical test of the role of trust in economic exchange. Strategic Management Journal 16: 373-392

Zur motivatorischen Wirkung von Unternehmensvisionen

Ulrich Wegner[*]

1. Einleitung
2. Begriffsklärung
3. Motivatorische Wirkungen

Literatur

---

[*] Dr. habil. Ullrich Wegner ist Privatdozent am Lehrstuhl von Herrn Universitätsprofessor Dr. Kahle und Geschäftsführer der Alpha Management GmbH, Duisburg.

"Wenn das Leben keine Vision hat, nach der man strebt, nach der man sich sehnt, die man verwirklichen möchte, dann gibt es auch kein Motiv, sich anzustrengen".

- Erich Fromm (1900 – 1980), deutscher Psychoanalytiker -

1. Einleitung

Die Vision ist ein wichtiger Bestandteil der Unternehmensführung. Vergleichen wir ein Unternehmen mit einem Flugzeug. Vom Cockpit aus kann auf alle Instrumente zur Führung des Flugzeuges zugegriffen werden. Wenn das Flugzeug jedoch nicht in Bewegung ist, wirkt der Einsatz der Instrumente nicht. Ist das Flugzeug aber in Bewegung, sorgen schon kleine Veränderungen des Heckruders für eine neue Flugbahn. Übertragen auf das Unternehmen heißt das: ist ein Unternehmen nicht in Bewegung bzw. sind die Mitarbeiter nicht motiviert, ist der Einsatz noch so aufwändiger Führungsinstrumente wirkungslos.

Der vorliegende Betrag beschreibt nach der Klärung notwendiger Begriffe (vgl. Kapitel 2) die Einsatzmöglichkeiten von Visionen zur Erzeugung von Bewegung und Motivation (vgl. Weiner, B. (1994) S. 24 ff) als Grundlage zur Wirksamkeit von Führungsinstrumenten (vgl. Coenenberg, A.; Salfeld, R. (2003), S. 20 ff.; Schultz, H.; Yang, D. J. (2000); Collings, D. J.; Porras, J. I. (1994), S. 5). Es zeigt sich, dass es der Formulierung und Implementierung einer Konditionalvision bedarf, um die Mitarbeiter zu erreichen (vgl. Abschnitt 2. 3). Die Konditionalvision erfüllt damit einen der wichtigsten Grundsätze von moderner Unternehmensführung, nämlich Menschen eher in die richtige Richtung zu begleiten als sie dorthin zu treiben. Mit ihr gelingt es, konkrete, attraktive Zukunftszustände zu beschreiben, die für den Mitarbeiter motivierend ist (vgl. Abschnitt 3. 2). Gemeinsam mit einem Führungsverständnis, bei dem die Mitarbeiter für die Prozessauswahl zu erreichender Ziele verantwortlich sind (vgl. Abschnitt 3. 3), entsteht eine lebendige, zielgerichtete Unternehmenskultur (vgl. Kahle, E. (1991), S. 17 ff.; Hungenberg, H. (2006), S. 39 ff.; Schein, E. (1985), S. 9 ff).

2. Begriffsklärung

2.1 Visionen

Für den Begriff der Vision finden sich in der Literatur zahlreiche unterschiedliche und teilweise auch widersprüchliche Definitionen (Zapke-Schauer, G. (2006), S. 31). Bereits die Anwendung des Begriffs in den verschiedenen wissenschaftlichen Disziplinen wie z.b. der Religion, der Philosophie oder auch in der Zukunftsforschung deutet auf eine besondere Komplexität der Interpretations- und Verwendungsmöglichkeiten hin.

Das Wort Vision stammt von dem lateinischen Begriff „visio, visionis" ab und bedeutet übersetzt soviel wie Sehen, Anblick, Erscheinung oder Schau (vgl. Greiner, J.; Huber, E. (2000), S. 20). Der Einfluss dieser begrifflichen Abstammung spiegelt sich darin wieder, dass eine Vision ein mehr oder weniger konkretes, oft prophetisches Bild von der Zukunft darstellt, welches von demjenigen, der die Vision formuliert, häufig als in der Zukunft realisierbare Wirklichkeit empfunden wird. Allerdings liegt ihr kein offensichtlich empirisch fassbarer Gegenstand zugrunde. Visionen stellen also abstrakt formulierte Bilder von der Zukunft dar. Sie sind zumeist verbunden mit dem starken Willen des Formulierenden, etwas zu Erschaffen, was mit der momentan vorhandenen Realität noch nicht vereinbar zu sein scheint. Visionen beinhalten daher sowohl ein zukunftserahnendes als auch ein zukunftweisendes Verständnis. Man kann abstrakt auch von dem in Worte fassen einer Art „Traumbild" sprechen, welches den Formulierenden im Rahmen einer ganzheitlichen Vision dazu bewegt, nach etwas Höherem zu streben und etwas Großartiges und Wertvolles zu schaffen (vgl. Bonsen, M. (1994), S. 18).

„Die Vision ist ein konkretes Zukunftsbild, nahe genug, dass wir die Realisierbarkeit noch sehen können, aber schon fern genug, um die Begeisterung der Organisation für eine neue Wirklichkeit zu wecken." (Lombriser, R.; Abplanalp, P. (1989), S. 7) In einer weiteren Quelle wird die unternehmerische Vision als ein Wunschtraum definiert, die Umwelt zu verändern. Dieser Wunschtraum lässt sich in eine materielle und eine spirituelle Dimension unterteilen. Die materielle Dimension zielt dabei auf die Bedürfnisbefriedigung der Gesellschaft ab, die spirituelle Dimension auf die Verbesserung der Welt (Vgl. Herbek, P. (2000), S. 52).

Senge beschreibt den Wert einer Vision für ein Unternehmen wie folgt: „a shared vision is not an idea [...] It is, rather, a force in people's hearts, a force of impressive power. [...] so too are shared visions pictures that people throughout an organisation carry. They create a sense of commonality that permeates the organization and gives coherence to diverse activities (vgl. Senge, P. (2000), S. 192). Eine Vision darf nicht nur gedacht, sondern muss auch kommuniziert und durchgesetzt werden (vgl. Wiedmann, K.-P. et al. (2004), S. 498). Sie besteht aus richtungsweisenden Gedanken für die zukünftige Unternehmensentwicklung (vgl. Lombriser, R.; Abplanalp, P. (1989), S. 214).

Eine Vision kann demnach nur einen Wert für ein Unternehmen entwickeln, wenn das Fundament einer Unternehmung, die Gesamtheit der Mitarbeiter, mit Überzeugung hinter dieser steht. Nach Senge entsteht die wahre Überzeugung von einer gemeinsam in einer Unternehmung getragenen Vision dann, wenn die Unternehmensvision die persönliche Vision des Mitarbeiters reflektiert.[15] Es reicht folglich nicht, als Top-Entscheider an der Spitze der Unternehmung alleine eine Vision zu formulieren. Die Mitarbeiter müssen das Bild von der Zukunft des Unternehmens verinnerlichen und in sich tragen.

Die Vision als Ordnungsgeber

Im Rahmen der Formulierung einer Vision findet in Unternehmen häufig eine Art der Neuordnung statt. Mit der Visionserarbeitung erfolgt neben einer detaillierten Bestandsaufnahme auch eine Umorientierung der vorhandenen Kräfte in eine bestimmte, durch die Vision vorgegebene Richtung (vgl. Hinterhuber, H. H. (1996), S. 83 ff.). Somit wirkt die Unternehmensvision auf die Mitarbeiter als eine Art Fixpunkt, auf den man sich beziehen kann (vgl. Carl, N.; Kiesel, M. (1996), S. 93). Auch können durch die Neuordnung der Prioritäten vorhandene Ziel- und Strategiekonflikte bereinigt werden.

Die Vision als Impuls

Die Vision schafft bildhaft einen freien Raum zwischen der Realität und dem zu erreichenden, zukünftigen Bild. Dieser Freiraum kann eine gewollte Spannung im Unternehmen auslösen, die zu Veränderungen antreibt, Kreativität zulässt und fördert. Sie verhält sich ähnlich einem Gummiband. Wenn der Abstand zwischen der Vision und der Realität zu gering ist, entsteht keine Spannung, ist er zu groß, reißt das Gummiband (vgl. Herbek, P. (2000), S. 54).

Die Vision zur Identifikationsförderung und Motivation

Speziell durch die aktive Beteiligung der Mitarbeiter an der Visionsfindung kann eine starke Identifikation mit der übergeordneten Unternehmensvision erzielt werden. Im Idealfall findet der Mitarbeiter Aspekte seiner persönlichen Vision von der Unternehmung in der gemeinsamen Unternehmensvision wieder. Es können dabei durchaus unterschiedliche Sichtweisen hinsichtlich des Unternehmens in der Zukunft nebeneinander existieren. Entscheidend ist, dass sich die Bilder nicht grundlegend unterscheiden. Wenn man alle Einzelbilder zusammenfügt, ergibt sich im Idealfall eine Art Hologramm, ein gleiches und
einheitliches Abbild des Unternehmens in der Zukunft, das im dreidimensionalen Raum nur
aus den verschiedensten Blickwinkeln betrachtet wird (vgl. Senge, P. (2000), S. 198). Die Motivation entsteht daraus, dass der Mitarbeiter die Vision verinnerlicht und an ihre Realisierbarkeit glaubt. Auf dieser Basis entsteht ein gemeinsames Verständnis für die Vision und der einzelne Mitarbeiter fühlt sich als Teil eines Ganzen.

Als ein großer Visionär auf politischer Ebene galt der ehemalige französische Ministerpräsident und spätere Außenminister Robert Schuman, der am 9. Mai 1950 seine Vision veröffentlichte, dass das in kleine Staaten aufgeteilte Europa sowohl zu einer Wirtschafts- und Währungsunion, als auch zu einer politischen Union zusammenwachsen könne. Sein starker Wille zur Vermittlung des Gedanken eines vereinten Europas trieb ihn zu einer beispielhaften und unermüdlichen Verfolgung eben dieser Idee, bei der er sich auch durch

Rückschläge wie der fehlenden Unterstützung der französischen Bevölkerung nicht zurückhalten ließ. Im Jahre 1957 wurde der erste Schritt zur Realisierung seiner Vision durch die Unterzeichnung des Vertrages zur Gründung der Europäischen Gemeinschaft (EG-Vertrag) in Rom getätigt. Schuman gilt heute zusammen mit Jean Monnet als einer der Gründerväter der Europäischen Union.

Im Gegensatz zur Vision beschreibt die *Illusion* (lat. Täuschung), wenn etwas anders erscheint, als es wirklich ist. Auf der Ebene der menschlichen Wahrnehmung entstehen Illusionen durch subjektiv verzerrte Sinneswahrnehmungen. Genauso wie die Vision kann eine Illusion eine Art der Wunschvorstellung darstellen. Der Hauptunterschied liegt jedoch darin, dass die Vision grundsätzlich erfüllbar ist und somit Realität werden kann, die Illusion dagegen nicht. Sie stellt eine nicht realisierbare Wunschvorstellung dar, die bereits auf einer fehlerhaften Wahrnehmung der Realität begründet ist (vgl. Greiner, J.; Huber, E. (2000), S. 28).

Die *Unternehmensstrategie* lässt sich inhaltlich auf die folgende Weise von der Vision abgrenzen: Eine Vision gibt im Gegensatz zu einer Strategie keine konkreten Zielbilder vor. Eine Strategie beschreibt z. B., auf welchen konkreten Vertriebswegen ein Unternehmen den Markt in der Zukunft bearbeiten will (vgl. Kahle, E. (2005), S. 333 ff.). Sie orientiert sich stark an der Gegenwart. Eine Vision umschreibt ein abstrakteres und weiter in der Zukunft liegendes Bild von der Unternehmung. *Hamel/Prahalad* beschreiben ihre Ergebnisse aus Studien zur Strategischen Planung folgendermaßen: „Although strategic planning is billed as a way of becoming more future orientated, most managers, when pressed, will admit that their strategic plans reveal more about today's problems than tomorrow's opportunities." (Prahalad, C. K.; Hamel, G. (1999), S. 81)

Unternehmensziele werden zumeist aus der gegenwärtigen Situation des Unternehmens abgeleitet und dienen als eine Art Weichenstellung für das zukünftige unternehmerische Handeln (vgl. Kahle, E. (1971), S. 623 ff.). Die zentrale Fragestellung ist dabei: „Was wollen wir wann erreicht haben?" Unternehmensziele sind häufig sehr konkret formuliert und haben zumeist quantitativen Charakter (vgl. Herbek, P. (2000), S. 53).

2.2 Zukunftsvision

Jedes Unternehmen benötigt eine Perspektive, die zukünftige Entwicklungschancen aufdeckt und Risiken erkennt. Das Entwickeln einer langfristigen Perspektive für ein Unternehmen heißt oftmals auch zugleich, einen anderen Blickwinkel einzunehmen. Wer Visionen hat, der blickt in die Ferne und entwickelt ein konkretes Bild von der Zukunft. Er entwickelt Vorstellungen, die zu konkreten Wünschen werden. Wünsche können begeistern, eine bestimmte Richtung einzuschlagen. Genau diese Bedeutung kommt der Vision zu, wenn man sie in den Kontext der Unternehmensführung einordnet. Es bestehen jedoch sehr unterschiedliche Meinungen darüber, wie eine auf ein Unternehmen zugeschnittene Vision von der Zukunft erarbeitet, formuliert und im Unternehmen implementiert werden sollte.

Wie weit sollte der visionäre Blick in die Zukunft reichen? Sieben Jahre wird oft als unterste Grenze von Top-Entscheidern genannt. Dieser Zeitraum ist lang genug, um sich innerlich von der Fixierung auf das Gegebene zu lösen und von einer Zukunftsvision träumen zu können. Andererseits ist er kurz genug, um den Horizont noch sehen zu können. Die meisten Mitarbeiter werden in sieben Jahren noch „an Bord des neu auf Kurs gebrachten Schiffes" sein.

Eine Zukunftsvision kann folgende Prognose beinhalten: „In fünf Jahren werden wir Weltmarktführer sein." Viele Autoren, die sich mit dem Begriff der Vision auseinandersetzen, verstehen darunter, dass etwas, was in der Zukunft liegt, vorausgesehen wird; frei nach dem Motto: „Ich sehe etwas, was Du nicht siehst." Hierzu müsste der Mensch jedoch hellseherische Fähigkeiten haben, die nicht gegeben sind. Zukunftsprognosen haben eine unzureichende Trefferquote. Dies gilt sowohl für alltägliche Dinge wie die Wettervorhersage als auch für Vorhersagen über die künftige wirtschaftliche Entwicklung.

Jede Aussage über die Zukunft erfolgt zwingend und logisch vom gegenwärtigen Standpunkt aus. Daraus ergeben sich zwei Modalitäten. Die erste Modalität ist die Beschreibung der „gegenwärtigen" Zukunft. Der künftige Verlauf wird aufgrund vorliegender Daten erfahrungswissenschaftlich vorausberechnet bzw. extrapoliert. Die andere Modalität beschreitet die Imagination. Sie beschreibt und zeigt zukünftige Gegenwarten auf. Dadurch werden bei der Imagination gerade nicht die zu jener Zeit gültigen

Realitätsstandards zur Konstruktion eines „realistischen", gegenwartsangepassten Zukunftsbilds angewandt. Es wird bewusst von der vorherrschenden Realität abgesehen, um zu einem „utopischen" Gegenentwurf zur aktuellen Gegenwart zu gelangen.

Der Eintritt einer Zukunftsvision ist aufgrund begrenzter Vorhersehbarkeit komplexer Sachverhalte sehr unsicher. Die fehlende Prognosesicherheit macht die Zukunftsvision für die Unternehmensführung unbrauchbar. Auf einer unsicheren Basis lassen sich keine Ressourcen freigeben und Aktivitäten starten. Darüber hinaus verleiten Zukunftsvisionen zur Passivität bei der Belegschaft (vgl. Zapke-Schauer, G. (2004), S. 27 ff.). Sie nimmt die Vision zwar wahr, glaubt aber, eher Teilnehmer statt selbst Gestalter an der zukünftigen Entwicklung zu sein. Die Zukunftsvision erweckt den Anschein, dass ihre Realisierung auch ohne ihr zutun eintreten wird. Es muss sozusagen nur auf den fahrenden Zug aufgesprungen werden, um der Zukunft und der Vision entgegenzueilen. Dieser Sachverhalt demotiviert die Mitarbeiter, weil für sie nicht erkennbar ist, an welcher Stelle ihre Kompetenzen nachgefragt werden.

2.3 Konditionalvision

Wie muss nun eine Vision beschaffen sein, damit Mitarbeiter sie annehmen und die gewünschte Bewegung zur Wirksammachung der Führungsinstrumente entsteht? Visionen sollen dem einzelnen Mitarbeiter eine rationale Orientierung für sein Handeln innerhalb des Unternehmens bieten, zugleich sollen sie ihn aber auch auf der emotionalen Ebene ansprechen (vgl. Herbek, P. (2000), S. 52). Eine so genannte Konditionalvision füllt den Raum, der durch die Distanz zwischen der mehr oder weniger abstrakten Zukunftsvision und dem Mitarbeiter entsteht, indem sie ihm ähnlich dem Bild von einer Leiter die einzelnen Stufen zum Erreichen des Zukunftszustandes aufzeigt: Im Rahmen einer Konditionalvision sieht man etwas in der Zukunft, und dieses Etwas könnte heute bereits eintreten, wenn man bestimmte Bedingungen (Konditionen) erfüllt hätte. Es wird dabei allerdings vorausgesetzt, dass man das Ergebnis einer Handlung kennt. Sinngemäß: „Wenn ich dieses oder jenes tue, wird ein bestimmtes Etwas geschehen." (Zapke-Schauer, G. (2004), S. 30) Diese Art der Visionsformulierung nimmt der Vision zum einen etwas von seiner abstrakten Erscheinung, zum anderen kann sie den Mitarbeiter motivieren, Zusammenhänge zu erkennen und ihm seinen möglichen Einfluss auf die Vision vermitteln.

Als Konditionalvision gilt beispielsweise folgender Sachverhalt eines Unternehmens: „In fünf Jahren werden wir Weltmarktführer sein, wenn wir im Bereich Export expandieren." Durch den Zusatz der Kondition „...wenn wir in dem Bereich Export expandieren" verändert sich die Reihenfolge bei der Visionsbetrachtung (siehe Abbildung 1). Es muss also erst das Ziel „Expansion Export" erreicht werden, um Weltmarktführer zu sein. Eine solche Formulierung sorgt für eine klare Handlungsausrichtung. Die Fragestellung an die Mitarbeiter lautet: „Was müssen wir tun, um dieses Ziel zu erreichen?" Folglich ringen die Mitarbeiter um den Einsatz der besten Vorgehensweisen (vgl. Abschnitt 3. 3), anstatt sich über die Eintrittswahrscheinlichkeit einer unscharfen Zukunftsvision aus der Beobachterrolle heraus zu unterhalten. Das Gespräch der Führungskraft mit dem Mitarbeiter ist so aufgebaut, dass der Mitarbeiter dem Vorgesetzen Prozessvorschläge zur Zielerreichung macht. Der Vorgesetzte bespricht dann mit dem Mitarbeiter, was sich für Situationen ergeben, wenn seine Prozessauswahl tatsächlich zu der gewünschten Zielauswahl führt. Die Attraktivitäten der Konditionalvision werden dann aus der Fragestellung „Was passiert mit uns, wenn wir Weltmarktführer sind" abgeleitet. Themen wie Arbeitsplatzsicherheit, interne Karrieremöglichkeiten aufgrund des Unternehmenswachstums bis hin zu höherer Kreditwürdigkeit beim privaten Immobilienerwerb aufgrund des Vorweises eines erfolgreichen und solventen Arbeitgebers können bei den Mitarbeitern für die notwendige Akzeptanz der Vision sorgen und somit die gewünschte Bewegung erzeugen (vgl. Kapitel 1).

Abbildung 1: Zukunftsvision und Konditionalvision

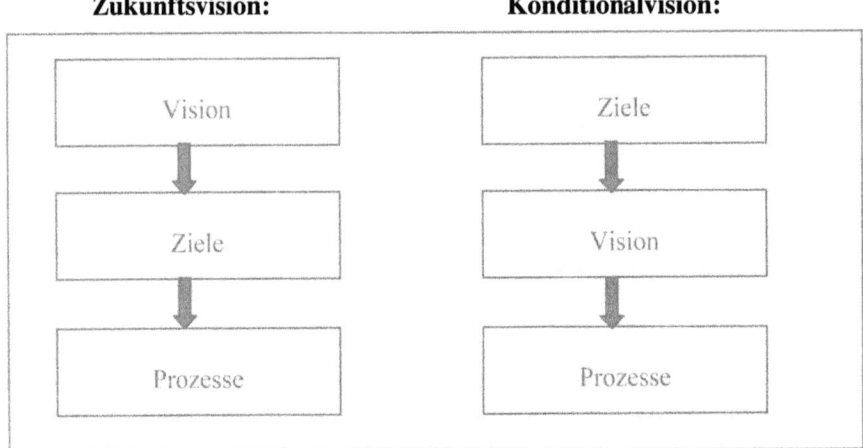

Bei der Implementierung einer Zukunftsvision hingegen werden die Gespräche zwischen Führungskraft und Mitarbeiter einen anderen Verlauf nehmen. Zunächst muss der misstrauische Mitarbeiter davon überzeugt werden, dass die mit der Vision formulierte Vorausschau realistisch ist. Oft werden instinktiv die hellseherischen Fähigkeiten des „Visionärs" in Frage gestellt. „Wenn ich dem Visionär nicht glaube, werde ich ihm auch nicht folgen" wäre die typische Reaktion eines Mitarbeiters. Die Zieldefinition und die daraus abgeleitete Prozessauswahl stehen in der Wahrnehmung des Mitarbeiters auf einem nicht tragfähigen Fundament. Entsprechend ist das Handlungsmotiv zum Folgen der Zukunftsvision gering. Mehr noch: sollte sich die Realität anders anbahnen als es in der Vision beschrieben steht, wird er sich bestätigt sehen, dass die Vision falsch und sein Minderleisten somit gerechtfertigt ist.

3. Konditionalvision und Unternehmensführung

3.1 Motivation

Es existiert eine Vielzahl von Definitionen zur Erklärung des Motivationsbegriffes. Der Ursprung des Wortes stammt aus dem Lateinischen „movere" für „bewegen". Es beschreibt einerseits den Begriff für das direkt Erlebte und andererseits die innere Bereitschaft zum zielgerichteten Handeln, die sich automatisch einstellt, wenn ein Motiv, z.b. durch eigene Hoffnung, realisierbar erscheint (vgl. Bullinger, H-J. (1996), S. 31). Motivation „kann allgemein als die Bereitschaft oder der Wille zu einem bestimmten Verhalten bzw. zur Erreichung eines Ziels definiert werden." (Strunz, H. (1999), S. 41) Oder: „Motivation ist die Bereitschaft, eine besondere Anstrengung zur Erfüllung der Organisationsziele auszuüben, wobei die Anstrengung die Befriedigung individueller Bedürfnisse ermöglicht." (Ebenda, S. 41) Eine weitere Definition erhalten wir von *Heckhausen*: „Motivation ist ein Sammelbegriff für vielerlei Prozesse und Effekte, deren gemeinsamer Kern darin besteht, dass ein Lebewesen sein Verhalten um der erwarteten Folgen willen auswählt und hinsichtlich Richtung und Energieaufwand steuert." (Heckhausen, H. (1989), S. 10)

Bei der Motivation handelt es sich um einen sehr individuellen Vorgang, den nur jeder für sich selbst hervorrufen kann. Zu unterscheiden ist die Motivation vom Motiv. Der Begriff Motivation bezieht sich auf das Verhalten einer Person, er ist jedoch nicht der Grund für das Verhalten. Ein Motiv ist etwas, auf das es sich lohnt zuzugehen. Nach der Definition von *Thomae* handelt es sich bei dem Motiv um ein Konstrukt, mittels dessen versucht wird, bestimmte Präferenzen einer Person, geäußert durch ihre Handlungen oder die Handlungsrichtung, zu erklären. Motive dienen der Erklärung, warum eine Handlung einen bestimmten Verlauf nimmt und gleichzeitig über einmalige Situationen hinweg fortbesteht (vgl. Assanger, R.; Wenninger, G. (1998), S. 475). Aus dieser Definition wird ersichtlich, dass das Motiv eine Erklärung für den Grund des Handelns gibt, z. B. Streben nach Macht, sozialem Anschluss oder Leistung (vgl. Kreuder, A. (2002), S. 3).

Das Entstehen von Motivation setzt also das Vorhandensein eines Motivs voraus. Die Motive sind bei jedem Menschen verschieden, so dass Führungskräfte vor jedem Versuch, Mitarbeiter zu motivieren, über jene zunächst einmal Kenntnis erlangen müssen. Handlungsmotive von Mitarbeitern sind nicht unmittelbar zu sehen, sondern müssen erschlossen werden (vgl. Comelli, G.; Rosenstil, L. v. (1995), S. 18). Hierfür stehen zwei verschiedene Methoden zur Verfügung, welche immer gemeinsam angewandt werden sollten.

Die erste Methode zur Erschließung von Motivlagen ist die Beobachtung des Mitarbeiters bei seinem Handeln und Auftreten im Arbeitsalltag. Allerdings besteht hier die Gefahr der Fehlinterpretation, da ein und dasselbe Verhalten unterschiedlich motiviert sein kann. Beispielsweise könnte die Mehrarbeit eines Mitarbeiters in den Abendstunden zu der Auffassung führen, dass dieser Mitarbeiter sehr motiviert ist. Dagegen könnte es aber auch sein, das sich dieser Mitarbeiter nur kurzfristig bei seinem Chef in einem „besonders guten Licht präsentieren" möchte, um sich von seinen Kollegen abzuheben, mit dem Ziel, eine frei werdende Stelle zu erhalten. Die Beobachtung eines solchen, aus dem Gesamtzusammenhang gelösten, Ausschnitts kann somit zu einem falschen Schluss führen. Daher sollte neben der Beobachtung auch das Mitarbeitergespräch zur Identifikation von Motivationslagen auf Mitarbeiterebene herangezogen werden. Es ist notwendig, das Gespräch mit der Beobachtung zu verbinden, da auch das Mitarbeitergespräch für sich allein genommen aufgrund der Möglichkeit von falschen Angaben zur Schlussfolgerung nicht ausreicht (typisches Principal-Agent-Problem) (vgl. Nerdinger, F. W. (2003), S. 5). Eine vollkommene Sicherheit gibt es trotzdem nicht, dass auch mit der kombinierten Anwendung von beiden Methoden immer die tatsächlichen Motive erkannt werden.

Motivationstheorien versuchen, die Beweggründe menschlichen Verhaltens zu erklären und Antworten auf folgende Fragen zu liefern:

- Wie werden menschliche Aktivitäten angeregt? Was ist die Quelle der Anregung?
- Auf welches Ziel sind diese Aktivitäten gerichtet? Entscheidet sich das Individuum für ein herausforderndes Ziel verbunden mit der Lösung

einer schwierigen Aufgabe oder ist es mit einem leicht erreichbaren Ziel ohne sonderliche Anstrengung zufrieden? Von welcher Stärke und Dauer ist das Verhalten geprägt? Strengt sich der Akteur zur Erreichung der Ziele an, oder gibt er schnell auf? Hält er bei auftretenden Schwierigkeiten an und macht auch bei zwischenzeitlichen Misserfolgen weiter?

Abbildung 2: Die Quellen der Motivation

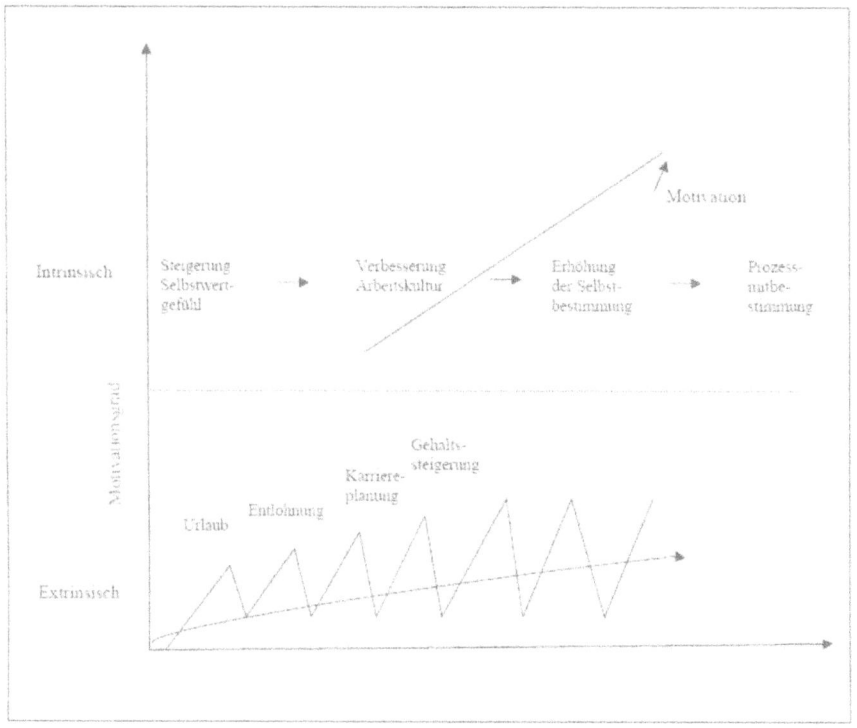

Für die Unternehmensführung ist von besonderem Interesse, welches die Quellen der Motivation sind. Unterschieden werden die extrinsische und die intrinsische Motivation. Die extrinsische Motivation wirkt von außen auf die Person.

Gehandelt wird auf Basis eines von außen kommenden Anreizes. Die Handlung erfolgt, weil die Folgen der Handlung belohnend sind. Die Anreize haben häufig einen materiellen Charakter (vgl. Kunz, A. H. (2004), S 144). Die extrinsische Motivation wirkt nur solange, wie der äußere Einfluss anhält.

Die intrinsische Motivation hingegen kommt von „innen" heraus. In diesem Fall erfolgt die Handlung um der Handlung selbst willen und ist bereits aus sich heraus Belohnung genug.[35] Die Antriebskraft entsteht durch die von der Arbeit ausgehenden Reize (z.b. Spaß bei der Arbeit, Interessenbefriedigung). Der Unterschied zwischen Extrinsik und Intrinsik lässt sich an einem Beispiel gut verdeutlichen: Ein Gärtner, der seinen Garten umgräbt, weil er dafür Geld bekommt, ist extrinsisch motiviert; ein Hausbesitzer, der die gleiche Tätigkeit ausführt, weil er es selbst gerne möchte, hingegen intrinsisch. Ziel der intrinsischen Motivation ist somit die Befriedigung in der Arbeitstätigkeit selbst. Sie ist nachhaltiger, da sie nicht von externen Quellen abhängig ist. Es ist allerdings einzuräumen, dass eine strikte Trennung der beiden Motivationsarten kaum möglich ist. Eine überwiegend intrinsische Motivation enthält unter Umständen auch extrinsische Anteile. Dies sei wiederum an einem Beispiel verdeutlicht: Ein Bergsteiger, der aus Vergnügen einen Berg besteigt, hat in den meisten Fällen auch immer ein extrinsisches Motiv, z.B. Körpertraining oder Anerkennung durch Freunde (vgl. Frey, B.; Osterloh, M. (2002), S. 25).

Eine zentrale Aufgabe der Unternehmensführung ist es daher, im Wissen um extrinsische Anteile insbesondere die intrinsischen Motivationslagen bei den Mitarbeitern zu aktivieren. Extrinsische Motivatoren wie zusätzliche Urlaubstage, Gehaltssteigerungen und Karriereanreize werden ersetzt durch ein Führungsverhalten, bei dem der Mitarbeiter den nötigen Freiraum zur Entfaltung seiner intrinsischen Motive hat. Werden diese von dem Mitarbeiter zum Handlungsanreiz, erlangt er ein höheres Maß an Arbeitszufriedenheit, erzielt noch bessere Ergebnisse und wird weitere Freiräume zur Selbstbestimmung erhalten. (siehe Abbildung 2)

3. 2 Motivation durch Attraktivitäten

Ein gesetztes Unternehmensziel beschreibt noch nicht die Folgen, die mit dem Erreichen des Ziels einhergehen. Die Folgen aus der Zielerreichung sind die Inhalte der Konditionalvision. In ihr wird der Zustand bei Zieleintritt beschrieben. Diese Zustandsbeschreibung kann auf der Unternehmens-, der Gruppen- und der Individualebene erfolgen. Zustandsbeschreibungen auf der Unternehmensebene haben in der der Regel nur eine begrenzt motivatorische Bedeutung für den einzelnen Mitarbeiter. Oftmals gelingt es ihm nicht, aus den generellen Beschreibungen attraktive Handlungsmotive für sich selbst abzuleiten. Er kann noch nicht einschätzen, welches sein Zielbeitrag sein soll und ob dieser von der direkten Führungskraft auch so gewünscht ist. Erst der Dialog zwischen Führungskraft und Mitarbeiter ermöglicht die Verknüpfung zwischen Unternehmensziel und persönlichem Zielbeitrag und das Herausarbeiten der für ihn relevanten Attraktivitäten.

Bei der Vermittlung der Ziel-Zustandsbeschreibung auf Individualebene kommt den Führungskräften eine besondere Bedeutung zu. Aufgabe des Vorgesetzten ist es, für jeden einzelnen seiner Mitarbeiter einen individuellen anzustrebenden Zustand zu beschreiben, der eintritt, wenn die Kondition erfüllt ist, welche das Unternehmen wiederum für die Erfüllung des Ziels benötigt. Konkret bedeutet dies, dass um die Zielerreichung viele Situationen aufgebaut werden müssen, die gemeinsam bei Zielerreichung eintreten. Die mit dem Eintreten der Konditionalvision einhergehenden Situationen müssen für den Mitarbeiter so attraktiv sein, dass er zum Abrufen seines gesamten Leistungspotentials bereit ist. Durch den Dialog mit dem Vorgesetzten werden dem Einzelnen die Wirkzusammenhänge entlang der Wertschöpfungskette klar. Es ist immer wieder erstaunlich festzustellen, dass Mitarbeiter hervorragend in der Ausübung ihrer Funktion sind, die prozessualen Gesamtzusammenhänge und ihren persönlichen Zielbeitrag aber nicht erkennen. Allein die durch den Dialog gewonnene Transparenz wirkt auf den Mitarbeiter motivatorisch, da er sich nicht mehr wie im Verborgenen wirkend fühlt, sondern seine Leistung für andere sichtbar und für das Gelingen des Prozessablaufes unabdingbar ist.

Mit einer Steigerung der Attraktivität wachsen auch Motivation und Fähigkeit des Mitarbeiters, auftretende Barrieren zu beseitigen (vgl. Zapke-Schauer, G. (2004), S. 34 ff.). Der Blickwinkel des Mitarbeiters verändert sich. Durch die Kommunikation der Konditionalvision mit all seinen Attraktivitäten lässt sich somit die Aufmerksamkeit der Mitarbeiter von einer Problem- zu einer Lösungsorientierung verändern (vgl. Bonsen, M. (2000), S. 50). Je attraktiver das Ziel erscheint, desto schneller wird der Übergang vom Ist- zum Zielzustand herbeigewünscht. Die Mitarbeiter denken langfristig und lassen sich von auftretenden Barrieren nicht entmutigen. Unmotivierte Mitarbeiter hingegen nutzen jede auftretende Schwierigkeit dazu, das angestrebte Ziel in Frage zu stellen. Mehr noch: oft werden sogar Barrieren aufgebaut, um eine Zielerreichung zu verhindern.

Abbildung 3: Motivation durch Attraktivitäten

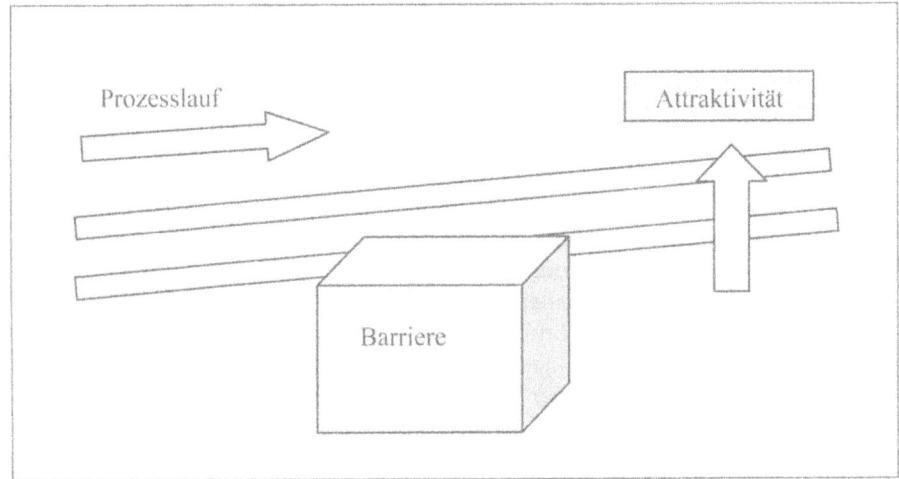

3.3 Motivation durch Prozessauswahl

Zur Motivation durch Prozessauswahl ist ein eindeutiges Führungsverständnis erforderlich. Der Vorgesetzte legt die Ziele in Absprache mit dem Mitarbeiter fest, der Mitarbeiter wählt die Prozesse in Absprache mit dem Vorgesetzten aus. Verfügt nun der Mitarbeiter über intrinsische Motivatoren (siehe Abschnitt 3.1) und ist der angestrebte Zielzustand attraktiv (siehe Abschnitt 3.2), erhält er durch die Verantwortung zur Prozessauswahl die notwendigen Handlungsfreiheiten zum Einbringen seiner Kompetenzen.

Einer der stärksten intrinsischen Anreize ist das Grundmotiv der Antizipation. Vorauszudenken ist ein Grundbedürfnis des Menschen und tritt im Alltag regelmäßig auf. „Was passiert, wenn..." ist der typische Gedanke zur Verbindung der eigenen und auch fremder Handlungen mit einer getroffenen Prognose. Ein Glücksgefühl entsteht, wenn die getroffene Prognose durch eigenes Zutun eintritt. Mehr noch: der Mitarbeiter wird mit aller Kraft versuchen, das von dem Vorgesetzten gesteckte Ziel zu erreichen, wenn er sich zu dessen Erreichung verpflichtet hat. Mit der eigenverantwortlichen Prozessauswahl kann er sich und anderen seine Kompetenz unter Beweis stellen.

Abbildung 4: Motivation durch Prozessauswahl

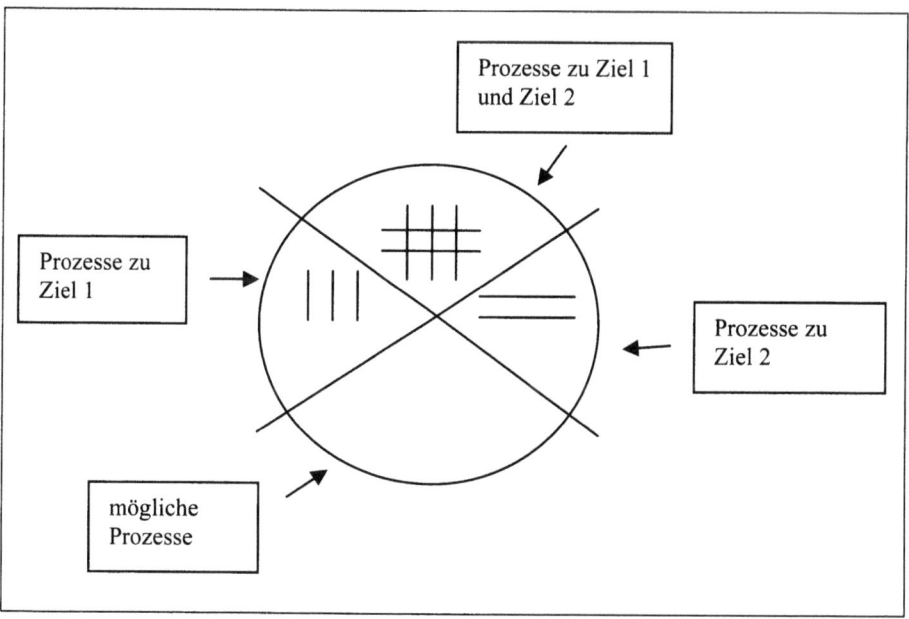

Die beschriebene Vorgehensweise verdeutlicht, dass Ziele die Voraussetzung zur Selektion von Prozessen sind. Ohne Ziele ist ein Mensch nicht in der Lage, auf seine Fähigkeiten zuzugreifen. Vielmehr erscheinen sie ihm wertlos, da er deren

Nutzen nicht erkennen kann. Das Setzen eines Ziels löst unmittelbar auch die Auswahl der zur Zielerreichung notwendigen Prozesse aus (vgl. Abbildung 4). Verändern sich Ziele, müssen andere Vorgehensweisen ausgewählt werden. (siehe Abbildung 4) Unbewegliche Mitarbeiter versuchen jedoch, die gewohnten Handlungsweisen beizubehalten, da die Zielerreichung der Angst vor Veränderung untergeordnet wird. Dies zeigt die Wichtigkeit der Verbindung von Zielen mit Attraktivitäten anhand der Vermittlung von Konditionalvisionen. Nur dann, wenn der Mitarbeiter motiviert an der Zielerreichung arbeitet, wird er seine ihm zur Verfügung stehenden Potenziale uneingeschränkt dem Unternehmen zur Verfügung stellen und kurzfristige Unwägbarkeiten oder besondere Anstrengungen gerne in Kauf nehmen.

Literatur

Assanger, Roland; Wenninger, Gerd (1998): Handwörterbuch zur Psychologie, 4. Aufl., Weinheim, 1998.
Bonsen, Matthias (2000): Führen mit Visionen, Niedernhausen, 1998.
Bullinger, Hans-Jörg (1996): Erfolgsfaktor Mitarbeiter, Stuttgart, 1996.
Carl, Notger; Kiesel, Manfred (1996): Unternehmensführung: moderne Theorien, Methoden und Instrumente, Landsberg/Lech, 1996
Coenenberg, Adolf; Salfeld, Rainer (2003): Wertorientierte Unternehmensführung, Stuttgart, 2003.
Collins, J. C.; Porras, J. I. (1994): Built to last: successful habits of visionary companies, London, 1994.
Comelli, Gerhard; Rosenstil, Lutz von (1995): Führung durch Motivation: Mitarbeiter für Organisationsziele gewinnen, 3. Aufl., München, 1995.
Frey, Bruno; Osterloh, Margit (2002): Managing Motivation: Wie Sie die neue Motivationsforschung für Ihr Unternehmen nutzen können, 2. Aufl., Wiesbaden, 2002.
Greiner, Johanna; Huber, Elisabeth (2000): Mit Visionen neue Kräfte mobilisieren, in Niedermair, Gerhard (Hrsg.): Zeit für Visionen, München, 2000, S. 19-44.
Heckhausen, Heinz (1989): Motivation und Handeln, 2. Aufl., Berlin, 1989.
Hinterhuber, Hans Hartmann (1996): Strategische Unternehmensführung 1, 6. Aufl., Berlin, 1996.

Hungenberg, Harald (2006): Strategisches Management in Unternehmen, 4. Aufl., Wiesbaden, 2006.
Kahle, Egbert (1971): Zielplanung durch Anspruchsanpassung, in: Betriebswirtschaftliche Forschung und Praxis, (1971)11, S. 623-643.
Kahle, Egbert (1991): Unternehmenskultur und ihre Bedeutung für die Unternehmensführung, in: Zeitschrift für Planung, (1991)2, S. 17-34.
Kahle, Egbert (2005): Szenarien in der Unternehmensstrategie, in: Wilms, Falko (Hrsg.): Der Umgang mit der Zukunft, Stuttgart, 2005, S. 333-352.
Kreuder, Anne Catharina (2002): Unternehmensführung, Organisation und Management in Agrar- und Ernährungswissenschaft: Mitarbeitermotivation durch Führung und Organisation, Bonn, 2002.
Kunz, Alexis (2004): Zur betriebswirtschaftlichen Relevanz der Korrumpierung der intrinsischen Motivation durch extrinsische Anreizsysteme, in: Die Unternehmung, 58(2004), S. 143-153.
Lombriser, Roman; Abplanalp, Peter (1998): Strategisches Management: Visionen entwickeln – Strategien umsetzen – Erfolgspotenziale aufbauen, 2. Aufl., Zürich, 1998.
Nerdinger, Friedmann (2003): Motivation von Mitarbeitern, Neubukow, 2003.
Prahalad, C. K.; Hamel, G. (1999): The core competence of the corporation, HBR (1999)3, S. 79-91.
Rahn, Horst-Joachim (2000): Unternehmensführung, 4. Aufl., Ludwigshafen, 2000.
Senge, Peter (2006): The Fifth Discipline, New York, 2006.
Schein, Edgar (1985): Organizational Culture and Leadership, San Francisco, 1985.
Schultz, H.; Yang, D. J. (2000): Die Erfolgsstory Starbucks, Wien, 2000.
Strunz, Herbert (1999): Betriebssoziologie/-psychologie. Studienbrief 1 der Fern-Fachhochschule Hamburg, Hamburg, 1999.
Weiner, Bernard (1994): Motivationspsychologie, 2. Aufl., 1994, Weinheim, 1994.
Wiedmann, Klaus-Peter et al. (2004): Management mit Visionen und Verantwortung, Wiesbaden, 2004.
Zapke-Schauer, Gerhard (2004): The Art of Leadership: Reflektionen und Inspirationen für wirkungsvolle Führung, Wiesbaden, 2004.
Zapke-Schauer, Gerhard (2006): Teleologie, in: http://www.euratio.blackboard.com/webapps/portal/frameset.

Überlegungen zu ausgewählten Wachstumsfaktoren auf gesamtwirtschaftlicher Ebene aus einer tauschtheoretischen Perspektive

Martin Stotz[*]

1. Einleitung
2. Grundlegende Annahmen und Perspektiven
3. Ausgewählte Faktoren des Wachstums
4. Zusammenfassung

Literatur

---

[*] DR. STOTZ Unternehmensberatung, Personalberatung. Executive Search für Unternehmen der Healthcare-Branchen

1. Einleitung

Der folgende Beitrag ist ein Versuch, das Phänomen Wachstum anhand eines Modells eines einfachen Prozesses der gegenseitigen Nutzenstiftung (vereinfacht ausgedrückt: "Tauschprozess") zu beleuchten. Es handelt sich um eine Auswahl von Überlegungen, die der Verfasser in den vergangenen Jahren angestellt hat. Aufgrund des beschränkten hier zur Verfügung stehenden Platzes und der ebenfalls beschränkten Zeit des Verfasser war er dabei leider gezwungen, a) eine *Auswahl* der hier zu berücksichtigenden Gedanken zu treffen und b) an mehreren Stellen auf Gedanken hinzuweisen, die zu einer Veröffentlichung erst noch heranstehen.

Der Fokus der Ausführungen liegt dabei

- auf der Betrachtung einzelner *Tauschprozesse*, verstanden als Prozesse der gegenseitigen Nutzenstiftung (ähnlich Smith 2005, S. 3), da die Auffassung vertreten wird,
- dass einzelwirtschaftliches Wachstum – sprich: Unternehmenswachstum – grundsätzlich *gesamtwirtschaftliches* Wachstum voraussetzt und andererseits einzelwirtschaftliches Wachstum grundsätzlich auch *gesamtwirtschaftliches* Wachstum bedeutet, da ein Unternehmen ein *Element* des Systems Gesamtwirtschaft ist (vereinfachungshalber abgesehen von den Fällen des Zugewinns von Marktanteilen auf Kosten eines anderen Unternehmens) und
- dass Tauschprozesse als das *Wesen* aller wirtschaftlichen Vorgänge angesehen werden können und Wachstum dementsprechend als eine Zunahme der Tauschvolumina

- auf *grundsätzlichen* Überlegungen, die das Phänomen des *Tausches* (zwischen je zwei betrachteten Individuen) in den Vordergrund stellen und sich vor allem mit der Frage beschäftigen, welche Voraussetzungen vorliegen müssen, damit möglichst viele aller grundsätzlich denkbaren Tauschprozesse und -volumina realisiert werden. Mit dieser Vorgehensweise unterscheidet sich dieser Beitrag von anderen Analysen zu Wachstum und Krise, wie sie etwa Haberler (1955) systematisier hat, und auch von jenen Ansätzen, die Wachstum beispielsweise als Steigerung des Bruttoinlandsproduktes definieren (Samuelson/Nordhaus 2005, S. 779) und damit lediglich auf einer hochgradig aggregierten Ebene betrachten, die aus Gründen der Komplexitätsreduktion das Verhalten des einzelnen Individuums ausblendet. Außerdem unterscheidet sie sich z.b. von jenen Ansätzen, die die Welt einteilen in Konsumenten und deren Umwelt (Maynes 1972), in dem sie *jeden* Menschen als Konsumenten und *gleichzeitig* als Teil der Umwelt eines jeden seiner Zeitgenossen ansieht.

- auf (gedanklichen oder auch graphischen) *Simulationen* des Verhaltens je zweier Individuen, das zu einem Zustandekommen oder einem Unterbleiben eines Tauschprozesses führt

Die Beleuchtung des Phänomens Wachstum anhand eines Modells eines einfachen Tauschprozesses geschieht vor dem Hintergrund der Auffassung, dass die Wirtschaft nichts anderes ist als ein System von Tauschprozessen. An den wirtschaftlichen Abläufen in der heutigen Realität ist zwar kaum noch ein Tauschcharakter zu erkennen; vielmehr ist es geprägt durch Begriffe wir "Erwerbsarbeit", "Einkommen", "Ausgaben für den Lebensunterhalt", "Kauf" und "Verbrauch", "Unternehmen" etc. – die vordergründig keinen oder zumindest kaum einen Bezug zu dem Phänomen Tausch zu haben scheinen. Lediglich der Begriff "Wirtschaftskreislauf" deutet auf Eigenschaften hin, die in gewisser Weise auch als Tausch verstanden werden könnten. Jedoch würden nach Ansicht des Verfassers die meisten Menschen von einer Geldwirtschaft sprechen und den Charakter einer Tauschwirtschaft verneinen und ins Reich archaischer Gesellschaften verbannen. Dieser Beitrag geht hingegen davon aus, dass auch die moderne Geldwirtschaft nichts anderes ist als ein System von Tauschprozessen – allerdings ein unüberschaubar komplexes und damit nicht mehr als solches erkennbares.

Vor diesem Hintergrund wird die These vertreten, dass Wachstum eine Vergrößerung der Summe der individuellen Nutzen, über alle Individuen der Gesellschaft gesehen, ist, und dass der Nutzen eines Individuums von dessen Bedürfnissen und dessen Arbeits-, Tausch- und Konsumverhalten sowie von den Bedürfnissen und dem Arbeits-, Tausch- und Konsumverhalten seiner Zeitgenossen abhängt.

Im Folgenden werden zunächst die wichtigsten Annahmen beschrieben und erläutert, die der Formulierung des diesem Beitrag zugrundeliegenden Modellgebäudes beschreiben (Abschnitt 2.). Danach folgen Thesen zu ausgewählten Wachstumsfaktoren, die aus diesem Modellgebäude abgeleitet sind (Abschnitt 3). Dabei werden zunächst Thesen vorgestellt, die sich auf Wachstumsfaktoren in einem 1-Personen-Modell beziehen (3.1) und Variablen wie Bedürfnisse, die Leistungsfähigkeit, den Leistungswillen zum Inhalt haben, also Variablen, die den einzelnen Menschen betreffen, anschließend solche Thesen, die Variablen adressieren, welche dann relevant werden, wenn n>1 Menschen existieren, mit anderen Worten: eine Gesellschaft (3.2).

2. Grundlegende Annahmen und Perspektiven

2.1 Arbeits- und Konsumverhalten als zentrales Moment

Unter Wachstum wird hier verstanden eine Vergrößerung des Umfangs der durch nutzenstiftende Arbeit befriedigten Bedürfnisse. Verdeutlicht anhand eines Modells einer archaischen Gesellschaft: Wachstum entsteht hier, wenn ein Mensch zwei Hasen pro Tag jagt (statt bislang einen), weil er mehr Appetit hat und auch körperlich in der Lage ist, diese (größere) Jagd-Leistung zu vollbringen. Zentraler Betrachtungsgegenstand sind also die Konsumwünsche und das Arbeitsverhalten dieses Menschen. Aber auch in einer industrialisierten Welt sind die Konsumwünsche und das Arbeitsverhalten jedes einzelnen Menschen aus der Sicht dieses Beitrags zentrales Objekt des Interesses. Damit dürfte sich der vorliegende Versuch unterscheiden von ökonomischen Ansätzen, wie sie z.B. zu finden sind bei Cobb/Douglas (1928), Eichhorn (1070), Frisch (1965) oder Shephard (1970).Industriegesellschaften sind zwar geprägt

1. durch den Anspruch der meisten Menschen, nur *komplexe* Produkte zur Befriedigung eigener Bedürfnisse zu akzeptieren, die nur arbeitsteilig zu fertigen sind
2. durch *(extrem) arbeitsteilig* organisierte Produktion, vertikal wie auch horizontal
3. durch die Tatsache, dass ein Mensch nicht mehr existieren kann, ohne an der arbeitsteiligen Produktion der von ihm selbst gewünschten Güter teilzunehmen (=*ausschließlich* arbeitsteilig organisierte Produktion)

4. durch eine extrem *automatisierte* Produktion
5. durch *Tausch* (welcher notwendig ist, wenn eine Gesellschaft sich arbeitsteilig organisiert)
6. durch die Verwendung von *Geld* als Hilfsmittel zur Organisation der Tauschprozesse

Trotz dieser Merkmale von Industriegesellschaften behält die Fokussierung des Arbeits-, Konsum- (und Tausch-) Verhaltens ihre alles entscheidende Bedeutung. Die oben aufgelisteten Faktoren *verzerren* lediglich die *Wahrnehmung* des Systems aus Arbeits-, Konsum- (und Tausch-) Verhalten - bis zur Unkenntlichkeit.
In dem Modell und seinen Varianten, wie sie in dem vorliegendem Beitrag verwendet werden, spielen dementsprechend eine besondere Rolle a) die *Bedürfnisse* des einzelnen Menschen, b) sein *Arbeitsverhalten*, das ja schließlich zur Befriedigung dieser Bedürfnisse führen soll, c) das *Tauschverhalten*, im Rahmen dessen der Nutzen vom jeweiligen Nutzenstifter zum jeweiligen Nutzenempfänger transportiert wird und d) die Konsummöglichkeiten (des Nutzenempfängers), die aus dem Arbeitsverhalten (des Nutzenstifters) und dem Tauschverhalten (beider Tauschpartner) resultieren und die Basis für die Befriedigung der Bedürfnisse darstellen.

2.2 Nutzenstiftung als Grundlage der Befriedigung von Bedürfnissen

In unserer heutigen Zeit ist der Charakter des Tausches in der Regel nicht mehr wirklich zu erkennen. Zentral ist die Frage, welche Bedürfnisse ein Mensch hat und welche dieser Bedürfnisse bzw. wie viele davon er durch Arbeit zu befriedigen gedenkt. Jeder Mensch arbeitet also in erster Linie, um seine tauschrelevanten Bedürfnisse befriedigen zu können (Vgl. Abschnitt 3.1.1). In einer *archaischen* Gesellschaft z.B. stiftet er sich mit seiner Arbeit *direkt und selbst* einen Nutzen. Beispiel: er jagt ein Tier, um es selbst verspeisen zu können (und natürlich für seine Familie). Im Rahmen einer (ausschließlich) *arbeitsteiligen* organisierten Gesellschaft befriedigt er seine Bedürfnisse allerdings *nicht* selbst, sondern zunächst die eines *anderen* – aber eben mit dem Ziel, im Gegenzug *seine* Bedürfnisse wiederum von diesem oder einem anderen Zeitgenossen befriedigt zu bekommen. Die vorliegende Analyse befasst sich daher mit der Arbeit eines Menschen, die einem *anderen* Menschen einen *Nutzen* stiftet, geleistet mit dem Ziel, *von diesem anderen* Menschen (oder einem Dritten) ebenfalls einen Nutzen gestiftet zu bekommen (Abb. 1).

Prozess gegenseitiger Nutzenstiftung

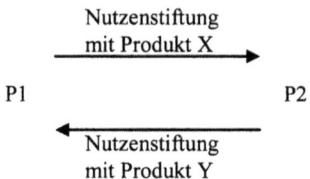

Annahme: P1 und P2 haben Arbeitsteilung derart vereinbart, dass P1 sich auf die Herstellung von Produkt X spezialisiert hat und P2 sich auf die Herstellung von Produkt Y und beide durch diese Spezialisierung auch nicht (zumindest nicht kurzfristig) in der Lage sind, das Produkt des jeweils anderen selbst herzustellen, so dass sie für dessen Genuss darauf angewiesen sind, es von dem jeweils anderen hergestellt zu bekommen. Da dies realiter auch für existenzielle Güter wie Lebensmittel der Fall ist, sind beide also existenziell aufeinander angewiesen.

Wenn man auch die Verwendung von Geld berücksichtigt, ergibt sich ein Modell, wie es in Abb. 2 gezeigt ist (die Bezeichnungen unterscheiden sich etwas von denen in Abb. 1). Dabei sind folgende Annahmen getroffen:

Geldmenge M = 2 Geldeinheiten (GE)
Gleichverteilung dieser Geldmenge in der Ausgangssituation, so dass jede der beiden Personen die Hälfte der Geldmenge besitzt, also je 1 GE.
beide Personen haben (regelmäßig, z.B. täglich) das Bedürfnis nach 2 Produktarten, nämlich nach einem Produkt X (z.B. 1 Liter Milch) und einem Produkt Y (1 Brot)
P1 hat sich auf die Herstellung des Produktes X spezialisiert, P2 auf Y.
beide Personen messen beiden Produktarten genau denselben Wert bei, so dass sie sich auf ein Tauschverhältnis von 1:1 geeinigt haben.

Berücksichtigung der Verwendung von Geld

2.3 Arbeitsteilung, Streuung und Bündelung

In obiger Darstellung werden wir aber kaum die Realität unseres Wirtschaftslebens wiedererkennen. Kaum jemand wird jemals erlebt haben, ein Produkt von jemandem gekauft zu haben, dem er selbst gegen Geld einen Nutzen gestiftet hat. Vielmehr dürften die meisten Menschen empfinden, dass sie *für einen Arbeitgeber* arbeiten, *von diesem Geld* erhalten (Einkommen), mit dem sie sich dann von *anderen* Menschen etwas kaufen können, z.b. Lebensmittel im Supermarkt (bzw. exakter: von den dort arbeitenden Mitarbeitern). Da in obiger Graphik P1 für P2 arbeitet und von diesem Geld erhält (Leistungs- bzw. Nutzen-Stiftungs-Seite und Einkommensseite), dürfte den Leser stören, dass P1 bei P2 auch *einkauft* (Konsum- bzw. Nutzen-Empfangs-Seite und Geldausgabenseite). Dass diese Graphik nach der hier vertretenen Auffassung die Realität aber *tatsächlich* widerspiegelt, wird in diesem und dem nächsten Abschnitt erläutert, und zwar mit Überlegungen über vertikale und horizontale Arbeitsteilung, Streuung und Bündelung der Nutzenwirkung sowie Tauschketten.

Auf den ersten Blick dürfte schwer zu erkennen sein, wem ein Arbeiter auf einem Ölfeld in den Vereinigten Arabischen Emiraten einen Nutzen stiftet. Zunächst mag man geneigt sein zu denken, er stifte seinem Arbeitgeber einen Nutzen. Dieser Arbeitgeber wird zwar letzten Endes tatsächlich einen Nutzen aus der Arbeit seines Mitarbeiters ziehen können (ansonsten würde er ihn nicht beschäftigen), jedoch führt die Arbeit des Arbeiters zunächst zu einem Nutzen für z.B. einen *Autofahrer* (auf Privatfahrt)! Allerdings und andererseits trägt dieser Arbeiter natürlich nur einen ("mikroskopisch") *kleinen Teil* zu dem Nutzen dieses Autofahrers bei: damit der Autofahrer wirklich fahren kann, bedarf es natürlich der Mitwirkung einer unüberschaubaren Zahl *weiterer* Menschen – was in diesem Beitrag als *Bündelung* von Nutzenstiftungswirkungen (der Arbeit verschiedener Personen) bezeichnet wird. Andererseits trägt der Arbeiter nicht nur dazu bei, *diesem einen* Autofahrer das Fahren zu ermöglichen, sondern *zahllosen weiteren* Autofahrern ebenfalls. Die nutzenstiftende Wirkung der Arbeit des betrachteten Ölarbeiters wird also auf dem Weg zum Empfänger des Nutzens (=Wertschöpfungskette) vielfach "aufgespalten" und "gestreut", aber auch mit der Arbeit zahloser weiterer Zeitgenossen *gebündelt*. Durch diese mannigfaltige Aufspaltung und Bündelung der Nutzenstiftungswirkung auf dem Weg zu ihrem Empfänger verlieren wir die Beziehung Nutzenstifter→Nutzenempfänger leicht aus den Augen. Sich deren

Existenz bewusst zu machen ist nach der hier vertretenen Ansicht jedoch immens wichtig für die Analyse wirtschaftlicher Phänomene wie dem des Wachstums. Beispiel (Abb. 3): P3 stiftet beispielsweise P6 einen Nutzen (obwohl dies im Augenblick seiner Arbeit zur Herstellung der Maschine kaum wirklich erkennbar ist). Er arbeitet im Maschinenbauunternehmen von P1. Seine Arbeit geht also in die Maschine ein (P3 → Maschine). Diese Maschine wird von P4 gekauft, um mit ihrer Hilfe ein Produkt herzustellen, welches P6 einen Nutzen stiften wird (Maschine → P6). Die vollständige Wirkungskette der Arbeit von P3 ist also P3→Maschine→P6.

Diese Wirkung der Arbeit von P3, der P6 damit einen Nutzen stiftet, wird also *verzerrt* durch Streuungs- und Bündelungsvorgänge. In der Realität wird sie durch eine *Vielzahl* solcher Streuungs- und Bündelungsvorgänge bis fast zur *Unkenntlichkeit* verzerrt.

Streuung und Bündelung

			Maschine	Gesamtbevölkerung						
				P1	P2	P3	P4	P5	P6	
				N	N	N	N	N	N	
Ges.-Bevölkerung	P1(UE1)	L	⌐							
	P2(MA1)	L	⌐							
	P3(MA1)	L	⌐							Wirkung:
	P4 (UE2)	L		⌐	⌐	⌐	⌐	⌐	⌐	Streuung
	P5(MA2)	L		⌐	⌐	⌐	⌐	⌐	⌐	Streuung
	P6(MA2)	L		⌐	⌐	⌐	⌐	⌐	⌐	Streuung
	Maschine	E		⌐	⌐	⌐	⌐	⌐	⌐	Streuung
			Wirkung:	Bündelung	Bündelung	Bündelung	Bündelung	Bündelung	Bündelung	

Px   Person x
UEx   Eigentümer des Unternehmens x
MAx   Mitarbeiter des Unternehmens x
L   (Nutzenstiftende) Leistung (im Sinne persönlicher Arbeit)[1]
⌐   Richtung der nutzenstiftenden Wirkung
E   Einsatz
N   Entstehung eines Nutzens (durch das Eintreffen des Bündels aller nutzenstiftenden (Teil-) Leistungen beim Bedürfnisträger)

[1] Dabei ist es von zentraler Bedeutung, sich folgendes bewusst zu machen: der Nutzen entsteht erst *dann* aus der ihm zugrundeliegenden Arbeit, wenn die Wirkung des

Produkts / der Dienstleistung den *Verbraucher* erreicht. (Bsp.: Ein Techniker, der als Mitarbeiter eines Laborgeräteherstellers an der Herstellung einer Laborwaage mitarbeitet, stiftet nicht etwa dem Eigentümer des pharmazeutischen Unternehmens, welches die Waage einsetzt, einen Nutzen (wie man das auf den ersten Blick vermuten könnte), sondern dem *Patienten*, zu dessen Genesung das in diesem pharmazeutischen Unternehmen – u.a. auch unter Einsatz dieser Waage – hergestellte Medikament beiträgt).

Die *Streuungswirkung* der Nutzenwirkung der Arbeit von P3 besteht darin, dass die Maschine (von P3) für die Nutzenstiftung zugunsten *aller* Individuen dieses Modells eingesetzt wird, d.h. *durch* die Mitarbeit an der Herstellung dieser Maschine stiftet P3 *allen* Individuen einen Nutzen (übrigens einschließlich sich selbst). Die *Bündelungswirkung* besteht z.B. darin, dass der Nutzen, den P6 empfängt, durch eine *Zusammenführung* der Arbeiten von P4-P6 sowie der Arbeiten von P1-P3 – in Form der Maschine – entsteht.

2.4 Tauschprozesse

In diesem Beitrag wird auf Tauschprozesse fokussiert, da die Realisierung von Tauschprozessen als der ganz wesentliche Faktor für den Wohlstand, ja die Existenz eines jeden Menschen angesehen, weil wir uns durch Arbeitsteilung und Parzellierung der Erdoberfläche in einer Weise organisiert haben, die dazu führt, dass ein einzelner Mensch nicht mehr durch Selbstversorgung autark leben könnte, sondern bereits zur bloßen Existenz *angewiesen* ist

1. auf die Erlaubnis (seiner Zeitgenossen bzw. eines Verfügungsrechtsinhabers), sich auf einem Stück Grundes aufhalten zu dürfen, und
2. z.B. auf die Herstellung (und Bereitstellung) von Lebensmitteln durch bestimmte Zeitgenossen (Landwirte, Supermarktmitarbeiter etc.).

Außerdem wird die Fokussierung auf Tauschprozesse als geeignetes Instrument vorgeschlagen, um auch solche Phänomene miteinzubeziehen, die in der Literatur unter Außenhandel oder sogenannten exogenen Faktoren behandelt werden. Denn im Rahmen einer Fokussierung auf Tauschprozesse lässt ich beispielsweise der Außenhandel darstellen, indem simuliert wird, dass die betrachteten Tauschpartner u.a. verschiedene Währungen besitzen (P1 und P2 je 1 Euro, P3 und P4 je 1 $). Ja es lässt sich die These formulieren, dass der Begriff

"Außenhandel" möglicherweise ein unglücklicher ist, da es sich auch hierbei um einen "ganz normalen" Tauschprozess handelt, der sich lediglich die durch die o.g. Besonderheiten von einem Tauschprozess innerhalb eines Landes unterscheidet.
Auch sogenannte exogene Faktoren wie ein Zur-Neige-Gehen von Ölreserven lassen sich problemlos darstellen. Gleichzeitig wird vermieden, auch jene Faktoren als exogen zu behandeln, die zwar in der Literatur gerne als solches bezeichnet werden (z.B. Arnold 1997, S. 78.), die aus der Sicht dieses Beitrages jedoch *ebenfalls* auf das Verhalten von einem oder mehreren Menschen zurückzuführen sind. So wird z.b. der bei Arnold hervorgehobene technische Fortschritt als Ergebnis der Forschungsarbeit eines oder mehrerer Menschen berücksichtigt und eben *nicht* nur abstrakt.
Auch der z.B. Umgang mit natürlichen Ressourcen bzw. die Verfügbarkeit derselben lässt sich problemlos mit einflechten, indem man simuliert, dass die betrachteten Zeitgenossen, in einem 2-Personen-Modell der eine Mensch P1 auf solche Ressourcen zurückgreifen können muss, wenn er einen Tauschprozess mit P2 realisieren will, P2 aber nur Produkte akzeptiert, in die neben der Arbeit des P1 eben auch bestimmte Rohstoffe eingegangen sind. (Vgl. dazu Abschnitt 3.2.7, der die Parzellierung der Erdoberfläche adressiert.)

2.5 Indirekte Tauschprozesse bzw. Ketten von Tauschprozessen

In unserer heutigen hochkomplexen Welt erhält ein Nutzenstifter den Gegennutzen so gut wie nie direkt vom Empfänger des von ihm gestifteten Nutzens. D.h. P1, der P2 einen Nutzen gestiftet hat, wird den Gegennutzen in aller Regel *nicht* von P2 erhalten, sondern von einem *anderen* Zeitgenossen, bspw. von P3 (Abb. 4). *Dass* er den Gegennutzen von P3 erhält, liegt darin begründet, dass P2 seinerseits zwar nicht P1 einen Nutzen stiftet, dafür jedoch P3. Wenn also P3 P1 einen Nutzen stiftet, ist der "Kreislauf geschlossen", oder, exakter ausgedrückt: jeder der drei Zeitgenossen hat eine Nutzeneinheit gestiftet *und* eine Nutzeneinheit empfangen. Damit ist *per Saldo* das *gleiche* Ergebnis erzielt, wie wenn jedes der Individuen *für sich selbst* gearbeitet hätte, nur eben aufgrund der arbeitsteiligen Organisation über den "Umweg" des *Tausches.* Wir wollen dieses Phänomen als System *indirekter* Tauschprozesse bezeichnen oder als *Ketten* von Tauschprozessen. Der Begriff des indirekten Tausches wird damit in diesem Beitrag anders verwendet, als es in der traditionellen Ökonomie häufig der Fall ist, wo er den Unterschied zwischen der Naturalwirtschaft und der

Geldwirtschaft bezeichnet und das indirekte Moment das Geld ist (siehe etwa Woll 1984, S. 58).
Während Abbildung 4 eine Tauschkette aus der Sicht eines Beobachters zeigt, der den gesamten Vorgang aus der "Vogelperspektive" betrachtet, stellt die folgende Abbildung 5 die Wahrnehmung dieses Vorgangs aus der Sicht eines der beteiligten Individuen dar, in diesem Falle P1, wie sie nach Auffassung des Verfassers bei den meisten Menschen vorherrscht. Sie ist dadurch gekennzeichnet,

Indirekter Tauschprozess / Tauschkette

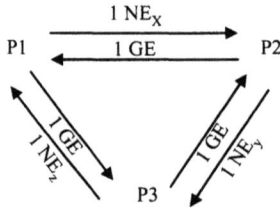

dass P1 lediglich diejenigen aller Tauschprozesse wahrnimmt, die ihn selbst betreffen, so dass er sich über die übrigen oft *nicht* bewusst zu sein scheint.

Mangelnde Wahrnehmung indirekter Tauschprozesse

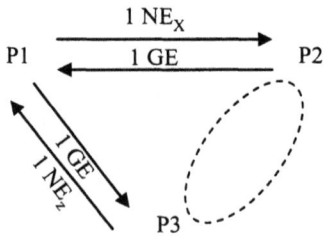

Erläuterung aus der Perspektive des P1, stellvertretend für die Perspektive, die vielleicht den meisten Menschen gemeinsam ist:

Teil P1↔P2: Teil der Tauschkette, den P1 als "Erwerbsarbeit" wahrnimmt: "Wir arbeiten, um Geld zu verdienen".
Teil P1↔ P3: Teil der Tauschkette, den wir gemeinhin als "Einkauf" wahrnehmen: wir kaufen etwas und bezahlen es mit dem verdienten Geld.
Teil P2↔ P3: Teil der Tauschkette, den wir in aller Regel *nicht* bewusst wahrnehmen. Viele Menschen dürften ihn bestenfalls mit dem Begriff des "Wirtschaftskreislaufes" verbinden – wobei sie sich nach Ansicht des Verfassers kaum gewahr sind, dass der Wirtschaftskreislauf als ein System von Tauschprozessen gesehen werden kann, wie es in der obigen Graphik dargestellt ist, weswegen der Tausch zwischen P2 und P3 hier nur noch als "Wolke" symbolisiert ist
Die Person, bei der P1 *einkauft* (P3, "Gemüsehändler"), ist also eine *andere* als diejenige, für die er *arbeitet* und von der er sein *Einkommen* bezieht ("Arbeitgeber" bzw. "Auftraggeber")

Damit soll gezeigt worden sein, dass dieser Beitrag, der Wachstum anhand von Tauschprozessen zu erklären versucht, durchaus die Realität widerspiegelt, obwohl wir die Tauschprozesse in der Realität oft nicht als solche wahrnehmen.

2.6 Die Rolle des Geldes

Die Verwendung des Hilfsmittels Geld in modernen Industriegesellschaften darf nicht davon ablenken, dass der Kern des Wirtschaftens nach wie vor das Arbeits- und Konsumverhalten der einzelnen Menschen bleibt. Insofern bezieht dieser Beitrag neben der realtheoretischen Ebene zwar stets auch die *monetäre* Ebene in die Analysen mit ein, interessiert sich *letztlich* jedoch stets für die Vorgänge auf der *realtheoretischen* Ebene, konkret: für das Arbeits-, Tausch- und Konsumverhalten eines jeden einzelnen der betrachteten Menschen. Das Verhalten auf der monetären Ebene, also das Verhalten der betrachteten Menschen im Umgang mit Aus- und Einzahlungen, wird stets auf seine Wirkung auf der realtheoretischen, güterwirtschaftlichen Ebene *zurückgeführt*.
Geld wird in der vorliegenden Arbeit (lediglich) als ein *Hilfsmittel* betrachtet, welches dazu geeignet ist

den Tauschprozess zu dokumentieren (im Falle zweier seriöser Tauschpartner) im Falle eines unseriösen Tauschpartners (P2) dem Erstleister (P1) die Möglichkeit zu geben, von P2 die Gegenleistung zu *erzwingen*

Eine *wertaufbewahrende* Funktion, wie sie von vielen Ökonomen gesehen wird (beispielsweise Woll 1984, S. 458), wird ihm in diesem Beitrag *nicht per se* zugeschrieben, sondern lediglich unter *bestimmten Voraussetzungen*. Die wichtigste Funktion ist eine *rein dokumentarische*, wie wir an folgendem Gedankengang kurz zeigen wollen (Abb. 6). Grundlage ist ein Modell mit 2 Personen und einer Geldmenge von M = 2 GE. P1 und P2 vereinbaren einen Tausch. P1 verpflichtet sich, P2 am Tag t_0 1 ME des Gutes X zu liefern. Dafür soll er von P2 1 GE bekommen (also denjenigen Teil der (gesamten) Geldmenge, die sich zum Zeitpunkt der Vereinbarung bei ihm befindet). P2 verpflichtet sich umgekehrt, P1 einen Tag später, also am Tag t_1, P1 1 ME des Gutes Y zu liefern. Dafür soll er von P1 1 GE erhalten. P1 liefert am Tag t_0 wie vereinbart, P2 bezahlt wie vereinbart. Nun befinden sich beide Geldeinheiten (also die *gesamte* Geldmenge!) bei P1. Nehmen wir nun an, P2 sei ein eher unehrlicher Mensch, der im Grunde nicht wirklich gewillt ist, für P1 zu arbeiten (sprich: für ihn die versprochene 1 ME des Gutes Y herzustellen). Der Besitz *beider* Geldeinheiten versetzt P1 nun aber in die Lage, die Gegenleistung von P2 quasi zu *erzwingen* (zumindest unter bestimmten Bedingungen, wie gleich gezeigt wird, die durchaus realistisch sein dürften). P2 wird zwar zunächst darauf verzichten, P1 die vereinbarte Mengeneinheit des Produktes Y herzustellen. Jedoch wird P2 nicht viel später, z.B. direkt am Folgetag t_2, *erneut* das Bedürfnis verspüren, 1 Mengeneinheit des Produktes X zu konsumieren. Da (annahmegemäß) aber nur *P1* (als Spezialist) in der Lage ist, X herzustellen, ist P2 nun darauf *angewiesen*, von P1 dieses Produkt (erneut) zu kaufen. Aber wir erinnern uns: er hat kein Geld mehr: er hat die Geldeinheit, die er früher besessen hatte, ja P1 gegeben. P1 wird aber nur dann erneut bereit sein, für P2 X herzustellen, wenn dieser ihm dafür 1 Geldeinheit geben kann. P2 sieht sich also gezwungen, zunächst selbst Geld zu verdienen – eben um sich anschließend X wieder leisten zu können. "Geld verdienen" kann P2 in diesem Modell aber nur dadurch, dass er für P1 Y herstellt. Tut er dies – und realiter wird er sich tatsächlich gezwungen sehen, es zu tun –, dann kann P1 damit jenen Nutzen (Konsum des Produktes Y) genießen, den er sich durch die Vereinbarung des Tausches mit P2 und mit der Arbeit für P2, zu der er sich damit verpflichtet hat, versprochen hat. Wir sehen also, dass die Verwendung des "Gutes" Geld P1 in die Lage versetzt hat, von P2 die Gegenleistung für bereits geleistete Arbeit zu *erzwingen*. Wir sehen Geld insofern als ein Hilfsmittel (nicht mehr und nicht weniger) an, welches uns erlaubt, einen Gegennutzen zu erzwingen, sobald wir selbst einem anderen Menschen einen Nutzen gestiftet haben.

Geld als Hilfsmittel

Tag t_0				
Ausgangssituation ("am Morgen")	P1:	1 GE	P2:	1 GE
Transaktion	P1	1 AE (= 1 NE_x) → ← 1 GE	P2	
Ergebnis/ "Bilanzen"	P1:	Leistung: 1 AE Konsum: 0 NE Geldbestand: 2 GE	P2:	Leistung: 0 AE Konsum: 1 NE Geldbestand: 0 GE
Bewertung:	Es besteht ein Arbeit-Nutzen-Saldo zugunsten von P1 und zulasten von P2. Dies ist dokumentiert durch die Tatsache, dass sich die gesamte Geldmenge bei P1 befindet; er hat ein "moralisches Guthaben" (gegenüber P2)			
Tag t_1	P2 verspürt *erneut* ein Bedürfnis nach einer NE_x - und spricht bei P1 vor, um ihn zu bitten, ihm diese zu liefern. P1 erklärt sich zu deren Herstellung aber nur dann bereit, wenn P2 im dafür Geld geben kann. Dazu ist P2 nur in der Lage, wenn er sich die 1 GE "zurückverdient" hat – durch Herstellung und Lieferung von 1 NE_Y. Durch dieses Verhalten von P1 sieht sich P2 also nun *gezwungen*, für P1 eine nutzenstiftende Arbeit zu leisten (indem er 1 ME Y herstellt), weil er ansonsten keine Möglichkeit sieht, erneut in den Genuss von 1ME X zu gelangen. P1 muss P2 also "*erpressen*", um sein moralischen			

Trans- aktion	\multicolumn{4}{l}{Recht auf den Genuss eines Gegennutzen durchzusetzen, und die Verwendung des Hilfsmittels Geld versetzt ihn in die Lage, dies auf eine gesellschaftlich akzeptierte Art zu tun: die meisten Betrachter werden dem Verhalten von P1 zustimmen, für P2 erst dann zu arbeiten, wenn dieser Geld hat).}
	P1	$1\ AE_Y = 1\ ME_Y = 1\ NE_Y$ ← 1 GE →	P2	
Ergebnis/ "Bilanzen"	P1:	Leistung: 1 AE Konsum: 1 NE Geldbestand: 1 GE	P2:	Leistung: 1 AE Konsum: 1 NE Geldbestand: 1 GE
Bewertung	\multicolumn{4}{l}{Auf Seiten beider Individuen besteht eine ausgeglichene Arbeit-Nutzen-Bilanz und damit auch *zwischen* beiden ein ausgeglichener Saldo. Dies ist dokumentiert durch die Tatsache, dass *beide* Individuen (wieder) je 1 GE besitzen, die Hälfte der Geldmenge.}

In dem vorliegenden Beitrag wird die Geldmenge und die Bewegungen von Geldteilmengen bzw. einzelnen Geldeinheiten (zwar) in einigen Fällen berücksichtigt, jedoch nur um eine größere Nähe zur Realität zu erzeugen, als es mit der Darstellung rein güterwirtschaftlicher Transaktionen der Fall wäre. Dies geschieht zum einen mit dem Ziel, eine bessere Nachvollziehbarkeit für den Leser zu erreichen und zum anderen auch vor dem Hintergrund, dass gerade das Thema Wachstum in der Literatur zur Konjunkturtheorie häufig mit Hilfe von Geldeinheiten ausgedrückt wird (Bsp.: "Bruttoinlandsprodukt"; zur Konjunkturtheorie siehe etwa Gabisch 1999). Dabei wird in diesem Beitrag jedoch stets davon ausgegangen, dass beide Tauschpartner *seriös* sind (im Unterschied zu obigem Beispiel), und daher ein "Erpressungs-" Verhalten seitens des Erstleister (P1) zum Erhalt der Gegenleistung nicht notwendig ist, da sein Tauschpartner (P2) selbstverständlich bereit ist, die Gegenleistung zu erbringen, sobald P1 sie wünscht (indem er P2 eine Geldeinheit vorlegt mit der Bitte um Erhalt der Leistung). Den dargestellten Geldbesitzverhältnissen kommt daher stets nur die *dokumentarische* Funktion zu. Diese hat dabei kaum einen zusätzlichen Aussagegehalt, da die verwendeten Modelle bewusst derart *übersichtlich* gehalten sind, dass der Leser die möglichen Ansprüche auf

Gegenleistungen (=Wert!), die durch den Geldbesitz lediglich *dokumentiert* werden (die aber auch ohne Geldbesitz *bestehen* würden!), bereits an den Konstellationen der *realwirtschaftlichen* Transaktionen erkennen kann, er für sein Verständnis die Dokumentation derselben durch die Verwendung einer Menge Geldes also gar nicht bräuchte. Aber, wie erwähnt, es bleibt der Sinn der Nachvollziehbarkeit aufgrund einer größeren Realitätsnähe. Außerdem wird die Ansicht vertreten, dass die Analysen im Grunde auch auf rein güterwirtschaftlicher Ebene möglich wären, ja eine Betrachtung der Volumina der gestifteten *Nutzen* der eigentliche Zweck der vorliegenden Diskussion, vielleicht sogar einer jeden volkswirtschaftlichen Diskussion, ist, und sie damit wichtiger ist als eine Betrachtung von *Wertgrößen* oder *Geldströmen*.

Eine besondere Rolle wird das Thema Geld jedoch bei den Überlegungen spielen, die die Wirkung eines Vorsorgesparverhaltens auf Tauschprozesse zum Gegenstand haben (siehe Abschnitt 3.2.3.).

3. Ausgewählte Faktoren des Wachstums

3.1 Ausgewählte Faktoren auf der Ebene des Individuums

3.1.1 Vergrößerung der Menge der tauschrelevanten Bedürfnisse

Maßgeblich für den Umfang der Produktion ist der Umfang der Bedürfnisse, denn für die meisten Menschen dürfte die Befriedigung ihrer Bedürfnisse einer der zentralen Faktoren der Motivation zur Arbeit sein – wenn nicht gar *der* zentrale Faktor. Nach Ansicht des Verfassers ist die Menge der Bedürfnisse, die jeder Mensch tagtäglich verspürt, jedoch fast unendlich groß. Insofern könnte man auf den ersten Blick vermuten, dass auch die Produktion unendlich umfangreich ausfallen könnte. Jedoch sind Menschen nicht in der Lage und manchmal auch nicht willens, *alle* ihre Bedürfnisse zu befriedigen. Denn zur Befriedigung der meisten Bedürfnisse bedarf es persönlicher Anstrengung, Arbeit. Die persönliche Leistungskapazität eines Menschen ist aber nicht groß genug, um *alle* seine Bedürfnisse zu befriedigen, und manchmal auch sein persönlicher Leistungswille nicht. Auch nicht wenn er seine Arbeit automatisiert. Also muss der betrachtete Mensch sich bei der Befriedigung seiner Bedürfnisse auf *jene* Bedürfnisse konzentrieren (und beschränken!), die er als die vordringlichen ansieht. Daher scheint es sinnvoll und wichtig, die Menge aller Bedürfnisse, die ein Mensch haben kann, zu unterteilen in solche Bedürfnisse, die dieser Mensch für befriedigbar hält (durch seine Arbeit) und in solche, die er für nicht befriedigbar hält (durch eigene Arbeit). Der erste Teil wird im Folgenden als die Menge der *tauschrelevanten Bedürfnisse* bezeichnet. Der Umfang der Produktion und damit der Konsummöglichkeiten hängt also vom Umfang der *tauschrelevanten* Bedürfnisse ab.

Ein Wachstum ist aus dieser Sicht *dann* möglich, wenn die Menge der *tauschrelevanten* Bedürfnisse größer wird. Anders ausgedrückt: wenn der betrachtete Mensch *fähig und willens* wird, einen *größeren* Teil der Menge all seiner Bedürfnisse durch Arbeit zu befriedigen. Denn dann (und nur dann) wird er mehr arbeiten (und damit mehr konsumieren können) als bisher, was in diesem Beitrag als gleichbedeutend mit Wachstum aufgefasst wird.

Damit stellt sich die Frage, *wie* bzw. *wann* sich die Menge der tauschrelevanten Bedürfnisse vergrößert. Sie vergrößert sich dann, wenn eine der folgenden Bedingungen eintritt:

a. wenn das betrachtete Individuum *mehr zu arbeiten willig und zugleich auch fähig* ist als bisher oder
b. wenn das betrachtete Individuum *automatisiert*, d.h. seine persönliche Leistungsgrenze mit Hilfe des Einsatzes von Naturphänomenen (Material und Energie) umgeht.

Der Grund: in beiden Fällen versetzt sich das Individuum in die Lage, *mehr zu produzieren* und damit mehr zu konsumieren als bislang. Sobald es mehr selbst geschaffene Produkte konsumieren *möchte und* eine Möglichkeit sieht, durch zusätzliche Arbeit oder durch Automatisierung seiner Arbeit mehr zu produzieren, wird es dies nach Auffassung des Verfassers auch tun.

Für Wachstum ist also bestimmend, dass das betrachtete Individuum den *Willen* besitzt, einen größeren Teil seiner Bedürfnisse durch Arbeit zu befriedigen als bisher, *und es* zeitgleich die *Möglichkeit* sieht, dies zu tun. Dies ist gleichbedeutend mit einer Vergrößerung der Menge der *a-Bedürfnisse*, also derjenigen Teilmenge all unserer Bedürfnisse, die wir für durch Arbeit befriedigbar halten und die wir willens sind durch Arbeit zu befriedigen (Abb. 8).

Die Menge der konsumrelevanten Bedürfnisse

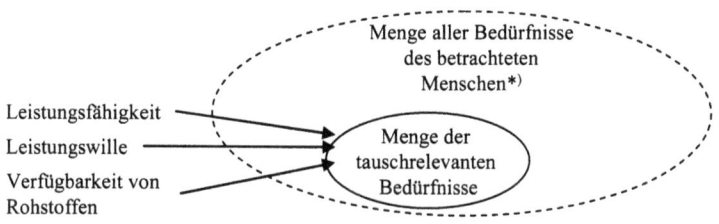

*) Diese ist nach der hier vertretenen Ansicht nahezu unbegrenzt

Zur Erläuterung der Abbildung 7: Im Fall des *1*-Personen-Modells, das das Leben in einer archaischen Gesellschaft ohne Arbeitsteilung repräsentiert, bestimmen die Leistungsfähigkeit und der Leistungswille (und die Verfügbarkeit von Rohstoffen) den Umfang der Menge jenes Teiles all unserer Bedürfnisse, den wir durch Arbeit befriedigen (in diesem Beitrag *tauschrelevanten* Bedürfnisse genannt). Ein Wachsen der Leistungsfähigkeit *und* (!) des Willens führt hier also zu einer Vergrößerung desjenigen Teils aller Bedürfnisse, den das betreffende Individuum durch Arbeit befriedigen kann und wird (Wachstum). Im Falle eines *Oligo*-Personen-Modells mit ausschließlicher Arbeitsteilung und anschließendem Tausch kommt als weitere Voraussetzung hinzu, dass die Menschen es zuwege bringen, miteinander *Tauschprozesse* zu vereinbaren.

Wachstum und konsumrelevante Bedürfnisse

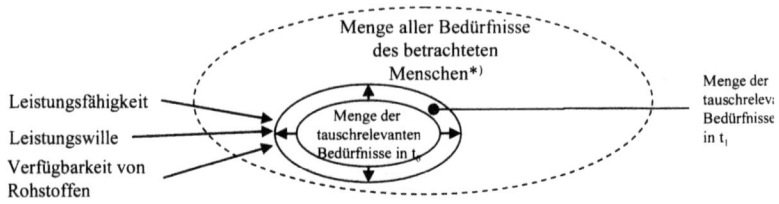

3.1.2 Erhöhung der Effizienz der persönlichen Arbeit

Auch *ohne zusätzliche* Arbeit lässt sich der Output erhöhen, und zwar durch die Steigerung der *Effizienz* der Arbeit. Diese kann zum einen eintreten durch *Übung, Nachdenken* über Handlungsabläufe und über *Lernen* (am Modell) herbeigeführt werden kann (Arnold 1997, 26, 185 ff.). Allerdings ist dies nur dann möglich, wenn der betrachtete Mensch nicht bereits mit der höchst möglichen Effizienz arbeitet.

3.1.3 Automatisierung

Mit den vorgenannten Arten der Erhöhung des Outputs (als ein Teil des Wachstum) sind die Arten des Wachstums erschöpft, die alleine auf vermehrten *Anstrengungen* des betrachteten Individuums beruhen. Eine darüber hinausgehende Erhöhung des Outputs ist möglich, wenn wir *Energie* (aus der Natur) einsetzen, mithin den Produktionsvorgang *automatisieren* (Abb. 9). Um dies zu erreichen müssen wir zunächst eine Maschine konstruieren und bauen, die diejenigen Tätigkeiten, die wir bislang händisch ausgeführt haben, eben unter dem Einsatz von Energie und (mehr oder weniger) ohne unser Zutun ausführt. Der Einsatz persönlicher Arbeit kann sich nach Fertigstellung der Maschine auf ihre Bedienung und Wartung beschränken.

Automatisierung

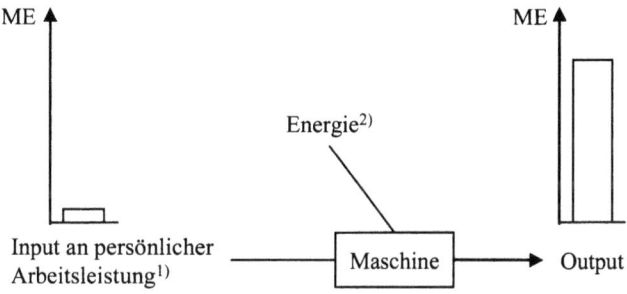

[1] Dieser Input umfasst z.b. folgende Arten von persönlicher Arbeitsleistung: Konstruktion, Bau, Zuführung von Material, Instandhaltung
[2] Der zentrale Aspekt am Einsatz von Energie ist, dass der betrachtete Mensch mit seiner Hilfe *ohne* Einsatz *persönlicher* Arbeit einen Output erzeugen kann, überdies in einem Umfang, den er bei alleinigem Einsatz seiner persönlichen Leistung nicht auch nur annähernd erzeugen könnte.

3.2 Ausgewählte Faktoren auf der Ebene der Tauschprozesse

So lange jeder Mensch *autark* ist, kann er seinen Wohlstand (und damit auch mögliche Wachstumswünsche) völlig autonom bestimmen und gestalten (abgesehen von den Zeiten der Arbeitsunfähigkeit wie Kindesalter, Krankheitsphasen, Seniorenalter). Ab dem Moment, indem er *Zeitgenossen* um sich wähnt, also in einer Gesellschaft lebt, ist einerseits ein größerer Wohlstand möglich (durch Spezialisierung aufgrund von Arbeitsteilung), der andererseits aber zugleich abhängt von dem Leistungswillen und der Leistungsfähigkeit dieser Zeitgenossen. Ab dem Moment, indem die Gesellschaft, in der er lebt, gar beginnt, *ausschließlich* arbeitsteilig zu produzieren, und ab dem er ausschließlich komplexe, nur arbeitsteilig herzustellende Produkte zur Befriedigung seiner Bedürfnisse akzeptiert, ist eine *autonome* Gestaltung des Wohlstandes nicht nur nicht mehr möglich – ab diesem Zeitpunkt ist er bereits für seine bloße Existenz darauf *angewiesen* und damit *abhängig* vom Arbeits-, Tausch- und Konsumverhalten seiner Zeitgenossen.

3.2.1 Spezialisierung durch Arbeitsteilung

Die bislang genannten Wachstumsfaktoren (zusätzliche Arbeit, effizientere Arbeit, Automatisierung) sind sämtlich grundsätzlich für ein *einzelnes* Individuum realisierbar. Sobald n>1 Individuen existieren, ist eine Ausweitung der Konsummöglichkeiten durch eine Steigerung der Effizienz der Arbeit noch sehr viel besser möglich, nämlich dadurch, dass die Individuen sich auf *Arbeitsteilung* einigen. Denn es existieren *viele verschiedene* Arten von Bedürfnissen, die dementsprechend nur durch *verschiedene Produkte* befriedigt werden können. Die Herstellung unterschiedlicher Produkte aber setzt voraus, dass *verschiedene Tätigkeiten* ausgeführt werden. Verschiedene Tätigkeiten auszuführen hemmt aber tendenziell die Entstehung von Effizienz, denn man muss sich immer wieder umstellen, kann sich nicht auf eine Sache konzentrieren, es kann sich kein Übungs- und Lerneffekt einstellen. In dem Moment, in dem n>1 Individuen existieren, besteht hingegen die Möglichkeit, dass diese sich darauf einigen,

die Schaffung der verschiedenen Produkte *arbeitsteilig* zu organisieren, so dass sich jeder auf die Schaffung *eines* der Produkte *spezialisieren (= konzentrieren)* kann, und

nach Fertigstellung durch *Tausch* gegenseitig zu geben, so dass trotz der Arbeitsteilung jeder von jeder Produktart konsumieren kann.

Auf diese Weise kann jeder bei der Herstellung "seiner" Produktart zu höchst möglicher Effizienz gelangen und dadurch die größt mögliche Menge des betreffenden Gutes herstellen - durch den anschließenden Tausch haben *alle von jeder Produktart etwas* und zugleich *mehr*, als sie bei *autarker* Arbeitsweise hätten schaffen können.

3.2.2 Bedingungen für das Zustandekommen eines Tausches

Das Wachstum auf der Basis von Spezialisierung durch Arbeitsteilung mit anschließendem Tausch unterscheidet sich in einem sehr entscheidenden Punkt von jenen Wachstumsarten, die schon von einem einzelnen Individuum erreicht werden können (zusätzliche Arbeit, höhere Effizienz, Automatisierung): Für diese Wachstumsart ist das Individuum, welches Wachstum anstrebt, auf den *Tausch* mit den anderen Individuen *angewiesen*, denn die Arbeitsteilung macht für ein einzelnes Individuum nur dann einen Sinn, wenn es die *anderen* Produkte, auf deren (eigene) Herstellung es aufgrund der Einigung auf die Arbeitsteilung ja *verzichtet*, von den *Zeitgenossen* bekommt, die sich auf *deren* Herstellung spezialisiert haben. Dies aber bedarf des *Tausches*.

Können sich zwei betrachtete Individuen nicht auf einen Tausch einigen und unterbleibt dieser dadurch, können beide ihre Konsummöglichkeiten *nicht* ausweiten, also *kein* Wachstum erzielen, *obwohl* beide fähig und willig sind, mehr zu arbeiten, effizienter zu arbeiten oder zu automatisieren. D.h. das einzelne Individuum kann nicht mehr *alleine* darüber entscheiden, wie viele Mengeneinheiten eines Produktes es herstellen und konsumieren möchte, sondern muss sich darüber mit dem/den anderen abstimmen.

Da Abstimmungsprozesse zwischen Menschen erfahrungsgemäß aber durchaus *problematisch* sein können, erscheint es aus dieser Perspektive gesehen sinnvoll zu untersuchen, welche *Voraussetzungen* gegeben sein müssen, damit die Menschen sich auf einen Tausch einigen – und damit Produktionsaktivitäten anstoßen, mit denen sie Konsummöglichkeiten realisieren. Die folgende Auflistung von Voraussetzungen bezieht sich auf ein Modell mit n=2 Personen.

c. Jeder von beiden muss *fähig* sein, jenes Produkt herzustellen, welches der jeweils andere wünscht, und zwar genau in dem vom jeweils anderen gewünschten Umfang
d. Jeder von beiden muss *willens* sein, jenes Produkt herzustellen, welches der andere wünscht, und zwar genau in dem vom jeweils anderen gewünschten Umfang
e. Punkt a) setzt voraus, dass beide davon *Kenntnis* erlangen, welches Produkt der jeweils andere wünscht und in welchem Umfang
f. Jeder von beiden muss *bereit* sein, mit dem anderen den Tausch einzugehen
g. Keiner von beiden darf aus Gründen der Vorsorge *sparen* wollen

Ad a) und b): Sobald einer von beiden entweder nicht fähig oder nicht gewillt ist, jenes Produkt herzustellen, welches der anderen wünscht, wird der andere sich nicht auf einen Tausch einlassen, da ihm ein Tausch keinen Nutzen bringen würde, denn er könnte durch einen solchen Tausch nicht in den Genuss des Produktes gelangen, welches er sich wünscht. Jedoch: Selbst wenn beide *grundsätzlich* in der Lage und willens sind, das vom jeweils anderen gewünschte Produkt herzustellen, ist es für die *Zufriedenheit* beider darüber hinaus notwendig, dass beide auch genau im gleichen *Umfang* in der Lage sind und willens sind. Wenn die Umfänge der Fähigkeit und des Willens der beiden Individuen einander *nicht* entsprechen, entspricht das Volumen des Tausches lediglich derjenigen dieser vier Variablen dieses Systems (Fähigkeit P1, Wille P1, Fähigkeit P2, Wille P2), die den kleinsten Wert hat. Beispiel: Wenn P1 10 ME konsumieren möchte und auch zur Herstellung von 10 ME fähig und willig ist, P2 ebenfalls 10 ME herstellen *könnte*, jedoch nur den Willen zur Produktion von 7 ME hat, dann werden die beiden sich natürlich auch nur über eine Tausch in Höhe von je 7 ME einigen. Für P1 bedeutet dies einen Minderkonsum von 3 ME. Er empfindet eine Absatzkrise und damit verbunden eine Einkommenskrise, in deren Folge er sich eben in seinem Konsum eingeschränkt sieht, denn *er* wäre ja sowohl fähig als auch willens gewesen, seine gesamten tauschrelevanten Bedürfnisse im Umfang von 10 ME durch Arbeit zu befriedigen. Aufgrund seines Eingebundenseins in das System der ausschließlich arbeitsteiligen Produktion mit P2 (dem "weniger Motivierten") ist ihm dies jedoch *nicht* möglich.

Ad c): Die Punkte a und b setzen ihrerseits voraus, dass jeder der beiden *weiß*, welches Produkt der jeweils andere wünscht. *Dass* jeder Mensch weiß, was seine Zeitgenossen wünschen, ist nach der hier vertretenen Auffassung der heutigen Zeit, die über weite Teile durch Individualismus geprägt scheint, nicht selbstverständlich – womit wiederum das Zustandekommen von Tauschprozessen in Frage gestellt ist.

Ad d): Nicht jeder Mensch "kann" mit jedem anderen ohne weiteres. Ein Tausch ist eine soziale Interaktion und setzt damit voraus, dass zwei Menschen *bereit* sind, miteinander zu interagieren. Sind sie dazu *nicht* bereit, dann ist ein Wachstum auf der Basis von durch Arbeitsteilung erreichter Spezialisierung nicht möglich.

Ad e): Die Thematik des Vorsorge-Sparens besitzt aus der Perspektive dieses Beitrags eine eigene Komplexität, weswegen ihr ein eigener Abschnitt gewidmet wird (siehe den folgenden Abschnitt 3.2.3).

3.2.3 Sparen aus Gründen der Vorsorge

Der Vorgang des Sparens (von Geld) ist nur in einem System mit $n>1$ Menschen möglich und besteht darin, dass, anhand eines 2-Personen-Modells gezeigt, eines von beiden Individuen (P1) seine Leistung gegenüber dem anderen erbringt, das andere (P2) seine Leistung (die "Gegenleistung") aber erst zu einem *späteren* Zeitpunkt. Daher wird das Phänomen des Sparens in diesem Beitrag auch als *asynchroner* Tauschprozess bezeichnet. Ein solcher asynchroner Tauschprozess kann aufgrund folgender Ursachen auftreten:

1. als *Synchronisation* der Tausch-Transaktionen in jenen Fällen, in denen die zwei Produktarten, die zum Tausch heranstehen, in ihrer Herstellung *unterschiedlich aufwändig* sind
2. durch eine *Vereinbarung*, in der sich die beiden aus bestimmten Gründen darauf einigen, dass sie asynchron leisten werden, d.h. der Erstleister zunächst leisten möchte, die Gegenleistung aber erst zu einem späteren Zeitpunkt wünscht, und der Zweitleister zunächst konsumieren möchte, jedoch erst zu einem späteren Zeitpunkt dafür arbeiten will
3. dadurch, dass der Erstleister seine Leistung gegenüber dem anderen erbringt, den anschließenden Versuch des anderen, seinerseits die Gegenleistung zu erbringen, jedoch nicht annimmt – mit dem Ziel, sich die Gegenleistung für einen späteren Zeitpunkt "aufzusparen", d.h. sie sich zu einem späteren Zeitpunkt erbringen zu lassen, z.B. aus Gründen der Vorsorge

Ad 1.: Es lässt sich aufzeigen, dass ein Tausch zweier Produkte, deren Herstellung unterschiedlich aufwändig ist und daher unterschiedlich viel Zeit benötigt, durch einen asynchronen Tauschprozess möglich ist. Beispiel: Eine Modellgesellschaft besteht aus 2 Individuen, einem Bäcker (P1) und einem Tischler (P2). Beide vereinbaren, Brote gegen Möbel zu tauschen, und zwar aufgrund der unterschiedlichen Herstellungsaufwände im Verhältnis 10:1. D.h. P1 liefert P2 täglich 1 Brot, während P2 P1 alle 10 Tage ein Möbelstück liefert. Die Geldmenge beträgt 2 Geldeinheiten (GE), wobei anfänglich jeder von beiden 1 GE besitzt. Am Tag t1 liefert P1 P2 1 Brot, erhält dafür von P2 dessen 1 GE.

P2 arbeitet seinerseits an diesem Tag für P1, und zwar an besagtem Möbelstück, jedoch benötigt er dafür 10 Tage, d.h. das Möbelstück ist am Ende des Tages t1 noch nicht fertig. P1 gibt P2 die soeben verdiente 1 GE wieder zurück, jedoch nicht etwa, um sich dafür von P2 etwas zu kaufen, sondern um das Geld "anzulegen". Auf diese Weise (und wie es scheint nur auf diese Weise) hat P2 die 1 GE wieder zurück und damit die Möglichkeit, sich am Tag t2 erneut 1 Brot von P1 zu kaufen. Dafür allerdings muss er P1 einen Schuldtitel ausstellen. Damit hat P1 nun ein Guthaben (gegenüber P2) in Höhe von 1 GE, P2 eine Schuld (gegenüber P1) in gleicher Höhe. Diesen Vorgang wiederholen die beiden am Tag t2, wobei sich die Guthaben-Schuld-Beziehung um 1 GE auf 2 GE erhöht. Sie wiederholen ihn auch an den folgenden 8 Tagen. Bis zum Tag 10 hat P1 also ein Guthaben von 10 GE angespart, P2 Schulden von 10 GE angehäuft, dafür jedoch täglich Brot zu essen gehabt. P2 hat mit den Schulden quasi die Produktion des Möbels "vorfinanziert". Am Tag 10 liefert P2 das Möbel an P1 und verlangt dafür von diesem den Preis von 10 GE, die dieser ihm durch Übergabe seines Guthabens in Form seiner Schuldtitel im Volumen von 10 GE bezahlt. Die Bezahlung seitens P1 ist also nichts anderes als die Löschung der Schulden des P2.

Bei diesem System von Transaktionen handelt es sich also um einen asynchronen Tausch zweier Produktarten, die unterschiedlich aufwändig herzustellen sind, der mit Hilfe des Gutes Geld sowie der Methode des Anlagesparens organisiert wurde. (Aus Gründen der Vereinfachung wurde von der Berücksichtigung von Zinszahlungen abgesehen, zumal diese in diesem Zusammenhang eine untergeordnete Rolle spielen.) Ein solches Anlagesparen kann also als eine bestimmte Art von Tauschprozessen verstanden werden, womit es im Hinblick auf Wachstum durchaus als sinnvoll anzusehen ist.

Ad 2.: Ein asynchroner Tausch, der auf einer *Vereinbarung* basiert, kann wie folgt dargestellt werden: Die Personen P1 und P2 einer aus 2 Personen bestehenden Gesellschaft haben sich auf *gleich* aufwändige Produkte X (Brot) und Y (Milch) spezialisiert, also anders als im Fall 1. P1 und P2 vereinbaren, dass P1 am Tag t1 für P2 arbeitet (1 Brot liefert), jedoch P2 (noch) nicht für P1, sondern erst später. P2 gibt P1 dafür seine 1 Geldeinheit (GE). P1 gibt sie ihm am Ende des Tages wieder zurück und erhält dafür von P2 einen Schuldtitel in Höhe von 1 GE. Damit besitzt P2 wieder die 1 GE, die er benötigt, um am Tag t2 erneut 1 Brot von P1 kaufen zu können. Diese Transaktionen gleichen den unter

Punkt 1 beschriebenen, mit Ausnahme der Tatsache, dass P2 (noch) *nicht* für P1 arbeitet.
P1 wird allerdings nur so lange zu dieser Art von Transaktionen bereit seit, wie er P2 für kreditwürdig hält, m.a.W.: wie er P2 zutraut, für den Abbau der aufgehäuften Schulden zu arbeiten. Im Normalfall, d.h. wenn P2 ein seriöser Mensch ist, wird P2 von sich aus nach einer gewissen Anzahl von Tagen beginnen, für P1 zu arbeiten, um seine Schulden abzubauen. Dieser Prozess läuft dann wie folgt ab, nehmen wir an ab dem Tag t2: P2 arbeitet für P1 (Lieferung von 1 Liter Milch). Dafür gibt ihm P1 1 GE. Diese 1 GE verwendet P2 dazu, seinen Schulden bei P1 um 1 GE zu verringern, in dem er sie P1 zurückgibt, ohne dafür 1 Brot von P1 entgegenzunehmen. Diesen Vorgang wiederholen die beiden 5 Tage lang, so dass am Ende des Tages t10 die Schulden getilgt sind und die Arbeits-Nutzen-Bilanz beider Individuen ausgeglichen ist. Im Ergebnis hat also zunächst P1 5 Tage lang einseitig für P2 gearbeitet, anschließend P2 5 Tage lang einseitig für P1. Die Leistungen erfolgten also nicht gleichzeitig, sondern asynchron.
Im Hinblick auf Wachstum (also der Vergrößerung des Umfangs der Konsummöglichkeiten) kann dieses System von Transaktionen wie folgt bewertet werden. Grundsätzlich handelt es sich um Tauschvorgänge, die zustande gekommen sind, und durch die beide Zeitgenossen auf der Basis von Arbeitsteilung die Möglichkeit hatten, ihre (tauschrelevanten) Bedürfnisse zu befriedigen. Insofern ist diese Art von Tauschprozessen durchaus begrüßenswert. Als *problematisch* jedoch ist anzumerken, dass eine der beiden Personen, P2, sich ohne ("vernünftigen") Grund *verschuldet*. Realiter ist es in vielen Fällen aus Sicht des Verfassers eher als kritisch zu bezeichnen, wenn sich ein Mensch derart verhält. Außerdem ist P1 für den Erhalt der Gegenleistung darauf angewiesen, dass P2 ab dem Tag t5 leistungsfähig und –willig ist. Denn P1 hält mit dem Schuldtitel zwar ein Instrument in der Hand, aufgrund dessen er sogar vor Gericht klagen kann gegen P2. Jedoch kann er nur die *Herausgabe* von Produkten gerichtlich durchsetzen, d.h. exakt formuliert: die Herausgabe von Produkten, die P2 bereits *geschaffen* hat. Natürlich *nicht* möglich ist es, gerichtlich durchzusetzen, *dass* P2 arbeitet. Arbeitet er also nicht von sich aus, sondern zieht er es z.B. vor, Sozialhilfe zu beziehen oder "auszusteigen", dann hat P1 *keine* Möglichkeit, die verdiente Gegenleistung zu erhalten. Diese Situation wäre aus Sicht des Themas Konsummöglichkeiten/Wachstum als

schlecht zu bezeichnen, hat doch nur P2 konsumieren können (ohne gearbeitet zu haben), während P2 nur gearbeitet hat (ohne konsumieren zu können).

Ad 3: Ein *solches* Verhalten zeigen nach Überzeugung des Verfassers vor allem solche Menschen, die für "schlechtere" Zeiten vorsorgen wollen. Darüber hinaus ist nach Überzeugung des Verfassers dieses Verhalten das dasjenige, welches der in der heutigen Zeit vielfach geforderte "privaten Altersvorsorge" zugrunde liegt. (Bei der privaten Altervorsorge kommt allerdings der Vorgang der *Anlage* des gesparten Geldes noch hinzu, weswegen sie auch maßgebliche Elemente der unter Punkt 2 der obigen Aufzählung beschriebenen Konstellation enthält, einschließlich der dort beschriebenen Problematiken.) Es führt dazu, dass der Tauschhandel zum *Erliegen* kommt, denn dieses Verhalten des Erstleisters P1 ist grundsätzlich nur *ein einziges* Mal möglich. Da er dem Tauschpartner P2 keine Möglichkeit gibt, sich die Geldeinheit wieder zurückzuverdienen, nimmt der Tauschpartner kein Geld mehr ein, welches er für einen neuerlichen Kauf beim Erstleister verwenden könnte. Daraus folgt:

im Zeitpunkt der Erstleistung durch P1 wird zum einen keine Gegenleistung durch P2 erfolgen, da P1 diese nicht nachfragen wird, und
während der darauffolgenden Zeitpunkte – bis zum Zeitpunkt der Gegenleistung – wird auch der Erstleister P1 keine weiteren Leistungen mehr erbringen, da der Letztleister P2 sich das Geld, welches er P1 gegeben hatte, *nicht zurückverdienen* konnte, um sich weitere Leistungen des Sparenden kaufen können.

Ein Sparen aus Gründen der *Vorsorge kann* aus der Sicht dieses Beitrages also zwar zu einem Wachstum führen, welches aber als *"ungesunden"* bzw. *zweifelhaften* eingestuft werden kann (da es die Verschuldung von Zeitgenossen voraussetzt), oder es wirkt wachstumshemmend, nämlich dann, wenn keine Zeitgenossen existieren, die bereits sind, sich zu verschulden. (Darüber hinaus kann gezeigt werden, dass die Versorgung im Alter trotzdem *nicht* gesichert ist.)

3.2.4 Konsumverhalten und Kaufverhalten

Der Umstand, dass Menschen, die keine unternehmerischen Fähigkeiten haben, auf Unternehmer als Arbeitgeber angewiesen sind, liegt aus der hier vertretenen tauschtheoretischen Perspektive auch in unser aller *Konsumverhalten* und

Kaufverhalten begründet. Die meisten Menschen zeigen ein Konsumverhalten und ein Kaufverhalten (=kaufseitiges Tauschverhalten (zum Begriff Abb. 10)), welches als – im Vergleich mit einer archaischen Situation - extrem *anspruchsvoll* bezeichnet werden kann. Erst dieses Konsum- und Kaufverhalten führt zu der *Notwendigkeit*, produktions- und verkaufsseitig jene Eigenschaften haben zu müssen, die den Selbständigen ausmachen (Abb. 11). M.a.W.: würden wir alle uns (weit) weniger anspruchsvoll zeigen hinsichtlich unseres Konsumverhaltens und unseres (kaufseitigen) Tauschverhaltens (wir kaufen vor allem und fast ausschließlich *solche* Produkte, die z.b. durch hochprofessionelle Werbung beworben werden), dann wäre es sehr viel einfacher, sich selbständig zu machen, denn es wären weniger unternehmerische Fähigkeiten notwendig, und damit wäre es wesentlich *mehr* Menschen – vielleicht allen - möglich, sich selbständig zu machen. *Damit* wären dann mehr Tauschprozesse möglich als bisher, es würde zu Wachstum kommen. Möglicherweise wäre damit sogar das größte Tauschvolumen und damit das größte Wachstum erzielbar, das erreichbar ist.

Wenn und so lange aber sich Nicht-Unternehmer und Unternehmer zusammenfinden zu einem Arbeitsvertrag, lassen sich die Tauschprozesse, die daraufhin zustande kommen, veranschaulichen wie in Abb. 12 gezeigt (demonstriert an einem 3-Personen-Modell).

Verkaufsseitige und kaufseitige Elemente

| Einer der beiden verkaufsseitigen Teile des Tausches | Einer der beiden kaufseitigen Teile des Tausches |

P1   P2

| Einer der beiden kaufseitigen Teile des Tausches | Einer der beiden verkaufsseitigen Teile des Tausches |

Hohe kaufseitige Ansprüche und ihre Folgen

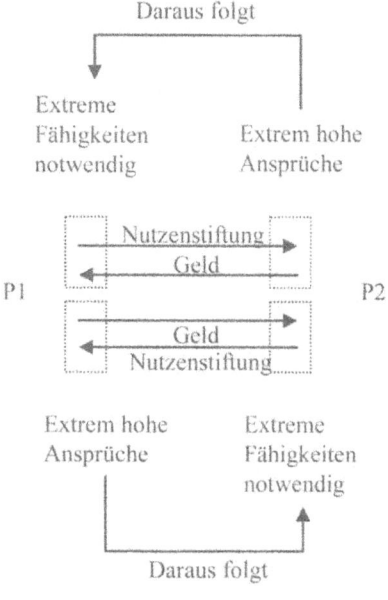

Tauschprozess mit nichtselbständigem Individuum

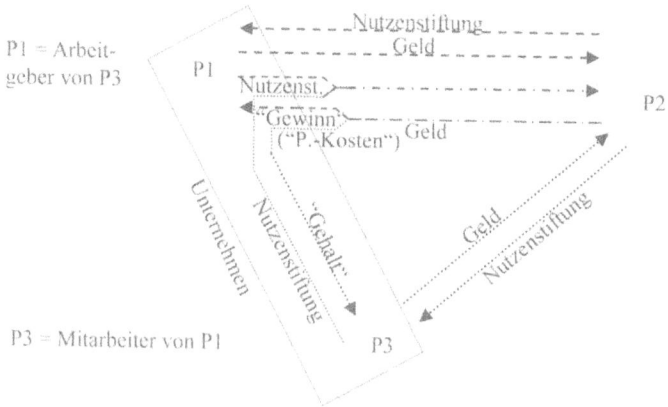

3.2.5 Staatliche Aktivitäten

In diesem Beitrag wird unter "staatlichen Aktivitäten" das System aus Staatseinnahmen und Staatsausgaben verstanden. In dem vorliegenden Beitrag wird der Staat dabei als rein *"virtuelle"* Institution berücksichtigt, d.h. der Staat selbst, also die staatlichen Entscheidungsträger, werden nicht durch gesonderte Repräsentanten dargestellt, sondern alleine durch die *Geldströme*, die durch die Entscheidungen der staatlichen Entscheidungsträger ausgelöst werden (Mittelzu- und -abflüsse), sowie durch die *Nutzenstiftungsprozesse*, die die einzelnen Menschen auf der real- bzw. güterwirtschaftlichen Ebene *aufgrund* dieser Geldströme realisieren. Während der Staat in der Literatur oft als eigenständiger, d.h. *selbst nutzenstiftender Akteur* angesehen wird, der öffentliche Güter anbietet (Bernholz 1993), geht der vorliegende Beitrag davon aus, dass nutzenstiftende Leistungen *stets* von den einzelnen (wenn auch in Unternehmen oder in Behörden organisierten) Menschen (im Rahmen eines Tauschprozesses) erstellt werden, der Staat (in Person staatlicher Entscheidungsträger) lediglich diesen Tauschprozess *anstößt* (durch

Staatseinnahmen und -ausgaben). Dabei wird es für wichtig erachtet, zumindest folgende 3 Arten von Staatsausgaben zu differenzieren:

h. Staatsausgaben im Zusammenhang mit hoheitlichen und sonstigen öffentliche Arbeiten (Abb. 13)
i. Staatsausgaben im Zusammenhang mit Marktversagen (Abb. 14)
j. Staatsausgaben als Transferzahlung (Sozialhilfe etc.) (Abb. 15)

Ad a): Dieses System aus Staatseinnahmen und Staatsausgaben ist nichts anderes als die Realisierung eines Tauschprozesses durch staatliche Entscheidungsträger, und zwar konkret eines Tausches zwischen einem privatwirtschaftlich tätigen Individuum und einem mit einer öffentlichen Arbeit beauftragten Individuum. Erläutert an einem 3-Personen-Modell mit einer Geldmenge von M = 3 GE: Der Staat beschafft sich per gesetzlichem Zwang die Geldeinheit des privat tätigen Individuums P1 (Staatseinnahme) und gibt sie dem im öffentlichen Auftrag tätigen Individuum P2. P2 kauft mit diesem Geld eines der Produkte, die P1 in diesem Augenblick fertiggestellt hat, d.h. er lässt P1 gegen Bezahlung (="Rückgabe") dieses Geldes für sich arbeiten.
Das besondere an diesem Tauschprozess ist, dass er nicht durch die *freie*, privatrechtliche Vereinbarung zwischen P1 und P2 zustande gekommen ist, sondern durch die Entscheidung eines staatlichen Entscheidungsträgers! Die Folge für das Phänomen "Wachstum": rein *monetär* gesehen führt diese Art von Tausch exakt in dem *selben* Maße zu einer Erhöhung des Nutzenniveaus, wie es bei einem *privat* vereinbarter Tausch der Fall gewesen wäre. Jedoch sind in *qualitativer* Hinsicht Bedenken anzumelden. Denn: während in einem *privaten* Tausch *beide* Seiten *selbst* definieren, welche Art von Arbeit sie sich vom Tauschpartner wünschen, und damit ein Höchstmaß an Nutzenempfinden und Bedürfnisbefriedigung aus dem Tausch ziehen können, definiert in diesem *staatlich veranlassten* Tausch ein *staatlicher Entscheidungsträger*, welche Leistung das Individuum P2 zu erbringen hat. Nur dann, wenn sich die Vorstellung des staatlichen Entscheidungsträgers exakt mit der des P1 deckt, wird P1 das selbe Nutzenerlebnis haben (wie beim privaten Tausch). Diese Annahme entspricht nach der hier vertretenen Ansicht aber nicht der Realität. Denn Entscheidungen staatlicher Entscheidungsträger sind ja eben dadurch charakterisiert, dass sie (so ist zu hoffen) den Interessen der *Mehrheit* der Bürger entsprechen. D.h. zumindest all jene Menschen, deren Interessen von diesem

Mehrheitsinteresse abweichen, werden ein *geringeres* Nutzenerlebnis haben. Gehen wir darüber hinaus von der Annahme aus, dass staatliche Entscheidungsträger auch hie und da Entscheidungen auf der Basis *persönlicher* Präferenzen treffen (bspw. aus machtpolitischen Gesichtspunkten heraus), so ist zu vermuten, dass in dem ein oder anderen Fall die Arbeit P2 P1 *deutlich* weniger Nutzen bringt, als wenn P2 direkt von P1 beauftragt worden wäre und seine Arbeit daher direkt an dessen Bedürfnissen ausrichten würde.

Wachstum, also ein höheres Tauschvolumen als *ohne* staatliche Aktivität, werden staatliche Aktivitäten zur Erfüllung gemeinschaftlicher Aufgaben dann verursachen, wenn das öffentlich beauftrage Individuum *ohne* diese staatliche Aktivität *nicht in der Lage* oder *nicht willens* wäre, einen Tausch mit den beiden privatwirtschaftlich agierenden Zeitgenossen zu etablieren. Wäre es hingegen dazu in der Lage, so käme *kein* Wachstum zustande, denn dann wäre das Volumen des staatlich veranlassten Tausches genau gleich groß wie das des durch private Vereinbarung angestoßenen Tausches.

Hoheitliche Aktivität als Tauschprozess

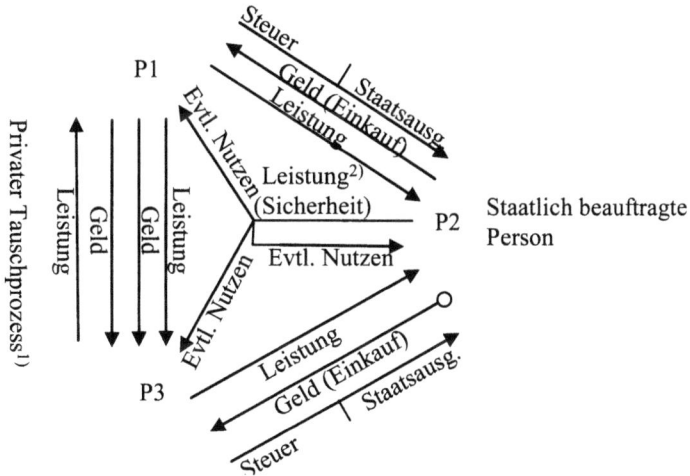

1) Der Tauschprozess zwischen P1 und P3 wird als privat bezeichnet, weil die an ihm Beteiligten die Gegenleistung, die der jeweils andere zu stiften hat, selbst und individuell definieren.

2) Die Leistung von P2 wird hier als eine öffentliche bezeichnet, weil sie von einem *staatlichen Entscheidungsträger* (hier nur virtuell vertreten) definiert wird (nicht von P1 oder P3), der in einer Demokratie zwar demokratisch gewählt wurde und die Wünsche "der Bürger" (P1-P3) vertreten soll, der während der Legislaturperiode jedoch eher autonom entscheiden kann, so dass P1 und P3 keinen direkten Einfluss mehr auf die Definition der Gegenleistung mehr haben, und weil sie grundsätzlich *allen* Menschen einen Nutzen stiftet.

Ad b): Das Phänomen des Marktversagens lässt sich tauschtheoretisch wie folgt erklären. Ein Mensch geht aus freien Stücken in aller Regel nur mit solchen Zeitgenossen einen Tausch ein, die ihm zeitgleich mit seiner (Erst-) Leistung (oder nur wenig später) die Gegenleistung erbringen, und zwar eine von ihm definierte Gegenleistung. Die Leistung von Menschen jedoch, die beispielsweise in *Forschung und Entwicklung* arbeiten, ist dadurch gekennzeichnet, dass sie einen Nutzen erst sehr weit in der Zukunft stiftet, also erst lange Zeit nach der Erstleistung, nämlich dann, wenn die F&E-Arbeit zu einem "brauchbaren" ("marktfähigen") Produkt geführt hat. Es ist aber a) nicht *sicher*, ob sie überhaupt zu einem solch marktfähigen Produkt führt, und selbst wenn dies der Fall ist, dann ist b) noch nicht sicher, zu *welcher Art* von Produkten sie führen wird und *welchem Zeitgenossen* sie einen Nutzen stiften wird. Trotzdem *benötigen* wir Forscher und Entwickler, denn die meisten Produkte, die wir heute zur Befriedigung unserer Bedürfnisse akzeptieren, sind sehr komplex und setzen (daher) F&E-Arbeit voraus. Dadurch entsteht folgendes Dilemma: einerseits benötigen wir F&E-Arbeiten, andererseits ist kaum ein Mensch dazu bereit, mit Forschern und Entwicklern (unsichere asynchrone) Tauschprozesse zu vereinbaren. Die Forscher aber sind darauf angewiesen, dass sie während der gesamten Dauer ihrer Arbeit mit Produkten versorgt werden. Nur wenn dies der Fall ist, werden Zeitgenossen sich bereit erklären, forschend und entwickelnd zu arbeiten. Dies also würde voraussetzen, dass, bildlich gesprochen, der Bäcker und der Forscher sich auf einen (asynchronen) Tausch einigen, dergestalt, dass der Bäcker den Forscher jeden Tag während der Dauer der Forschungsarbeiten mit Brötchen versorgt, während der Forscher zwar sehr ernsthaft arbeitet, jedoch dem Bäcker nicht garantieren kann, dass er zu einem Ergebnis kommt und wenn ja zu welchem, d.h. ob die Ergebnisse der F&E-Arbeiten dem Bäcker einen Nutzen stiften werden. Auf einen solchen "unsicheren" Tausch würde sich der

Bäcker niemals einlassen. Jedoch die (komplexen) Produkte, zu deren Entwicklung der Forscher wichtige Grundlagen legt, möchte der Bäcker *durchaus* haben. Also setzt eine Situation, in der sich Menschen finden, die bereit sind, sich Forschungsarbeiten zu widmen, *staatliche* monetäre Aktivitäten voraus, die darin bestehen, dass der Staat den Bäcker quasi zu einem Tausch mit dem Forscher *zwingt*, d.h. er zwingt ihn (über die Steuerpflicht) dazu, einen Zeitgenossen F, der als Forscher geeignet erscheint, mit Brötchen zu versorgen, wobei er gleichzeitig diesen Zeitgenossen F damit beauftragt, seiner Forschungstätigkeit nachzugehen. Damit wäre also die erste Hürde auf dem Weg zu möglichen Forschungsergebnissen bewältigt. Wenn dessen Forschungsarbeiten nun tatsächlich zu einem marktreifen Produkt führen, dann hat der Bäcker tatsächlich die Möglichkeit, in den Genuss einer Gegenleistung zu kommen. Wenn dies *nicht* der Fall ist, dann bekommt er keinen Gegennutzen, hat also gearbeitet, ohne einen Gegennutzen dafür zu erhalten. Dies ist zwar eine durchaus ungerechte Situation, jedoch aus der hier vertretenen Perspektive dadurch zu rechtfertigen, dass ohne diese staatliche Aktivität der Bäcker gar nicht erst eine *Chance* auf den Erhalt eines komplexen Produktes haben würde.

Staatliche Aktivität aufgrund von Marktversagen

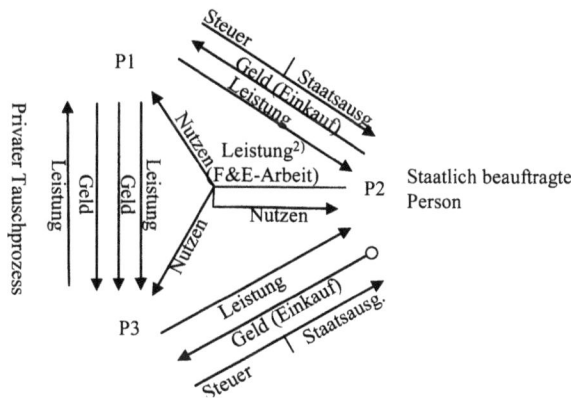

Ad c): Sozialleistungen werden hier als eine besondere Art von Staatsausgaben verstanden, die dadurch charakterisiert sind, dass der Steuerzahler (und

Nutzenstifter) von dem Empfänger der Staatsausgaben (und des Nutzens) *keine Gegenleistung* erhält. (Damit unterscheidet sich die hier eingenommene tauschtheoretische Perspektive von Ansätzen zur sozialen Sicherung, wie sie etwa bei Becker/Ott 2002 dargestellt werden.) Es handelt sich also um einen Akt der *Versorgung*. Versorgungsleistungen sind dabei aus Sicht des Wachstums stets *kritisch* zu bewerten (im Vergleich zu Tauschprozessen), da sie

- dem *Empfänger* nur einen *bescheidenen* Nutzen bringen, da der Nutzenstifter aufgrund der ausbleibenden Gegenleistung ja nur begrenzt belastet werden soll, und da sie
- für den *Nutzenstifter* ein *geringeres* Nutzenniveau bedeuten im Vergleich zu jenem, das ihm aufgrund seiner Arbeit zuzugestehen wäre.

Transfer als Versorgungsprozess

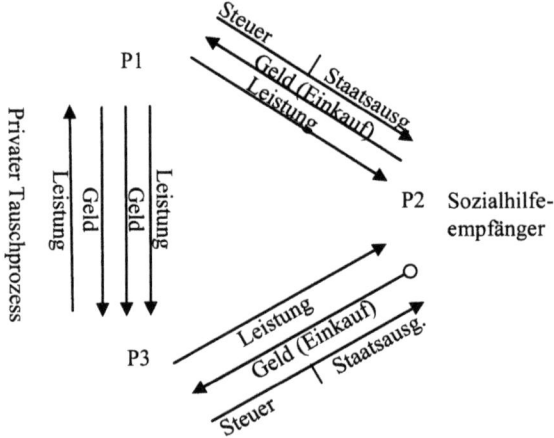

3.2.6 Finanzierung von Staatsausgaben durch Kreditaufnahme

Aus der Sicht des vorliegenden Beitrags bringt eine Finanzierung von Staatsausgaben durch Kreditaufnahme Probleme mit sich, die sie als Instrument für staatliche Aktivitäten äußerst fragwürdig erscheinen lässt. Sie führt zwar zu Tauschprozessen, die ohne die entsprechende staatliche Aktivität nicht zustande kommen würden, und scheint insofern aus der Sicht des Themas Wachstum auf den ersten Blick geeignet. Jedoch führt sie zum Zeitpunkt der Tilgung zu nicht wünschenswerten Wirkungen, was im folgenden Abschnitt gezeigt werden soll. Das Wesen der Staatsverschuldung lässt sich aus tauschtheoretischer Sicht wie folgt beschreiben (Abb. 16). Stellen wir uns eine Welt mit 2 Personen vor, P1 und P2, die eine öffentliche Aufgabe erfüllt wissen wollen, z.B. der Bau eines Deiches gegen das Hochwasser des nahen Flusses. Öffentlich ist diese Aufgabe deswegen, weil das Hochwasser *alle beide* bedroht, also die gesamte Gesellschaft, und weil damit der Bau eines solchen Deiches eine Arbeit ist, deren Nutzen zugleich und untrennbar *allen* zweien zugute kommt. Daher beschließen die zwei Individuen diesen Bau gemeinsam und beschließen dabei auch, dass P2 mit dem Bau, also der öffentlichen Arbeit, beauftragt werden soll und ihm P1 dafür einen Teil der von ihm produzierten Produkte gibt. Realiter wird dieser Vorgang durch einen *staatlichen Entscheidungsträger* organisiert, indem dieser sich Geld von P1 beschafft (gegen Ausstellung eines Schuldtitels), das eingenommene Geld an P2 weiterleitet (Staatsausgaben) und ihn zugleich mit dem Bau des Deiches beauftragt. P2 geht mit diesem Geld seinerseits bei P1 dessen Produkt einkaufen.

Wenn der Staat das so erhaltene Geld P2 gibt, entsteht eine Beziehung zwischen P1 und P2, die überaus problematisch ist:

k. P1 ist *Gläubiger* (im rechtlichen Sinne) - allerdings nicht gegenüber P2, der das Geld ja letztlich bekommen hat, sondern gegenüber dem Staat
l. P3 hat das Geld *verdient*, d.h. er ist nicht Schuldner (im rechtlichen Sinne)
m. Der *Staat* aber, der im rechtlichen Sinne der Schuldner des P1 ist, kann aus der hier vertretenen, tauschtheoretischen Sicht nicht Schuldner sein. Denn ein Schuldner – im tauschtheoretischen Sinne – kann nur ein menschliches

Individuum sein als ein Wesen, welches in der Lage ist, eine Arbeitsleistung zu erbringen. Der Staat aber ist – vereinfacht ausgedrückt - nur der *Organisator* eines Tauschprozesses zwischen zwei (leistungserbringenden) Individuen, nicht aber selbst Leistungserbringer.

Es gibt also keinen Schuldner (im tauschtheoretischen Sinne), und deswegen kann es auch keinen tauschtheoretischen Gläubiger geben. P1 wähnt sich in einer rechtlichen Position, die ihm tauschtheoretisch, also auf der real- bzw. güterwirtschaftlichen Ebene, nichts nützt. Durch die staatliche Kreditaufnahme täuscht der staatliche Entscheidungsträger dem P1 also vor, dass es jemanden gäbe, der Schuldner sei, was aber gar nicht möglich ist, da er, der staatliche Entscheidungsträger selbst, es tauschtheoretisch nicht sein kann und P2 es rechtlich nicht ist.

Zur Erläuterung und den Folgen: Nicht der Staat leistet die Arbeit (Straßenbau), sondern P2 tut dies. Der Staat tritt quasi virtuell nur zwischen P1 und P2, beauftragt P2 mit Hilfe des Geldes von P1. Tatsächlich müsste eine klare Beziehung geschaffen werden zwischen P1 und P2 dergestalt, dass

entweder P1 P2 das Geld *leiht* (im Sinne eines asynchronen Tauschprozesses
 (vgl. Abschnitt 3.2.3.))
oder P1 P2 es ihm *für dessen Arbeitsleistung* gibt.

Durch das Instrument der Staatsverschuldung aber wird eine "Beziehung" zwischen P1 und P2 geschaffen, die tauschtheoretisch eigentlich gar nicht möglich ist. Die Folge: P1 wird sein Guthaben bei Fälligkeit zwar vom Staat zurückerhalten. Dieser muss es sich aber zuvor von P1 selbst (sowie von P2) in Form einer Steuererhebung holen (Abb. 17). Folge: das Geld, welches P1 "vom Staat" "zurückerhält", hat er ihm in der vorangegangenen logischen Sekunde in Form von Steuern zum Teil selbst gegeben, und den anderen Teil bekommt er von P2, der ihm aber eigentlich gar nichts schuldet. Daraus folgt

für den Zeitpunkt der Fälligkeit, dass P1 nur einen Teil seines "angelegten" Geldes zurückerhält, und daraus
für den Zeitpunkt der (vermeintlichen) Geldanlage, dass P1 sein Geld mit der Zahlung an den Staat nicht tatsächlich *anlegt*, sondern der Teil des

"angelegten" Betrages, den er sich selbst später zurückzahlt, einer *Steuerzahlung* gleicht.

Die Folgen für das Wachstum: Wie jede Geldbewegung, die durch eine Staatseinnahme in Verbindung mit einer Staatsausgabe verursacht wird und die nicht aus Gründen einer Transferzahlung vorgenommen wird, hat auch diese hier beschriebene eine wachstumsfördernde Wirkung, wenn durch sie ein Tausch zwischen P1 und P2 veranlasst wird, der bei ausschließlich *privatwirtschaftlichen* Aktivitäten *nicht* zustande gekommen wäre. Äußerst problematisch jedoch ist die Tatsache, dass dabei eben ein *synchroner* Tauschprozess angestoßen wird (=Wachstum), während P1 einen *asynchronen* wünschte und sich auch in dem Glauben wähnt, einen solchen realisiert zu haben. Übertragen auf die Realität: Menschen, die zum Zweck der Altersvorsorge sparen und ihr Geld beim Staat anlegen, schaffen damit zwar in diesem Augenblick ein Wirtschaftswachstum, was durchaus begrüßenswert ist, jedoch erzielen sie damit *nicht* die Wirkung, im Alter versorgt zu sein. Es erübrigt sich die Bemerkung, dass dies eine höchst problematische Situation ist.

3.2.7 Parzellierung der Erdoberfläche

Wir haben die Erdoberfläche parzelliert. Es dürfte keine Teilfläche geben, die nicht einem einzelnen Menschen oder einer Gruppe gehört, d.h. über die nicht ein einzelner Mensch oder eine Gruppe von Menschen das Verfügungsrecht hat. Unter Verfügungsrecht wird hier ein Recht eines Menschen (im Sinne einer gesetzlichen, also gesellschaftlichen Vereinbarung) verstanden, anderen Menschen den Aufenthalt auf dieser Fläche zu erlauben oder zu verbieten. Diese Verfügungsrechte sind nicht gleich verteilt, d.h. nicht jeder Mensch besitzt ein Verfügungsrecht über eine Teilfläche. Die Relevanz dieser Feststellung für das Thema Wachstum dürfte zu erkennen sein, wenn man bedenkt, dass jeder Mensch zum Arbeiten ein Stück Grundes, ein "Grundstück", benötigt, auf dem er sich zum Arbeiten aufhalten kann. Menschen, die kein Stück Grundes ihr Eigen nennen, müssen daher, um arbeiten zu können, sich entweder das Recht, sich auf einem Stück Grundes aufhalten zu dürfen von einem jener Menschen einräumen lassen, die ein solches Verfügungsrecht besitzen (Gebrauchsüberlassungsrecht wie z.B. Miete oder Pacht), oder sie müssen sich das Verfügungsrecht von einem jener Menschen übertragen lassen (Eigentumsübertragung im Rahmen eines Kaufs). Diese werden den Aufenthalt aber nur erlauben bzw. dieses Verfügungsrecht nur übertragen, wenn der betrachtete Mensch ihnen dafür eine Gegenleistung gibt, umgangssprachlich ausgedrückt: einen (Kauf-) "Preis" oder "Miete" bezahlt. Die Erstellung einer solchen (Gegen-) Leistung setzt aber – wie erwähnt – bereits die Möglichkeit voraus, sich auf einem Stück Grundes aufhalten zu können. Eine Bedingung für das Stattfinden von Produktion und Konsum ist aus dieser Perspektive also darin zu sehen, dass ein Mensch, der sowohl leistungsfähig als auch leistungswillig ist, auch das Recht hat, sich auf einem Stück Grundes aufzuhalten zum Zwecke der Leistungserstellung.

Dieser Feststellung kommt in *Industriegesellschaften* eine noch größere Bedeutung zu als in archaischen. Denn ein Mensch, der ein *komplexes* Produkt herstellen möchte, wie es für Industriegesellschaften typisch ist, benötigt ein sehr viel größeres Stück Grundes (z.B. für die Aufstellung von Maschinen) als ein Mensch, der in einer archaischen Gesellschaft lebt, wo Arbeit vorwiegend *handwerklich* geprägt ist, wofür nur ein vergleichsweise *kleines* Stück Grundes benötigt wird, nämlich eben für seinen eigenen Aufenthalt (und vielleicht der Lagerung einer gewissen Menge an Material). Dies dürfte dazu führen, das einzelwirtschaftliches Wachstum (Unternehmenswachstum) *exponentiell* verläuft: d.h. je größer das Stück Grundes ist, über das der Eigentümer eines Unternehmens verfügt, desto schneller wird er tendenziell weitere Tauschprozesse etablieren können, d.h. den Umsatz seines Unternehmens weiter ausbauen können.

Umgekehrt betrachtet: Selbst wenn ein Mensch sowohl fähig als auch willens ist, einem anderen Menschen durch Arbeit einen Nutzen zu stiften, kann er dieses Vorhaben *nur* dann realisieren, wenn er das Recht hat, sich auf einem Grundstück aufzuhalten (um dort sein Arbeitvorhaben zu realisieren). Ist dies *nicht* der Fall, hat er *trotz* Leistungsfähigkeit und Leistungswillen *keine* Möglichkeit, in einen Tauschprozess mit Zeitgenossen einzutreten. Dies wiederum erscheint besonders tragisch vor dem Hintergrund, dass Industriegesellschaften sich *ausschließlich* arbeitsteilig organisiert haben, er also bereits zum bloßen Überleben auf Tauschprozesse angewiesen ist.

4. Zusammenfassung

In diesen Beitrag wurden grundlegende Überlegungen zu ausgewählten Wachstumsfaktoren auf der Basis der Betrachtung von Tauschprozessen angestellt. Wachstum wurde dabei verstanden als eine Vergrößerung des

Umfangs des Nutzens (betrachtet aus einzelwirtschaftlicher Sicht oder auch aus gesamtwirtschaftlicher). Dabei wurde herausgearbeitet, dass Wachstum auf der Ebene des einzelnen, autark lebenden Individuums stattfinden wird, wenn sich die Menge seiner konsumrelevanten Bedürfnisse vergrößert (α-Bedürfnisse), und zwar aufgrund vermehrten Arbeitseinsatzes, höherer Effizienz oder Automatisierung. Des Weiteren wurde argumentiert, dass Wachstum möglich ist, wenn n>1 Individuen existieren, und zwar durch eine arbeitsteilige Organisation der Produktion mit anschließendem Tausch, die zu Spezialisierung führt und dadurch zu einer Steigerung der individuellen Effizienz. Gleichzeitig wurde aufgezeigt, dass in ausschließlich arbeitsteilig organisierten Gesellschaften die Befriedigung der Bedürfnisse eines betrachteten Individuums stets abhängig ist von den (konsumrelevanten) Bedürfnissen, der Leistungsfähigkeit und dem Leistungswillen seiner Zeitgenossen und sie deswegen nicht mehr von dem betrachteten Individuum autonom bestimmt werden kann.

Da nach dem hier vertretenen freiheitlichen Grundverständnis jedem Menschen zuzugestehen ist, dass er sein Arbeits-, Tausch-, und Konsumverhalten völlig frei bestimmt und rein nach seinen Bedürfnissen ausrichtet (solange er damit niemandem anderen schadet), ist als sehr *unwahrscheinlich* anzusehen, *dass* die Gesellschaftsmitglieder durch Tauschprozesse das (tauschtheoretisch) höchst mögliche Niveau an Bedürfnisbefriedigung erreichen. Dieser Idealzustand wäre möglicherweise nur *dann* zu erreichen, wenn alle Menschen um diesen Zusammenhang *wissen* und, basierend auf diesem Wissen, ihr Arbeits-, Tausch- und Konsumverhalten derart gestalten, dass sie dieses Höchstmaß an Bedürfnisbefriedigung für alle gemeinsam und für sich selbst erreichen. Werden sie dies *nicht* tun, so werden die Menschen hinzunehmen haben, dass

3. zum einen *einige* von ihnen nicht *das* Niveau an Bedürfnisbefriedigung (Wohlstand bzw. Reichtum) erreichen können, das für sie tauschtheoretisch realisierbar wäre (auch wenn sie keine *existenzielle Not* erfahren würden), und

4. zum anderen *einige* andere von ihnen *durchaus* auch *existenzielle Not* erfahren würden, welche durch die *anderen* auf dem Wege einer Versorgung im Sinne einer Sozialhilfe abgefangen werden müsste, was jedoch dazu führt, dass beide Gruppen von Menschen unzufrieden sein werden, da erstere *lediglich keine Not* mehr erleben (jedoch weiterhin weit

von Wohlstand entfernt bleiben) und letztere den für sich selbst erreichten Wohlstand nicht in vollem Umfang genießen können, weil sie Teile davon ersteren abgeben müssen.

Aus Sicht dieses Beitrages gilt also: Größt mögliche Bedürfnisbefriedigung und damit größtmögliches Wachstum ist zu einem beliebigen Betrachtungszeitpunkt (nur) unter der Voraussetzung möglich, dass das (Arbeits-, Tausch-, und Konsum-) Verhalten aller Menschen in diesem Zeitpunkt einander optimal entspricht und damit sämtliche denkbaren Tauschprozesse und -volumina realisiert werden.

Literatur
Arnold, L. (1997): Wachstumstheorie. München 1997.
Becker, I./Ott, N./Rolf, G. (Hg.)(2002): Soziale Sicherung in einer dynamischen Gesellschaft. Frankfurt/New York 2002.
Beckerath, E. v. et al (Hg.)(1956): Handwörterbuch der Sozialwissenschaften. Band 1, Stuttgart et. al 1956.
Bender, D. et. al (Hg.)(1999): Vahlens Kompendium der Wirtschaftstheorie und Wirtschaftspolitik. Band 1, 7. Aufl., München 1999.
Bernholz, P. (1993): Theorie der Wirtschaftssysteme. 3. Aufl., Tübingen 1993.
Cobb, P. H./Douglas, C. W. (1928): A theory of production. In: American Economic Review, Papers and Proceedings, 18. Jg. 1928: 139-165.
Eichhorn, W. (1070): Theorie der homogenen Produktionsfunktion. Berlin 1970.
Frisch, R. (1965): Theory of production. Dordrecht 1965.
Gabisch, G. (1999): Konjunktur und Wachstum. In: Bender et. al 1999: 351-415.
Haberler, G. (1955): Prosperität und Depression. 2. Aufl., Tübingen und Zürich 1955.
Maynes, S. E. (1972): The Power of the Consumer. In: Strumpel/Morgan/Zahn (Hg.)(1972): 399-419.
Samuelson, P. A./Nordhaus, W. D. (2005): Volkswirtschaftslehre. Das internationale Standardwerk der Makro- und Mikroökonomie. Übersetzung der 18. Auflage, Landsberg am Lech 2005.
Shephard, R. W. (1970): Theory of cost and production functions. Princeton 1970.
Smith, A. (2005): Untersuchungen über Wesen und Ursachen des Reichtums der Völker. Band 1, Tübingen 2005.

Strumpel, B./Morgan, J. N./Zahn, E. (Hg.)(1972): Human Behavior in Economic Affairs. Amsterdam et. al. 1972.

Supply Chain Management in wachsenden Märkten
Joachim Reese, Marco Waage[*]

1. Einleitung
2. Theorien des Unternehmenswachstums
3. Ein Wachstumsmodell
4. System Dynamics-Ansatz
5. Simulationsergebnisse
6. Zusammenfassung und Ausblick

Literatur

---

[*] Univ.-Prof. Dr. Joachim Reese , Jahrgang 1951, Studium der Mathematik, Physik und Informatik an der Universität Bonn, anschließend Studium der Volks- und Betriebswirtschaftslehre, ebenfalls in Bonn. Promotion und Habilitation an der FernUniversität in Hagen. Professuren in Hagen und Bonn. Seit 1992 Inhaber des Lehrstuhls für Produktion und Wirtschaftsinformatik an der Universität Lüneburg. Zahlreiche Veröffentlichungen auf den Gebieten Produktions-, Logistik- und Informationsmanagement sowie Operations Research und Organisation.
Dipl.-Kfm. Marco Waage, Jahrgang 1979, Studium der Betriebswirtschaftslehre an der Universität Lüneburg. Seit 2004 wissenschaftlicher Mitarbeiter und Doktorand am Lehrstuhl für Produktion und Wirtschaftsinformatik in Lüneburg. Arbeitsschwerpunkte Supply Chain Management und Informationsmanagement, insbesondere analytische Informationssysteme.

1. Einleitung

Unternehmenswachstum ist ein zentraler Bestandteil betriebswirtschaftlicher Planung in Theorie und Praxis. Die dynamischen wirtschaftlichen Prozesse sind häufig darauf angelegt, den Bestand einer Unternehmung zu sichern, indem Wachstum stattfindet. Prosperierende Wirtschaften zeichnen sich dadurch aus, dass sie eine Vielzahl von wachsenden Unternehmungen aufweisen. Die Umstände, unter denen Wachstum auftritt, müssen im Zeitablauf ständig überprüft werden. Neben exogenen spielen dabei endogene Wachstumsfaktoren eine entscheidende Rolle. Endogene Faktoren wie die Forschung und Entwicklung bzw. die Innovation sind nach wie vor mitbestimmend für das Unternehmenswachstum. Durch gesamtwirtschaftliche Entwicklungen wie etwa die Globalisierung oder Bereitstellung leistungsfähiger Informationstechnologie haben sich die exogenen Wachstumsfaktoren in den letzten Jahren grundlegend geändert. Diesen Entwicklungen begegnen die Unternehmen auf wachsenden, globalen Märkten mit unterschiedlichem Erfolg, weil sie die Wirkungen ihrer Maßnahmen zum Teil nicht vollständig übersehen. Deshalb gilt es, den Ursachen für derlei Unsicherheit nachzuspüren. Ein endogener Wachstumsfaktor, dem in der Vergangenheit relativ wenig Interesse beigemessen wurde, ist die Unternehmensorganisation. Neben der hierarchisch strukturierten Unternehmung existiert inzwischen eine Vielzahl von nicht-hierarchischen Strukturen, die mit großer Aufmerksamkeit verfolgt werden. Eine solche Struktur stellt insbesondere ein Geflecht von Produktiveinheiten dar, das dauerhaft besteht, jedoch die Autonomie der einzelnen Einheit außer Frage stellt. Im üblichen Sprachgebrauch wird dieses Geflecht auch als Supply Chain bezeichnet, wenn zwischen den beteiligten Partnern Zulieferer-Abnehmer-Beziehungen vorherrschen. Zwar haben sich Supply Chains in stabilen Märkten bisher ausgezeichnet bewährt. Jedoch ist aufgrund der Eigenschaften solcher Konstrukte bisher kaum hinreichend geklärt worden, wie Supply Chains wachsen bzw. wie sie einer wachsenden Nachfrage begegnen. Gegenstand dieses Beitrags ist es, zu zeigen, wie und warum die Organisation in Form von Supply Chains Wachstum begünstigt und welche Anforderungen an das Supply Chain Management zu richten sind. Die Problematik wird zunächst mit dem Ansatz einer kapazitierten Supply Chain abgebildet, bevor anschließend Szenarien der horizontalen und vertikalen Integration in einer solchen Supply Chain entwickelt und miteinander verglichen werden. Hierzu wird die Modellierung in Form eines System

Dynamics-Ansatzes vorgenommen, um anhand von Simulationsrechnungen aufzuzeigen, welche Ergebnisse mit den einzelnen Organisationsformen erzielbar sind.

2. Theorien des Unternehmenswachstums

Wachstum von Unternehmungen ist in verschiedener Form zu beobachten. So unterscheidet man zunächst nach dem Objekt in qualitatives und quantitatives Wachstum (Nischalke 2006). Während quantitatives Wachstum auf ein Objekt bzw. einen Objekttyp konzentriert ist, wird mit qualitativem Wachstum dieses Objekt verändert, angepasst bzw. erweitert. So beschränkt sich quantitatives Wachstum etwa auf die sukzessive Erhöhung der Produktionsmenge für ein Gut, während qualitatives Wachstum sich in einer Veränderung der Produktqualität bzw. des Produktprogramms ausdrückt. Voraussetzungen für Unternehmenswachstum sind in jedem Fall geeignete Kapazitätsanpassungen. Für beide Wachstumsarten existieren klassische Theorien, die auf den zentralen Beobachtungen von „Economies of Scale" und „Economies of Scope" basieren (vgl. etwa Schwenker und Bötzel 2007). Mit diesen Theorien wird begründet, dass die Produktionskosten sich günstig entwickeln, sobald geeignete Kapazitätsmaßnahmen ergriffen werden. Bei Erweiterung der quantitativen Kapazität werden beispielsweise Übungsgewinne beobachtet, die zu einer Senkung der Stückkosten führen. Wird hingegen das Produktportfolio optimiert, d.h. erfolgt eine Veränderung der qualitativen Kapazität, so entstehen vor allem Synergieeffekte derart, dass das Wissen aus einer Produktion, wie etwa über technische Abläufe oder Vertriebswege, auf eine andere Produktion übertragen wird („Erfahrungseffekte"). Diese Erkenntnisse sind im Ansatz der „Industrial Organisation" in viele Richtungen vertiefend analysiert worden. Dabei ist die Erkenntnis gereift, dass die Produktionskosten nur dann in höchstmöglichem Umfang gesenkt werden können, wenn das Unternehmenswachstum zugleich mit einer Organisationsanpassung verbunden wird (z.B. Bottazzi und Secchi 2006).

Die klassischen Wachstumstheorien müssen überdies danach differenziert werden, ob die Unternehmung von innen heraus wächst oder ob Wachstum durch Erweiterung der Unternehmensgrenzen, also beispielsweise Zukäufe anderer Unternehmungen, entsteht. Internes Wachstum wird vor allem durch die Lebenszyklus-Theorie begründet, die inzwischen viele Modifikationen erfahren hat (vgl. z.B. Stein 2000, Rall 2002, Nischalke 2006). Unabhängig von den jeweils beobachteten, aufeinander folgenden Phasen ist der Lebenszyklus eines Objekts bzw. Objekttyps dadurch geprägt, dass in bestimmten Zeitperioden – insbesondere nach der Markteinführung – ein zunehmender Markterfolg auftritt, der von Kapazitätserweiterungen begleitet wird und somit als Wachstum zu gelten hat. Bei externem Wachstum werden hingegen originäre Fremdkapazitäten beansprucht, die über den Markt temporär – z.B. durch Miete – oder dauerhaft – durch Unternehmenszukauf u. ä. – bereit gestellt werden. Vor allem in den Fällen externen Wachstums sind die Organisationsprobleme vielschichtig, da Unternehmensstrategien, Unternehmenskulturen sowie Organisationsstrukturen in besonderer Weise aufeinander abgestimmt werden müssen.[1] Gelingt der Organisationsprozess deshalb nicht in der gewünschten Weise, so ist mit Produktionskostenvorteilen nicht zu rechnen. Im Gegenteil entstehen zusätzliche Kosten dadurch, dass durch die künstliche Vernetzung „Diseconomies of Scale" auftreten.[2]

Die klassischen Theorien von Unternehmenswachstum gründen ihre Erklärungen zwar auch auf die Reorganisation der Unternehmung in Verbindung mit den entsprechenden Kapazitätsmaßnahmen. Jedoch besteht nach diesen Theorien das erklärte Wachstumsziel darin, die Produktivität zu steigern bzw. die Stückkosten der Produktion zu senken. Dadurch entstehen Wettbewerbsvorteile, durch die nachhaltiges Wachstum erzeugt wird. Zugleich werden aber durch diese Erklärungen die Wachstumspotenziale begrenzt, so dass jenseits der „Economies of Scale" bzw. „Economies of Scope" kein Wachstum auf Dauer möglich ist. Andererseits zeigen die gegenwärtigen Entwicklungen der Wirtschaft tagtäglich Beispiele von wachsenden Unternehmungen auf, ohne dass Produktionskostenvorteile unmittelbar ersichtlich sind. Es sind deshalb vornehmlich institutionenökonomische Ansätze, die eine Erklärung für dieses

---

[1] Roberts (2004) unterscheidet drei Formen der Reorganisation bei externem Wachstum. Wenn eine vollständige zweiseitige Integration der zusammengeführten Kapazitäten nicht möglich oder sinnvoll ist, kann es zu einer einseitigen Integration des übernommenen Unternehmens kommen. Zeigen sich auch hier Widerstände, so bleibt drittens die Möglichkeit, auf Synergieeffekte völlig zu verzichten.

[2] So zeigen empirische Untersuchungen, dass externes Wachstum in 60% der Fälle zu einer Verschlechterung der Profitabilität geführt hat (Krüger 2002).

Wachstum liefern können. Die Begründung von Institutionen sowie ihr Zusammenwirken jenseits der Überlegungen der „Industrial Organisation" wird damit zum Kern von Erklärungsansätzen, wie Wachstumsgrenzen überwunden werden können (Schwenker und Bötzel 2007, Martimort und Verdier 2003).

Reichen Produktionskosten nicht aus, um beobachtetes Unternehmenswachstum zu erklären, so sind es vor allem die Transaktionskosten, die eine Begründung hierfür liefern können. Transaktionen regeln grundsätzlich die Übertragung von Verfügungsrechten an wirtschaftlichen Objekten. In einer globalen Wirtschaft, die von hoher Komplexität und Unsicherheit geprägt ist, sind die Transaktionskosten besonders hoch. So müssen nicht nur kulturelle und räumliche Distanzen überwunden werden. Die dynamischen Märkte mit einer Vielzahl von anonymen Teilnehmern sorgen darüber hinaus für erhebliche Probleme bei der Vertragsgestaltung. Wie empirische Untersuchungen zeigen, beeinträchtigt Unsicherheit das Unternehmenswachstum (Lensink et al. 2005). Der Wert frühzeitiger und vollständiger Information steigt zugleich mit zunehmender Produktionskapazität der Lieferanten (Gavirneni et al. 1999). Insofern ist es erklärlich, dass sich die Transaktionskosten mit der Entwicklung der Informationstechnologie gerade in solchen Fällen des Unternehmenswachstums erheblich reduzieren lassen. Welche Form der Vertragsbindung darüber hinaus gewählt werden sollte, hängt von anderen Transaktionsparametern ab. Vor allem sind hierfür die Spezifität sowie die Häufigkeit der Transaktionen bestimmend (Williamson 1984).

Quantitatives Wachstum entsteht im Allgemeinen in Verbindung mit hoch standardisierten Prozessen, die dementsprechend häufiger vorkommen, aber doch eine gewisse Spezifität erfordern, damit Wettbewerbsvorteile gesichert werden können. Die Grenzen des Unternehmenswachstums sind in diesen Fällen in zweierlei Hinsicht spürbar: Barrieren eines internen Wachstums treten in Form von „Agency Costs" auf, die als Anreiz- und Kontrollkosten umso mehr ansteigen, je höher die Leistungsanforderungen werden und je weniger Flexibilität in der vorherrschenden Organisationsstruktur in Bezug auf solche Leistungssteigerungen vorhanden ist. Auf der anderen Seite wird ein einfaches externes Wachstum durch temporäre Kapazitätserweiterungsmaßnahmen über den Markt dadurch erschwert, dass wegen der hohen Transaktionshäufigkeit laufend Transaktionskosten in nennenswertem Umfang entstehen, ohne dass eine

Senkung der Produktionsstückkosten dies kompensieren kann. Insoweit diese Grenzen im Status quo bindend sind, muss für den Wachstumsprozess eine Institutionalisierung gefunden werden, die diesen Grenzen gerecht wird bzw. sie überwindet. Eine solche Form ist die Supply Chain, in der wirtschaftlich und rechtlich autonome Unternehmungen unter weitgehender Wahrung der Merkmale ihrer Selbständigkeit dauerhaft zusammen arbeiten.[3] Die beteiligten Unternehmungen stehen jeweils in Zulieferer-Abnehmer-Beziehungen zueinander, die eine besondere Form der Integration erforderlich machen, damit die Ergebnisse des Wachstumsprozesses optimal sind, d.h. im Hinblick sowohl auf die Produktions- als auch auf die Transaktionskosten nicht verbessert werden können. Überdies muss sich über die gesamte Supply Chain eine „Win Win"-Situation bzw. ein Pareto-Optimum einstellen, da die Institution auf Dauer angelegt ist und langfristige Einbußen einzelner Partner sonst nicht toleriert würden.

Das Supply Chain Management steht in einer solchen Situation vor der Herausforderung, Integrationsmechanismen so zu gestalten, dass alle Anforderungen an das System erfüllt werden. Unter dem Aspekt, einen Ausgleich zwischen internem und externem Wachstum der Supply Chain herzustellen, sind verschiedene Formen der horizontalen und vertikalen Integration und ggf. deren Kombination zu prüfen. Dabei sind die o. g. Grenzen stets zu beachten.

3. Ein Wachstumsmodell

Als traditionelle Faktoren des Unternehmenswachstums gelten Innovation und Marktdurchdringung. Während endogenes Wachstum vor allem über Aktivitäten im Bereich Forschung und Entwicklung erklärt wird (vgl. Comin und Mulani 2005), kommen Wachstumsimpulse von außerhalb der Unternehmung vor allem im Zuge der Marktdurchdringung, also etwa zunehmender Globalisierung, leistungsfähiger Logistik oder ausgereifter Informationstechnologie zum Tragen. Mit geringen Transaktionskosten finden Partner bzw. Kunden in einer Supply

---

[3] Eine derartige Kooperation erfordert im Sinne der Transaktionskostentheorie den Abschluss relationaler Verträge, die zeitlich unbefristet, andererseits jedoch auch nicht einklagbar sind.

Chain zueinander, so dass Produktionskostenvorteile genutzt werden können, ohne dass sie von den Kosten aufgezehrt werden, die durch die Transaktionen entstehen. Ein derartiges Wachstum wird also dadurch begründet, dass Integrationsmechanismen sowohl horizontal als auch vertikal eingerichtet werden. Während die horizontale Integration bei quantitativem Wachstum in erster Linie auf „Economies of Scale" gerichtet ist, erfordert die vertikale Integration der Vertragspartner eine Optimierung der Transaktionskosten derart, dass vor allem die Informationsprozesse während der gesamten Dauer der Kooperation überprüft, beschleunigt und erweitert werden.

Die Ursprünge der Integration liegen in der Arbeitsteilung zum Zwecke der Produktivitätssteigerung (Artenteilung) bzw. Steigerung der Ausbringungsmenge (Mengenteilung). Insofern ist Integration seit jeher ein Architekturkonzept für Wachstum, sei es, dass neue Kapazitäten auf einer Wertschöpfungsstufe erschlossen werden, sei es, dass Wertschöpfungspartnerschaften durch Zusammenführung heterogener Kompetenzen entstehen. In einer Supply Chain lassen sich diese wachstumsgetriebenen Integrationsmechanismen dadurch abbilden, dass die Produktions- und Logistikkapazitäten einzelner Supply Chain-Partner erweitert werden (horizontale Integration) bzw. die Aufgaben zwischen den Partnern neu verteilt werden oder die Supply Chain um neue Aufgaben verlängert wird (vertikale Integration). Um das Regelungsgeflecht entsprechend anzupassen, entstehen dabei zusätzliche Transaktionskosten durch begleitende Prozesse, wie z.B. Information, Anreiz und Kontrolle. Während solche Kosten in der klassischen Theorie des Unternehmenswachstums keine Beachtung fanden, weil sie nicht wesentlich zur Erklärung der Wachstumsprozesse beitrugen, wird ihnen heute besondere Aufmerksamkeit zuteil, da erst eine Reduzierung der Transaktionskosten ein Wachstum ermöglicht bzw. komparative Kostenvorteile gegenüber anderen Wettbewerbern erzeugt. Insofern wird hier ein Wachstumsmodell formuliert, welches den Blick auf den Trade-off zwischen Produktions- und Transaktionskosten richtet und gleichzeitig auf die verschiedenen Formen der Integration fokussiert ist.

Horizontales Wachstum in einer Supply Chain vollzieht sich durch Erweiterung der Produktionskapazität auf derselben Stufe. In dem hier verwendeten Modell steht quantitatives Wachstum im Vordergrund der Betrachtung. Bei einer prozessorientierten Organisation, wie sie dem Supply Chain Management grundsätzlich zu Eigen ist, ist die quantitative Kapazität der Partnerunternehmungen zwar generell flexibel, jedoch zugleich auch begrenzt.[4] Bei anhaltendem Wachstum der Nachfrage entsteht in Supply Chains also die Notwendigkeit zur Erweiterung der quantitativen Produktionskapazität. Die Erweiterung der Kapazität sollte friktionslos, d.h. ohne zeitlichen Verzug oder sonstige Anpassungskosten möglich sein. Während die Übernahme von Fremdkapazität („Insourcing") im Allgemeinen mit Friktionen verbunden ist, sind kurzfristige Anpassungsmechanismen in Bezug auf die zeitliche oder intensitätsmäßige Nutzung der vorhandenen Aggregate unverzüglich realisierbar (Gutenberg 1983). Insofern kommt es bei der horizontalen Integration häufig zu einer Kombination dieser beiden Maßnahmenpakete, damit das Unternehmenswachstum nachhaltig gesichert werden kann. Agency Costs treten hierbei kurzfristig in Form von Anreiz- und Kontrollkosten auf, solange die Produktionsbereitschaft durch interne Anpassungsmaßnahmen hergestellt werden muss. Externes Wachstum durch Zukauf von Kapazität wird hingegen zumeist über den Markt abgewickelt, so dass Informationskosten auftreten. Abbildung 1 veranschaulicht den Prozess der horizontalen Integration in einem solchen Wachstumsmodell.

---

[4] Flexibilität und Kapazität stehen in einem wechselseitigen Abhängigkeitsverhältnis zueinander. Flexibilität bedeutet dabei Anpassung an (kurzfristige) Bedarfsschwankungen, beispielsweise durch Überstunden oder Sonderschichten. In Supply Chains ist in diesem Sinne hohe Flexibilität erforderlich, während die Normalkapazität auf jeder Stufe limitiert ist, weil Koordinationsmechanismen zwischen den Partnerunternehmungen existieren, so dass auf Lagerproduktion bzw. Vorratshaltung verzichtet werden kann („Just in time"-Lieferungen).

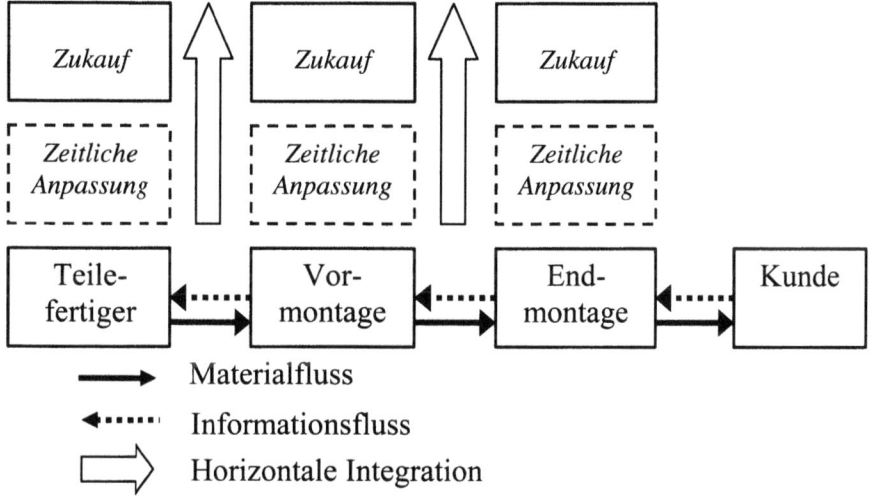

Abb. 1: Horizontale Integration durch Kapazitätserweiterung

Vertikale Integrationsprozesse konzentrieren sich hingegen auf eine Abstimmung der einzelnen Produktionsstufen für den Fall, dass einzelne Wachstumsfaktoren identifiziert wurden. Das Kapazitätsproblem der Theorie der Unternehmung äußert sich hierbei in der Anpassung der Logistikkapazität. Hierzu gelten ähnliche Überlegungen, wie sie im Hinblick auf die Erweiterung der Produktionskapazität angestellt wurden. Bei produktionssynchroner Anlieferung der Teile, wie sie in Supply Chain-Modellen meistens vorgesehen ist, limitiert die begrenzte Logistikkapazität somit das angestrebte Wachstum. Deshalb ist eine proportionale Anpassung von Produktions- und Logistikkapazität erforderlich. Von zentraler Bedeutung für die Abstimmung der Produktionsstufen ist der Informationsprozess. Wachstumsprozesse verändern die Informationsverteilungen einer Supply Chain und fördern somit das Entstehen von Ungleichgewichten. Die vertikale Integration dient deshalb der Behebung solcher Asymmetrien mit dem Ziel, einen Wachstumspfad zu erkennen bzw. das Gleichgewicht wieder herzustellen. Ausgangspunkt für ein in dieser Hinsicht erfolgreiches Supply Chain Management ist das „Information

Sharing", d.h. die Bereitschaft der Supply Chain-Partner, relevante Information mit anderen Partnern zu teilen. Auf Seiten des empfangenden Partners muss die Information dann geeignet verarbeitet werden, damit die Supply Chain nach wie vor reibungslos funktioniert, also weder Liefer- noch Bestellverzögerungen auftreten.[5] Abbildung 2 fasst die Wachstumsformen durch vertikale Integration noch einmal anschaulich zusammen.

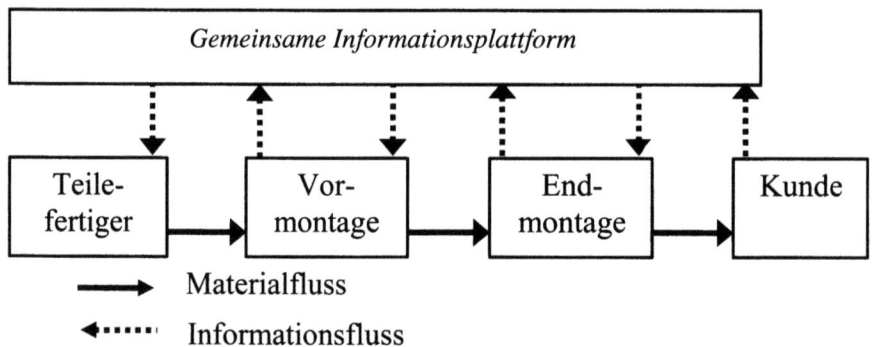

Abb. 2: Vertikale Integration durch „Information Sharing" und Erweiterung der Logistikkapazität

4. System Dynamics-Ansatz

Die im Wachstumsmodell beschriebenen Integrationsprozesse sind Gegenstand des Supply Chain Managements. Nicht alle Maßnahmen sind in jeder Problemumgebung gleichermaßen realisierbar bzw. sinnvoll einzusetzen. Ihre Bewertung bleibt meistens auf den Einzelfall, also das Vorliegen von

---

[5] Grundsätzlich werden zwei Ansätze zur Verarbeitung von Information unterschieden (Gavirneni et al. 1999, Gavirneni 2005): die Verarbeitung von Vergangenheitsdaten zu einer Prognose sowie die Nutzung neuer analytischer Tools, wie etwa Data Warehouses (Inmon 1996). Welche Form der Verarbeitung gewählt wird, hängt insbesondere von den Informationskosten ab, die wiederum durch die eingesetzte Informationstechnologie mit bestimmt werden.

bestimmten Problemparametern konzentriert. Dennoch muss eine allgemeine Verfahrensanalytik entwickelt werden, mit der solche Bewertungen vorgenommen werden können. In jüngster Zeit ist der System Dynamics-Ansatz für prozessorientierte Organisationsformen wie Supply Chains wieder entdeckt und erfolgreich angewendet worden (vgl. auch Reese/Waage 2007). Mit dieser Methodik, die auf Forrester (1958) zurückgeht, lassen sich vor allem komplexe Handlungsabläufe beurteilen, die sich einer Würdigung durch analytische Verfahren weitgehend entziehen.

Um die Wachstumschancen für eine Supply Chain abzuschätzen, wird ein einfaches dreistufiges Modell konstruiert, in dem die Systemeinheiten (Supply Chain-Partner) jeweils ausschließlich mit der Teilefertigung, der Vormontage sowie der Endmontage für ein Produkt befasst sind. Die Produktionskapazitäten der Supply Chain-Partner sind beschränkt und zunächst auch auf eine stabile, gleichgewichtige Produktion ausgelegt. Kundenaufträge generieren einen Fertigungsprozess der folgenden Art: Die Produkte sind im Allgemeinen vorrätig und werden aus dem Distributionslager an den Kunden versandt. Zur Wiederauffüllung des Lagers werden unter Beachtung eines u. U. veränderten Nachfrageverhaltens der Konsumenten Lose nachgefertigt. Hierfür wiederum erfolgen Bestellungen in entsprechender Höhe beim vorgelagerten Supply Chain-Partner. Übersteigt die Kundennachfrage die Produktions- bzw. Logistikkapazität, so entstehen Wartezeiten bzw. verlängerte Durchlaufzeiten. Unter ungewöhnlichen Umständen kommt es zur direkten Verzögerung der Auslieferung beim Kunden. Der Informationsprozess ist auf die Weitergabe der Bestellmengen an die jeweils vorgelagerten Systemeinheiten beschränkt. Die Informationsverarbeitung auf den einzelnen Systemstufen wird lediglich unter Zugrundelegung der gespeicherten Nachfragemengen in den vergangenen Perioden vorgenommen.

Der Verzicht auf besondere Integrationsmaßnahmen zur Senkung der Produktions- bzw. Transaktionskosten führt im Wachstumsmodell recht bald zu unerwünschten Effekten in Bezug auf die Wiederbeschaffungszeit sowie die Durchlaufzeit der Produkte und den Auslastungsgrad der Anlagen. Aus diesem Grund sind geeignete Maßnahmen der horizontalen und vertikalen Integration erforderlich, mit denen diesen Problemen rechtzeitig begegnet wird. In Form einfacher Wachstumsszenarien werden diese Maßnahmenpakete im hier präsentierten System Dynamics-Ansatz gegenübergestellt und verglichen.

Nachdem die Durchlaufzeit bzw. die Wiederbeschaffungszeit einen vorgegebenen Toleranzwert überschritten hat, wird nach einer positiven Reaktionszeit ($\Delta t = i$) die Produktionskapazität durch „Insourcing" so erweitert, dass der Toleranzwert wieder erreicht wird. In der Zwischenzeit wird eine temporäre Kapazitätserweiterung durch Anpassungsmaßnahmen hergestellt. Nach außen ist die gewählte Form der horizontalen Integration nicht sichtbar. Nach innen gibt es keine Kostenabwägungen, weil kurzfristig nicht anders reagiert werden kann und längerfristig eine Erweiterung durch Fremdkapazität auf jeden Fall kostengünstiger ist.

Zunehmender Kundennachfrage kann aber auch dadurch begegnet werden, dass der Informationsfluss zwischen den einzelnen Systemstufen beschleunigt wird, indem die Bestellzeiten verringert werden. Über die Einrichtung zentraler oder dezentraler Data Warehouses lassen sich die Reaktionszeiten minimieren. Die entstehenden Vertrauenskosten, die der Bewertung einer möglichen missbräuchlichen Verwendung der bisher privaten Information entsprechen, sind in Supply Chains prinzipiell als gering zu erachten, da die Verträge auf Dauer ausgelegt sind und bei Vertragsverletzung mit empfindlichen Nachteilen für die Vertragspartner zu rechnen ist. Unter bestimmten Umständen müssen die Vertrauenskosten jedoch mit einbezogen werden.[6]

Die in den vorangegangenen Absätzen beschriebenen Maßnahmen der horizontalen und vertikalen Integration können auch gemeinsam durchgeführt werden. Damit werden Synergieeffekte wahrgenommen, die sich als Konsequenz des Ausgleichsgesetzes der Planung (Gutenberg 1983) ergeben. So werden Wachstumschancen dadurch verbessert, dass beispielsweise schon bei verkürzter Bestellzeit eine höhere Anlagenkapazität verfügbar ist, mit der ein größeres Produktionsvolumen erreicht werden kann.

---

[6] Dies gilt vor allem für asymmetrische Machtverhältnisse oder das Entstehen von gegenseitigen Abhängigkeiten („Fundamentale Transformation") im Zusammenhang mit opportunistischem Verhalten einzelner Supply Chain-Partner (Williamson 1985, Alchian/Woodward 1988).

In Tabelle 1 sind die Systemgleichungen des System Dynamics-Ansatzes für die verschiedenen Szenarien zusammengestellt. Für die Glättungskonstanten wurden die von Mosekilde et al. (1991) empirisch ermittelten Werte $\alpha = 0{,}36$, $\beta = 0{,}26$ und $\gamma = 0{,}09$ angenommen. Auf der Basis dieses Gleichungssystems wurden Modellrechnungen durchgeführt, die Gegenstand des nächsten Abschnitts sind.

Variablen

BA:	Bestellausgang	$\bar{M}$:	Gewünschte Menge offener Best.
BE:	Betelleingang	M:	Menge offener Bestellungen
N:	Nachfrage	F:	Fehlmenge
L:	Lagerbestand	$\bar{L}$:	Bestellgrenze
W:	Warteschlange	ΔW:	Veränderung der Warteschlange
PE:	Produktionseingang	PA:	Produktionsausgang
WE:	Wareneingang	WA:	Warenausgang
t_W:	Wiederbeschaffungszeit	t_P:	Produktionszeit
t_B:	Bestellzeit	t_L:	Lieferzeit
t:	Simulationszeit	k:	Supply Chain-Partner

Definitionsgleichungen

$\bar{L}_{t;k} = \bar{M}_{t;k} = t_{w,k} \cdot N_{t;k}$ $BE_{t;k} = BA_{t-t_B;k-1}$

$W_{t;k} = W_{t-1;k} + \Delta W_{t;k}$ $\Delta W_{t;k} = WE_{t-1;k} - PE_{t;k}$

$PE_{t;k} = \max\{\min(K_{t;k}; W_{t;k} + WE_{t;k}); 0\}$ $PA_{t;k} = PE_{t-t_P;k}$

$WA_{t;k} = \min\{L_{t;k}; BE_{t;k} + F_{t;k}\}$ $WE_{t;k} = WA_{t-t_L;k+1}$

$L_{t;k} = L_{t-1;k} + WE_{t;k} - WA_{t;k}$ $M_{t;k} = M_{t-1;k} + BA_{t;k} - WE_{t;k}$

Verhaltensgleichungen

$N_{t;k} = \alpha_k BE_{t;k} + (1-\alpha_k) N_{t-1;k}$

$BA_{t;k} = N_{t;k} + \beta_k(\bar{L}_{t;k} - L_{t;k}) + \gamma_k(\bar{M}_{t;k} - M_{t;k})$

Tabelle 1: Systemgleichungen

5. Simulationsergebnisse

Für die Beurteilung des Modells anhand von Simulationsrechnungen wurde unterstellt, dass das Supply Chain-System sich zunächst im Gleichgewichtszustand befindet. Die Kundennachfrage beläuft sich im Ausgangsszenario auf 1.000 Auftragseinheiten pro Woche, die vom Produzenten auf der letzten Stufe auszuliefern sind. Die Anfangskapazitäten sind dementsprechend auf diese Mengen ausgerichtet. Auf jeder der drei betrachteten Stufen dauert die Produktion (ohne Wartezeit) 2,5 Perioden. Die Transportzeit vom Teilefertiger zur Vormontage sowie von der Vormontage zur Endmontage beträgt jeweils 2 Perioden. Für die Bestellungen der Zwischenprodukte bzw. Teile wird jeweils 1 Periode veranschlagt. Es wird nun zusätzlich angenommen, dass Wachstum durch zunehmende Marktdurchdringung mit dem hergestellten Produkt entsteht. Dazu wird die Kundennachfrage dauerhaft auf 1.100 Auftragseinheiten pro Periode angepasst. Die Simulation zeigt zunächst, dass das System schnell zusammenbricht, weil die Nachfrage trotz eines vorhandenen Lagerendbestands auf allen Stufen bereits nach wenigen Perioden nicht mehr pünktlich befriedigt werden kann (vgl. auch Abbildung 3).

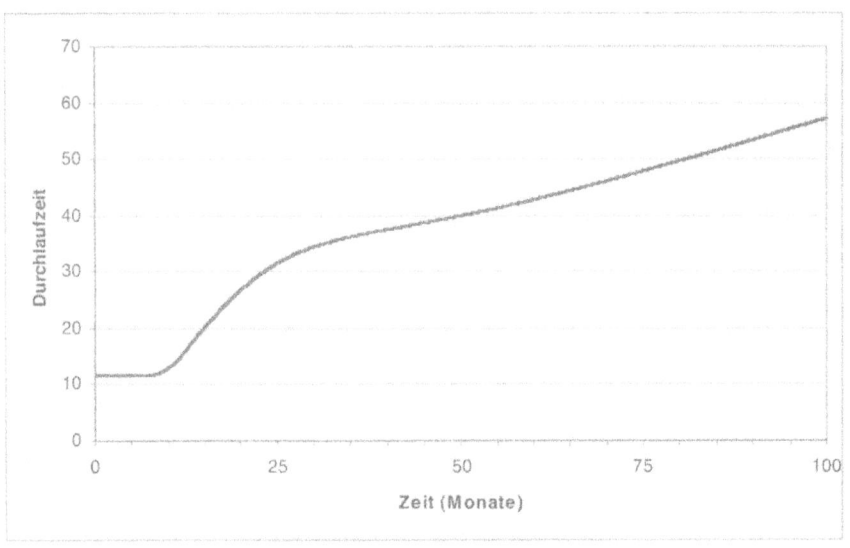

Abb. 3: Systementwicklung bei wachsender Nachfrage

Die erforderliche Systemanpassung erfolgt durch Ausweitung der Produktionskapazitäten sowie eine Reduzierung der Bestelldauern bei Nutzung geeigneter Informationstechnologie. Dabei konzentriert sich die weitere Betrachtung auf die Anpassung der Produktionskapazität des Teilefertigers. Die übrigen Produktionskapazitäten bzw. sämtliche Logistikkapazitäten seien auf jeden Fall ausreichend, d.h. sie können rechtzeitig und in dem erforderlichen Umfang angepasst werden und verursachen keine Verzögerungen der Produktion bzw. Auslieferung von Zwischenprodukten und Endprodukten.

Zur Bewertung der Integrationsmaßnahmen können sowohl die Einzelergebnisse der Supply Chain-Partner als auch das Gesamtergebnis der Supply Chain herangezogen werden. Aus Sicht der Anreiz-Beitrags-Theorie bietet das Gesamtergebnis größere Anreize zur Kooperation als die Konzentration auf die eigenen Teilergebnisse.[7] Aussagefähige Kennzahlen zur Beurteilung des Gesamtergebnisses nach Veranlassung der Wachstumsmaßnahmen sind deshalb die Wiederbeschaffungszeit für ein verkauftes Produkt sowie die Durchlaufzeit dieses Produkts durch den gesamten Produktionsprozess. Die Simulationen wurden über einen Zeitraum von 100 Perioden durchgeführt.

Abbildung 4 veranschaulicht die Entwicklung der Wiederbeschaffungszeit nach Umsetzung einzelner Integrationsmaßnahmen. Im Einzelnen wurde die Bestelldauer zwischen jeweils zwei benachbarten Supply Chain-Partnern sukzessiv von einer Periode (t = 1) auf eine unverzügliche Weitergabe der Kundennachfragemengen (t = 0) reduziert. Außerdem wurde die Kapazität des Teilefertigers – bei gleichzeitiger Anpassung der übrigen Kapazitäten – in mehreren Schritten von 1.150 Auftragseinheiten pro Periode auf 1.650 Einheiten erhöht.[8] Die Wiederbeschaffungszeit gibt nun an, wie lange es dauert, bis das Distributionslager auf der dritten Stufe wieder aufgefüllt ist, nachdem eine Entnahme erfolgt ist. Sind im Ausgangsszenario noch mehr als 22 Perioden zur Wiederauffüllung erforderlich, so kann die Wiederbeschaffungszeit kontinuierlich bis auf etwas mehr als 11 Perioden gesenkt werden, wenn nämlich sowohl die horizontale als auch die vertikale Integration im Rahmen des Modells im höchstmöglichen Umfang vollzogen werden. Dabei sind die Kapazitätseffekte der horizontalen Integration sehr viel höher als die Auswirkungen, die infolge vertikaler Integrationsmaßnahmen zu beobachten sind. Während nämlich bei einer Anpassung der Kapazität auf 1.650 Einheiten die Wiederbeschaffungszeit um 8 Perioden verkürzt wird, sofern die Bestelldauer nach wie vor eine Periode beträgt, führt eine isolierte Anpassung der Bestelldauer unter Beibehaltung der

---

[7] Für das Supply Chain Management vorgenommene empirische Untersuchungen haben diese These bestätigt (Gunasekaran et al. 2001). Für die Aufteilung des Gesamtergebnisses bietet sich z. B. das Groves-Loeb-Schema an (Groves und Loeb 1979).

[8] Dass eine derartige Kapazitätserhöhung erforderlich sein kann, liegt daran, dass das System nach dem spontanen Wachstum um 100 Einheiten pro Periode zunächst sein Gleichgewicht verliert. Insbesondere beim Teilefertiger treten erhebliche Nachfrageschwankungen auf. Die hohe Kapazität kann dementsprechend erst dann ohne zusätzliche Anpassungen auf die Wiederbeschaffungszeit wieder abgebaut werden, wenn diese Schwankungen rückläufig sind.

Ausgangskapazität nur zu einer Beschleunigung der Wiederbeschaffung um etwa 3 Perioden. Sind diese unterschiedlichen Ergebnisse noch durch die Wahl der Anpassungsschritte bedingt, so zeigt sich aber allgemein, dass die Kapazitätseffekte einer horizontalen Integration am höchsten sind, wenn mit einer langen Bestellzeit zu rechnen ist. Andererseits führt eine Verkürzung der Bestellzeit dann zu größtmöglichen Effekten, wenn die Grundkapazität der Supply Chain gering ist. Je schneller es also gelingt, die Produktionskapazität durch geeignete Maßnahmen anzupassen, desto weniger Bedeutung erhält eine nachfolgende Reduzierung der Bestelldauer, z.B. durch Einrichtung moderner Übertragungstechniken.

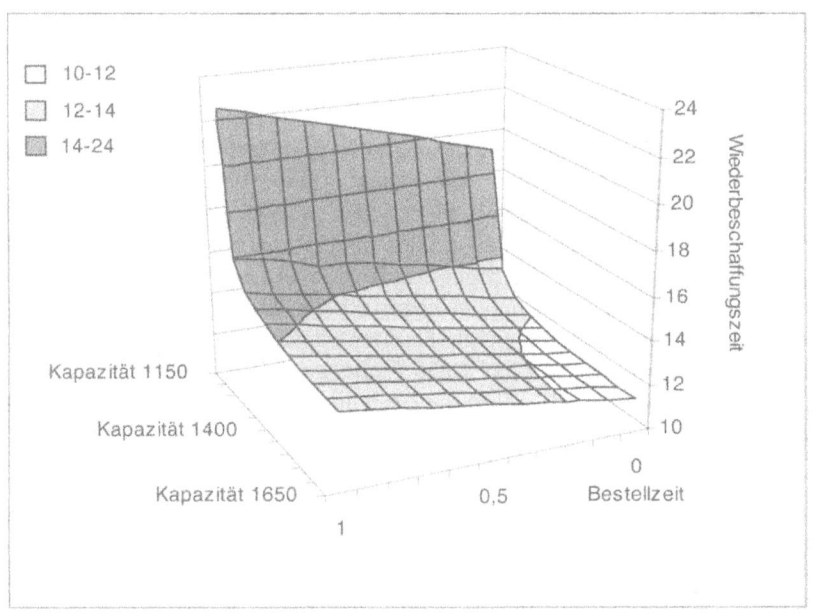

Abbildung 4: Entwicklung der Wiederbeschaffungszeit bei verschiedenen Integrationsszenarien

Abbildung 4 zeigt auch, wann mit einer Kombination horizontaler und vertikaler Integrationsmaßnahmen gute Resultate erzielt werden können. Wird beispielsweise eine Wiederbeschaffungszeit von 13 Perioden (Toleranzschwelle: + - 0,1 Perioden) angestrebt, so lässt sich dieser Wert durch eine Reduzierung der Bestelldauer auf 0,5 Perioden und gleichzeitige Erhöhung der Produktionskapazität auf 1.350 erreichen. Eine Verschlechterung der Bestelldauer führt jedoch zugleich zu erheblichem Mehranpassungsbedarf in Bezug auf die Erweiterung der Produktionskapazität. So müsste bei einer Bestelldauer von 0,8 Perioden die Produktionskapazität schlagartig auf 1.650 erhöht werden, damit die vereinbarte Wiederbeschaffungszeit realisiert werden kann. Umgekehrt erfordert bereits ein geringfügiger Verzicht auf Kapazitätserweiterung einen hohen Aufwand in Bezug auf vertikale Integrationsmaßnahmen. So kann die Produktionskapazität nur dann um 100 gesenkt werden, wenn auf der anderen Seite unverzügliche Bestellungen möglich werden. Daraus ist zu schlussfolgern, dass die Kombination vertikaler und horizontaler Integrationsmaßnahmen im Allgemeinen eine überlegene Alternative ist, um die Wiederbeschaffungszeit bei Nachfragewachstum konstant zu halten.

Eine weitere Kennzahl, die zur Beurteilung eines Supply Chain-Systems von Bedeutung ist, stellt die Durchlaufzeit dar. Mit der Durchlaufzeit existiert eine einfache Bewertungsmöglichkeit zur Kapitalbindung des Umlaufvermögens. Je kürzer die Durchlaufzeit ist, desto höher ist die Umschlagsgeschwindigkeit des im Produktionsprozess gebundenen Materials, da in der Regel erst die Fertigstellung eines Produkts bzw. seine Auslieferung den Zahlungseingang bewirken. Wenn auch, wie Abbildung 5 zeigt, für die Durchlaufzeit ähnliche Überlegungen anzustellen sind wie für die Wiederbeschaffungszeit, so bleiben doch einige Besonderheiten festzuhalten. Vertikale Integrationsmaßnahmen spielen in Bezug auf die Durchlaufzeit nur eine untergeordnete Rolle. Während eine Reduzierung der Bestelldauer bei geringer Produktionskapazität noch erkennbare Effekte aufweist, wird jede Anpassung der Bestelldauer bei hoher Kapazität völlig unwirksam. Nimmt man etwa eine gewünschte Durchlaufzeit von 12 Perioden (+ - 0,1 Perioden), so kann dieser Wert bei einer Kapazitätserhöhung auf 1.350 und gleichzeitiger Senkung der Bestelldauer auf 0,5 Perioden realisiert werden. Verzichtet man hingegen auf die Reduzierung der Bestelldauer, so ist die Auswirkung auf die Kapazitätserhöhung äußerst marginal. Die Kapazität müsste maximal auf 1.400 angepasst werden. Gleichzeitig führt eine weitere Reduzierung der Bestelldauer nicht zu nennenswerten Einsparungen an Produktionskapazität. Im Fazit kann Wachstum also nicht durch vertikale Integrationsmechanismen erzeugt oder beschleunigt werden, wenn es vor allem darum geht, dass die Produkte den Produktionsprozess nach wie vor möglichst schnell durchlaufen sollen und die Lieferzeit hingegen von nachrangiger Bedeutung ist. Die Durchlaufzeit ist also in erster Linie als Indikator für Supply Chains nützlich, die nach dem Push-Prinzip funktionieren. Solche Supply Chains sind bei Qualitätsprodukten von großer Bedeutung, bei denen der Kunde nicht ohne weiteres auf Wettbewerber ausweichen kann.

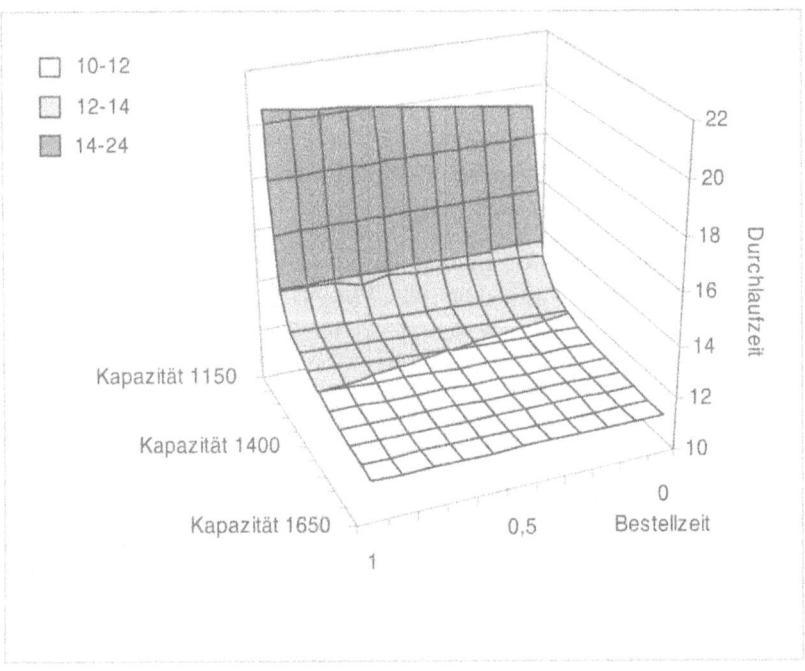

Abbildung 5: Entwicklung der Durchlaufzeit bei verschiedenen Integrationsszenarien

Die bisher erörterten Kennzahlenwerte für den hier angenommenen sprunghaften Wachstumsprozess sind Durchschnittswerte über den gesamten Simulationszeitraum. Erst im Verlauf dieses Zeitraums wird das Gleichgewicht in der Supply Chain wiederhergestellt. Bis dahin befindet sich das System in einem Ungleichgewicht, das dadurch zum Ausdruck kommt, dass vor allem der Teilelieferant sich starken Bestellschwankungen gegenübersieht. Dieser sog. Bullwhip-Effekt wird vor allem dadurch erklärt, dass vom Teilezulieferer nicht nur die Kundennachfrage zu bedienen ist, sondern die nachfolgenden Fertigungsstufen ihre Lagerbestände in Erwartung weiterer Nachfragesteigerungen sukzessive erhöhen (Reese/Waage 2007). Es ist deshalb nicht verwunderlich, dass die Kapazität des Teilelieferanten zunächst stärker erhöht werden muss, als die Kundennachfrage dies rechtfertigt. Erst nach (frühestens) 75 Perioden befindet sich das System wieder im Gleichgewicht. Die nicht mehr benötigte Produktionskapazität kann bis zu diesem Zeitpunkt allmählich wieder reduziert werden.

Wächst der Markt kontinuierlich um 1% pro Periode, so kann eine zwischenzeitliche Erhöhung von Durchlauf- und Wiederbeschaffungszeit vermieden werden, wenn die Kapazität des Teilefertigers um 0,1% Prozentpunkte stärker zunimmt als die Kundennachfrage.

Für die Modellanalyse wurde bislang die Annahme getroffen, dass die Produktionskapazität trotz einer positiven Reaktionszeit in Bezug auf den Erwerb von zusätzlicher Fremdkapazität unverzüglich angepasst werden kann. Dies geschieht im Allgemeinen durch interne Maßnahmen, wie z.B. die Erhöhung der Produktionsgeschwindigkeit oder verlängerte Laufzeiten der Maschinen. Sind allerdings auch derartige Aktivitäten nicht umgehend realisierbar und müssen demzufolge positive Anpassungszeiten beachtet werden, so sind die Ergebnisse zu modifizieren. Bei kurzen Anpassungszeiten für neue Kapazität verharrt das System in einem instabilen Zustand, für den der Bullwhip-Effekt maßgeblich verantwortlich ist. Infolge der verzögerten Kapazitätsanpassung steht neue Kapazität erst dann zur Verfügung, wenn die ersten positiven Ausschläge des Bullwhip-Effekts bereits wieder abgeflacht sind. Die Kapazität wird dazu genutzt, die entstandenen Warteschlangen abzuarbeiten. Zugleich wird veranlasst, dass die Kapazitäten wieder allmählich zurückgeführt werden. Insofern steht das System bei weiteren Auswirkungen des Bullwhip-

Effekts erneut vor der Herausforderung, die Kapazität wieder hochzufahren. Dieser Zustandsverlauf gilt selbst nach 500 Perioden noch, obwohl der Bullwhip-Effekt zu diesem Zeitpunkt längst nicht mehr beobachtbar ist. Der Sachverhalt ist in Abbildung 6 illustriert. Bei längeren Anpassungsdauern findet das System im Verlaufe der Simulationsrechnungen hingegen ein stabiles Gleichgewicht. Beim Teilelieferanten bildet sich eine konstante Warteschlange. Die Wartezeit eines Auftrags beträgt bei einer Anpassungsdauer von 15 Perioden etwa 5,7 Perioden. Durch diese Wartezeit werden sowohl die Durchlaufzeit als auch die Wiederbeschaffungszeit beeinträchtigt. Abbildung 6 veranschaulicht auch diese Entwicklung. Dabei ist wieder zugrunde gelegt, dass überschüssige Kapazitäten in der gleichen Zeit wieder abgebaut werden, wie sie aufgebaut wurden. Durch eine beschleunigte Kapazitätsanpassung, die sich nicht an den eingehenden Bestellungen ausrichtet, sondern darüber hinaus durch eine Reduzierung der Warteschlange begründet ist, können die Durchlauf- und Wiederbeschaffungszeiten allerdings wieder gesenkt werden.

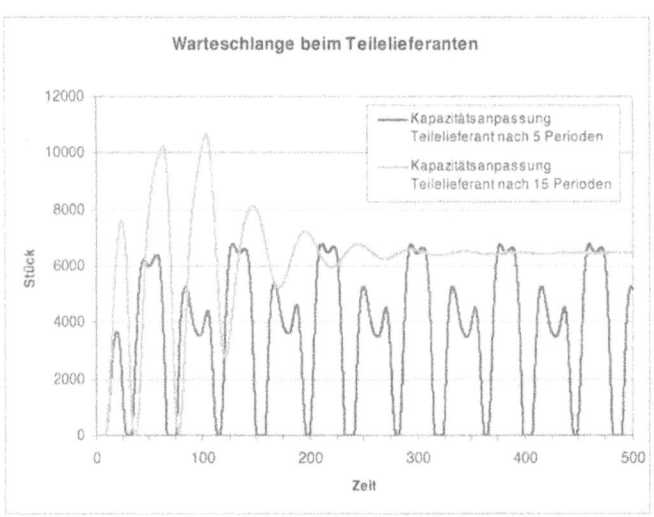

Abb. 6: Systemverhalten bei verzögerter horizontaler Integration

6. Zusammenfassung und Ausblick

Die Analyse eines einfachen Wachstumsmodells für Supply Chains hat gezeigt, mit welchen Konsequenzen grundsätzlich zu rechnen ist, wenn die Planung der einzelnen Supply Chain-Partner koordiniert werden muss. So führt ein einmaliger Wachstumsschub zu einer bemerkenswerten Systemkomplexität mit Auswirkungen auf die erforderliche Systemkapazität und -flexibilität. Es muss sorgfältig abgewägt werden, welche Integrationsmaßnahmen verstärkt betrieben werden sollen, damit Systemkennzahlen wie die Wiederbeschaffungszeit und die Durchlaufzeit stabil bleiben oder zumindest in angemessener Zeit das Systemgleichgewicht wiederhergestellt wird. Die im Modell betrachteten Maßnahmen der vertikalen Integration wirken grundsätzlich progressiv auf den Systemzustand, während horizontale Integrationsmaßnahmen eine degressive, also abnehmende Wirksamkeit zeigen. So kann etwa mit jeder weiteren Reduzierung der Bestellzeit die Wiederbeschaffungszeit in immer größerem Umfang reduziert werden. Hingegen werden ständige Erweiterungen der Produktionskapazität im Hinblick auf die Wiederbeschaffungszeit immer weniger spürbar. Allerdings ist der Effekt einer horizontalen Integration im vorliegenden Modell insgesamt sehr viel deutlicher erkennbar als durch Einsatz von Maßnahmen der vertikalen Integration. Außerdem ist sichtbar geworden, dass eine Kombination der Integrationsmaßnahmen eine besonders hohe Effizienz erreichen kann. In einer abschließenden Würdigung müssen allerdings die Kosten der einzelnen Investitionsmaßnahmen bekannt sein, damit sie miteinander verglichen werden können.

Literatur

Alchian, Armen, A., Woodward, Susan: The Firm is Dead – Long Live the Firm – A Review of Oliver E. Williamson's "The Economic Institutions of Capitalism", in: Journal of Economic Literature, 26 (1988), S. 65-79

Bottazzi, Giulio, Secchi, Angelo, Explaining the Distribution of Firm Growth Rates, in: RAND Journal of Economics, 37 (2006), S. 235-256

Comin, Diego, Mulani, Sunil, A Theory of Growth and Volatility at the Aggregate and Firm Level, Working Paper 11503, National Bureau of Economic Research, Inc., Cambridge, Ma. 2005

Forrester, Jay W., Industrial Dynamics – A Major Breakthrough for Decision Makers, in: Harvard Business Review, 36 (1958), S. 37-66

Gavirneni, Srinagesh, Information Centric Optimization of Inventories in Capacitated Supply Chains: Three Illustrative Examples, in: Gennes, J, Pardalos, P. M. (Hrsg.), Supply Chain Optimization, New York 2005, S. 1-49

Gavirneni, Srinagesh, Kapuscinski, Roman, Tayur, Sridhar, Value of Information in Capacitated Supply Chains, in: Management Science, 45 (1999), S. 16-24

Groves, Theodore, Loeb, Martin, Incentives in a Divisionalized Firm, in: Management Science, 25 (1979), S. 221-230

Gunasekaran, Augappe, Patel, Chetan, Tirtiroglu, Ercan, Performance Measures and Metrics in a Supply Chain Environment, in: International Journal of Operations & Production Management, 21 (2001), S. 71-87

Gutenberg, Erich, Grundlagen der Betriebswirtschaftslehre. Band 1: Die Produktion, 24. Auflage, Berlin und Heidelberg 1983

Inmon, William H., Building the Data Warehouse, 2. Auflage, Indianapolis 1996

Krüger, Wilfried, Unternehmenswachstum auf der Basis von Kernkompetenzen, in: Glaum, M. et al. (Hrsg.): Wachstumsstrategien internationaler Unternehmungen, Stuttgart 2002, S. 189-214

Lensink, Robert, Van Steen, Paul, Sterken, Elmer, Uncertainty and Growth of the Firm, in: Small Business Economics, 24 (2005), S. 381-391

Martimort, David, Verdier, Thierry, From Inside the Firm to the Growth Process, in: Journal of the European Economic Association, 1 (2003), S. 621-629

Mosekilde, Erik, Larsen, Erik R., Sterman, John D., Coping with Complexity: Deterministic Chaos in Human Decision Making Behaviour, in: Cast, J. L., Karlqvist, A. (Hrsg.): Beyond Belief: Randomness, Prediction and Explanation in Modern Science, Boston 1991, S. 199-229

Nischalke, Peter, Die Organisation wachsender Unternehmen, München 2006

Rall, Wilhelm, Internes versus externes Wachstum, in: Glaum, M. et al. (Hrsg.): Wachstumsstrategien internationaler Unternehmungen, Stuttgart 2002, S. 1-19

Reese, Joachim, Waage, Marco, Management von Informationsrisiken in Supply Chains mit dem Data Warehouse Konzept, in: Vahrenkamp, R., Siepermann, Ch. (Hrsg.): Risikomanagement in Supply Chains, Berlin 2007, S. 301-316

Roberts, John, The Modern Firm, Oxford 2004
Schwenker, Burkhard, Bötzel, Stefan, Making Growth Work, How Companies Can Expand and Become More Efficient, Berlin et al. 2007
Stein, Volker, Emergentes Organisationswachstum: Eine systemtheoretische „Rationalisierung", München und Mering 2000
Williamson, Oliver E., The Economics of Governance – Framework and Implications, in: Zeitschrift für die gesamte Staatswissenschaft, 140 (1984), S. 195-223
Williamson, Oliver E., The Economic Institutions of Capitalism – Firms, Markets, Relational Contracts, New York et al. 1985 (Free Press)

Transformationsprozesse im Kulturbereich: Museen auf dem Weg zur Marke - Eine empirische Studie -

Sigrid Bekmeier-Feuerhahn, Jörg Sikkenga[*]

1. Die Kultur und die Markenbildung – Strukturwandel der Museen und die Anregungen des Marketing
2. Museen im Brandingprozess
3. Entwicklungsstand des Branding in der deutschen Museumslandschaft
4. Einflussgrößen der internen Markenvermittlung
5. Fazit: Einleitung von Change-Management-Prozessen

Literatur

---

[*] Prof. Dr. Sigrid Bekmeier-Feuerhahn ist seit 2001 Universitätsprofessorin für Öffentlichkeitsarbeit an der Leuphana Universität Lüneburg, Mitglied der Fakultät II (Wirtschafts-, Verhaltens – und Rechtswissenschaften) sowie der Fakultät I (Bildungs- Kultur- und Sozialwissenschaften) und Mitherausgeberin der Schriftenreihe der Forschungsgruppe Konsum und Verhalten.
Jörg Sikkenga, M.A. (Soziologie/Wirtschaftswissenschaften) ist seit April 2006 wissenschaftlicher Mitarbeiter im Fach Öffentlichkeitsarbeit an der Leuphana Universität Lüneburg.

1. Die Kultur und die Markenbildung – Strukturwandel der Museen und die Anregungen des Marketing

Seit den 1990er Jahren haben sich die innerbetrieblichen Strukturen von Museen grundlegend gewandelt. Bedingt durch den finanziellen Rückzug von Kommunen und Ländern aus der öffentlichen Förderung bildeten sich unterschiedliche Organisationsstrukturen und Finanzierungsmodelle bei den Museen aus. Die Kulturausgaben der öffentlichen Hand sind in Deutschland in den Jahren 2002-2004 wie folgt gesunken:

Abbildung 1: Kulturausgaben der öffentlichen Hand (Bund, Länder und Gemeinden) in Deutschland in Mrd. €(Quelle: Söndermann 2004, S. 1)

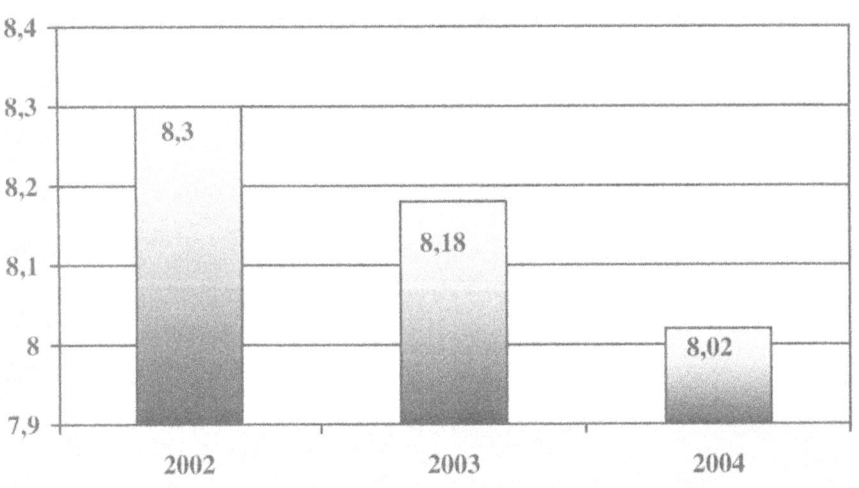

Diese veränderte finanzielle Situation gestaltet sich noch ungünstiger durch die steigende Anzahl von Museen. Während die Kulturausgaben seitens der öffentlichen Hand sanken, stieg im gleichen Zeitraum die Anzahl der Museen von 6501 (2002) über 6518 (2003) auf 6564 (2004) (vgl. Institut für Museumsforschung (2003-2005)). Aufgrund dieser finanziellen Entwicklung und dem daraus resultierenden internen Konkurrenzdruck galt und gilt es jetzt, andere Geldquellen zu erschließen. So bildeten sich neue Finanzierungsstrukturen heraus – und damit auch neue Organisationsstrukturen. Neben dem Entzug öffentlicher Investitionen entwickelte sich noch ein anderes Problem. Die wachsende Konkurrenz alternativer Angebote auf dem Freizeitmarkt (Musicals, Sciencecenter, Erlebnisparks etc.) üben einen zusätzlichen Transformationsdruck auf Kulturinstitute wie Museen aus. Museen begannen sich zu profilieren und ihre „Identity" zu betonen. Besonders bei international führenden Museen lässt sich in diesem Zusammenhang konstatieren, dass die Entwicklungen offenbar in Richtung einer Markenausbildung als Distinktionsmerkmal verlaufen. Beispiele wie die viel zitierte Franchisepolitik der Guggenheim Foundation und die geplante Eröffnung eines „Louvre Abu-Dhabi" im Jahre 2012 legen die Vermutung nahe, dass professionelle Marketing- und Managementmethoden längst auch bei Museen erfolgreich eingesetzt werden. So ist die „Tate" in Großbritannien mit ihren Zweigstellen einmal ein Beleg für das Vertrauen, das Besucher in die Marke setzen (Caldwell 2000); vor allem aber wird am Erfolg der Marke Tate ablesbar, wie wichtig es offenbar ist, die Markenposition zu stärken und die Bekanntheit des Markennamens zu fördern. Die Markenentwicklung bei den internationalen Museen regt zu der Frage an, ob und wie weit auch bei deutschen Museen systematische Strategien zur Markenbildung zu beobachten sind.

2. Museen im Brandingprozess

a) Die Frage nach der Übertragbarkeit von Branding auf museale Betriebsstrukturen

Im kommerziellen Bereich ist die Bedeutung der Markenführung seit Langem erkannt und realisiert. Doch den Kulturinstitutionen liegt ein Denken in den Kategorien von Markenbildung und deren Management derzeit noch eher fern (vgl. Schwarz 1993, zit. nach Klein 2005, S. 95; Kramer 2001, S. 671). Das ist auch verständlich. Kunst hatte in der Vergangenheit weniger ökonomische Zwänge zu bewältigen, da ihre Daseinsberechtigung in der Regel durch Politik und Gesellschaft legitimiert war. Insofern liegt es für die Veranstalter – die Verwalter, die Führungskräfte von und in Kulturinstitutionen – zur Zeit noch nicht durchgängig nahe, sich mit betriebswirtschaftlichen Aspekten zu befassen, auseinander zu setzen und Bereiche wie Kultur und Ökonomie zu verschränken (vgl. Gilmore/Rentschler 2002, S. 746 f.). Zu den Engpässen Kürzung staatlicher Mittel (vgl. Treff 1998) sowie die konkurrierenden Freizeitangebote kommt das begrenzte Zeitbudget beim Kulturpublikum (Ehling 2005, S. 93 ff.) und auch ein verändertes Kulturverständnis hinzu, das nach Opaschowski (2005, S. 213) als Integrationskultur bezeichnet wird; eine Durchmischungskultur, in der Reflexion und Emotion, Bildung und Unterhaltung gleicherweise enthalten sind. Die veränderten Rahmenbedingungen in der Museumslandschaft müssen von den Entscheidungsträgern der Museen in ihre Arbeit integriert und notwendige Reformen angeschoben werden (Prokop 2003, S. 34).

Museen werden vorrangig als spezifische Nonprofit-Organisationen betrachtet, was auch in den programmatischen Grundsätzen des internationalen Museumsrates deutlich wird. Dort ist ein Museum definiert als eine „gemeinnützige, ständige, der Öffentlichkeit zugängliche Einrichtung im Dienste der Gesellschaft und ihrer Entwicklung, die zu Studien-, Bildungs- und Unterhaltungszwecken materielle Zeugnisse von Menschen und ihrer Umwelt beschafft, bewahrt, erforscht, bekannt macht und ausstellt" (ICOM 2003, S. 18). In dieser Definition zeigen sich die fünf Arbeitsfelder Sammeln, Bewahren, Forschen, Vermitteln und Ausstellen. Jedoch – für diese qualifiziert zu sein, reicht heutzutage nicht mehr aus, um ein Museum unter den veränderten Rahmenbedingungen von Finanz- und Konkurrenzdruck langfristig zu erhalten und zum Erfolg zu führen.

Schaut man sich die curricularen Richtlinien für eine professionelle Museumsentwicklung des ICOM (Smithsonian Center for Education and Museum Studies 2005) an, ist bereits die Notwendigkeit erkannt worden, dass es zum Wandel kommen muss von einem Museum, das lediglich die fünf Grundfunktionen Sammeln, Bewahren, Forschen, Vermitteln und Ausstellen erfüllt, hin zu einem dienstleistungsorientierten Non-Profit-Kulturbetrieb, der mit Hilfe betriebswirtschaftlicher Methoden versucht, künstlerische und wirtschaftliche Interessen miteinander zu verknüpfen:

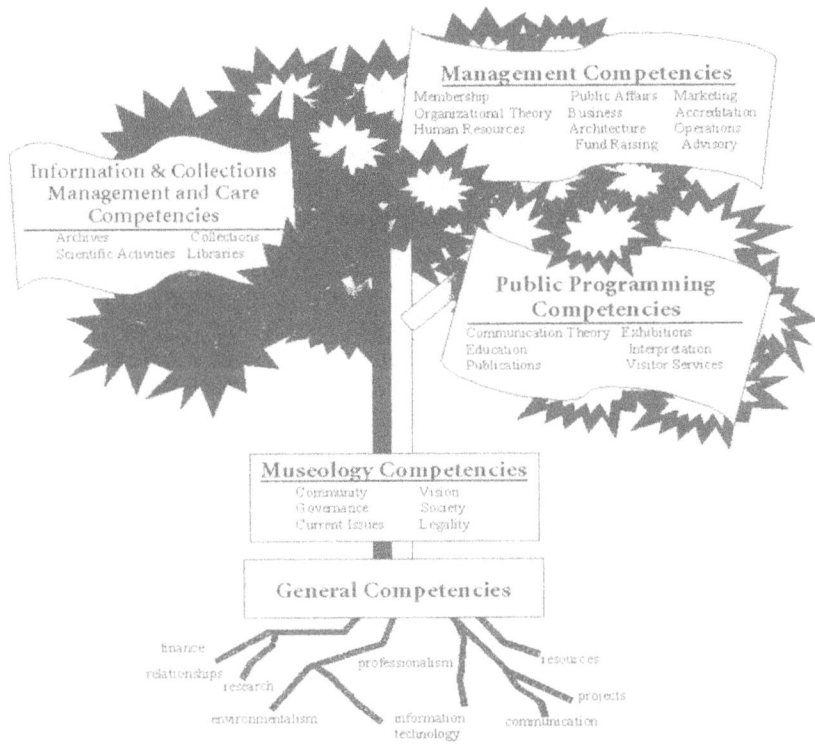

Abbildung 2: ICOM Curricula Guidelines for Museum Professional Development (tree model)

Museologische Kompetenzen alleine reichen nicht mehr aus. Sie bilden zwar nach wie vor den „Stamm" von Aufgaben eines Museums, jedoch sind andere Kompetenzen vonnöten, um das Museum „erblühen" zu lassen. So fordert Heinze (2005, S. 89), dass sich Museen ... "nicht nur als Kulturobjektaussteller, sondern insbesondere auch als Dienstleistungsanbieter für Kulturbesucher" begreifen. Eine ähnliche Sichtweise ist auch bei Kramer (1996), Zimmer (1996, S. 10f.), Terlutter (2000), Bekmeier-Feuerhahn/ Trommershausen (2006, S. 222) zu finden. Denn das, was Kulturinstitutionen anbieten - bzw. angesichts der geforderten Rahmenbedingungen aufgefordert sind anzubieten - entspricht exakt dem, was Dienstleistungen nach Fassnacht (2004, S. 2167) auszeichnet. Es sollte bewusst werden, dass durch die drei Dienstleistungsaspekte: Intangibilität, Uno-Actu-Prinzip und Integration des externen Faktors, ein Museumsbesuch mit besonders hohen Qualitäts- und Erfolgsrisiken behaftet ist. Um sie zu reduzieren, können Nachfrager von Kulturangeboten wie Museumsbesucher nicht auf relevante Sucheigenschaften zur Leistungsbewertung zurückgreifen, also Beurteilungsinformationen, die man durch Wahrnehmung im Vorfeld aufnehmen kann (vgl. Kaas 1990, S. 440f.).

Der Besuch eines Museums alten Stils ist mit einem erheblichen Vertrauensvorschuss verbunden. Der Rezipient kann sich kaum einfacher Selektionsheuristiken und Schlüsselinformationen bedienen (Siegert 2005, S. 92), die ihm Hinweise auf Bewertungs- und Qualitätssicherheit verschaffen. Er besucht das Museum mehr oder weniger „auf Treu und Glauben", dass ihm hier gute Exponate geboten werden und er dadurch einen Zuwachs an Information, Bildung, innerer Befriedigung und die Gewissheit sinnvoll verwendeter Freizeit geboten werden. Museen mit Markencharakter dagegen, deren Name für Qualität bürgt, wirken als Vertrauensanker und ersparen größere Such- und Informationskosten (vgl. Köhler 2004, S. 2773). Markierung profiliert nicht nur das Museum, sondern auch die Angebote, fördert die Präferenzbildung beim Besucher und bietet so Orientierung in der Masse der kulturellen Angebote (Kirchberg 2004, S.314). Das lässt erkennen, dass ein Museum mit Markenbild mehr ist als der Name des Ortes, wo der Interessent die gewünschten Kulturgüter vorfindet, mehr als die physische Kennzeichnung der Herkunft eines Produktes und einer Leistung (Mellerowicz 1963). Im Kulturbereich wirkt Markenbildung denn auch didaktisch, indem sie den Rezipienten zu den besonders rezeptionswürdigen Werten durch Anziehung hinführt. So wird ähnlich wie in den Bereichen der Marktwirtschaft (Meffert et al. 2002, S. 6; Esch/ Möll 2005, S. 65) auch im Kultursektor die Museumsmarke verstanden als ein in der Psyche des Besuchers verankertes, unverwechselbares Vorstellungsbild, das mit dem Namen des Museums abgerufen wird und zugleich auch dessen Leistungsprofil gegenwärtig setzt (Bekmeier-Feuerhahn/ Trommershausen 2006, S. 224).

2b) Verständnis von Branding

Das Nutzenpotenzial der Marke kann allerdings nur durch professionelles Markenmanagement im Sinne einer strategischen Markenführung zur Geltung kommen. „Strategische Markenführung ist ein Begriff, der [...] als kontinuierliche und systematische Pflege von eingeführten Marken verstanden werden soll" (Haedrich/Tomczak 1996, S. 27). Ausgangspunkt aller Überlegungen zu Kulturbranding und strategischer Markenführung ist die Identität der Organisation, die Corporate Identity. Hierzu ist es wichtig, ein Mission Statement zu definieren, d.h. zu bestimmen, wer man ist (Persönlichkeit), wohin man will (Vision) und wie man diesen Weg erreichen will (Mission). Das so formulierte Mission Statement ist nach außen wie nach innen zu transportieren, so dass ein einheitlicher Auftritt des Unternehmens gewährleistet ist.

Auf Basis eben dieser Corporate Identity, den grundlegenden Manifesten, Auffassungen und Zielvorstellungen einer Korporation fordert Esch (2005, S. 89) die Markenidentität zu entwickeln. Damit ist Branding also mehr als die Gestaltung eines wahrnehmungsidentischen Außenauftritts. In Anlehnung an Aaker, Joachimsthaler (2000), Kapferer (2004, S. 9ff.), Meffert/ Burmann (2002) und Esch (2005, S. 75ff.) soll Branding im umfassenden Sinne als die Gesamtheit aller Maßnahmen zum Markenaufbau und zur Markenführung verstanden werden. Diese Maßnahmen sollen ebenfalls nach innen und nach außen wirken. Um eine Marke erfolgreich zu gestalten ist Konsistenz, Klarheit und Konformität (o.V. 2007, S. 19 ff.) von enormer Wichtigkeit.

Es gibt eine rezipientenorientierte und eine institutionelle Sichtweise. Der Blick der rezipientenorientierten Sichtweise geht dahin, eine Produkt-/ oder Dienstleistung so in den Köpfen der Konsumenten zu positionieren, dass sie unverwechselbar ist. Die institutionelle Perspektive zielt dahin, die Marke nach innen zu profilieren und zu stärken, um die Mitarbeiter zu Markenbotschaftern zu machen (Esch 2006, S. 79; Köhler 2004, S. 2781). Für erfolgreiches Branding im Dienstleistungsbereich identifizierten Chernatony und Segal-Horn (2003, S.1113 ff.) in einer explorativen Studie drei Kriterien:
1. Fokussierung auf eine limitierte Anzahl von Markeneigenschaften bei der Darstellung von Nutzenvorteilen aus Sicht des Kunden;
2. Konsistenz: Die Vorstellungen über die Marke muss bei allen Anspruchsgruppen gleich sein;
3. Werte: Die Werte, welche die Marke vermitteln will, müssen sich allem voran im Verhalten der Mitglieder des Unternehmens widerspiegeln (Vgl. auch Stride/ Lee 2007, S. 107).

Somit kommt bei der Übertragung des Markenkonzeptes auf Dienstleistungsunternehmen dem Mitarbeiter eine zentrale Bedeutung zu. Jedem Mitarbeiter sollte bewusst sein, wofür die Marke steht. Die formelle Außenkommunikation, wie beispielsweise die Gestaltung der Homepage, muss mit dem Verhalten und dem Wissen der Mitarbeiter übereinstimmen. Ist dies nicht der Fall, so sind Verluste von Glaubwürdigkeit und Markenstärke die möglichen Folgen. Die Markenidentität wird erst durch den Mitarbeiter zum Leben erweckt, er erfüllt das Markenversprechen. Dafür plädieren eine große Anzahl von Autoren: Wittke-Kothe 2001, S. 2; Bieger 2000, S. 60; Gregory/Wiechmann 1997, S. 98; Hemsley 1998, S. 50; Gotsi/Wilson 2001, S. 101; Post/Griffin 1997, S. 165; Ind 1997, S. 83; Lemmink/Mattson 1998, S. 505; Tomczak/Brockdorff 2000, S. 496; Chernatony 2001, S.2; Schultz/Chernatony 2002, S. 106.

Doch obwohl dem Mitarbeiter eine solche Bedeutung innerhalb der Markenentwicklung zukommt, wird diese wichtige Anspruchsgruppe bei der Planung eines Markenaufbaus und der Markenentwicklung eher vernachlässigt (vgl. Schmidt/Weinland 2007, S. 56; PriceWaterhouseCoopers 2002, S. 3). Stattdessen sollten durch ein Behavioral Branding die Mitarbeiter in den Brandingprozess integriert werden, um so ein markenkonformes Verhalten bei ihnen zu erzielen (vgl. Stauss 1995, S. 6; Chernatony/Harris 2000, S. 272; Gotsi/ Wilson 2001, S. 101). Natürlich sind nach wie vor die Museumsdirektoren die primären „Transformatoren" bei der Umsetzung von Marketing-Strategien in Museen. Ihnen primär obliegt es, das Museum von einer reinen Aufbewahrungsstätte hin zu einem lebendigen Lehr- und Lernort zudem mit Unterhaltungscharakter zu verändern (Gilmore/Rentschler 2002, S. 746 f.).

Die Ausführungen zeigen, dass eine strategische Markenführung auch für Museen relevant ist. Sie wird auch zumindest in der Theorie bereits lebhaft diskutiert. In der nachfolgend dargestellten Studie soll der Fokus auf die innenorientierte institutionelle Sichtweise der Markenführung gelegt werden. Ziel der Studie ist es zu untersuchen, inwieweit der Entwicklungsprozess der internen Markenbildung in der musealen Praxis fortgeschritten ist und nachzuweisen, dass eine strategisch orientierte Management-Strategie erfolgswirksam ist. Folgende Fragen werden dabei untersucht:

- Ist in deutschen Museen eine strategisch orientierte interne Markenführung (internes Branding) festzustellen?

- Wie beeinflusst eine strategisch orientierte interne Markenbildung den Erfolg von Museen?
- Welches sind die Einflussfaktoren bei einer strategisch orientierten internen Markenbildung?

3. Entwicklungsstand des Branding in der deutschen Museumslandschaft

a) Vorstellung der Studie

Die Grundgesamtheit der Studie umfasst 200 deutsche Museen, die laut dem Institut für Museumskunde im Jahr 2004 angegeben haben, mehr als 100.000 (159 Museen) bzw. mehr als 50.000 Besucher (41 Museen) verzeichnet zu haben. Befragt wurden Museumsleiter/innen oder Führungspersonen aus dem Bereich Marketing/Öffentlichkeitsarbeit von Museen. Um die Heterogenität der Stichprobe zu begrenzen, wurden alle Museen, die einem unmittelbaren Produktionsbetrieb angeschlossen waren, von der Auswertung ausgeschlossen. Insgesamt ließen sich 118 Interviews für die Auswertung verwenden. Die Daten wurden mittels eines standardisierten Fragebogens per Telefoninterview erhoben. Vor dem Beginn der Studie wurde der Fragebogen einem Pre-Test bei Museen der Grundgesamtheit unterzogen. Die Ergebnisse dieses Pre-Tests wurden in der Endauswertung berücksichtigt.

3b) Merkmale der befragten Museen

Folgende Arten von Museen wurden befragt:

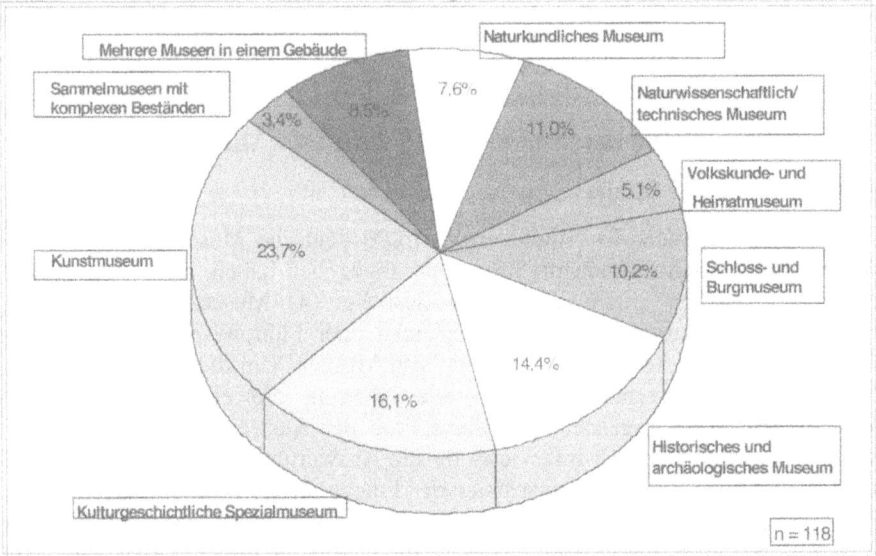

Abbildung 3: Überblick über die interviewten Museen, Aufteilung nach Arten

Diese sehr differenzierte Betrachtung der einzelnen Museumsarten wurde für die weitere Analyse gebündelt. In Anlehnung an die Systematisierung des Instituts für Museumskunde (Institut für Museumsforschung 2005, S. 18) wurden vier

Kategorien von Museumstypen gebildet, nämlich Kulturhistorische, Kunst-, [1]
Naturhistorische/Naturwissenschaftliche und Sammel-/Mehrgebäudemuseen.
Ordnet man die Museen anhand ihrer Träger, so ist festzustellen, dass 69% der
Museen in öffentlicher Trägerschaft[2] sind.

Mehr als ein Drittel der befragten Museen können ihre Kosten zu über 60%
durch eingeworbene Mittel (z.b. Eintrittskarten oder privatwirtschaftliche Mittel)
decken. Rund 26% der Museen können zwischen 21-60% und 41% der Museen
nur bis zu 20% ihrer Kosten durch Drittmittel decken. (Für eine ausführliche
Darstellung der Ergebnisse: vgl. Bekmeier-Feuerhahn 2007).

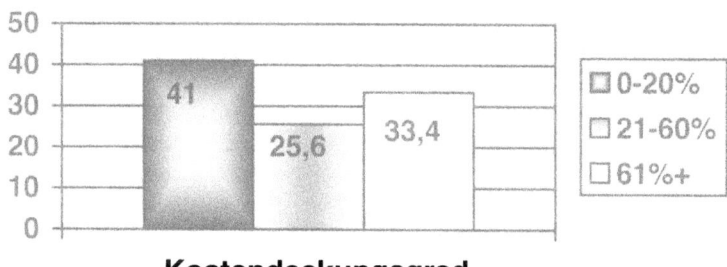

Abbildung 4: Kostendeckungsgrad der Museen (Angaben in %)

---

[1] **Kulturhistorische Museen (n=54):** Volks- und Heimatkundemuseen, Schloss- und Burgmuseen, historische und archäologische Museen, kulturgeschichtliche Spezialmuseen
Kunstmuseen (n=28): Kunstmuseen
Naturhistorische/Naturwissenschaftliche Museen (n=22): Naturkundliche und naturwissenschaftliche, technische Museen
Sammel-/Mehrgebäudemuseen (n=14): Sammelmuseen mit komplexen Beständen, mehrere Museen in einem Gebäude

[2] öffentliche Träger: staatliche Träger (48), lokale Gebietskörperschaften (15), andere Formen des öffentlichen Rechts (17)
private Träger: Privatpersonen (2), Stiftungen des privaten Rechts (12), Gesellschaften/Genossenschaften (4), Vereine (12), Mischformen (6)

Diese beiden Faktoren spielen zusammen in dem Statement: „Unsere Existenz ist aufgrund der Finanzierung durch die staatliche Hand weitgehend sicher gestellt", die mittels einer fünfstufigen Skala mit den Endpunkten „stimme überhaupt nicht zu" und „stimme voll und ganz" zu beantwortet werden sollte.
Das Ergebnis sieht dabei wie folgt aus:

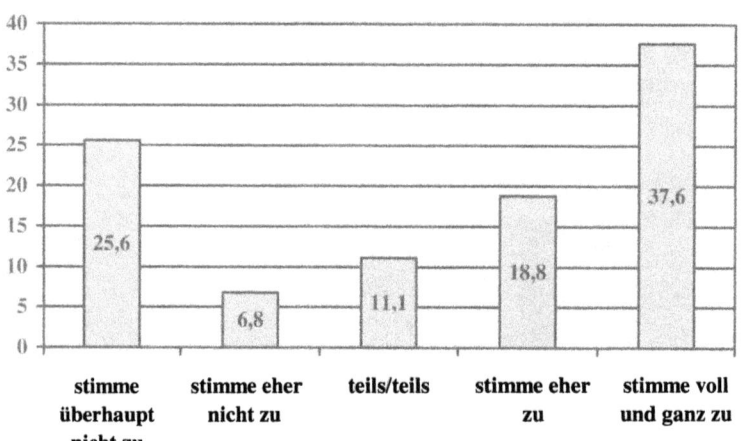

Abbildung 5: Zustimmung zum Statement „Unsere Existenz ist aufgrund der Finanzierung durch die staatliche Hand weitgehend sicher gestellt." (Angaben in %)

So stimmen mehr als die Hälfte aller befragten Museen (56.4%) zu, dass ihre Finanzierung durch die staatliche Hand sicher gestellt sei. Zu untersuchen ist im Weiteren, ob gerade diese gute finanzielle Situation sich negativ auf die Markenbildung auswirkt. Durch Subventionen ist das Museum zwar finanziell unabhängig und hat geringere Beschaffungsprobleme. Dies kann aber dazu führen, dass die Mitarbeiter im Museum für finanzielle Aspekte desensibilisiert werden. Die Abgrenzung im Sinne einer Profilierung gegenüber anderen Häusern, beispielsweise durch unverwechselbare Markeneigenschaften, findet nicht statt, da sich die Einrichtung außerhalb des Kultur- und Freizeitmarktes wähnt.

3c) Entwicklungsstand der Markenbildung in der Praxis

Die Angaben der Führungspersonen lassen erkennen, dass Markenbildung bereits Einzug in die deutschen Museen gefunden hat. Es sind bereits 83% der befragten Museen, die sich „eher intensive Gedanken über Markenbildung machen" und nur 6% machen sich darüber „gar keine Gedanken".

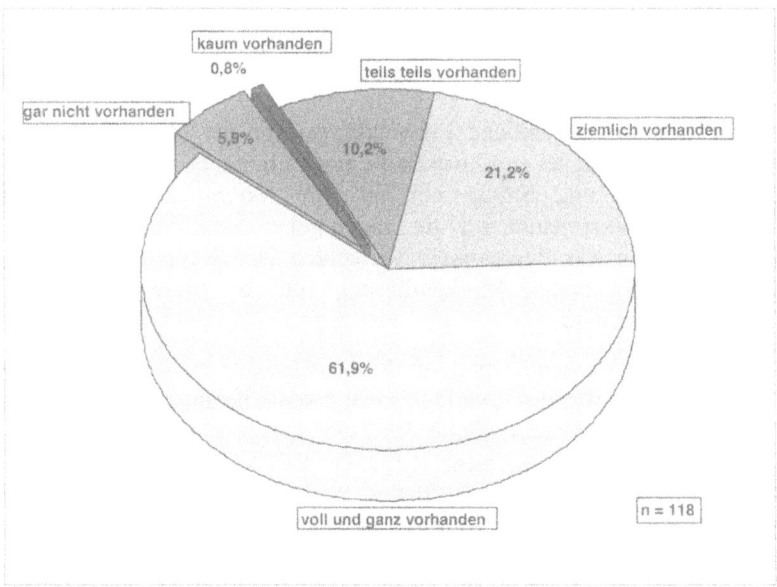

Abbildung 6: Gedanken über Markenbildung

Es scheint sich zu bewahrheiten, dass die Entwicklung einer Corporate Identity (CI) als Indikator für Museumsbranding angesehen werden kann. Rund 75% (74,1%) der befragten Museen gaben jedenfalls an, eine einheitliche CI entwickelt und umgesetzt zu haben, die sich auch im Corporate Design (CD) widerspiegelt, und die sie nach Außen kommunizieren.

Diese beiden hohen Werte erwecken den Eindruck, die Entwicklung der Markenführung sei auch in der Praxis bereits weit fortgeschritten. Doch hier ist Vorsicht angebracht. Bruhn (2004, S. 2326) kritisiert im Gegenteil an dem ganzen Bereich der Non-Profit-Organisationen eine sehr eingeschränkte Markenführung, bei der „der Name der Organisation bzw. der Leistungen noch allzu häufig als Bezeichnung angesehen werden, ohne dessen Potenzial als Marke zu erkennen oder auszubauen". Auch Prokop (2003, S. 171) kommt im Rahmen einer inhaltsanalytischen Untersuchung visueller Erscheinungsbilder von Museen zu dem Ergebnis, dass nahezu 90% der befragten Museen bislang keine ausreichenden Maßnahmen ergriffen haben, die eine systematische und bewusste Gestaltung schon des äußeren Erscheinungsbildes der Organisationen im Sinne einer Markierung erkennen lassen.

Wie sieht also nun der tatsächliche Entwicklungsstand der Markenbildung in deutschen Museen aus? Es sei an dieser Stelle noch einmal darauf hingewiesen, dass sich die vorliegende Studie nur auf die *interne* Betrachtung der Markenbildung in Museen richtet, d.h. die Fragen gehen dahin, ob in den Köpfen der Entscheider bereits ein Bewusstsein vorhanden ist für die Notwendigkeit einer nach innen gerichteten Markenführung und ob diese geplant und systematisch umgesetzt wird.

Um die Qualität der Markenführung im Museumssektor zu messen, wurden Erkenntnisse und Methoden des Qualitätsmanagements herangezogen. Eine vor allem in Europa viel beachtete Variante des TQM ist das Modell der European Foundation For Quality Management (EFQM) (EFQM 2003a). Das Modell erhebt den Anspruch, auf alle Organisationen anwendbar zu sein, unabhängig von Branche, Organisationsform, Größe oder soziokulturellem Kontext – zumindest in Europa (EFQM 2003b, S. 5). Ziel des EFQM ist es, anhand universell anwendbarer, empirisch messbarer Kriterien zu untersuchen, was eine Organisation tut (Inputperspektive) und welche Ergebnisse eine Organisation mit diesen Leistungen vorweist (Outputperspektive). Zur Messung der Inputperspektive existieren im EFQM-Modell fünf Wirkfaktoren, die in einer Organisation den Prozess der Wertschöpfung initiieren und fördern und den Prozess selber zielgerecht auf Ergebnisse hin steuern: 1. die identitätsstiftenden, konzeptualisierenden Fähigkeiten von Führungskräften, 2. das zu entfaltende Potenzial von Mitarbeitern, 3. klare Konzepte und Strategien, 4. externe Partnerschaft(spflege) sowie 5. Ressourcen-Bereitstellung.

Um den Entwicklungsstand des Brandings in den einzelnen Museen objektiv und systematisch zu ermitteln, wurden diese fünf Wirkfaktoren im Hinblick auf die Markenführung operationalisiert und untersucht. Die vollständigen Itemlisten für jede Messung finden sich in Abb. 6. Zur genauen Herleitung und Operationalisierung der jeweiligen Faktoren: vgl. Bekmeier-Feuerhahn 2007, S. 32 ff..

	Führung	Strategisches Konzept	Mitarbeiter	Partnerschaft /Ressourcen	Prozesse
Zentrale	Entwickeln die Führungskräfte eine Markenidentität und ver-mitteln deren Umsetzung?	Existiert eine klar erkennbare Markenstrategie (Leitlinien), die die relevanten Interessen-gruppen berücksichtigt?	Wird das Potenzial der Mitarbeiter zur Markenbildung entfaltet?	Werden Partnerschaften gepflegt, um den Markenauf-bau zu stärken?	Werden Prozesse des Markenaufbaus systema-tisch gestaltet und umgesetzt?

Indikatoren					
Klare Vorstellung über das Markenbild und kommunizieren diese Motivieren und unterstützen die Mitarbeiter beim Markenaufbau im Alltag	Schriftlich fixiertes Konzept der Markenbildung Beruht auf fundierten Daten Enge strategische Abstimmung Regelmäßige Überprüfung des strategischen Konzeptes	Schulung der Mitarbeiter zu „Markenbotschaftern" Mitarbeiter setzen das gewünschte Markenbild in ihrer täglichen Arbeit um	Pflege von Partnerschaften zur Unterstützung der Markenbildung Regelmäßiger Wissensaustausch mit vergleichbaren Museen zur Verbesserung der Markenbildung	Offizieller Verantwortlicher für den Markenaufbau Einsatz von Analyseinstrumenten zum Markenaufbau Regelmässige Strategiekonferenzen Überprüfung des Markenaufbaus von Zielvorgaben

Abbildung 7: Zusammenstellung der Items zur Messung der innengerichteten Markenführung

Jedem der fünf Faktoren wurden jeweils mindestens zwei zentrale Indikatoren zur Markenbildung zugeordnet, die bei den Interviewpartnern abgefragt wurden. Je höher die Zustimmung zu den einzelnen Indikatoren ist, umso höher ist der Entwicklungsstand der Markenbildung. Das heißt, die Befragten mussten mindestens „ziemlich vorhanden" („trifft eher zu") bzw. „ganz vorhanden" („trifft voll und ganz zu") angeben, damit von einem positiven Entwicklungsstand ausgegangen werden kann. Die folgende Abbildung bringt jeweils die zwei Abstufungen grafisch ins Bild, die Zustimmungen oder Ablehnungen der Aussage ausdrücken.

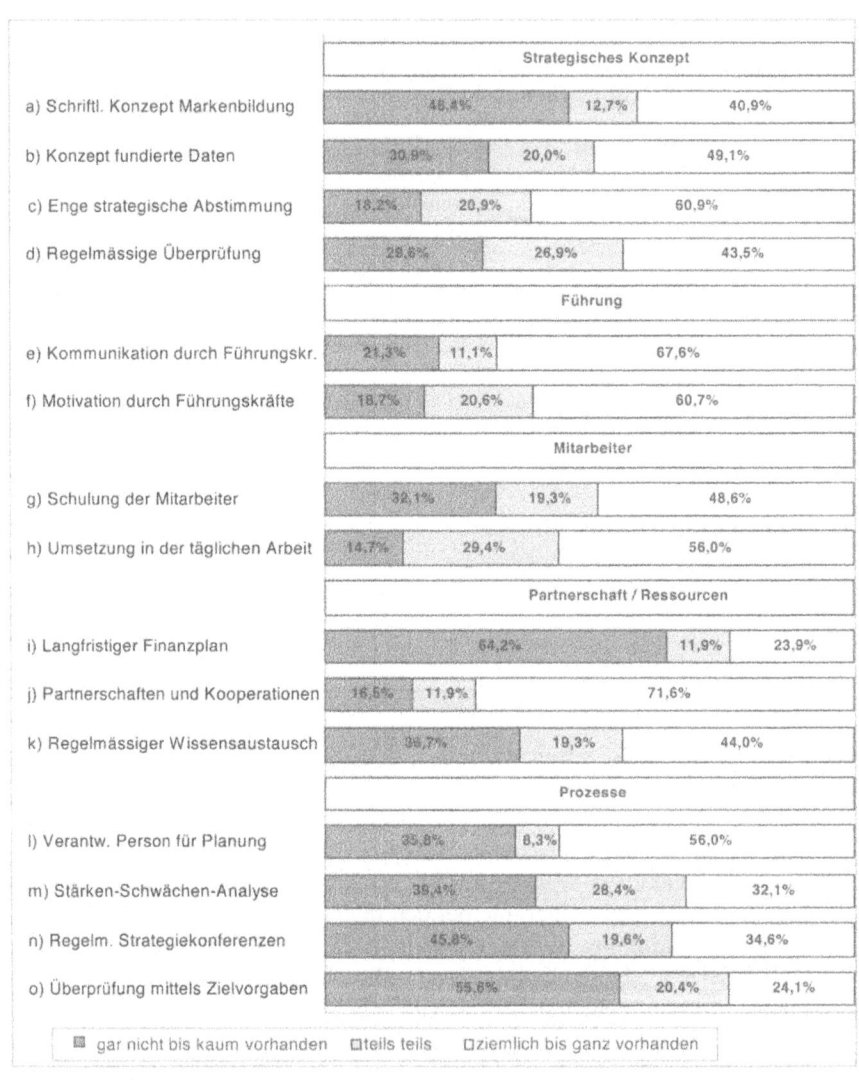

Abbildung 8: Entwicklungsstand der internen Markenführung von Museen

Beim Qualitätsfaktor „Führung" gaben durchschnittlich 64% ((67,6% + 60,7%)/2) des befragten Museumspersonals an, dass die Vorgesetzten durch eigenes Verhalten oder durch das Angebot von Schulungen die Mitarbeiter beim Aufbau oder der Entwicklung einer eindeutigen Markierung unterstützen. Von allen untersuchten Faktoren ist damit das Qualitätsmerkmal „Führung" am Stärksten ausgeprägt.

Für den Faktor „Strategisches Konzept" stellten durchschnittlich nur 49% der Befragten fest, dass es bei ihnen Maßnahmen einer strategischen Markenentwicklung gäbe. Ein ähnliches Bild zeigte sich sowohl für den Faktor „Mitarbeiter" wie auch „Partnerschaften/Ressourcen": gut die Hälfte (52%) der Befragten stimmten zu, dass die „Mitarbeiter" bei der Markenentwicklung einbezogen werden, durchschnittlich 46% bejahen die Umsetzung von „Partnerschaften/Ressourcen". Bemerkenswert ist hierbei die mehrheitliche Zustimmung (72%) zu dem speziellen Item „Kooperation": Das Museum sei zur Unterstützung der Markenbildung stets bestrebt, Partnerschaften und Kooperationen mit anderen Museen/Künstlern oder der Wirtschaft zu pflegen oder zu erschließen. Das spricht dafür, dass viele Museen das große Potenzial von Kooperationen bereits erkannt haben.

Die geringsten Bemühungen mit durchschnittlich nur 37% wurden für den Faktor „Prozesse" angegeben. Besonders geringe Beachtung finden die strategisch orientierten Analyse-Instrumente wie systematische Erfolgskontrolle oder Stärken-Schwächen-Analyse. Die Ergebnisse bestätigen offenbar die von Schwarz (1993) geäußerte Vermutung, dass aktives, zukunftsorientiertes Markenmanagement für Museen eher untypisch ist.

Betrachtet man die Ergebnisse zur internen Markenführung insgesamt, so lassen nur knapp die Hälfte (49%) der befragten Museen eine deutliche markenpolitische Orientierung bei den Indikatoren der Markenführung erkennen. Diese Ergebnisse stehen offenbar im Widerspruch zu der Aussage am Anfang, nach der rund 83% der befragten Museen der Markenbildung große Bedeutung beimessen. Dies mag darin begründet sein, dass in der Museumslandschaft Markenbildung vielfach mit der Entwicklung einer Corporate-Identity-Strategie gleichgesetzt wird (s.o.). Die Entwicklung einer Corporate Identity Strategie sollte durchaus Ausgangspunkt für den Aufbau einer Marke sein. Jedoch geht eine erfolgreiche Markenführung wesentlich über die Gestaltung eines wahrnehmungsidentischen Außenauftritts hinaus. Meffert/Burmann (2002) sprechen von einer organisationalen Dimension der Identitätsorientierung und meinen damit die Durchsetzung der Marke nach innen. Dies schließt eine Integration der Mitarbeiter in den Brandingprozess wie auch vorausschauende markenorientierte Steuerung und Handlung ein. Zweifellos belegen die vorliegenden Daten, dass für Museen Handlungsbedarf in Sachen „Markenführung" besteht.

Bevor die Daten sinnvoll verrechnet werden können, muss die Vielzahl der Items auf wenige wichtige Erklärungsfaktoren reduziert bzw. müssen einige Variablen zu übergeordneten Faktoren verdichtet werden. Nur so können implizite Gewichtungen vermieden und die erklärungsrelevanten Items ausgewählt werden. Abbildung 9 zeigt die Ergebnisse der Verdichtung. Danach lassen sich drei voneinander unabhängige, übergeordnete Dimensionen des internen Markenmanagements identifizieren, die jeweils ein eindeutig interpretierbares Muster ergeben[3]:

---

[3] Zur Interpretation der Faktoren werden nur Items mit Faktorladung größer 0,5 herangezogen, die zudem eindeutig auf diesen Faktor laden, d.h. Faktorladung ist mindestens doppelt so hoch wie auf den anderen Faktoren (vgl. Backhaus et al. 2000, S. 331).

	Dimensionen		
Items-Stichworte	Faktor 1 Interne Markenvermittlung	Faktor 2 Systematische Markensteuerung	Faktor 3 Markenpartnerschaften
c) Strategische Abstimmungen im ganzen Haus	**,804**	,173	,146
e) Kommunikation durch Führungskräfte	**,744**	,115	,425
h) Umsetzung in der täglichen Arbeit	**,725**	,106	,285
d) Regelmäßige Überprüfung	,632	,512	,052
g) Schulung der Mitarbeiter	**,611**	,267	,306
b) Konzeptfundierte Daten	,606	,511	-,082
m) Stärken-Schwächen-Analyse	-,018	**,758**	,155
o) Zielvorgaben	,262	**,682**	,174
l) Verantwortliche Person	,127	**,652**	,071
a) Schriftliches Konzept	,491	,576	-,187
n) Strategiekonferenzen	,199	,569	,356
i) Finanzplan	,258	,508	,169
j) Wissensaustausch	-,016	,360	**,808**
k) Partnerschaften	,277	,028	**,636**
f) Motivation durch Führungs-kräfte	,464	,106	,598
Eigenwert	6,1	1,53	1,26
Varianzerklärungsanteil	40,01	10,2	8,5

Abbildung 9: Faktorenanalytische Verdichtung der Items der Markenführung

Faktor 1 in Abb. 9, kategorisiert als „Interne Markenvermittlung", hat einen Varianzerklärungsanteil von 40%. Er wird nahezu gleichermaßen durch die Items der drei operationalisierten Input-Dimensionen „Führung", „Personal" und auch „Strategie" geladen. Darin spricht sich einerseits die Relevanz dieser untersuchten Wirkungs-Dimensionen aus und zeigt andererseits, dass im Hinblick auf die Markenführung eine enge Verwandtschaft der drei Größen besteht. Inhaltlich bündelt Faktor 1 die Items, die sich auf die Energien von Führung und Mitarbeiterbeteiligung zur Vermittlung und Stärkung der Markenidentifikation richtet.

Auf Faktor 2 laden besonders eindeutig Items, die sich auf organisational verankerte und informationsbasierte Steuerungsprozesse der Markenführung beziehen. Der Faktor 2 mit 10% Erklärungsanteil wird in Abb. 9 folglich „Systematische Markensteuerung" genannt. Auf Faktor 3 laden gemäß der Konzeptualisierung die Items, die sich auf die Bedeutung externer Partnerschaften bzw. Kooperationen sowie externen Wissensaustauschs zur Unterstützung der Markenführung beziehen. Sie machen 9% Erklärungsanteil aus. Entsprechend erhält der Faktor die Bezeichnung: „Marken-Partnerschaften". Insofern bestätigt die Faktorenanalyse in weiten Teilen die Dimensionen, welche entwickelt wurden, um die Qualität der Markenführung in Museen zu messen.

Gemäß dem hohen Varianzerklärungsanteil soll der Fokus hier auf die interne Markenvermittlung gelegt werden. Welche Bedeutung hat dieser Faktor für den Erfolg? Eine lineare regressionsanalytische Betrachtung kommt zu dem Ergebnis, dass es zwischen der Skalenwertbetrachtung der internen Markenvermittlung als unabhängige Variable und der Variable Finanzkennziffer „Kostendeckungsgrad durch selbst generierte Gelder" als Erfolgsgröße einen signifikanten Zusammenhang gibt.

Abhängige Variable:	Kostendeckungsgrad durch selbst generierte Gelder				
Multiples R: 0,226	R-Quadrat:	0,051	Korr. R-Quadrat:	0,037	

Quelle:	df	Quadratsumme	Mittel der Quadrate	F	Signif F
Regression	1	31,923	31,923	3,763	0,056
Residuen	70	593,854	8,484		

Koeffizienten	B	Beta	T	Signif T
(Konstante)	3,31		2,872	0,05
interne Markenvermittlung	0,59	0,226	1,94	0,056

Abbildung 10: Ergebnisse der Regression der positiven Ausprägung von interner Markenvermittlung auf den Kostendeckungsgrad durch selbst generierte Gelder

Ehe das Ergebnis der Regressionsanalyse interpretiert werden kann, muss geprüft werden, ob die Prämissen der Regressionsanalyse verletzt sind. Es zeigt sich, dass keine Autokorrelation vorliegt; der Wert des Durbin-Watson-Test liegt mit 1,71 noch innerhalb des Bereichs, in dem Autokorrelation ausgeschlossen werden kann.

Die Regressionsanalyse belegt, dass eine positiv ausgeprägte interne Markenvermittlung tatsächlich dazu führt, dass Museen sich erfolgreicher selbst finanzieren können. Der Zusammenhang ist signifikant, jedoch mit einem R-Quadrat von lediglich 0,05 nicht besonders stark ausgeprägt. Dennoch bestätigt dieses Ergebnis den positiven Einfluss der internen Markenführung auf den Erfolg von Museen. Zudem zeigte eine kausalanalytische Betrachtung, auf die an dieser Stelle leider nicht näher eingegangen werden kann, dass eine ausgeprägte interne Markenvermittlung nicht automatisch den kulturpolitischen Auftrag der Museen verdrängt. Im Gegenteil: eine systematische Markenführung erleichtert es den Museen auch ihren ideellen Zielsetzungen, in deren Mittelpunkt die künstlerischen Leistungen stehen, treu zu bleiben (vgl. Bekmeier-Feuerhahn/Sikkenga 2007).

4. Einflussgrößen der internen Markenvermittlung

Obwohl die interne Markenführung den Erfolg der Museen deutlich beeinflusst, wird sie in vielen Häusern noch vernachlässigt. Der tatsächliche Entwicklungsstand des Brandings in deutschen Museen (Abb. 8) ist längst nicht so hoch, wie die Befragten subjektiv selbst angeben (Abb. 6). Wie kommt es zu dieser Diskrepanz? Was sind die Einflussgrößen bei der internen Markenvermittlung, also die Betrachtung der internen Markenvermittlung als abhängige Variable? Hier lassen sich zwei Erklärungsansätze formulieren:
1. Der finanzielle Druck ist im subventionierten Kulturbetrieb nicht hoch genug, um konsequentes Branding zu betreiben (vgl. Klein 2005, S. 99 ff.). Zu dieser Problematik schreibt Heinrichs (1997, S. 17): „Doch heute hängen zu viele am öffentlichen Fördertropf, die sich einer Legitimationsnachfrage – nicht zuletzt auch hinsichtlich Qualität und tatsächlicher Nachfrage des Angebots – nicht mehr stellen müssen."
2. Das Marketing-Wissen reicht nicht aus oder dessen Aneignung wird gar abgelehnt. Im musealen wie im gesamten Non-Profit-Bereich sind viele ehrenamtliche Mitarbeiter tätig, die hoch motiviert sind und wenige Personalkosten verursachen. Ihnen fehlt naturgemäß umfassendes betriebswirtschaftlich geprägtes Fachwissen. Außerdem lehnen viele von ihnen den Trend zur Professionalisierung der Kultur durch systematisches Marketing, Öffentlichkeitsarbeit und Sponsoring ab (Bruhn 2004, S. 2299).
Im Rahmen der vorliegenden Studie wurde die vorherrschende Einstellung zum Einsatz vom Marketing-Kompetenz global erhoben, indem die Befragten der folgenden Aussage zustimmen konnten: „In unserem Haus herrscht die Vorstellung, dass strategisches Marketing keinen wirklich entscheidenden Vorteil bringt". Abbildung 11 zeigt die Zustimmungswerte zu diesem Item.

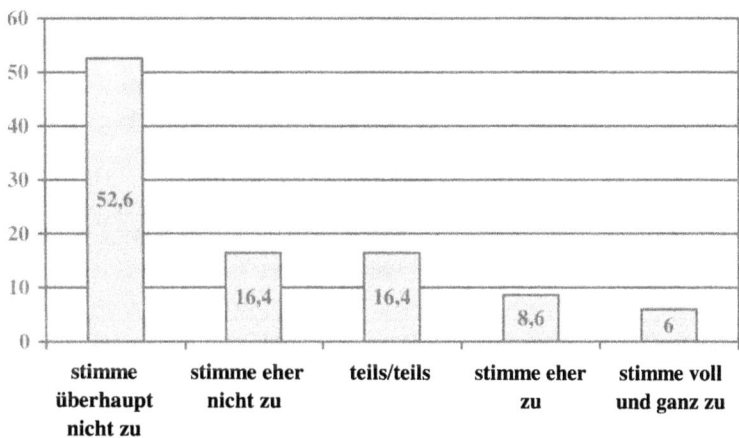

Abbildung 11: Zustimmung zur Bedeutung des Marketing-Wissens (Angaben in %)

Zur Prüfung des Einflusses, den die finanzielle Förderung durch die staatliche Hand gemeinsam mit der vorherrschenden Marketing-Einstellung auf die interne Markenvermittlung ausübt, soll eine Regressionsanalyse mit den metrisch skalierten Variablen: „Die Existenz unseres Museums ist aufgrund der Finanzierung durch die staatliche Hand weitgehend sicher gestellt" und „In unserem Haus herrscht die Vorstellung, dass strategisches Marketing keinen wirklich entscheidenden Vorteil bringt" als den unabhängigen Variablen und der internen Markenvermittlung als der abhängigen Variable gerechnet werden. Abbildung 12 zeigt das Ergebnis der schrittweisen Regressionsanalyse.

Abhängige Variable:		interne Markenvermittlung				
Multiples R:	0,337	R-Quadrat:	0,114	Korr. R-Quadrat:	0,097	

Quelle:	df	Quadrat-summe	Mittel der Quadrate	F	Signif F
Regression	2	15,669	7,835	6,608	0,02
Residuen	103	122,126	1,186		

Koeffizienten	B	Beta	T	Signif T
(Konstante)	4,46		15,335	0
Marketing bringt keinen Vorteil	-0,262	-0,28	-3,017	0,003
Finanzierung weitgehend sicher gestellt	-0,129	-0,19	-2,035	0,044

Abbildung 12: Ergebnisse der Regression der Dimensionen Finanzsicherheit und Einstellung zum Marketing auf die interne Markenvermittlung

Die Ergebnisse der linearen Regression zeigen, dass die Vermutung einer Beeinflussung der internen Markenführung durch die untersuchten Faktoren angenommen werden kann. Die Finanzierung durch die staatliche Hand und vorherrschende Ressentiments in Bezug auf Marketing-Kompetenzen haben einen negativen Einfluss auf die interne Markenvermittlung. Betrachtet man die Beta-Koeffizienten, welche die Richtung des Einflusses der unabhängigen Variable angeben und auch Auskunft über die relative Bedeutung der unabhängigen Variable geben, wird deutlich, dass die Einstellung „strategisches Marketing bringt keinen entscheidenden Vorteil" die interne Markenvermittlung wesentlich stärker beeinflusst als die Finanzierungsvariable. Ferner sind keine deutlichen Abhängigkeiten zwischen den unabhängigen Variablen zu erkennen und die Residuen sind unkorreliert. Der Durbin-Watson-Wert bewegt sich mit einem Wert von 1,96 nahe am Idealwert von 2. So ist anzunehmen, dass die Residuen nicht korreliert sind (vgl. Backhaus et al. 2000, S. 39). Das Ergebnis ist jedoch angesichts des nicht besonders hoch ausgeprägten Bestimmtheitsmaßes von R-Quadrat, mit 0,114 nicht besonders stark ausgeprägt. Einfluss auf die interne Markenvermittlung übt also einmal die staatliche Finanzierung aus. Die hier vorgestellte empirische Studie zeigt, dass vor allem in Museen, die aufgrund öffentlicher Subventionen finanziell abgesichert sind, eine interne Markenvermittlung stärker ausgeprägt ist als in Häusern mit weniger sicheren Mitteln. Vor allem aber wirken Ressentiments gegenüber der Aneignung von professionellen Marketing- und Managementwissen als Blockade im Professionalisierungsprozess der internen Markenvermittlung. Um auch in solchen Häusern die Widerstände zu beseitigen und eine konsequente Markenführung zu implementieren, müssen die Widerstände in ihrer Art und ihren Hintergründen erst einmal identifiziert, allen Beschäftigten bewusst gemacht und darauf hingewirkt werden, dass die Vorteile der Markenbildung erkannt und bejaht werden. Wesentliche Voraussetzung ist auch das Verstehen, warum dazu Marketing- und Managementkompetenzen notwendig sind. Dabei gilt es, auch Mitarbeiter davon zu überzeugen, dass sich die knappen Ressourcen, Mittel und die Arbeitsleistungen effizienter – und am Ende erfolgreicher einsetzten lassen.

5. Fazit: Einleitung von Change-Management-Prozessen

Es kann als sicher gelten, dass angesichts verknappter Zuschüsse und Konkurrenzdruck seitens des Freizeitmarktes Branding für Museen immer wichtiger wird. Dabei stellt der Mitarbeiter in seiner „Vermittlerfunktion" einen bedeutenden Wertfaktor dar. Allerdings belegen die Ergebnisse der vorliegenden Studie, dass bei Museen im Bereich der innengerichteten Markenführung noch ein erheblicher Professionalisierungsbedarf besteht. Der internen Markenführung stellen sich besondere Herausforderungen bei der internen Markenvermittlung, die nachweislich einen signifikanten Einfluss auf den wirtschaftlichen Erfolg eines Museums ausübt.

Kultureinrichtungen verfolgen vorrangig qualitative Zielsetzungen, die schwer zu operationalisieren sind (Klein 2005, S. 99). Häufig wird die Auffassung vertreten, dass der Inhalt, vor allem bei der Kunst, über allem stehen müsse. Marketingaktivitäten wird deshalb oftmals von künstlerischer Seite misstrauisch begegnet, da durch eine solche „Kommerzialisierung" ein Qualitätsverlust der Kunst befürchtet wird (ebenda, S. 1). Es gilt, die Blockaden in Form von

Vorbehalten gegenüber dem Einsatz von Marketing-Kenntnissen im Kulturbereich zu überwinden und das damit einhergehende „Manko" im fachlichen Know-How bei den befragten Museen aufzufüllen.

Viele Museen stehen hier vor einer grundlegenden Transformation im Sinne eines organisatorischen Wandels. Dieser Wandel scheint ein Wandel zweiter Ordnung zu sein. Denn ein Umbruch mit grundlegender Änderung der Arbeitsweise der Organisation ist revolutionär. Systematische Planung und Steuerung der strategischen Positionierung und Profilierung der Institution einzuführen, zeitigt im Sinne von Wöhrle (2002, S. 120) schlechthin einen Paradigmenwechsel. Im Fokus steht ein erweitertes Verständnis von einem Kulturbetrieb. Was ansteht ist der Wandel von einem Museum, das bislang seine Mission mit den fünf Grundfunktionen Sammeln, Bewahren, Forschen, Vermitteln und Ausstellen erfüllt, sich zu einem dienstleistungsorientierten Non-Profit-Kulturbetrieb mutiert, der es mit Hilfe betriebswirtschaftlicher Methoden unternimmt, künstlerische und wirtschaftliche Interessen miteinander zu verschränken und in Form einer eigenständig gelebten Markenidentität zu demonstrieren.

Zur systematischen Steuerung von Veränderungsprozessen mit dem Ziel der Implementierung und/oder Stabilisierung von Markenidentität haben Wittke-Kothe 2001, S. 4 ff; Esch 2006, S. 416 und in ähnlicher Form auch Burmann/ Zeplin 2005 charakteristische Change Management Prozesse identifiziert. Alle Ansätze heben die Rolle von Führungskräften bei Change-Prozessen hervor und betonen, dass es zunächst sicherzustellen gilt, dass die Führungskräfte einer Institution ein einheitliches Verständnis von der Markenphilosophie, den Zielen, Inhalten sowie Implikationen des bevorstehenden Prozesses haben (Esch 2006, S. 416f.). Durch ihr Vorleben, Inspirieren und Informieren soll die Markenidentität „in die Köpfe und Bäuche aller Mitarbeiter" (Burmann/Zeplin 2005, S. 134 f.) transportiert werden. Was die Änderungswiderstände betrifft, ermittelt Mustafa (2000), dass die Erfassung und Bearbeitung von Widerständen gegen Änderung ein wesentlicher Erfolgsfaktor der ersten Phase ist.

Die vorliegende empirische Studie sagt aus, dass Führungskräfte in Museen einer Profilierung ihres Museums durch Markenbildung grundsätzlich zustimmen, dass sie gegenüber strategischen Marketingmaßnahmen jedoch nach wie vor misstrauisch sind und dies einer systematisch geplanten und gesteuerten internen

Markenvermittlung entgegensteht. Die Änderungswiderstände zu beheben erfordert einmal psychologisches Geschick, dann aber auch künstlerische Kompetenz und dazu fundiertes Marketing Know-How. Diese Qualitäten-Kombination ist eine besondere Herausforderung im Change-Prozess der Museumsbetriebe. Denn es mangelt ja gerade an diesen spezifischen Kompetenzen in den Häusern. So geht es zunächst einmal um ein Veränderungsmanagement. Das bedeutet in diesem Fall, „Infrastrukturen" für die Veränderung zu schaffen.

Es erscheint plausibel, dass zur Bewältigung solch einer paradoxen Situation Museen auf externe Unterstützung angewiesen sind. Dabei geht es weniger um den detaillierten Entwurf von Soll-Zuständen. Es geht vielmehr um die Hebung der Veränderungsbereitschaft und das Skizzieren von Visionen als Voraussetzung für die Entwicklung von strategischem Branding sowie dessen Umsetzung. Das Wesentliche ist also nicht die Veränderungsidee selbst bzw. deren Entwurf, sondern die Schaffung einer positiven Umgebung für betriebswirtschaftliche Konzepte und ihrer Adaption im Kulturbetrieb. Dazu ist es notwendig, „das ‚Verstehen' von Organisationen zu verstehen" (Kahle 1998, S. 107), um durch die Brille der kulturellen Institution die Widerstände entdecken und lösen zu können. Durch die Verbindung von wirtschaftlichen mit kulturellen Konzepten öffnen sich völlig neue Wege zur Profilierung von Kulturinstitutionen. In diesem Sinne handelt es sich hier um das Plädoyer für einen „emergenten" Transformationsprozess.

Dem (ursprüngl. philosophischen) Begriff der Emergenz ist es immanent, dass die Entstehung der "höheren Seinsstufe" aus der niederen so stattfindet, dass die "niedere Seinsstufe" sich differenziert und zu neuer Qualität zusammensetzt. Im Kulturbereich scheinen dafür gute Voraussetzungen zu existieren. Zunächst ist dafür jedoch eine Wandlung der Einstellung notwendig, ein Erwägen und Zulassen von zunächst als provokant und/oder kontraproduktiv empfundenen Denkmodellen und Gestaltungsimpulsen. Das Wagnis neuen Denkens und Handelns ist ja genuine Aufgabe der Kultur. Ganz speziell auch Kunstmuseen leben von den Aufbrüchen und Umbrüchen, den Visionen und Neuerungen derer, die in ihnen ausstellen. Wenn erkannt wird, dass ein „Sicheinlassen" auf die in der Wirtschaft vorhandenen strategischen Denkmodelle und deren Adaption und Verschränkung mit kreativen künstlerischen Perspektiven differenzierte, innovative Organisationskonzepte entstehen lassen, erweist es sich, dass der hier vorliegende Beitrag ein Plädoyer für Emergenz d u r c h Steuerung ist.

6. Literaturverzeichnis

Aaker, D.A. /Joachimsthaler, E. (2000): Brand Leadership, New York.
Backhaus, K. et al. (2000): Multivariate Analysemethoden, 9. Aufl., Berlin.
Bekmeier-Feuerhahn, S.; Trommershausen, A.(2006): Kulturbranding. Lassen sich Kultureinrichtungen zu Marken aufbauen, in: Strebinger, A.; Mayerhofer, W.; Kurz, H. (Hrsg.): Werbe- und Markenforschung. Meilensteine – State of the Art – Perspektiven. Wiesbaden, S. 213-244.
Dies. (2007): Museumsbranding in Deutschland, abzurufen unter: http://mystudy.uni-lueneburg.de/mystudy12/download/download.php?pw=true&typ=e&vvzid=2823&id=7334 (Abruf am 09.10.2007).
Dies. ; Sikkenga, J. (2007): Museen auf dem Weg zur Marke, unveröffentlichtes Manuskript.
Bieger, T. (2000): Dienstleistungsmanagement: Einführung in Strategien und Prozesse bei persönlichen Dienstleistungen, Bern.
Bruhn, M. (2004): Markenführung für Nonprofit-Organisationen, in: Bruhn, M. (Hrsg.): Handbuch Markenführung, Stuttgart, S. 2297-2330.
Burmann, C. / Zeplin, S. (2005): Innengerichtetes identitätsbasiertes Markenmanagement, in: Meffert, H. et al. (Hrsg.): Markenmanagement. Identitätsorientierte Markenführung und praktische Umsetzung, Wiesbaden, S. 115-142.
Caldwell, N. (2000): The emergence of museums as brands, in: International Journal of Arts Management, Vol. 2, No. 3, S. 28-34.
Chernatony, L. de / Harris, F.J. (2000): Developing corporate brands through considering internal and external stakeholders, in: Corporate Reputation Review, Vol. 3, No. 3; S. 268-274.
Ders. (2001): From brand vision to brand evaluation: Strategically building and sustaining brands, Oxford.
Ders. /Segal-Horn, S. (2003): The criteria for successful services brands, in: European Journal of Marketing, Vol. 37, No. 7/8, S. 1095 – 1118.
EFQM (2003a): Die Grundkonzepte der Excellence, Frankfurt a.M.

EFQM (2003b): Excellence bestimmen. Eine Fragebogen-Methode.
Ehling, M.(2005): Zeit für Freizeit und kulturelle Aktivitäten. Ergebnisse aus Zeitbudgeterhebungen, in: Institut für Kulturpolitik der Kulturpolitischen Gesellschaft (Hrsg.): Jahrbuch für Kulturpolitik, Band 5. Thema: Kulturpublikum. Bonn, S. 87-96.
Esch, F.-R. (2005): Strategie und Technik der Markenführung, München.
Ders./ Möll, T. (2005): Kognitionspsychologische und neuroökonomische Zugänge zum Phänomen Marke, in: Ders. (Hrsg.): Moderne Markenführung, S. 61-82.
Ders. (2006): Markenidentitäten wirksam umsetzen, in: Ders.: Corporate Brand Management, Wiesbaden, S. 75-100.
Ders. et al. (2006): Behavioral Branding – Wege der Marke zu Managern und Mitarbeitern, in: Strebinger, A. et al. (Hrsg.): Werbe- und Markenforschung, Wiesbaden, S. 403-434.
Fassnacht, M. (2004): Markenführung für Dienstleistungen, in: Bruhn, M. (Hrsg.): Handbuch Markenführung, Band 3, Wiesbaden, S. 2161-2181.
Gilmore, A./Rentschler, R. (2002): Changes in museum management: A custodial or marketing emphasis, in: The Journal of Management Development, Vol. 21, No. 10, S. 745-760.
Gotsi, M /Wilson, A.M. (2001): Corporate reputation management: living the brand, in: Management Decision, Vol. 39, No. 2, S. 99-104.
Gregory, J.R. /Wiechmann, J.G. (1997): Leveraging the corporate brand, Lincolnwood.
Haedrich, G./Tomczak, T. (1996): Strategische Markenführung, Bern et al.
Heinrichs, W. (1997): Die Karten werden neu gemischt! Strategische Skizzen zum Wandel im Kulturbetrieb, in: Ders. (Hrsg.): Macht Kultur Gewinn, Baden-Baden, S. 15-20.
Heinze, T. (2005): Kultursponsoring, Museumsmarketing, Kulturtourismus. Ein Leitfaden für Kulturmanager, Wiesbaden.
Hemsley, S. (1998): Internal affairs, in: Marketing Week, Vol. 25, No.5, April 2nd, S. 49-50.
ICOM (2003): Ethische Richtlinien für Museen, Berlin et al.
Ind,N. (1997): The corporate brand, London.
Institut für Museumsforschung (2005) (Hrsg.) : Materialien aus dem Institut für Museumsforschung: Statistische Gesamterhebung an den Museen der Bundesrepublik Deutschland für das Jahr 2004, Heft 59, Berlin 2005.

Institut für Museumsforschung (2004) (Hrsg.) : Materialien aus dem Institut für Museumsforschung: Statistische Gesamterhebung an den Museen der Bundesrepublik Deutschland für das Jahr 2003, Heft 58, Berlin 2006.

Institut für Museumsforschung (2003) (Hrsg.) : Materialien aus dem Institut für Museumsforschung: Statistische Gesamterhebung an den Museen der Bundesrepublik Deutschland für das Jahr 2002, Heft 57, Berlin 2006.

Kaas, K-P. (1990): Marketing als Bewältigung von Informations- und Unsicherheitsproblemen im Markt, in: Die Betriebswirtschaft, 50. Jg., Nr. 4., S. 539-548.

Kahle, E. (1998): Voraussetzungen und Möglichkeiten organisationalen Lernens aus kognitionswissenschaftlicher Sicht, in: Schwaninger, M. (Hrsg.): Intelligente Organisationen, Berlin, S. 103-118.

Kapferer, J. N. (2004): The New Strategic Brand Management: Creating and Sustaining Brand Equity Long Term, 4th edn, Kogan Page, London.

Kirchberg, V. (2004): Lebensstil und Rationalität als Erklärung des Museumsbesuches, in: Kesces, R. et al. (Hrsg.): Angewandte Soziologie, Wiesbaden, S. 309-328.

Klein, A. (2005): Kultur-Marketing. Das Marketingkonzept für Kulturbetriebe, 2. Aufl., München.

Köhler, R. (2004): Entwicklungstendenzen des Markenwesens aus Sicht der Wissenschaft, in: Bruhn, M. (Hrsg.), Handbuch Markenführung, 2. Auflage, Wiesbaden, S. 2765-2798.

Kramer, D. (2001): Museumswesen, in: Brednich, R. (Hrsg.): Grundriß der Volkskunde- Einführung in die Forschungsfelder der Europäischen Ethnologie,
Berlin, S. 661-683.

Ders. (1996): Wozu eigentlich Museen? Museen als Institutionen kultureller Öffentlichkeit, in: Zimmer, A. (Hrsg.): Das Museum als Nonprofit-Organisation: Management und Marketing, Frankfurt a. M./New York 1996, S. 23-38.

Lemmink, J. /Mattson, J. (1998): Warmth during non-productie retail encounters: The hidden side of productivity, in: International Journal of Research in Marketing, Vol. 15, No. 5, S. 505-518.

Meffert, H. /Burmann, C. (2002): Theoretisches Grundkonzept der identitätsorientierten Markenführung, in: Meffert, H. /Burmann, C.

/Koers, M. (Hrsg.): Markenmanagement. Grundfragen der identitätsorientierten Markenführung, Wiesbaden, S. 35-72.

Mellerowicz, K. (1963): Markenartikel - Die ökonomischen Gesetze ihrer Preisbildung und Preisbindung, München.

Mustafa, A. (2000): Critical Success Factors that effect the implementation of innovation: a multinational experience, Leiden University.

Opaschowski, H. W.(2005): Die kulturelle Spaltung der Gesellschaft, in: Institut für Kulturpolitik der kulturpolitischen Gesellschaft (Hrsg.): Jahrbuch für Kulturpolitik 2005, Band 5. Thema: Kulturpublikum. Bonn, S. 211-215.

o.V. (2007): Building and managing a successful brand with the three Cs: consistency, clarity and conformity, in: Strategic Direction, Vol. 23, Issue 1, S. 19-22.

Post, J.E./Griffin, J.J. (1997): Corporate reputation and external affairs management, in: Corporate Reputation Review, Vol. 1, No. 1/ 2 , S. 165-171.

PriceWaterhouseCoopers (2002): Is the brand important to HR managers?, Survey findings, Frankfurt.

Prokop, J. (2003): Museen – Kulturschöpfer und ihre Markenidentität, Wuppertal.

Schmidt, H.J. /Weinland, L. (2007): Der Erfolg beginnt im Unternehmen, in : Absatzwirtschaft, Nr. 3, S. 56- 57.

Schultz, M. /Chernatony, L. de (2002): The challenges of corporate branding, in: Corporate Reputation Review, Vol. 5, No. 2 / 3, S. 105-112.

Schwarz, P. (1993): Stichwort: Nonprofit-Management, in: Gablers Wirtschaftslexikon, Wiesbaden.

Siegert, G. (2005): Medienmarken als Link zwischen Qualität und Profit, in: Hellmann K.-U./ Pichler, R. (Hrsg.): Ausweitung der Markenzone, Wiesbaden, S.81-99.

Smithsonian Center for Education and Museum Studies (2005): ICOMCurricula Guidelines for Museum Professional Development, in: http://museumstudies.si.edu/ICOM-ICTOP/index.htm (Abruf am 09.10.2007).

Söndermann, M. (2004): Kulturausgaben in Deutschland sinken 2004 weiter, in: http://www.kulturmanagement.net/downloads/soendermann.doc (Abruf am 09.10.2007).

Stauss, B. (1995): Dienstleistungsmarken, in: Markenartikel, 57. Jg. , Heft 1, 1995, S. 2-7.

Stride, H. / Lee, S. (2007): No logo? No way in the non-profit sector, in: Journal of Marketing Management, Feb 2007, Vol. 23, Issue 1 2, S. 107-122.
Terlutter, R. (2000): Lebensstilorientiertes Kulturmarketing, Wiesbaden.
Tomczak, T./ Brockdorff, B. (2000): Bedeutung und Besonderheiten des Markenmanagements für Dienstleistungen, in: Belz, C. /Bieger, T. (Hrsg.): Dienstleitungskompetenz und innovative Geschäftsmodelle, Thexis, S. 486-502.
Treff, H.-A. (Hrsg.) (1998): Museen unter Rentabilitätsdruck, Altötting.
Wittke-Kothe, C. (2001): Interne Markenführung: Verankerung der Markenidentität im Mitarbeiterverhalten, Wiesbaden.
Wöhrle, A. (2002): Change-Management: Organisationen zwischen Hamsterlaufrad und Kulturwandel, Augsburg.
Zimmer, A.(1996): Museen zwischen Markt und Staat, in: Dies. (Hrsg.): Das Museum als Nonprofit Organisation, Frankfurt et al., S. 9-22.

Non-Profit-Organisationen zwischen Wachstums- und Ethik-Zielen – Eine kritische Analyse am Beispiel der katholischen und evangelischen Kirche

Dieter K. Tscheulin, Martin Dietrich[*]

1. Einleitung
2. Zur Vereinbarkeit von Betriebswirtschaftslehre und Kirche
3. Ethische Analyse betriebswirtschaftlich orientierten Handelns in den Kirchen
4. Zusammenfassung und Ausblick

Literatur

---

[*] Prof. Dr. Dieter K. Tscheulin ist Ordinarius für Betriebswirtschaftslehre an der Albert-Ludwigs-Universität Freiburg und ist Inhaber des Lehrstuhls für Marketing und Gesundheitsmanagement. Dr. Martin Dietrich ist Habilitand am Lehrstuhl für Marketing und Gesundheitsmanagement an der Albert-Ludwigs-Universität Freiburg.

1. Einleitung

Wenn es um die Verknüpfung von Management-Prinzipien mit Fragestellungen und Problemen der Kirchen geht, ist Skepsis vielfach die erste Reaktion. Dies wird oftmals mit der Besonderheit der Kirchen zu begründen versucht, die darin bestehe, dass es so etwas wie ein Produkt-Angebot der Kirchen und Religions-Märkte in dem Sinne, wie es für eine unternehmerisch geprägte Herangehensweise nötig wäre, nicht gäbe und dass das, was die Kirchen den Menschen böten, nicht in irgendeiner Weise zu vermarkten sei. Die Reduktion der Antwort auf die Frage nach der Verknüpfbarkeit von Managementansätzen mit den Problemen der Kirchen auf den Hinweis, dass die hierfür notwendigen Markt- und Produkteigenschaften fehlen, greift aber zu kurz. Wenn es nämlich darum geht, die Ziele der Kirchen mit einem vernünftigen Einsatz der ihnen zur Verfügung stehenden knappen Ressourcen zu erreichen, unterscheidet sich diese Problemstellung prinzipiell nicht von der anderer Organisationen, insbesondere nicht von Unternehmen. Das betrifft die Frage nach der Formulierung von kirchenspezifischen Zielen und die Möglichkeiten, sie zu erreichen, ohne dabei grundlegende Nebenbedingungen zu verletzen, die charakteristisch für die Aufgaben der Kirchen sind.

Dabei ist festzustellen, dass es zwar Arbeiten zur Übertragung von managementorientierten Organisations- und Marketingansätzen auf die Kirchen gibt (Das evangelische Münchenprogramm eMp, Hillebrecht 1995), dass jedoch der Frage nach der Formulierung von Zielen der Kirchen aus unternehmensökonomischer Sicht sowie den damit verbundenen Problemen, diese mit sachzielkonformen Managementansätzen zu erreichen, bisher wenig Aufmerksamkeit geschenkt wird. Ziel dieses Beitrags soll es daher sein, konzeptionell darzulegen, unter welchen Bedingungen managementorientierte Ansätze vertretbar sind, um das Erreichen kirchlicher Ziele zu unterstützen. Dabei soll auf die den Kirchen eigenen Ziele der Verbreitung der christlichen Lehre als ihre Mission eingegangen werden, was hier als Wachstumsziel verstanden wird. Zudem soll auf die damit verbundene Problematik der Angemessenheit der dafür eingesetzten Mittel eingegangen werden. Diese Diskussion muss daher die Werte der Kirche als Organisation einbeziehen, die durch diese Herangehensweise berührt werden. Das macht diese Diskussion zu einer ethischen Diskussion (Schauenberg 1991), welche den Einsatz des betriebswirtschaftlichen Instrumentariums dahingehend beurteilt, inwieweit das

Wertesystem der Kirchen davon betroffen ist. Die Diskussion von managementorientierten Ansätzen darf sich dabei nicht auf die sprachlichen Differenzen reduzieren, die sich in der Verständigung zwischen der betriebswirtschaftlichen und der theologischen Profession regelmäßig ergeben, sondern muss sich auf inhaltliche Gesichtspunkte konzentrieren. Damit soll begründet werden, dass Kirchen ihren als Wachstumsziel interpretierbaren Missionsauftrag unter ethischen Gesichtspunkten auch mit ökonomischen Ansätzen verfolgen dürfen. Dies soll dazu beitragen, die tatsächlichen Möglichkeiten und Grenzen des unternehmerischen Denkens für Kirchen aufzuzeigen.

Der Beitrag behandelt zunächst die Frage nach der grundsätzlichen Möglichkeit, die Situation der beiden großen deutschen Volkskirchen von einem betriebswirtschaftlichen Standpunkt aus zu betrachten. Dazu werden zunächst die Voraussetzungen diskutiert, die für die Anwendung einer unternehmerischen Sichtweise auf die Kirchen notwendig erscheinen. Danach wird aus marktorientierter Sicht die Interpretation des Auftrags der evangelischen und katholischen Kirchen als Wachstumsziele begründet und der Einsatz unternehmenspolitischer Instrumente am Beispiel der Produkt- und Kommunikationspolitik diskutiert. Der Beitrag endet mit einer Zusammenfassung der wichtigsten Punkte und einem Ausblick auf weitere relevante Problemstellungen in diesem Zusammenhang.

2. Zur Vereinbarkeit von Betriebswirtschaftslehre und Kirche

2.1 Ökonomismuskritik der Kirchen

Für eine ethisch orientierte Diskussion zur Anwendbarkeit von ökonomischen Ansätzen im Allgemeinen bzw. betriebswirtschaftlichen Konzepten im Speziellen für die Kirchen kann zunächst argumentiert werden, dass einige wertorientierte und fundamental formulierte Kritikpunkte der Kirchen an betriebswirtschaftlichen Konzepten nicht schlüssig erscheinen. Dadurch soll gezeigt werden, dass es möglich ist, die Kompatibilität von betriebswirtschaftlichen Ansätzen mit den grundsätzlichen Werten der Kirche in Einklang zu bringen.

Die allgemeine Kritik an der „Ökonomisierung" der Kirche kann exemplarisch an der Stellungnahme der Initiative „Kirche in der Wettbewerbsgesellschaft" dargestellt werden (Initiative „Kirche in der Wettbewerbsgesellschaft" 1999), die als Reaktion auf das Evangelische München-Programm entstand (Kunz 2006). Im Kern hebt diese Kritik darauf ab, dass wesentliche Grundannahmen, die für die Übertragung von ökonomischen Konzepten auf die Kirchen als notwendig erachtet werden, aus theologischer Sicht nicht haltbar seien. Auf das Wesentliche reduziert besagt die Kritik der Initiative „Kirche in der Wettbewerbsgesellschaft", dass die Kirche *keine Anbieterin* des Evangeliums, sondern deren Geschöpf sei, dass eine Trennung in *Anbieter und Kunden* bzw. in *Habende und Nichthabende* nicht dem evangelischen Verständnis entspräche, sich die Kirchenverwaltung im *Verkündigungsamt* wiederfinde und sie sich deshalb nicht von der Kirche trennen lasse, die evangelische Kirche *Gemeinde sei* und somit die Gemeinde nicht *habe*, die missionarische Kirche Menschen am Evangelium *teilhaben* lasse und den herrschenden Denkgewohnheiten der Zeit widerstehe und dass die Kirche nur dann ihrem Auftrag gerecht werden könne, wenn sie sich auf ihre Aufgaben konzentriere und ihre Energien nicht in organisatorischen Planspielen verbrauche (Initiative „Kirche in der Wettbewerbsgesellschaft" 1999).

Die Reduktion der Problematik bei der Übertragung von ökonomischen Konzepten auf die Situation der Kirchen auf die in dieser Kritik enthaltenen Aspekte wird der Sache dann nicht gerecht, wenn die Substanz der Kritik offensichtliche Differenzen des Sprachgebrauchs sind, nicht aber inhaltliche Gesichtspunkte als zentraler Kern aufgegriffen werden.

Um zunächst aus der organisationsexternen, marktorientierten Sichtweise – als Abgrenzung zur internen, organisationsorientierten Sichtweise – zu argumentieren, widerspricht es zum Beispiel der gängigen ökonomischen Denkweise, Anbieter und Nachfrager mit „Habenden" und „Nichthabenden" (Initiative „Kirche in der Wettbewerbsgesellschaft" 1999) gleichzusetzen. Die für das Marketing als Analyse von organisationsexternen Existenzbedingungen kennzeichnende Denkweise in Kategorien von Anbietern und Nachfragern stellt den Austausch zwischen diesen beiden Parteien in den Mittelpunkt der Betrachtung, der dann stattfindet, wenn der Austausch zum Vorteil beider Tauschpartner ist. Grundlegende Bedingungen für das Zustandekommen eines Austausches sind demzufolge (Kotler/Keller/ Bliemel 2007, S. 14):

- dass zwei Parteien existieren,
- dass jede Partei etwas hat, was für den anderen von Wert ist,

- dass jede Partei mit der anderen kommunizieren kann und zum Tausch befähigt ist,
- dass es jeder Partei frei steht, das Tauschangebot der anderen Partei anzunehmen oder abzulehnen
- und dass jede Partei den anderen als Tauschpartner akzeptiert.

Dieses Bild verdeutlicht, dass Anbieter und Nachfrager aus Sicht der Ökonomie nicht zum Nachteil der jeweils anderen Partei agieren, sondern dass sie sich gegenseitig wertvoll sind, der Austausch mithin zu einer Verbesserung der Situation beider Parteien vollzogen wird. Der Austausch kommt nur dann zustande, wenn er in irgendeiner Weise „gut" für beide Parteien ist. In diesem Zusammenhang stellt der Austausch kein Nullsummen- oder gar einseitiges Verlust-Spiel dar, sondern kann mit einer „Win-Win"-Situation beschrieben werden. Die Kritik an dem Anbieter- und Nachfrager-Konzept durch eine Reduktion auf die Begriffe „Habende" und „Nicht-Habende" und das damit dem wirtschaftswissenschaftlichen Ansatz unterstellte Menschenbild kann aus wirtschaftswissenschaftlicher Sicht nicht greifen.

Aus organisationsinterner Sicht müssen Kirchen nicht eigens als Unternehmen oder Non-Profit-Organisation (NPO) definiert werden, um betriebswirtschaftliche und unternehmensökonomische Konzepte auf sie anwenden zu können. Es reicht aus, sie als ein organisiertes soziales Gebilde zu identifizieren, das Ziele verfolgt, die es durch Entscheidungen über den Einsatz knapper Ressourcen zu erreichen versucht (Raffée 1995). Neugebauer (1998) formuliert hierzu allgemein: „Die Betriebswirtschaftslehre konzentriert ihr Interesse auf die einzelne Wirtschaftseinheit (Betrieb) als Einzelwirtschaftslehre. Nicht der Profit oder die Kapitalrentabilität ist ihr [alleiniges] Ziel, sondern das zweckgerichtete, verantwortliche und dem Prinzip der Wirtschaftlichkeit folgende Vorgehen" (S. 49). Auch wenn hier der Betrieb als Wirtschaftseinheit beschrieben wird, liegt der Schwerpunkt dieser Beschreibung auf dem zweckgerichteten, verantwortlichen und dem Prinzip der Wirtschaftlichkeit folgenden Vorgehen. Bringt man damit in Verbindung, dass nahezu jegliches menschliche und somit organisatorische Handeln aufgrund der für das Handeln notwendigen Entscheidungen unter Knappheit stets eine ökonomisch interpretierbare Dimension hat, sehen sich auch Kirchen der Anforderung gegenüber, ihre Ressourcen vernünftig und verantwortlich zum Erreichen ihrer Ziele und für ihre Aufgaben einzusetzen. Unabhängig von der Art der Ziele, die

Organisationen verfolgen, dient das in der Betriebswirtschafslehre entwickelte und erprobte Instrumentarium genau diesem vernünftigen Umgang mit den Ressourcen. Damit wird der Instrumentalcharakter betriebswirtschaftlicher Vorgehensweisen hervorgehoben, der per se nicht als gut oder schlecht, sondern lediglich als geeignet oder ungeeignet bezeichnet werden kann. Um mit August Marx zu sprechen: „Der Mensch ist ja Subjekt und nächstes Ziel der Wirtschaft, nicht etwa die Wirtschaft selbst, die vernünftigerweise gar nicht um ihrer selbst willen betrieben werden kann." (Marx 1955, S. 45)
Daher kann sowohl aus organisationsexterner, d.h. marktorientierter, wie auch aus organisationsinterner Sicht, trotz der Einschränkung, dass man aus ethischen Gründen nicht alle Leistungen dem Spiel der freien Marktwirtschaft überlassen sollte (Tscheulin 2007), nicht pauschal postuliert werden, die Anwendung ökonomischer Ansätze seien für die Kirchen nicht geeignet. Die Frage muss vielmehr lauten, auf welche Weise eine betriebswirtschaftlich orientierte Herangehensweise hilfreich für die Situation der Kirchen umgesetzt werden kann.

2.2 Wachstumsziele der Kirchen

Wirtschaftliche Betätigung beinhaltet das Verfolgen von Zielen auf zwei Ebenen, auf der Sach-Ebene und auf der Formal-Ebene (Eichhorn 2005). Während Formalziele die in vergleichbaren Einheiten, meist monetär bewerteten Größen abzubildende erwünschte Zustände meinen (Gewinn, Rentabilität, etc.), heben Sachziele auf einen „hinsichtlich Art, Menge, Güte, Raum und Zeit erwünschten naturalen Zustand" ab (Eichhorn 2005, S. 186 f.). Ohne weiter an betriebswirtschaftlichen Konzepten anknüpfen zu müssen, stellt der biblische Auftrag an die Kirche nach Matthäus 18,19: „Darum geht zu allen Völkern und macht alle Menschen zu meinen Jüngern […]" als Auftrag an die Kirche inhaltlich die Aufforderung dar, zu wachsen. Somit ist es naheliegend, die Mission der Kirchen als das Sachziel „Wachstum" aufzufassen.
Obwohl die Großkirchen in Deutschland gemessen an den verwaltungstechnisch registrierten Mitgliedern nicht wachsen, findet dieses wachstumsorientierte Sachziel Niederschlag in den Missionsbemühungen der evangelischen und katholischen Kirchen in Deutschland. In der gegenwärtigen Situation der Großkirchen kann es bei dem Wachstumsziel aber nur darum gehen, den Bestand an Gläubigen zu bewahren bzw. das Negativ-Wachstum und den Schwund an aktiven Gläubigen so weit wie möglich zu begrenzen (vgl. hierzu

Tscheulin/Dietrich 2006), womit die Mission der Kirchen in Deutschland zur Bestandswahrung wird.
Dieses so verstandene Wachstums-Ziel impliziert aus betriebswirtschaftlicher Sicht als strategische Ausrichtung der Kirchen die Marketing-Orientierung, d.h. die Orientierung an den für die Kirchen externen Bedingungen in ihrem Bemühen, die Gläubigen, Glaubenfernen und Nicht-Gläubigen zu erreichen. Dabei sollte klar sein, dass es den Kirchen daran gelegen sein muss, nicht an den Menschen vorbei zu agieren, sondern die für sie notwendige gesellschaftliche Verankerung beizubehalten, da Kirchen nur mit und durch ihre Mitglieder existieren können. Das bedeutet aber nicht, dass die kirchlichen Inhalte, die als unveränderbar und religionsspezifisch zu den nicht veränderbaren Bestandteilen der kirchlichen Erscheinungsform von der theologischen Profession festzulegen sind, an den Zeitgeist anzupassen wären, sondern dass die Inhalte auf eine wirksame Weise so vermittelt werden, dass sie die Menschen überzeugen und damit der Missionsauftrag unterstützt wird. Das Instrumentarium der Marketing-Orientierung, und damit das Konzept des Marketings, lässt sich hierbei mit Gewinn für dieses Ziel einsetzen. Es ist im Sinne einer differenzierten Betrachtung der Situation der Kirchen nicht davon auszugehen, dass sich ihre eigentliche Aufgabe samt deren Ziele betriebswirtschaftlichen Gesetzmäßigkeiten unterzuordnen hätte. So verstanden stellt der Auftrag der Kirchen den Auftrag für das Marketing dar, ohne Gefahr zu laufen, dass sich das betriebswirtschaftliche Marketing als neue Aufgabe der Kirchen zu etablieren droht.
Von einer betriebswirtschaftlich marktorientierten Sichtweise bedeutet dies zunächst, zu bestimmen, wo Handlungsspielräume für Entscheidungen existieren, die eine Art von unternehmerischer Freiheit darstellen. Diese ist notwendig, um aus alternativen Möglichkeiten auf Grundlage einer vernünftigen Entscheidung diejenige auszuwählen, die am meisten Erfolg verspricht. Aus marktorientierter Sicht ist die Frage, die sich damit stellt, in wie weit eine Abgrenzung zwischen den für eine Gestaltung des kirchlichen Angebots exogenen, durch den Religionsstifter gegebenen Größen und den für die Gestaltung variablen Größen möglich ist (Tscheulin/Dietrich 2001). Diese Abgrenzungsdiskussion muss dabei Bestandteil der Vorarbeit sein, die durch die theologische Profession im Vorfeld der tatsächlichen Anwendung wirtschaftswissenschaftlicher Prinzipien in den Großkirchen geleistet werden muss.

Gegeben, diese Abgrenzungsdiskussion schreibt die unveränderlichen Aspekte der Erscheinung der Kirchen fest, kann grundsätzlich davon ausgegangen werden, dass die konzeptionellen Grundlagen eines generischen Marketing (Kotler 1972) auf die Probleme der Kirchen anwendbar sind. Im Kern beschäftigt sich dieses Konzept damit, wie die Ziele eines sozialen Systems in Interaktion mit den Schnittstellen des für die Existenz des Systems überlebensnotwenigen Umfelds realisiert werden können. Für die Kirchen heißt das, wie ihren festgeschriebenen Werten in einer sich ändernden Welt zu mehr Geltung verholfen werden könnte, eine Fragestellung, die auch in der Diskussion um die theologische Erneuerung der Kirchen aufgegriffen wird (z.b. Initiative „Kirche in der Wettbewerbsgesellschaft" 1999). Vorausgesetzt, dass das generische Marketing als Instrument eine grundsätzliche Eignung aufweist, die Verwirklichung der Ziele der Kirchen zu unterstützen, dann ist Marketing nicht das Diktat, dem sich die Kirchen zu unterwerfen haben, sondern die Ziele der Kirchen wären das Diktat, dem sich das Marketing unterzuordnen hat (Dietrich/Tscheulin 2002).

Darüber hinaus zeigen empirische Untersuchungen unter evangelischen und katholischen Pfarrern und Pfarrerinnen, dass die Bereitschaft, Marketingkonzepte auf die Kirchen zu übertragen, als mit dem Missionsauftrag in Einklang stehend betrachtet wird (Tscheulin/Dietrich 2004). Dabei ist auch anzumerken, dass die Bedarfsorientierung als wesentlicher Bestandteil des Marketingkonzepts grundsätzlich anerkannt wird, aber Defizite in der Umsetzung der Bedarfsorientierung mit Hilfe eines erfolgskontrollierten Instrumentariums identifiziert werden können (Tscheulin/Dietrich 2004).

Aufgrund der Besonderheiten des religiösen „Angebots" muss aber berücksichtigt werden, dass das Marketing nur dann für Kirchen in Frage kommt, wenn gewisse Anpassungen in der Interpretation vorgenommen werden. Das betrifft insbesondere die Anwendung des marketingpolitischen Instrumentariums, auf das hier am Beispiel der Produkt- und Kommunikationspolitik näher eingegangen werden soll. Für die Diskussion der Preis- bzw. Gebührenpolitik und Distributionspolitik sei an andere Stellen verwiesen (vgl. Tscheulin/Dietrich 2001, Tscheulin/Dietrich 2006).

Von besonderer Wichtigkeit im Rahmen der *Produktpolitik* ist die Diskussion der notwendigen Abgrenzung innerhalb eines religiösen bzw. kirchlichen Angebots (Hillebrecht 1995, Tscheulin/Dietrich 2001). Dieser wichtige Unterschied zwischen einer klassischen Unternehmung und der Kirche bei der

Realisierung des Marketingmanagementprozesses liegt darin, dass das klassische Unternehmen in seiner strategischen Planung und Gestaltung des Angebots grundsätzlich frei ist. Gerade die Kirchen haben aber diese Freiheiten in der Planung und Gestaltung ihres Kernangebotes nicht. Die Kirchen sind mit ihrer Kernleistung an ihre Religionsstifter gebunden. So steht die Schaffung einer neuen Religion oder einer Veränderung des religiösen Inhaltes für die Kirchen nicht zur Disposition (Hillebrecht 1995). Wird das kirchliche Erscheinungsbild jedoch wie in der Produktpolitik üblich als Bündel von Eigenschaften definiert (Brockhoff 1999), so gehören zum Erscheinungsbild als das „Produkt" der Kirchen bezogen auf die Religionsvermittlung nicht nur die religiösen Kerninhalte als Grundeigenschaft, sondern z.B. auch die Art der Vermittlung dieser Inhalte oder die Anmutungseigenschaften des Angebotes der Kirchen (vgl. z.B. Brockhoff 1999). Bezüglich der Vermittlungsart der religiösen Inhalte können zudem die direkte Vermittlung, beispielsweise durch Religionsunterricht, Gottesdienste und dergleichen, und die indirekte Vermittlung unterschieden werden, die sich in tätiger Anwendung christlicher Werte durch z.B. kirchliche oder kirchlich initiierte Einrichtungen zeigen, z.B. in Krankenhäusern, Altenheimen, Klöstern, sozialen Einrichtungen wie die Caritas (vgl. z.B. *Hillebrecht* 1996, S. 64-69). Die Ausgestaltungsformen dieser Eigenschaften unterliegen hierbei der Bedingung, dass sie der Verwirklichung christlicher Werte am Menschen dienen sollen; alle Optionen, die dieser Bedingung nicht zuwiderlaufen, stehen somit als Gestaltungsmöglichkeiten offen.

Im Rahmen der *Kommunikationspolitik* ist vor allem für diejenigen Elemente des kirchlichen Angebots, die keiner Veränderung zugänglich sind, eine zielorientierte Kommunikationspolitik von Bedeutung. Die Kirchen müssen vermitteln, welche Bedürfnisse der Gläubigen durch die Ausübung der christlichen Religion angesprochen werden. In diesem Sinne ist auch die Kommunikationspolitik für ein glaubwürdiges und überzeugendes Angebot der Kirchen verantwortlich. Die Kommunikationspolitik hat hierzu eine ganze Reihe von Konzepten entwickelt, mit Hilfe derer diese Zielsetzung erreicht werden kann (vgl. z.B. *Meffert/Bruhn* 1997, S. 355; *Rothschild* 1979, S. 12 ff.). Aus Sicht der Theologie kann die Kontingenzbewältigung im Rahmen eines religiösen Systems durch die wirksame Vermittlung der Inhalte zu höherer Akzeptanz führen.

Zudem lassen sich auch einige der bisherigen Aktivitäten der Kirchen – auch im historischen Kontext – im Lichte des Marketings betrachten. Die Missionierung kann als strategisches Wachstumsziel interpretiert werden, die Umstellung der Messe von Latein auf die jeweilige Landessprache kann als Produkt- bzw. Leistungspolitik verstanden werden, die baulich hervorgehobenen Gotteshäuser stellen eine Markierung im Sinne einer Marke dar. So gesehen ist es müßig zu argumentieren, die Kirchen könnten die Instrumente des Marketing nicht zu ihren Zwecken nutzen, denn sie haben schon immer Aktivitäten betrieben, die im Lichte des Marketings interpretiert werden können. Für ein strukturiertes kirchliches Marketing geht es darum, mit einer sinnvollen Umsetzung marketingwissenschaftlicher Konzepte die bisherigen Bemühungen der Kirchen besser und erfolgreicher an den Erfordernissen der aktuellen Situation, der sich die Kirchen ausgesetzt sehen, auszurichten.

3. Ethische Analyse betriebswirtschaftlich orientierten Handelns in den Kirchen

Bis hierher bestand die Diskussion aus dem Versuch nachzuweisen, dass es sich bei der Anwendung betriebswirtschaftlicher Konzepte nicht um ein alternatives Konzept für die Kirchen handelt, welches die theologische Kompetenz ersetzen oder bedrohen soll, sondern dass diese Konzepte ihr vielmehr zum Erfüllen ihres Auftrags dienen können. Der ethische Konflikt zwischen Betriebswirtschaft und Kirche wurde am Beispiel der Missionierung als Wachstumsziel der Kirchen somit zu entschärfen versucht. Nun soll aufgezeigt werden, dass von rein ethischen Gesichtspunkten aus gesehen es theoretisch als denkbar angesehen werden muss, dass der ethische Konflikt je nach Anwendung unterschiedlicher ethischer Denkansätze ebenfalls gemildert werden kann.

Die Diskussion zwischen Wachstumszielen der Kirche und Ethik entzündet sich im vorliegenden Fall daran, ob seitens der Kirchen auch in wirtschaftlichen Kategorien der Betriebswirtschaft und des Marketings gedacht und gehandelt werden darf, wenn es um die Erfüllung ihres Auftrags geht. Man kann sich der Antwort auf diese Frage anhand der Gegenüberstellung ethischer Dankhaltungen annähern. Ethik im vorliegenden Zusammenhang soll Aufschluss über die moralischen Orientierungen geben, die bei der Bewältigung organisationsspezifischer Aufgaben der Kirchen notwendig werden. Hier thematisiert die Ethik also das grundsätzliche moralische Problem eines ökonomisch interpretierbaren und motivierten Handelns von Kirchen. Moral wird hierbei verstanden als der Bestand an faktisch herrschenden Werten und

Normen in einer Gruppe oder Gesellschaft, was in diesem Fall die Werte und Normen für die Organisation Kirche betrifft.
Im Problem um die Angemessenheit der Anwendung betriebswirtschaftlicher Ansätze für die Kirchen zeigt sich ein Konflikt zweier grundsätzlicher Denkansätze der Ethik, nach denen sich das, was „gut" oder „richtig" ist, bemisst (Noll 2002). Der deontologische Denkansatz geht davon aus, dass die Grundsatztreue das Maß für die Bewertung des Handelns ist, d.h., dass sich der Handelnde einem Grundsatz bzw. einem Gesetz als Grundlage seiner Handlung verpflichtet fühlt. Der teleologische Ansatz hingegen bewertet das Ziel bzw. die Folgen, die mit einer Handlung verfolgt werden und betont die Verantwortung des Handelnden für die absehbaren Folgen seines Tuns. Diese Ansätze der Ethik werden auch als Gesinnungsethik und Verantwortungsethik bezeichnet und gelten für sich als unvereinbar (Weber 1956). Die Kritik aus den Reihen der Kirche an betriebswirtschaftlichen Ansätzen offenbart sich hierbei als eine, die sich vor allem auf Grundsätzlichkeiten stützt und stellt somit die deontologische Ethik als Bewertungsprinzip in den Vordergrund. Als Kritik an der Gesinnungsethischen Denkweise lässt sich formulieren, dass sich das „Gute" lediglich an der Kompatibilität mit bestimmten, als gültig erklärten Grundsätzen bestimmen lässt. Um mit Max Weber zu sprechen: „Der Christ tut recht und stellt den Erfolg Gott anheim" (Weber 1956, S. 175). Die Position der teleologischen Theorie hingegen definiert das Gute unabhängig vom Rechten daran, ob das „Gute" maximiert wird (Noll 2002).
Keine dieser Ethiken kann für sich alleine verlässliche und konsistente Handlungsregeln für alle ethischen Fragestellungen bereitstellen, so dass für eine Bewertung betriebswirtschaftlichen Handelns im Kontext der Kirchen sowohl aus deontologischem wie auch aus teleologischem Ethikverständnis argumentiert werden kann bzw. werden muss. In Entscheidungssituationen müssen Folgen des Handelns zur Bewertung mit einbezogen werden.
Als Wertegerüst erscheint es daher zweckmäßig, den deontologischen Ansatz heranzuziehen, der den im Auftrag der Kirchen Handelnden Grundsätze vermittelt, an denen sie sich orientieren können. Gute Handlungen sind somit solche, die diesen Grundsätzen gerecht werden, so verstanden also „gerecht" sind. Im Sinne des Substitutionsprinzips gibt es aber auch denkbare Situationen, in „denen das Ausmaß an zusätzlichen guten Folgen der Handlung [...] so groß ist, dass das Prinzip der Nützlichkeit über das Prinzip der Gerechtigkeit dominieren muss." (Noll, 2002, S. 21) Bezogen auf die Schwierigkeit der

Anwendung betriebswirtschaftlichen Denkens auf die Probleme gibt es begründeten Anlass zu der Vermutung, dass eine angemessene betriebswirtschaftliche Herangehensweise in manchen Fällen dem Substitutionsprinzip gerecht wird. Das leuchtet insbesondere dann ein, wenn das Unterlassen von vernünftigen Handlungen im Sinne der Ökonomie und des Wirtschaftens einen größeren Schaden für die Kirchen anrichtet, als durch die Grundsatztreue der Kirchen bewahrt wird.

Beispielsweise mag die Grundsatzkritik der Kirchen an der Ökonomisierung, dass die Kirche als die Gemeinde der Getauften eben keine Gemeinde hat, sondern Gemeinde ist, aus ethischer Sicht als Grundsatztreue, also als Gesinnungsethik gelten. Sie greift aber im Lichte des teleologischen Ansatzes dann nicht mehr, wenn die Unterscheidung in die aktiven, professionellen Gemeindemitglieder einerseits und die Gemeinde-Laien und Gemeinde-Fernen andererseits zu Denkansätzen führt, die als „Angebot" und „Nachfrage" bezeichnet werden können, und dies in der Folge dazu führen kann, wirkungsvolle Lösungsansätze zu entwickeln, die das Gemeindeleben wieder lebendiger werden lassen. Dies mag pragmatisch anmuten und den Empfindungen der kirchlichen Profession Unbehagen bereiten. Die Anwendung des Substitutionsprinzips stellt aber keinen Generalangriff auf die deontologische, „gerechtigkeitsorientierte" Ethik und ihre Orientierung an kirchlichen und theologischen Grundsätzen dar, sondern offenbart, dass im Rahmen des Abwägens Lösungen entstehen können, in denen Abweichungen von grundsatztreuen Handlungen für das Erfüllen des kirchlichen Auftrags und der kirchlichen Aufgaben gerechtfertigt erscheinen. Ethisch handeln heißt in diesem Kontext, moralische Verantwortung zu übernehmen im Hinblick auf die Zielsetzungen der Organisation „Kirche".

Von einer anderen Seite betrachtet stellt sich die Frage, wie weit die Kirchen es sich aus ethischer Sicht erlauben können, nicht so vernünftig wie irgend möglich mit den ihnen von ihren Glaubensgemeinschaften zur Verfügung gestellten Mitteln umzugehen. Nicht den Prinzipien der Wirtschaftlichkeit folgen zu wollen bedeutet, unausgeschöpftes Potenzial brachliegen zu lassen, d.h. Verschwendung zu akzeptieren. Die durch Verschwendung vertanen Ressourcen schmälern dann die Möglichkeiten der Kirche auf unnötige Weise, ihrem Auftrag und ihren Aufgaben nachkommen zu können. Aus ethischer Sicht ist dieses Vorgehen nicht als unproblematisch zu bezeichnen. Es bedeutet andererseits, dass die Erfüllung des Auftrages es sogar ethisch als zwingend erscheinen lässt, mit den gegebenen

Mitteln eine größtmögliche Wirkung zu entfalten, die sich nicht in Gewinnen oder in Rentabilität zu messen lassen hat, sondern in der belegbaren Erfüllung der Sachziele der Organisation Kirche.

4. Zusammenfassung und Ausblick

Der vorliegende Beitrag sollte anhand des Konfliktes zwischen Wachstums- und Ethik-Zielen der Großkirchen verdeutlichen, wie das Problem der Übertragung von ökonomischen, d.h. hier im Speziellen betriebswirtschaftlichen Konzepten auf die Kirchen unter ethischen Gesichtspunkten diskutiert werden kann. Im Wesentlichen sollte dabei auf zwei Argumentationen aufgebaut werden. Zuerst wurde dargestellt, dass ökonomisches Handeln eine Zwangsläufigkeit menschlichen und damit organisatorischen Handelns ist. Ökonomische Ansätze stellen in diesem Sinne kein Alternativprogramm zur theologischen Kompetenz dar und sehen die theologische Kompetenz auch nicht als ihren Antagonisten an. Wie dargelegt wurde, bedingen Entscheidungen unter Knappheiten ökonomisches Denken, ein Problem, mit dem sich jede Art von Organisation konfrontiert sieht, auch die Großkirchen in Deutschland. Die Frage stellt sich nur, inwieweit sich die Kirchen dieser Dimension ihres Handelns bewusst werden möchten und in welchen Aspekten ihrer Erscheinungsform ökonomische Ansätze berücksichtigt werden sollen. Anders gewendet kann auch so argumentiert werden, dass es unmöglich ist, nicht ökonomisch zu handeln, sobald Handlungen auf Entscheidungen unter der Berücksichtigung von Knappheiten beruhen. Es stellt sich aber die Frage, wie professionell man mit dieser Seite des organisatorischen Daseins von Seiten der Kirchen umgehen möchte.

Weiterhin wurde dargestellt, dass die Anwendung betriebswirtschaftlicher Konzepte für Kirchen auch vor dem Hintergrund des deontologischen und des teleologischen Denkansatzes in der Ethik betrachtet werden kann. Hier wurde dargelegt, dass das deontologische Ethikverständnis im Sinne einer Gesinnungsethik das Wertegerüst für die Anwendung betriebswirtschaftlicher Ansätze unter Kirchen bereitstellen kann. Gemäß dem Substitutionsprinzip muss aber auch davon ausgegangen werden, dass das teleologische Ethikverständnis im Sinne einer Verantwortungsethik dann angemessen erscheint, wenn die Folgen des Handelns mehr „Gutes" schaffen als ein starres, die Handlungsfolgen nicht berücksichtigendes Beharren auf Grundsätzen ermöglichen würde. Hier wurde deutlich, dass es ein Abwägungsprozess ist, der den Ausgleich zwischen diesen beiden ethischen Prinzipien ermöglicht und der von Fall zu Fall entschieden werden muss (Noll 2002, S. 21). Versteht man die Kritik der Kirchen an ökonomischen Denkansätzen für ihre Belange als deontologische Ethik und die Anwendung betriebswirtschaftlicher Prinzipien für die Kirchen als teleologische Ethik, wird damit deutlich, dass die Lösung des ethischen Problems bei der Anwendung betriebswirtschaftlicher Konzepte für die Kirchen ein ständiger Abwägungsprozess ist. Um zu fruchtbaren Ergebnissen zu kommen, bedarf es eines qualifizierten Austausches zwischen den Professionen, der sich auf inhaltliche Aspekte konzentriert und in der Lage ist, sprachliche Differenzen, die zwischen Ökonomie und Theologie herrschen, zu überwinden. Weitere Punkte einer ethisch orientierten Diskussion im Umfeld der Anwendung von betriebswirtschaftlichen Mitteln in den Kirchen, die hier nicht behandelt werden können, betreffen das gesamte Feld der Wirtschaftsethik (Noll 2002) sowie des organisationalen Lernens (Kahle 1999), auf die hier nur kursorisch eingegangen werden soll. Wird als Auftrag der Kirchen ihre Mission verstanden, so bedarf es einer Form der unternehmerischen Freiheit für die Kirchen-Verantwortlichen, kreativ diese Ziele zu erreichen. Die Übertragung der Verantwortung, im Sinne dieses Auftrags zu handeln, wirft dabei aus organisationsinterner Sicht das Problem der Umsetzung auf. Auch hier stellen sich ethische Fragestellungen, die im Rahmen der Delegation von Aufgaben und dem zu Grunde gelegten Menschenbild zu behandeln sind. Die Ethik bietet hierzu die Trennung nach Compliance- oder Integrity-Ansätzen an (Noll 2002, S. 119 ff.), mit der sie die Autonomie in der Aufgabenerfüllung durch die Verantwortlichen und Kirchen-Aktiven behandelt.

Auch das Konzept von Ethik-Kodizes (Codes of Etics, Codes of Conduct), im deutschsprachigen Raum als Unternehmensleitsätze bezeichnet, ist inzwischen ein bewährtes Instrument, anhand dessen Organisationen ihr Wertesystem verbindlich festlegen. Für die Kirchen leiten sich die Leitsätze aus der Auslegung der Bibel ab, wenn es um die Vermittlung kirchlicher Werte geht. Einer Ergänzung zu einem Organisationsleitbild bedarf es dann, wenn es auch darum geht, die Anforderungen eines zieladäquaten Vorgehens festzuschreiben und sich hierbei die Anwendung managementorientierter Vorgehensweisen anbieten, und diese Ansätze auch umgesetzt werden sollen. Die Entwicklung eines adäquaten Ethik-Kodex für die Kirchen bei der Anwendung betriebswirtschaftlicher Konzepte könnte helfen, die Skepsis innerhalb der

Kirchen abzubauen. Die Entwicklung dieses Ethik-Kodex stellt in diesem Zusammenhang eine wichtige Herausforderung dar, wie auch das Problem der Umsetzung und Anwendung dieses spezifischen Ethik-Kodex in den Kirchen für sich genommen ein eigenes ethisch zu diskutierendes Feld ist.
Die Frage, welche Bedeutung der Zeitgeist für die Kirchen hat, und wie die Kirchen mit ihrer langfristigen Ausrichtung auf den Zeitgeist adäquat reagieren können, wäre weiterhin ein eigener Punkt, der unter ethischen Gesichtspunkten zu behandeln wäre. Konsumismus ist eine offensichtliche Erscheinung der heutigen Zeit. Aber auch ohne Konsum bemühen sich Menschen, ihr Leben gelingen zu lassen. Das macht ständig Entscheidungen notwendig, wie man mit sich und seinen Kräften, seiner Zeit, seinen Möglichkeiten, seinem Geld haushaltet, wie man sich investiert. Dass der Konsumismus der heutigen Zeit Formen annimmt, die vermuten lassen, dass die übertriebene Konsumneigung dem Bemühen um das Gestalten eines gelingenden Lebens keinen oder nur noch wenig Raum lässt, mag bedenklich stimmen. Nichtsdestotrotz würde jedes Leben auch ohne Konsumismus ökonomisch interpretierbare Entscheidungen notwendig machen. Dass sich Menschen im Konsumismus verlieren, mag die heutige Zeit kennzeichnen. Wenn sich die Kirchen aber diesen „Wahrheiten" verschließen, und diese Menschen dort nicht abholen wollen, wohin sie sich nach ihrer eigenen Meinung verirrt haben, geben die Kirchen diese Menschen verloren, resignieren die Kirchen vor einer ihrer größten Herausforderungen. Die Menschen dort zu erreichen, wo sie sich befinden, heißt darüber hinaus nicht, dass sich die Kirche ebenfalls dort hin gesellt, dass sie also Teil des Konsumismus wird, sondern dass an diesen Stellen alternative Konzepte „angeboten" werden, die die Menschen aus der Peripherie des übertriebenen Konsums wieder zurück in das Zentrum um das Bemühen eines gelingenden Lebens holt, dorthin, wo die Kirchen sich positioniert sehen wollen.
Zudem wurde hier nicht behandelt, wie umgekehrt theologische Inhalte für das wirtschaftliche Handeln angewendet werden können. Beispielsweise hat die Marketingwissenschaft im Laufe der letzten Jahrzehnte die Informations- und Manipulationsfunktion von Kommunikationsinstrumenten thematisiert und von allen Blickwinkeln aus beleuchtet. Als unethisch und nicht konform mit der christlichen Lehre gilt, wenn über die Information der Zielgruppen hinaus der Adressat der Werbebotschaft dahingehend manipuliert wird, dass er Produkte und Dienstleistungen erwirbt, die er ansonsten nicht gekauft hätte. Zu berücksichtigen ist hierbei allerdings, dass eine durch die Kommunikation

beeinflusste Präferenzrangfolge a priori nicht als schlechter bezeichnet werden kann als die Präferenzrangfolge des Konsumenten vor Empfang der Werbebotschaft (Schmalen 1992). Nicht ethikkonform ist eine Falschinformation des Konsumenten, die das Produkt oder die Dienstleistung in einem vorteilhafteren Licht darstellt, als es ihm bzw. ihr eigentlich gebührt.
Die ethischen Aspekte der Verknüpfung von betriebswirtschaftlichen Konzepten mit dem kirchlichen Auftrag stellt ein noch unzureichend bearbeitetes Feld dar. Die Klärung wichtiger Probleme in diesem Zusammenhang möge dazu angetan sein, die Zusammenarbeit zwischen der wirtschaftswissenschaftlichen und der theologischen Profession voranzutreiben und fruchtbarer als bisher werden zu lassen.

Literatur

Dietrich, M./Tscheulin, D. K. (2002): Kirchenmarketing: Es geht um mehr, als nur das Licht nicht unter den Scheffel zu stellen, in: Lebendige Seelsorge, 53. Jg., H. 6, S. 352-355

Eichhorn, P. (2005): Das Prinzip Wirtschaftlichkeit. Basiswissen der Betriebswirtschaftslehre, 3. Aufl., Wiesbaden

Hillebrecht, S. W. (1995): Grundlagen des kirchlichen Marketing, in : Marketing ZFP, Nr. 4, S. 221-231

Initiativekreis „Kirche in der Wettbewerbsgesellschaft" (Hrsg.), Evangelium hören. Wider die Ökonomisierung der Kirche und die Praxisferne der Kirchenorganisation. Ein theologischer Ruf zur Erneuerung, Nürnberg 1999

Kahle, E. (1999): Voraussetzungen und Möglichkeiten organisationalen Lernens aus kognitionswissenschaftlicher Sicht, in: Schwaninger, M: (Hrsg.), Intelligente Organisationen - Konzepte für turbulente Zeiten auf der Grundlage von Systemtheorie und Kybernetik, Berlin 1999, S. 103 -118

Knapp, H. G. (1991): Marketing: Sozialtechnik oder Marktethik?, in: in: Schauenberg, B. (Hrsg.): Wirtschaftsethik. Schnittstellen von Ökonomie und Wissenschaftstheorie, Wiesbaden, S. 69-82

Kotler, Ph. (1972): A Generic Concept of Marketing, in: Journal of Marketing 36 (April), 46-54

Kotler, Ph., Keller, K. L., Bliemel, F. (2007): Marketing-Management. Strategien für wertschaffendes Handeln, 12. Aufl., München

Kunz, R. (2006): Grenzen der Vermarktung – Marketing zwischen Ökonomisierung und Gemeindeaufbau, in: Famos, C. R./Kunz, R. (Hrsg.): Kirche und Marketing. Beiträge zu einer Verhältnisbestimmung, Zürich

Neugebauer, U. (1998): Unternehmensethik in der Betriebswirtschaftslehre, 2. Aufl.

Noll, B. (2002): Wirtschafts- und Unternehmensethik in der Marktwirtschaft. Stuttgart

Raffée, H. (1995): Kirchenmarketing – Irrweg oder Gebot der Vernunft?, in: Bauer, H. H./Diller, H. (Hrsg.): Wege des Marketing, Berlin, S. 161-175

Schauenberg, B. (1991): Zur Notwendigkeit der Verbindung von Ethik und Betriebswirtschaftslehre, in: Schauenberg, B. (Hrsg.): Wirtschaftsethik. Schnittstellen von Ökonomie und Wissenschaftstheorie, Wiesbaden, S. 1-12

Schmalen, H. (1992): Kommunikationspolitik: Werbeplanung, 2. Aufl., Stuttgart

Tscheulin, D. K. (2007): Die Bergpredigt und die Marketingwissenschaft, in: Windisch, H./Raffelt, A./Maier, F. (Hrsg.): Homilitische Nacht in der Universitätskirche, Freiburg, S. 33-34

Tscheulin, D. K./Dietrich, M. (2001): Kirchenmarketing, in: Tscheulin, D. K./Helmig, B. (Hrsg.): Branchenspezifisches Marketing. Grundlagen - Besonderheiten – Gemeinsamkeiten, Wiesbaden, S. 373-400

Tscheulin, D. K./Dietrich, M. (2004): Zur (Un-) Vereinbarkeit von Marketing und Kirche. Eine anbieterorientierte Analyse des kirchlichen Marketings, in: Marketing Zeitschrift für Forschung und Praxis, 26. Jg., H. 3, S. 229-245

Tscheulin, D. K./Dietrich, M. (2006): Zur Entwicklung und Bedeutung eines kirchlichen Marketings, in: Famos, C. R./Kunz, R. (Hrsg.): Kirche und Marketing. Beiträge zu einer Verhältnisbestimmung, Zürich

Weber, M. (1956): Der Beruf zur Politik, in: Weber, M. (Hrsg.): Soziologie, Weltgeschichtliche Analysen, Politik, Stuttgart, S. 167-185

Evangelisch-Lutherische Kirche in Bayern (Hrsg.) (2003): Das Evangelische Münchenprogramm eMp, überarbeitete Fassung (März 2003) zum Stand der Umsetzung im Juli 1998, Basierend auf der Zusammenfassung der Ergebnisse vom 22. Juli 1996.

Marx, A.(1955): Ethische Probleme in der Betriebswirtschaft, in: Henzel, F. (Hrsg.): Gegenwartsprobleme der Betriebswirtschaft, Baden-Baden-Frankfurt a. M., S. 41-54

Brockhoff, K. (1999): Produktpolitik, Stuttgart

Überlegungen zur Betriebsgrößenproblematik von Kreditinstituten

Ulf G. Baxmann [*]

1. Einleitung
2. Begriffliche Abgrenzung und Grundüberlegungen
3. Zum Phantom der "optimalen Betriebsgröße"
4. Methodische Fragwürdigkeiten ausgewählter Studien
5. (Zwischen-)Fazit

Literatur

---

[*] Prof. Dr. Ulf G. Baxmann ist Hochschullehrer für Bank- und Finanzwirtschaft an der Universität Lüneburg. Nach seiner Promotion und Habilitation am Bankseminar der Universität Hannover kam er 1995 an die Universität Lüneburg, wo er seitdem als Kollege von Prof. Dr. Egbert Kahle am Institut für Betriebswirtschaftslehre tätig ist.

1. Einleitung

Die Suche nach der "optimalen Betriebsgröße" ist ein Anliegen, das nicht nur in der Allgemeinen Betriebswirtschaftslehre, (vgl. u.a. Beste 1933; Göppl 1966; Gutenberg 1951; Mellerowicz 1956; etc.), sondern auch in der spezifischen institutionellen Bankbetriebslehre (vgl. u.a. Falter 1934; Gail 1960; Butz 1969; Bräutigam 1972; Osthues-Albrecht 1974; Tebroke 1993; Baxmann 1995; etc.), bereits seit Jahrzehnten mit mehr oder weniger (meist weniger) aussagekräftigen Ergebnissen verfolgt wird. Trotz zumeist ernüchternder Erkenntnisse früherer Studien steht dieses Thema immer wieder auf der Agenda betriebswirtschaftlicher Forscher und auch in der Unternehmenspraxis haben Betriebsgrößenüberlegungen gerade in den letzten beiden Dekaden eine zentrale Rolle gespielt, zu manchen institutionellen Zusammenschlüssen geführt und mitunter sogar bestehende Strukturen gänzlich in Frage gestellt.

Auch und speziell in der zuletzt durch mehrere Krisen geschüttelten deutschen Kreditwirtschaft genießt die Betriebsgrößendiskussion eine anhaltend hohe bzw. durch die Krisen immer wieder neu entfachte Priorität. So fokussierten sich deutsche Banken zur Bewältigung der zu Beginn des neuen Jahrtausends konstatierten Ertragskrise zunächst vor allem auf kostensenkende Maßnahmen, die wiederum oftmals auf dem Weg einer Betriebsgrößensteigerung angestrebt wurden (insbesondere durch Fusionen mit der Hoffnung, damit positive Synergieeffekte durch so genannte 'economies of scale' zu realisieren). Analog wird auch jetzt, im Jahr 2007, wo die Auswirkungen der US-Immobilienrisiken bereits zwei Banken (die Industriekreditbank IKB sowie die Sachsen LB) in eine Schieflage gebracht und im Weiteren die gesamte Kreditwirtschaft in eine Liquiditätskrise gestürzt haben, erneut die Betriebsgrößenfrage gestellt. Wer jedoch erwartet hätte, dass hier die Größe dahingehend problematisiert würde, dass die mit einer Bilanzsumme von 53,2 Mrd. € (IKB, Stand: 30.6.2007) bzw. 64,5 Mrd. € (Sachsen LB, Stand: 30.6.2007) nicht gerade kleinen Institute ein zu großes Rad in diesem Geschäftsfeld gedreht hätten und dass größere Institute für die Stabilität des Bank- bzw. Finanzsystems eine größere Gefahr darstellen („too big to fail"), wird von einer eher umgekehrten Argumentation überrascht: Die Vielzahl kleiner Banken in einer zersplitterten Kreditwirtschaft sei Schuld daran, dass der Wettbewerbsdruck so hoch und infolgedessen die Margen im klassischen Bankgeschäft bzw. die Eigenkapitalrendite der Kreditinstitute so klein sei, dass diese auf andere, eben risikoreichere Geschäftsfelder ausweichen müssten (Steinbrück, zit. nach Benders/Drost 2007, S.1). Der Ruf nach Konsolidierung, nach weiteren Zusammenschlüssen von Banken (auch über die traditionellen Sektorengrenzen hinweg) wird damit immer lauter und trifft hier derzeit vor allem die Gruppe der Landesbanken, wo die Sachsen LB bereits von der LBBW übernommen wurde und die West LB nach eher unglücklich verlaufenen Aktienspekulationen (die ebenfalls nicht gerade als ein originäres, in der ursprünglichen Aufgabenstellung der Landesbanken begründetes Geschäftsfeld anzusehen sind) ebenfalls zur Disposition steht. Frühere Überlegungen und Bestrebungen, eine einzige große Landesbank zu kreieren (vgl. u.a. Baxmann 1995, S. 122 f. zum so genannten "Geiger-Modell"), werden zurzeit mit der Anregung, die Vielzahl von Landesbanken zu wenigeren, schlagkräftigen Instituten zusammenzufassen (im – politisch allerdings wohl nicht durchsetzbaren – Extremfall z.B. eine nord- und eine süddeutsche Landesbankengruppe), in abgemilderter Form revitalisiert (vgl. z.B. Afhüppe/Buchenau 2007, S. 3).

Damit wird eine seit mehreren Jahrzehnten bestehende Struktur in Frage gestellt und möglicherweise aufgegeben, was natürlich nicht ex ante abzulehnen ist. Wirtschaftliche, rechtliche und technische Rahmenbedingungen entwickeln sich weiter, ändern sich und initiieren laufend Anpassungsbedarf bzw. Strukturwandel. Gerade heute herrscht die Devise „Stillstand ist Rückschritt" mit der Folge, dass Veränderungen oft schon per se als notwendig und zielführend angesehen werden, ohne die Art sowie die Folgen der Veränderung immer hinreichend sorgfältig zu prüfen und dem Bewährten kritisch gegenüberzustellen.

Vor diesem Hintergrund stellt sich die Frage, worauf sich die offenbar verbreitete Vermutung bzw. Hoffnung auf Größenvorteile im Kreditwesen begründet. Kann es so etwas wie eine gar allgemeingültige oder zumindest individuelle „optimale Betriebsgröße" überhaupt geben oder wie könnten alternative Betriebsgrößenüberlegungen aussehen? Wie werden Betriebsgrößeneffekte nachgewiesen und was haben betriebsgrößensteigernde Zusammenschlüsse (etwa die o.a. Zusammenführung der Landesbanken) möglicherweise für Konsequenzen? Die folgenden Ausführungen werden sich mit diesen Fragen befassen und einige Problemfelder aufzeigen, ohne jedoch stets eine abschließende Antwort geben zu können.

2. Begriffliche Abgrenzung und Grundüberlegungen

Eine Auseinandersetzung mit Fragen zur Betriebsgrößenproblematik setzt voraus, dass zunächst geklärt wird, was genau darunter verstanden bzw. wie die Betriebsgröße gemessen werden soll. Schon hier zeigen sich erste Auffassungsunterschiede z.b. darüber, ob die Betriebsgrößenmessung auf der Beschaffungsseite (im Sinne von bereitgestelltem Produktionspotenzial) oder eher auf der Absatzseite (erbrachtes Leistungsvolumen) ansetzen sollte und ob für die Messung Bestands- oder Stromgrößen zweckmäßiger erscheinen. Gerade bei Banken als Betrachtungsobjekt kommen angesichts des „Dualismus der Bankleistung" zwei weitere Problemkreise hinzu, nämlich erstens die Frage, ob die Betriebsgröße über Wertgrößen des liquiditätsmäßig-finanziellen Bereichs (LFB) in Geldeinheiten oder über Mengengrößen des technisch-organisatorischen Bereichs (TOB) in Stückzahlen gemessen werden sollte, und zweitens die Frage, ob es angesichts des o.a. Dualismus überhaupt sachgerecht sein kann, die Betriebsgröße mit nur einem Kriterium (also eindimensional) zu erfassen, oder ob z.B. eine mindestens zweidimensionale Betriebsgrößenermittlung geboten erscheint.

Ohne diese Fragen hier erneut im Detail zu erörtern (vgl. dazu Baxmann 1995, S. 24 ff.), wird im Weiteren die Bilanzsumme als vertretbares Betriebsgrößenkriterium angesehen, nicht nur weil dies der gängigen Praxis entspricht, sondern auch, weil gezeigt werden konnte, dass z.B. das Ansinnen, neben dem LFB (mit der Bilanzsumme) auch den TOB (z.B. über das für die Produktionsfaktoren aufgewendete Personal- und Sachkostenvolumen) in einer zweidimensionalen Betriebsgrößenermittlung zu erfassen, letztendlich nicht erforderlich ist, da diese Größen praktisch hochgradig miteinander korrelieren (vgl. Baxmann 1995, S. 43). Der viel zitierte Dualismus der Bankleistung, also der Tatbestand, dass Bankleistungen im Regelfall aus einer Wertkomponente (z.B. Transfer von Geld) und einer dazu erforderlichen Stückkomponente (Einsatz von Betriebsmitteln) bestehen und dass diese beiden Komponenten grundsätzlich unabhängig voneinander sind (z.B. hohes Wertvolumen bei geringer Transaktionsanzahl oder umgekehrt), gilt mithin für einzelne Bankgeschäfte, offenbar aber nicht für die Bank als Ganzes. Auf der Ebene des Gesamtinstituts herrscht vielmehr ein strenger Zusammenhang zwischen der Bilanzsumme (LFB) und dem Personal- und Sachkostenvolumen (TOB), was im

Grunde auch wenig verwunderlich ist, da die Bilanzsumme in Verbindung mit der am Markt zu verdienenden Zinsspanne nach wie vor das Hauptertragspotenzial einer Geschäftsbank darstellt, das zur Deckung des Personal- und Sachkostenvolumens zur Verfügung steht. Insofern können bzw. sollten bestimmte Personal- und Sachinvestitionen auch nur vorgenommen werden, wenn sie in einem vertretbaren Verhältnis zum entsprechenden (damit verdienten) Wertvolumen stehen. Zugleich liegt hier der Kern eines zuweilen konstatierten Betriebsgrößendilemmas, daraus resultierend, dass der Markt (bzw. die Bankkundschaft) ggf. eine qualitativ hochwertige Personal- oder Sachinvestition fordert, das damit zu akquirierende Ertragspotenzial mangels Volumen oder durchsetzbarer Margen aber nicht ausreicht, die damit verbundenen Kosten zu decken, was mitunter Kooperationen bzw. Zusammenschlüsse mit anderen Banken und deren Geschäftsgebieten nahe legt.

3. Zum Phantom der "optimalen Betriebsgröße"

3.1. Zielkriterium und -funktion als Ausgangsproblem

Davon ausgehend, dass die Bilanzsumme trotz vereinzelter Bedenken nicht nur ein akzeptiertes, sondern – u.a. weil sie wegen der erwähnten engen Korrelation mit dem Personal- und Sachkostenvolumen implizit deren Betriebsbereich mit abbildet – auch ein geeignetes Kriterium zur Erfassung der Betriebsgröße einer Bank ist, müsste zur Ableitung einer „optimalen Betriebsgröße" ein funktionaler Zusammenhang zwischen der Bilanzsumme und einem definierten Zielkriterium nachgewiesen werden. Schon im Ansatz ergeben sich daraus weitere Problemfelder, beginnend mit der Bestimmung des Zielkriteriums.

Wer sich mit der Frage bankbetrieblicher Zielsysteme befasst hat, weiß, dass es in den beiden Verbundorganisationen formale Oberziele wie den öffentlichen Auftrag im Sparkassen- und den Förderauftrag im genossenschaftlichen Bankensektor gibt, während sich allein die privaten Kreditbanken zum Gewinnstreben als Oberziel bekennen. Abgesehen davon, dass die Auftragserfüllung der beiden erstgenannten Bankengruppen vergleichsweise schwer zu operationalisieren ist, muss aber zugleich eingeräumt werden, dass vor dem Hintergrund ihres expliziten Eigenkapitalbedarfs auch die Mitgliedsbanken der Verbundorganisationen nicht umhin kommen, Gewinne zu erwirtschaften (sei es, um diese per Selbstfinanzierung direkt einzubehalten oder um indirekt durch Dividendenzahlungen die Aussichten für eine Beteiligungsfinanzierung zu verbessern). Letztendlich kann also argumentiert werden, dass Gewinnstreben und Auftragserfüllung nicht miteinander kollidieren, sondern dass eine (Mindest-) Gewinnerzielung geradezu erforderlich ist, um den jeweiligen Auftrag erfüllen zu können. Damit rücken ertragswirtschaftliche Anforderungen in den Vordergrund des bankbetrieblichen Zielsystems, sei es formal als Ober- oder als Zwischenziel.

Die daran anknüpfende Suche nach einem ertragswirtschaftlichen Ziel- bzw. Erfolgskriterium führt indes zu keinem eindeutigen Ergebnis. So können zwar absolute Erfolgsmaßstäbe wie der Gewinn als eher ungeeignet abgetan werden, schon weil zu erwarten ist, dass große Institute tendenziell auch höhere Gewinne erzielen, ohne dabei wirklich besser im Sinne von wirtschaftlicher zu sein. Was aber bleibt, ist eine Reihe von relativen, in der Kreditwirtschaft auch verbreitet beachteten Erfolgsgrößen, darunter z.B. die Brutto- oder Nettozinsspanne, die Bedarfsspanne, die Cost-Income-Ratio oder Eigenkapitalrenditen, um nur einige aus dem Katalog von Erfolgs- bzw. Zielgrößen zu nennen. Allein die Auswahl des zugrundezulegenden Zielkriteriums erweist sich mithin als eigenes Problem.

Ist die Entscheidung für ein bestimmtes Zielkriterium gefallen, müsste im Weiteren untersucht werden, wie sich die Betriebsgröße als bestimmende Variable auf dieses Zielkriterium auswirkt, um aus dem Verlauf der Zielfunktion ggf. eine "optimale Betriebsgröße" abzuleiten. Mit einer solchen, insoweit recht einfachen Vorgehensweise würde jedoch unterstellt, dass das jeweilige Zielkriterium so gut wie ausschließlich nur von der Betriebsgröße determiniert wird (vgl. hierzu Abschnitt 4.1.). Darüber hinaus könnte sich ein Optimum formal auch nur ergeben, wenn die Zielfunktion einen tendenziell steigenden bzw. sinkenden Verlauf oder je nach Zielkriterium einen entweder u-förmigen (also ein Minimum z.B. bei der Cost-Income-Ratio) oder n-förmigen (also ein Maximum etwa bei der Eigenkapitalrendite) Verlauf erkennen lassen würde. Ein solcher Zielfunktionsverlauf konnte indes bisher nicht nachgewiesen werden und ist im Grunde auch nicht zu erwarten, da kaum ernsthaft anzunehmen ist, dass sich eine Zu- oder Abnahme der Bilanzsumme (Betriebsgröße) unmittelbar und zwangsläufig negativ auf die jeweilige Zielgröße auswirkt.

Hinzu kommt ein weiterer – hier aber nicht weiter vertiefter – Aspekt, der sich eröffnet, wenn die Frage gestellt wird, für wen die Betriebsgröße als optimal betrachtet wird. Wer dem nachgeht, wird wohl erkennen, dass damit ebenso viele interessenbezogene Zielvorstellungen ins Spiel kommen, wie es Stakeholder gibt. Neben der rein betrieblichen, also auf betriebswirtschaftliche Effizienz ausgerichteten Sicht kämen damit die individuellen Präferenzen z.B. der Anteilseigner, der Gläubiger, der Führungskräfte, der anderen Mitarbeiter, der jeweiligen Verbände, der Bankenaufsicht usw. in Betracht, die naturgemäß zu diametral entgegengesetzten Vorstellungen kommen können, was ihrem Zielsystem zufolge eine "optimale Betriebsgröße" wäre. Letztendlich führt dies aber auch nur zurück zu der Ausgangsfrage, nämlich der Bestimmung des zugrundezulegenden Zielkriteriums.

Was bleibt, ist die Beobachtung, dass kleine Banken oft danach streben, größer zu werden, während andererseits große Institute mitunter durch organisatorische Aufspaltungen bzw. Ausgliederungen danach trachten, kleiner, überschaubarer und handhabbarer zu werden, was die vage Vermutung nährt, dass es dazwischen so etwas wie einen Optimalbereich geben könnte, der jedoch nicht exakt bestimmt werden kann. Die "optimale Betriebsgröße" bleibt somit ein letztendlich nicht genau zu lokalisierendes Phantom; und da dies schon für jedes einzelne Kreditinstitut bzw. Unternehmen gilt, erscheint es erst recht utopisch, so etwas wie ein allgemeingültiges Betriebsgrößenoptimum finden zu wollen.

3.2. Alternative Betriebsgrößenüberlegungen

Ausgehend von der Feststellung, dass die optimale Betriebsgröße ein schon individuell, erst recht aber allgemeingültig nicht zu lokalisierendes Phantom ist, stellt sich die Frage nach alternativen Betriebsgrößenüberlegungen, etwa die nach einer maximalen Betriebsgröße.

Da Bankwissenschaft und -praxis dazu neigen, die eigentliche Größenproblematik eher bei den kleinen Einheiten zu sehen, wird die Frage einer maximalen Betriebsgröße weitaus weniger diskutiert. Wenn größere Einheiten problematisiert werden, dann vor allem aus gesamtwirtschaftlicher Sicht, z.B. unter monopolistischen Erwägungen oder speziell bei Banken im Hinblick auf eine mögliche Gefährdung des Finanzsystems (Systemrelevanz größerer

Banken). Betriebswirtschaftlich ergeben sich zwar auch negative Größeneffekte, etwa in Bezug auf den steigenden Formalisierungsgrad, einhergehend mit steigenden Verwaltungs- und Kontrollkosten bei sinkender Unternehmenstransparenz, jedoch werden dort statt derartiger "diseconomies of scale" i.d.R. eher positive Skaleneffekte unterstellt. Größenrestriktionen resultieren demzufolge weniger aus betriebswirtschaftlichem Kalkül, sondern eher aus den individuellen Nebenbedingungen eines jeden Unternehmens, darunter z.B. finanzwirtschaftliche Restriktionen, die das Produktionspotenzial begrenzen, marktbezogene Restriktionen, die das Kunden- und damit das Geschäftspotenzial begrenzen (insbesondere bei Banken, die sich einem Regionalprinzip verpflichtet sehen), oder aufsichtsrechtliche Restriktionen durch die Bindung des Geschäfts- bzw. Risikopotenzials an den Engpassfaktor Eigenkapital. Eine maximale Betriebsgröße ist mithin ebenfalls nicht plausibel abzuleiten, weder allgemeingültig (wegen des Einflusses einer Vielzahl individueller, in der Art und Situation der Bank begründeter Determinanten), noch endgültig für ein einzelnes Institut (da sich die Determinanten wandeln und damit im Zeitverlauf unterschiedliche Betriebsgrößen verwirklicht werden können).

Nachdem insoweit weder eine optimale noch eine maximale Betriebsgröße als praktisch bestimmbar angesehen wurden, bleibt allenfalls die Frage nach einer notwendigen Mindestbetriebsgröße bestehen, für die es tatsächlich plausible Grundüberlegungen gibt. Selbstverständlich gilt dabei nach wie vor, dass eine solche Mindestbetriebsgröße wegen der Vielzahl individueller Gegebenheiten nicht allgemeingültig, sondern weiterhin allenfalls in Abhängigkeit von bzw. unter Berücksichtigung der jeweiligen Situation eines jeden einzelnen Instituts bestimmt werden kann (vgl. hierzu auch Abschnitt 3.3.). Ausgehend von solchen spezifischen Gegebenheiten erklärt sich die Existenz einer Mindestbetriebsgröße schon allein daraus, dass die für den Geschäftsbetrieb erforderliche Grundausstattung mit Personal- und Sachmitteln Kosten verursacht, die bei einer durch die jeweiligen Marktverhältnisse begrenzten Ertragsspanne erst ab einem bestimmten Mindestgeschäftsvolumen gedeckt werden können. Dabei ist ferner zu beachten, dass nicht nur die angesprochenen Betriebskosten zu decken, sondern auch die Ansprüche diverser Stakeholder (z.B. Anteilseigner, Fiskus) zu befriedigen sind, und dass darüber hinaus ein wiederum von verschiedenen Faktoren abhängiger Mindestgewinnbedarf besteht (vgl. zu letzterem

Schierenbeck 2003, S. 467 ff.). Konkret bedeutet dies, vereinfacht dargestellt, dass es einer kleinen Bank mit einer Bilanzsumme bzw. einem Geschäftsvolumen von 100 Mio. € und einer am Markt realisierbaren Ertragsspanne von 2,9% – also mit einem Bruttoertrag im Wertbereich (LFB) von 2,9 Mio. € – schwer fallen dürfte, damit die Kosten für den Betriebsbereich (TOB) unter Berücksichtigung aller aufsichtsrechtlichen Vorgaben (z.B. Funktionstrennungen im Personalbereich) sowie der innerbetrieblichen und der marktlichen Erfordernisse (z.B. Anforderungen bzw. Kundenwünsche in Bezug auf die personelle und technische Ausstattung) zu decken und zudem noch ihren notwendigen Mindestgewinn zu erzielen. Im Umkehrschluss ergibt sich daraus ein Ansatz zur Bestimmung der individuellen Betriebsgröße für eine Bank: Ausgehend von der eigenen geschäftspolitischen Zielsetzung und den jeweiligen Rahmenbedingungen (Marktpotenzial, Wettbewerbsverhältnisse etc.) müssten die dazu benötigten Produktionsfaktoren und im Weiteren das daraus resultierende Kostenvolumen ermittelt werden; ergänzt um den Gewinnbedarf könnte so unter Zugrundelegung einer am Markt als realisierbar angesehenen Ertragsspanne das dazu insgesamt benötigte (Mindest-) Geschäftsvolumen abgeleitet werden. Auch für einzelne Geschäftsfelder bzw. den Einsatz bestimmter technischer und/oder personeller Ressourcen lassen sich Vorstellungen über aus ökonomischer Sicht dazu erforderliche Mindestvolumina ableiten. Letztendlich steigen mit zunehmender Größe prinzipiell die Möglichkeiten der Spezialisierung und mithin des (wirtschaftlichen) Einsatzes ggf. benötigter Spezialisten, und auch in risikopolitischer Hinsicht sind bestimmte Mindestvolumina geradezu eine Voraussetzung, um sinnvolle Diversifikationsstrategien zu realisieren. Vor diesem Hintergrund ist auch die im Kontext der durch amerikanische „Subprime"-Hypotheken ausgelösten Banken-(Liquiditäts-)Krise zu vernehmende Aussage des DSGV-Präsidenten HAASIS zu sehen, dass man „eine kritische Größe braucht, um sich in diesem Markt richtig bewegen zu können" (Benders/ Drost 2007, S. 1).

Jenseits der insoweit erörterten klassischen Überlegungen zur Existenz einer optimalen, maximalen oder Mindest-Betriebsgröße stellt sich zudem die Frage, ob und wie Betriebsgrößen heutzutage überhaupt zu (be)greifen sind. So zeigt sich, dass – auch und vor allem begünstigt durch Fortschritte in der Informations- und Kommunikationstechnik – Unternehmen mittlerweile bei der Leistungserstellung auf eine Vielzahl von Ressourcen außerhalb ihres eigentlichen Betriebes zurückgreifen, sei es, indem sie zuvor selbst getätigte Prozesse ausgliedern (Outsourcing) oder, indem sie von vornherein darauf fokussiert sind, ihre Leistung weniger durch eigene materielle Investitionen, sondern eher durch eine Koordination von Tätigkeiten in einem Netzwerk – also im Sinne von „clicks statt bricks" – zu erbringen. Ohne dies speziell und allein mit dem modernen Begriff des „virtuellen Unternehmens" (vgl. u.a. Mertens/Faisst 1996, S. 280 ff.; Picot 2001, S. 251 ff.) verbinden zu wollen, sei hier angemerkt, dass vergleichbare Ansätze zur „Entgrenzung von Unternehmen" (vgl. Picot/Reichwald/Wigand, 1996) im Grunde schon früher mit jeder Form der Kooperation zu beobachten waren: So kommt schon bei Draheim 1983 der Gedanke einer subsidiären Betriebsgröße auf, indem er konstatiert, dass im Verbund die zentralen Einheiten einen Teil ihrer Größe auf die Mitgliedsgenossenschaften übertragen, die dadurch leistungsmäßig in Kategorien hineinwachsen, die über das hinausgehen, was ihrer eigenen Bilanzsumme oder anderen betriebswirtschaftlichen Größenkriterien entspricht. Summa summarum ist damit festzustellen, dass jegliche Art der Kooperation, sei sie vertraglich bzw. über einen Verhaltenskodex fixiert oder auf freiwilliger Basis, ggf. auch projektartig organisiert, zu einem Leistungsvermögen führen kann, das mit der Betriebsgröße im klassischen Sinne nicht mehr direkt korrespondiert, so dass die Frage nach einer optimalen, maximalen oder Mindest-Betriebsgröße selbst fragwürdig wird.

3.3. Notwendigkeit eines "situativen Ansatzes"

Wie in den bisherigen Ausführungen bereits angesprochen, muss insbesondere dem Ansinnen, eine wie auch immer definierte und intendierte Betriebsgröße allgemeingültig zu bestimmen, eine klare Absage erteilt werden. Stattdessen gilt es, einer Vielzahl von Faktoren aus dem Umfeld und Wesen eines Unternehmens Rechnung zu tragen, die sich auf das Erfordernis bzw. die Effizienz einer bestimmten Betriebsgröße auswirken. In Anlehnung an den aus der Organisationslehre bekannten "situativen Ansatz", demzufolge „Unterschiede zwischen realen Organisationsstrukturen auf Unterschiede in den Situationen zurückzuführen sind, in denen sich die jeweiligen Organisationen befinden" (Kieser/Kubicek 1992, S. 45 f.), ist daher festzustellen, dass die Notwendigkeit bzw. Zweckmäßigkeit der jeweiligen Betriebsgröße von einer Vielzahl bankinterner sowie bankexterner Determinanten abhängt, die die Situation des

Kreditinstituts ausmachen und demzufolge als "Situationsdimensionen" zu betrachten sind.

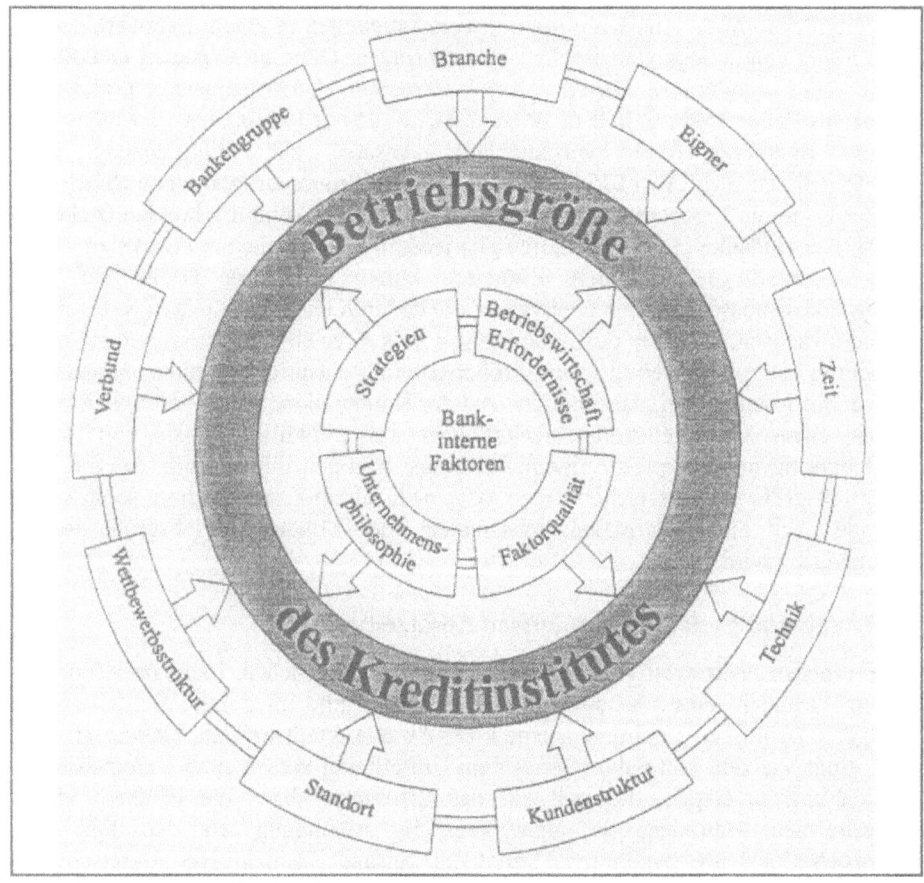

Abb. 1: Betriebsgrößendeterminierende Situationsdimensionen
Quelle: Baxmann 1995, S. 248.

Ohne Anspruch auf Vollständigkeit verdeutlicht die Abbildung 1 einige für die jeweilige Betriebsgröße wesentliche Situationsdimensionen. Dazu gehören bankinterne Determinanten wie die Unternehmensphilosophie mit Grundsatzentscheidungen über das Zielsystem und das Leistungsprogramm (z.b. Geschäftsfelder, Zielgruppen, regionale Ausdehnung) nebst diesbezüglichen Geschäftsstrategien ebenso wie die verfügbare Faktorausstattung. Hinzu kommt ein überaus umfangreiches Spektrum an bankexternen Faktoren, von denen nur einige hier etwas ausführlicher beschrieben werden. Bereits angesprochen war der Aspekt der Mitgliedschaft in einer Bankengruppe bzw. einem Verbund, die es einem Kreditinstitut gestattet, durch Nutzung der Ressourcen seiner Verbundpartner ein über das eigene Leistungsvermögen hinausgehendes Leistungsvolumen anzubieten. Eine weitere bedeutende externe Situationsdimension ist der Standort in Verbindung mit der dort anzutreffenden Wettbewerbs- und Kundenstruktur, da diese das gesamte Marktpotenzial, den eigenen Marktanteil, qualitative Anforderungen an die Faktorausstattung sowie erzielbare Margen bzw. Ertragsspannen beeinflussen und sich damit auf die erforderliche und die erreichbare Betriebsgröße auswirken. Nicht zu vernachlässigen ist ferner der Einfluss der Situationsdimension "Zeit", da Zielvorstellungen über zu erreichende ebenso wie faktisch realisierte Betriebsgrößen immer nur in ihrem jeweiligen Zeitkontext zu sehen bzw. zu würdigen sind. So führen autonome, ebenso wie durch Zusammenschlüsse bewirkte externe Wachstumsprozesse dazu, dass einst geforderte Betriebsgrößen im Laufe der Zeit zwangsläufig erreicht und im Weiteren überschritten werden. Deutlich wird das u.a. in der seinerzeit von der Unternehmensberatung McKinsey & Company für den Deutschen Sparkassen- und Giroverband (DSGV) erstellten Studie zur Ausrichtung der Sparkassenorganisation auf den EG-Binnenmarkt: In dieser Studie plädierten die Berater im Jahre 1989 für eine Mindest-Betriebsgröße von 1 Mrd. DM Bilanzsumme, was zu massiven Protesten vieler Sparkassen führte, da die Umsetzung dieses Vorschlags mangels entsprechender Größe für rund 330 der damals bestehenden 585 (Bundes)deutschen Sparkassen – also für etwa 56% – einen Fusionsbedarf aufgezeigt hätte (vgl. DSGV 1989, S. 129). Dieselbe Forderung würde heutzutage weitaus weniger Emotionen hervorrufen, da eine vergleichbare Größe von 500 Mio. € Bilanzsumme mittlerweile durch 399 der noch 457 existierenden Sparkassen erreicht wird und sich die durchschnittliche Bilanzsumme der Sparkassen zum Jahresende 2006 auf rund 2,2 Mrd. € belief (vgl. Bankenstatistik der Deutschen Bundesbank, Stand: Ende 2006).

Insgesamt ist somit festzuhalten, dass mitunter geäußerte bzw. bestehende Betriebsgrößenvorstellungen nicht isoliert von den zeitlichen, geographischen und sonstigen Gegebenheiten eines spezifischen Instituts zu sehen und damit stets individueller, in letzter Konsequenz nicht verallgemeinerungsfähiger Natur sind.

4. Methodische Fragwürdigkeiten ausgewählter Studien

Auf der Suche nach einem belegbaren Zusammenhang zwischen der Betriebsgröße und wie auch immer begründeten Zielgrößen der Kreditinstitute wurde eine Reihe von Studien erstellt, die nicht nur erstaunliche Ergebnisse, sondern mitunter auch einige methodische Fragwürdigkeiten ausweisen. Die folgenden Ausführungen greifen einige davon auf und weisen auf bestehende Problemfelder hin.

4.1. Monokausalität wider besseren Wissens

Ein erstes, mit wenigen Grundüberlegungen an sich schon im Ansatz zu erkennendes Defizit diverser Betriebsgrößenstudien ist die darin zuweilen unterstellte Monokausalität, also der Gedanke, dass eine gewählte Zielgröße ausschließlich durch die Betriebsgröße als bestimmende Variable determiniert wird. So finden sich diverse, relativ einfach angelegte univariate Betriebsgrößenstudien, die z.B. darauf abzielen, einen direkten Zusammenhang zwischen der Bilanzsumme (dem Größenmaßstab) eines Kreditinstituts und z.B. der Brutto- oder Nettozinsspanne, Bedarfsspanne, Reingewinnspanne etc. aufzuweisen. Dabei sollte einem doch schon der gesunde Menschenverstand sagen, dass eine Ergebnisgröße (welcher Art auch immer) wohl nie allein von der Betriebsgröße abhängt, sondern dass darauf zugleich auch eine Reihe weiterer Faktoren einwirkt, darunter z.B. die Konkurrenzsituation, die Kundenstruktur, das konjunkturelle bzw. speziell bei Banken auch das geldpolitische Umfeld, die Unternehmensführung usw., so dass anstelle univariater Verfahren von vornherein multivariable Analyseansätze plausibler erscheinen. Umso erstaunlicher ist daher, dass die hier problematisierten univariaten Ansätze mitunter recht strenge Zusammenhänge aufzeigen. So zeigt z.B. Seuster, dass bei den von ihm im Zeitraum 1984-1988 betrachteten Kreditgenossenschaften der Sach- und Personalaufwand (jeweils in Relation zur Bilanzsumme) mit zunehmender Größe (über acht Größenklassen hinweg) stetig abnimmt, was für größere Betriebseinheiten spricht. Zugleich konstatiert er aber, dass der Erfolg aus dem zinsabhängigen Geschäft (ebenfalls in Relation zur Bilanzsumme) mit zunehmender Betriebsgröße kontinuierlich sinkt, was per se gegen größere Betriebseinheiten spricht. Beim zusammenfassenden Betriebsergebnis (in Relation zur Bilanzsumme) zeigt sich schließlich, dass auch dies für höhere Größenklassen kontinuierlich sinkende Ergebniswerte aufweist, da der negative Effekt auf das zinsabhängige Geschäft hier offenbar stärker war als die Betriebsgrößenvorteile im Bereich des Personal- sowie des Sachaufwands (vgl. Seuster 1990, S. 190 ff.). Zu ähnlichen Ergebnissen war Osthues-Albrecht bereits 1974 gekommen, nur mit dem Unterschied, dass in seiner Studie die relativen Betriebskosten mit zunehmender Betriebsgröße stärker abnahmen als die Zinsüberschüsse, so dass sich in der Summe ein mit der Betriebsgröße leicht ansteigender relativer Betriebsgewinn ergab, was tendenziell für größere Betriebseinheiten zu sprechen schien (vgl. Osthues-Albrecht 1974, S. 209).

Die Frage, die sich dabei stellt, ist, worauf sich ein derart enger Zusammenhang begründet, wenn doch schon intuitiv bezweifelt werden muss, dass die Betriebsgröße das Ergebnis wohl nicht allein zu bestimmen vermag. Kann denn aus der empirischen Beobachtung, dass die Zinsspannen größerer Kreditinstitute offenbar geringer ausfallen als die der kleinen Institute, wirklich die Schlussfolgerung gezogen werden, dass ihre Zinsspannen kleiner sind, *weil* die Institute größer sind? Diese Frage führt nahtlos zum nächsten Problemfeld.

4.2. Scheinkorrelation als Problem

Wer diese Frage verfolgt, wird in der Literatur und Bankpraxis durchaus Argumente finden, die dafür sprechen, dass sich die Betriebsgröße, wie die o.a. Studien andeuten, negativ auf die Zinsspannen auswirken. So vermutet Seuster, dass es größeren Instituten auf der Ertragsseite nicht gelingt, ihr höheres Kreditvolumen so rentabel anzulegen wie die kleineren Banken und dass die größeren Institute aufwandsseitig höhere Zinsen bieten müssen, um das für sie notwendige hohe Einlagenvolumen zu erhalten (vgl. Seuster 1990, S. 197). Andererseits kann aber auch unterstellt werden, dass größere Institute oft einen besseren Zugang zu bestimmten Finanzmärkten haben bzw. aufgrund ihrer Größe gewisse Standingvorteile und mithin geringere Refinanzierungskosten am Geld- und Kapitalmarkt genießen. Insofern vermischen sich hier diverse, durchaus gegenläufige Effekte, so dass es geboten erscheint, hier nicht komprimiert von *dem* Effekt *der* Betriebsgröße zu sprechen, sondern vielmehr in eine – übrigens auch von Seuster geforderte – nähere Ursachenanalyse einzutreten.

Überaus evident ist indes die Notwendigkeit, den oben aufgezeigten strengen Zusammenhang zwischen der Betriebsgröße und der Zinsspanne im Hinblick auf den Einfluss der Konkurrenzsituation zu analysieren. So zeigt sich nämlich, dass größere Institute typischerweise auch an größeren (Bank-)Plätzen residieren und dort in einem weitaus konkurrenzintensiveren Wettbewerbsumfeld tätig sind als kleinere Institute, die oftmals in abgelegenen Regionen fast monopolartig agieren können oder allenfalls ein Konkurrenzinstitut vor Ort vorfinden (und wo Direktbanken vielleicht aufgrund der Kundenstruktur weniger als Alternative wahrgenommen werden). Insofern besteht hier also unverkennbar das Problem einer Scheinkorrelation, indem vordergründig ein Zusammenhang zwischen steigenden Betriebsgrößen und damit sinkenden Zinsspannen konstatiert wird, während tatsächlich die mit steigenden Betriebsgrößen typischerweise einhergehende höhere Konkurrenzintensität für die Zinsspannendegression verantwortlich zeichnet.

Daraus wiederum ergeben sich zwei Konsequenzen: Zum einen bestätigt sich damit das in Abschnitt 4.1. aufgezeigte Erfordernis, nicht nur die Betriebsgröße als allein maßgebliche Determinante zu betrachten, sondern einen multivariaten Ansatz zu bevorzugen, in dem auch die Konkurrenzsituation erfasst wird. Ein entsprechender Ansatz dazu findet sich z.B. bei Baxmann 1995, wo die Konkurrenzsituation mit den Variablen "Betriebsstellenanteil" sowie "Girokonten je 1.000 Einwohner" erfasst wurde, mit dem Ergebnis, dass die statistische Qualität der multiplen Regressionen sich gegenüber univariaten Berechnungen verbesserte, wobei sich dann, im Kontext der multiplen Regression, ein tendenziell positiver Einfluss der Betriebsgröße auf die jeweils getesteten Zielgrößen (Zinsspannen, Bedarfsspanne, Eigenkapital- und Aufwandsrentabilität) abzeichnete.

Zum anderen führen die hier aufgezeigten Zusammenhänge zu einem weiteren Grundproblem der Betriebsgrößenanalyse, denn wer die thematisierte Scheinkorrelation nicht erkennt, wird zwangsläufig verkehrte Schlussfolgerungen aus den Ergebnissen ziehen. Wie deutlich geworden sein sollte, sind die schlechteren Ergebnisse größerer Betriebseinheiten offenbar weniger in der Größe per se, sondern vielmehr in der intensiveren Konkurrenzsituation der größeren Institute begründet. Problematisch ist demzufolge weniger die Größe oder das Wachstum an sich, so dass nicht anzunehmen ist, dass kleinere Kreditinstitute, die an einem gegebenen Ort größer werden, zwangsläufig schlechtere Ergebniswerte erzielen. Gleichermaßen ist nicht zu erwarten, dass größere Institute, die an einem wettbewerbsintensiven Standort mit vielen Banken konkurrieren, bessere Ergebnisse hätten, wenn sie kleiner wären bzw. würden.

4.3. Längs- vs. Querschnittsbetrachtungen

Die eben formulierte Überlegung zeigt, dass es offenbar notwendig bzw. zweckdienlich ist, temporale Effekte wie das Wachstum einer Unternehmung an einem bestimmten Ort, von Unterschieden aus dem komparativ-statischen Vergleich zweier verschiedener Standorte zu trennen. Praktisch stellt sich damit die Frage, ob für die Betriebsgrößenanalyse Längs- oder Querschnittsbetrachtungen anzustellen sind. Da beide individuelle Stärken und Schwächen in sich vereinen, kann es auch darauf keine allgemeingültige Antwort geben.

So weisen Längsstudien z.B. den Vorteil auf, ein bestimmtes Institut an einem gegebenen Ort mit seinem charakteristischen Umfeld entlang der Zeitachse zu beobachten, um zu erkennen, wie sich dieses annahmegemäß mit der Zeit wachsende Institut dann auch hinsichtlich seiner Zielgrößen entwickelt. Somit werden Störfaktoren wie z.B. unterschiedliche Standorte und damit verbundene Einflüsse ausgeblendet, allerdings unter Inkaufnahme des Nachteils, hier Verzerrungen aus der Betrachtung verschiedener Zeitpunkte hinnehmen zu müssen, so z.B. durch im Zeitverlauf eintretende konjunkturelle bzw. geldpolitische Einflüsse, technologischen Fortschritt, verändertes Kundenverhalten, etc.

Genau umgekehrt verhält es sich bei den Querschnittsstudien, die typischerweise verschiedene Kreditinstitute an demzufolge verschiedenen Standorten zu einem gegebenen Punkt der Zeitachse im Quervergleich betrachten. Damit werden zwar die Störfaktoren weitgehend ausgeblendet, die sich aus der zeitlichen Entwicklung ergeben, jedoch nunmehr unter Inkaufnahme jener Einflüsse, die aus den verschiedenen spezifischen Gegebenheiten der jeweiligen Institute resultieren.

Da letztendlich jede der beiden Betrachtungsweisen neben ihren Vorzügen auch Schwachstellen aufweist, kann es keine kritikfreie Vorgehensweise geben. Umso wichtiger ist es daher, dass sich die Betrachter derartiger Studien eben dieser Schwächen auch bewusst sind.

4.4 Einzel- statt Gruppenbetrachtungen

Ein weiterer bei der Bewertung verschiedener Betriebsgrößenstudien zu beachtender Punkt ist die Frage, ob bei statistischen Analysen tatsächlich einzelne Institute als Merkmalsträger in die Auswertung eingehen (Einzelbetrachtungen) oder ob die Institute nicht individuell, sondern zu Gruppen zusammengefasst in die Analyse eingehen (Gruppenbetrachtungen). Letzteres hat den Effekt, dass mit der Verdichtung zu Gruppen eine Reduzierung der Merkmalsträger und mithin eine geringere Zahl an Datenpunkten verbunden ist, was sich insbesondere beim Bestimmtheitsmaß (r^2) als statistisches Maß für den Anteil der erklärten Varianz eines Zusammenhangs bemerkbar macht. So konstatierte z.B. Baxmann, dass sich bei der Betrachtung des (univariaten) Zusammenhangs zwischen der Nettobedarfsspanne (als abhängige Variable) und der Betriebsgröße (als bestimmende Variable) von 171 Sparkassen bei der Erfassung der jeweiligen 171 Einzelwerte ein Bestimmtheitsmaß von $r^2= 0,059$ ergab, während bei der Komprimierung zu sieben Gruppen – ausgehend von demselben Datensatz – die mit den sieben Gruppenmittelwerten durchgeführte Regression ein Bestimmtheitsmaß von $r^2= 0,833$ auswies (vgl. Baxmann 1995, S. 219). Letztendlich ist dies auch für den statistischen Laien wenig verwunderlich, da durch die Verdichtung der 171 einzelnen Wertepaare zu sieben (jeweils als Gruppendurchschnitte ermittelten) Wertepaaren die real existierende Spannbreite extrem hoher und extrem geringer Merkmalsausprägungen zwangsläufig reduziert wird; und dass es im Zuge einer linearen Regression besser gelingt, eine Gerade durch eine geringere Anzahl an Wertepaaren als durch eine größere Anzahl von Wertepaaren zu konstruieren, dürfte spätestens dann klar werden, wenn die Gruppen und damit die Anzahl der Wertepaare auf zwei reduziert würden. Auch diese Zusammenhänge gilt es, bei der Interpretation der Ergebnisse verschiedener Betriebsgrößenstudien zu berücksichtigen.

5. (Zwischen-)Fazit

Wie die oben stehenden Ausführungen gezeigt haben, ist die Betriebsgrößenfrage – in welcher Ausprägung auch immer – eine Frage, mit der sich Betriebswirte schon seit Generationen befassen und die voraussichtlich auch in Zukunft, trotz aller bekannten Einschränkungen, Bedenken und Kritik an den Vorgehensweisen immer wieder gestellt werden wird. Demzufolge wäre es wohl vermessen, an dieser Stelle ein abschließendes Fazit ziehen zu wollen. Angebrachter erscheint es vor diesem Hintergrund allenfalls ein Zwischenfazit zu formulieren.

Wer sich der Betriebsgrößenthematik zuwendet, sollte sich der hier zum Teil nur angedeuteten Grundprobleme bewusst sein, angefangen mit der Frage des richtigen bzw. zweckmäßigen Betriebsgrößenmaßstabs über das angesichts einer Vielzahl von Stakeholdern kaum eindeutige bestehende, sondern allenfalls begründet zu wählende Zielkriterium, bis hin zu den statistischen Problemen, die bei dem Versuch, mit einer (sinnvollerweise multiplen) Regression einen Zusammenhang zwischen der Betriebsgröße und dem Zielkriterium nachzuweisen, zu bedenken sind – ganz abgesehen von der weitergehenden Frage, ob Betriebsgrößen angesichts des zunehmenden Agierens in Netzwerken heutzutage überhaupt noch sinnvoll zu erfassen und für die Beurteilung der Leistungsfähigkeit eines Unternehmens von Bedeutung sind.

Zielführender als der Versuch, eine pauschale Aussage zum Einfluss der Betriebsgröße auf eine bestimmte Zielgröße nachweisen zu wollen, erscheint zudem das Bestreben, sich für den konkreten Einzelfall die mit einer Betriebsgrößenerweiterung verbundenen Vor- und Nachteile zu verdeutlichen. Wird dazu die bekannte Unterteilung in einen geschäftspolitischen, liquiditätsmäßig-finanziellen und einen technisch-organisatorischen Bereich (GPB, LFB und TOB) zugrunde gelegt, so könnten u.a. folgende Effekte auftreten:

Im TOB könnten als Betriebsgrößenvorteile z.B. Stückkostendegressionen durch höhere Stückzahlen, die Einsetzbarkeit bestimmter an Mindestvolumina gebundener Techniken, eine bessere Planbarkeit von Personalressourcen (u.a. aufgrund des Gesetzes eines abnehmenden Reservekapazitätszuwachses), ggf. Vorteile in der Personalakquisition sowie geringere Fluktuationsrisiken, unter der Annahme einer höheren Attraktivität größerer Betriebseinheiten für die

Beschäftigten, entstehen. Demgegenüber könnten im TOB aber u.a. auch ein mit der Betriebsgröße erwartungsgemäß steigender Formalisierungsgrad, eine überproportionale Zunahme der Verwaltungs- in Relation zu den Ausführungsstellen (Parkinson'sches Gesetz) sowie eine kostensteigernde Vermehrung von Hierarchiestufen als Betriebsgrößennachteile auftreten.

Im LFB könnten als Betriebsgrößenvorteile z.B. ein mit der Betriebsgröße ggf. verbessertes Standing als Basis für den Zugang zum und geringere Refinanzierungskosten am Geld- und Kapitalmarkt, Vorteile bei der Akquisition von Beteiligungskapital, ein größeres Ausmaß an interner Verrechnung nebst einer geringeren Abzugswahrscheinlichkeit beschaffter Finanzmittel gemäß dem Gesetz der großen Zahl, eine stärkere Kreditautonomie wegen absolut höherer Großkreditgrenzen, bessere Diversifikationsmöglichkeiten sowie eine Ertragsstabilisierung im Rahmen einer breiteren Leistungspalette eintreten. Betriebsgrößennachteile im LFB sind hingegen z.B. aus einem eventuell größeren Anteil höherverzinslicher Refinanzierungsmittel möglich. Das in empirischen Studien mehrfach aufgezeigte Phänomen, dass größere Institute kleinere Zinsmargen aufweisen, wird hier – wie im Abschnitt 4.2. dargelegt – weniger der Betriebsgröße, sondern eher der jeweiligen Konkurrenzsituation zugeschrieben.

Im GPB können als geschäftspolitische Betriebsgrößenvorteile z.B. eine höhere Kompetenzvermutung seitens der Kunden, eine höhere Bankloyalität der Kunden aufgrund eines ggf. erweiterten Leistungsspektrums, eine ausgeprägtere bankaufsichtliche bzw. staatliche Unterstützungsbereitschaft einhergehend mit der Verbesserung der Wettbewerbsposition bzw. des Standings am Markt sowie einem Vertrauensvorschuss seitens der Einleger auftreten. Als Betriebsgrößennachteile im GPB könnten dem aber auch ein Verlust an Kundennähe durch tendenziell längere Entscheidungswege sowie ein Verlust an Gesellschafternähe (z.B. bei den Kreditgenossenschaften durch den Übergang von einer Mitglieder- zu einer Vertreterversammlung) entgegenstehen. Hinzu kommen Einflüsse z.B. durch das Image einer Bank in der Öffentlichkeit, die ambivalenter Natur sind, da das Image größerer Institute hier durchaus unterschiedlich ausfällt.

Ohne Anspruch auf Vollständigkeit zeigen schon die hier zusammengestellten Effekte, dass die Frage der Zweckmäßigkeit einer Betriebsgrößenerweiterung – sei es durch autonomes Wachstum oder durch externes Wachstum (Fusionen) – wohl kaum pauschal, sondern allemal besser nur unter Berücksichtigung der spezifischen Gegebenheiten des jeweiligen Einzelfalls zu beurteilen ist.

Sinnvollerweise sollte dabei zugleich zwischen reinen Betriebsgrößeneffekten (economies of scale) und Verbundeffekten (economies of scope) unterschieden werden, wenngleich beim Zusammenschluss zweier Betriebe typischerweise beide Arten auftreten (und deshalb oft nicht präzise differenziert werden). Als Verbundeffekte im engeren Sinn (also Effekte, die originär nicht im Größenwachstum, sondern im Zusammenfügen zweier separater Einheiten begründet sind) könnten in positiver Hinsicht z.B. Rationalisierungsvorteile (etwa durch die Vermeidung kostspieliger Doppelinvestitionen oder durch einen Stellenabbau bei bestehenden Funktionsdubletten), Synergieeffekte aus asymmetrischen Bilanzstrukturen, die Erschließung neuer Marktbereiche sowie eine Verbesserung der Konkurrenzsituation erreicht werden. Negative Verbundeffekte hingegen könnten sich z.B. durch Reibungsverluste im Zuge der Zusammenführung unterschiedlicher Unternehmenskulturen und damit einhergehende Machtkämpfe, durch allemal anfallende (zumeist einmalige, z.T. nachhaltige) Fusionskosten oder auch durch Kundenabwanderungen (z.B. wegen irgendwelcher Ressentiments gegen das hinzukommende Institut) einstellen.

Letztendlich untermauern auch die hier nur kurz skizzierten, wenigen Verbundeffekte die Notwendigkeit, individuelle Betrachtungen anzustellen anstatt nach allgemeingültigen Effekten zu suchen. Bezogen auf den konkreten Fall sind dann – ausgehend von den jeweiligen situativen Bedingungen – zum einen die zu erwartenden Effekte einer Betriebsgrößensteigerung und zum anderen die spezifischen Effekte aus dem Zusammenschluss mit einem bestimmten Partner soweit als möglich abzuschätzen.

Kritisch zu betrachten sind vor diesem Hintergrund pauschale Rufe nach größeren Betriebseinheiten und einer stärkeren Konzentration der deutschen Kreditwirtschaft. Wenn etwa Finanzminister Steinbrück „den zersplitterten Bankenmarkt in Deutschland für die im internationalen Vergleich ausgeprägte Ertragsschwäche deutscher Institute verantwortlich" (Benders/Drost 2007, S.1) macht und deshalb auf mehr Zusammenschlüsse drängt, dann sollte er den Bankkunden – zugleich Wählern – fairerweise auch vermitteln, dass dieses Ansinnen wohl nicht allein auf (begrenzte) Synergiepotenziale auf der Kostenseite setzt, sondern zugleich Zuwächse auf der Ertragsseite in Gestalt höherer Margen im Bankgeschäft (aufgrund reduzierten Wettbewerbs) impliziert, die aus Sicht der sie bezahlenden Kunden aber kaum als Verbesserung angesehen werden. Zumindest zeigt ein Blick auf andere Länder mit stärkerer Bankenkonzentration, dass die Preise für Bankleistungen (aus Kundensicht) dort keineswegs günstiger sind.

Im Grunde führt dies wieder zu einer Stakeholder-Frage: Bemisst sich die Güte eines Bankensystems nach betriebswirtschaftlichen Kriterien wie der Eigenkapitalrentabilität, Cost-Income-Ratios und dergleichen oder nach anderen Maßstäben, wie z.B. der Versorgung der Bevölkerung mit Bankleistungen zu möglichst geringen Preisen? Auch diese mehr politisch als wissenschaftlich zu beantwortende Frage ist bei der Forderung nach mehr Konzentration und größeren Betriebseinheiten für die Kreditwirtschaft zu bedenken.

Literatur

Afhüppe, S./Buchenau, M.-W., Stuttgart gibt die Linie vor, in: Handelsblatt v. 28.08.2007, S. 3.
Baxmann, U.G., Kreditwirtschaftliche Betriebsgrößen, Stuttgart 1995.
Benders, R./Drost, F. M., Bankenkrise erhöht Fusionsdruck, in: Handelsblatt v. 05.09.2007, S. 1.
Beste, T., Die optimale Betriebsgröße als betriebswirtschaftliches Problem, Leipzig 1933.
Bräutigam, J., Kostenfunktionen in Kreditinstituten, Wiesbaden 1972.
Butz, E., Die Anpassung des technisch-organisatorischen Bereichs von Kreditinstituten, Wiesbaden 1969.
Deutscher Sparkassen- Und Giroverband (Hrsg.), Betriebsgröße für Kreditinstitute – Was verlangt der Markt?, in: Auf dem Weg nach Europa – Deutscher Sparkassentag 1989, Stuttgart 1989, S. 109-145.
Draheim, G., Die optimale Betriebsgröße der Genossenschaften, in: Grundfragen des Genossenschaftswesens, hrsg. v. E. Henningsen, Frankfurt am Main 1983, S. 42-55.

Falter, E., Die Zins- und Bedarfsspanne der Sparkassen unter dem Einfluß der Kostendegression, in: Die Betriebswirtschaft, 27. Jg. (1934), S. 144-151.

Gail, W., Der Kapazitätsausnutzungsgrad bei Bankbetrieben und sein Einfluß auf den Kostenverlauf, in: Zeitschrift für Betriebswirtschaft, 30. Jg. (1960), S. 546-555.

Göppl, H., Zur Theorie der optimalen Betriebsgröße, in: Die Aktiengesellschaft, 11. Jg. (1966), S. 284-288.

Gutenberg, E., Grundlagen der Betriebswirtschaftslehre, Bd. I: Die Produktion, 1. Aufl., Berlin usw. 1951.

Kieser, A./Kubicek, H., Organisation, 3. Aufl., Berlin/New York 1992.

Mellerowicz, K., Allgemeine Betriebswirtschaftslehre, Bd. III, 9. Aufl., Berlin 1956.

Mertens, P./Faisst, W., Virtuelle Unternehmen – eine Organisationsform für die Zukunft? in: WiSt – Wirtschaftswissenschaftliches Studium, 25. Jg. (1996), Nr. 6, S. 280-285.

Osthues-Albrecht, H., Der Einfluß der Betriebsgröße auf Kosten und Erlöse von Kreditinstituten, Wiesbaden 1974.

Picot, A., Virtuelle Unternehmen, in: Konzernmanagement, hrsg. v. H. Albach, Wiesbaden 2001, S. 251-280.

Picot, A./Reichwald, R./Wigand, R.T., Die grenzenlose Unternehmung: Information, Organisation und Management, Wiesbaden 1996.

Schierenbeck, H., Ertragsorientiertes Bankmanagement, Band 1, 8. Aufl., Wiesbaden 2003.

Seuster, H., Die Ertragslage der Kreditgenossenschaften im innergenossenschaftlichen Größenvergleich, in: Zeitschrift für das gesamte Genossenschaftswesen, 40. Jg. (1990), S. 190-198.

Tebroke, H.-J., Größe und Fusionserfolg von Genossenschaftsbanken, Köln 1993.

Die Job-Family-Cluster-Organisation
*Niels Bosse**

1. Job Family Cluster als neue Organisationsform – Grundlage für Erfolg und Wachstum von Unternehmen?
2. Abgrenzung der Organisationsform der Job Family Cluster zu ähnlichen Organisationsformen
3. Job Family Cluster und die Generierung von Kernkompetenzen

Literatur

---

* Dr. rer. pol. Dipl. Wirtschaftsjur. (FH) Niels Bosse ist als Leiter Grundsätze/Stab im Personalwesen der Volkswagen Financial Services AG tätig. Vor dem Wechsel war er im Personalwesen Management der Volkswagen AG u. a. als Projektleiter für das Job-Family-Konzept zuständig und hat am Lehrstuhl für Entscheidung und Organisation der Universität Lüneburg promoviert.

1. Job Family Cluster als neue Organisationsform – Grundlage für Erfolg und Wachstum von Unternehmen?

In dem vorliegenden Aufsatz werden die Job Family Cluster als Organisationsform vorgestellt. Zudem soll herausgearbeitet werden, inwieweit ein Unternehmen, das in der Form der Job Family Cluster organisiert ist, in der Lage ist, im Wettbewerbsvergleich schneller und effizienter Kernkompetenzen zu generieren. Diese Kernkompetenzen wiederum können als eine Grundlage für Erfolg und Wachstum von Unternehmen eingestuft werden.

Nach der Einführung und Begriffserläuterung der Job Families erfolgt die Herleitung der Organisationsform der Job Family Cluster. Diese werden im nächsten Schritt von verwandten Organisationsformen abgegrenzt.

Im nächsten Abschnitt erfolgt die Darstellung des Kernkompetenzansatzes mit der anschließenden Untersuchung der Frage, inwieweit Job Family Cluster die Bildung von Kernkompetenzen begünstigen bzw. selbst als Kernkompetenzen angesehen werden können.

Die durch Markt- und Wettbewerbsbedingungen geforderte Verkürzung der Durchlaufzeiten, Verbesserung der Qualität, Senkung der Kosten und Zunahme der Innovationsfähigkeit lässt sich nicht über die Optimierung einzelner betrieblicher Funktionen verwirklichen (Schulte-Zurhausen 2001, S. 19). Hierfür soll die am Prozess orientierte Verbindung von Job Families den Ausgangspunkt bilden. Die Zielerreichung kann nur durch eine ganzheitliche Betrachtung der Prozessketten erreicht werden.

Job Family Cluster fördern die Kommunikation entlang der Wertschöpfungsprozesse. Mitarbeiter einer Wertschöpfungskette treten in Kontakt miteinander, langfristig flankieren Karrierepfade innerhalb der Job Family Cluster sowie kompetenzorientierte Qualifizierung die bereichsübergreifende Zusammenarbeit, wodurch Transaktionskosten gesenkt werden können. In weiterer Konsequenz soll sich dies in einer gesteigerten Kundenorientierung und einem höheren Kundennutzen niederschlagen. Zusammenfassend kann festgehalten werden, dass Job Family Cluster die Generierung von Kernkompetenzen mindestens fördern. Die Job Family Cluster bieten ein Umfeld, das auf jeder Unternehmensebene Innovation, Qualität und eigenverantwortliches Handeln zulässt.

Neben die gemeinsamen ähnlichen Kompetenzbündel und die inhaltlich ähnlichen Aufgaben, die die Mitarbeiter eines Job Family Clusters aufweisen, tritt zudem eine auf das Innere der Mitarbeiter abzielende Komponente. „Families" sollen schon vom Wortsinn unterstreichen, dass eine andere Art der Bindungsform notwendig ist, um an die Spitze der Personalentwicklung gelangen zu können und dort Richtung, Geschwindigkeit und Qualität vorzugeben (Hartz 2001, S. 75). In Job Family Clustern soll sich ein Klima herausbilden, das dem beruflichen Umfeld ein Zuhause bietet. Die Familienmitglieder ziehen neue Nachwuchskräfte an, da die Arbeit in einem zukunftsorientierten, innovativen Job Family Cluster erstrebenswert ist. Job Families und Job Family Cluster bieten neuen Mitgliedern eine emotionale Heimat.

1.1 Job Families als Ursprung der Job Family Cluster

Anknüpfend an die Verwendung der Job Families zur Klassifizierung von Berufen in der Vergangenheit können Job Families heute eingesetzt werden, um verschiedene Funktionen innerhalb der Organisation zusammenzufassen, die von ihrer Ausrichtung her vergleichbar sind und somit über vergleichbare Charakteristika verfügen. Der Gedanke der Job Families ist aus dem Bewusstsein heraus entstanden, dass in der heutigen Zeit ein Berufsabschluss als Zertifikat die Beschäftigungsfähigkeit nicht garantiert; entscheidend sind vielmehr die tatsächlichen Kompetenzen des Mitarbeiters, die er zur erfolgreichen Erfüllung der ihm übertragenen Aufgaben benötigt.

Bei der Erläuterung der Entstehung von Job Families werden inhaltliche und an den zur Aufgabenerfüllung erforderlichen Kompetenzen orientierte Nähebeziehungen verschiedener Organisationseinheiten zu Hilfe genommen. Ausgangspunkt dieser Vorgehensweise ist, dass inhaltliche und an den Kompetenzen ausgerichtete Nähen definierter Gruppen in der Organisation existieren. Die inhaltliche Begründung für eine derartige Betrachtungsweise fußt auf der mittlerweile unbestrittenen Erkenntnis, dass zukunftsweisendes Job Design auf personalpolitische Systeme Bezug nehmen muss. Der Berufsabschluss tritt dabei mit zunehmender Erfahrung in den Hintergrund und die Zusammensetzung solcher Systeme mag im Zeitverlauf variieren: „... old job descriptions were replaced by a more flexible set of grids or skill matrices that describe the particular bundles of skills and levels of performance applicable to different families of jobs." (Baron/Kreps 1999, S. 313)

Inhaltliche Nähe bedeutet, dass die Aufgaben innerhalb einer Job Family identisch, ähnlich oder verwandt sind. Alle Mitarbeiter beispielsweise, die damit beschäftigt sind, Aggregate zu entwickeln, gehen inhaltlich zumindest ähnlichen Aufgaben nach. So hat sich auch die Volkswagen Financial Services AG aus der Erkenntnis heraus, dass sich aufgrund unterschiedlicher Bezeichnungen von

Abteilungen oder Bereichen, die inhaltlich Identisches oder Ähnliches tun, Job Families bilden lassen, von der rein strukturorganisatorischen Betrachtungsweise gelöst und stellt auf den Schwerpunkt der Arbeitsinhalte ab (Abb. 1).

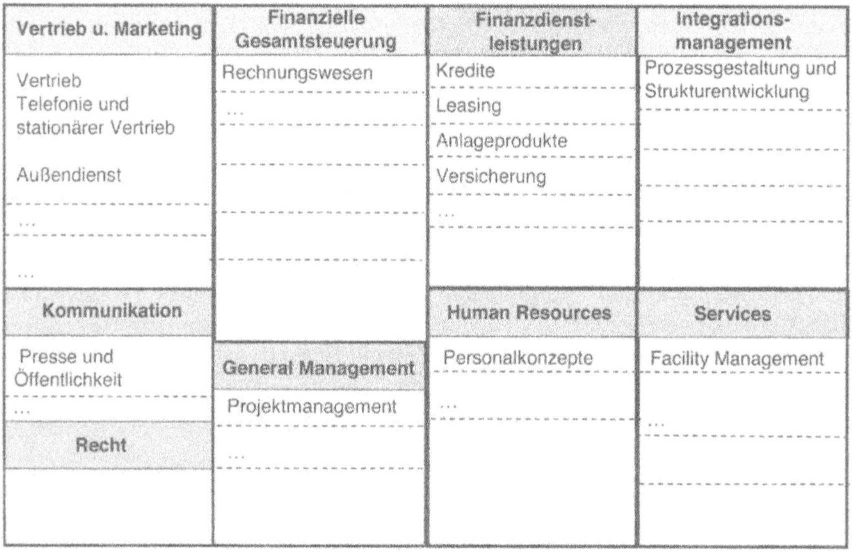

Vertrieb u. Marketing	Finanzielle Gesamtsteuerung	Finanzdienstleistungen	Integrationsmanagement
Vertrieb Telefonie und stationärer Vertrieb	Rechnungswesen ...	Kredite Leasing Anlageprodukte	Prozessgestaltung und Strukturentwicklung
Außendienst		Versicherung	
...		...	
...			
Kommunikation		**Human Resources**	**Services**
Presse und Öffentlichkeit	General Management	Personalkonzepte	Facility Management
...	Projektmanagement	...	...
Recht	...		

Abb. 1: Job Families der Volkswagen Financial Services AG
Quelle: Volkswagen Financial Services AG

Der Vorteil liegt in der weltweit einheitlichen Bezeichnung von Aufgabeninhalten bzw. Mitarbeitergruppen mit inhaltlich nahe beieinander liegenden Arbeitsinhalten. Bei der Personalplanung und -entwicklung ergeben sich dabei folgende Vorteile:
- Bei einer Stellenbesetzung wird die Suche nach potenziellen Nachfolgern erleichtert, da nicht in verschiedenen Organisationseinheiten, sondern in einer Job Family als Pool von Mitarbeitern mit ähnlichen Kompetenzen und Aufgabeninhalten gesucht werden kann.
- Neben die fachlich-unternehmerische Komponente tritt eine emotionale Komponente, in der die Zugehörigkeit zu einer Job Family die Anonymität

in einem Großunternehmen reduziert und Gemeinsamkeiten unterstreicht. Die Job Family wird hierdurch zur beruflichen Heimat des Mitarbeiters.

Die Vorteile dieser Art der Bündelung von Aufgaben bestehen darüber hinaus darin, dass die Rückschlüsse auf die Aufgabenschwerpunkte eines Mitarbeiters nicht mehr nur aus der Zuordnung in der Struktur folgen, sondern der Arbeitsinhalt in den Fokus der Betrachtung rückt. Ein Mitarbeiter im Personalbereich beispielsweise, der für Personalsysteme (z.B. Mitarbeiterdatenbanken, SAP HR) verantwortlich ist, wird normalerweise aufgrund seiner lokalen bzw. strukturorganisatorischen Zugehörigkeit dem Bereich Human Resources zugeordnet, obwohl die Aufgabenschwerpunkte dieses Mitarbeiters im IT-Bereich einzuordnen sind. Wird nunmehr ein Mitarbeiter für eine Stelle im IT-Bereich gesucht, der Erfahrungen mit Personalsystemen mitbringt, so wird der Kreis der Mitarbeiter im Bereich IT als der der potenziellen Kandidaten in Betracht gezogen. Die Mitarbeiter in anderen Organisationseinheiten werden aufgrund der strukturorganisatorischen Zuordnung i. d. R. nicht bei der Suche berücksichtigt. Die Bildung von Job Families durch die Bündelung verwandter Aufgaben ermöglicht somit das Zusammenfassen von Mitarbeitergruppen mit ähnlichen Arbeitsschwerpunkten über Bereichsgrenzen hinweg. Der IT-Mitarbeiter im Personalbereich würde durch die Zuordnung beispielsweise zur Job Family *Integrationsmanagement* bei der Kandidatensuche gefunden und bei der Stellenbesetzung berücksichtigt werden können.

Aus der inhaltlichen Nähe der Mitglieder einer Job Family lässt sich folgern, dass deren Mitglieder für die Aufgabenerfüllung innerhalb ihrer jeweiligen Organisationseinheit ähnliche Kompetenzen benötigen. Durch die Bündelung dieser Mitarbeitergruppen mit ähnlichen Kompetenzen entstehen Kompetenzgemeinschaften, die sich als neue Form des Managements von Kompetenzen heraus kristallisieren können.

Die hierarchische Einordnung der Mitarbeiter wird jedoch durch das Job-Family-Konzept nicht aufgehoben, sondern lediglich um die Vorteile einer flachen Hierarchie ergänzt. In den Vordergrund der Betrachtung rücken in den Job Families die Aufgabe bzw. die zu ihrer Lösung erforderlichen Kompetenzen. So können sowohl Manager als auch gewerbliche Mitarbeiter Mitglieder ein und derselben Job Family sein.

Aus dem oben Gesagten folgt, dass zu einer Job Family solche Organisationseinheiten gehören, die untereinander durch inhaltliche und kompetenzorientierte Nähe über Hierarchien und Strukturen hinweg miteinander verwandt sind. Eine Job Family umfasst alle Tätigkeiten unterschiedlicher Hierarchiestufen, die inhaltlich aufgrund der erforderlichen Kompetenzen eng miteinander zusammenhängen (Nienaber 2001, S. 81). Auf diese Weise repräsentiert die Job Family Pools von Mitarbeitern verwandter Qualifikationen und Berufserfahrungen. Eine Job Family fasst diejenigen Mitarbeiter aus verschiedenen Regionen und Bereichen zusammen, die als fachliche und überfachliche Kompetenzgemeinschaft an ähnlichen, gemeinsamen Aufgaben arbeiten. Dadurch, dass die Mitglieder in einer Job Family an inhaltlich ähnlich gelagerten Aufgaben arbeiten, verfügt die einzelne Job Family über ein gemeinsames Handlungsvermögen zur Bewältigung und Gestaltung der aktuellen und zukünftigen beruflichen Herausforderungen als Voraussetzung für nachhaltigen Erfolg.

1.2 Job Family Cluster

Die Job Family Cluster sind aus der Erkenntnis heraus entstanden, dass zusätzlich zu den Nähebeziehungen zwischen Organisationseinheiten auch Nähebeziehungen bzw. Verwandtschaften zwischen einzelnen Job Families existieren. Bei dieser Art der Verwandtschaft kommt die Nähebeziehung im Prozess hinzu. Diese Verwandtschaft bezieht sich auf die Nachbarn der Job Families im Hinblick auf einen spezifischen Teil der Geschäftsprozesse. Auf diese Weise entstehen Ketten oder Verbindungen zwischen Job Families bestehend aus den im jeweiligen Prozess vor- und nachgelagerten Job Families. Damit Unternehmen langfristig im Wettbewerb bestehen können, müssen sie vor allem ihre Wertschöpfungskette optimieren (Scholz 2000, S. 22). Auch Laszlo et al. schlagen vor, den Schwerpunkt des Handelns weniger auf Strukturen als vielmehr auf Abläufe und Prozesse als Quelle von Wettbewerbsvorteilen zu setzen (Laszlo/Laszlo/v. Liechtenstein 1992, S. 144).
Die durch Markt- und Wettbewerbsbedingungen geforderte Verkürzung der Durchlaufzeiten, Verbesserung der Qualität, Senkung der Kosten und Zunahme der Innovationsfähigkeit lässt sich nicht über die Optimierung einzelner betrieblicher Funktionen verwirklichen (Schulte-Zurhausen 2001, S. 19). Hierfür soll die am Prozess orientierte Verbindung von Job Families den Ausgangspunkt bilden. Die Zielerreichung kann nur durch eine ganzheitliche Betrachtung der

Prozessketten erreicht werden. Zudem sollte die in Unternehmen verstärkt zu beobachtende Prozessorientierung auch als eine Strategie verstanden werden, die den Menschen und der Befriedigung seiner Bedürfnisse nach Selbstentfaltung, Autonomie, Transparenz der Situation und sinnvollen Aufgabeninhalten höchste Aufmerksamkeit schenkt (Krystek/Redel/Reppegather 1997, S. 44). Marktwirksame Kernkompetenzen eines Unternehmens entstehen regelmäßig aus dem Zusammenwirken von Management-, operativen und Unterstützungskompetenzen bzw. der sinnvollen Strukturierung und Steuerung der dahinter liegenden Prozesse. Die Prozessgestaltung tangiert zwangsläufig die beteiligten Funktionsbereiche bzw. Organisationseinheiten. Jeder Funktionsbereich bzw. jede Organisationseinheit verfügt über ein bestimmtes Portfolio an Kompetenzen. Fasst man nunmehr die einzelnen Glieder einer Prozesskette zusammen, so kann diese Prozesskette als Kompetenzkette verstanden werden.
Abbildung 2 zeigt exemplarisch das Job Family Cluster *Marketing und Vertrieb*.

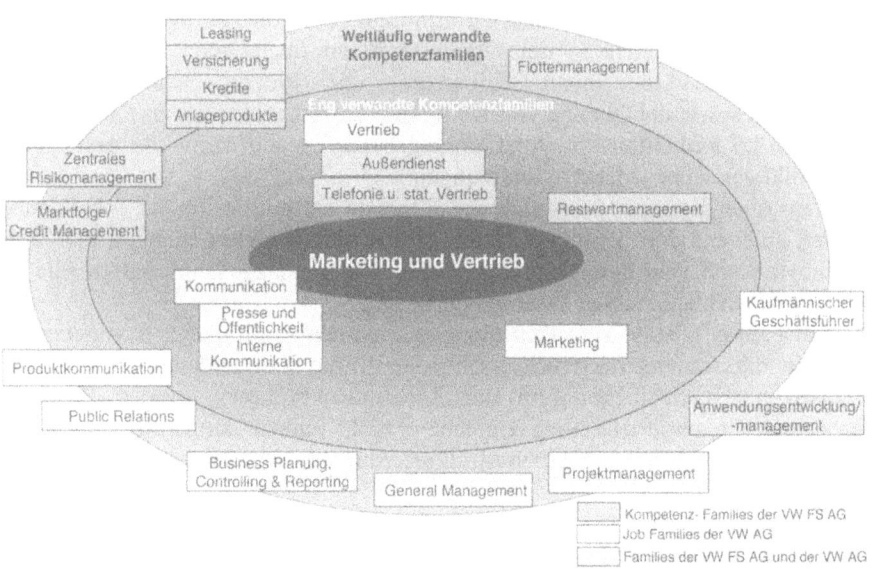

Abb. 2: Job Family Cluster Marketing und Vertrieb

Quelle: Volkswagen Financial Services AG

Durch die Einführung derartig dezentraler Organisationsformen verringern sich gegenüber herkömmlichen Konzepten sowohl die Datenströme als auch die erforderliche Mitarbeiterzahl; Motivation und Qualität können deutlich verbessert werden (Braun 1996, S. 120). Zudem wird durch die breite Streuung solch kleiner Organisationseinheiten die Zahl der Hierarchiestufen im Unternehmen verringert.
Die Job Family Cluster bilden sich entlang dieser Prozess- bzw. Kompetenzketten des Unternehmens. Auf diese Weise erfolgt eine Verschmelzung von Prozess und Struktur, die trotz der Funktionalität dezentraler Einheiten eine integrierte Steuerungsmöglichkeit gewährleisten soll. Die einzelnen an den Kerngeschäftsprozessen entlang gebildeten Job Family Cluster leisten einen spezifischen Kompetenzbeitrag, von der Entwicklung über die Herstellung bis zur Vermarktung des Produkts. Zur Feststellung dieses Kompetenzbeitrags ist es erforderlich, die in einem bestimmten Job Family Cluster eingesetzten Kompetenzen zu ermitteln. Die Job Family Cluster sollen helfen, die Schnittstellen in der Organisation zu überwinden und durch die Bündelung von Arbeitsinhalt, Kompetenz und Prozess Schnittstellen zu überbrücken sowie die Bildung von Kommunikationsnetzwerken zu fördern. Der Effekt ist die Reduktion von Abstimmungsbedarfen und damit die gesteigerte Flexibilität gegenüber Marktveränderungen.
Aus dem oben Gesagten lässt sich die folgende Definition für die Job Family Cluster ableiten: Job Family Cluster bilden die Nähebeziehungen der Job Families ab und sind bereichsübergreifende Kompetenzgemeinschaften, die in den Kerngeschäftsprozessen zusammenarbeiten.
Die Job Family Cluster versetzen das Unternehmen in die Lage, Kompetenzen bzw. die die Kompetenzen beherrschenden Mitarbeiter entlang der Prozesse einzusetzen. Durch diese Form der Arbeitsstrukturierung werden Prozesse transparent, Prozessorientierung entsteht – nicht zuletzt durch die Ergänzung konventioneller Formen der Arbeitsstrukturierung um hybride Ansätze.

2. Abgrenzung der Organisationsform der Job Family Cluster zu ähnlichen Organisationsformen

Für den Einsatz von Job Family Clustern gegenüber einem isoliert tätigen Bereich können die potenziellen Leistungsvorteile einer interdisziplinär agierenden Gruppe angeführt werden (Redel 1982, S. 67 ff.). Dieser Leistungsvorteil lässt sich zunächst mit einer breiteren Informationsbasis begründen, die in Gruppen zu einem Ausgleich individueller Defizite führen kann. Der hiermit angesprochene Fehlerkorrekturmechanismus und die höhere Wahrscheinlichkeit des Findens adäquater Lösungen sind weitere Vorteile einer Gruppe (Hofstätter 1956, S. 608 ff.). Diese Vorteile gelten vor allem dann, wenn die Gruppe, wie in einem Job Family Cluster, aus Mitgliedern eines zusammengehörenden Teilprozesses besteht, die angesichts der hohen Komplexität der Aufgabenstellungen nur gemeinsam mit ihrem interdisziplinären Wissen zu einer schnelleren, qualitativ höherwertigen Lösung gelangen können. Neben den dargelegten Leistungsvorteilen von Gruppen lassen sich auch weitere in der Literatur (Hofstätter 1971, S. 51 ff., Redel 1982, S. 73, Redel/Müller 1995, S. 47) angeführte Leistungsvorteile von Gruppen auf Job Family Cluster übertragen. Die Gruppensituation fördert ein Wettbewerbsstreben, das die geistigen Fähigkeiten aktiviert („Social Competition").

Im Gegensatz zu den Praktiker-Gemeinschaften, in denen sich Fachexperten treffen, vereinigen sich in Job Family Clustern sowohl Fachexperten als auch Manager. Die Organisationsform der Job Family Cluster bezieht alle Mitarbeiter entlang der Prozesskette ohne Rücksicht auf die Hierarchieebene und auf ein konkret vorliegendes Problem mit ein. Die Job Family Cluster vereinen in sich ein Bündel von ähnlichen Aufgabeninhalten und die zu ihrer Erfüllung notwendigen Kompetenzen, nicht isoliert, sondern jeweils auf einen Teil des Produkts oder einer mit dem Produkt verbundenen Dienstleistung bezogen. Die Nähe in Bezug auf die Kompetenz fachlicher und überfachlicher Art auf der einen und die Aufgabeninhalte und Abhängigkeiten in der Prozesskette auf der anderen Seite stehen bei den Clustern im Vergleich zu den Communities of Practice im Vordergrund. Dieser Gedanke der Prozessorientierung fehlt den Praktiker-Gemeinschaften.

Die Job Family Cluster vermögen die Kommunikation entlang der Teilprozesse bzw. einer Wertschöpfungskette auszurichten. Hiermit ist nicht gemeint, dass informale Kommunikations- und Prozesswege durch sie unterbunden werden sollen. Vielmehr stellen die Job Family Cluster für Mitarbeiter verschiedener Bereiche eine Plattform dar, ohne die die Möglichkeit zur strukturierten

Kommunikation fehlen würde. Dahinter steht die Herausforderung des Findens des richtigen Ansprechpartners im Prozess zur Bearbeitung einer interdisziplinären Aufgabenstellung. Insofern bilden die Job Family Cluster einen Rahmen zur Entstehung formaler prozessorientierter Netzwerke. Dieses Potenzial kann aufgrund der verwandten Kompetenzen der Mitglieder eines Job Family Clusters und der damit einhergehenden gesteigerten Identität durch Gemeinsamkeit gesteigert werden. Neben den beschriebenen Prozessnetzwerken können innerhalb der Job Family Cluster zusätzlich Kompetenznetzwerke entstehen. Den Rahmen hierfür wiederum bilden die Job Families als Kompetenzgemeinschaften. Vertrauen fördert die Toleranz zwischen den Partnern im Netzwerk und stellt die Basis dar für eine intensive Kommunikation sowie einen offenen Gedankenaustausch. Darüber hinaus verstärkt Vertrauen die Bereitschaft zur Kooperation und verbessert so die Qualität der Beziehungen der Mitarbeiter zueinander (Südlein 1997, S. 355).

Die höhere Elastizität und die gesteigerte Fähigkeit zur Reaktion auf Kundenwünsche ist Zielsetzung der Job Family Cluster. Dies soll durch ihre bereichsübergreifende Zusammensetzung erzielt werden. Die Schwierigkeit des Transportierens der Bedürfnisse der Kunden in die Organisation soll durch die Reduktion von Komplexität überwunden werden. Der direkte Ansatzpunkt für Optimierungen ist der Prozess bzw. der Teil des Gesamtprodukts, wodurch die Komplexität der Steuerung reduziert wird. Die Job Family Cluster bilden jeweils interne Kundenbeziehungen ab bzw. einige enthalten auch diejenigen Job Families, die im direkten Kontakt mit dem Käufer des Produkts stehen. Durch diese unmittelbare Verbindung zum Endkunden können Wünsche und Verbesserungen direkt in die Arbeitsprozesse eingesteuert werden. Neben den Kundenbedürfnissen sind die Job Family Cluster zudem in der Lage, die Interessen anderer Stakeholder direkt in die Prozesse zu transferieren. Über die Integration beispielsweise der jeweils am Prozess bzw. Produktteil beteiligten Beschaffungs-Job-Family besteht die Möglichkeit, das Know-how der Lieferanten gezielter in das Job Family Cluster einzubringen. Innovationen, Benchmarks und Trends können leichter den Weg an den richtigen Ort in der Organisation finden. Zentrale Voraussetzung hierfür ist neben der an den Prozessen ausgerichteten Struktur ein gezielter Einsatz der Instrumente des Wissensmanagements im Job Family Cluster. Voraussetzung jeder Kompetenzentstehung und -entwicklung ist die Verfügbarkeit von Wissen (Erpenbeck/Heyse 1999, S. 162).

Durch die Verbindung von Kompetenz und Prozess und durch die Ergänzung der Primärorganisation um Job Family Cluster entsteht eine neue Qualität in der Arbeitsstrukturierung. Die klassische Aufbaustruktur wird sowohl um ablauf- als auch um kompetenzorientierte Faktoren ergänzt. Den Verantwortlichen wird so ein direkter Einfluss auf Prozessverbesserungen ermöglicht. Mitarbeiter haben Kenntnisse und Fertigkeiten nicht mehr nur in Bezug auf einen Teilausschnitt der Wertschöpfungskette, sondern vielmehr auf einen ganzen Prozessstrang. Gezielte Qualifizierung im Sinne des Aufbaus bzw. der Optimierung von Prozesskompetenzen trägt direkt zur Kostenreduzierung und zur Qualitätsverbesserung der Produkte und Dienstleistungen des Unternehmens bei.

3. Job Family Cluster und die Generierung von Kernkompetenzen

In diesem Abschnitt wird nunmehr – nach der Vorstellung des Kernkompetenzansatzes – untersucht, ob die Job Family Cluster selbst Kernkompetenzen darstellen bzw. inwieweit diese die Entstehung eben solcher begünstigen können.

3.1 Kernkompetenzansatz

Unternehmungen streben eine möglichst hohe nachhaltige Performance gegenüber ihren Wettbewerbern an. Diese Performance-Unterschiede schlagen sich in überdurchschnittlichen Renditen oder in gegenüber Wettbewerbern verteidigungsfähigen Wettbewerbsvorteilen nieder. Derartige Performance-Divergenzen werden primär über das Vorhandensein sog. Kernkompetenzen erklärt (Vgl. Hamel/Prahalad 1994a). Kernkompetenz bedeutet Kommunikation, Engagement und die weitreichende Verpflichtung, über alle organisatorischen Grenzen hinweg tätig zu werden; sie schließt Mitarbeiter aller Bereiche und vieler Ebenen ein. (Vgl. Hamel/Prahalad 1990, S. 10). Kernkompetenzen sind die Möglichkeiten eines Unternehmens zum Handeln (Vgl. Leonhard-Barton et al. 1994, S. 123). Sie sind Fähigkeiten eines Unternehmens im Bereich Produktion und Produktentwicklung, die zur Erzielung eines strategischen Vorteils im Unternehmen gebündelt werden sollen (Vgl. Hamel/Prahalad 1990). Es geht dabei in erster Linie um Kenntnisse, Fähigkeiten, Fertigkeiten, Werte und Denkmodelle (Vgl. Boos/Jarmai 1994, S. 20).
Zahn (Vgl. Zahn 1992, S. 18) bezeichnet die Konzentration auf systematisch gebündelte Kompetenzen, sog. Kernkompetenzen, als umsichtiger und

zweckmäßiger als die Konzentration auf Produkte, weil Kernkompetenzen die Basis für Problemlösungen erweitern und den Freiheitsgrad bei Produktneuentwicklungen erhöhen. Demzufolge kann unter einer Kernkompetenz die dauerhafte und transferierbare Ursache für den Wettbewerbsvorteil eines Unternehmens verstanden werden (Vgl. Krüger/Homp 1997, S. 27). Neben der Generierung von Performance-Divergenzen ist das Vorhandensein von Kernkompetenzen für die Schaffung bzw. Aufrechterhaltung der Wettbewerbsfähigkeit der Unternehmungen ein weiterer entscheidender Faktor. Hamel und Prahalad stellen dar, dass der Wettbewerbsprozess in drei Phasen zerlegt werden kann (Vgl. Hamel/Prahalad 1994a, S. 47). Die Wettbewerbssituation wird hiernach in einem bestimmten Zeitpunkt im Wesentlichen durch strategische Entscheidungen beeinflusst, die schon früher getroffen worden sind. Insofern stehen in einer typischen Wettbewerbssituation reiferer Märkte nur noch begrenzte Handlungsspielräume zur Verfügung, so z.B. die Einleitung effizienzsteigernder Maßnahmen. Die Autoren charakterisieren den Wettbewerb in dieser Zeit als "Wettbewerb um Marktanteile". Zeitlich weit vorgelagert ist der Wettbewerb um „intellektuelle Führerschaft" und die Gestaltung der sog. „Migrationspfade". Hamel und Prahalad argumentieren, dass Unternehmungen, die nachhaltige Wettbewerbsvorteile aufbauen wollen, ihr Hauptaugenmerk auf den Abschnitt des Wettbewerbs um die intellektuelle Führerschaft richten müssen, um auf Basis eines sog. „industriellen Vorausblicks" die Problemstellungen der Zukunftsmärkte antizipieren und darauf aufbauend eine gedankliche strategische Architektur entwickeln zu können, welche die Erzielung von Wettbewerbsvorteilen erlaubt. In der Entwicklung einer passenden und möglichst ausgereiften strategischen Architektur wird die Möglichkeit gesehen, die noch unstrukturierten Zukunftsmärkte zu formen. Dies setzt wiederum Kenntnisse darüber voraus, welche Kernkompetenzen auf den Märkten der Zukunft erforderlich sind. Da im Regelfall die Kompetenzen nicht in hinreichender Weise zur Verfügung stehen, müssen auf lange Sicht angelegte Kernkompetenzentwicklungsprogramme in Gang gesetzt werden, was die Phase der Gestaltung der Migrationspfade betrifft. Gegenstand dieser Phase ist die Umsetzung und ggf. Modifikation der strategischen Architektur. Aufgrund von regelmäßig auftretenden Kompetenzlücken ist es erforderlich, den Aufbau von Unternehmungsnetzwerken zu prüfen.

Kernkompetenz nutzt sich im Gebrauch nicht ab (Vgl. Hamel/Prahalad 1990, S. 10). Anders als materielle Güter, die mit der Zeit vergehen, reichern sich Kernkompetenzen sogar an, wenn sie eingesetzt und mit anderen geteilt werden (Vgl. Hamel/Prahalad 1990, S. 10). Aber sie müssen ständig genährt und beschützt werden - Wissen verflüchtigt sich, wenn es nicht genutzt wird (Vgl. Hamel/Prahalad 1990, S. 10). Kompetenzen sind der Leim, der bereits existierende Geschäftseinheiten verbindet, und sie sind der Motor für die Entwicklung neuer Aktivitäten.

Ein Management, das sich vom Konzept der strategischen Geschäftseinheiten nicht lösen kann, wird fast unausweichlich zusehen müssen, wie die strategische Geschäftseinheit in ihrem Streben nach dem eigenen Vorteil mehr und mehr von externen Anbietern wichtiger Komponenten abhängig wird, Motoren oder Kompressoren sind hierfür wichtige Beispiele.

Nach Krüger und Homp ist eine Kernkompetenz eine „dauerhafte und transferierbare Ursache für den Wettbewerbsvorteil einer Unternehmung, die auf Ressourcen und Fähigkeiten basiert." (Krüger/Homp 1997, S. 27). Ein Vergleich mit den Merkmalen einer Kernkompetenz nach Hamel und Prahalad verdeutlicht die Gemeinsamkeiten. So muss ein Wettbewerbsvorteil vor allem für Kunden spürbaren zusätzlichen Nutzen generieren. Ressourcen und Fähigkeiten sind demnach die Komponenten einer Kernkompetenz. Sie sind in Kernfunktionen in der Aufbaustruktur der Unternehmen verankert. „Kernfunktionen sind solche Verrichtungskomplexe, in denen eine Unternehmung über strategische Vorteile verfügt, die sich transferieren lassen. Sie leisten damit wesentliche Beiträge zu den Kernkompetenzen einer Unternehmung..." (Krüger/Homp 1997, S. 46). Kernfunktionen sind demnach der Ort, an dem Kernkompetenzen generiert werden.

3.2 Einordnung der Job Family Cluster in den Kernkompetenzansatz

Für die bei der VW FS AG identifizierten Job Family Cluster wurden Soll-Kompetenzprofile entwickelt. Diese Kompetenzprofile beschreiben das Kompetenzbündel eines Job Family Clusters. Die Bezugspunkte der Kompetenzprofile bilden zum einen die Summe der in den einzelnen Job Families des Job Family Clusters enthaltenen Kompetenzen, zum anderen die zur übergeordneten Steuerung der vom Job Family Cluster abgedeckten Prozesse erforderlichen Kompetenzen. Für die Job Family Cluster wurden die zukünftig erfolgskritischen, anders ausgedrückt die strategisch relevanten Kompetenzen, für die Job Family Cluster definiert. Die Fertigkeiten, aus denen gemeinsame Kernkompetenzen hervortreten, müssen bei Individuen gedeihen, die ihre Bemühungen nicht zu eng führen, andernfalls übersehen sie die Chancen, die sich aus dem Zusammenführen eigener Erfahrungen mit denen der anderen ergeben (Vgl. Hamel/Prahalad (1990), S. 10). Mithilfe von Kompetenzprofilen für jedes einzelne Job Family Cluster wurde der Grundstein für die Bildung von Kernkompetenzen bei den Mitarbeitern der VW AG gelegt. Innerhalb der Job Family Cluster wurde auf diese Weise ein komplexes Muster für das Lernen seiner Mitglieder geschaffen, für das die Kompetenzprofile fachlicher und überfachlicher Art die Orientierung geben. Durch das gemeinsame Lernen der Mitglieder eines Job Family Clusters kann zudem eine neue Dimension des organisationalen Lernens entstehen, indem Mitarbeiter bereichsübergreifend miteinander verknüpft sind.

In der Literatur lassen sich spezifische und unspezifische Arten von Kernkompetenzen herauskristallisieren (Vgl. Bouncken 2001, S. 73).

Die unspezifischen Arten können als Leitrahmen für zu entwickelnde Kernkompetenzen dienen. Zu diesen zählen Kundenorientierung, Qualitätsorientierung, Innovationsorientierung, Mitarbeiterorientierung (Vgl. Strasmann/Schüller 1996, S. 19 f.) sowie Prozessorientierung (Vgl. Osterloh/Frost 1996, S. 177 ff.) und Netzwerke (Vgl. Duschek 1998).

Die Mitglieder eines Clusters sind durch Verwandtschaft der zur erfolgreichen Bewältigung ihrer Aufgaben erforderlichen Kompetenzen und Nähe in Bezug auf vor- und nachgelagerte Prozesse miteinander verknüpft. Auf diese Weise entsteht ein neuartiges Netzwerk, das für den Wettbewerb aufgrund seiner Komplexität nur schwierig zu duplizieren und zu imitieren sein dürfte. Die Perspektiven für eine Beschleunigung organisationalen Lernens innerhalb der Job Family Cluster scheint durch die Verbindung derjenigen Mitarbeiter, die zur Schaffung von am Markt erfolgreichen Produkten bzw. Produkt- und Leistungsattributen zusammenarbeiten müssen, gegeben.

Charakteristisch an Kernkompetenzen sind ihr abteilungsübergreifendes Vorliegen und die Überschreitung von Grenzen strategischer Geschäftseinheiten (Vgl. Hamel/Prahalad 1994, S. 16). Kernkompetenzen stellen Aktivitäten und keine Besitztümer („Assets") im engeren Sinne dar und lassen sich eher als Akkumulation von Lernprozessen begreifen (Vgl. Bouncken 2001, S. 71). Kernkompetenzen repräsentieren eine Verbindung aus Know-how und Know-what (Vgl. Bouncken 2001, S. 71). Auch die Job Family Cluster sind abteilungsübergreifend organisiert; durch ihre prozessorientierte, bereichsübergreifende Ausrichtung kann vermutet werden, dass sie die Verbindung von Know-how und Know-what begünstigen. Die Mitarbeiterorientierung nimmt zudem im Rahmen des Job-Family-Konzepts einen besonderen Stellenwert ein. So kommt es darauf an, dem Mitarbeiter durch die Zugehörigkeit zu einer Job Family und zu einem Job Family Cluster ein emotionales Zuhause zu geben und ihn mit „Gleichgesinnten" zusammenzubringen und letztlich seinen Wertschöpfungsbeitrag zu steigern sowie die Gefahr der Fluktuation zu verringern, indem die Identifikation mit dem Unternehmen erhöht wird. Auf diese Weise schafft das Unternehmen eine neuartige Plattform für den Aufbau von an Arbeitsabläufen orientierten natürlichen Netzwerken. Begünstigt und unterstützt wird das individuelle und das organisationale Lernen durch die AutoUni, die u.a. als Qualifizierungsinstitution für die Job Family Cluster gesehen werden kann. Dem Top Management obliegt dabei die Aufgabe, den strategischen Rahmen für die Job Family Cluster vorzugeben. Dies kann z.B. direkt durch die Aufnahme strategisch relevanter Kompetenzen in die Kompetenzprofile der Job Family Cluster oder in die Job-Family-Development-Programme der AutoUni erfolgen. Neben diesem Top-Down-Ansatz ist auch ein Bottom-Up-Ansatz insofern vorstellbar, als dass von den Mitarbeitern der Job Family Cluster generierte erfolgversprechende Produkte, Dienstleistungen oder Prozesse in die Organisation getragen werden. Hier kommt dem Wissensmanagement eine besondere Verantwortung zu.

Zur Koordination der organisationalen Fähigkeiten und der Ressourcen für die Erlangung von Marktwirksamkeit und daraus resultierend die Schaffung von Wettbewerbsvorteilen bedarf es entsprechender Prozesse. Kernprozessen ist dabei besondere Aufmerksamkeit zu schenken. Diese sind „funktionsübergreifende Prozesse, die wesentliche Beiträge zu den Kernkompetenzen einer Unternehmung leisten." (Bouncken 2001, S. 72). Kernprozesse können sowohl Steuerungs-, Unterstützungs- als auch operative Prozesse sein.

In den Job Family Clustern wurden diejenigen Job Families zusammengefasst, die in den entscheidenden Prozessen zusammenarbeiten. Die beschriebenen Prozesse dienen der Erstellung der Produkte und Services, die den Bestand des Unternehmens sichern, nämlich im Vergleich zum Wettbewerb erfolgreichere Fahrzeuge. In der Zusammenschau leistet jedes Job Family Cluster einen Beitrag zu den Kernkompetenzen des Unternehmens. Diejenigen Prozesse, die direkt die Generierung von Kernkompetenzen ermöglichen bzw. begünstigen, sind als Kernprozesse einzustufen. Ein wesentliches Kriterium zur Beurteilung einer Kompetenz stellt ihr Grad an Imitierbarkeit dar (Vgl. Amit/Schoemaker 1993, S. 38 f.; Bouncken 2000, S. 867; Tampoe 1994, S. 68). Grundsätzlich sind Kompetenzen auf zwei Arten imitierbar. Zum einen können Konkurrenten versuchen, die Kompetenzen käuflich zu erwerben (Vgl. Faix/Kupp 2002, S. 63). Zum anderen kann die Imitation mittels Eigenentwicklung der Kompetenzen durch die Konkurrenten erfolgen (Vgl. Grant 1991, S. 126 f.). Es kann davon ausgegangen werden, dass die Konzeption, Entwicklung und Implementierung der Organisationsform der Job Family Cluster für Wettbewerber aufgrund des hohen Komplexitätsgrads sowie der Notwendigkeit zur Identifikation von Kompetenzgemeinschaften wie auch zur Schaffung von Prozessverwandtschaften schwierig zu imitieren sind. Die Job Family Cluster organisieren die Wertschöpfungsprozesse und die Kompetenzgemeinschaften innerhalb des Unternehmens auf eine für den Wettbewerb schwierig zu imitierende Weise.

Weiterhin sollten sich Kernkompetenzen gegenüber Substitutionsgefahren behaupten können (Vgl. Dierickx/Cool 1989, S. 1509; Peteraf 1993, S. 182). Unter Substitution versteht man die Ersetzung eines Guts oder Produktionsfaktors durch ein anderes Gut oder einen anderen Faktor (Vgl. Porter 1999, S. 355 ff.). Güter sind substitutiv, wenn sie gleiche Nutzenkomponenten aufweisen (Vgl. Bauer 1989, S. 64). Auf der Ressourcenebene besteht eine Substitutionsgefahr, durch verschiedenartig konfigurierte Ressourcen, mit „deren Hilfe sich ein alternativer Weg zur Realisierung einer anvisierten Ressourcenposition bestreiten lässt." (Rasche 1994, S. 86). Eine Substitution droht den Wert einer Ressource zu mindern, da sie dann für den Kunden keinen einzigartigen Nutzen mehr erzeugen kann (Vgl. Dierickx/Cool 1989, S. 1509). Mit Hilfe der Job Family Cluster lassen sich die Ressourcen auf eine alternative, effektivere und effizientere Art miteinander kombinieren. Schnittstellen können reduziert, an Wertschöpfungsketten orientierte Netzwerke gebildet und Kompetenzen zielgerichtet aufgebaut werden. Die Job Families eröffnen mithin dem Wettbewerb überlegene Wege der Kombination, Identifikation, Aktualisierung und des Einsatzes der Ressourcen. Es kann darüber hinaus davon ausgegangen werden, dass aufgrund der neuartigen Strukturen auch bisher nicht vorhandene Kompetenzen bzw. Ressourcen entstehen. Die Nicht-Imitierbarkeit und Nicht-Substituierbarkeit von Kompetenzen wirken sich primär auf ihre Verteidigungsfähigkeit bzw. Dauerhaftigkeit aus (Vgl. Faix/Kupp 2002, S. 64). Um Kernkompetenz zu sein, muss eine Kompetenz aber auch einen Nutzen stiftenden Charakter besitzen (Vgl. Rasche 1994, S. 88 ff.), wobei der Nutzen sowohl dem Unternehmen als auch den Kunden gestiftet werden kann (Vgl. Faix/Kupp 2002, S. 64). Job Family Cluster fördern die Kommunikation entlang der Wertschöpfungsprozesse. Mitarbeiter einer Wertschöpfungskette treten in Kontakt miteinander, langfristig flankieren Karrierepfade innerhalb der Job Family Cluster sowie kompetenzorientierte Qualifizierung die bereichsübergreifende Zusammenarbeit, wodurch Transaktionskosten gesenkt werden können. In weiterer Konsequenz soll sich dies in einer gesteigerten Kundenorientierung und einem höheren Kundennutzen niederschlagen.

Zusammenfassend kann festgehalten werden, dass Job Family Cluster die Generierung von Kernkompetenzen mindestens fördern.

Literatur

Amit, R. und Schoemaker, P. J. H. (1993): Strategic assets and organizational rent; in: Strategic Management Journal, Vol. 31, Nr. 4, S. 33-46.
Aragón, S. und Kleb, R. H. (1998): „Kompetenzmanagement in multinationalen Konzernen", in: Personalführung, 11/1998, S. 22 - 31.
Baron, J. N. und Kreps, D. (1999): Strategic Human Resources: Framework for General Managers, New York et al.
Bauer, H. (1989): Marktabgrenzung, Berlin.
Berthel, J. und Koch, H.-E. (1985): Karriereplanung und Mitarbeiterförderung, Stuttgart.
Boos, F.; Jarmai, H. (1994): Kernkompetenzen - gesucht und gefunden; in: Harvard Business Manager, Nr. 4, S. 166-185.
Bosse, N. (2006): „Die Job-Family-Cluster-Organisation", Berlin.
Bouncken, R. B. (2001): Organisationale Metakompetenzen. Eine Theorie organisationaler Kompetenzen, Lüneburg.

Braun, J. (1996): „Leitsätze moderner Organisationsgestaltung", in: Bullinger, H.-J. und Warnecke, H. J. (Herausgeber): Neue Organisationsformen im Unternehmen, Berlin, Heidelberg, New York.
Dierickx, I.; Cool, K. (1989): Asset Stock Accumulation and Sustainability of Competitive Advantage; in: Management Science, Vol. 12, Nr. 12, S. 1504-1511.
Duschek, S. (1998): Kooperative Kernkompetenzen - Zum Management einzigartiger Netzwerkressourcen; in: Zeitschrift für Führung und Organisation, Jg. 67, Nr. 4, S. 230-235.
Erpenbeck, J. und Heyse, V. (1999): „Die Kompetenzbiographie - Strategien der Kompetenzentwicklung durch selbstorganisiertes Lernen und multimediale Kompetenz", in: QUEM (Herausgeber): Titel?, 1. Auflage, Münster, New York, München, Berlin.
Faix, A. und Kupp, M. (2002): Kriterien und Indikatoren zur Operationalisierung von Kernkompetenzen; in: Bellmann, K.; Freiling, J.; Hamann, P.; Mildenberger, U. (Hrsg.), Aktionsfelder des Kompetenz-Managements, Wiesbaden.
Franzen, H. und Schoon, D. (2001): „Prozessorientiertes Kompetenzmanagement", in: Schwuchow, K. und Gutmann, J. (Herausgeber): Jahrbuch Personalentwicklung und Weiterbildung 2000/2001, 10. Auflage, Köln, S. 49 - 51.
Grant, R. M. (1991): The resource-based theory of competitive advantage. Implication for strategy formulation; in: California Management Review, Jg. 33, Nr. 3, S. 114-135.
Hamel, G. und Prahalad, C. K. (1990): Nur Kernkompetenzen sichern das Überleben; in: Harvard Business Manager, S. 7-18.
Hamel, G. und Prahalad, C. K. (1994a) Competing for the future, Boston, Massachusetts.
Hamel, G. und Prahalad, C. K. (1994b) Strategy as a Field of Study: Why search for a New Paradigm?; in: Strategic Management Journal, Nr. 15, S. 5-16.
Hartz, P. (2001): Job Revolution, 1. Auflage, Frankfurt a. M.
Hofstätter, P. R. (1956): „Zur Dialektik der Gruppenleistung", in: Kölner Zeitschrift der Soziologie und Sozialpsychologie, 08/1956, S. 608 - 622.
Hofstätter, P. R. (1971): Gruppendynamik, Hamburg.

Krüger, W. und Homp, C. (1997): Kernkompetenz-Management: Steigerung von Flexibilität und Schlagkraft im Wettbewerb, Wiesbaden.
Krystek, U., Redel, W. und Reppegather, S. (1997): Grundzüge virtueller Organisationen: Elemente und Erfolgsfaktoren, Chancen und Risiken, Wiesbaden.
Laszlo, E., Laszlo, C. und Liechtenstein, A.v. (1992): Evolutionäres Management: Globale Handlungskonzepte, Fulda.
Leipoldt, T. und de la Fontaine, A. (2001): „e-Development - Wann Mitarbeiter per Mausklick lernen", in: Wirtschaftspsychologie, 04/2001, S. 44 - 51.
Leonhard-Barton, D., Bowen, H. K., Clark, K. B., Holloway, C. A. und Wheelwright, S. C. (1994): How to Integrate Work and Deepen Expertise; in: Harvard Business Review, Nr. 9/10, S. 121-130.
Nienaber, C. (2001): „Integriertes Kompetenzmanagement für globale Unternehmen", in: Unternehmensberater, 04/2001, S. 75 - 81.
Osterloh, M. und Frost, J. (1996): Prozessmanagement als Kernkompetenz, Wiesbaden.
Peteraf, M. A. (1993): The cornerstones of competitive advantage. A resource-based view; in: Strategic Management Journal, Jg. 14, S. 179-191.
Porter, M. (1999): Wettbewerbsvorteile, 5. Auflage, Frankfurt a.M.
Rasche, C. (1994): Wettbewerbsvorteile durch Kernkompetenzen. Ein ressourcenorientierter Ansatz, Leverkusen.
Redel, W. (1982): Kollegienmanagement, Bern, Stuttgart.
Redel, W. und Müller, H. (1995): Unternehmensgrenzen überwinden: Management als neue Sichtweise im Beschaffungsbereich.
Scholz, C. (2000): Strategische Organisation - Multiperspektivität und Virtualität, 2. Auflage, Landsberg/Lech.
Schulte-Zurhausen, M. (2001): „Schnittstelle Marketing und Organisation", in: Pepels, W. (Herausgeber): Organisationsgestaltung in marktorientierten Unternehmen, Heidelberg.
Stüdlein, Y. (1997): Management von Kulturunterschieden - Phasenkonzept für internationale strategische Allianzen, Wiesbaden.
Strasmann, J. und Schüller, A. (1996): Kernkompetenzen: was Unternehmen wirklich erfolgreich macht, Stuttgart.
Zahn, E. (1992): Konzentration auf Kompetenz - ein Paradigmenwechsel im Strategischen Management?; in: Erfolg durch Kompetenz, 1. Auflage, Stuttgart.

Tampoe, M. (1994): Exploiting the Core Competences of your Organization; in: Long Range Planning, Vol. 27, Nr. 4, S. 66-77.

Teil D:

Ansatzpunkte zur Erklärung von Verhalten in Organisationen

Organisation von Innovation im Wandel
Ursula Weisenfeld [*]

1. Einführung
2. Die Entwicklung der industriellen Forschung und Entwicklung
3. Wandel von Wandel
4. Change Management und Management of Change
5. Change Management und Management of Change

Literatur

---

[*] Prof. Dr. Ursula Weisenfeld ist Hochschullehrerin für Marketing und Technologiemanagement an der Universität Lüneburg. Arbeitsschwerpunkte sind Technologie- und Innovationsmanagement, insbesondere im Bereich neuer Technologien.

1. Einführung

In den meisten Entscheidungssituationen der Unternehmenssteuerung ist das Gesamtproblem durch mehrere Zielvariablen bestimmbar, zu denen dann noch eine Reihe von Situationselementen und Restriktionen kommen. Die problemrelevanten Einflussgrößen weisen für sich wiederum eine erhebliche Komplexität auf, deren Beziehungen untereinander nicht von vornherein klar bestimmbar sind (Kahle & Wilms 1997, S. 62).

Ziele eines Unternehmens werden je nach Sichtweise und Zeithorizont beschrieben etwa als Gewinnmaximierung, langfristiges Überleben, Erreichen und Halten einer guten Wettbewerbsposition. Zur Erreichung von Unternehmenszielen wird Innovationen eine hohe Bedeutung beigemessen (Tidd 2000). Ein beschleunigter Wandel und damit einhergehende steigende Komplexität (Modis 2003) auf Grund von technologischer Dynamik und Globalisierung stellen allerdings verschärfte Anforderungen an das Innovationsmanagement von international wie national tätigen Unternehmen, für große wie für kleine Unternehmen. Das Problemfeld ‚Organisation von Innovation' mit seinen entsprechenden Entscheidungssituationen ist an sich äußerst komplex (Innovation als Querschnittsaufgabe, als Nicht-Routine-Aufgabe, mit hohen Unsicherheiten und internen wie externen Barrieren verbunden), und die ‚problemrelevanten Einflussgrößen' sind, insbesondere in technologieorientierten Branchen, von solch hoher Dynamik, dass ‚deren Beziehungen untereinander' nicht nur ‚nicht von vornherein klar bestimmbar sind', zuweilen herrscht schlicht Chaos. Die dauernde Veränderung hat kein Gleichgewicht, Optima existieren nur temporär und lokal, Strategien zur Erreichung von (sich ändernden) Zielen sind nicht längerfristig planbar, sondern bestehen aus der andauernden Schöpfung und Anpassung von Schritten, es entsteht ein – im Nachhinein erkennbares – Muster von Entscheidungen.

Das Umfeld wandelt sich also, Unternehmen und deren Mitglieder, Ressourcen und Ziele wandeln sich, und das Hervorbringen von Innovationen unter Abstimmung zwischen Umfeld und Unternehmen wird zu einem äußerst komplexen Problemfeld.

Im vorliegenden Beitrag soll den Fragen nachgegangen werden, wie sich die Herausforderungen geändert haben (Wandel von Wandel) und was die

Handhabung von Wandel (Management of Change) für Unternehmen und insbesondere für die Organisation von Innovationen bedeutet.

2. Die Entwicklung der industriellen Forschung und Entwicklung

Science is a personal activity (Gribbin 2002, S. 613).

Innovation ist die Einführung von etwas Neuem in ein Umfeld. Technologische Innovationen beruhen auf technologischen Erfindungen und sind das Resultat von Forschung und Entwicklung.
In den letzten 600 Jahren haben Individuen Entdeckungen und Erfindungen gemacht, die von der Renaissance über Aufklärung bis hin zum Gen- und Nanotechnologie-Zeitalter das Wissen und die Wahrnehmung des Menschen geprägt und verändert haben. Die Druckpresse, die Glühlampe, die Dampfmaschine sind wichtige Erfindungen der Menschheit, mit denen bestimmte Namen verbunden sind, umgekehrt sind mit bestimmten Namen zahlreiche Erfindungen verbunden, wie zum Beispiel mit Leonardo da Vinci, der als Mathematiker, Mechaniker, Physiker, Konstrukteur und Maler brillierte.
Im 18. Jahrhundert fanden dann umwälzende Entwicklungen in der Produktion von Gütern und Dienstleistungen statt: Die Industrielle Revolution veränderte die Organisation von Arbeit grundlegend (Landes 2003). Adam Smith zeigte in seinem Buch ‚Der Wohlstand der Nationen' (1776) die Vorteile der Arbeitsteilung gegenüber der Arbeit von Generalisten auf. So wurden Textilien nicht mehr in Heimarbeit sondern in Fabriken hergestellt, durch eine tiefgehende Arbeitsteilung und Spezialisierung wurde die Produktivität gesteigert (im Informationszeitalter wiederum ist auch die umgekehrte Richtung von der Fabrik zur Heimarbeit möglich). Diese Spezialisierung fand nicht nur am Band und in der Werkhalle statt, auch haben Forschung und Entwicklung (F&E) sich immer weiter spezialisiert. Thomas Alva Edison errichtete schon 1880 ein Entwicklungslabor in Menlo Park, bei New York, wo Ingenieure und Mechaniker im Team forschten (http://www.pro-physik.de/Phy/leadArticle.do?mid=9&laid=8423). Er verstand Innovation als interaktive Prozesse, die er im ersten industriellen Forschungs- und Entwicklungslabor der Welt organisierte (Tidd et al 2001, S. 37). In Deutschland haben Unternehmen der chemischen Industrie Ende des 19. und Anfang des 20.

Jahrhunderts Labore eingerichtet, um durch Erfindungen und Entwicklungen die Wettbewerbsfähigkeit zu stärken (Brockhoff 1999, S. 2).
Die weitere Entwicklung von industrieller F&E im 20. Jahrhundert wird in ‚Generationen' eingeteilt (Roussel et al 1991, Rogers 1996):
1. ‚Technology as the Asset': F&E in Isolation
2. ‚Project as the Asset': Verbindung zwischen F&E und anderen Funktionsbereichen des Unternehmens
3. ‚Enterprise as the Asset': Integration von F&E und anderen Funktionsbereichen des Unternehmens in das Unternehmensmanagement
4. ‚Customer as the Asset': Integration von Kunden in Prozesse
5. ‚Knowledge as the Asset': durch Kooperationen geprägtes Innovationssystem.

Heute sind gesellschaftliche Einbettung von Technologien und Stakeholder-Orientierung, Nachhaltigkeit und internationale Ausrichtung zentrale Herausforderungen an das Technologie- und Innovationsmanagement. Es bedarf einer Interaktion zwischen Innovationsmanagement in Organisationen, der Artikulation von Ansprüchen während des Innovationsprozesses und der gesellschaftlichen Formung von Innovationsprozessen.

Zunehmend müssen Innovationsprozesse verschiedene Anspruchsgruppen einbinden, insbesondere in Bezug auf die Erfüllung von Nachhaltigkeitskriterien: 'Die Gesellschaft' erwartet von Unternehmen, dass sie ihrer ökologischen und sozialen Verantwortung nachkommen, nationale und transnationale Bemühungen um nachhaltigere Entwicklungen fließen in rechtliche Rahmenbedingungen, und schließlich werden auch wirtschaftliche Chancen in einer verstärkten Nachhaltigkeitsorientierung gesehen (Elkington 1998, Schaltegger and Burritt 2005).

Allerdings ist die Integration von Anspruchsgruppen mit deren vielfältigen Perzeptionen, Werthaltungen und Interessen eine komplexe und dauernde Aufgabe.

Fazit: Die Organisation von F&E einerseits und das Umfeld andererseits wurden im Laufe der Zeit immer komplexer.

3. Wandel von Wandel

If this exponential pattern continues we will reach levels of change and complexity that border on the absurd. More and more significant events will occur in less and less time. We could soon witness a parade of milestones comparable to those of the entire twentieth century pass in front of our eyes within seconds (Modis 2003).

Modis (2003) erstellt auf der Basis von 13 verschiedenen Zusammenstellungen von Meilensteinen ('important evolutionary turning points') eine Liste von 28 Meilensteinen vom Big Bang (Meilenstein Nr. 1) bis hin zum Internet und der Entschlüsselung des menschlichen Genoms (Meilenstein Nr. 28) und kommt zu der Vermutung, dass die Wachstumsrate von Komplexität ihr Maximum erreicht hat und die Veränderungsrate (rate of change) sinken wird (s-förmiger Verlauf). Demgemäß leben wir in einer Zeit des maximalen Wandels.
Innovation und technologische Entwicklung bewirken Wandel und werden umgekehrt durch Wandel angetrieben. Die Dynamik von technologischen Entwicklungen hat enorme Ausmaße angenommen: Verschiedene Technologien wie Bio- und Nanotechnologien sind an sich schon interdisziplinär, und als Querschnittstechnologien treiben sie Fortschritte in verschiedenen Bereichen an ('enabling technologies', 'joining forces'; Nordmann 2004). Unternehmen unterscheiden sich hinsichtlich des Umgangs mit diesen Änderungen: Sie können als Bedrohung oder als Chance gesehen werden, Unternehmen können sich anpassen oder Wandel mitgestalten (vgl. z.B. Miles und Snow, 1978). In den letzten Jahrzehnten haben die Umfeldänderungen eine neue Qualität erreicht, und mit dem gesellschaftlichen Wertewandel, dem internationalen Auftreten von Unternehmen, dem Entstehen von Netzwerken und Communities und der rasanten Entwicklung und Verknüpfung von Technologien sind Herausforderungen an die Flexibilität von Akteuren verknüpft. Das Internet, das eine wesentlich schnellere Verbreitung gefunden hat als andere Massenmedien wie das Radio, TV oder Kabelfernsehen (Zerdick et al 1999), fungiert für immer mehr Menschen als globale Plattform für schnelle Information und Kommunikation.
Fazit: Wandel und damit einhergehende Komplexität haben exponentiell zugenommen.

4. Change Management und Management of Change

> *As we begin to understand complex systems, we begin to understand that we're part of an ever-changing, interlocking, nonlinear, kaleidoscopic world. So the question is how you manoeuvre in a world like that. And the answer is that you want to keep as many options open as possible. You go for viability, something that's workable, rather than what's 'optimal.' A lot of people say to that, 'Aren't you than accepting second best?' No, you're not, because optimization isn't well-defined anymore. What you're trying to do is maximize robustness, or survivability, in the face of an ill-defined future (Waldrop 1994, S. 333 – 334).*

Unter ‚Change Management' werden Unternehmensveränderungen diskutiert (vgl. zu einem Überblick Stock-Homburg 2007), ‚Management of Change' soll hier hingegen umfassender verstanden werden. In einem auf Dauer hoch volatilen Umfeld (veränderlich, flüchtig) müssen Organisationen, die auf Dauer angelegt sind und überleben wollen, diese Veränderungen handhaben, sich dabei aber nicht notwendigerweise selbst ändern. Das ‚Managen' von Veränderungen im Unternehmen (Change Management) kann (muss aber nicht) Teil eines ‚Management of Change' sein.

Werden Technologien immer komplexer und vernetzter, wird es schwieriger, Wirkungsweisen und Effekte vorherzusagen und unerwünschte Entwicklungen und Nebeneffekte auch nur zu erahnen. Wissenschaft war und ist nicht irrtumsfrei. Wenn einerseits Wissenschaftler sich immer mehr spezialisieren und sich innerhalb ihres Faches über Teilbereiche hinweg kaum mehr konstruktiv austauschen können (fachfremde Wissenschaftler Entwicklungen nicht verstehen und schon an der Fachsprache scheitern und Nicht-Wissenschaftler keine Vorstellung von Wissenschaft haben), und andererseits neue Technologien auf der Kombination von Wissen aus verschiedenen Bereichen beruhen, ist eine konstruktive Technikfolgenabschätzung (Rip et al 1995) zwar geboten, aber extrem schwierig.

In der ‚Risikogesellschaft' (Beck 1986) sind Ursache-Wirkungs-Beziehungen und Verantwortlichkeiten schwer auszumachen, die wahrgenommene

Machtlosigkeit des Einzelnen, Risiken zu verringern, lähmt Initiative, und die Priorisierung wirtschaftlicher Interessen vor sozialer und ökologischer Nachhaltigkeit wird von den einen vorgenommen, von den anderen kritisch diskutiert.
Wie können nun Unternehmen angesichts eines solch komplexen, dynamischen und unsicheren Umfeldes Innovationen organisieren und Wandel ‚managen'?

Intern: Change Management

> *There is no more delicate matter to take in hand, nor more dangerous to conduct, nor more doubtful in its success, than to be a leader in the introduction of changes. For he who innovates will have for enemies all those who are well off under the old order of things, and only lukewarm supporters in those who might be better off under the new (Machiavelli 1513).*

Unternehmensveränderungen werden auf Personen ('All people. On all fronts', Kanter 1983, S. 23), Rahmenbedingungen und Prozesse bezogen. Eine zentrale Frage ist, wie Organisationen lernen. Hier können Idealtypen ausgemacht werden, die in der Realität auch als Mischformen auftreten (Kahle 1999, S. 114 ff.): Typ ‚Personalentwicklung', Typ ‚Beobachtetes Laissez Faire', Typ ‚Prince Charming' und Typ ‚Geplanter kultureller Wandel'. Dabei muss nicht nur Neues gelernt sondern auch Altes abgelegt werden. Die Pfadabhängigkeit von Organisationen erschwert größere Änderungen von Organisationen: "Inertia means that organizations change slowly and unwillingly and along tracks that are already laid out through the collective resources of the organization involved" (Ahrne & Papakostas 2001). Das größere Beharrungsvermögen etablierter Unternehmen im Vergleich zu neuen Unternehmen wird unterschiedlich erklärt: Während Tushman & Anderson (1986) die Rolle der (technologischen) Kompetenz hervorheben (Kompetenzen etablierter Unternehmen werden mit dem Aufkommen neuer Technologien obsolet), machen Christensen & Bower (1996) eine zu starke Orientierung an aktuellen Kundenbedürfnissen für die verspätete Nutzung einer Technologie verantwortlich.
Innovationen stoßen auf Barrieren. Individuen als Promotoren wird bei der Überwindung solcher Barrieren (‚Nicht-Wissen', ‚Nicht-Wollen', ‚Nicht-Können' und ‚Nicht-Dürfen') eine herausragende Rolle im Innovationsprozess

zugeschrieben (Witte 1973, Hauschildt & Chakrabarti 1988). Auch das Bild des Schumpeterschen Unternehmers, der Innovationen durchsetzt, betont die Rolle des Individuums im Innovationsprozess. Dafür sind Rahmenbedingungen zu gestalten: "We need to create conditions, even in large organizations, that make it possible for individuals to get the power to experiment, to create, to develop, to test – to innovate" (Kanter 1983, S. 23). Allerdings steht außer Frage, dass Kooperationen entlang des Innovationsprozesses zunehmend notwendig geworden sind. So heben Rogers (1996) und Rothwell (1992) als Charakteristika heutiger Innovationsprozesse die steigende Nutzung von Netzwerken und Informationstechnologien hervor (5th generation R&D).
Ist das Umfeld sehr dynamisch und verlangen die zu bewältigenden Aufgaben nach speziellen Kompetenzen, ist die Organisationsform des ‚Virtuellen Unternehmens' eine Möglichkeit, Flexibilität zu steigern, Kosten und Risiken zu teilen und Kompetenzen zu bündeln. Ein Virtuelles Unternehmen basiert auf einem permanenten Netzwerk von unabhängigen Organisationen, innerhalb dessen temporäre Kooperationen eingegangen werden, um Projekte durchzuführen, so dass Leistungen effektiv (zur Zufriedenheit der Kunden) und effizient angeboten werden können (Davidow & Malone 1992, Bullinger et al 1995, Picot et al 1996). Durch Zugriff auf eine Bandbreite von Organisationen mit unterschiedlichen Kompetenzen und Ressourcen kann das Virtuelle Unternehmen bei der Entwicklung und Einführung technologischer Innovationen Chancen für eine verbesserte Wettbewerbsfähigkeit bieten.

Extern: Life, the Universe and Everything
> *Another error that prognosticators make is to consider the transformations that will result from a single trend in today's world as if nothing else will change. (Kurzweil 2005, S. 13).*

Modis (2003) stellt die Evolution von Komplexität auf einer logarithmischen Skala dar und zeigt als mögliche Funktionen die logistische Anpassung und die exponentielle Anpassung. Während Modis einen logistischen Fit annimmt und davon ausgeht, dass die Wachstumsrate von Komplexität demnächst sinkt, geht Kurzweil (2005) von einem exponentiellen Verlauf aus und vermutet das nahe Bevorstehen von Singularität: „It's a future period during which the pace of

technological change will be so rapid, its impact so deep, that human life will be irreversibly transformed" (S. 7).
Demnach ist unstrittig, dass Wandel und damit einhergehende Komplexität noch nie so stark gewachsen sind (Dissens herrscht darüber, ob sich Wandel weiter beschleunigt oder verlangsamt).
Technologischer Wandel ändert das Arbeitsleben. Kurzweil (2005, S. 337 ff.) benennt Dezentralisierung und wachsende Bedeutung des Managements von geistigem Eigentum als zentrale Trends.
Wandel geht alle an, aber in unterschiedlicher Form und zu unterschiedlichen Zeitpunkten. In Branchen, in denen neue Technologien entwickelt und zuerst eingesetzt werden, sind Unternehmen früh betroffen, häufig aktiv in die Entwicklung eingebunden oder initiieren Entwicklungen. Das Timing von Erfindungen (zum Beispiel die Forcierung von Forschung und Entwicklung, um schneller Ergebnisse zu erzielen) und Innovationen (die Wahl des Markteintrittszeitpunktes) sind wichtige Erfolgsfaktoren (Perillieux 1995), ebenso der Aufbau und Einsatz von Kernkompetenzen und die Setzung von Standards. Diese Unternehmen und Branchen rücken in das Blickfeld von Stakeholdern.
Allgemeine, vom Unternehmen nicht oder kaum zu beeinflussende Umfeldentwicklungen wie die Zunahme an Single-Haushalten, wachsendes Umweltbewusstsein oder hybrides Konsumverhalten, sind Trends, die die gesamte Gesellschaft und Wirtschaft betreffen. Die frühe Wahrnehmung von Trends und die Akzeptanz der Konsequenzen sind zentral für den Erfolg von Unternehmen in deren Zielgruppe (so hat der demographische Wandel zwar dazu geführt, dass Nicht-Jugendliche hinsichtlich ihrer Charakteristika intensiver analysiert und segmentiert werden, im Marketing und insbesondere in der Werbung scheinen die daraus gewonnenen Erkenntnisse aber nur zögerlich umgesetzt zu werden).
Der intensiven Beobachtung des Umfeldes, der Abschätzung von Trends und dem Aufbau von Szenarien muss eine Implementierung von Strategien folgen.

Interaktion mit dem Umfeld

Embedding new technology in society is a process in which all sorts of actors actively try to exert influence, and/or passively shape what happens by not doing something, or doing something else. It is through the interaction of such explicit and implicit actor strategies that the success of the introduction and the socio-technical transformations are determined (Rip 1995, S. 424).

Wie passen sich Unternehmen an das Umfeld an und wie geht Wandel in Unternehmen vonstatten bei verschiedenen Formen des Wandels im Umfeld? Innovationsprozesse und -projekte sind Teil größerer Entwicklungen; Projekte werden in bestimmten institutionellen Rahmen und entlang bestimmter Pfade durchgeführt. Institutionelle Grenzen, eingefahrenes Verhalten, Beharrungsvermögen bewirken nur zögerliche, widerstrebende Anpassungen (Hannan & Freeman 1977), radikale Veränderungen werden hingegen vor allem in Krisensituationen vorgenommen, etwa wenn die Obsoleszenz der eigenen technologischen Kompetenz durch die Einführung einer neuen Technologie droht (Anderson & Tushmann 1990).

Weiterhin sind Innovationsprozesse einer Vielzahl von verschiedenen Ansprüchen ausgesetzt, deren angemessene Berücksichtigung über den Erfolg von Innovationen in Wirtschaft und Gesellschaft entscheidend sein kann. Die Abstimmung des Innovationsprozesses im Unternehmen (oder in Netzwerken) mit der Entwicklung des Umfelds ist eine Daueraufgabe.

Wenn technikaffine Spezialisten hochkomplexe Produkte entwerfen, entsprechen die Innovationen möglicherweise nicht den Erwartungen der Zielgruppe, die dann zum Beispiel die Handhabung von technischen Geräten beklagt. So heißt es im *Economist* in Bezug auf die Elektronikindustrie: „So far, most of the new digital devices have gone to gadget fiends and knowledgeable PC users, who are comfortable with brands from the computer industry. But as the products spread to the mass market, they will meet consumers who expect gadgets to be, above all, easy to use" (*o.V.* 2001, S. 90).

Wenn solche komplexen Innovationen 'radikal' neu sind, können Adoption von Kunden und die Reaktionen von Wettbewerbern und ganz allgemein von Stakeholdern nur schwer prognostiziert werden.

Insbesondere im Bereich neuer Technologien spielen die Artikulation von Perspektiven und Intentionen, die Antizipation von Entwicklungen und die Reflektion eine große Rolle für die Ausrichtung von Innovationsprozessen.

5. Fazit

All right, said Deep Thought. The Answer to the Great Question...Of Life, the Universe and Everything...is... (Douglas Adams, The Hitchhiker's Guide to the Galaxy).

Hat sich Wandel gewandelt? Wandel ist beständig, Komplexität steigt, und die Frage, ob die damit einhergehende Wachstumsrate von Komplexität sich weiter verstärkt oder nicht, wird unterschiedlich beantwortet. Bei logistischem Verlauf wird sich zumindest die Rate des Wandels verlangsamen, bei exponentiellem Verlauf wird Wandel dramatisch ansteigen.

Wie können Organisationen Wandel handhaben? Management of Change wird hier verstanden als Management von Wandel im Unternehmen und im Umfeld (intern und extern). Intern stehen Pfadabhängigkeit und Beharrungsvermögen Wandel entgegen. Individuen können als Promotoren helfen, Barrieren zu überwinden und Rahmenbedingungen sollen Raum zum Innovieren bieten. In Bezug auf externen Wandel ist zunächst das ‚sich bewusst sein' von dauerndem Wandel und steigender Komplexität ein Ausgangspunkt für die Etablierung von Methoden zur Erfassung des Wandels und seiner Auswirkungen.

Von überragender Bedeutung für ‚Life, the Universe and Everything' ist die Einbettung neuer Technologien in das Umfeld, die konstruktive Technikfolgenabschätzung und ...*forty-two*.

Literatur

Ahrne, G., Papakostas, A. (2001): Innovation and Inertia, CMS Conference 2001.

Anderson, P., Tushman, M. L. (1990): Technological Discontinuities and Dominant Designs: a Cyclical Model of Technological Change." Administrative Science Quarterly, 35, S. 604-633.

Beck, U. (1986): Risikogesellschaft. Auf dem Weg in eine andere Moderne, Frankfurt.

Brockhoff, K. (1999): Forschung und Entwicklung. Planung und Kontrolle, 5. Aufl., München, Wien, Oldenburg.

Bullinger, H.-J., Brettreich-Teichmann, W., Fröschle, H.-P. 1995: Das virtuelle Unternehmen. Koordination zwischen Markt und Hierarchie, Office Management 12, 1995, S. 18-22.

Christensen, C.M. & Bower, J.L. (1996): Customer Power, Strategic Investment, and the Failure of Leading Firms. Strategic Management Journal 17, S. 197-218.

Davidow, W.H., Malone, M.S. (1992): The Virtual Corporation. Structuring and Revitalizing the Corporation for the 21st Century, New York.

Elkington, J. (1998): Cannibals with Forks, Oxford: Capstone Publishing.

Gribbin, J. (2002): Science. A History 1543-2001, London.

Hannan, M.T., Freeman, J. (1977): The Population Ecology of Organizations, The American Journal of Sociology, Vol. 82 (5), S. 929-964.

Hauschildt und Chakrabarti (1988): Arbeitsteilung im Innovationsmanagement, Zeitschrift für Organisation (6), S. 378-388.

Kahle, E., Wilms, F.E.P. (1997): Im Tunnel. Das operational geschlossene Wirkungsgefüge multipersonellen Entscheidungsverhaltens. Arbeitsbericht Nr. 1/97, Universität Lüneburg.

Kahle, E. (1999): Voraussetzungen und Möglichkeiten organisationalen Lernens aus kognitionswissenschaftlicher Sicht, in: Schwaninger, M. (Hrsg.), Intelligente Organisationen. Konzepte für turbulente Zeiten auf der Grundlage von Systemtheorie und Kybernetik, S. 103-118, Berlin.

Kanter, R.M. (1983): The Change Masters. Innovation and Entrepreneurship in the American Corporation, New York.

Kurzweil, R. (2005): The Singularity is Near.

Landes, D.S. (2003): The Unbound Prometheus. Technological Change and Industrial Development in Western Europe from 1750 to the Present, 2. Aufl., Cambridge.

Miles, R.E., und Snow, C.C. (1978): Organisational Strategy, Structure and Process, McGraw Hill.

Modis, Th. (2003): The Limits of Complexity and Change, The Futurist, May-June 2003.

Nordmann, A. (2004): Converging Technologies – Shaping the Future of European Societies. HLEG Foresighting the New Technology Wave, Report to to European Commission Research, Rapporteur Alfred Nordmann.

o.V. (2001): Business, Gadget wars. A new breed of consumer-electronics devive is emerging from the computer industry, and with it a new sort of consumer-electronics company, The Economist, 10.03.01, S. 89-90.

Perillieux, R. (1995): Technologietiming, in: Zahn (Hrsg.): Handbuch Technologiemanagement, Stuttgart, S. 267-284.

Picot, A., Reichwald, R., Wigand, R.T. (1996): Die Grenzenlose Unternehmung. Information, Organisation und Management, Wiesbaden.
Rip, A. (1995): Introduction of New Technology: Making Use of Recent Insights from Sociology and Economics of Technology, Technology Analysis & Strategic Management 9 (2).
Rip, A., Misa, T.J. and Schot, W. (Eds) (1995): Managing Technology in Society. The Approach of Constructive Technology Assessment, Pinter Publishers, London.
Rogers, D.M.A. (1996): The challenge of fifth generation R&D. Research Technology Management, 39 (4), S. 33-41.
Rothwell, R. (1992): Successful Industrial Innovation. Critical Factors for the 1990's, R&D Management 22 (3), S. 21-39.
Roussel, P.A., Saad, K.N. and Erickson, T.J. (1991): Third Generation R&D – Managing the Link to Corporate Strategy, Harvard Business School Press, Boston, MA.
Schaltegger, S., Burritt, R. (2005): Corporate Sustainability, in: Folmer, H. and T. Tietenberg, (Eds.): The International Yearbook of Environmental and Resource Economics. Cheltenham: Edward Elgar, S. 185-232.
Stock-Homburg, R. (2007): Nichts ist so konstant wie die Veränderung: Ein Überblick über 16 Jahre empirische Change Management-Forschung, Zeitschrift für Betriebswirtschaft 77 (7/8), S. 795-861.
Tidd, J. (2000): From Knowledge Management to Strategic Competence: Measuring Technological, Market and Organizational Innovation, Imperial College Press, London.
Tidd, J., Bessant, J. and Pavitt, K. (2001): Managing Innovation. Integrating Technological, Market and Organizational Change. Chichester.
Tushman, M.L., Anderson, P. (1986): Technological discontinuties and organizational environments", Administrative Science Quarterly, 31, S. 439-465.
Tushman, M.L., O'Reilly, C.A. (1996): Ambidextrous Organizations: Managing Evolutionary and Revolutionary Change, in: California Management Review 38 (4), S. 8-30.
Waldrop, M.M. (1994): Complexity: The Emerging Science at the Edge of Order and Chaos, New York.
Witte E. (1973): Innovationsfähige Innovation, Zeitschrift für Organisation 42 (1), S. 17-24.

Zerdick, A., Picot, A., Schrape, K., Artope, A., Goldhammer, K., Lange, U.T., Vierkant, E., Lopez-Escorbar, E., Silverstone, R. (1999): Die Internet-Ökonomie. Strategien für die digitale Wirtschaft, Berlin.

Organisationaler Wandel im Lichte der Organisationskultur
Thomas Behrends[*]

1. Einleitung: Die Organisationskultur als Determinante des Wandels
2. Das Kulturkonzept in der Management- und Organisationsforschung
3. Organisationaler Wandel
4. Die kulturelle Prägung des organisationalen Wandels
5. Schlussbetrachtung

Literatur

---

[*] Thomas Behrends, Jr.-Prof. Dr.: geb. 1967 in Köln. Seit 2002 Juniorprofessor für „Small Business Management" am Institut für Mittelstandsforschung der Universität Lüneburg. Seine Forschungsarbeiten liegen im Bereich der verhaltenswissenschaftlichen Personal- und Organisationsforschung. Schwerpunktthemen seiner Arbeit sind das Personalmanagement in Klein- und Mittelbetrieben, Organisationskultur, betriebliche Sozialstrukturen sowie organisationale Innovations- und Veränderungsprozesse.

1. Einleitung: Die Organisationskultur als Determinante des Wandels

Ausgehend von einer zunehmenden Kritik an den Unzulänglichkeiten kontingenztheoretisch fundierter Forschungsarbeiten und maßgeblich begünstigt durch einige viel beachtete populärwissenschaftliche Veröffentlichungen, in denen insbesondere die Bedeutung der so genannten „weichen Managementfaktoren" hervorgehoben wurde (Peter/Waterman 1982, Ouchi/Wilkins 1985, Deal/Kennedy 1982), durchlebte die Organisationsforschung zu Beginn der achtziger Jahre einen regelrechten „corporate culture"-Boom. Den Ausgangspunkt der Argumentation bildete dabei die Idee, Organisationen gleichsam als „Minigesellschaften" mit einer jeweils eigenen, das soziale Miteinander der Organisationsmitglieder in charakteristischer Weise prägenden (Organisations-)Kultur aufzufassen (Morgan 1997). Das (erfolgreiche) Organisationshandeln ist demnach nur mittelbar eine Frage der adäquaten Ausgestaltung organisationaler Oberflächenstrukturen; von entscheidender Bedeutung ist vielmehr die verhaltenskanalisierende Wirkung der jeweiligen (unternehmens-)kulturellen Prinzipien und Mechanismen, die dem konkreten Organisationsverhalten konstitutiv zugrunde liegen.

Angesichts einer solch fundamentalen Bedeutung kultureller Gegebenheiten für die Beschaffenheit organisationaler Handlungsstrukturen und -prozesse erscheint es sinnvoll, auch die Hintergründe einer möglichen *kulturspezifischen Prägung organisationaler Wandel- und Veränderungsprozesse* näher zu erörtern. Weite Teile der Organisationsforschung, aber auch der praxisorientierten Auseinandersetzung mit dem Phänomen organisationalen Wandels gründen im Kern auf gleichgewichtstheoretischen Überlegungen. Diesem Organisationsverständnis zufolge stellen organisationale Wandelprozesse lediglich (vorübergehende) Unterbrechungen bzw. Übergänge zwischen länger anhaltenden Phasen eines stabilen organisationalen Gleichgewichts dar (Gersick 1991). Vergegenwärtigt man sich allerdings die enorme Komplexität bzw. Dynamik organisationaler Funktionszusammenhänge und Umweltverflechtungen, so mag man die Angemessenheit einer solchen Betrachtungsweise durchaus in Zweifel ziehen. In deutlicher Abgrenzung zu den Ansätzen dieser so genannten „punctuated equilibrium"-Perspektive findet sich daher in der Organisationsforschung auch ein grundlegend anderes Wandelverständnis, demzufolge Wandel eben nicht bloß als „Ausnahme von der

Regel", sondern stattdessen als permanente (Möglichkeit der) Produktion individueller und organisationaler Anpassungsleistungen zu begreifen ist (vgl. etwa die Beiträge in Schreyögg/Conrad 2000). Demzufolge stellt die Fähigkeit sozialer Systeme, sich über entsprechende Lern- und Innovationsprozesse stetig weiterzuentwickeln bzw. an die Erfordernisse einer dynamischen Systemumwelt anzupassen, eine grundlegende und unabdingbare Funktionsanforderung dar, deren (erfolgreiche) Handhabung entscheidenden Einfluss auf die dauerhafte Überlebensfähigkeit von Organisationen entfaltet.

Im Lichte eines solchen Wandelverständnisses verlagert sich beinahe zwangsläufig auch der zentrale Fokus einer kulturtheoretischen Analyse organisationalen Wandels. Die vornehmlich interessierende Frage lautet nicht länger, welche besonderen Charakteristika etwa eine idealtypische „Wandelkultur" aufweisen müsste. Vielmehr gilt es näher zu spezifizieren, welche Funktionen eine Organisationskultur für die Lern- und Entwicklungsfähigkeit einer Organisation überhaupt besitzen kann (Martin/Behrends 1999). Um zu einem tieferen Verständnis des Zusammenhangs zwischen Organisationskultur und Wandel zu gelangen ist es also zunächst erforderlich, diejenigen Wirkungsmechanismen zu identifizieren, die tatsächlich zwischen der Kultur einer Organisation und ihrer Entwicklungs- bzw. Transformationsfähigkeit vermitteln.

2. Das Kulturkonzept in der Management- und Organisationsforschung

Heute, rund fünfundzwanzig Jahre (und eine kaum mehr zu überschauende Zahl an einschlägigen Publikationen) nach Beginn des „Kulturbooms", hat sich das *Organisationskultur-Konzept* sowohl in der Organisationsforschung als auch in den Managementdiskursen der betrieblichen Praxis als eine wesentliche Erklärungsgröße des Unternehmensverhaltens fest etabliert (vgl. hierzu auch die Übersichtsartikel von Smircich 1983, Martin 2002). Bei näherer Betrachtung wird allerdings deutlich, dass die Prominenz der Kulturmetapher und ihre zuweilen beinahe inflationär anmutende Verwendung in der modernen Managementrhetorik nicht zwingend einer mittlerweile erlangten, umfassenden Einsicht in die komplexen Entstehungs- und Wirkungszusammenhänge von Organisationskultur geschuldet ist. Das Gegenteil scheint eher der Fall: Nach wie vor sind die elementaren Fragen nach a) den wesentlichen

Merkmalen/Dimensionen von Organisationskultur sowie b) der *Vermittlung* zwischen spezifischen kulturellen Dispositionen und dem konkreten Organisationsverhalten (theoretisch und empirisch) unbefriedigend geklärt. Und so hat es zuweilen den Anschein, als eigne sich das schillernde Organisationskultur-Konzept - gerade aufgrund seiner mangelnden Präzision - recht gut als „Sammelbegriff" für die vergleichsweise unverbindliche Bezugnahme auf (sozial-)psychologisch relevante Aspekte des organisationalen Geschehens.

In der einschlägigen Literatur findet sich eine Vielzahl theoretischer und empirischer Studien zum Zusammenhang zwischen Organisationskultur und den unterschiedlichen Facetten organisationalen Erfolgs (exemplarisch Denison 1990, 1995, Deal/Kennedy 1982, Kotter/Heskett 1992). Wenngleich sich in den verschiedenen Untersuchungen zum Teil erhebliche Unterschiede bezüglich der *inhaltlichen* Vorstellung sowohl von *Kultur* als auch von *Erfolg* feststellen lassen, folgt ihre grundlegende Argumentationslogik doch weitgehend einem einheitlichen Muster: Ausgehend von einem Kulturverständnis, demzufolge bestimmte, von den Organisationsmitgliedern gemeinsam vertretene Werthaltungen oder Überzeugungen den eigentlichen „Kern" einer jeden Organisationskultur ausmachen (vgl. etwa die populären Arbeiten von Schein 1985, Sackmann 1991), werden in Abhängigkeit vom jeweils betrachteten Erfolgskriterium (*Innovativität, Wissenstransfer, Image, Kundenorientierung* etc.) verschiedene Merkmale (vermeintlich) effektiver Kulturen zusammengetragen und schließlich zu einem Idealtypus von „Erfolgskultur" verdichtet.

Eine zentrale Säule dieser Argumentation besteht dabei in der Annahme einer gesteigerten Erfolgswirksamkeit so genannter „starker Kulturen", in denen ein ausgeprägter Wertekonsens das Denken und Handeln der organisationalen Akteure - gewissermaßen über alle Hierarchieebenen und Bereiche hinweg - auf die (nunmehr gemeinsamen) Ziele und Strategien des Unternehmens hin ausrichtet (Berger 1993, Hamada 1994, Saffold 1988). Die unterstellte Erfolgswirksamkeit solcher *kulturell integrierten* Organisationen beruht wesentlich auf zwei zentralen Mechanismen: Zum einen soll der kollektive Wertevorrat dazu beitragen, die Loyalität bzw. Identifikation der Organisationsmitglieder mit ihrem Unternehmen zu erhöhen und damit letztendlich die *individuelle Leistungsbereitschaft* zu steigern. Zum anderen wird erwartet, dass auch die *wechselseitige Verständigung und Koordination* der

Akteure vor dem Hintergrund einer einheitlichen normativen Basis erheblich konfliktfreier und reibungsloser vonstatten geht als etwa in Organisationen, in denen bereits bzgl. dieser elementaren Grundwerte deutlich voneinander abweichende Ansichten existieren.

2.1 Kritische Würdigung: Mythen der Managementforschung

Die in der o. a. „strong culture"-Hypothese zum Ausdruck kommende Vorstellung einer grundsätzlichen Überlegenheit *harmonischer* Arbeits- bzw. Leistungs*gemeinschaften* mag auf den ersten Blick zweifellos ein gewisses Maß an Nachvollziehbarkeit und Attraktivität für sich beanspruchen, vor dem Hintergrund einschlägiger kulturtheoretischer Einsichten vermag eine solche Argumentation aber dennoch nicht zu überzeugen. Ihre vordringliche Schwäche besteht in der unzureichenden Erklärung des eigentlichen Wirkungs*mechanismus*, anhand dessen sich die Überführung *individueller* Verhaltensprämissen in das *soziale* Organisationsgeschehen vollzieht, der also zwischen der Kultur und dem (sichtbaren) Organisationshandeln vermittelt (Behrends 2003). So wird den jeweils als relevant identifizierten Überzeugungen und Werten unterstellt, dass sie - gewissermaßen im Sinne eines *„feeling good, doing good"* - über die bloße Integration in die individuellen Verhaltensdispositionen der organisationalen Akteure letztendlich auch zu einer kollektiv verbesserten Leistungs- bzw. Lernfähigkeit des gesamten Systems beitragen (Schein 1990). In Ermangelung einer auch theoretisch fundierten Erläuterung dieses Mechanismus erwecken die Beschreibungen der entsprechenden „Erfolgskultur"-Entwürfe oftmals den Eindruck einer gewissen - in manchen Fällen geradezu tautologischen – Beliebigkeit (so ist etwa der Erkenntnisgewinn von Aussagen wie *„Innovation bzw. Neuheit als positiver Wert fördert die Innovationsfähigkeit von Unternehmen!"* doch wohl als äußerst begrenzt einzuschätzen).

Die eigentliche Ursache dieser grundsätzlichen Erklärungsschwäche liegt wesentlich in drei zumindest fragwürdigen Annahmen bzw. Forschungs*prämissen* begründet, die dem Gros der vorliegenden Konzeptionen von *Organisations*kultur - trotz aller inhaltlichen und konzeptionellen Unterschiede - als gemeinsame argumentative Ausgangsbasis dienen. Im Folgenden soll daher der Versuch unternommen werden, über eine kritische Prüfung dieser „metatheoretischen Basis" schrittweise zu einem angemesseneren

Verständnis a) des Kulturphänomens an sich und damit b) auch zu einer zutreffenderen Beschreibung des Zusammenhangs zwischen der Kultur einer Organisation und ihrem Verhalten zu gelangen.

2.1.1 Der Mythos der „Managementkultur"

Die in der einschlägigen Literatur anzutreffenden Theorieansätze zur Beschreibung organisationaler Kulturen sind in der Regel eng an die zentralen Handlungsfelder des Managements angebunden. Kulturen werden etwa als (mehr oder weniger) *kunden-, markt-* oder *technologieorientiert, innovationsfreundlich* usw. klassifiziert. Insofern erfolgt hier bereits die Auswahl der grundlegenden Kulturdimensionen und -merkmale stets mit Blick auf die Frage nach den Möglichkeiten einer effizienten und erfolgreichen Unternehmens(kultur)steuerung. So nachvollziehbar eine solche Vorgehensweise etwa aus der Perspektive einer anwendungsorientierten, um die Abgabe konkreter Gestaltungsempfehlungen bemühten Forschungsperspektive zunächst auch sein mag, dem fundamentalen Charakter des Kulturphänomens wird sie nicht gerecht.

Kultur hat eine *umgreifende* Wirkung. Sie prägt die individuellen Wahrnehmungen, Präferenzen und Zielsetzungen der Organisationsmitglieder, sie reguliert die internen Prozesse wechselseitiger Verständigung und Kooperation, und sie schlägt sich nicht zuletzt auch in einer spezifischen Ausgestaltung der organisationalen Umweltbeziehungen nieder. Die Kultur ist demnach auch kein (weiterer) „Erfolgsfaktor", sondern gewissermaßen die eigentliche „Essenz" sozialer Systeme, welche auf ganz grundlegende Weise das Organisationsverhalten innerhalb bestimmter Bahnen kanalisiert (Martin/Behrends 1999, Behrends 2003). Insofern macht die Forderung nach einer konsistenten, auf die jeweiligen strategischen Erfordernisse und strukturellen Gegebenheiten des Unternehmens abgestimmten Kultur*anpassung* wenig Sinn. Die jeweiligen Strukturen, Prozesse und Strategien einer Organisation entwickeln sich nämlich nicht *unabhängig* von den organisationskulturellen Gegebenheiten, sondern gehen überhaupt erst aus diesen hervor - sind also immer schon „kulturell geprägt". Dementsprechend kommt der Organisationskultur auch für die zentralen Probleme eines erfolgreichen Managements zwar einerseits fraglos eine fundamentale Bedeutung zu. Es ist andererseits allerdings wenig ergiebig, die Organisationskultur dabei gleichrangig *neben* andere wichtige Charakteristika von Organisationen (wie etwa die Organisationsstruktur, die Strategie usw.) einzuordnen, und zu untersuchen, ob und inwieweit vielleicht auch verschiedene Kulturelemente eine positive Auswirkung auf den Organisationserfolg entfalten.

Hierzu ein Beispiel: In den einschlägigen Entwürfen *innovativer* Unternehmenskulturen findet sich üblicherweise der Hinweis auf die Notwendigkeit einer – kulturell verankerten – „Fehlertoleranz". Es erscheint sicherlich unmittelbar einleuchtend, dass eine gewisse Toleranz gegenüber Fehlschlägen bei der Entwicklung innovativer Produkte oder Verfahren eine wichtige Voraussetzung darstellt, um auf Dauer die erforderliche Risikobereitschaft der organisationalen Akteure aufrechtzuerhalten. Gehört diese innovationsförderliche Fehlertoleranz nun aber tatsächlich zu denjenigen Kernmerkmalen, anhand derer sich (innovative) Organisationskulturen sinnvoll voneinander abgrenzen und beschreiben lassen? Wohl eher nicht. Denn zweifellos kann ein nachsichtiger Umgang mit Fehlern oder Misserfolg innerhalb verschiedener Organisationen auf ausgesprochen unterschiedliche kulturelle Mechanismen oder Prinzipien zurückzuführen sein. So ist es etwa denkbar, dass in einigen Fällen primär eine wechselseitige affektive Verbundenheit der organisationalen Akteure dazu beiträgt, dass diese auch auf kostspieligere Fehler, Irrtümer etc. noch mit einem vergleichsweise hohen Maß an Geduld oder Nachsicht reagieren. In anderen Fällen mag diese Fehlertoleranz aber vielleicht eher aus einer kühl-distanzierten und sachlichen Einschätzung der mit Innovationsvorhaben für gewöhnlich verbundenen Risiken und Unwägbarkeiten resultiert. Insofern mag die angesprochene Toleranz gegenüber Fehlschlägen zwar eine Grundvoraussetzung innovativen Organisationshandelns darstellen, ein brauchbares Kriterium für die verlässliche Klassifizierung unterschiedlicher Organisationskulturen ist sie aber offensichtlich noch nicht.

Zusammenfassend lässt sich also festhalten: Will man zu gehaltvollen und stabilen Aussagen bzgl. der kulturellen Ursprünge eines erfolgreichen (oder erfolglosen) Organisationsverhaltens gelangen, dann darf die Auswahl der betrachteten Kulturdimensionen nicht einfach beliebig aus dem jeweils zu untersuchenden Managementproblem abgeleitet werden. Es gilt somit zunächst – und zwar ganz unabhängig von einer bestimmten Fragestellung –zu klären, welches denn überhaupt diejenigen grundlegenden Dimensionen sind, anhand derer sich organisationale Kulturen angemessen beschreiben, voneinander abgrenzen und schließlich auch im Hinblick auf eine kulturspezifische Prägung des organisationalen Geschehens analysieren lassen.

2.1.2 Der Mythos der „Idealkultur"

Aus der hier beschriebenen *Managementfokussierung* vieler Organisationskulturkonzeptionen resultiert beinahe zwangsläufig noch eine zweite wichtige Forschungsprämisse, welche die Ergründung des Zusammenhangs zwischen der Kultur und dem Organisationsverhalten nicht unbedingt erleichtert: Wie oben bereits angedeutet, gründet das Gros der einschlägigen Forschungsarbeiten - explizit oder implizit - auf der Vorstellung eines wie auch immer beschaffenen *Idealtypus* von Organisationskultur. Die Herleitung derartiger Idealkulturen erfolgt üblicherweise anhand einer Auflistung verschiedener *weicher* Managementfaktoren oder Werthaltungen, denen im Hinblick auf das jeweils betrachtete Erfolgskriterium eine positive Wirkung zugeschrieben wird. Analog zu den Überlegungen Mintzbergs (1992) bzgl. der Funktionsweise organisationaler Strukturen gilt aber auch für die Wirkungslogik einer Organisationskultur (in Sinne einer organisationale Tiefen*struktur*): Es gibt nicht *die eine beste* (innovativste, leistungsfähigste etc.) Kultur. Wie wir gerade am kleinen Beispiel der „Fehlertoleranz" versucht haben zu zeigen, können die grundlegenden Voraussetzungen für verschiedene Aspekte eines erfolgreichen Organisationshandelns durchaus von ausgesprochen unterschiedlichen kulturellen Systemen hervorgebracht werden (Martin/Behrends 1999, Behrends 2001).

Kulturen sind *Gestalt*phänomene. Die einzelnen Merkmale einer Organisationskultur entfalten ihre verhaltensprägende Wirkung nicht isoliert voneinander. Sie sind vielmehr auf vielfältige Art und Weise miteinander vernetzt und können sich wechselseitig verstärken, aber auch abschwächen oder modifizieren. Genauso wenig, wie etwa eine bloße Auflistung bestimmter individueller Eigenschaften in der Lage wäre, die Persönlichkeit eines Menschen angemessen widerzuspiegeln, erschließt sich daher auch eine spezifische Kultur nicht aus der bloßen *Addition* der sie konstituierenden Einzelelemente (Martin/Behrends 1999, Martin 1992). Ihre tatsächliche Bedeutung für das organisationale Geschehen ist ganz maßgeblich eine Frage der spezifischen, *zwischen* den elementaren Kulturbestandteilen bestehenden Interaktionseffekte.

Auch dieser Zusammenhang sei am Beispiel organisationaler Innovativität veranschaulicht: In der einschlägigen Literatur wird vielfach die Ansicht vertreten, dass eine ausgeprägte „Zukunftsorientierung" ein wichtiges Merkmal innovativer Kulturen darstellt. Organisationen, deren Denk- und

Handlungsmuster durch eine ausgeprägte Orientierung an zukünftigen Umweltentwicklungen gekennzeichnet sind, können sich - so die These - leichter von überholten Erfolgspfaden vergangener Tage lösen und ihr Verhalten rechtzeitig an veränderte Markt- und Kundenbedürfnisse anpassen. Eine solche Argumentation klingt plausibel, sie unterschlägt aber zugleich die große Bedeutung, die gerade auch einer intensiven Auseinandersetzung mit der Vergangenheit (also den gesammelten den Erfahrungen und Erkenntnissen) für die Entwicklung neuartiger Ideen und Strategien zukommt. Die einseitige Ausrichtung an der Zukunft lenkt somit nicht nur (innovations*fördernd*) die Aufmerksamkeit auf zukünftige Herausforderungen, sie birgt stets auch die Gefahr eines unzureichenden (und damit innovations*hemmenden*) Erfahrungslernens in sich. Inwieweit die dominante Zeitorientierung innerhalb eines Sozialsystems eine innovative Kraft entfaltet, ist daher stets davon abhängig, dass die zugleich aus ihr hervorgehenden Innovationsbarrieren durch das kulturelle Gesamtgefüge in anderer Weise wieder abgefedert bzw. aufgefangen werden (im Falle einer ausgeprägten Zukunftsorientierung könnte dies möglicherweise über die Verankerung allgemeingültiger Beurteilungsstandards, an denen sich sowohl bestehende als auch neuartige Problemlösungen regelmäßig messen lassen müssen, gewährleistet werden).

Wir halten fest: Einzelne Kulturmerkmale lassen sich schon aufgrund der ihnen unabdingbar innewohnenden Mehrdeutigkeit in Bezug auf die Erfüllung organisationaler Funktionsanforderungen nicht ohne weiteres als *gut*, *schlecht*, *richtig* oder *falsch* klassifizieren. Es genügt somit nicht, einzelne Kulturmerkmale oder -ausschnitte zu betrachten. Entscheidend ist die spezifische *kulturelle Gestalt* (die *Konfiguration*), die sich aus dem Zusammenwirken der verschiedenen kulturellen Elemente ergibt (Saffold 1988). Die in weiten Teilen der Organisationskulturforschung anzutreffende Vorstellung einer *optimalen* Beschaffenheit kultureller Systeme verkennt den beschriebenen *Gestaltcharakter* des Kulturphänomens, und sie vernachlässigt darüber hinaus auch die Notwendigkeit dessen, was in der organisationstheoretischen Literatur mit Blick auf die widersprüchlichen Anforderungen, denen sich Organisationen sowohl intern als auch seitens ihrer Umwelt entgegensehen, gemeinhin als „organisationale Balance" (Gebert 2000, Hedberg/Nystrom/Starbuck 1976) bezeichnet wird.

2.1.3 Der Mythos der „kulturellen Harmonie"

Die dritte Grundprämisse schließlich, die u. E. einer aufgeklärten Erörterung der kulturellen Wurzeln des Organisationsverhaltens entgegensteht, resultiert aus der unangemessen einseitigen Verortung der *kulturellen Substanz* in den Köpfen der organisationalen Akteure. Die Organisationskultur wird in den meisten theoretischen Konzeptionen als die Summe der von den Organisationsmitgliedern gemeinsam vertretenen *Grundüberzeugungen* und/oder *Werthaltungen* beschrieben. Kultur ist aber vor allem ein *soziales* Phänomen, das sich nicht ohne weiteres auf den Meinungs- oder Wertekonsens aller (?!) Organisationsmitglieder reduzieren lässt. Ein Kulturverständnis, das bei der Erklärung kultureller Wirkungszusammenhänge mehr oder weniger ausschließlich auf *individuelle* Konzepte zurückgreift, läuft daher zwangsläufig Gefahr, die *soziale Komponente* von Organisationen zu vernachlässigen (Behrends 2001 und 2003, Keesing 1974, Martin/Behrends 1999).[1]

Es liegt nahe, die anhaltende Popularität dieser *psychologischen* Kulturperspektive weniger als eine Folge ihrer theoretischen Überzeugungskraft, sondern primär als Ausdruck eines gewissen „Wunschdenkens" (vor allem auch seitens der betrieblichen Praxis) zu interpretieren, bietet sie doch auf den ersten Blick zahlreiche Möglichkeiten, konkrete Handlungsempfehlungen für eine planvolle Gestaltung organisationaler Kulturen abzuleiten (Ebers 1991, Prätorius/Tiebler 1993): Denn folgt man der einschlägigen Argumentation, so scheinen Überzeugungen und Werthaltungen als zentrale Kulturbestandteile einen relativ „dankbaren" Ansatzpunkt für die gezielte Beeinflussung der Organisationskultur darzustellen (Schein 1991, Schein 1995): Zunächst wird den jeweiligen Gründern bzw. Führungskräften aufgrund ihrer Machtstellung und Vorbildfunktion ein maßgeblicher Einfluss auf die innerhalb des Unternehmens geltenden Grundannahmen und Wertvorstellungen zugestanden. Diese lassen sich dann mit vergleichsweise geringem Aufwand weitervermitteln - das Management muss sich im Grunde lediglich authentisch verhalten, seine Überzeugungen evtl. noch unternehmensweit proklamieren und entsprechendes Verhalten seitens der Mitarbeiter belohnen. Und da hier auch mögliche Kompositionseffekte und Konflikte, die aus dem Aufeinanderprallen unterschiedlicher Grundüberzeugungen und Werte resultieren könnten, weitgehend aus der Betrachtung ausgeschlossen bleiben, stellt sich die Kulturentwicklung gemäß dieser theoretischen Perspektive als ein vergleichsweise kontrollierbares Unterfangen dar.

Zwar bestehen Organisationen einerseits ja tatsächlich aus nichts anderem als ihren Mitgliedern, die die innerhalb des Systems anfallenden Aufgaben und Probleme entsprechend ihrer jeweiligen Überzeugungen, Werthaltungen, Motivationen und Fähigkeiten bearbeiten, und so das organisationale Geschehen gewissermaßen „mit Leben" füllen. Auf der anderen Seite existiert aber in jedem Sozialsystem auch ein komplexes Gefüge *überindividueller Wirkkräfte*, die das individuelle und kollektive Handeln maßgeblich prägen und dem Organisationsverhalten so das notwendige Maß an Kontinuität und Stabilität verleihen: Institutionen, Regeln und Rollenerwartungen innerhalb eines Unternehmens regulieren bzw. standardisieren die Handhabung einer Vielzahl regelmäßig auftretender Prozesse bzw. Probleme und unterziehen auf diese Weise die individuellen Handlungs- und Interpretationsspielräume der Systemmitglieder einer erheblichen *sozialen* Kontrolle. Sie kanalisieren das Verhalten innerhalb bestimmter Bahnen und bleiben auch dann wirksam, wenn einzelne Akteure das Unternehmen verlassen oder ausgetauscht werden. Die *individuellen* und *sozialen* Elemente einer Organisation sind also auf vielfältige Weise miteinander verzahnt.

Betrachten wir vor dem Hintergrund dieser Überlegungen nochmals die häufig anzutreffende Unterscheidung zwischen *starken* und *schwachen* Unternehmenskulturen: Wie bereits erläutert, bemisst sich die *Stärke* einer Kultur (oder anders ausgedrückt: das Ausmaß der *kulturspezifischen Prägung* des organisationalen Geschehens) gemäß dieser Differenzierung im wesentlichen danach, ob bzw. inwieweit das soziale Miteinander der organisationalen Akteure durch einen breiten Wertekonsens und ein ausgeprägtes Zusammengehörigkeitsgefühl gekennzeichnet ist. Erst dann - so die These - entfaltet die bestehende Unternehmenskultur einen spürbaren und nachhaltigen Einfluss auf das individuelle und organisationale Handeln. Demgegenüber wird die Beobachtung unterschiedlicher oder gar gegensätzlicher Überzeugungen und Werte innerhalb einer Organisation als Ausdruck einer entsprechend „schwachen" Kultur gewertet und mit dem Hinweis auf die dann stärker zu beachtende Bedeutung von *Sub*kulturen - gewissermaßen theoriekonform – uminterpretiert (Schein 1995).

Zwar markiert das Ausmaß der *sozialen Integration* zweifelsohne ein zentrales Merkmal sozialer Systeme. So bilden sich etwa in Organisationen oder Gruppen, die durch ein ausgeprägtes „Wir-Gefühl" gekennzeichnet sind, grundlegend andere Handlungsmuster und Koordinationsmechanismen heraus, als im Falle einer stärker individualistisch oder konfliktär ausgerichteten Sozialordnung. Die besondere Plastizität kultureller Oberflächenphänomene in derartig *gemeinschaftlich* orientierten Systemen darf aber nicht zu dem Fehlschluss verleiten, das organisationale Geschehen sei überhaupt nur dann Ausdruck der kulturellen Tiefenstruktur, wenn bzgl. der jeweiligen Überzeugungen und Werte unter den Organisationsmitgliedern ein breiter Konsens besteht. Innerhalb sozialer Systeme - und insbesondere innerhalb von Wirtschaftsunternehmen - existiert in der Regel eine große Vielfalt unterschiedlicher Wertvorstellungen, Präferenzen, Interessen und Ziele. Diese mögen sich in seltenen Fällen tatsächlich zu einem mehr oder weniger „harmonischen Ganzen" fügen, oftmals prallen sie aber auch in widersprüchlicher oder gar unvereinbarer Weise aufeinander. Die spezifische Gestalt einer Organisationskultur lässt sich daher nicht einfach auf den konsonanten Ausschnitt individueller Verhaltensdispositionen reduzieren. Kultur geht über das „Gemeinsame" hinaus: Sie ist mehr als die „Summe gemeinsamer Werte": Sie prägt die Wahrnehmungen und Verhaltensdispositionen der einzelnen Akteure, inkorporiert darüber hinaus aber auch die Strategien, Institutionen, Regeln, Verfahrensweisen etc. eines sozialen Systems und reguliert so beispielsweise auch die Vergabe von Macht oder den Umgang mit Konflikten. Die grundlegenden Prinzipien einer Kultur sind unauflöslich in die verschiedenen überindividuellen Organisationselemente eingewoben und lassen sich auch nicht ohne weiteres ändern bzw. ignorieren. Kurz: Sie durchdringen die gesamte Handlungslogik einer Organisation. Aus diesem Grunde sind auch diejenigen Organisationsmitglieder, die die geltenden kulturellen Standards möglicherweise nicht verinnerlicht haben oder sogar ablehnen, bei der Verfolgung ihrer jeweiligen Interessen und Ziele zu weitgehend kulturkonformem Verhalten gezwungen (Meyerson 1991).

Eine Erörterung organisationskultureller Wirkungszusammenhänge darf sich folglich nicht darauf beschränken, lediglich die *personalen* Aspekte von Organisationskultur zu beleuchten, sondern muss mindestens in gleichem Maße auch dem *kulturellen Ursprung der sozialen Elemente* in Organisationen Rechnung tragen.

2.2 Organisationskultur als generative Sozialgrammatik

Durch unsere kritische Würdigung des in der Managementforschung vorherrschenden Kulturverständnisses haben wir versucht zu zeigen, dass die hieraus hervorgehenden Bemühungen um eine Ergründung des Zusammenhangs zwischen Kultur und Organisationsverhalten vielfach bereits auf einem einseitigen und simplifizierten Kulturverständnis aufsetzen. Reduziert man den Kern organisationaler Kulturen auf die *Summe gemeinsam geteilter Werte und Überzeugungen*, dann ist es ebenso wenig verwunderlich wie befriedigend, dass die entsprechenden Untersuchungen in aller Regel immer wieder in neue Variationen des Ideals „harmonischer Betriebsgemeinschaften" münden, die sich – gleichsam beseelt" vom Geist der Gründer oder Unternehmenslenker und stets das kollektive Ziel vor Augen - begeistert und engagiert in den Dienst der gemeinsamen Sache stellen. Eine solchermaßen spiritualisierte bzw. emotionalisierte Sicht des sozialen Geschehens in Organisationen (und insbesondere in Unternehmen) ist aber ebenso eine *„rather poor description of what really happens"* wie March dies schon für die gleichsam entgegen gesetzte Vorstellung eines vollkommen rationalisierten Organisationsverhaltens konstatiert hat. Wir wollen uns daher bei unseren Überlegungen von diesem Kulturverständnis ein Stück weit lösen und stattdessen auf die Argumentationslogik einer anderen theoretischen Konzeption zurückgreifen, die stärker den tiefenstrukturellen, sozialen Charakter des Kulturphänomens herausstellt.

Beim so genannten „Sozialgrammatik-Ansatz" von Organisationskultur (Martin/Behrends 1999, Behrends 2001 und 2003) handelt es sich um einen theoretischen Neuentwurf, dessen Argumentationslogik auf einer struktur-funktionalistischen Betrachtung sozialer Systeme gründet. Einen zentralen Ausgangspunkt bildet dementsprechend die Überlegung, dass sich die Herausbildung organisationaler Handlungsstrukturen nicht völlig willkürlich oder zufällig vollzieht, sondern stets auch an die dauerhafte Erfüllung dreier grundlegender Funktionsanforderungen (*Leistung* bzw. *Zielerreichung*, *Kooperation* und *Lernen*) gebunden ist (Martin 2001). Diese Grundfunktionen bilden gewissermaßen „notwendige Voraussetzungen" zur Sicherung der Überlebensfähigkeit *eines jeden* Sozialsystems, und sie eignen sich daher auch in besonderer Weise als ursprünglicher Bezugsrahmen für eine systematische (und vergleichende) Analyse organisationaler Kulturen.

Bei seiner Erklärung des grundlegenden Zusammenhangs zwischen der Kultur einer Organisation und ihrem beobachtbaren Verhalten verzichtet der Sozialgrammatik-Ansatz - im Gegensatz zu den meisten organisationstheoretischen Kulturkonzepten - auf die Annahme einer breiten

Basis *konsentierter* Grundüberzeugungen oder Werte und stellt stattdessen das Konzept der „sozialen Regel" in den Mittelpunkt seiner Überlegungen (siehe hierzu auch Lundberg 2001). In Anlehnung an die in der Linguistik verbreiteten Idee einer „generativen Transformationsgrammatik" menschlicher Sprache (Chomsky 1983 und 1995) wird die Kultur einer Organisation hier als eine in den organisationalen Tiefenstrukturen verankerte *generative Handlungsgrammatik sozialer Systeme* aufgefasst. Auf diese Weise wird im Sozialgrammatik-Ansatz ausdrücklich der *offene* Charakter kultureller Wirkkräfte hervorgehoben: Über die Bereitstellung grundlegender Konstruktionsprinzipien für die organisationsspezifische Handhabung der o. a. elementaren Funktionsprobleme reguliert bzw. kanalisiert die Kultur das gesamte Organisationsverhalten - ohne es jedoch zu determinieren.

Ausgehend von den drei kulturellen *Kerndimensionen* (Leistung: *Handlungsrationalität,* Kooperation: *soziale Einbindung* und Lernen: *Erkenntnisorientierung*) beinhaltet das sozialgrammatische Grundmodell neun sog. *Basisregeln,* anhand dessen die kulturspezifische Handhabung der organisationalen Funktionsanforderungen näher skizziert werden kann (vgl. Abbildung 1). Die gewissermaßen an der „Oberfläche" eines Sozialsystems beobachtbaren Strukturen und Prozesse stellen demnach spezifische Problemlösungen dar, die unter Anwendung der jeweils geltenden tiefenstrukturellen Regeln bzw. Prinzipien der Sozialgrammatik generiert wurden. Dabei knüpfen die einzelnen Kerndimensionen bzw. Basisregeln an grundlegende sozialwissenschaftliche Theorieperspektiven an und greifen die dort diskutierten bzw. als zentral erachteten Problemaspekte sozialer Systeme auf (hierzu ausführlich Behrends 2001). Auf diese Weise lassen sich Einsichten und Erkenntnisse aus unterschiedlichen Forschungsdisziplinen in das Sozialgrammatik-Konzept integrieren und schrittweise zu einem theoretisch bündigen Kuluransatz ausbauen.

Die Verdinglichung der Organisationskultur an der organisationalen Oberfläche vollzieht sich über zwei wesentliche Wirkungsbeziehungen: Zum einen generiert die jeweilige Sozialgrammatik bestimmte, kulturtypische *Handlungsstrukturen.* Diese definieren die grundlegenden Elemente des Systems (die *Institutionen,* die *Rollen,* die *Teilnehmer,* den *Problem-* und *Lösungsraum*) und stecken so gewissermaßen den „Rahmen" ab, innerhalb dessen sich die organisationalen Akteure bei der Wahrnehmung ihrer Aufgaben und Interessen bewegen können und müssen. Neben dieser eher *systemischen* Wirkung kann zum anderen aber auch noch eine vergleichsweise direkt auf den Verlauf einzelner *Handlungs- und Entscheidungsprozesse* einwirkende Kraft organisationaler Kulturen konstatiert werden: Durch die geltenden sozialgrammatischen Prinzipien erfahren die verschiedenen Prozessaktivitäten stets eine „kulturspezifische Prägung". So sind etwa die Problemwahrnehmung und -definition, die Art und Zahl der in Erwägung zu ziehenden Lösungsalternativen usw. immer auch Ausdruck der in den kulturellen Basisregeln verankerten Vorstellungen über die angemessene Handhabung organisationaler Funktionsprobleme. Auf diese Weise wird das Denken und Handeln der am Prozess beteiligten Organisationsmitglieder zwar nicht unmittelbar festlegt, wohl aber innerhalb bestimmter - kulturverträglicher - Bahnen kanalisiert. Anders ausgedrückt: Kultur legt nicht fest, *wie etwas ist*, sondern *wie etwas entsteht*.

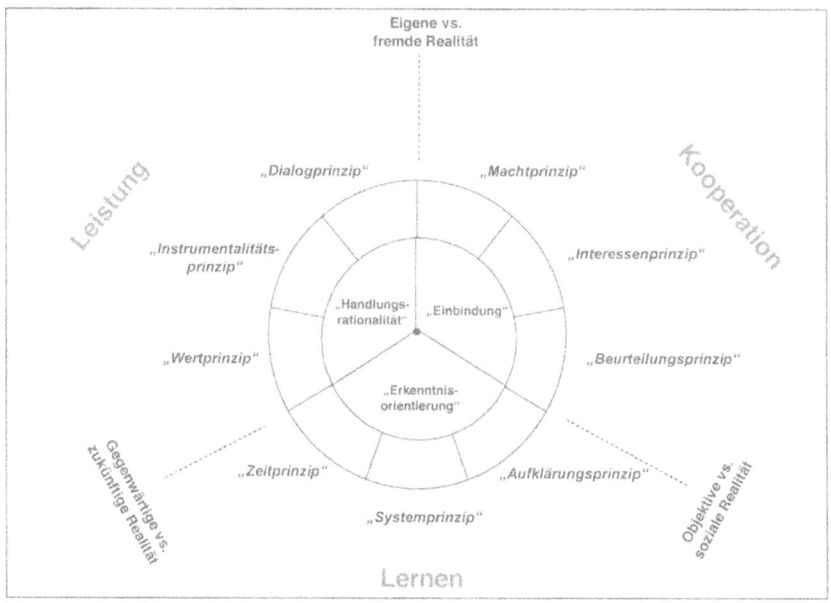

Abbildung 1: Das sozialgrammatische Kernmodell

Indem der *Sozialgrammatik-Ansatz* nun davon ausgeht, dass sich die Handlungslogik eines sozialen Systems auf der Grundlage des Zusammenwirkens verschiedener kultureller Prinzipien herausbildet, wird zudem auch der *Gestaltcharakter* organisationaler Kulturen berücksichtigt. Die tatsächliche Wirkung einzelner sozialgrammatischer Prinzipien hängt maßgeblich davon ab, ob und inwieweit deren ursprünglicher Impuls durch weitere Kulturregeln *verstärkt, verändert* oder auch *abgeschwächt* bzw. *begrenzt* wird. Es ist daher sowohl denkbar, dass sich - zumindest im Hinblick auf die Beschaffenheit einzelner kultureller Regeln - durchaus ähnliche Kulturen in ausgesprochen verschiedenartigen Oberflächenstrukturen (*Symbole, Regelungen, Institutionen, Strukturen* etc.) manifestieren, als auch dass sich auf den ersten Blick nahezu identische Oberflächenstrukturen bei genauerer Betrachtung als das Produkt von im Kern sehr unterschiedlichen Tiefengrammatiken erweisen.

3. Organisationaler Wandel

3.1 Theoretische Erklärungsansätze

Ausgehend von der den Sozialgrammatik-Ansatz charakterisierenden Betonung der sozialen bzw. systemischen Wirkung von Organisationskultur lassen sich im Hinblick auf die kulturelle Prägung des organisationalen Wandels (mindestens) zwei wesentliche Fragestellungen bzw. Forschungsfelder voneinander unterscheiden:

1) So kann „Wandel(fähigkeit)" einerseits als eine *grundlegende Eigenschaft* sozialer Systeme aufgefasst werden. Ein solches Begriffsverständnis wirft aus kulturtheoretischer Sicht die Frage auf, inwieweit durch die Prinzipien der jeweiligen Sozialgrammatik eine (latente) Verankerung entsprechender wandel- bzw. veränderungsförderlicher Kräfte bzw. Mechanismen in den *organisationalen* Handlungs*strukturen* gewährleistet werden kann.

2) Die zweite Forschungsfrage hingegen betont vornehmlich die *prozessuale Dimension* organisationalen Wandels. Gemäß dieser Perspektive steht die Erörterung eines kulturspezifischen Einflusses auf den Verlauf bzw. die *Ausgestaltung einzelner Phasen (oder Teilaktivitäten) des Wandels* innerhalb von Organisationen im Vordergrund der Betrachtung.

Um diese beiden Fragestellungen auf der Grundlage des oben skizzierten Sozialgrammatik-Ansatzes zu erörtern, bedarf es allerdings zunächst einer adäquaten Konzeption organisationalen Wandels. In der einschlägigen Literatur finden sich zum Teil sehr unterschiedliche Auffassungen bzgl. dessen, was a) unter organisationalem Wandel zu verstehen sei und b) welche Mechanismen dem Verlauf organisationaler Wandelprozesse ursächlich zugrunde liegen. So gründen etwa die in der Management- und Innovationsforschung anzutreffenden *Theorien des Managements von Wandelprozessen* über weite Strecken auf einem vergleichsweise engen Wandelverständnis, demzufolge Entwicklungs- und Veränderungsprozesse relativ klar umrissene und von den organisationalen Routinen eindeutig abgrenzbare Einzelprojekte darstellen. Durch eine solche Sichtweise geraten in erster Linie Fragen der bewussten und planvollen *Gestaltung* des (erfolgreichen) Wandels durch das jeweilige Management in den Blickpunkt (McCann III 1991). Demgegenüber streben die verschiedenen sozialwissenschaftlichen *Theorien des Wandels* – ganz unabhängig davon, ob bzw. inwieweit einzelne Akteure versuchen, auf diese Prozesse gestaltend einzuwirken (Bennis 1966, Martin/ Bartscher-Finzer 2006) - nach einer tragfähigen *Erklärung* sowohl der Ursachen als auch der typischen Verlaufsformen organisationalen Wandels. Die grundlegende Argumentationslogik der verschiedenen Ansätze weist dabei z. T. durchaus Unterschiede auf. So unterscheiden etwa Poole/Van de Ven (2004) in ihrer Systematik vier Klassen von Mechanismen des organisationalen Wandels:

a) *Teleologische Theorien*, die angesichts ihrer expliziten Berücksichtigung von bewusst formulierten Zielsetzungen und Maßnahmenplänen noch am besten mit den einschlägigen Konzepten und Instrumenten zum Management des Wandels (*Change Management*) harmonieren.

b) *Dialektische Theorien*, denen zufolge ein neues, verändertes Organisationsgleichgewicht im Sinne einer Synthese aus der Konfrontation des jeweiligen Status Quo (These) mit entgegen gesetzten Bestrebungen bzw. Gestaltungsalternativen hervorgeht.

c) *Lebenszyklusmodelle*, die davon ausgehen, dass der organisationale Wandel von der Entstehung/Gründung bis zum „Tod" (oder besser der *Auflösung*) des Systems einem mehr oder weniger festgelegten Entwicklungspfad folgt.

d) *Evolutionstheoretische Ansätze*, deren Erklärung des Wandels wesentlich auf dem aus der Biologie bekannten Mechanismus von *Variation – Selektion – und Retention* gründen.

Wir können unseren knappen Überblick über die verschiedenen theoretischen Zugänge zum Phänomen des organisationalen Wandels an dieser Stelle leider nicht vertiefen, festzuhalten bleibt zunächst, dass die Wandelforschung insgesamt ein sehr heterogenes Forschungsgebiet darstellt. Statt nun aber sukzessive jede einzelne der hier angeführten Theorieperspektiven hinsichtlich ihr spezifischen Anschlussmöglichkeiten an kulturtheoretische Überlegungen näher zu beleuchten, wollen wir unsere Argumentation auf drei allgemeine und grundlegende Voraussetzungen *jedweder* organisationaler Veränderung stützen.

3.2 Grundvoraussetzungen organisationalen Wandels

Ausgehend von den Kerndimensionen menschlicher Leistungserbringung lassen sich drei wichtige und gleichberechtigte Aspekte organisationalen Wandels identifizieren: Veränderungs*bereitschaft*, *-fähigkeit* und *-möglichkeit*. Diese Dimensionen dienen uns im Folgenden als Bezugsrahmen für die Ableitung dreier zentraler (System-)Voraussetzungen organisationalen Wandels: *Spannung*, *Slack* und *lose Kopplung* (Behrends 2001, siehe hierzu auch Abbildung 2).

3.2.1 Veränderungsbereitschaft: „Spannung"

Die Ergebnisse etwa der empirischen Innovationsforschung zeigen, dass sowohl die Initiierung von Innovationsprozessen, als auch die Übernahme von Neuerungen in das organisationale Handlungssystem in starkem Maße von der Innovationsbereitschaft des sozialen Systems abhängig ist (siehe hierzu z.b. die Ergebnisse der Minnesota-Gruppe bei Schroeder et. al. 1989).
Ausgehend von einer im Kern gleichgewichtstheoretischen Betrachtung werden dabei i. d. R. die aus wahrgenommenen Störungen des Systemgleichgewichts resultierenden *Spannungszustände* als Auslöser (individueller und) organisationaler Veränderungsprozesse angesehen: Solange das gegenwärtige Verhalten zu den erwarteten bzw. gewünschten Ergebnissen führt, besteht im Grunde kein Anlass, den einmal eingeschlagenen Weg zu überdenken oder gar zu verlassen (Dierkes/Williams 1993). Häufig ist also erst ein durch eine massive Bedrohung (eine Krise o. ä.) ausgelöste Veränderungs*druck* in der Lage, die innerhalb einer Organisation bestehenden Änderungswiderstände und Beharrungstendenzen zu überwinden. *Spannung* spielt aber nicht nur als Auslöser von Veränderungsprozessen eine Rolle, der durch sie hervorgerufene Handlungsdruck erleichtert oftmals auch die Durchsetzung von Innovationen (McCall/Kaplan 1990, Schroeder et. al. 1989).

3.2.2 Innovationsfähigkeit: „Slack"

Um auf einen solchen wahrgenommenen Veränderungs- bzw. Innovationsdrucks angemessen reagieren zu können, muss ein entwicklungsfähiges Sozialsystem auch in der Lage sein, entsprechende Problemlösungen zu entwickeln (Cheng/Kessner 1997). Die Qualität dieser Problemlösungen ist Ausdruck der Wandel*fähigkeit* und wird in starkem Maße durch die innerhalb einer Organisation verfügbaren Ressourcen und die Art ihrer Nutzung geprägt. Eine zweite wichtige Grundvoraussetzung der Innovativität besteht daher im Vorhandensein von organisationalem Überfluss. Cyert/March (1995) bezeichnen diesen Überfluss als *organizational slack*. *Slack* entsteht und wächst dadurch, dass nicht bereits alle innerhalb einer Organisation vorhandenen bzw. erwirtschafteten Ressourcen für die Aufrechterhaltung des operativen Organisationsgeschehens aufgewendet werden müssen (Martin 1995). Denn nur dann ist eine Organisation in der Lage, ihren Mitgliedern auch für Innovationsvorhaben und Lernprozesse entsprechende materielle und personelle Ressourcen bereitzustellen (Türk 1989). Je größer der organisationale Überschuss, desto geringer ist - auch im Falle von Fehlschlägen - das Risiko einer Beeinträchtigung der (zukünftigen) Leistungsfähigkeit des sozialen Systems. Für die Bewältigung organisationalen Wandels stellt *Slack* allerdings lediglich eine notwendige, keinesfalls aber eine hinreichende Bedingung dar. So kann etwa organisationaler Überfluss ohne die o.a. *Spannung* durchaus auch eine innovationshemmende Wirkung entfalten. Fehlentwicklungen führen dann gerade nicht zur Initiierung eines notwendigen Lernprozesses, sondern werden lediglich durch den Rückgriff auf überschüssige Ressourcen im Rahmen der geltenden Handlungstheorie abgefedert (Nohria/ Gulati, 1996, Cheng/ Kessner 1997, Kuitunen, 1993).

3.2.3 Innovationsmöglichkeit: „lose Kopplung"

Die Wandel*möglichkeit* ist schließlich die dritte Kerndimension organisationaler Entwicklungsfähigkeit. Sowohl für die Entwicklung innovativer Lösungen als auch für deren Überführung in das organisationale Handlungssystem benötigen die einzelnen Akteure und Teilbereiche eines sozialen Systems entsprechende Handlungsspielräume. Diese werden wesentlich durch die organisationalen Entscheidungsstrukturen und die bestehenden institutionellen Rahmenbedingungen geschaffen - oder eben auch unterdrückt.

Die dritte Grundvoraussetzung für den Wandel von Organisationen ist daher eine *lose Kopplung* der organisationalen Kooperations- und Funktionszusammenhänge (Orton/Weick 1990). Sie liegt dann vor, wenn Entscheidungen, die an einer bestimmten Stelle innerhalb der Organisation getroffen (und auch implementiert) werden, nicht zwangsläufig immer auch Anpassungsleistungen in anderen Bereichen erforderlich machen (Kirsch 1992). Die Bedeutung lediglich lose miteinander verbundener Prozesse lässt sich gut veranschaulichen, indem man sich statt dessen die (entwicklungshemmenden) Auswirkungen einer weit reichenden Vernetzung der organisationalen Handlungsstrukturen vor Augen führt: *„Experience is clouded by the interactive complexity of history, particularly by the way experience is shaped by many actors simultaneously learning. If one's own actions are embedded in an ecology of the actions of many others (who are simultaneously learning and changing), it is not easy to understand what is going on."* (March 1999, 179). In einer Organisation, in der gewissermaßen „alles mit allem" zusammenhängt, würden auch geringfügige Veränderungen unmittelbar zu einer Vielzahl von (oftmals unvorhersehbaren und auch unerwünschten) Nebenwirkungen führen. Einzelne Innovationen hätten in diesem Fall immer auch eine Reorganisation der anderen Bereiche des sozialen Systems zur Folge und würden daher schnell auf erheblichen Widerstand stoßen. Eine *lose Kopplung* der organisationalen Prozesse hingegen gewährt den einzelnen Akteuren bzw. Teilbereichen ein gewisses Maß an Autonomie und übernimmt so in mehrfacher Hinsicht eine „Pufferfunktion" für innovative Veränderungen (March 1999, Senge 1996, Stopford/ Baden-Fuller 1994).

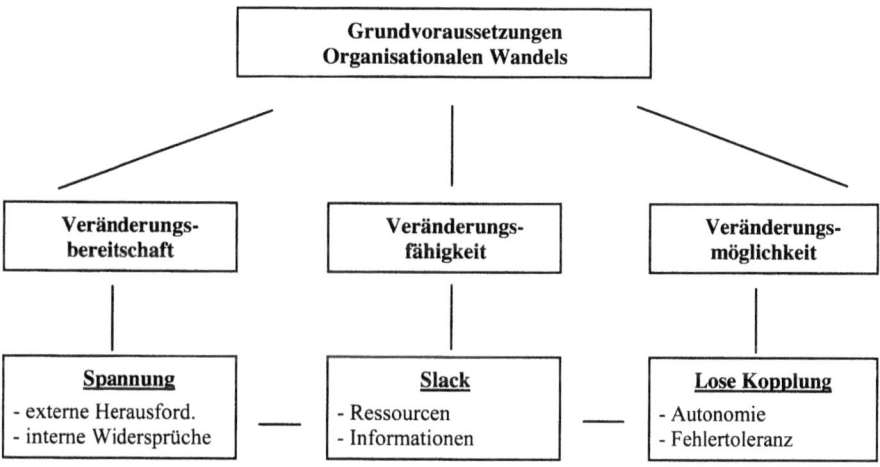

Abbildung 2: Grundvoraussetzungen organisationaler Innovativität

Abschließend noch einige allgemeine Bemerkungen zu den hier beschriebenen Grundvoraussetzungen organisationalen Wandels: *Spannung*, *Slack* und *lose Kopplung* sind mitnichten unabhängig voneinander, zwischen ihnen bestehen vielschichtige Wirkungsbeziehungen. Beispielsweise kann eine nur lose Kopplung der organisationalen Teilbereiche aufgrund der mangelnden wechselseitigen Abstimmung untereinander immer wieder zu internen Spannungen und Konflikten führen. Auf der anderen Seite kommt es in lose gekoppelten Einheiten infolge ihrer weitgehenden Unabhängigkeit möglicherweise seltener zu Kompetenzgerangel oder Streit um Zuständigkeiten. Welche Beziehungen im konkreten Fall zwischen den Grundvoraussetzungen bestehen, ist dementsprechend in starkem Maße von den jeweiligen situativen Erfordernissen und internen Gegebenheiten eines Sozialsystems abhängig. Festzuhalten bleibt: Ihren widersprüchlichen Anforderungen kann eine Organisation nur dann gerecht werden, wenn auch die systemeigene Handlungslogik Widersprüchlichkeiten in sich trägt, die den situativen Erfordernissen entsprechend immer wieder neu ausbalanciert werden. Durch ein derartiges - dynamisches - Organisationsverständnis wird die Idealvorstellung eines *stabilen* organisationalen Gleichgewichts zugunsten einer flexibel zwischen unterschiedlichen *labilen* Gleichgewichtsplateaus wechselnden Handlungsstruktur aufgegeben (siehe hierzu z.B. den beinahe „klassischen"

Aufsatz von Hedberg/ Nystrom/ Starbuck 1976, bezogen auf lernende Organisationen findet sich der Balancegedanke auch bei Nachreiner 1992). Die veränderungsförderliche Wirkung der ermittelten Grundvoraussetzungen ergibt sich dabei nicht aus einer (wie auch immer gearteten) *Maximierung* dieser Systemeigenschaften, sondern aus der Fähigkeit sozialer Systeme, das für den Durchlauf organisationaler Lernprozesse jeweils erforderliche Maß an *Spannung, Slack* und *Kopplung* hervorzubringen (Angle 1989, Boerner/ Gebert 2002).

4. Die kulturelle Prägung des organisationalen Wandels

In der einschlägigen Literatur findet sich eine ganze Reihe von Untersuchungen zum Zusammenhang zwischen Organisationskultur und organisationaler Lern- bzw. Entwicklungsfähigkeit (Dierkes/Williams 1993, Feldman 1988, Frohman 1998, Gussmann 1988, Hauser 1998, Kasper 1990, Schein 1990, Sharma 1994, O'Reilly/Tushman 1997, Vahs 1997, White 1994, Wilkins/Dyer 1988). Die Vorgehensweise und Argumentationslogik der meisten Arbeiten ist dabei relativ ähnlich: So werden üblicherweise auf theoretischem oder auch empirischem Wege (vermeintlich) den Wandel fördernde Kulturmerkmale zusammengetragen und zu einem Idealtypus der „Innovations- und Veränderungskultur" verdichtet (vgl. die Beispiele in Abbildung 3). Dabei beschränkt sich die Erläuterung des Zusammenhangs zwischen der Kultur eines Sozialsystems und seiner Handhabung von Wandelerfordernissen allerdings zumeist auf Plausibilitätsüberlegungen: Den jeweils propagierten Grundüberzeugungen, Werten und Normen wird unterstellt, dass sie –im Wesentlichen wiederum über ihre Integration in die individuellen Verhaltensdispositionen der organisationalen Akteure - schließlich zu einer verbesserten Lern- und Innovationsfähigkeit des gesamten Sozialsystems beitragen (Gussmann 1988, Hauser 1998, Schein 1990). Die eigentlichen Wirkungsmechanismen aber, die zwischen der Kultur und dem (sichtbaren) Organisationshandeln vermittelt, bleiben auch hier wieder dunkel.

Kieser/Kubicek 1992	O'Reilly III/Tushman 1997
- Hoher Stellenwert von Innovation im „gelebten" - im tatsächlich praktizierten - Wertesystem - Toleranz gegenüber Fehlschlägen - Sicherheit für die Mitarbeiter, Rotation und langsamer Aufstieg - Unterstützung für „Champions"	**Kreativitätsfördernde Normen** - Förderung von Risikobereitschaft und Wandel - Tolerierung von Fehlern **Die Realisierung fördernde Normen** - Teamorientierung - „Schnelligkeit" als positiver Wert

Abbildung 3: Merkmale innovativer Organisationskulturen

Eine befriedigende Erklärung des Zusammenhangs zwischen Kultur und Wandel sollte aber darum bemüht sein, auch den spezifischen Einfluss der geltenden Sozialgrammatik auf die zentralen Teilaktivitäten im *Wandel-* bzw. *Entwicklungsprozess* näher zu beleuchten. Zu diesem Zweck wollen wir die oben identifizierten Grundvoraussetzungen organisationalen Wandels im Folgenden mit einem beinahe schon „klassischen" Prozessmodell zum Organisationslernen verknüpfen: dem *Organizational Learning Cycle* von March/Olsen (1975, siehe auch Levitt/March 1988).

4.1 Wandel als Ergebnis organisationalen Lernens

Der Prozess des organisationalen Lernens wird im Organizational Learning Cycle als vierstufiger Kreislauf abgebildet (vgl. Abbildung 4). Ausgangspunkt eines idealtypischen Zyklus sind die *individuellen Handlungsdispositionen* der Organisationsmitglieder. Diese prägen das *Verhalten der einzelnen Akteure* (Schritt 1), welches in einem zweiten Schritt - z.B. im Zuge kollektiver Entscheidungsprozesse - in *organisationales Handeln* überführt wird. Die in der Organisation getroffenen Entscheidungen (oder genauer: Maßnahmen) rufen ihrerseits *Reaktionen in der Umwelt* hervor (Schritt 3), die dann wiederum von den einzelnen Organisationsmitgliedern wahrgenommen und interpretiert werden müssen, um als „Lernimpulse" eine erneute Modifikation/Anpassung der individuellen Handlungsdispositionen auszulösen (Schritt 4).

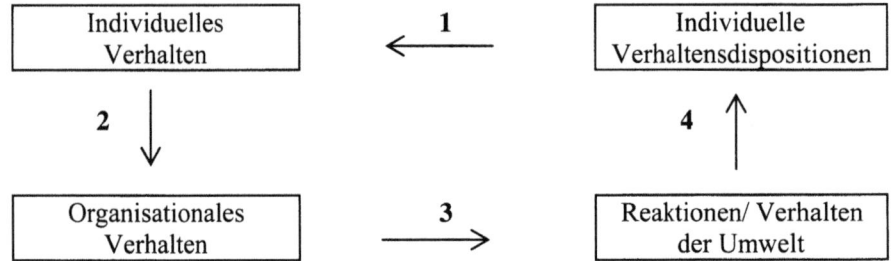

Abbildung 4: Der *Organizational Learning Cycle* von March/Olsen

Die Autoren gehen nun davon aus, dass eine Steigerung der Organisationsintelligenz nur dann zu erwarten ist, wenn die organisationalen Lernzyklen vollständig und störungsfrei durchlaufen werden. Von einem solchermaßen reibungslosen Ablauf der Lernprozesse kann aber üblicherweise nicht ohne weiteres ausgegangen werden (Geißler 1995). March/Olsen interessieren sich daher besonders für mögliche Beschränkungen und Lernbarrieren, die zu einer Beeinträchtigung der organisationalen Lernfähigkeit führen können. In Abhängigkeit davon, an welcher Stelle im Lernzyklus die Störungen auftreten, unterscheiden March/Olsen vier Formen unvollständigen Organisationslernens (March/Olsen 1990, S. 386ff):

1. Führen die veränderten Verhaltensdispositionen eines Individuums nicht zu einer Veränderung seines tatsächlichen Verhaltens, so findet lediglich ein *rollenbeschränktes Erfahrungslernen* statt. Eine Hauptursache für das Auftreten dieser Lernstörung ist in den zahlreichen organisationalen Regeln und Normen zu sehen, die den Handlungsspielraum des einzelnen Organisationsmitglieds beschränken.

2. Findet das individuelle Verhalten keinen bzw. nur einen verzerrten Niederschlag in den Entscheidungen/Handlungen der Organisation, so spricht man von *präorganisationalem Erfahrungslernen*. March/Olsen identifizieren eine Reihe verschiedener Faktoren, die dem präorganisationalen Lernen in Organisationen Vorschub leisten können (etwa die Zugangsmöglichkeiten zu unterschiedlichen Entscheidungsgelegenheiten, die bestehenden Macht- und Statusstrukturen).

3. Veränderungen - insbesondere erwünschte Veränderungen - in der organisationalen Umwelt werden von den Organisationsmitgliedern leicht als unmittelbare Konsequenzen der von ihnen getroffenen Entscheidungen bzw. Maßnahmen gedeutet. Dabei wird leicht übersehen, dass diese Umweltreaktionen zumindest z. T. auch durch gänzlich andere, externe Einflüsse hervorgerufen werden und somit in der Regel das Ergebnis äußerst verschiedenartiger und komplexer Prozesse darstellen. Werden die Ursachen des Umweltverhaltens in der Organisation über- bzw. fehlinterpretiert, so bezeichnen March/Olsen diese Beeinträchtigung des Lernprozesses als *abergläubisches Erfahrungslernen*.

4. Idealerweise lernen Individuen aus ihren Erfahrungen. Das Umweltverhalten (im Sinne der „Konsequenz" des Verhaltens) dringt aber nicht ungefiltert zu den organisationalen Akteuren vor. Informationen werden oftmals über Dritte bezogen, vor allem aber unterliegen sie immer auch der individuellen Interpretation. Diese Interpretation vollzieht sich vor dem Hintergrund der bereits bestehenden individuellen Überzeugungen, Präferenzen, Erwartungen etc. Es können daher sehr unterschiedliche Vorstellungen darüber bestehen, *was* passiert ist, *warum* es passiert ist, und *wie* in angemessener Weise auf das Geschehene reagiert werden sollte. Individuelles Lernen wird - im Falle unklarer und interpretationsbedürftiger Umweltreaktionen - zum *mehrdeutigen Erfahrungslernen*.

March und Olsen richten ihre Aufmerksamkeit also in erster Linie auf die möglichen Störungen innerhalb des Lernzyklus. Auf die sich hieraus ergebende (und nicht minder relevante) Frage nach den notwendigen bzw. förderlichen Bedingungen eines weitgehend störungsfreien Lernens in sozialen Systemen gehen sie aber nur am Rande ein. Einen viel versprechenden Ansatzpunkt für die Auseinandersetzung mit dieser - umgekehrten - Fragestellung stellen die von uns angeführten Grundvoraussetzungen des Wandels dar. Durch die systematische Verknüpfung des Learning Cycle mit den Systemeigenschaften *Spannung, Kopplung* und *Slack* bietet sich ein konzeptionelles Fundament für die Ableitung zentraler Handlungs- und Gestaltungsfelder, an denen eine *aktive* Unterstützung Wandels in sozialen Systemen ansetzen kann (und muss). Darüber hinaus wird auch die lernförderliche Wirkung der drei Grundvoraussetzungen durch ihre Zuordnung zu den verschiedenen Teilschritten des Lernzyklus inhaltlich weiter präzisiert und ausdifferenziert. Spannung, lose Kopplung und Slack als

Merkmale eines sozialen Systems bilden gewissermaßen einen strukturellen Hintergrund bzw. Rahmen, durch den ein störungsfreies individuelles und kollektives Erfahrungslernen in Organisationen zwar nicht gesichert, aber doch maßgeblich unterstützt wird (vgl. Abbildung 5).

	Spannung	Lose Kopplung	Slack
1. Individuelle Dispositionen → Individualverhalten	Handlungs- initiierung	Handlungs- autonomie	Handlungs- alternativen
2. Individuelles Verhalten → Organisationshandeln	Durchlässigkeit für neue Ideen/ Sichtweisen	Abbau von Interessen- konflikten	Abbau von Verteilungs- konflikten
3. Organisationshandeln → Verhalten der Umwelt	Aufmerksamkeit	Reduktion der Umwelt- komplexität	Intensität der Problem- bearbeitung
4. Verhalten der Umwelt → Individuelle Dispositionen	Informationssuche und -verwendung	Komplexität/ Vielfalt der Wahrnehmung	Diffusion von Informationen

Abbildung 5: Organisationales Lernen und Grundvoraussetzungen des Wandels

Der Zusammenhang zwischen den o. a. Grundvoraussetzungen und dem Ablauf einzelner Lernprozesse kann aber auch noch auf eine andere Weise interpretiert werden: So kanalisieren zwar einerseits die (relativ) stabilen Strukturen, Institutionen oder eben auch Eigenschaften eines Sozialsystems wie z.B. Spannung oder Kopplung das organisationale Geschehen innerhalb bestimmter Grenzen, andererseits lässt sich ihre Herausbildung aber auch als „Kristallisierung" aus unzähligen - ähnlich verlaufenden - Einzelprozessen innerhalb des Systems verstehen (vgl. hierzu auch die Überlegungen von Martin (1998) zur Herausbildung von Entscheidungsstrukturen). Insofern wirken die von March/Olsen identifizierten Lernbarrieren einer (regelmäßig aufs Neue zu leistenden) Erzeugung der drei Grundvoraussetzungen durch das konkrete Organisationsgeschehen entgegen: So erschwert beispielsweise das *rollenbeschränkte Lernen* - durch die Unterdrückung modifizierter bzw. neuer Verhaltensweisen - auch die Entstehung potentieller Spannungszustände, die von derartigen Normverletzungen üblicherweise ausgelöst werden. Die damit einhergehende Einschränkung der individuellen Handlungsautonomie, aber z.B. auch die für Prozesse des *präorganisationalen Lernens* charakteristische Begrenzung der Varianz des Organisationsverhaltens behindern zudem die Etablierung nur lose miteinander verkoppelter Teilbereiche bzw. Subsysteme. Fehlinterpretationen des Umweltverhaltens (wie im Falle des *mehrdeutigen*, aber auch des *abergläubischen* Lernens) können wiederum dazu führen, dass zumindest ein Teil der organisationalen Ressourcen für unangemessene, wenig Erfolg versprechende Zwecke und Aktivitäten aufgewendet wird, und tragen so allmählich zu einer Reduzierung des „organizational slack" bei.

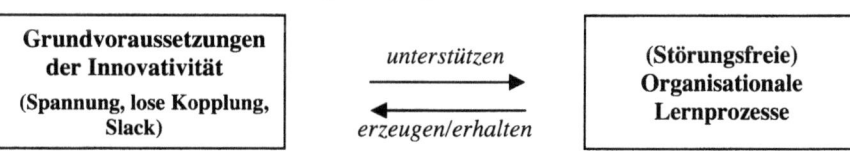

Abbildung 6: Der Zusammenhang zwischen dem Verlauf organisationaler Lernprozesse und den Grundvoraussetzungen der Innovativität

Wir halten fest: Zwischen den drei Grundvoraussetzungen organisationalen Wandels und dem Verlauf organisationaler Lernprozesse bestehen komplexe *wechselseitige* Wirkungsbeziehungen (vgl. Abbildung 6). Ob und inwiefern eine Organisation dauerhaft in der Lage ist, zu lernen bzw. neue, innovative Problemlösungen und Handlungsmuster hervorzubringen, hängt sowohl von der spezifischen Beschaffenheit der drei Systemeigenschaften als auch vom Verlauf der konkreten Lernprozesse innerhalb des Systems ab. Welche Rolle spielt aber in diesem Zusammenhang die jeweilige Organisationskultur, aus deren Regelgefüge sich ja zum einen die grundlegende organisationale Handlungslogik in ihren fundamentalen Zügen generiert, die zum anderen aber auch dem Verlauf konkreter Prozesse eine (kultur-)spezifische Färbung verleiht? Für die Auseinandersetzung mit dieser Frage bedarf es einer Verknüpfung des Sozialgrammatik-Ansatzes mit den *strukturellen* und *prozessualen* Aspekten organisationalen Wandels.

4.2 Die kulturelle Erzeugung der Grundvoraussetzungen des Wandels

Eine Organisation ist nur dann *innovativ*, wenn durch das spezifische Zusammenwirken ihrer Elemente auch tatsächlich die drei

Grundvoraussetzungen organisationalen Wandels geschaffen werden. Spannung, lose Kopplung und Slack müssen gewissermaßen in der *Handlungslogik* eines sozialen Systems verankert sein bzw. aus dieser hervorgehen.[2] Dieses Gefüge der grundlegenden Organisationsbestandteile (die Rollenstruktur, der institutionelle Rahmen usw.) sowie die elementaren Mechanismen und charakteristischen Muster ihres Zusammenwirkens wiederum sind - immer vor dem Hintergrund des spezifischen situativen Kontextes - Ausdruck bzw. Erscheinungsformen der organisationalen Tiefengrammatik.

Überträgt man diesen Grundgedanken auf das Phänomen des organisationalen Wandels, dann stellt sich unmittelbar die Frage nach den möglichen „kulturellen Ursprüngen" der drei Grundvoraussetzungen: Inwieweit sind also die Regeln der jeweiligen Sozialgrammatik in der Lage, innerhalb einer Organisation *Spannung, lose Kopplung* und *Slack* zu erzeugen? Die folgenden Ausführungen zielen dabei nicht auf eine erschöpfende Beantwortung dieser Frage. Dies wäre - auch angesichts des gegenwärtigen Forschungsstandes - wohl kaum zu leisten. Angestrebt wird stattdessen zunächst eine allgemeine theoretische Erörterung derjenigen Mechanismen, welche einer Erzeugung der angeführten Grundvoraussetzungen durch das jeweilige kulturelle System einer Organisation zugrunde liegen können (ausführlich hierzu Behrends 2001).

a) Spannung

Unabhängig davon, welche Merkmale oder Dimensionen man im konkreten Fall zur Beschreibung organisationaler Kulturen auch heranzieht, für gewöhnlich wird die organisationale Wirklichkeit durch die gewählten Attribute in gewissem Maße überzeichnet. Denn die identifizierten kulturellen Charakteristika treten in real existierenden Organisationen nicht in völlig reiner Form auf; Beschreibungen wie „*autoritär*", „*gemeinschaftlich*", „*offen*" usw. bringen in der Regel lediglich ein bestimmtes Mischverhältnis der jeweiligen Extremwerte zum Ausdruck.

So mag beispielsweise das soziale Geschehen in einer „autokratischen Kultur" (oder genauer: in einer Kultur mit einem „autoritären Machtprinzip") zwar wesentlich durch Regelungen und Institutionen dominiert werden, welche den Inhabern hierarchisch legitimierter Positionsmacht die autoritäre Durchsetzung ihres Willens erleichtern. Nichtsdestotrotz ergeben sich auch hier regelmäßig elementare Kooperations- und Koordinationserfordernisse, denen ohne ein Mindestmaß an wechselseitiger Abstimmung und Interessenberücksichtigung nicht angemessen begegnet werden kann. Diese - durchaus kulturkonformen -

„Inseln" oder sporadisch auftretenden Episoden organisationaler Partizipation erzeugen immer wieder Brüche bzw. Mehrdeutigkeiten, durch die der Geltungsanspruch des autokratischen Entscheidungsstils in Frage gestellt oder zumindest ein kleines Stück weit aufgeweicht wird. Die Prinzipien einer Sozialgrammatik tragen somit immer schon eine (mehr oder weniger ausgeprägte) Widersprüchlichkeit in sich, und sie entfalten ihre generative Kraft daher auch mit einer gewissen Unschärfe. Insofern ist bereits in den einzelnen kulturellen Regeln - aufgrund eben dieser inneren Widersprüchlichkeit - ein bestimmtes Spannungspotential angelegt. Ob dieses „dialektische Potential" aber tatsächlich aktiviert wird, und inwieweit daraus dann auch wirklich eine für den Wandel des Systems förderliche Form der Spannung hervorgeht, ist aber maßgeblich von den Kompositionseffekten abhängig, die sich erst aus dem spezifischen Zusammenwirken der verschiedenen kulturellen Regeln ergeben. So führen Spannungen und Widersprüche innerhalb einer Organisation oftmals auch zu eher unproduktiven Konflikten, welche die Handlungsfähigkeit des Systems maßgeblich beeinträchtigen und einschränken. Um wirklich innovativ wirken zu können, müssen die Prinzipien und Mechanismen der organisationalen Tiefengrammatik daher in der Lage sein, die jeweilige Systemspannung nicht nur zu aktivieren, sondern durch die Erzeugung auch der beiden anderen Grundvoraussetzungen organisationaler Innovativität auch entsprechend abzustützen.

b) lose Kopplung
Wie bereits der Begriff andeutet, leiten sich auch aus der Vorstellung von Organisationen als *loosely coupled systems* widersprüchliche Anforderungen an das organisationale Handlungssystem ab (Spender/Grinyer 1995). So weisen die unterschiedlichen Handlungs- und Entscheidungsstrukturen innerhalb lose gekoppelter Systeme zwar einerseits ein gewisses Maß an Vernetzung auf, andererseits ergeben sich aber aus den jeweils produzierten Entscheidungen und Problemlösungen keine (bzw. nur in sehr begrenztem Maße) Konsequenzen, die dann auch durch andere Handlungsstrukturen der Organisation weiterzuverarbeiten wären. Zur losen Kopplung führt Kirsch (1992, 175) dort weiter aus: *„Darüber hinaus liegen die Handlungsfolgen gleichsam unterhalb der Beobachtungsschwelle anderer organisatorischer Handlungsstrukturen (...)."* Eine kulturspezifische Erzeugung bzw. Förderung lose gekoppelter Handlungsstrukturen ist dementsprechend nur dann zu erwarten, wenn bereits

dem Gefüge der sozialgrammatischen Regeln sowohl *verbindende* als auch *desintegrierende* Kräfte innewohnen.
Praktische Gestaltungsansätze wie „Management by Objectives", Projektorganisation, Profit Center o.ä. sind typische Maßnahmen, die darauf abzielen, den einzelnen Akteuren bzw. Bereichen des Systems bei der Zielverfolgung ein höheres Maß an Autonomie und Eigenverantwortlichkeit zu übertragen. Die innovativitätsfördernde Wirkung solcher Dezentralisierungsbestrebungen - die ja primär an der organisationalen Oberfläche ansetzen - wird allerdings nicht selten durch negative Begleiterscheinungen (wie z.b. ein ausgeprägter Bereichsegoismus oder eine mangelhafte Nutzung möglicher Synergieeffekte) konterkariert.[3] Derartige Nebenwirkungen lassen sich oftmals auf eine mangelnde „kulturelle Einbettung" der ergriffenen Maßnahmen zurückführen: Fehlt es der organisationalen Tiefengrammatik an spezifischen *Integrations*regeln, durch die das dezentralisierte organisationale Geschehen zusammengehalten wird, dann stellen die mangelnde Koordination der Einzelaktivitäten oder eine zunehmende Orientierung an Partikularinteressen nahezu logische Konsequenzen dezentralisierter Organisationsstrukturen dar.
Wie im Falle der Spannung, so ist auch die kulturabhängige Erzeugung bzw. Förderung lose gekoppelter Handlungsstrukturen vor dem Hintergrund ausgesprochen verschiedenartiger Konfigurationen der sozialgrammatischen Prinzipien denkbar. Eine grundlegende Gemeinsamkeit entsprechender Kulturen besteht aber sicherlich in ihrer spezifischen - aus dem Gefüge der kulturellen Regeln hervorgehenden - Balance zwischen *verbindenden* und *entkoppelnden* Systemkräften.

c) Slack

„Organizational slack" als dritte Grundvoraussetzung organisationalen Wandels stellt - aus kulturtheoretischer Perspektive - in gewisser Weise einen Sonderfall dar. Deutlich stärker, als die beiden anderen Merkmale ist das Vorhandensein überschüssiger Systemressourcen davon abhängig, wie erfolgreich ein Sozialsystem innerhalb seiner Umwelt tatsächlich agiert (Weidermann 1984). Denn erst der gewinnbringende Absatz ihrer Leistungen am jeweiligen Markt versetzt eine Organisation überhaupt in die Lage, dauerhaft Überschuss zu produzieren bzw. Slack anzuhäufen. Insofern ist die Entstehung organisationaler Reserven zunächst einmal nur bedingt eine Frage der Kultur. Entscheidend ist eher der „Fit" zwischen Systemverhalten und Umweltgegebenheiten, oder anders ausgedrückt: die Komplementarität von organisationaler Handlungslogik und externen Anforderungen. Doch lassen sich durchaus auch einige allgemeine Aussagen zum Zusammenhang zwischen Sozialgrammatik und organizational slack treffen: Kultur schafft gleichsam die internen Voraussetzungen sowohl für die *Entstehung* als auch für die *Nutzung* von Slack. So hat sie zunächst - angesichts ihrer fundamentalen Bedeutung für die Herausbildung und vor allem für die Funktionsweise der organisationalen Oberflächenstrukturen - einen maßgeblichen Einfluss darauf, inwieweit innerhalb eines Sozialsystems überhaupt ressourcenschonende Verhaltensmuster erzeugt und damit günstige Bedingungen für das Auftreten von Slack geschaffen werden. Auch hier wird somit wieder deutlich, dass den einzelnen Kulturregeln keine *generell* entwicklungsförderliche Kraft innewohnt. Welche Slackwirkung von einzelnen sozialgrammatischen Prinzipien letztendlich ausgeht, ist schließlich wieder eine Frage der konkrete kulturellen Gesamtgestalt.

So lassen sich etwa für den o.a. Fall einer „autokratischen Kultur" durchaus widersprüchliche Auswirkungen auf die Entstehung bzw. Nutzung von „organizational slack" ableiten: In Sozialsystemen beispielsweise, die durch starke Bereichsegoismen sowie eine Dominanz von Partikularinteressen gegenüber den Zielen des Gesamtsystems gekennzeichnet sind, mag ein „autoritäres Machtprinzip" möglicherweise wertvolle - ressourcenschonende - Dienste leisten. Der Einsatz hierarchisch legitimierter Entscheidungsmacht kann unter derartigen Bedingungen für die Aufrechterhaltung der organisationalen Handlungsfähigkeit eine bedeutsame Rolle spielen: Auf diese Weise wird verhindert, dass potentielle - aus den verschiedenen Vorstellungen der Systemmitglieder resultierende - Konflikte dazu führen, dass die (überschüssigen) Ressourcen des Systems in erster Linie für mikropolitische Auseinandersetzungen aufgewendet und wichtige Entscheidungen immer wieder verschleppt werden oder sogar völlig versanden.

Grundsätzlich anders verhält es sich mit der Slackwirkung eines „autoritären Machtprinzips" in Kulturen, in denen bereits durch die Beschaffenheit anderer Kulturregeln eine gewisse Koorientierung der einzelnen Akteure und Bereiche gewährleistet wird. Die - ressourcenschonende - Koordinierung der organisationalen Handlungsstrukturen ist hier bereits auf andere Weise in die Handlungslogik des Systems eingewoben und muss daher nicht erst über den

Einsatz hierarchischer Macht sichergestellt werden. In einem solchen Fall würde wohl eher ein „partizipatives Machtprinzip" die Entstehung und (innovative) Nutzung organisationaler Reserven unterstützen: Neben den positiven Auswirkungen z.B. auf die Lösungsrationalität der organisationalen Entscheidungsfindung (aufgrund der erweiterten Informationsbasis) verbessert eine grundlegende Aufgeschlossenheit gegenüber den Vorstellungen auch nachgelagerter Hierarchieebenen nachhaltig die Möglichkeiten der Systemmitglieder, ihre Erkenntnisse, Vorschläge, Einwände etc. in die Organisation einzubringen. Ein zwangloser Austausch neuer Ideen - gleichsam an den formalen Strukturen des Systems vorbei (etwa beim Mittagessen, am Rande von Meetings, Tagungen o. ä.) - wird weiterhin erleichtert, wenn die Regeln der jeweiligen Sozialgrammatik der Herausbildung informaler Interaktions- und Kommunikationsbeziehungen nicht entgegenstehen oder diese in gewisser Weise sogar unterstützen. Diese können dann eine förderliche „kulturelle Plattform" für die Entwicklung (hierarchie- bzw. bereichsübergreifender) persönlicher Kontakte und freundschaftlicher Beziehungen bilden, die von den jeweiligen Systemmitgliedern für einen ungezwungenen und unbefangenen Austausch von Informationen und Ideen genutzt werden können.

4.3 Die kulturspezifische Prägung organisationaler Lernprozesse

Neben dieser „fundamental-strukturalen" Wirkung von Kultur lässt sich aber auch noch ein weniger indirekter Zusammenhang zwischen Sozialgrammatik und organisationalem Lernen skizzieren. Kultur beeinflusst nicht nur das individuelle Denken und Handeln der Systemmitglieder, sie steckt auch den Möglichkeitsraum für die Gestaltung der (überindividuellen) organisationalen Oberfläche ab. Zwar ist die konkrete Beschaffenheit der organisationalen Institutionen, Rollen und Regelungen in starkem Maße auch eine Frage der spezifischen Umweltanforderungen, denen sich ein Sozialsystem gegenüber sieht; sowohl die (interpretierende) Wahrnehmung dieser Anforderungen als auch die Beurteilung der Sinnhaftigkeit verschiedener Gestaltungsalternativen vollzieht sich aber immer vor dem Hintergrund des jeweiligen kulturellen Rahmens.

Über die solchermaßen *kanalisierende* Kraft, die der jeweiligen Sozialgrammatik für die Ausgestaltung der organisationalen Oberflächenstrukturen zukommt, entfaltet die Kultur eines Sozialsystems auch einen vergleichsweise direkten

Einfluss auf den Verlauf der systeminternen Lern*prozesse*. Sie stellt nicht nur das *geistige Fundament* des Organisationsgeschehens, sondern bildet auch den Ursprung des *materiellen Handlungsrahmens*, in den die einzelnen organisationalen Lern- und Entscheidungsprozesse eingebettet sind, - und schafft auf diese Weise günstige oder weniger günstige Rahmenbedingungen für ein störungsfreies Durchlaufen der Lernzyklen.
Die geltenden sozialgrammatischen Prinzipien beeinflussen über die Erzeugung von *Spannung, loser Kopplung* und *Slack*, aber auch über die kulturspezifische Ausgestaltung der organisationalen Elemente jeden der zu durchlaufenden Teilschritte eines Lernzyklus. Für die Erläuterung dieses zweiten Mechanismus sei einmal mehr auf das Beispiel eines *autoritären Machtprinzips* zurückgegriffen:
Wie bereits erläutert, findet die aus einem solchen Machtprinzip hervorgehende Dominanz direktiver Koordinationsmechanismen an der organisationalen Oberfläche ihren Ausdruck oftmals in der Existenz eines ausgebauten Netzes formaler oder informaler Handlungsanweisungen und Vorschriften, an denen sich das Verhalten der Systemmitglieder auszurichten hat. Derartige Vorgaben begrenzen zunächst die *individuelle Handlungsautonomie* und behindern die betroffenen Akteure bei der Überführung ihrer (neuen oder veränderten) Verhaltensdispositionen in ihr konkretes Handeln. Die Folge wäre somit ein verstärktes Auftreten *rollenbeschränkter* Lernprozesse. Eine weitere typische Manifestation des *autoritären Machtprinzips* besteht in der - wie auch immer konkret umgesetzten - Verknüpfung von hierarchischer Position und Entscheidungsmacht. Systemmitgliedern, die nicht der erforderlichen Hierarchiestufe angehören, bleibt der Zugang zu den entsprechenden Entscheidungsgelegenheiten verwehrt. Auf diese Weise dringen bestimmte Argumente, Informationen, Vorschläge oder Bedenken seitens der nachgelagerten (und nicht selten passiv betroffenen) Hierarchieebenen vielfach nur mit Verzögerungen an die relevanten Stellen des Entscheidungssystems vor oder bleiben gar völlig unberücksichtigt. Insofern kann ein *autoritäres Machtprinzip* auch dem *präorganisationalen Erfahrungslernen* in Organisationen Vorschub leisten. Darüber hinaus bilden sich in autoritären und zentralisierten Systemen verstärkt Rollenvorstellungen und Überzeugungen heraus, denen zufolge Vorgesetzten und Führungskräften in erster Linie die Funktion eines „Machers" oder „Lenkers" (im Gegensatz z.B. zum „Moderator" oder „Coach") zugeschrieben wird, dessen individuelle Kompetenz und

Qualifikation ihn in die Lage versetzt, richtig und erfolgreich zu handeln. Lord/Maher (1993, 152f) sprechen in diesem Zusammenhang auch von der *„Cultural specifity of leadership skills (...)"* Aus einer solchen Auffassung resultiert für die Mitglieder der Organisationsspitze nahezu zwangsläufig ein hohes Maß an Handlungs-, Legitimations- und Erfolgsdruck. Zögerliches Entscheidungsverhalten, Unsicherheit oder z.B. auch der Versuch, nachgelagerte Hierarchieebenen über das kulturell akzeptierte Maß hinaus an der Entscheidungsfindung partizipieren zu lassen, wird vor diesem Hintergrund leicht als persönliche Schwäche interpretiert. Dementsprechend stark sind innerhalb des Systems entsprechende Kräfte und Mechanismen wirksam (z.B. in Form von Karrierepfaden, Anreiz- und Kontrollsystemen), welche die (autoritären) Entscheidungsträger dazu drängen, Entscheidungen ggf. auch auf der Grundlage unzureichender Informationen zu treffen und die darauf folgenden Entwicklungen in der Systemumwelt in ihrem Sinne zu interpretieren. Unter diesen Voraussetzungen erhöht sich aber auch die Wahrscheinlichkeit eines *abergläubischen* bzw. *mehrdeutigen* Organisationslernens.

Durch eine solche isolierte Betrachtung einzelner Kulturregeln lassen sich zunächst potentielle Störungen und Beschränkungen für das Durchlaufen organisationaler Lernzyklen identifizieren, die sich aus der Wirksamkeit des jeweiligen sozialgrammatischen Prinzips ergeben *können*. Wie schon bei der Untersuchung der kulturellen Ursprünge von Spannung, loser Kopplung und Slack, so gilt jedoch auch hier: Ob und inwiefern sich das lern- und innovationshemmende Potential eines bestimmten sozialgrammatischen Prinzips tatsächlich entfalten kann, ist auch hier in entscheidendem Maße vom Zusammenwirken der verschiedenen Regeln einer Kultur und den daraus hervorgehenden Kompositionseffekten - also von der „kulturellen Gesamtgestalt" - abhängig.

Zusammenfassend lässt sich somit festhalten: Organisationale Lernprozesse laufen nicht einfach im „luftleeren Raum" ab. Sie sind eingebettet in das jeweilige Gefüge organisationaler Strukturen, Institutionen, Regeln und Rollen. Dieses Gefüge bildet einen Handlungsrahmen, der die einzelnen Lernschritte und Prozessaktivitäten innerhalb bestimmter Bahnen kanalisiert und somit auch einen maßgeblichen Einfluss auf das Auftreten bzw. Ausbleiben der unterschiedlichen Lernbeschränkungen hat. Die Ausgestaltung dieser - an der organisationalen Oberfläche wirksamen - Elemente ergibt sich ihrerseits ebenfalls nicht völlig zufällig, sondern ist in starkem Maße Ausdruck bzw. Manifestation der

„dahinter" liegenden, spezifischen Tiefengrammatik. Deren kulturelle Regeln begrenzen das Spektrum realisierbarer Gestaltungsoptionen und entfalten - indem sie im Zusammenspiel mit den bestehenden Umweltanforderungen und der materiellen Ausstattung des Systems die organisationale Oberfläche generieren - auch einen prägenden Einfluss auf den Verlauf der organisationalen Wandel- und Lernprozesse.

5. Schlussbetrachtung

Das Ziel des vorliegenden Artikels bestand in einer Erörterung des Einflusses der Organisationskultur auf die Handhabung des organisationalen Wandels. Aus der Perspektive des hier verwendeten *Sozialgrammatik-Ansatzes* und aufbauend auf den in Abschnitt 3 gewonnen Einsichten bzgl. der zentralen Ansatzpunkte und elementaren Voraussetzungen organisationaler Innovativität - lassen sich für eine kulturspezifische Erzeugung innovativer Handlungsmuster und -strukturen innerhalb sozialer Systeme zwei grundlegende Wirkungsmechanismen differenzieren. So scheint zum einen die Frage sinnvoll, inwieweit sich aus dem Zusammenwirken verschiedener sozialgrammatischer Prinzipien auch tatsächlich eine soziale Handlungslogik generiert, in der die Grundvoraussetzungen organisationalen Wandels (*Spannung*, *lose Kopplung* und *Slack*) dauerhaft und lernunterstützend verankert sind. Zusätzlich zu dieser (tiefen-)*strukturalen* Wirkung von Kultur besteht aber auch noch ein vergleichsweise direkter Zusammenhang zwischen den jeweils geltenden kulturellen Regeln und dem spezifischen Verlauf organisationaler Lern- und Innovations*prozesse*: Über ihren kanalisierenden Einfluss auf die Ausgestaltung der organisationalen Oberflächenstrukturen durchdringt die Sozialgrammatik den Handlungs*rahmen* der innerhalb des Systems ablaufenden Prozesse und fördert (bzw. hemmt) auf diese Weise das Auftreten möglicher Lernbeschränkungen.

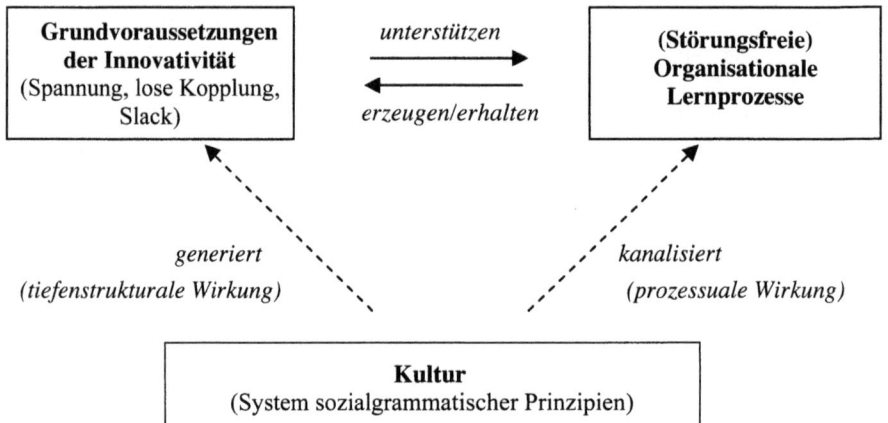

Abbildung 8: Der Zusammenhang zwischen der Kultur und der Innovativität sozialer Systeme

Sowohl die Erzeugung der den Wandel unterstützenden Grundvoraussetzungen als auch die kulturell bedingte Entstehung eines angemessenen Handlungsrahmens für den mehr oder weniger ungestörten Verlauf organisationaler Lernprozesse ist dabei keineswegs zwingend an eine spezifische Konstellation sozialgrammatischer Prinzipien geknüpft. Vielmehr sind verschiedene Kulturen auf durchaus unterschiedliche Art und Weise in der Lage, Prozesse des Wandels in Organisationen hervorzurufen und zu unterstützen.

Literatur

Angle, H.L. (1989): Psychology and organizational Innovation, in Van de Ven, A.H., Angle, H.L./ Poole, M.S. (Hrsg.): Research on the Management of Innovation: The Minnesota Studies, New York, 135-170.
Behrends, T. (2001): Organisationskultur und Innovativität – eine kulturtheoretische Analyse des Zusammenhangs zwischen sozialer Handlungsgrammatik und innovativem Organisationsverhalten, München und Mering.
Behrends, T. (2003): Organisationskultur, in: Martin, A. (Hrsg.): Organizational Behavior – Verhalten in Organisationen, Stuttgart, S. 241-261.
Bennis, W.G. (1966): Changing Organizations, New York.
Boerner, S./ Gebert, D. (2002): Zur Förderung von Innovationen: Freiheit um jeden Preis?, in: OrganisationsEntwicklung, 2, 32-27.

Cheng, J.L.C./ Kessner, I.F. (1997): Organizational Slack and Response to Environmental Shifts: The Impact of Resource Allocation Patterns. Journal of Management, Vol. 23, Nr. 1, 1-18.
Chomsky, N. (1983): Aspekte der Syntax-Theorie (3. ed.), Frankfurt/M.
Chomsky, N. (1995): Thesen zur Theorie der generativen Grammatik (2. ed.), Weinheim.
Cyert, R.M./ March, J.G. (1995): Eine verhaltenswissenschaftliche Theorie der Unternehmung (2. Aufl.), Stuttgart.
Deal, T./ Kennedy, A. (1982): Corporate Cultures: The Rites and Rituals of Corporate Life, Reading/Mass.
Dierkes, M./ Williams, M. (1993): Organizational Culture and the Management of Business' Innovation, Veröffentlichungsreihe der Abteilung Organisation und Technikgenese des Forschungsschwerpunktes Technik-Arbeit-Umwelt des Wissenschaftszentrums Berlin für Sozialforschung, Berlin.
Feldman, S.P. (1988): How Organizational Culture can affect Innovation. Organizational Dynamics, Vol. 17, 57-68.
Frohman, A.L. (1998): Building a Culture for Innovation, in: Research Technology Management, Vol. 41, Nr. 2, 9-12.
Gebert, D. (2000): Zwischen Freiheit und Reglementierung: Widersprüchlichkeiten als Motor inkrementalen und transformationalen Wandels in Organisationen – eine Kritik des punctuated equilibrium-Modells, in: Schreyögg, G./Conrad, P. (Hrsg.): Managementforschung 10, Wiesbaden, S. 1-32.
Gersick, C.J.G. (1991): Revolutionary change theories: A multilevel exploration of the punctuated equilibrium paradigm, in: Academy of Mangement Review 16:10-36.
Greiner, L.E. (1972): Evolution and revolution as organizations grow, in: Harvard Business Review, July/August, 37-46.
Gussmann, B. (1988): Innovationsfördernde Unternehmenskultur: die Steuerung der Innovationsbereitschaft als Aufgabe der Organisationsentwicklung, Berlin.
Hamada, T. (1994): Anthropology and Organizational Culture, in Hamada, T./ Sibley, W.E. (Hrsg.): Anthropological Perspectives on Organzational Culture, Lanham, New York, London, 9-54.
Hauser, M. (1998): Organizational culture and innovativeness of firms - an integrattive view, in: International Journal of Technology Management, Vol. 16, Nr.. 1/2/3, 239-255.

Hedberg, B.L.T., Nystrom, P.C./ Starbuck, W.H. (1976): Camping on Seesaws. Prescriptions for a Self-Designing Organization, in: Administrative Science Quarterly, 21, 41-65.
Kasper, H. (1990): Die Handhabung des Neuen in organisierten Sozialsystemen, Berlin, New York, Heidelberg, Tokio.
Keesing, R.M. (1974): Theories of Culture, in: Annual Review of Anthropology, Vol. 3, 73-97.
Keesing, R.M./ Strathern, A.J. (1998): Cultural Anthropology. A Contemporary Perspective, Fort Worth.
Kirsch, W. (1992): Kommunikatives Handeln, Autopoiese, Rationalität, München.
Kuitunen, K. (1993): Innovative Behavior and Organizational Slack of a Firm, Helsinki.
Levitt, B./ March, J.G. (1988): Organizational Learning, in: Annual review of Sociology, 14, 319-340.
Lundberg, C.C. (2001): Working with Cultures: Social Rules Perspective, in: Cooper, C.L./ Cartwright, S./ Earley, P.C. (Hrsg.): The International Handbook of Organizational Culture and Climate. Chichester 2001: 325-345.
March, J.G. (1999): The Pursuit of Organizational Intelligence, Malden.
March, J.G./ Olsen, J.P. (1975): The uncertainty of the past: Organizational learning under ambiguity, in: European Journal of Political Research, 3, 147-171.
Martin, A. (2001): Personal – Theorie, Politik, Gestaltung, Stuttgart.
Martin, A./ Bartscher-Finzer, S. (2006): Organisatorische Änderungsprozesse, in: RKW-Handbuch Führungstechnik und Organisation, 1852, Berlin, 1-41.
Martin, A./ Behrends, T. (1999): Die Innovative Organization aus kulturtheoretischer Perspektive. Schriften aus dem Institut für Mittelstandsforschung, Heft 10, Lüneburg.
Martin, J. (2002): Organizational Culture. Mapping the Terrain, Thousand Oaks.
McCall, M.W./ Kaplan, R.E. (1990): Whatever it takes. The Realities of Managerial Decision Making (2. Aufl.), Upper Saddle River, N.J.
McCann III, J.E. (1991): Design Principles for an Innovating Company, in: The Academy of Management Executive, Vol. 5, Nr. 2, 76-93.
Meyerson, D.E. (1991): "Normal Ambiguity"? A Glimpse of an Occupational Culture, in: Frost, P.J. et. al. (Hrsg.): Reframing Organizational Culture, Newbury Park/London/New Delhi, 131-144.
Mintzberg, H. (1992): Die Mintzberg-Struktur, Landsberg/Lech.
Morgan, G. (1997): Bilder der Organisation, Stuttgart.

Nachreiner, B. (1992): Balance braucht Weile. Faktoren der Führung in der lernfähigen Organisation, in: Krebsbach-Gnath, C. (Hrsg.): Den Wandel in Unternehmen steuern: Faktoren für ein erfolgreiches Change-Management, 57-84.
Nohria, N./ Gulati, R. (1996): Is slack good or bad for innovation?, in: Academy of Management Journal, Vol. 39, Nr. 5, 1245-1264.
O'Reilly III, C./ Tushman, M.L. (1997): Using Culture for Strategic Advantage: Promoting Innovation Through Social Control, in: Tushman, M.L./ Anderson, P. (Hrsg.): Managing Strategic Innovation and Change, Oxford, New York, 200-216.
Orton, J.D./ Weick, K.E. (1990): Loosely Coupled Systems: A Reconceptualization. Academy of Management Review, Vol. 15, Nr. 2, 203-223.
Ouchi, W.G./ Wilkins, A.L. (1985): Organizational Culture, in: Annual Review of Sociology, 11, 457-483.
Peters, T./ Waterman, R. (1982): In Search of Excellence: Lessons from America's best-run Companies, New York.
Poole, M.S./ Van de Ven, A. (2004): Theories of Organizational Change and Innovation Processes, in: Poole, M.S./ Van de Ven, A. (Hrsg.): Handbook of Organizational Change and Innovation, New York, 374-397.
Prätorius, G./Tiebler, P. (1993): Ökonomische Literatur zum Thema „Unternehmenskultur"- Ein Forschungsüberblick -, in: Dierkes, M./von Rosenstiel, L./ Steger, U. (Hrsg.): Unternehmenskultur in Theorie und Praxis, Frankfurt/M., 23-89.
Sackmann, S. (1991): Cultural knowledge in organizations. Exploring the collective mind, Newbury Park.
Saffold III, G.S. 1988: Culture Traits, Strength, and Organizational Performance: Moving beyond „Strong Culture", in Academy of Management Review, Vol. 13, Nr. 4, 546-558.
Schein, E. (1985): Organizational Culture and Leadership, San Francisco.
Schein, E.H. (1990): Innovative Cultures and Adaptive Organizations, in: Sri Lanka Journal of Development, Vol. 7, Nr. 2, 9-39.
Schreyögg, G./ Conrad, P. (2000): Organisatorischer Wandel und Transformation, Managementforschung 10, Wiesbaden.
Schroeder, R.G. et. al. (1989): The Development of Innovation Ideas, in: Van de Ven, A.H., Angle, H.L./ Poole, M.S. (Hrsg.): Research on the Management of Innovation: The Minnesota Studies, New York, 107-134.

Sharma, A. (1994): Organizational Culture and Adoption of High-technology Products, in: Journal of Marketing Management, 10, 513-526.

Smircich, L. (1983): Concepts of Culture and Organizational Analysis, in: Administrative Science Quarterly, 28, 339-358.

Spender, J.-C./ Grinyer, P.H. (1995): Organizational Renewal: Top Management's Role in a Loosely Coupled System, in: Human Relations, Vol. 48, Nr. 8, 909-926.

Stopford, J.M./ Baden-Fuller, C.W.F. (1994): Creating Corporate Entrepreneurship, in Strategic Management Journal, 15, 521-536.

Türk, K. (1989): Neuere Entwicklungen in der Organisationsforschung. Ein Trend Report, Stuttgart.

Vahs, D. (1997): Organisationskultur und Unternehmenswandel, in: Personal, 9, 466-469.

Weber, J. (1985): Unternehmensidentität und unternehmenspolitische Rahmenplanung, München.

Weidermann, P.H. (1984): Das Management des Organizational Slack, Wiesbaden.

White, M.G. (1994): Creativity and the Learning Culture, in: The Learning Organization, Vol. 1, Nr. 2, 4-5.

Wilkins, A.L./ Dyer Jr., W.G. (1988): Toward Culturally Sensitive Theories of Culture Change, in: Academy of Management Review, Vol. 13, Nr. 4, 522-533.

Endnoten:

[1] Insofern argumentieren die herkömmlichen Theorieentwürfe von Organisationskultur in gewisser Weise aus einer Position des (radikalen) *methodologischen Individualismus* heraus und sehen sich daher zu Recht den kritischen Einwänden ausgesetzt, die derartigen „privaten Bedeutungstheorien" in den Sozialwissenschaften allgemein entgegengebracht werden.

[2] So erscheint es beispielsweise wenig sinnvoll, bei lediglich sporadisch auftretenden Dezentralisierungstendenzen innerhalb eines Sozialsystems bereits von einem „lose gekoppelten System" zu sprechen.

[3] Vgl. z.B. die so genannte „Kontrollkrise" bei Greiner 1972.

Vertrauen und Kontrolle in der Forschung

Margit Osterloh und Fabian Homberg[*]

1. Führt mehr Kontrolle in der Forschung zu sinnvollen Reformen?
2. Probleme der Output-Kontrolle in der Forschung
3. Kontrollformen in der betriebswirtschaftlichen Kontrolltheorie und in der Forschung

Literatur

---

[*] Prof. Dr. Dr. h.c. Margit Osterloh ist Inhaberin des Lehrstuhls für Organisation, Technologie- und Innovationsmanagement an der Universität Zürich (seit 1991); Habilitation an der Universität Erlangen-Nürnberg 1990, Professorin für Personalwirtschaft an der Universität Lüneburg 1990/1991.
Dipl-Kfm. Fabian Homberg ist Assistent am Lehrstuhl für Organisation, Technologie- und Innovationsmanagement an der Universität Zürich.

1. Führt mehr Kontrolle in der Forschung zu sinnvollen Reformen?

"Vertrauen ist gut, Kontrolle ist besser" – dieser Lenin zugeschriebene Satz wird heute zunehmend in der Wirtschaft in Frage gestellt. Die umfangreiche Vertrauensforschung der letzten Jahre hat gezeigt, dass in der modernen Wissensgesellschaft Vertrauen das "Schmiermittel" der Gesellschaft und ein wichtiger Wettbewerbsvorteil von Nationen (vgl. Fukuyama, 1995) und Unternehmen (Osterloh und Weibel, 2006) ist. Auch Egbert Kahle hat sich in zahlreichen Veröffentlichungen mit diesem Thema beschäftigt und gezeigt, dass ohne Vertrauen keine Form der Koordination von kollektivem Handeln denkbar ist (Kahle, 1999a, 1999b, 2000). Vertrauen bezeichnet er dabei in Übereinstimmung mit Luhmann (1989) als die Erwartung, dass der Vertrauensempfänger willens und in der Lage ist, die an ihn gerichtete positive Erwartung auch zu erfüllen.

Eigenartigerweise wird in gleichem Ausmaß, in dem man in der Wirtschaft die Bedeutung von Vertrauen erkennt, in Wissenschaft und Forschung zunehmend Vertrauen durch immer dichtere Formen der Kontrolle ersetzt. In immer kürzeren Abständen werden einzelne Forscherinnen und Forscher, Forschungsgruppen, Institute, Fakultäten und ganze Universitäten evaluiert und kontrolliert. Verbunden ist dies mit einem Wechsel von einer Steuerung über Mittelzuwendungen zu einer an Zielvorgaben orientierten Outputsteuerung. Zugleich wird mit der Einführung der variablen W-Besoldung ein "Pay for performance"-System etabliert, das sich in Unternehmen bei anspruchsvollen Tätigkeiten als wenig sinnvoll herausgestellt hat (Rost und Osterloh, 2007a, 2007b; Rost, Osterloh, und Rütsche, 2007; Frey und Osterloh, 2005) und das sogar als Ursache der jüngsten Unternehmensskandale angesehen werden kann (vgl. Osterloh und Frey, 2004).

Die Universitäten werden damit gezwungen, eine "managerial colonization" (Barry, Chandler, und Clark, 2001: 118) über sich ergehen zu lassen, die hinter den Stand der wissenschaftlichen Diskussion in der Managementlehre zurückfällt. Es wird auch nicht gefragt, ob diese im Geiste des "new public management" und der "new institutional economics" durchgeführten Reformen tatsächlich der Tätigkeit in der Forschung angemessen sind (Picciotto, 1999). Kritisiert wird, dass damit nicht nur hohe *unmittelbare Kosten* der Kontrolle verursacht werden (De Bruijn, 2002 ; Kieser, 1998). Vielmehr werden auch hohe *verborgene Kosten* der Kontrolle hervorgerufen, auf die wir in unserem Beitrag eingehen wollen.

Evaluations- und Kontrollsysteme, wie sie heute die akademische Welt überfluten, stellen in erster Linie auf Outputs ab, wie Anzahl der Publikationen und Zitationen, Anzahl von Doktoranden und Absolventen oder Höhe der eingeworbenen Drittmittel. Solche Indikatoren sind nicht nur leicht zu messen, sondern sie sind auch von Laien und Politikerinnen und Politikern außerhalb des Wissenschaftssystems leicht zu verstehen und zu vergleichen. Sie sind deshalb beliebte Grundlage der neuerdings wuchernden Rankings und Ratings von Hochschulen und Fakultäten, wie sie von Institutionen (z.B. CHE-Rating), Zeitungen (z.B. Handelsblatt-Rating) und neuerdings vom Deutschen Wissenschaftsrat durchgeführt werden. Völlig unbeachtet bleibt dabei, dass schon früh in der betriebswirtschaftlichen Kontrolltheorie deutlich gemacht wurde, dass output-orientierte Kontrollverfahren für komplexe Tätigkeiten nicht geeignet sind (Eisenhardt, 1985; Kirsch, 1996; Ouchi, 1979; Simons, 1995). Werden sie dennoch angewendet, produzieren sie dysfunktionale Effekte. Sie verzerren Anreize, zerstören Vertrauen und Vertrauenswürdigkeit, verändern das Verhalten der Kontrollierten in systematischer, gleichwohl unbeabsichtigter Weise und unterminieren den eigentlichen Zweck der Kontrolle. In unserem Beitrag wollen wir diese unbeabsichtigten und dysfunktioalen Nebeneffekte aufzeigen. Zugleich zeigen wir, abgeleitet aus der betriebswirtschaftlichen Kontrolltheorie, dass durchaus sinnvolle Alternativen zur Outputkontrolle existieren, welche auf Vertrauen setzen. Es sind dies Verfahren, welche die Humbold'schen Prinzipien der Autonomie von Forschung intakt lassen. Elite-Universitäten wie die Harvard Universität setzen genau auf diese Verfahren (Baert und Shipman, 2005).

2. Probleme der Output-Kontrolle in der Forschung

Die Schwierigkeiten von Output-Kontrollen in der Forschung sind vielfach diskutiert worden, z. B. die Probleme der Bibliometrie (Weingart, 2005; Latham, Almost, Mann, und Moors, 2005; Starbuck, 2004, 2005; Campanario, 1996; Cicchetti, 1991; Macdonald und Kam, 2007). Wir konzentrieren uns in diesem Beitrag jedoch nicht auf diese Probleme, sondern auf dysfunktionale

Verhaltensänderungen, welche durch Output-Kontrollen ausgelöst werden. Diese bestehen im Problem des sog. Multiple Tasking, der möglichen Manipulation von Leistungskriterien, der Verdrängung intrinsischer Motivation bei den Forschenden sowie in der Vernachlässigung praxisrelevanter Forschung.

2.1. Multiple Tasking

Für qualifizierte Tätigkeiten lassen sich nicht alle relevanten Aspekte im Vorhinein definieren und im Nachhinein messen. Eine Evaluation nach Output-Kriterien veranlasst die Evaluierten jedoch, sich vorwiegend nach diesen Kriterien zu richten. Dieser Sachverhalt wird innerhalb der Ökonomik schon seit langem als "Multiple Tasking" diskutiert. Es werden die Kriterien beachtet, die leicht mess- und zählbar sind. Alles andere wird zurückgestellt, auch wenn es für die gute Ausführung der Aufgabe sinnvoll wäre (Fehr und Schmidt, 2004; Holmstrom und Milgrom, 1991; Kerr, 1975).

Genau dies geschieht, wenn man die Anzahl der *Publikationen* als Maßstab für die Qualität der Forschung zugrunde legt. In diesem Falle werden die Forschenden neue Ideen oder interessante Datensätze so dünn wie Salamischeiben aufschneiden und zu möglichst vielen – dann aber gehaltloseren - Publikationen verarbeiten (Ames 1992 cf. Meyer und Evans, 2003:156). Ein Heer von Gutachterinnen und Gutachtern muss aufgeboten werden, um diese Flut zu bewältigen. Die Belastung führt dazu, dass Gutachten immer oberflächlicher werden. Eindeutige empirische Evidenz für die negativen Auswirkungen der "Salamitaktik" gibt es für Australien. In der Mitte der 90er Jahre wurden dort die Bezahlung der Wissenschaftlerinnen und Wissenschaftler und die Finanzierung der Universitäten an die Zahl der Veröffentlichungen in referierten Zeitschriften gekoppelt. Wie zu erwarten war, ist die Zahl der Veröffentlichungen dramatisch gestiegen – aber die Qualität (gemessen anhand der Zahl der Zitierungen) entsprechend gesunken. Sie fiel unter den Durchschnitt der übrigen OECD-Länder (Weingart, 2005:126). Auch die Messung von Forschungsleistungen mittels *Zitierungen* führt zu Verzerrungen. Es werden Zitationskartelle gebildet. Darüber hinaus wächst der Anreiz, sich modischen Themen mit hohem Aufmerksamkeitswert zu widmen (vgl. Gioia und Corley, 2002 für amerikanische Business Schools). Der Druck in Richtung "Normalwissenschaft" (Kuhn, 1962) wächst. Die Forschungsanstrengungen werden homogenisiert. Die Fakultäten und Universitäten richten ihr Augenmerk zunehmend auf Rankings und Ratings und drängen damit die Forschenden in Richtung der Standardforschung, die mehr Zitierungen bringt. Forschungsfelder abseits des Hauptstroms werden unattraktiv. Die für kreative Forschung notwendige Vielfalt wird unterminiert (vgl. Holcombe, 2004 für Wirtschaftswissenschaften).

Wird schließlich die Anzahl der betreuten *Doktorate* als Leistungsmaß verwendet, werden die Anforderungen gesenkt. Die Anwerbung von *Drittmitteln* als Leistungskriterium bewirkt, dass ein Anreiz zur Beantragung überhöhter Forschungsmittel und ineffizienter Forschung entsteht (Holcombe, 2004).

2.2. Manipulation der Leistungskriterien

Wenn ein Indikator für die eigene Position wichtig wird, wird ein starker Anreiz ausgeübt, diesen Indikator zu den eigenen Gunsten zu beeinflussen. Schulleitungen können zum Beispiel die Beurteilung ihrer Schule beeinflussen, indem sie die Schüler auf die Examensaufgaben hin trimmen, schlechte Schüler unter Vorwänden von den entsprechenden Tests ausschließen und damit die Ergebnisse ihrer Schule künstlich verbessern. Manche Manager beeinflussen die Leistungsindikatoren, sobald ihr Einkommen davon abhängig ist. Sie treiben kurzfristig die Aktienkurse in die Höhe, wenn ein Teil ihres Gehaltes in der Form von Aktienoptionen ausgerichtet wird (Frey und Osterloh, 2005).

Eine derartige Manipulation hat sich auch in der Wissenschaft verbreitet, seit im Zuge von Evaluationen die Forschungsleistung anhand der Zahl der Publikationen und Zitierungen gemessen wird. So werden gern Wissenschaftlerinnen und Wissenschaftler mit entsprechenden Leistungsausweisen an eine Universität verpflichtet, damit diese in Evaluationen und Rankings gut abschneidet. Für die Wissenschaftskultur noch schädlicher ist das Hochjubeln von Ergebnissen in der Forschung. So besteht ein verstärkter Anreiz, nur noch erfolgreiche Tests zu publizieren, die negativen Ergebnisse zu verschweigen oder sogar zu beseitigen, obwohl die Falsifikation von Hypothesen zu den Kernaufgaben der Wissenschaft gezählt wird. Noch weiter gehend ist der Anreiz zum Betrug mittels Fälschung von Forschungsergebnissen. In einer Umfrage in den USA wurde ermittelt, dass über ein Drittel der Forscher zugaben, Forschungsdaten zu "schönen", oder Daten von anderen ohne angemessene Zitierung zu verwenden (Martinson, Anderson, und de Vries, 2005).

2.3. Verdrängung intrinsischer Motivation der Forschenden.

Die neue W-Besoldung im deutschen Hochschulsystem bewirkt, dass Output-Kontrollen mit monetären Konsequenzen verbunden sind. Monetäre und nichtmonetäre, von außen kommende Belohnungen und Sanktionen erhöhen jedoch nicht immer die Leistung, sondern verringern sie sogar unter bestimmten Bedingungen. Kreative,wissenschaftliche Arbeit ist jedoch in hohem Ausmaß auf intrinsische Motivation angewiesen, weil die Leistung nicht exakt gemessen werden kann (Amabile, 1996, 1998; Osterloh, 2007). Deshalb ist hier in besonderer Weise darauf zu achten, dass die intrinsische Motivation erhalten und gestärkt wird. Diese Erkenntnis steht im Gegensatz zur Standard-Ökonomik, welche den theoretischen Hintergrund von "pay for performance" Systemen darstellen. Die Standard-Ökonomik nimmt an, dass Belohnungen oder variable Gehaltsbestandteile immer die Leistung erhöhen, dass also "pay for performance" immer die Performance erhöht. Es handelt sich hier um den sog. *Preiseffekt*.

Die Psychologische Ökonomik (behavioural economics) und die Psychologie zeigen im Gegensatz dazu in eindrucksvoller Weise auf, dass dies keineswegs immer der Fall ist. Vielmehr trifft dies nur für anspruchslose Tätigkeiten zu, für die Individuen keine oder eine geringe intrinsische Motivation haben. Dem liegt die Unterscheidung von intrinsischer und extrinsischer Motivation zugrunde: Eine Handlung ist *intrinsisch* motiviert, wenn sie um ihrer selbst willen erfolgt, d.h. aus Interesse oder Spaß an der Tätigkeit oder um der Einhaltung einer verinnerlichten Norm willen. Eine Handlung ist *extrinsisch* motiviert, wenn sie instrumentell zur Erzielung eines außerhalb der Handlung liegenden Ergebnisses willen erfolgt. Ist eine Tätigkeit in diesem Sinne intrinsisch motiviert, kann eine externe Belohnung oder Bestrafung zu einer *Verringerung* der ursprünglichen Motivation, d.h. zu einem *Verdrängungseffekt* führen. Dies ist dann der Fall, wenn die Belohnung oder Bestrafung als Einschränkung der Autonomie empfunden wird. Eine nach (distributiv und prozedural) fairen Prinzipien ausgestaltete, leistungsgerechte fixe Entlohnung hat diesen Effekt nicht.

Der *Verdrängungseffekt* wirkt dem *Preiseffekt* entgegen. In gravierenden Fällen kann er dazu führen, dass eine externe Belohnung die Leistung verringert. Dies zeigen empirische Befunde aus dem Bereich der modernen Ökonomik (einen guten Überblick liefert Frey, 1997). Gneezy und Rustichini (2000) weisen den Verdrängungseffekt in einem Feldexperiment nach: eine Kindertagesstätte führte eine Gebühr ein, falls Kinder zu spät abgeholt wurden. Dies geschah mit dem Ziel, die Eltern zur Pünktlichkeit zu animieren. In der Realität trat genau das Gegenteil ein, was mit dem Verdrängungseffekt begründet wird. Der extrinsische Anreiz verdrängt die intrinsische Norm „anständigen" Verhaltens gegenüber der Kindertagesstätte. In weniger gravierenden Fällen führt er dazu, dass der Verlust der intrinsischen Motivation durch den Preiseffekt überkompensiert wird – allerdings zu hohen Kosten (Weibel, Rost, und Osterloh, 2007). Dieser Sachverhalt erklärt, warum die Einkommen von WissenschaftlerInnen im privatwirtschaftlichen Unternehmen deutlich höher sind als in wissenschaftlichen Institutionen. Im privaten Sektor ist die Autonomie der Forschung im Vergleich zu wissenschaftlichen Institutionen geringer. Darüber hinaus hat die variable Leistungsentlohnung einen negativen Signalisierungseffekt. Sie demonstriert, dass den WissenschaftlerInnen das Vertrauen entzogen wird, eigenverantwortlich eine hohe Leistung zu erbringen. Diese Misstrauensbekundung verringert die Loyalität zur beschäftigenden Institution (Osterloh und Weibel, 2006). Experimente zeigen, dass Individuen unter bestimmten Bedingungen bei einer fixen Entlohnung eine höhere Leistungsbereitschaft und ein höheres Interesse am Wohlergehen des Arbeitgebers zeigen als bei variablen Löhnen (Irlenbusch und Sliwka, 2003).

Empirische Befunde zum Zusammenhang von variablen Löhnen und Leistung im Wissenschaftsbetrieb sind kaum vorhanden, weil die Messung der Leistung hier – wie in Abschnitt 2.1 ausgeführt - problematisch ist. Man kann bislang nur durch Anwendung anderswo gefundener Befunde (Heckhausen, 1989) schließen

- dass nichtmonetäre Belohnungen (z.B. Entlastung von der Lehre) die intrinsische Motivation nicht oder allenfalls schwach verdrängen,
- dass nicht erwartete monetäre Belohnungen (z.B. Schenkungen) die intrinsische Motivation nicht verdrängen,
- dass symbolische Belohnungen (z.B. Auszeichnungen) die intrinsische Motivation stärken.

2.4. Vernachlässigung praxisrelevanter Forschung

Publikationen in praxisrelevanten Zeitungen, Zeitschriften oder Büchern, Beratungs- und Schulungstätigkeiten oder Diskussionen mit Praktikern oder Kolleginnen und Kollegen anderer Disziplinen bringen keine Zitationen in wissenschaftlichen Veröffentlichungen der eigenen Disziplin. Als Konsequenz wird sich die Lücke zwischen "rigor versus relevance" immer weiter vergrößern und der Dialog zwischen Wissenschaft und Praxis verarmt.

3. Kontrollformen in der betriebswirtschaftlichen Kontrolltheorie und in der Forschung.

Die betriebswirtschaftliche Kontrolltheorie hat schon seit längerem die Defizite der Output-Kontrolle erkannt (Eisenhardt, 1985; Kirsch, 1996; Thompson, 1967; Ouchi, 1977). Sie hat klargelegt, dass die Form der Kontrolle angepasst werden muss an

(1) die Möglichkeit der Output-Kontrolle einer Aufgabe
(2) die Wissensasymmetrie zwischen Kontrolleur und Kontrolliertem bezüglich Ursache-Wirkungs-Beziehungen (Thompson, 1967) oder des Transformationsprozesses (Ouchi, 1977).

In Abhängigkeit von diesen beiden Kriterien sind unterschiedliche Formen der Kontrolle zweckmäßig, welche idealtypisch unterschieden werden können in:
- Output - Kontrolle
- Prozess- Kontrolle
- Clan-Kontrolle

(vgl. Abb. 1)

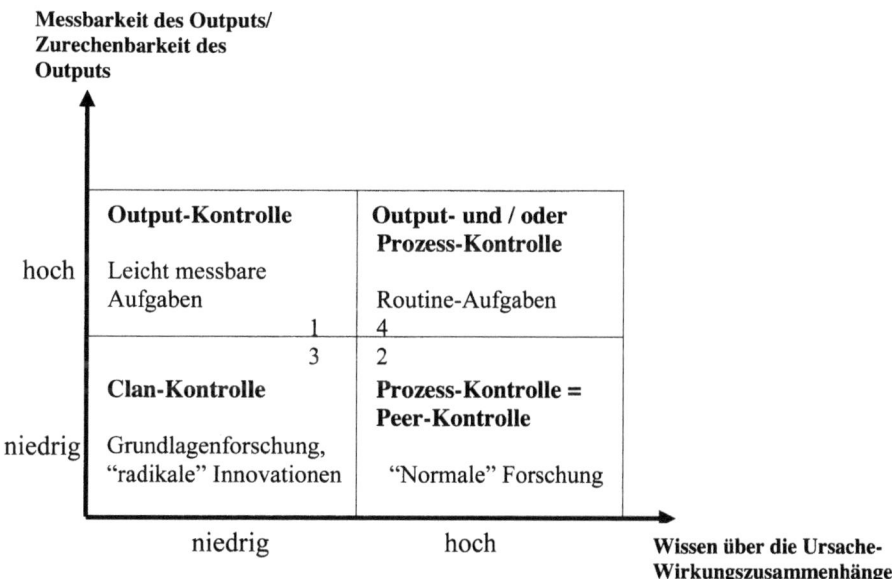

Abbildung 2: Zusammenhang von Kontrollformen und Wissen des Kontrolleurs

Zwar besteht in der Realität – so auch in der Realität des Forschungsbetriebes – meist eine Kombination aus allen Kontrollformen. Eine Ausnahme ist die Kontrolle gemäß Zelle 4. Wenn eine Aufgabe sowohl nach Output- wie nach Prozesskriterien leicht messbar ist, dann handelt es sich um hoch routinisierte Tätigkeiten, die nichts mit Forschung zu tun haben. Hingegen sind die Zellen 1-3 für die Kontrolle wissenschaftlicher Tätigkeit relevant. Die Kombination der Kontrollformen in den Zellen 1-3 sollte jedoch gemäß der betriebswirtschaftlichen Kontrolltheorie ganz unterschiedliche Schwerpunkte haben.

3.1. Output-Kontrolle

Der Fall der reinen Output-Kontrolle in *Zelle 1* betrifft die Bewertung von Forschung anhand von zähl- und messbaren Kriterien wie Zahl der Publikationen, Zitationen, Höhe der eingeworbenen Drittmittel. Diese Kriterien verzichten darauf, die Prozesse zu verstehen und bewerten, die zu diesen Outputs geführt haben. Die Ursachen-Wirkungs-Beziehungen in der Forschung oder die Transformationsprozesse von Inputs zu Outputs im Forschungsprozess brauchen vom Kontrolleur nicht in Betracht gezogen zu werden. Dies ist der Grund, warum Rankings und Ratings bei Politikern, Journalisten und der breiten Öffentlichkeit so beliebt sind. Sie gaukeln vor, dass mittels Kennzahlen eine Bewertung Steuerung für Außenstehende möglich ist. Forschungsleistungen werden dabei wie Konsumgüter behandelt: Man kann das Funktionieren eines Kühlschrankes kontrollieren, ohne über das "technische Innenleben" Bescheid zu wissen. Im Falle einer Software ist dies schon erheblich schwieriger. Unmöglich ist dies jedoch im Falle einer wissenschaftlichen Erkenntnis. Diese kann man nicht wie einen Kühlschrank benutzen, ohne die Theorie verstanden zu haben. Man kann allenfalls einige Wirkungssignale aufgreifen, die dann aber den in Abschnitt 2 geschilderten Gefahren des Multiple Tasking und der Manipulation unterliegen und eine "Illusion der Kontrolle" (Rosanas und Velilla, 2005: 87) hervorrufen.

Allgemein haben Output-Kontrollen zwei Voraussetzungen. Erstens müssen die Outputs von Laien beobachtbar und zurechenbar sein (Eisenhardt, 1985). In diesem Sinne sind aber nur wenige wissenschaftliche Outputs heute beobachtbar, vielmehr werden sie in der Regel erst über Publikationen der Öffentlichkeit bekannt. Diese kann sich jedoch meist kein unmittelbares Bild über eine wissenschaftliche Leistung machen. Das ist zunehmend auch innerhalb der Fachöffentlichkeit der Fall, weil angesichts der hohen Spezialisierung eine inhaltliche Beurteilung von Ergebnissen selbst enger Nachbardisziplinen aufwendig geworden ist. Die Folge ist, dass auch Berufungsentscheidungen immer mehr auf die Auszählung von Publikationen und Zitationen in hochrangigen Zeitschriften setzen anstelle auf die inhaltlichen Würdigung der Kandidierenden. Diese würde erfordern, dass die Mitglieder der Berufungskommission die Publikationen des Kandidierenden selber lesen – wozu angesichts des Zwanges, dauernd evaluiert zu werden oder selber zu evaluieren, immer weniger Zeit bleibt. Selbst Gutachter in

Berufungsentscheidungen glauben heute, durch den Hinweis auf die Zahl von Veröffentlichungen und Zitationen ihrer Gutachterpflicht gerecht zu werden. Der Verband der Hochschullehrer für Betriebswirtschaftslehre (VHB e.V.) unterstützt dies noch durch die Herausgabe eines Zeitschriften-Rankings. Mit diesen Verfahren entstehen aber, wie bereits geschildert, die Probleme der Output-Kontrolle, d.h. insbesondere der Multiple-tasking- und der Verdrängungs-Effekt. Diese Probleme führen dazu, dass eine reine Output-Kontrolle im Sinne des Zählens von Indikatoren wie Publikationen und Zitationen, von Messen der Drittmittel-Einwerbungen etc. keine sinnvolle Form der Leistungsmessung darstellen, sondern allenfalls in Verbindung mit den anderen Formen der Kontrolle im Wissenschaftsbetrieb sinnvoll angewendet werden können.

3.2. Prozess-Kontrolle

Zelle 2 ist dadurch gekennzeichnet, dass zwar die Messbarkeit des Outputs gering ist, wohl aber der Kontrollierende in der Lage ist, den Transformationsprozess zu verstehen, der zu einem bestimmten Output führt. In der Forschung bedeutet dies, dass Peers die Kontrolle vornehmen, welche in der Lage sind, die jeweilige Theorie zu verstehen und nachzuvollziehen. Sie können beurteilen, ob die angewendeten Verfahren in Übereinstimmung mit dem "state of the art" des jeweiligen Methodenwissens stehen. Diese Form der Kontrolle ist heute als Begutachtung in *Doppelt-blind-peer-review-Verfahren* allgemein verbreitet. Sie gilt als das beste Verfahren, mit dem für Nicht-Peers die Qualität der Forschung signalisiert wird. Die Peer-Kontrolle hat zweifellos den Vorteil, dass sie nicht so leicht wie die reine Output-Kontrolle der Gefahr der Manipulation von Indikatoren unterworfen ist. Sie stellt jedoch keineswegs der Königsweg der wissenschaftlichen Kontrolle dar. Viele empirische Analysen von Peer-Reviews zeigen, dass es wenig Übereinstimmung zwischen ihnen gibt und dass sie einander sogar oft widersprechen (z. B. Starbuck, 2005; Cicchetti, 1991; Bedeian, 2004; Gans und Shepherd, 1994). Ein weiteres Problem der Peer-Reviews besteht darin, dass AutorInnen ihre Manuskripte in Übereinstimmung mit dem Empfehlungen der Gutachter bringen, auch wenn das ihren eigenen Einsichten widerspricht. Gemäss Bedeian (2003) ist das bei nicht weniger als 25 Prozent aller Publikationen der Fall. Frey (2003) nennt dieses Verhalten "akademische Prostitution". *Zitationen* sind ebenfalls keine zuverlässige Form der Prozess-Kontrolle durch Peers. Sie begünstigen erstens Beiträge, die sich im modischen Hauptstrom der Forschung bewegen. Zweitens sind sie oft genug nur Anzeichen für die Mitgliedschaft in Zitiernetzwerken oder "Zitierkartellen" (Gmür, 2003). Darüber hinaus macht die Peer-Kontrolle immer dann Probleme, wenn unorthodoxe oder revolutionäre Beiträge zu beurteilen sind. Die Wissenschaftsgeschichte ist voll von Beispielen, in denen bahnbrechende Forschung gegen den Konsens des wissenschaftlichen Hauptstroms verstößt, deshalb in einer Evaluation zunächst schlecht beurteilt wird und sich erst nach Jahrzehnten durchsetzt (Gillies, 2005). Gute oder gar revolutionäre wissenschaftliche Forschung zeichnet sich dadurch aus, dass sie neue Maßstäbe generiert und sich oft erst gegen das herrschende Paradigma durchsetzen muss. Zahlreiches Anschauungsmaterial findet sich in der Literatur im Anschluss an Thomas Kuhn (1962) über "Wissenschaftliche Revolutionen" bzw. "Paradigmenwechsel" oder an Ludwig Fleck (1993) über „wissenschaftliche Denkkollektive". Bahnbrechende Forschung braucht Zeit, bis ihre Bedeutung innerhalb des Hauptstroms der Wissenschaft erkannt ist.

Wendet man Prozess- oder Peer-Kontrolle im Falle radikaler Innovationen oder von "Paradigmenwechseln" im Sinne von Thomas Kuhn (1962) an, dann kann sie nur in der Form einer interaktiven, gemeinsamen Forschung zwischen Kontrollierenden und Kontrollierten stattfinden, in der die Rollen nicht mehr getrennt werden können. Dann aber ist der Kontrollierende nicht länger unabhängig und neutral. Die Kontrolle wird zur gemeinsamen Forschung.

Im Ergebnis entspricht die Prozess- oder Peer-Kontrolle zwar dem Charakter von wissenschaftlicher Arbeit eher als die Output-Kontrolle. Sie ist aber mit zahlreichen Problemen belastet. Sie ist allenfalls für "normale" Wissenschaft im Sinne von Thomas Kuhn (1962) geeignet. Sofern sie von den kontrollierten Forscherinnen und Forschern nicht als unterstützend, sondern als Einschränkung ihrer Autonomie empfunden wird, ruft sie zudem eine Verdrängung der für kreative Forschung unabdingbaren intrinsischen Motivation hervor.

3.3. Clan-Kontrolle

Die Kontrollform in *Zelle 3* ist dann nötig, wenn weder der Output noch die Prozesse wissenschaftlicher Arbeit von außen angemessen beurteilt werden können. In diesen Fällen muss auf Selektion und Sozialisation der Forschenden gesetzt werden, weil alle anderen Formen der Kontrolle lediglich eine

"Kontrollillusion" (Rosanas und Velilla, 2005) erzeugen, die einen negativen Einfluss auf die Qualität der Forschung haben kann. Ouchi (1979) nennt diese Form der Kontrolle "Clan-Kontrolle" (vgl. auch Simons, 1995). Sie ist erforderlich für kreative und schwer definierbare Aufgaben, für die ex ante keine Maßstäbe existieren, seien diese Maßstäbe Output- oder Prozesskriterien. Clan-Kontrolle besteht aus sorgfältiger Ausbildung und Auswahl der Kandidierenden für eine Profession oder für eine Professur. Ziel ist die Internalisierung von Normen der professionellen oder wissenschaftlichen Gemeinschaft, welche auch ohne externe (Output- oder Prozess-) Kontrolle eingehalten werden. Fremdkontrolle wird durch Selbst-Kontrolle ersetzt. Dies bedeutet, dass das Individuum Belohnungen und Bestrafungen für sich selbst gestaltet (Kirsch, 1996). "Tasks involving a great deal of autonomy, creativity, or intellectual activity are good candidates for self-control since it is difficult for controllers to identify appropriate behaviour" (Kirsch, 1996:3). Ziel ist es also, selbstbestimmte Kandidaten zu rekrutieren. Diese Strategie setzt die Ressourcen *zukunftsorientiert* ein, indem das Gewicht auf die Zugangskontrolle gelegt wird. Dabei müssen in den frühen Stadien der Karriere und in den Auswahlverfahren durchaus die herrschenden Kriterien wie die Anzahl und Qualität der Publikationen zur Anwendung kommen. Sie sichern, dass Standards der Wissenschaftlichkeit erfüllt sind und geben Hinweise auf das Potential der Kandidaten. Dabei sollte auch bedacht werden, dass eine wissenschaftliche Ausbildungsphase länger andauert als eine Privatwirtschaftliche. Daher muss sichergestellt sein, dass im Anschluss eine Belohnung in Form erhöhter Autonomie mit der Berufung zum Professor eintritt. Entfällt diese Aussicht auf Belohnung durch den Fokus auf Outputkontrolle, verschwindet auch ein wesentlicher Anreiz für akademische Laufbahnen.

Ist eine Person aber einmal als Professorin oder Professor nach strengen Kriterien für ein bestimmtes Wissensgebiet ernannt, muss Ihnen Autonomie gewährt und Vertrauen entgegengebracht werden. Eine solche Mischform der Clan-Kontrolle (Ouchi, 1979) und der Selbstkontrolle (Kirsch, 1996) kann als Inputkontrolle bezeichnet werden. Darunter verstehen wir den zuvor beschriebenen Fokus auf den Zugang zum System „Wissenschaft" (Selektion) und die zugehörige Internalisierung von Normen und Verhaltensweisen (Sozialisation). Dadurch würden intrinsische Motivation und Autonomie der Wissenschaftler gestärkt. Es kommt nicht zu den unerwünschten Folgen, die die

Output-Kontrolle nach sich zieht: Autonomie schützt vor Multiple-Tasking, eine Verdrängung intrinsischer Motivation erfolgt nicht. Es ist anzunehmen, dass der wissenschaftliche Nachwuchs das Lernen der richtigen Verhaltensweisen im Rahmen einer Clan-Kontrolle als unterstützend empfindet, was die intrinsische Arbeitsmotivation steigert.

Ähnliche Verfahren sind üblich bei der Wahl von Richtern, die nach der Ernennung unabhängig und frei von direkten Kontrollen arbeiten sollen. Deshalb sind Berufungsverfahren – mithin die Clan-Kontrolle – das mit Abstand wichtigste Geschäft einer wissenschaftlichen Institution. Auf sie sollte der Schwerpunkt gelegt werden, anstatt auf die derzeit grassierende permanente Inanspruchnahme durch aktive oder passive (Output- oder Prozess-) Evaluationen. Aufgrund der sorgfältigen Auslese kann erwartet werden, dass die berufene Person die erwarteten Leistungen auch ohne die Knute ständiger externer Kontrollen erbringt. Man lässt sie in Ruhe arbeiten. Dabei ist durchaus mit einer gewissen Varianz zu rechnen. Manche unter den Ausgewählten werden in ihrer Leistung nachlassen, andere hingegen werden durch den gewählten Freiraum beflügelt und zu Spitzenleistungen motiviert. In der Wissenschaft sollten letztere zählen. Unwillige und Versager müssen als notwendiges Übel betrachtet werden, damit das Wissenschaftssystem als Ganzes Höchstleistungen erbringen kann.

Clan-Kontrolle kann allerdings die Gefahr mit sich bringen, dass sich die akademischen "Clans" abschließen und dass ihre im Laufe des langen Sozialisations- und Auswahlprozesses erworbenen internalisierten Normen zur geistigen Zwangsjacke werden. Eine gute Clan-Kontrolle zeichnet sich deshalb dadurch aus, dass sie offen ist für intellektuelle Querdenker und durch eine große Vielfalt an methodischen Zugängen, welche im Auswahlprozess nicht nur zugelassen, sondern zur Teilnahme ermuntert werden (Starbuck, 2005).

Auch Simons (2000) unterscheidet explizit zwischen unterschiedlichen Kontrollverfahren (boundary systems, interactive control systems, beliefs systems und diagnostic systems). Dabei ist nur eines, das diagnostische Kontrollsystem, auf quantifizierbare Output-Indikatoren ausgerichtet. Ein wirkungsvolles Kontrollsystem beruht jedoch auf der Interaktion der unterschiedlichen Verfahren. Daher sollten anhand quantifizierbarer Indikatoren lediglich Probleme identifiziert, nicht aber konkrete Handlungen davon abhängig gemacht werden. Die „Beliefs systems", die auf die Internalisierung von Normen zielen sollten zumindest den gleichen Stellenwert einnehmen wie die quantifizierbaren Kontrollmöglichkeiten. Im heutigen Wissenschaftsbetrieb ist diese Gleichberechtigung nicht gegeben.

Sowohl Ouchi als auch Simons gelangen zur derselben Schlussfolgerung: ein zu starker Fokus auf quantifizierbare Output-Indikatoren führt nicht zu den gewünschten Verhaltensänderungen bei den kontrollierten Personen, sondern eher zu einer Kontrollillusion seitens der Kontrollierer. Außerdem behindern solche Kontrollsysteme Kreativität, Autonomie, Motivation und Innovation bei anspruchsvollen, komplexen Tätigkeiten. In Fällen, in denen die intrinsische Motivation eine dominierende Stellung einnimmt, sind andere Kontrollformen, wie z.B. die Clan-Kontrolle, besser geeignet.

Zusätzlich – wie dies auch Egbert Kahle betont – wirkt eine übersteigerte Output-Kontrolle stark negativ auf das Vertrauen seitens der Kontrollierten. Dies gilt sowohl für das Vertrauen in das Wissenschaftssystem als auch für das Vertrauen in die eigene Institution. Eine Arbeitsatmosphäre des Misstrauens entsteht.

4. Fazit

Der Satz "Vertrauen ist gut, Kontrolle ist besser" ist für den Wissenschaftsbetrieb noch schädlicher als in der privaten Wirtschaft. Ohne Vertrauen ist keine Kooperation möglich, worauf Egbert Kahle wiederholt hingewiesen hat. Das gilt in gesteigertem Maße für die Forschung, die mehr denn je auf Kooperation angewiesen ist.

In der Wissenschaft sind nur solche Formen der Kontrolle zielführend, welche Vertrauen aufbauen und unterstützen. Das bedeutet nicht, dass Kontrolle ganz vermieden werden kann. Aber die Mischung der drei verschiedenen Formen der Forschungskontrolle – Output-Kontrolle, Prozess-Kontrolle, Clan-Kontrolle – muss sich in dem Ausmaß zugunsten der Clan-Kontrolle verschieben, indem kreative Grundlagenforschung erwartet wird. Für die Evaluation ganzer Forschungsinstitutionen bedeutet dies, dass diese in erster Linie prozess- und nicht ergebnisorientiert erfolgen sollte, um die dysfunktionalen Wirkungen der

Output-Evaluation zu vermeiden. Wichtigste Kriterien sollten sein: Ist ein sorgfältiger Prozess der Personalauslese gewährleistet? Ist ein hoher Grad an Autonomie im Forschungsprozess gesichert? Ist die Vielfalt der Forschungsansätze gewährleistet? Ein nach diesen Kriterien gestaltetes System hat der deutschsprachigen Wissenschaft in der Vergangenheit Weltgeltung verschafft. Es wird derzeit massiv abgebaut. Es besteht nach wie vor an akademischen Spitzeninstitutionen wie der Harvard University. Dort gilt nach wie vor das Prinzip:[1]

„The primary means for controlling the quality of scholarly activities of this Faculty is through the rigorous academic standards applied in selection of its members".

Literatur

Amabile, T., Creativity in Context: Update to the Social Psychology of Creativity, Boulder: Westview Press, 1996.
Amabile, T., How to Kill Creativity, in: Harvard Business Review 76 (5, 1998), S. 76-87.
Baert, P., Shipman, A., University under Siege? Trust and Accountability in the Contemporary Academy, in: European Societies 7 (1, 2005), S. 157-185.
Barry, J., Chandler, J., Clark, H., Between the Ivory Tower and the Academic Assembly Line, in: Journal of Management Studies 38 (1, 2001), S. 87-101.
Bedeian, A.G., The Gift of Professional Maturity, in: Academy of Management Learning and Education 3 (1, 2004), S. 92-98.
Bedeian, A.G., The Manuscript Review Process: The Proper Roles of Authors, Referees and Editors, in: Journal of Management Inquiry 12, (4, 2003), S. 331-338.
Campanario, J. M., Using Citation Classics to Study the Incidence of Serendipity in Scientific Discovery, in: Scientometrics 37 (1, 1996), S. 3-24.
Cicchetti, D. V., The Reliability of Peer Review for Manuscript and Grant Submissions: A Cross-Disciplinary Investigation, in: Behavioral and Brain Sciences 14 (1, 1991), S. 119-135, Discussion, S. 135-186.
De Bruijn, H., Managing Performance in the Public Sector, London, New York 2002.
Eisenhardt, K. M., Control: Organizational and Economic Approaches, in: Management Science 31 (2, 1985), S. 134-149.

Fehr, E., Schmidt, K. M., Fairness and Incentives in a Multi-Task-Principal-Agent Model, in: Scandinavian Journal of Economics 106 (3, 2004), S. 453-474.
Fleck, Ludwig, Entstehung Und Entwicklung Einer Wissenschaftlichen Tatsache. Einführung in Die Lehre Vom Denkstil Und Denkkollektiv, Frankfurt a. M. 1993 (Erstausgabe 1935).
Frey, B. S., Markt Und Motivation. Wie Ökonomische Anreize Die (Arbeits-)Moral Verdrängen, München 1997.
Frey, B. S., Publishing as Prostitution? - Choosing between One's Own Ideas and Academic Success, in: Public Choice 116 (1/2, 2003), S. 205-223.
Frey, B. S., Osterloh, M., Yes, Managers Should Be Paid Like Bureaucrats, in: Journal of Management Inquiry, 14 (1, 2005), S. 96-111.
Fukuyama, F., Konfuzius Und Die Marktwirtschaft. Der Konflikt Der Kulturen, München 1995.
Gans, J. S., Shepherd, G. B., How Are the Mighty Fallen: Rejected Classic Articles by Leading Economists, in: Journal of Economic Perspectives 8 (1, 1994), S. 165-179.
Gillies, D., Lessons from History and Philosophy of Science Regarding the Research Assessment Exercise, Paper read at the Royal Institute of Philosophy on 18 November 2005 (www.ucl.ac.uk/sts/gillies).
Gioia, D. A., Corley, K. G., Being Good Versus Looking Good: Business School Rankings and the Circean Transformation from Substance to Image, in: Academy of Management Learning and Education 1 (1, 2002), S. 107-120.
Gmür, M., Co-Citation Analysis and the Search for Invisible Colleges: A Methodological Evaluation, in: Scientometrics 57 (1, 2003), S. 1-31.
Gneezy, U., Rustichini, A., Pay Enough or Don't Pay at All, in: Quarterly Journal of Economics 115 (3, 2000), S. 791-810.
Heckhausen, Heinz, Motivation und Handeln, Berlin 1989.
Holcombe, R. G., The National Research Council Ranking of Research Universities: Its Impact on Research in Economics, in: Econ Journal Watch, 1(3, 2004), S. 498-514.
Holmstrom, B. P., & Milgrom, P., Multitask Principal-Agent Analyses: Incentive Contracts, Asset Ownership, and Job Design, in: Journal of Law, Economics, and Organization, 7(2, 1991), 24-52.
Irlenbusch, B., & Sliwka, D., Steigern variable Löhne die Leistung?, Arbeitspapier des IZA , Bonn 2003.

Kahle, E., Vertrauen als Voraussetzung für bestimmte Formen organisatorischen Wandels, Lüneburg 1999a.

Kahle, E., Kooperation und Vertrauen in Organisationen, Lüneburg 1999b.

Kahle, E., Vertrauen als Voraussetzung für bestimmte Formen des Wandels, in: Brauchlin, E. & Pichler, J. H. (Hrsg.), Unternehmer und Unternehmensperspektiven für Klein- und Mittelunternehmen, Berlin, St. Gallen 2000, S. 535-546.

Kerr, S., On the folly of Rewarding A while Hoping for B, in: Academy of Management Journal, 18 (4, 1975), S. 769-783.

Kieser, A., Going Dutch - Was lehren niederländische Erfahrungen mit der Evaluation universitärer Forschung?, in: Die Betriebswirtschaft, 58 (2, 1998), S. 208-224.

Kirsch, L., The management of complex tasks in organizations: controlling the systems development process, in: Organization Science, 7 (1, 1996), S. 1-21.

Kuhn, T. S., The Structure of Scientific Revolutions, Chicago, USA 1962.

Latham, G. P., Almost, J., Mann, S., Moors, C., New Developments in Performance Management, in: Organizational Dynamics, 34 (1, 2005), S. 77-87.

Luhmann, N., Vertrauen. Ein Mechanismus der Reduktion sozialer Komplexität, Stuttgart 1989.

MacDonald, S., Kam, J., Ring a Ring o' roses: Quality Journals and Gamesmanship in Management Studies, in: Journal of Management Studies, 44 (4, 2007), S. 640-655.

Martinson, B. C., Anderson, M. S., De Vries, R., Scientists behaving badly, in: Nature, 435 (7043, 2005), S. 727-728.

Meyer, L., & Evans, I., Motivating the professoriate: Why sticks and carrots are only for Donkeys, in: Higher Education Management Review, 15 (3, 2003), S. 151-167.

Osterloh, M., Human Resources Management and Knowledge Creation, in: Nonaka, I., Kazuo, I. (Hrsg.), Handbook of Knowledge Creation, Oxford 2007, S. 158-175.

Osterloh, M., Frey, B. S., Corporate Governance for Crooks. The Case for Corporate Virtue, in: Grandori, A. (Hrsg.), Corporate Governance and Firm Organization, Oxford 2004, S. 191-211.

Osterloh, M., Weibel, A., Investition Vertrauen, Wiesbaden 2006.

Ouchi, W. G., The relationship between organizational structure and organizational Control, Administrative Science Quarterly, 22 (1, 1977), S. 95-113.

Ouchi, W. G., A conceptual Framework for the design of organizational Control, Management Science, 25 (9, 1979), S. 833-848.
Picciotto, R., Towards economics of evaluation, in: Evaluation, 5 (1, 1999), S. 7-22.
Rosanas, J. M., Velilla, M., The ethics of management control systems: Developing technical and moral Values, in: Journal of Business Ethics, 57 (1, 2005), S. 83-96.
Rost, K., Osterloh, M., Rütsche, N., Leistungslohn schmälert den Unternehmenserfolg, in: IO New Management (Zeitschrift für Unternehmenswissenschaft und Führungspraxis), 11, 2007, S. 9-12.
Rost, K., Osterloh, M., Management Fashion Pay-for-Performance, Working Paper University of Zurich, 2007a.
Rost, K., Osterloh, M., Determinants of Directors' Pay in Switzerland: 'Optimal-Contract' versus 'Fat Cat' Explanation, Working Paper University of Zurich, 2007b.
Simons, R., Control in an age of empowerment, in: Harvard Business Review, 73 (2, 1995), S. 80-88, 1995.
Simons, R., Performance Measurement & Control Systems for implementing Strategy, Upper Saddle River, New Jersey 2000.
Starbuck, W. H., Methodological Challenges posed by Measures of Performance, in: Journal of Management and Governance, 8 (4, 2004), S. 337-343.
Starbuck, W. H., How much better are the most-prestigious Journals? The Statistics of Academic Publication, in: Organization Science, 16 (2, 2005), S. 180-200.
Thompson, J. D., Organizations in Action - Social Science Bases of Administrative Theory, New York, St. Louis, San Francisco, Toronto, London, Sydney 1967.
Weibel, A., Rost, K., Osterloh, M., Disziplinierung der Agenten oder Crowding-out? - Gewollte und ungewollte Anreizwirkungen von variablen Löhnen, in: Zeitschrift für betriebswirtschaftliche Forschung, im Druck, 2007.
Weingart, P., Impact of Bibliometrics upon the Science System: Inadvertent Consequences?, in: Scientometrics, 62 (1, 2005), S. 117-131.

Endnoten

1 Vgl. http://www.fas.harvard.edu/research/greybook/principles.html.

Interkulturelles Vertrauen als Erfolgsfaktor der wirtschaftlich orientierten Unternehmung im globalisierten Kontext

Carlos Vittar[*]

1 Einleitung
2 Vertrauen im internationalen Kontext am Beispiel des national-ethnischen Forschungsparadigmas
3 Interkulturelle Entgrenzung von nationalen Berufs- und Arbeitswelten durch die Globalisierung
4 Ein Konzept des interkulturellen Vertrauens zur Begegnung globaler Entgrenzung in Berufs- und Arbeitswelten
5 Erwarteter Beitrag des interkulturellen Vertrauens zur Begegnung interkultureller Unsicherheit im globalisierten Kontext
6 Interkulturelles Vertrauen als Erfolgsfaktor der Unternehmung im globalisierten Kontext
7 Fazit

Literatur

---

[*] Diplom Ökonom Carlos Vittar hat eine fundierte Ausbildung in und breite Erfahrung mit quantitativen und qualitativen Methoden der empirischen Forschung, erworben u. a. in den Fachdisziplinen Politologie, Soziologie, Wirtschafts-, und Umweltwissenschaften. Als Lehrbeauftragter ist er am Lehrstuhl für Entscheidung und Organisation des Instituts für Betriebswirtschaftslehre der Universität Lüneburg tätig. Derzeit arbeitet er im Rahmen seiner Dissertation intensiv an der Entwicklung eines Modells des interkulturellen Vertrauens in globalen Arbeitswelten.

1. Einleitung

Die Synergiepotentiale der internationalen Zusammenarbeit wurden schon in früheren Phasen intensiver Internationalisierung des Wirtschafts- und Soziallebens erkannt und in das Forschungsprogramm der international vergleichenden Managementforschung aufgenommen. Die Disziplin steht vor der schwierigen Aufgabe, Lösungsansätze für Probleme der Managementpraxis, die aus immer dynamischer werdenden Szenarien stammen, zu liefern. Es besteht somit ein schwer zu überwindender Spagat zwischen dem Tempo der Veränderung marktlicher und institutioneller Bedingungen und der notwendigen Grundlagenforschung.

Will man in der Forschungstradition von Max Weber (Weber 1980) die kulturellen Mechanismen und Orientierungsrahmen, die das interkulturelle Handeln der Akteure im globalisierten Kontext leiten, ursächlich erklären, muss dieses Handeln anhand geeigneter theoretischer Konzepte gedeutet werden. Diese Konzepte müssen die Wechselwirkungen in zunehmend multi-ethnisch begründeten nationalen Gesellschaften und zwischen Akteuren mit hybridisierten ethnischen Identitäten in ihrer Komplexität erfassen können. Dafür ist es notwendig, das seit den 1980er Jahren in der kulturvergleichenden Managementforschung dominierende Forschungsparadigma einer vorwiegend national-ethnisch begründeten Interkulturalität zu erweitern.

2. Vertrauen im internationalen Kontext am Beispiel des national-ethnischen Forschungsparadigmas

Die Untersuchung des Vertrauens in internationalen Beziehungen stellt in den Wirtschafts- und Sozialwissenschaften einen minimalen Anteil der ohnedies schon mageren theoretischen Vertrauensforschung dar.

Vertrauen wird nach Fukuyama (1995, S. 6) im Radius des Kreises an Menschen mit gleichen Kooperations- und Reziprozitätsnormen – also als Ergebnis des sozialen Kapitals i.S. von Putnam (2000) – geschenkt und ist für die gesellschaftliche Wettbewerbsfähigkeit und für den ökonomischen Erfolg der Nationalökonomie verantwortlich. Fukuyama bildet sein Konzept der Vertrauensradien auf der Grundlage von Granovetters (2003) Unterscheidung von "weak/strong ties" als Beziehungsmodi in modernen und traditionellen

Gesellschaften. Gesellschaften, die ihre Vertrauensradien über familistische Beziehungen hinaus bilden und ein hohes generalisiertes Vertrauen entwickeln, werden als "High-Trust Societies" definiert und solche, in denen das Vertrauen sich vorwiegend innerhalb von Familien- und Verwandtschaftsbeziehungen entwickelt, gelten als "Low-Trust Societies".

In "High-Trust Societies", zu denen u.a. Deutschland, Japan und USA gehören, ist die Innovationskraft und der Wissensaustausch durch das hohe Maß an gesellschaftlichem und sozialem Vertrauen begünstigt. Sie können auf breit gefächerte Beziehungsnetze zurückgreifen. Aufgrund eines hohen Grades an spontaner Soziabilität und multiplen Mitgliedschaften kommen große, verwandtschaftsunabhängige Unternehmen zustande. In "Low-Trust Societies" sind eher Familienunternehmen und staatsgetragene Unternehmen charakteristisch. Ihre Innovationsfähigkeit wird durch das niedrige Niveau generalisierter Soziabilität gedämpft (Vgl. Fukuyama 1995, S. 12 ff).
Die Definition von Vertrauen im Rahmen dieser Herangehensweise ist, wie viele andere Vertrauensdefinitionen, westlich-christlicher Prägung und ethnozentrisch, also im Forschungsparadigma der national-ethnischen Prägung von interkulturellen Beziehungen gefangen. Das Konzept der Vertrauensradien unterstützt die Idee des Vertrauens zwischen Mitgliedern innerhalb des Radius (Ingroup), aber lässt die Frage offen, wie über die national- ethnisch geprägten Grenzen der Radien hinaus Vertrauen entsteht.

Vertrauen im fremdkulturellen Kontext wird nach der Lehre der handlungspsychologischen Wirtschaftsforschung (Thomas 2004) ethnozentrisch erwiesen und verlangt somit eine Anpassung am fremden kognitiven Rahmen und Wertesystem. Das kann z.B. durch die Aneignung von interkultureller Kompetenz in kulturspezifischen Trainings geschehen, indem die Vertrautheit mit fremden kulturellen Artefakten und externalisierten Werten (i.S. von Schein 1985) "künstlich" nachgeholt wird. Ziel dieser Trainings ist es, die notwendige interkulturelle Kompetenz zu vermitteln, damit auf Grundlage kulturellen Wissens und kultureller Werte dieses Kontextes Vertrauen gewährt wird. Es handelt sich hier also nicht um ein "interkulturelles Vertrauen" im engeren Sinne, sondern um ein durch die Beherrschung der Knigge und Verhaltenskodexe anderer Länder erzieltes Vertrauen im fremden kulturellen Kontext. Thomas stellt explizit fest, dass Vertrauen in Fremde durch ihr kulturell nicht-konformes

Verhalten immer erschwert wird (Vgl. Thomas 2004, S. 37). Dabei wird grundsätzlich das internationale Umfeld als fremde Kultur angesehen, also die national-ethnische Kultur als Grenze, die Ausländer mit der Beherrschung fremder Vertrauenssymbolik überbrücken müssen.

Zusammenfassend geht die theoretische Vertrauensforschung davon aus, dass sich Akteure beim Vertrauen zu Fremden an ethnozentrischen bzw. nationalen Werten orientieren (Thomas 2004) und dass nationale Gesellschaften bzw. ethnische Gemeinschaften ebenfalls ihre Vertrauensradien in dichter Anlehnung an die eigenen Werte- und Normensysteme definieren (Fukuyama 1995). Interkulturelles Vertrauen taucht als Begriff kaum auf oder wird i.s. des national-ethnischen Forschungsparadigmas dem "Vertrauen im internationalen Kontext" gleich gesetzt (da andere Quellen kultureller Verschiedenheit und interkultureller Beziehungen ausgeblendet werden). Somit stellt sich – gewollt oder ungewollt – die nationale bzw. die ethnische Kultur als zentrale, und quasi einzige, Dimension der Interkulturalität bezüglich des Vertrauenserweises dar.

3. Interkulturelle Entgrenzung von nationalen Berufs- und Arbeitswelten durch die Globalisierung

Nationale Standards strukturieren immer seltener alleine die Beziehungen in Berufs- und Arbeitswelten. Aufgrund von globalen Verschiebungen ist das Wirtschaftsleben, das früher an kulturelle und sozioökonomische Bedingungen gebunden war, welche sich entlang nationalstaatlicher Grenzen bildeten, stärker an globale Standards angelehnt. Diese Verstärkung der kulturellen Diversität im Zuge der von der Globalisierung erzeugten Internationalisierung betrifft die humane Ebene insofern, dass der kulturelle Hintergrund der zusammen arbeitenden Personen vielfältiger wird und immer mehr Menschen ihre Ausbildungszeit in anderen Länder verbringen (Vgl. Cray/Mallory 1998, S. 2).

Sozioökonomische Strukturen der nationalen Gesellschaften sind im Zuge von ökonomischer Liberalisierung und politischer Integration lockerer geworden, so dass nationale Regelwerke in neuen Zusammenhängen wirksam sind. Mehrere Regelwerke und soziale Systeme können zugleich internationale berufliche bzw. wirtschaftliche Beziehung strukturieren und mehrere Optionen zur Verfügung stellen. National staatliche Strukturen und Funktionen und national spezifische berufliche Kulturen werden durch die globale Allokation von Ressourcen und den globalen Wettbewerb überlagert, manchmal sogar erodiert oder durch die Einführung fremder Denkmodelle verändert. Beispiele dafür ergeben sich im Zuge der Diskussion um die Optimierung der globalen Ressourcenallokation und um die Nachteile des Standorts Deutschland, wobei indirekt die national kulturell verankerte Institution der Mitbestimmung eine entscheidende Rolle spielt oder auch im Streit um Subventionen innerhalb der EU bzw. zwischen der EU und der USA.

Der Bezug der individuellen (und dementsprechend auch der organisationalen) Akteure zur nationalen und ethnischen Identität ist im Zuge der gegenwärtigen Globalisierung nicht mehr allein an nationalgeographische bzw. nationalgesellschaftliche Grenzen gebunden. Hybridisierungsprozesse (Hall 1999a) durchdringen die nationale Identität und die nationale Gesellschaft (García-Canclini 1992).

Die Verstärkung globaler Kommunikations- und Mobilitätsnetze schafft die Voraussetzungen zur Verwirklichung interkultureller Beziehungen, die nicht allein ein Ausdruck von Internationalität bzw. ethnischer Interkultur sind, sondern in einem komplexen Geflecht von Hybridisierung und Individualisierung miteinbezogen sind. Dies geschieht insbesondere in beruflichen und wirtschaftlichen Arrangements aufgrund ihrer Vorreiterrolle gegenüber anderen gesellschaftlichen Systeme.
Diese sowohl auf struktureller als auch auf humaner Ebene stattfindende Entgrenzung i.S. von Giddens Konzept der "disembedding" (Giddens 1992) geht mit einer Erhöhung der interkulturellen Komplexität einher und ist mit Risiken sowie Chancen verbunden. Sie bietet den Organisationen eine Chance für die Realisierung optimaler Bedingungen (z.B. durch die globale Allokation von humanen Ressourcen), aber das erhöhte Veränderungstempo lässt diese Komplexitätssteigerung gleichzeitig mit einer Steigerung der Unsicherheit – also der interkulturellen Unsicherheit – einhergehen.

Wenn diese interkulturelle Entgrenzung ein Tempo der Veränderung bestimmt, das schneller als das dem System eigene Anpassungstempo ist, können die Akteure die der interkulturellen Begegnung immanente Spannungen nicht verarbeiten, ohne dass die Gefahr der Entwicklung von Widerständen und

Misstrauen hoch ist. Dies gilt insbesondere, wenn Akteure aus nationalen Gesellschaften und ethnischen Kulturen mit einer problematischen gemeinsamen Geschichte (Kriegsfeinde, Kolonialherrschaft u.a.) aufeinander treffen. Ein interessantes Beispiel dafür geben Bürger/Thomas (2007, S. 73), wenn sie feststellen, dass die historisch bedingten problematischen Beziehungen von Deutschland und Tschechien die Konflikte bei der gegenwärtigen Zusammenarbeit in deutsch-tschechischen Joint-Ventures beeinflussen.

Die Frage des Vertrauens in beruflichen bzw. wirtschaftlichen Beziehungen im globalisierten Kontext übernimmt aus der Perspektive der Realisierung von interkulturellen Synergieeffekten eine entscheidende Rolle. Gelingt es einer Unternehmung die "richtigen" Risiken zu vermeiden und die "richtigen" Unsicherheiten durch Vertrauen zu "tragbaren Unsicherheiten" (i.S. von Luhmann 1989, S. 88) zu machen, besteht eine höhere Chance, Handlungsspielräume auch im interkulturellen Bereich auszudehnen und diese Synergiepotentiale zu nutzen. Akteure können mehr Risiko eingehen und somit neue Wege – unter Nutzung der interkulturellen Synergien – auswählen.

4. Ein Konzept des interkulturellen Vertrauens zur Begegnung globaler Entgrenzung in Berufs- und Arbeitswelten

Unter den deutschen Kulturstandards ist unter dem Aspekt der Zeitplanung die Pünktlichkeit charakteristisch für die deutsche Kultur (Schroll-Machl 2003). Stellt man die Frage des interkulturellen Vertrauens im Rahmen des national-ethnischen Forschungsparadigmas und der Hypothese eines ausschließlich ethnozentrischen Vertrauenserweises (Thomas 2004), entsteht ein Vertrauensverlust, wenn z.B. Deutsche das Vertrauen in ausländische Arbeitskollegen bzw. Kunden verlieren, weil sie zu spät kommen. Pünktlichkeit fungiert hier nicht nur als Kulturstandard, sondern auch als Symbol für Vertrauenswürdigkeit.

Das interkulturelle Vertrauen stellt eine Form von Vertrauen dar, die trotz Verletzungen mancher national- bzw. ethnischkultureller Regeln und Normen wirksam ist. Es ist in der Lage den national- bzw. ethnischkulturellen Rahmen in gewisser Weise zu relativieren, um einen Vertrauensvorschuss (im Gewand von z.B. mehr Toleranz) aus anderen kulturellen Ressourcen zu gewähren.

Wenn der deutsche Akteur aus unserem vorigen Beispiel trotz Unpünktlichkeit doch mehr Toleranz mit einem Akteur aus dem Ausland zeigt, bevor er misstrauisch wird, muss er aus einer anderen auf kollektiver bzw. individueller Ebene angesiedelten kulturellen Reserve die interne Garantie für das Vertrauen ziehen. Dank systeminterner Garantien (s. Luhmann 1989, S. 85 ff.) kann die Vertrauensbildung allgemein trotz Unsicherheit erfolgen. Somit könnte im interkulturellen Kontext soziale Komplexität trotz interkultureller Unsicherheit reduziert werden.

Da das interkulturelle Vertrauen nicht allein auf einen gemeinsamen und geteilten national- bzw. ethnisch-kulturellen Rahmen bei den Akteuren zurückgeht, kann es auch in den durch hohe kulturelle Diversität (und somit starker interkulturelle Unsicherheit) gekennzeichneten, globalisierten Berufs- und Arbeitswelten der Gegenwart entstehen und zu interkulturellen Synergien verhelfen. Dies ermöglicht eine vertrauensvolle internationale Zusammenarbeit bei höherer Zufriedenheit und niedrigerem Aufwand für explizite Kontrollmaßnahmen.

5. Erwarteter Beitrag des interkulturellen Vertrauens zur Begegnung interkultureller Unsicherheit im globalisierten Kontext

Makarov (2003, S. 130) stellt fest, dass mit der Globalisierung eine allgemeine Verschiebung des Gleichgewichtes hin zur Steigerung der Bedeutung von immateriellem Unternehmenskapital (zu der u.a. Unternehmenskultur, Wissen, Kundenbeziehungen zählen) und der Wissensintensivierung einhergeht. Transaktionskosten (Williamson 1990) sind Kosten, die nicht mit dem eigentlichen Kombinationsprozess, sondern mit den damit verbundenen Aktivitäten (z.B. die Kosten der Informationssuche, der Aushandlung von Verträgen) zu tun haben. Durch die interkulturelle Entgrenzung wird der Umgang mit immateriellem Unternehmenskapital und mit Wissen schwieriger, und daraus ist eine Steigerung von Transaktionskosten zu erwarten.

Die gesteigerte Unsicherheit der Umwelt und der höhere Grad an Veränderungen lässt die Menge der notwendigen Entscheidungen und somit allgemein die Transaktionskosten steigen. Dies erfolgt u.a., weil die Spezifität des

Leistungstausches durch die Wissensintensivierung erhöht wird, und weil die Erhöhung der potenziellen Tauschpartner mehr Transaktionsleistungen abverlangen. Darüber hinaus bewirkt ein erhöhtes Tempo der Veränderungen, dass die Häufigkeit der Durchschnittskosten bei kurzfristigem Kontakt nicht sinkt und höhere Transaktionskosten entstehen.
Transaktionskosten, die speziell aufgrund interkultureller wirtschaftlicher und beruflicher Beziehungen anfallen, sind u.a. Kosten für die Verhandlungen mit neuen Kunden bzw. Lieferanten aus fremden Kulturkreisen in Hinsicht auf die Bildung von Handelsbeziehungen bzw. Kooperationszusammenschlüssen, Kosten für Beratung (z.b. bei Eintritt in fremden Märkten, bei Niederlassung in fremden Regionen), Kosten für Trainings (z.B. interkulturelle Kompetenzen, interkulturelle Kommunikation), Kosten für Kulturmittler (z.B. Konfliktmoderation, interkulturelle Intervention).

Strategien der Bewältigung von interkultureller Komplexität, die mit einer Reduktion von Komplexität durch Reduktion der Diversität einhergehen (wie es z.B. das Erlernen von fremden Vertrauenssymbolen darstellt), erzeugen spezifische Transaktionskosten wie z.B. die Kosten von Auslandsentsendungen von Mitarbeitern, um die kulturellen Werte und Normen in ausländischen Niederlassungen zu transferieren, die Kosten von interkulturellen Trainings, um kulturelle Eigenarten fremder Verhandlungspartner im Voraus kennenzulernen und den Umgang mit diesen im Inland zu trainieren.
Strategien, die mit dem Bestehen der kulturellen Vielfalt arbeiten (wie z.B. die künstliche Erhöhung der kulturellen Diversität in der Organisation als Antwort auf die Vielfalt in der Umwelt, wie sie bei Stüttgen (1999, S. 209) vorgeschlagen wird), verhelfen zu effizientem Umgang mit der interkulturellen Entgrenzung, wenn die daraus entstandene interkulturelle Unsicherheit zu einer "tragbaren Unsicherheit" wird.

Erfolgt dies durch interkulturelles Vertrauen, das in der Lage ist, kurzfristig, ohne Anlauf und trotz hoher Diversität die sozialen Beziehungen im internationalen Kontext zu stabilisieren, könnte a priori von einer effizienten Lösung zum Problem der Komplexität und der Unsicherheit durch interkulturelle Entgrenzung bei beruflichen und wirtschaftlichen Beziehungen ausgegangen werden. Die Risikobereitschaft der Akteure wäre nachhaltig höher und die allgemeinen sowie die spezifisch interkulturellen Transaktionskosten könnten vermieden bzw. reduziert werden.

6. Interkulturelles Vertrauen als Erfolgsfaktor der Unternehmung im globalisierten Kontext

Der Druck der interkulturellen Entgrenzung durch die Globalisierung erreicht zunehmend auch Akteure, die nicht direkt in globale Ströme involviert sind. Manche werden indirekt, aber aktiv davon betroffen, weil sie z.b. mit Zulieferern bzw. Kunden anderer Kulturen zu tun haben und andere werden indirekt, aber passiv involviert, weil z.b. ihre Konkurrenten von interkulturellen Synergien profitieren und dadurch ihre Wettbewerbsposition gefährden.

Wenn eine effiziente Lösung im Umgang mit der bestehenden bzw. erzeugten, direkt bzw. indirekt ausgesetzten kulturellen Diversität gefunden wird, kann diese als ein entscheidender Wettbewerbsvorteil (i.S. von Porter 1990) betrachtet werden. Organisationale Funktionsbereiche (u.a. Marketing, Personal) können in Verbindung mit interkulturellem Vertrauen einen entscheidenden Beitrag zum Unternehmenserfolg leisten, wenn sie in der Lage sind, die Synergieeffekte der interkulturellen Zusammenarbeit (u.a. im Bereich der systemischen Lernkompetenz, der Anpassung an dynamische Umwelten) zum Wettbewerbsvorteil zu machen.

Allerdings kann dieser Umgang mit Diversität Schwierigkeiten mit sich bringen, wie Jans (2003, S. 64) im Rahmen einer Metastudie über die Auswirkungen mehrerer Diversitätsmerkmale feststellte. Diversität stellt eine produktive und wettbewerbsrelevante Ressource dar und kann gleichzeitig dysfunktionale Folgen für die Leistungsressourcen des Systems haben. Einerseits verhilft sie zu erhöhter Innovativität und Anpassungsfähigkeit, andererseits kann eine vielfältige Personalstruktur in Organisationen vermehrt zu interpersonellen Konflikten und zur Verlangsamung der Entscheidungsfindung aufgrund der erschwerten Kommunikation führen.

Im Folgenden werden vier wichtige wettbewerbsrelevante Faktoren in Bezug zum interkulturellen Vertrauen in globalisierten Berufs- und Arbeitswelten gesetzt.

6.1 Stärkung der Anpassungsfähigkeit bei Veränderung

In globalisierten Kontexten sind unter Einbeziehung von üblichen national-ethnisch geprägten Wahrnehmungs- und Kommunikationsmustern die immer komplexer werdenden Verflechtungen nicht zu durchdringen und der höhere Anpassungsbedarf gegenüber Umweltveränderungen von den Akteuren schwer bzw. nicht im schnellen Takt der Veränderungen zu bewältigen. Neue Absatzmärkte, der Wandel von Kundenbedürfnissen, neue Bedingungen des Arbeitsmarktes u.a. können somit zu strategischen oder organisatorischen Problemen führen, die vermeidbar wären.

Dem Grundgedanken von Ashbys "Law of Requisite Variety" (Vgl. Ashby 1958/1968 in Stüttgen 1999, S. 189) nach ist die Varietät und Vielgestaltigkeit der Umwelt eines Systems von diesem nur kontrollierbar, wenn das System selbst über eine entsprechende eigene Verhaltensvarietät verfügt. Eine Diversifizierung der Belegschaft gegenüber ethnisch sich verändernden Absatz- bzw. Arbeitsmärkten, wie sie u.a. bei IKEA aus dem Diversitymanagementskozept zu entnehmen ist, stellt ein plastisches Beispiel für eine solche Strategie dar (s. IKEA Social & Environmental Responsibility Report 2005, S. 11).

Dank interkulturellen Vertrauens kann eine solche Strategie zum Erfolg führen, indem sie trotz steigender Vielfalt das Konfliktpotential mindert und somit hilft, die Synergiepotentiale der interkulturellen Zusammenarbeit zu nutzen. Die zusätzlichen Beziehungen (fern der Dichotomie "vertraut oder fremd" - hin zu Kombinationen wie "das vertraute Fremde") eröffnen neue Handlungsspielräume und Kommunikationswege zwischen den Akteuren. Mögliche Beziehungsspannungen können produktiv genutzt werden und den interkulturellen Lernprozess – somit auch die interkulturellen Kompetenzen der Akteure – ohne zusätzliche spezifische, interkulturelle Transaktionskosten fördern.

6.2 Stärkung der organisationalen Lernkompetenz

Glück (2001) stellt in seinem Modell des organisationalen Lernens die "blinden Flecken" d.h. die "passive", da vom Akteur nicht als Mangel wahrgenommene, Desinformation als eine Basisrestriktion dar.

Die aus blinden Flecken resultierende passive Desinformation kann nicht nur zu Lernbarrieren, sondern auch zur Entstehung von kompetitiven Vorteilen beim Konkurrenten führen (Vgl. Zajac/Bazermann 1991, S. 39 in Glück 2001, S. 35). Somit stellt das interkulturelle Vertrauen einen Weg zum Erfolg dar, wenn gerade durch die interkulturelle Zusammenarbeit passive Desinformation aufgedeckt wird, die durch intranationale Beziehungen nicht hätte aufgedeckt werden können, weil sie auf der Ebene der national-ethnischen Kultur angesiedelt war.

Nur über den Austausch von Erwartungen und impliziten Informationen über den Kontakt mit anderen kann nach Kahle (1999a, S. 107) das Problem der Selbstreferentialität gelöst werden. Das handelnde Subjekt kann sich beim Beobachten und Handeln beobachten und über die Beziehungen zwischen seiner Beobachtung und seiner Handlung nachdenken (Selbstreflektion). Durch den kommunikativen Austausch mit anderen Personen und dem Vergleich der jeweiligen Weltinterpretationen kann er die Differenzen feststellen und die blinden Flecken aufspüren.
Beispielsweise schreiben Bittner/Reisch (1994, S. 81) dem Auslandsentsandten eine ähnliche Fähigkeit zu, wie sie bei externen Unternehmensberatern zu finden ist. Durch den unbefangeneren Blick sind sie in der Lage, im einheimischen Joint-Venture Schwachstellen, die für die Einheimischen blinde Flecken sind, zu entdecken und die sich dahinter versteckten kulturimmanenten Optimierungspotentiale ans Licht zu bringen.

6.3 Stärkung der Kommunikationskompetenz

Das interkulturelle Vertrauen ermöglicht, dass im Reflektionsprozess kulturell unterschiedliche Werte und Weltinterpretationen einfließen und die Selbstreflektion zu einem interkulturellen Lernprozess wird. Gerade bei der Problematik der blinden Flecken ist entscheidend, dass keine Barrieren die Kommunikation zwischen Akteuren mit unterschiedlichen kulturellen Wahrnehmungsrahmen hindern. Kulturell spezifische Kodierungen in der Sprache können so weit verbreitet sein und in einem so jungen Alter erlernt werden, dass sie nicht als konstruiert, sondern als "naturgegeben" gelten. Dieses als "Prozess der Naturalisierung" (Hall 1999b, S. 99) bezeichnete Phänomen stellt ein besonders relevantes Problem der interkulturellen Kommunikation dar,

weil dadurch vor allem die pragmatischen Funktionen der Sprache als natürlich empfunden werden und jeder Verstoß dagegen als unangenehm empfunden wird. Fehler innerhalb dieser soziopragmatischen Funktionen der Sprache sind konfliktträchtiger, da der Verstoß gegen pragmatische Regeln der Sprache gleich in Verbindung mit soziokulturellen Konnotationen des Anderssein, mit dem Fremdsein (Vgl. Hernández Sacristán 1999, S. 27) gebracht wird und somit negative Vorurteile verstärkt werden, welche wiederum die Kommunikation erschweren.
Missverständnisse entstehen aufgrund der Mehrdeutigkeit der Sprache (Vgl. Kahle 1999b, S. 7), auch im intrakulturellen Kontext, und sind genau so wie die auf soziopragmatischen Wendungen der Sprache bzw. auf kulturellspezifische Naturalisierung beruhenden Missverständnisse sehr schwer durch Training oder durch Sprachkurse zu beseitigen.

6.4 Stärkung der Innovationskraft

Diversität wird aus personalwirtschaftlicher Perspektive als Faktor zur Verstärkung der Innovativität in Organisationen (Vgl. Jans 2003, S. 64) betrachtet. Akteure, die aufgrund ihrer national-ethnischen kulturellen Prägung in der Dimension der Unsicherheitsvermeidung nach Hofstede (1993) als risikoscheu gelten, können dank des interkulturellen Vertrauens, gerade im unsicheren Terrain der Innovation, mit der kulturell geprägten Risikofreude von Mitarbeitern, Kollegen bzw. Mitstreitern aus anderen Länder ihre Schwäche ausgleichen. Aus Rivalitäten zwischen den verschiedenen Kulturen können nach Fukuyama (1995, S. 6) Synergien entstehen, die einen Kreativitätsimpuls auslösen.

Die Risikoorientierung der Akteure spielt bei der innovatorischen Arbeit eine wichtige Rolle. Kulturelle Diversität sorgt für verschiedene Risikokulturen und schafft die Grundlage für eine optimale Risikokultur in Bezug auf das vom jeweiligen Innovationsprozess verlangte Risikoniveau und die entsprechende Risikoorientierung. Außerdem stehen der Innovation aufgrund der kulturellen Diversität der Gruppe vielfältigere Ideen und höhere Kreativität sowie ein größerer Kompetenzenpool zur Verfügung.
Nach Fischer (2001, S. 110) gibt Vertrauen den Mitgliedern eines Teams einen Spielraum für nicht konformes Verhalten, da das Risiko negativer Konsequenzen

dieses Verhaltens reduziert wird. Daraus lässt sich auch ein größerer Spielraum für Kreativität, dem Zünder von Innovation, ausmachen. Das Vertrauen gilt nach Fukuyama (1995, S. 151 ff.) aus volkswirtschaftlicher Perspektive als "Schmiermittel" für ein soziales System, welches ein regelgerechtes Verhalten berechenbarer macht und im Vergleich zu Gesellschaften mit niedrigem Vertrauensniveau zu effizienteren wirtschaftlichen Leistungen und mehr Innovation führt.

7. Fazit

Interkulturelles Vertrauen reduziert interkulturelle Komplexität, ohne Diversität zu reduzieren, und erleichtert die Beziehungen im Umgang mit der natürlich bestehenden Vielfalt, wie sie z.b. bei internationalen Niederlassungen vorkommt bzw. mit den künstlich erhöhten kulturellen Differenzen wie sie z.b. bei Fusionen bzw. im Zuge von Diversitymanagementstrategien eingeführt werden.

Das interkulturelle Vertrauen stellt einen Mechanismus zur Reduktion von Komplexität und zur Verarbeitung interkultureller Unsicherheit in beruflichen Beziehungen und Arbeitsbeziehungen zwischen Akteuren mit verschiedenen kulturellen Ausstattungen dar, der kostengünstiger als vergleichbare Strategien der Unsicherheitsverarbeitung (z.B. kulturspezifisches interkulturelles Training, Kulturmittlung etc.) ist und langfristig dazu verhilft, diese Einsparungen für Investitionen zu nutzen.
Interkulturelles Vertrauen setzt nicht auf die Reduktion kultureller Diversität, da es nicht lediglich auf intrakulturell funktionierende Vertrauenssymbole und - artefakte zurückgreift. Das Potential an interkulturellen Synergien, die sich aus der globalen Vernetzung von Produktions- und Arbeitswelten eröffnen, werden nur erschöpft, wenn die Verzahnungen zwischen der nationalen bzw. ethnischen Kultur und weiteren Quellen kultureller Vielfalt (Gender, Berufskultur, etc.) bei der Festlegung von Strategien im Umgang mit der interkulturellen Unsicherheit beachtet werden.

Interkulturelles Vertrauen reduziert oder vermeidet sogar spezifische Transaktionskosten der interkulturellen Zusammenarbeit (interkulturelle Moderation, Mittlung, Training usw.). Wenn das Erlernen und Trainieren von interkulturellen Kompetenzen, mit ihrem hohen Aufwand an Zeit und

Finanzmitteln, nicht vermeidbar ist, können diese Transaktionskoten unter Berücksichtigung des interkulturellen Vertrauens zu Investitionen werden. Dies geschieht wenn eine neue Vertrauenskultur in der Unternehmung entsteht, die in späteren Perioden selbständig (ohne Bedarf an weiterem Training bzw. sonstige besondere Maßnahmen) in der Lage ist, interkulturelle Beziehungen zu stabilisieren.

Erfolgreich eingesetztes Vertrauen als Mittel zur Konfliktlösung bzw. zur Reduktion von Unsicherheit im interkulturellen Kontext verhilft zur Erlangung interkultureller Kompetenz. Der erfolgte Lerneffekt findet auf individueller Ebene (z.b. die Mitarbeiter, Projektmitarbeiter, Freiberufler etc.) und auch auf der Ebene der sozialen Gruppe statt (z.b. das Team, das Wirtschaftsfeld) und kann auf der Ebene der Organisation (z.b. Unternehmen, NGO) auch Wirkung zeigen, also auf verschiedenen Ebenen der wirtschaftlichen bzw. beruflichen Arrangements einen Lernprozess von interkulturellen Kompetenzen auslösen. Diese Wechselwirkungen zwischen individuellen und organisationalen Lerneffekten verstärken den nachhaltigen Aufbau von Vertrauensbeziehungen und schaffen insbesondere im interkulturellen Kontext eine Grundlage für den langfristigen Erfolg von wirtschaftlich orientierten Unternehmungen.

Zusammenfassung

Im Fokus dieses Aufsatzes stehen Unternehmen bzw. Organisationen, für die das Management von Beziehungen zwischen Akteuren mit unterschiedlichen Nationalitäten und dementsprechend unterschiedlichen kulturellen Austattungen im globalen Kontext von zentraler Bedeutung ist.
Die Analyse richtet sich auf organisationale Funktionsbereiche, die in Verbindung mit Vertrauen in der Lage sind, einen entscheidenden Beitrag zum Unternehmenserfolg zu leisten.
Durch die systemtheoretisch fundierte Darstellung der Eigenschaften interkulturellen Vertrauens als Regulationsmechanismus interpersonaler und interorganisationaler Beziehungen, unter Berücksichtigung ökonomischer Effekte (insbesondere der Reduktion von Transaktionskosten), trägt dieser Aufsatz zur Weiterentwicklung einer wissenschaftlich geleiteten Diskussion über die Wirkungszusammenhänge des Vertrauens im Rahmen der interkulturellen

Zusammenarbeit bei und ermöglicht zugleich, Handlungsanweisungen für die Praxis des interkulturellen Managements abzuleiten.

Literatur

Bittner, Andreas., Reisch, Bernhard, Interkulturelles Personalmanagement. Internationale Personalentwicklung, Auslandsentsendungen, interkulturelles Training, Wiesbaden 1994.

Bürger, Julia., Thomas, Alexander, Erfolgreiche Personalführung in der deutsch-tschechischen Wirtschaftskooperation, Forost Arbeitspapier Nr. 40, München 2007.

Cray, David., Mallory, Geoff, Making sense of managing culture, London [u.a.] 1998.

Fischer, Sören, Virtuelle Unternehmen im interkulturellen Austausch. Möglichkeiten und Grenzen von Kooperation in Netzwerken. Wiesbaden 2001.

Fukuyama, Francis, Trust: the social virtues and the creation of prosperity. New York [u.a.] 1995.

García Canclini, Nestor, Culturas híbridas. Estrategias para entrar y salir de la modernidad, Buenos Aires 1992.

Giddens, Anthony, The consequences of modernity, Cambridge 1992.

Glück, Thomas, Blinde Flecken in der Unternehmensführung. Desinformation und Wissensqualität, Passau 2001.

Granovetter, Marc, The strength of weak ties, in: Hechter, M., Horne, C. (Ed.), Theories of social order. A reader, Stanford 2003.

Hall, Stuart, Ethnizität: Identität und Differenz, in: Engelmann, J. (Hrsg.), Die kleinen Unterschiede: der cultural studies reader, Frankfurt/Main [u.a.] 1999a, S. 83 - 98.

Hall, Stuart, Kodieren/Dekodieren, in: Bromley, R. (Hrsg.), Cultural studies: Grundlagentexte zur Einführung, Lüneburg 1999b, S. 92 - 112.

Hernández Sacristán, Carlos, Culturas y acción comunicativa. Introducción a la pragmática intercultural, Barcelona 1999.

Hofstede, Geert, Interkulturelle Zusammenarbeit. Kulturen, Organisationen, Management, Wiesbaden 1993.

IKEA Social & Environmental Responsibility Report 2005. Zugriff am 19.09.2007 über: http://www.ikea.com/ms/de_DE/about_ikea/PDF/IKEA_Report2005.pdf

Jans, Manuel, Diversität als Ressource? Ergebnisse und Erkenntnisse der Organisationsdemografieforschung, in: Martin, A. (Hrsg.), Personal als Ressource, Schriftenreihe Empirische Personal- und Organisationsforschung Band 23, München [u.a.] 2003, S. 53 - 78.

Kahle, Egbert, Voraussetzungen und Möglichkeiten organisationalen Lernens aus kognitionswissenschaftlicher Sicht. In: Schwaninger, M. (Hrsg.), Intelligente Organisationen. Konzepte für turbulente Zeiten auf der Grundlage von Systemtheorie und Kybernetik; Wissenschaftliche Jahrestagung der Gesellschaft für Wirtschafts- und Sozialkybernetik vom 2.-4. Oktober 1997 in St. Gallen, Berlin 1999a, S. 103 - 118.

Kahle, Egbert, Vertrauen als Voraussetzung für bestimmte Formen organisatorischen Wandels. Zugriff am 19.09.2007 über: http://www.uni-lueneburg.de/fb2/bwl/entscheidung/-dokumente/Vertrauen%20Voraussetzung%20Wandel.pdf, 1999b.

Makarov, Alexander, Strategisches Marketing-Management in Zeiten von Globalisierung und Innovationsbeschleunigung, in: Rabe, C., Lieb, J. (Hrsg.), Zukunftsperspektiven des Marketing - Paradigmenwechsel und Neuakzentuierungen. Festschrift anlässlich der Emeritierung von Prof. Dr. Dr. H.c. Hans Hörschgen, Berlin 2003 S. 121 - 144.

Porter, Michael E., The competitive advantage of nations, New York 1990.

Putnam, Robert, Bowling alone. The collapse and revival of american community, New York [u.a.] 2000.

Schein, Edgar H., Organizational Culture and Leadership. A Dynamic View, San Francisco [u.a.] 1985.

Schroll-Machl, Sylvia, Die Deutschen - Wir Deutsche. Fremdwahrnehmung und Selbstsicht im Berufsleben, Göttingen 2003.

Stüttgen, Manfred, Strategien der Komplexitätsbewältigung in Unternehmen. Ein transdisziplinärer Bezugsrahmen, Bern [u.a.] 1999.

Thomas, Alexander, Vertrauen im interkulturellen Kontext aus Sicht der Psychologie, in: Maier, J. (Hrsg.), Die Rolle von Vertrauen in Unternehmensplanung und Regionalentwicklung - ein interdisziplinärer Diskurs, Forost Arbeitspapier Nr. 27, München 2004, S. 19 - 48.

Weber, Max, Wirtschaft und Gesellschaft. Grundriß der verstehenden Soziologie. Studienausgabe, Tübingen 1980.
Williamson, Oliver E., Die ökonomischen Institutionen des Kapitalismus. Unternehmen, Märkte, Kooperationen, Tübingen 1990.

Interpersonales Vertrauen: Integration normativer und situativer Einflüsse auf Basis der Theorie des geplanten Verhaltens

Miriam Müthel[*]

1. Einleitung
2. Interpersonales Vertrauen auf Basis der erweiterten Theorie des geplanten Verhaltens
3. Implikationen für Wissenschaft und Praxis

Literatur

---

[*] Dr. Miriam Müthel (Promotion an der Universität Lüneburg) ist Habilitandin am Lehrstuhl für Führung und Personalmanagement an der WHU – Otto Beisheim School of Management. Ihr Forschungsinteresse konzentriert sich auf internationales Projektmanagement mit dem Schwerpunkt Führung, interpersonales Vertrauen und interkulturelles Management. Vor ihrem Wechsel an die WHU war Dr. Müthel als Beraterin der Volkswagen Coaching GmbH im Bereich internationales Projektmanagement tätig.

Zusammenfassung

Die in der Sozialpsychologie genutzte Differenzierung zwischen Verhaltensintention und tatsächlichem Verhalten wird genutzt, um unterschiedliche Arten von Einflussfaktoren auf das interpersonale Vertrauen darzulegen. Dabei wird die bisher dominierende rationale Vertrauenskonzeptualisierung um Einflüsse sozialer und situativer Aspekte erweitert. Die Differenzierung zwischen Zielintention generelle Motivation, Realisierungsintention konkreter Wille und dem tatsächlichen Verhalten ermöglicht die detaillierte Darstellung der unterschiedlichen Einflussfaktoren. Durch diese kann gezeigt werden, wie widersprüchliches Verhalten, z.B. das Nicht-Zustandekommen von Vertrauenshandlungen trotz grundsätzlichen Vertrauens zwischen den Handlungspartnern, erklärt werden kann und welche Einflussfaktoren auf eine langfristig stabile Vertrauensbeziehung wirken. Da Vertrauen als kritischer Erfolgsfaktor kooperativer Zusammenarbeit, wie z.B. bei strategischen Allianzen, bei der Lieferantenintegration sowie bei funktionsübergreifender und virtueller Zusammenarbeit, betrachtet wird, kann das Modell genutzt werden, um Maßnahmen zur Steigerung ihrer Effektivität und Effizienz abzuleiten.

1. Einleitung

Um ihre Wettbewerbsfähigkeit zu stärken, suchen Unternehmen Wege zur Steigerung von Effektivität und Effizienz der internationalen Zusammenarbeit. Maßnahmen, wie die Bildung strategischer Allianzen (Schumacher, 2006), die Nutzung von funktionsübergreifenden Teams (Albers, 2004; Keller, 2001; Lovelace, Shapiro, Weingart, 2001), die frühe Einbindung von Zulieferern in den Neuprodukt-Entwicklungsprozess im Rahmen inter-organisationaler Kooperationen (Petersen, Handfield, Ragatz, 2003) oder auch virtuelle Kooperationen (Büssing, Broome, 1999; Büssing, Moranz, 2003; McDonough, Kahn, Barczaka, 2001; Gassmann, von Zedtwitz, 2003; Hoegl, Ernst, Proserpio, in press; Weinkauf, Woywode, 2004) tragen dazu bei, die Geschwindigkeit und Komplexität des Marktgeschehens zu beherrschen und durch innovative Lösungen im globalen Wettbewerb einen kompetitiven Vorteil gegenüber der Konkurrenz zu erreichen (Scholz, 2000; Spörri, Springhall, Grote, 2003). Alle vier Maßnahmen verdeutlichen den Trend zu flacheren Strukturen, partizipativer

Führung sowie Teamarbeit (Hoegl, Gemuenden, 2001) und setzen auf die Reduktion von Kontrollmechanismen zu Gunsten sozialer Interaktion. Diese wird wiederum durch gegenseitiges Vertrauen beeinflusst, so dass interpersonales Vertrauen bei allen Maßnahmen gleichermaßen als erfolgskritischer Faktor betrachtet wird (Mayer, Davis, Schoorman, 1995).

Interpersonalem Vertrauen wird das Potenzial zugesprochen, einen offenen und ehrlichen Informationsaustausch zwischen den Beteiligten zu fördern, da bei Teams mit hohem interpersonalen Vertrauen sowohl die Bereitschaft höher ist, Informationen weiterzugeben als auch jene, Informationen von anderen zu akzeptieren (Neubauer, 1997, S. 108). Dies ermöglicht eine offenere Diskussion unter den Beteiligten und damit einhergehend die Entwicklung von innovativeren Lösungen (Costa, Roe, Taillieu, 2001). Ferner weist Vertrauen einen komplexitäts- und unsicherheitsreduzierenden Charakter auf, da zukünftige Handlungen seitens des Interaktionspartners sowie deren Ergebnisse antizipiert werden, so dass die grundsätzliche Freiheit des Gegenübers, sich in jeder beliebigen Art und Weise zu verhalten, reduziert wird (Luhmann, 2000, S. 38).

Trotz der positiven Einschätzung von Vertrauen, geben bisherige Konzeptualisierungen nur Teilantworten zur Erklärung vertrauensvollen Handelns. Sie konzentrieren sich entweder auf die Darstellung einer spezifischen Perspektive, wie z.B. Vertrauen als Resultat einer rationalen Entscheidung (Coleman, 1990), in der die Einflussfaktoren zwar detailliert dargestellt werden, die jedoch aufgrund des Ausschlusses sozialer und situativer Aspekte nur partielle Antworten auf die Erklärung von Vertrauen liefern (Kramer, 1999). Oder sie wählen einen ganzheitlichen Ansatz und legen Einflüsse sozialer Faktoren auf die Vertrauensentstehung dar, verbleiben dabei jedoch vergleichsweise generalistisch und ermöglichen daher nicht die Ableitung konkreter Ansätze zur Förderung von Vertrauen (Uzzi, 1997). Die Integration sozialer und situativer Einflüsse in ein rationales Entscheidungsmodell eröffnet insofern die Möglichkeit, einerseits ganzheitlich, andererseits auf hohem Detaillierungsgrad Einflussfaktoren abzubilden. Zugleich können durch die differenzierte Darstellung der Einflussfaktoren präzise und wirkungsvolle Maßnahmen zur gezielten Vertrauensförderung abgeleitet werden.

Der Beitrag dieses Artikels zielt insofern zum einen auf die Integration sozialer und situativer Einflüsse in das rationale Entscheidungsmodell zur Erklärung von

Vertrauen, um ein integriertes Modell interpersonalen Vertrauens mit potenziell höherer Erklärungskraft darzulegen. Ferner können durch die Differenzierung von normbasierter Motivation und situativ determiniertem Willen (Ajzen, 1985, 1991) widersprüchliche Handlungen, wie z.B. ausbleibende Vertrauenshandlungen bei grundsätzlichem Vertrauen zwischen den Handlungspartnern und vice versa erklärt werden. Die Betrachtung der Einflussfaktoren über den Ablauf von Interaktionen gibt ferner Aufschluss über die Vertrauensentwicklung und bietet Ansätze, wie diese konkret gesteuert werden kann. Insgesamt trägt die differenzierte Darstellung der verschiedenen Einflussfaktoren dazu bei, den abstrakten Einfluss sozialer Faktoren auf Vertrauenshandlungen zu konkretisieren und so detaillierte Ansätze zur Förderung der Vertrauensentwicklung zu verdeutlichen.

2. Interpersonales Vertrauen auf Basis der erweiterten Theorie des geplanten Verhaltens

2.1 Erweiterte Theorie des geplanten Verhaltens

Die von *Ajzen* (1985, 1991) entwickelte Theorie des geplanten Verhaltens konzentriert sich auf die Identifikation der Determinanten einer individuellen Verhaltensentscheidung. Im Gegensatz zu dem von ihm entwickelten Modell der überlegten Handlung, welches von der Grundannahme ausgeht, dass das vorherzusagende Verhalten ausschließlich dem freien Willen des Individuums unterliegt, wird bei der Theorie des geplanten Verhaltens davon ausgegangen, dass das Individuum nur bedingt Einfluss auf die Realisierung des angestrebten Verhaltens ausüben kann. Das tatsächliche Verhalten eines Individuums wird daher zum einen durch seine Verhaltensintentionen und zum anderen durch die wahrgenommene Verhaltenskontrolle beeinflusst siehe Abbildung 1 (Conner, Armitage, 1998).

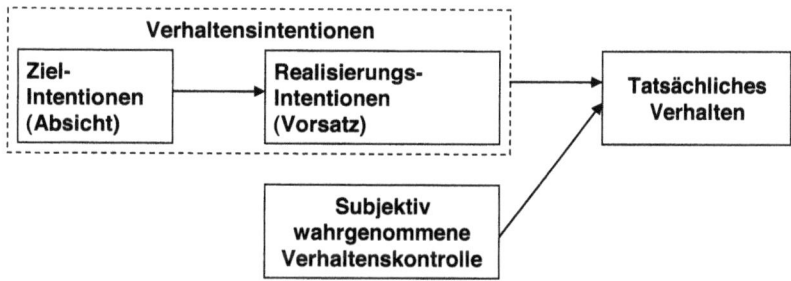

Abbildung 1: Erweiterte Theorie des geplanten Verhaltens nach Ajzen

Reflektiert eine Person, wie sie sich in einer bestimmten Situation verhalten wird, so sind ihre Intentionen der beste Prädikator für das tatsächliche Handeln (Aronson, Wilson, Akert, 2004). *Intentionen* beschreiben motivationale und willensbildende Faktoren zur Ausübung eines bestimmten Verhaltens und sind insofern zwingend spezifisch auf ein konkretes Verhalten gerichtet. Wie von *Braunstein et al.* (2005, S. 191) basierend auf Erkenntnissen von *Eagly & Chaiken* (1993) argumentiert wird, können Verhaltensintentionen in *Zielintentionen Absicht* und *Realisierungsintentionen Vorsatz* unterteilt werden. Während die Herausbildung von Zielintentionen im wesentlichen auf Motivationsprozessen beruht und das Abwägen der Attraktivität und der Realisierbarkeit konkurrierender Handlungsoptionen vor der eigentlichen Entscheidungsfindung beinhaltet, basiert das Zustandekommen von Realisierungsintentionen primär auf Willensprozessen und fördert die Handlungsdurchsetzung beim Vorantreiben der Handlungsabsicht und der Fokussierung auf das Handlungsergebnis (Braunstein et al., 2005).

Zielintentionen werden durch die individuelle Einstellung einer Person gegenüber einem bestimmten Verhalten, durch subjektiv wahrgenommene soziale Normen und durch die subjektiv wahrgenommene Verhaltenkontrolle beeinflusst siehe Abbildung 2.

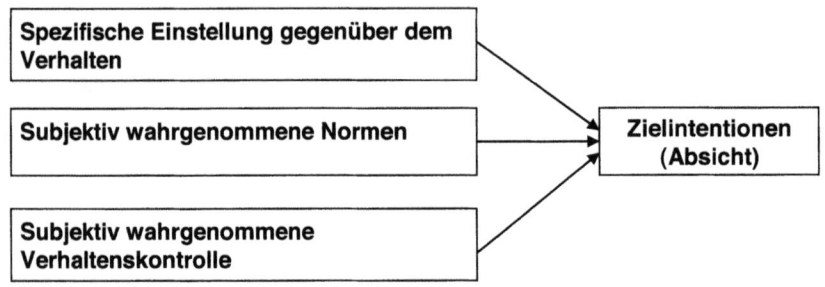

Abbildung 2: Einflussfaktoren der Zielintention

Die *individuelle Einstellung einer Person* gegenüber einer Handlung unterliegt einer positiven oder negativen Bewertung seitens des Individuums im Hinblick auf das spezifische Verhalten (Ajzen, 1985). Beeinflusst werden Zieleinstellungen durch verhaltensbezogene Überzeugungen des Individuums darüber, ob das geplante Verhalten auch zu dem angestrebten Verhaltensziel d.h. zu einem erfolgreichen Verhalten führen wird. Diese werden wiederum insbesondere durch die grundsätzliche Einstellung des Handelnden gegenüber der Person beeinflusst, der ein bestimmtes Verhalten entgegen gebracht wird (Ajzen, Fishbein, 1980).

Die subjektive Wahrnehmung sozialer Normen bezieht sich auf die Befürwortung oder die Ablehnung des in Frage kommenden Verhaltens durch relevante andere Personen und beeinflusst ebenfalls die Intentionen des Individuums (Ajzen, 1985). Es handelt sich dabei um normative Überzeugungen des handelnden Individuums, die den sozialen Einfluss des Verhaltensumfeldes wiedergeben, von dem angenommen wird, dass er sich auf das Verhalten des Einzelnen auswirkt und diesen in seinen individuellen Verhaltensentscheidungen beeinflusst (Conner et al., 1998).

Die *subjektive wahrgenommene Verhaltenskontrolle* beeinflusst nicht nur das tatsächliche Handeln des Individuums, sondern darüber hinaus bereits seine Zielintentionen. Nur, wenn die in Frage kommende Handlung dem Individuum auch als kontrollierbar erscheint, wird diese von ihm auch beabsichtigt.

Der Schritt von der Zielintention zur Realisierungsintention vollzieht sich anhand der Konkretisierung der entsprechenden Handlung. Diesem Prozess liegen Informationsverarbeitungsprozesse zugrunde, die sich auf den Willen des Individuums auswirken. Auf Basis der gewonnenen Informationen beurteilt das Individuum die Wahrscheinlichkeit der Handlungsdurchsetzung und gelangt so von der Absicht zu dem Vorsatz, eine bestimmte Handlung durchzuführen.

Ziel- und Realisierungsintentionen sind eng miteinander verbunden und beschreiben den Grad, zu dem sich ein Individuum darum bemühen wird, ein angestrebtes Verhalten auch tatsächlich umzusetzen (Ajzen, 1991). Da die Ausübung des geplanten Verhaltens in der Regel nicht ausschließlich dem Willen des Individuums unterliegt, und insofern nicht automatisch davon ausgegangen werden kann, dass das geplante auch dem zukünftig realisierten Verhalten entspricht, können Ziel- und Realisierungsintentionen nur den Willen zur Ausübung eines bestimmten Verhaltens darstellen (Ajzen, 1991). Sie sind daher eher als Indikatoren für angestrebtes Verhalten denn als Indikatoren für reales Verhalten geeignet. (Ajzen, 1985).

Die Intensität, mit der sich ein Individuum um die Durchführung eines bestimmten Verhaltens bemüht, steht in Abhängigkeit zu dem Grad, in dem es *Kontrolle auf den Verhaltenserfolg* ausüben kann, d.h. dem Maß, in dem es davon ausgehen kann, dass das von ihr angestrebte Verhalten auch tatsächlich eintritt (Ajzen, 1985). Unterliegt das angestrebte Verhalten ausschließlich der Willenskraft des Individuums, so hat es vollständige Kontrolle über den Verhaltenserfolg. Dies ist bei Verhaltensentscheidungen im unternehmerischen Umfeld jedoch unwahrscheinlich (Granovetter, 1985). Vielmehr wird die tatsächliche Ausübung eines bestimmten Verhaltens durch eine Vielzahl interner und externer Faktoren beeinflusst siehe Abbildung 3. Zu den internen Faktoren zählen beispielsweise individuelle Unterschiede, zur Verfügung stehende Informationen, Eignung und Qualifikation sowie individuelle Willensstärke, Emotionalität und äußere Zwänge (Ajzen, 1985), S. 24ff.. Externe Faktoren umfassen Zeit und Gelegenheit sowie die Abhängigkeit von Anderen (Ajzen, 1985). Je höher das Bemühen in Abhängigkeit von Einstellung und sozialen Normen und je höher der Einfluss auf interne und externe Einflussfaktoren, desto höher die Wahrscheinlichkeit, dass das Individuum sein Verhaltensziel erreichen wird (Ajzen, 1985, S. 24 ff).

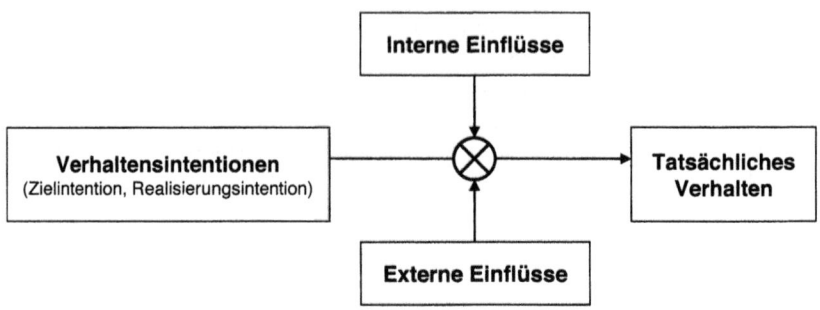

Abbildung 3: Einflussfaktoren auf das tatsächliche Verhalten

Überträgt man die Erkenntnisse der erweiterten Theorie des geplanten Verhaltens auf die Vertrauensentwicklung, so wird deutlich, dass die Ziel- und die Realisierungsintention vertrauenswürdigen Handelns sowie das tatsächliche Verhalten, d.h. die Vertrauenshandlung, die zentralen Pfeiler der Vertrauensentwicklung darstellen siehe Abbildung 4.

Abbildung 4: Anwendung der erweiterten Theorie des geplanten Verhaltens auf die Vertrauensentwicklung.

Die Zielintention wird aus der Perspektive des interpersonalen Vertrauens als grundsätzliche Absicht einer Vertrauenshandlung einer Person gegenüber einer anderen Person verstanden. Diese wirkt sich positiv auf den Vertrauensvorsatz aus, der darüber hinaus durch die individuelle Beurteilung der

Handlungsdurchsetzbarkeit beeinflusst wird. Ein positiver Vertrauensvorsatz Realisierungsintention mündet letztlich in einer Vertrauenshandlung tatsächliches Verhalten, wenn interne und externe Einflussfaktoren durch das Individuum kontrolliert werden können.

Annahme 1: *Die Vertrauensabsicht hat einen positiven Einfluss auf den Vertrauensvorsatz.*

Annahme 2: *Der Vertrauensvorsatz hat einen positiven Einfluss auf die tatsächliche Vertrauenshandlung.*

Die Anwendung der erweiterten Theorie des geplanten Verhaltens und mithin die Differenzierung zwischen Vertrauensabsicht, -vorsatz und -handlung bietetn die Möglichkeit, Abweichungen zwischen geplantem und tatsächlichem Verhalten im Hinblick auf Vertrauenshandlungen zu betrachten und schrittweise zu analysieren, welche Einflussfaktoren auf das tatsächliche Verhalten wirken. Auf Basis der dargestellten Dreiteilung wird dargelegt, dass hier unterschiedliche Faktoren auf die Vertrauenshandlung einwirken. Auf diese Weise können bereits von anderen Autoren aufgeführte interdisziplinäre Ansätze interpersonalen Vertrauens (Kramer, 1999; McKnight, Chervany, 1995) integriert werden.

Im Folgenden wird vor diesem Hintergrund zunächst der Begriff des interpersonalen Vertrauens definiert. Daran anschließend erfolgt die Anwendung der Überlegungen zur Zielintention auf die Vertrauensentwicklung. Dabei werden zunächst die spezifischen Einflussfaktoren der Vertrauensabsicht Zielintention dargelegt. Im Anschluss daran erfolgt die Übertragung von Realisierungsintention und tatsächlichem Verhalten.

2.2 Interpersonales Vertrauen

Bei interpersonalem Vertrauen (Bierhoff, Herner, 2002; Butler, 1991; Deutsch, 1976; Fukuyama, 1995; Gabarro, 1988; Gambetta, 1988; Lewicki, Bunker, 1996; Lindskold, 1978; Luhmann, 2000; Mayer et al., 1995; Neubauer, 1997; Rotter, 1967, 1971, 1980, 1981; Schweer, 1997; Schweer, Thies, 2003; Zand, 1972) handelt es sich um eine in die Zukunft gerichtete Handlung im Sinne einer Vorleistung gegenüber einer Person, die nicht der eigenen Kontrolle untersteht. Sie ist von der Erwartung positiven Verhaltens im Sinne einer Gegenleistung gekennzeichnet, die jedoch mit der Ungewissheit und dem Risiko belastet ist, die eigene Verwundbarkeit zu erhöhen (Deutsch, 1976, S. 136), falls der Handlungspartner eine Verhaltensweise wählt, die mit negativen Konsequenzen für den Vertrauenden verbunden ist (Luhmann, 2000, S. 23; Nieder, 1999, S. 36; Beckmann, Mackerbrock, Pies, Sardison, 2005, S. 62).

Da Vertrauenshandlungen immer in einem spezifischen Kontext erfolgen, stehen im Mittelpunkt interpersonalen Vertrauens der Vertrauensgeber der vertraut, der Vertrauensnehmer dem Vertrauen entgegengebracht wird und die Vertrauenssituation der Kontext, in dem vertraut wird (Nooteboom & Six, 2003, S. 7). Dementsprechend kommt der Vertrauensgeber in Abhängigkeit seiner eigenen Persönlichkeit dispositionale Vertrauens- und Risikoneigung, der subjektiv wahrgenommenen Vertrauenswürdigkeit des Vertrauensnehmers und der Vertrauenssituation soziale, prozedurale, verhaltensorientierte Normen, subjektives Chancen-Risikoprofil zu einer Vertrauensentscheidung. Dabei trifft er zunächst eine generelle Vertrauensentscheidung im Sinne einer Zielintention, mündend in einer *Vertrauensabsicht* dem Handlungspartner gegenüber, bevor eine zweite Entscheidung folgt, bei der er einen konkreten *Vertrauensvorsatz* trifft oder ablehnt Realisierungsintention. Bei positiver Entscheidung wird im Anschluss an die Handlung tatsächliches Verhalten das durch den Vertrauensnehmer erfolgte Verhalten die potenzielle Erwiderung vertrauensvollen Verhaltens durch den Vertrauensgeber bewertet und die wahrgenommene Vertrauenswürdigkeit des Nehmers angepasst. Diese dient nachfolgend als Basis für weitere Vertrauensentscheidungen. Die Zusammenhänge zwischen der Zielintention Vertrauens*absicht*, der Realisierungsintention Vertrauens*vorsatz* und dem tatsächlichen Verhalten Vertrauens*handlung* werden in Abbildung 5 grafisch verdeutlicht.

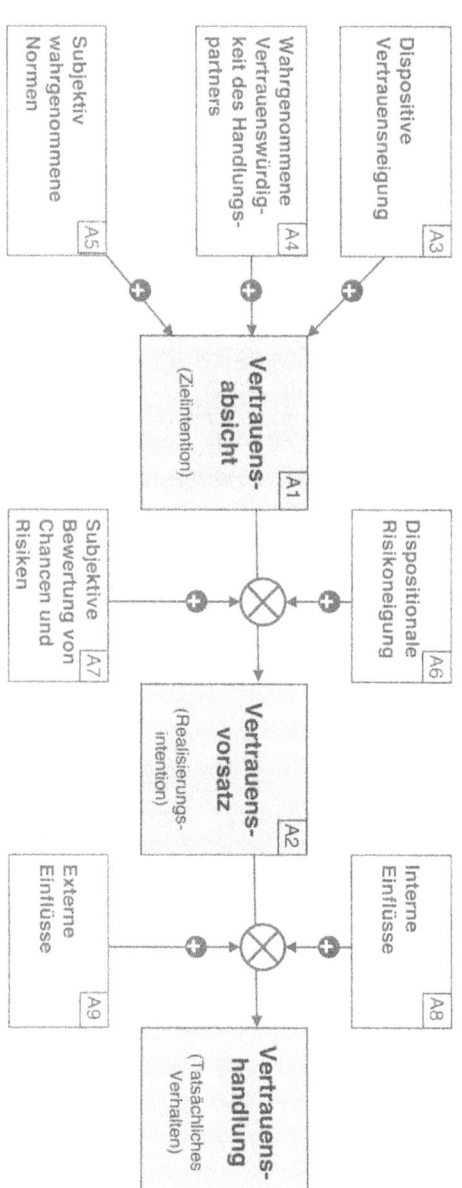

Abbildung 5: Geplante und tatsächliche Vertrauenshandlung

2.3 Einflussfaktoren der Vertrauensabsicht Zielintention

Eine positive Vertrauensabsicht bezeichnet das generelle Zugeständnis von Vertrauen durch eine Person einer anderen gegenüber, unabhängig von der konkreten Situation. Die Vertrauensabsicht wird zum einen durch die *wahrgenommene Vertrauenswürdigkeit* – im Sinne positiver Erwartungen seitens des Vertrauens-gebers in die Motivation und die Kompetenz des Vertrauensnehmers – beeinflusst. Darüber hinaus wirkt sowohl die *dispositionale Vertrauensneigung* des Vertrauensgebers auf die Vertrauensabsicht, da sie die generelle Einstellung eines Individuums zur Gewährung eines Vertrauensvorschusses bestimmt. Weiterhin wird der Vertrauensgeber bei seiner Absichtsfindung durch soziale, prozedurale und verhaltensorientierte *Normen*, die aufgrund der zwischenmenschlichen Beziehung als Bestandteil der Vertrauenssituation der Handlungspartner bestehen, beeinflusst. In den drei Einflussfaktoren der Vertrauensabsicht finden sich zugleich die Ausgangsgrößen interpersonalen Vertrauens – der Vertrauensgeber dispositive Vertrauensneigung, spezifische Einstellung, der Vertrauensnehmer wahrgenommene Vertrauenswürdigkeit und die Vertrauenssituation normatives Vertrauen – wieder.

2.3.1 Dispositionale Vertrauensneigung

Die Absicht des Vertrauensgebers, sich für oder gegen ein vertrauensvolles Verhalten im Sinne einer riskanten Vorleistung gegenüber dem Vertrauensnehmer auszusprechen, wird u.a. durch seine Persönlichkeit, in diesem Fall der dispositionalen Vertrauensneigung, beeinflusst. Die *dispositionale Vertrauensneigung* beschreibt einen persönlichen, relativ stabilen Charakterzug eines Individuums hinsichtlich seiner Bestrebung, zunächst vertrauensvoll auf sämtliche Interaktionspartner zuzugehen und diesen einen Vertrauensvorschuss zu gewähren (Krystek, Zumbrock, 1993). Sie wird durch seine Persönlichkeit, seine kulturelle Herkunft und seine Erfahrungen beeinflusst. Die Einzelerfahrungen mit Interaktionspartnern – insbesondere mit denen aus dem direkten sozialen Umfeld – werden dabei generalisiert und zu einer situations- und kontextunabhängigen Erwartungshaltung verallgemeinert (Rotter, 1967, 1971, 1980, 1981). Je höher die dispositionale Vertrauensneigung eines Individuums ausgeprägt ist, desto eher neigt er zu einem vertrauensvollen Verhalten.

Annahme 3: *Die dispositionale Vertrauensneigung des Vertrauensgebers hat positiven Einfluss auf die Vertrauensabsicht.*

2.3.2 Wahrgenommene Vertrauenswürdigkeit des Handlungspartners

Fällt der Vertrauensgeber eine positive Entscheidung zu Gunsten des Vertrauensnehmers, so begibt er sich diesem gegenüber in eine risikobehaftete Situation, da er bei nicht reziprokem Verhalten seitens des Vertrauensnehmers durch diesen geschädigt werden kann (Mayer et al., 1995, S. 154; Gambetta, 1988, S. 87; Zand, 1972, S. 53). Um eine unvorteilhafte Reaktion des Vertrauensnehmers möglichst auszuschließen, bewertet der Vertrauensgeber sowohl die Vertrauenswürdigkeit seines Gegenübers als auch die situationsabhängige Wahrscheinlichkeit, mit der der Vertrauensnehmer die Aufgabe, für die ihm Vertrauen geschenkt wurde, erfolgreich umsetzen kann.

Persönlichkeit des zu Vertrauenden

Unabhängig von der Situation der Vertrauenshandlung und der Bewertung der Eignung einer Person zur Durchführung einer spezifischen Projektaufgabe, werden bestimmte Persönlichkeitsmerkmale kontextübergreifend als vertrauenswürdig wahrgenommen. Obwohl die Beurteilung der Vertrauenswürdigkeit eines Handlungspartners auf der subjektiven Wahrnehmung und Einschätzung des Vertrauenden beruht, werden bestimmte Persönlichkeitsmerkmale im Allgemeinen als vertrauensfördernd betrachtet (Mayer et al., 1995, S. 718; Neubauer, 1997, S. 106f.; Thomas, 2005, S. 15; Zolin, Levitt, Fruchter, Hinds, 2000, S. 18):

- Integrität: Aufrichtigkeit, Orientierung an Werten
- Konsistenz: Vorhersehbarkeit und Zuverlässigkeit zu erwartender Verhaltensweisen
- Loyalität: Unterstützung, Schutz

- Wohlwollen: Positive Grundausrichtung gegenüber dem Vertrauensgeber
- Offenheit: Ehrliche, direkte Kommunikation

Unter der Annahme, dass die Ausprägung dieser Persönlichkeitsmerkmale eine Tendenz über die Wahrscheinlichkeit einer positiven, reziproken Reaktion seitens des Vertrauensnehmers auf die Vorleistung des Vertrauensgebers aufzeigen, dienen sie in ihrer Gesamtheit der subjektiven Bewertung des Vertrauensgebers und insofern als entscheidungsbeeinflussendes Kriterium. Neben den kontextunabhängigen Aspekten der Beurteilung der Vertrauenswürdigkeit, wird bei der letztendlichen Bewertung neben der Persönlichkeit des Vertrauensnehmers vor allem auch dessen Kompetenz zur Bewältigung der spezifischen Aufgabe in Betracht gezogen (Zolin et al., 2000).

Kompetenz des Vertrauensnehmers

Im Vordergrund der Kompetenzbeurteilung des zu Vertrauenden steht eine Vielzahl von Kriterien, die sich situationsspezifisch auf die erfolgreiche Durchführung der Projektaufgabe auswirken. Zunächst beinhaltet dies das Verständnis des Vertrauensnehmers über die Motive, die Notwendigkeit und die spezifischen Ziele des Vertrauensgebers. Darüber hinaus konzentriert sich die Kompetenz des zu Vertrauenden vor allem auf seine fachlichen und methodischen Fähigkeiten sowie die ihm zur Verfügung stehenden Ressourcen, um die Aufgabe inhaltlich bewältigen zu können. Ferner wird situationsspezifisch beurteilt, ob der Vertrauensnehmer hinsichtlich seiner Selbstdisziplin und seiner Arbeitsorganisation in der Lage ist, die Aufgabe erfolgreich umsetzen zu können. Im Anschluss daran erfolgt die Betrachtung des Arbeitsumfeldes mit einer abschließenden Bemessung der Entscheidungs- und Gestaltungsfreiheit des Vertrauensnehmers bei der Umsetzung der Aufgabe. Die Bewertung der Kompetenz setzt sich insofern aus der subjektiven Beurteilung seitens des Vertrauenden hinsichtlich des Verständnisses, der fachlichen Kompetenz, der in Anspruch zu nehmenden Ressourcen sowie des persönlichen Arbeitsverhaltens und dem Gestaltungsspielraum des Vertrauensnehmers bei der Aufgabenbewältigung zusammen (Hardin, 1998).

Persönlichkeit und Kompetenz bestimmen demnach die Vertrauenswürdigkeit des Handlungspartners. Je höher diese bewertet wird, desto eher wird ihm Vertrauen entgegengebracht.

Annahme 4: *Die wahrgenommene Vertrauenswürdigkeit des Vertrauensnehmers hat positiven Einfluss auf die Vertrauensabsicht.*

2.3.3 Subjektiv wahrgenommene Normen

Drittes Kriterium des interpersonalen Vertrauens, neben der Person des Vertrauensgebers und der des Vertrauensnehmers, ist die spezifische Situation, in der vertrauensvolles Verhalten zur Disposition steht (McKnight et al., 1995, S. 13). Die Vertrauenssituation wird durch „all jene Faktoren beschrieben, die die Konstellation der Beziehung betreffen [oder...] den Kontext eines Vertrauensprozesses bilden" (Köszegi, 2001, S. 65), wie z.B. die Qualität und Dauerhaftigkeit der Beziehung zwischen Vertrauensgeber und -nehmer (Holland, 1998, S. 26), die Höhe der subjektiven Chancen und Risiken sowie die entsprechenden Handlungsalternativen.

Die „Konstellation" eines Vertrauensverhältnisses beschreibt etwaige Normen (Kramer, 1999), die zwischen den Handlungspartnern stillschweigend oder explizit vereinbart wurden. So wirken Werte und Normen, die durch die Persönlichkeit des Individuums und/oder durch das soziales Umfeld eines Individuums geprägt sind, in Form *sozialer Kontrolle* (Lindskold, Bennett, 1981) auf den Entscheider ein. Gemeinschaftlich vereinbarte Ziele und Vorgehensweisen, die sich u.a. in der Nutzung bestimmter Methoden widerspiegeln, üben eine *prozessorale Kontrolle* (Korsgaard, Schweiger, Sapienza, 1995) auf den Entscheider aus, während Vereinbarungen bestimmter Kommunikationsregeln im Umgang miteinander eine *Verhaltenskontrolle* (Hertel, Konradt, 2004) darstellen. Die soziale, prozedurale und verhaltensorientierte Kontrolle beinhalten Verhaltensnormen, auch als spezifische Projektkultur bezeichnet, die in die Entscheidung des Vertrauensgebers einfließen.

Annahme 5: *Die subjektive Wahrnehmung von gemeinsamen Normen hat einen positiven Einfluss auf die Vertrauensabsicht.*

2.4 Einflussfaktoren des Vertrauensvorsatzes Realisierungsintention

Während eine positive Vertrauensabsicht die grundsätzliche Motivation zu einer bestimmten Vertrauenshandlung darstellt, werden bei dem nachfolgenden Vertrauensvorsatz Realisierungsintention willensbildende Faktoren betrachtet, die die spezifischen Vor- und Nachteile der konkreten Handlung abbilden (Braunstein et al., 2005). Im Vordergrund stehen dabei die subjektive Bewertung der spezifischen Chancen und Risiken bei Ausführung der Vertrauenshandlung sowie die subjektive Risikoneigung des Vertrauensgebers.

2.4.1 Dispositionale Risikoneigung

Die *Risikoneigung* eines Individuums stellt wie die Vertrauensneigung ebenfalls eine relativ stabile Eigenschaft einer Person dar, die ihre Verhaltenstendenz in Risikosituationen zum Ausdruck bringt (Sitkin, Pablo, 1992). Die dispositive Risikoneigung spiegelt sich sowohl in der Wahrnehmung von Risiko als auch im Umgang mit risikogeprägten Situationen wider (Köszegi, 2001 S. 72). Je nach risikoaverser oder -freudiger Einstellung werden bei der Analyse und Bewertung von Risiko in Abhängigkeit vom jeweiligen Informationsstand durch den Vertrauenden negative Konsequenzen stärker bzw. schwächer bemessen. Insofern wirkt sich die dispositive Risikoneigung auf die Beurteilung des sozialen Risikos aus, das sich sowohl in Form kontext- und situationsbezogener Konsequenzen aus einer Vertrauenshandlung, als auch in der Wahlfreiheit der Interaktionspartner und der Unsicherheit hinsichtlich des erwünschten reziproken Verhaltens des Handlungspartners widerspiegelt. Risikofreudige Individuen neigen selbst bei einer hohen Bewertung des subjektiven Risikos zu vertrauensvollem Verhalten, insbesondere dann, wenn sie daneben über einen hohen Grad an Vertrauensneigung verfügen (Sitkin et al., 1992).

Gewährt der Vertrauensgeber nach der positiven Bewertung des situativen Chancen-Risiko-Profils einen Vertrauensvorschuss, so liegt es in der Hand des Vertrauensnehmers, die entsprechende ihm anvertraute Aufgabe erfolgreich umzusetzen und so das in ihn gesetzte Vertrauen zu bestätigen. Die von ihm geleistete Durchführung der Aufgabe wird insofern als reziproke Handlung zum Vertrauensvorschuss des Interaktionspartners betrachtet. Die abschließende Beurteilung der wahrgenommenen Vertrauenswürdigkeit des Vertrauensnehmers wird in Abhängigkeit des Erfolges der geleisteten Aufgabe vorgenommen. Wurden die vom Vertrauensgeber erwarteten Leistungsziele erfüllt, so wirkt sich dies in Abhängigkeit der Wichtigkeit der Vertrauenshandlung positiv auf die wahrgenommene Vertrauenswürdigkeit des Handlungspartners aus. Bei einer negativen Vertrauenshandlungsentscheidung wird der Vertrauensgeber sich darum bemühen, eine Person zu finden, die die Projektaufgabe durchführt, sie selbst bearbeiten oder auf die Ausführung verzichten.

Annahme 6:   *Die dispositionale Risikoneigung des Vertrauensgebers wirkt moderierend auf den Vertrauensvorsatz.*

2.4.2 Subjektive Bewertung von Chancen und Risiken

Die subjektive Bewertung der situativen Chancen und Risiken stellt den entscheidenden Schritt von der Vertrauensabsicht zum Vertrauensvorsatz dar. Sie steht unter dem Einfluss der persönlichen Präferenzstruktur des Vertrauensgebers hinsichtlich der zu erwartenden Konsequenzen einer eventuellen Vertrauenshandlung und der persönlichen Risikoneigung, welche sowohl die Bewertung des Risikos als auch den Umgang mit Risiko selbst beeinflusst. Bei einer rationalen gewinnmaximierenden Entscheidung wird die Wahrscheinlichkeit des Eintritts von Chancen und Risiken zunächst bemessen und dann in Abhängigkeit von der Wichtigkeit der Vertrauenshandlung und der Vertrauensbeziehung für künftige Interaktionen bewertet.

Entscheidungen unter *Risiko* sind dadurch gekennzeichnet, dass bei ihnen objektiv und subjektiv unsichere Eintrittsergebnisse aufgrund unvollkommener Informationen vorliegen (Laux, 2005 S: 145ff.; Kahle, 2001; Schneider, 1995). Die *objektive Unsicherheit* resultiert aus der Zufälligkeit zukünftiger Ereignisse, während sich die *subjektive Unsicherheit* in den unvollkommenen Informationen über die Wahrscheinlichkeitsverteilung selbst begründet. Die Bewertung der Unsicherheit eines Ereignisses bezieht sich zum einen auf exogene, außerhalb des direkten Einflussbereichs der Individuen liegende z.B. Umweltfaktoren, und zum anderen auf endogene Faktoren, die durch das Verhalten der jeweils anderen Partei beeinflusst werden.

Die Komplexität und Dynamik, die die Vertrauenssituation im internationalen Kontext kennzeichnen, führen zu einem hohen objektiven und subjektiven

Risiko. Je wichtiger die Vertrauenshandlung für den Vertrauensgeber und je geringer sein Informationsstand ist, desto bedeutender wird seine dispositionale Risikoneigung.

Annahme 7:   *Die subjektive Bewertung von situativen Chancen und Risiken hat moderierenden Einfluss auf den Vertrauensvorsatz.*

2.5 Einflussfaktoren der tatsächlichen Vertrauenshandlung
Tatsächliches Verhalten

Bei der Bewertung der Risiken im Rahmen des Vertrauensvorsatzes antizipiert der Vertrauensgeber mögliche Einflüsse, die bei der Realisierung der geplanten Handlung auftreten können und bemisst den Grad, in dem er diese kontrollieren kann. Dem Erfolg der geplanten Handlung steht nachfolgend dann die Bewältigung interner in der Person des Vertrauensgebers liegender und externer situativer Einflüsse gegenüber, die letztlich darüber entscheidet, ob die geplante und tatsächliche Handlung übereinstimmen.

Interne, in der Person des Vertrauensgebers liegende Einflüsse auf den Erfolg der Handlung beziehen sich auf Unterschiede in der Persönlichkeit, wie z.B. individuelle Willensstärke, Selbstkontrolle und Emotionalität sowie auf Wissen und Fähigkeiten (Notani, 1998). Ferner beeinflussen auch die Erfahrung mit der Ausübung der geplanten Handlung und die zur Verfügung stehenden Informationen über die zu bewältigende Aufgabe den Handlungserfolg (Ajzen, 1985).

Externe Einflüsse auf den Erfolg einer geplanten Handlung beziehen sich zum einen auf zeitliche Aspekte, im Sinne des passenden Augenblicks, in dem die Handlung durchgeführt wird, und zielen auf die situative Verfügbarkeit eventuell benötigter Ressourcen. Darüber hinaus kann eine geplante Handlung unter Umständen nicht allein ausgeführt werden, sondern Bedarf der Interaktion mit Anderen, so dass die Abhängigkeit von Dritten ebenfalls den Handlungserfolg beeinflusst (Notani, 1998).

Annahme 8:   *Interne Faktoren haben moderierende Wirkung auf die tatsächliche Vertrauenshandlung.*

Annahme 9: *Externe Faktoren haben moderierende Wirkung auf die tatsächliche Vertrauenshandlung.*

3. Implikationen für Wissenschaft und Praxis

Die Anwendung der erweiterten Theorie des geplanten Verhaltens auf die Vertrauensentwicklung erlaubt, unterschiedliche Determinanten von Vertrauensabsicht Zielintention sowie Moderatoren auf den Vertrauensvorsatz Realisierungsintention und die tatsächliche Vertrauenshandlung darzustellen. Die Betrachtung der Vertrauensentwicklung über die Zeit zeigt insbesondere auf, dass bei positiver Vertrauensentwicklung die Vertrauensabsicht einen stärkeren Einfluss auf den Vertrauensvorsatz erzielt und dabei im Vergleich zu den weiteren Einflussfaktoren dispositionale Risikoneigung und situatives Chancen-Risikoprofil an Bedeutung gewinnt. Da die Vertrauensabsicht primär durch situationsunabhängige Faktoren beeinflusst wird, ist insofern davon auszugehen, dass mit dem Zeitablauf – unter Annahme einer positiven Vertrauensentwicklung – situationsunabhängige Faktoren einen stärkeren Einfluss auf die Realisierungsintention entwickeln als situationsspezifische. Dies begründet sich dadurch, dass durch die Interaktionen zwischen den Handlungspartnern Normen entstehen, die von beiden Seiten als verbindlich betrachtet werden und dass dadurch das Verhalten des Handlungspartners antizipierbar wird (Kramer, 1999).

Implikationen für die Praxis zielen daher auf die Entwicklung gemeinsamer Normen. Diese können sowohl durch die grundsätzliche Stärkung der Interaktion zwischen den Handlungspartnern, als auch durch die aktive Auseinandersetzung mit in Frage kommenden normativen Aspekten in der Interaktion gefördert werden.

Die Förderung von Interaktionsdauer und -intensität hat positiven Einfluss auf die Herausbildung gemeinsamer Normen, denn je mehr Erfahrungen miteinander gesammelt werden, desto eher kann sich ein gemeinsames Verständnis über das gegenseitig erwartete Verhalten herausbilden und in geteilten Normen münden (Schweer et al., 2003). Eine Vertrauensbeziehung entwickelt sich jedoch nur dann positiv, wenn der Abgleich zwischen der Handlung des Gegenübers (Hertel et al., 2004) mit den an ihn gestellten Erwartungen entsprechend der subjektiven Vertrauenstheorie positiv ausfällt. Vor diesem Hintergrund hat die Qualität der Informationen über die Handlung des Interaktionspartners einen wesentlichen

Einfluss auf die Beurteilung seiner Vertrauenswürdigkeit. Je mehr Informationen ihm zur Verfügung stehen, desto qualitativ hochwertiger ist die Basis seiner Entscheidung (Watley, May, 2004). Dies ermöglicht ihm auch, Fehler im Vertrauensprozess zu Unrecht vertrauen oder zu Unrecht misstrauen eher zu entdecken und diese bei der Beurteilung mit zu berücksichtigen (Zolin et al., 2000).

Die konkrete Auseinandersetzung der Handlungspartner z.B. in einem Team mit sozialen, prozeduralen und verhaltensorientierten Normen ermöglicht darüber hinaus insbesondere Transparenz über die verschiedenen Wahrnehmungen (Günther, 2005) vertrauenswürdigen Verhaltens und eine Annäherung unterschiedlicher Perspektiven. Um soziale Normen zu verbalisieren und so dem gemeinsamen „Aushandlungsprozess" zugänglich machen zu können, ist allerdings zunächst eine Selbstreflektion (West, 2000) notwendig, die auf die persönlichen Werte zielt und bei der das Individuum gefordert ist, sich über seine subjektive Vertrauenstheorie bewusst zu werden (Schweer, 1997). Im erweiterten Rahmen fallen weiterhin Einflüsse von nationaler (Hofstede, Hofstede, 2005; Trompenaars, Wooliams, 2005) und Unternehmenskultur (Schein, 1995) in Betracht, da sie implizit über bestimmte Werte verfügen und das Individuum aufgrund von Sozialisierungsprozessen durch diese beeinflusst wird und vice versa (Tillmann, 2004). Prozedurale Normen ebenso wie verhaltensorientierte Normen konkretisieren Verhaltensanforderungen. Erstere zielen dabei auf die Verwendung bestimmter Methoden zur Bewältigung spezifischer Aufgabenstellungen. Durch die aktive Auseinandersetzung der Beteiligten mit der Fragestellung, welche Methoden im Hinblick auf eine konkrete Aufgabenstellung zu verwenden sind, kann hier Einigung erzielt werden (Hüsgen, 2005). Dies gilt auch in Bezug auf das Kommunikationsverhalten verhaltensorientierte Normen (Herczeg et al., 2000).

Eine positive Vertrauensentwicklung wird darüber hinaus wahrscheinlicher, wenn die beteiligten Individuen über ein spezifisches Persönlichkeitsprofil verfügen. Sie sollten eine hohe Vertrauens- und Risikoneigung, hohe Willensstärke und Selbstkontrolle aufweisen, sowie über spezifisches Wissen, Erfahrung und Fähigkeiten verfügen. Eine dementsprechend ausgerichtete Personalauswahl und -entwicklung kann sich daher positiv auf die Wahrscheinlichkeit vertrauensvollen Verhaltens auswirken (Kristof-Brown, 2005).

Sowohl das wissenschaftliche als auch das praktische Interesse an interpersonalem Vertrauen wird vor allem durch die praktische Relevanz globaler, verteilter und vernetzter Zusammenarbeit für den Innovationserfolg von Unternehmen getrieben (Clegg, Unsworth, Epitropaki, Parker, 2002; Ruppel, Harrington, 2000; Kohtamäki, Kekäle, Viitala, 2004; Madhavan, Grover, 1998; Keller, 2001; Petersen et al., 2003; Bstieler, 2006). Die theoretische Weiterentwicklung und empirische Überprüfung des in diesem Artikel dargestellten Modells des interpersonalen Vertrauens kann insofern einen Beitrag zur Untersuchung dieser Kooperationsformen leisten, als dass es ein fundierteres Verständnis über sozialpsychologische Einflüsse auf Vertrauenshandlungen ermöglicht. Insbesondere die Integration situativer Aspekte, wie z.B. die Spezifika von strategischen Allianzen und Lieferantenintegration sowie von funktionsübergreifenden und virtuellen Kooperationen, können so detailliert betrachtet werden und konkrete Maßnahmen zur Steigerung ihrer Effektivität und Effizienz geben.

Literatur

Ajzen, I. & Fishbein, M. 1980. Understanding Attitudes and Predicting Social Behavior (7. [print.] ed.). Englewood Cliffs, N.J.: Prentice-Hall.

Ajzen, I. 1985. From intentions to actions: A theory of planned behavior. In J. Kuhn (Ed.), Action Control: 11-39. Berlin.

Ajzen, I. 1991. The theory of planned behavior. Organizational Behavior & Human Decision Process, 50: 179-211.

Albers, S. 2004. Cross-functional Innovation Management: Perspectives from Different Disciplines Wiesbaden: Gabler.

Aronson, E., Wilson, T. D., & Akert, R. M. 2004. Sozialpsychologie. München: Pearson Studium.

Beckmann, M., Mackerbrock, T., Pies, I., & Sardison, M. 2005. Vertrauen, Institutionen und mentale Modelle. In H. e. al. (Ed.), Jahrbuch Normative und institutionelle Grundfragen der Ökonomik- Band 4: Reputation und Vertrauen: 59-83. Marburg: Metropolis Verlag.

Bierhoff, H. W. & Herner, M. J. 2002. Begriffswörterbuch Sozialpsychologie, Stuttgart: Kohlhammer.

Braunstein, C., Huber, F., & Herrmann, A. 2005. Ein Ansatz zur Erklärung der Kundenbindung auf der Basis der Theorie des geplanten Verhaltens. Zeitschrift für betriebswirtschaftliche Forschung (ZfbF), 57: 187-213.

Bstieler, L. 2006. Trust Formation in Collaborative New Product Development. Journal of Product Innovation Management, 23(1): 56-72.

Büssing, A. & Broome, P. 1999. Vertrauen unter Telearbeit. Zeitschrift für Arbeits- und Organisationspsychologie, 43(3): 122-133.

Büssing, A. & Moranz, C. 2003. Initiales Vertrauen in virtualisierten Geschäftsbeziehungen. Zeitschrift für Arbeits- und Organisationspsychologie, 47(2): 95-103.

Butler, J. K. 1991. Toward understanding and measuring conditions of trust: Evolution of a conditions od trust inventory. Journal of Management, 17(3): 643-663.

Clegg, C., Unsworth, K., Epitropaki, O., & Parker, G. 2002. Implicating trust in the innovation process. Journal of Occupational & Organizational Psychology, 75(4): 409-422.

Coleman, J. 1990. Foundation of Social Theory, in: Cambridge: Harvard University Press.

Conner, M. & Armitage, C. J. 1998. Extending the Theory of Planned Behavior: A Review and Avenues for Further Research. Journal of Applied Social Psychology, 28(15): 1429-1464.

Costa, A. C., Roe, R. A., & Taillieu, T. 2001. Trust within teams: the relation with performance effectiveness. European Journal of Work & Organizational Psychology, 10(3): 225-244.

Deutsch, M. 1976. Konfliktregelung: konstruktive und destruktive Prozesse, München, Reinhardt.

Eagly, A. & Chaiken, S. 1993. The Psychology of Attitudes. Fort Worth [u.a.]: Harcourt Brace Jovanovich.

Fukuyama, F. 1995. Trust: The Social Virtues and the Creation of prosperity. New York: Free Press.

Gabarro, J. J. 1988. The development of trust and expectations. In A. Athos & J. Gabarro (Eds.), Interpersonal Behavior: Communication and Understanding in Relationships: 290-303. Prentice Hall: Englewood Cliffs.

Gambetta, D. G. 1988. Can we trust trust? in: Gambetta, D. G. (Hrsg.) Trust, New York, S. 213- 237.

Gassmann, O. & von Zedtwitz, M. 2003. Trends and determinants of managing virtual R&D teams. R&D Management, 33(3): 243-262.

Granovetter, M. 1985. Economic Action and Social Structure: The Problem of Embeddedness. American Journal of Sociology, 91: 481-510.

Günther, U. 2005. Globalisierung, Clash of Civilizations und interkulturelle Wirtschaftspsychologie, in: Wirtschaftspsychologie, 08.02.2005.
Hardin, R. 1998. Trust. New York: Sage.
Herczeg, M., Janfeld, B., Kleinen, B., Kritzenberger, H., Paul, H., & Wittstock, M.; Virtuelle Teams: Erkenntnisse über die Nutzung von Video Conferencing und Application Sharing bei der Unterstützung virtueller Teams; http://www.iatge.de/aktuell/veroeff/ps/paul00a.pdf.
Hertel, G. & Konradt, U. 2004. Führung aus der Distanz: Steuerung und Motivierung bei ortsverteilter Zusammenarbeit. In G. Hertel & U. Konradt (Eds.), Human Resource Management im Inter- und Intranet: 169-186. Göttingen: Hogrefe.
Hoegl, M. & Gemuenden, H. G. 2001. Teamwork Quality and the Success of Innovative Projects: A Theoretical Concept and Empirial Evidence. Organization Science, 12(4): 435-449.
Hoegl, M., Ernst, H., & Proserpio, L. in press. How Teamwork matter more as team member dispersion increases. Journal of Product Innovation Management.
Hofstede, G. & Hofstede, G. J. 2005. Cultures and Organizations: Software of the Mind (rev. and exp. 2. ed.). New York: McGraw-Hill.
Holland, C. P. 1998. The Importance of trust and Business Relationships in the Formation of Virtual Organizations, www.virtual-organization.net/files/articles/vomet-98.pdf (14.03.2004).
Hüsgen, M. F. 2005. Projektteams. Das Sechs-Ebenen-Modell zur Selbstreflexion im Team – Instrument und Einsatz. Göttingen: Vandenhoeck & Ruprecht.
Kahle, E. 2001. Betriebliche Entscheidungen: Lehrbuch zur Einführung in die betriebswirtschaftliche Entscheidungstheorie (6., unwesentlich veränd. Aufl. ed.). München: Oldenbourg.
Keller, R. T. 2001. Cross-functional Project Groups in Research and New Product Development: Diversity, Communications, Job Stress, and Outcomes. Academy of Management Journal, 44(3): 547-555.
Kohtamäki, M., Kekäle, T., & Viitala, R. 2004. Trust and Innovation: from Spin-Off Idea to Stock Exchange. Creativity & Innovation Management, 13(2): 75-88.

Korsgaard, M. A., Schweiger, D. M., & Sapienza, H. J. 1995. Building commitment, attachment, and trust in strategic decision-making teams: The role of procedural justice. Academy of Management Journal, 38(1): 60-85.

Köszegi, S. 2001. Vertrauen in virtuellen Unternehmen, Wiesbaden: Gabler Verlag.

Kramer, R. M. 1999. Trust and Distrust in Organizations: Emerging Perspectives, Enduring Questions. Annual Review of Psychology, 50: 569-598.

Kristof-Brown, A. L. Z., Ryan D.; Johnson, Erin C. 2005. Consequences of Individual's Fit at Work: A Meta-Analysis of Person-Job, Person-Organization, Person-Group, and Person-Supervisory. Personnel Psychology, 58(2): 281-342.

Krystek, U. & Zumbrock, S. 1993. Planung und Vertrauen: Die Bedeutung von Vertrauen und Misstrauen für die Qualität von Planungs- und Kontrollsystemen. Stuttgart: Schäffer-Poeschel.

Laux, H. 2005. Entscheidungstheorie, 6., durchgesehene Aufl., Berlin [u.a.]: Springer.

Lewicki, R. J. & Bunker, B. B. 1996. Developing and maintaining trust in work relationships. In R. M. Kramer & C. K. Tyran (Eds.), Trust in organizations: Frontiers of theory and research. Thousand Oaks: Sage Publications.

Lindskold, S. 1978. Trust development, the GRIT proposal, and the effects on conciliatory acts on conflict and cooperation. Psychological Bulletin, 85(4): 772-793.

Lindskold, S. & Bennett, R. 1981. Assessing the Perception and Significance of Social Norms. Journal of Psychology, 108(1): 111-119.

Lovelace, K., Shapiro, D. L., & Weingart, L. R. 2001. Maximizing Cross-Functional New Product Teams' Innovativeness and Contraint Adherence: A Conflict Communications Perspective. Academy of Management Journal, 44(4): 779-793.

Luhmann, N. 2000. Vertrauen. Ein Mechanismus zur Reduktion sozialer Komplexität, 4. Aufl, Stuttgart: Lucius & Lucius.

Madhavan, R. & Grover, R. 1998. From Embedded Knowledge to Embodied Knowledge: New Product Development as Knowledge Management. Journal of Marketing, 62(4): 1-12.

Mayer, R. C., Davis, J. H., & Schoorman, F. D. 1995. An integrative model of organizational trust. Academy of Management Review, 20(3): 709-734.

McDonough, E. F., Kahn, K. B., & Barczaka, G. 2001. An investigation of the use of global, virtual, and colocated new product development teams. Journal of Product Innovation Management, 18: 110-120.

McKnight, D. H. & Chervany, N. L.; The Meanings of Trust; http://misrc.umn.edu/wpaper/WorkingPapers/9604.pdf.

Neubauer, W. 1997. Interpersonales Vertrauen als Management-Aufgabe in Organisationen. In M. Schweer (Ed.), Interpersonales Vertrauen: Theorien und empirische Befunde: 105-120. Opladen: Westdt. Verlag.

Nieder, P. 1999. Erfolgreich führen durch Vertrauen. Personalwirtschaft, 2: 36-39.

Nooteboom, B. & Six, F. 2003. The trust process. In B. Nooteboom (Ed.), The trust process in organizations: Empirical studies of the determinants and the process of trust development: 16-36 Cheltenham: Elgar.

Notani, A. S. 1998. Moderators of Perceived Behavioral Control's Predictiveness in the Theory of Planned Behavior: A Meta-Analysis. Journal of Consumer Psychology, 7(3): 247-271.

Petersen, K. J., Handfield, R. B., & Ragatz, G. L. 2003. A Model of Supplier Integration into New Product Development. Journal of Product Innovation Management, 20(4): 284-299.

Rotter, J. B. 1967. A new scale for measurement of interpersonal trust, in: Journal of Personality, 35, S. 651- 655.

Rotter, J. B. 1971. Generalized expectancies for interpersonal trust, in: American Psychologist, 26, S. 433- 452.

Rotter, J. B. 1980. Interpersonal trust, trustworthiness, gullibility, in: American Psychologist, 35, S. 1- 7.

Rotter, J. B. 1981. Vertrauen. Das kleinere Risiko, in: Psychologie heute, Nr. 8, S. 23- 29.

Ruppel, C. P. & Harrington, S. J. 2000 The Relationship of Communication, Ethical Work Climate, and Trust to Commitment and Innovation. Journal of Business Ethics, 25(4): 313-328.

Schein, E. H. 1995. Unternehmenskultur: ein Handbuch für Führungskräfte. Frankfurt am Main: Campus- Verlag.

Schneider, D. 1995. Informations- und Entscheidungstheorie. München: Oldenbourg.

Scholz, C.; The virtual corporation: empirical evidences to a three dimensional model,; http://www.orga.uni-sb.de/bibliothek/artikel/aom_toronto.pdf (17.06.2005).

Schumacher, C. 2006. Trust - A Source of Success in Strategic Alliances? Schmalenbach Business Review (SBR): 259-278.

Schweer, M. 1997. Interpersonales Vertrauen: Theorien und empirische Befunde, Opladen: Westdt. Verlag.

Schweer, M. & Thies, B. 2003. Vertrauen als Organisationsprinzip. Bern: Huber Verlag.

Sitkin, S. B. & Pablo, A. L. 1992. Reconceptualizing the Determinants of Risk Behavior. Academy of Management Review, 17(1): 30-39.

Spörri, S. M., Springhall, L., & Grote, G.; Abschlussbericht Projekt Telemanagement: Führung und Kommunikation in virtuellen Teams der IT-Branche; http://www.tm.ifap.bepr.ethz.ch/downloads/management%20summary. pdf; 25.08.2006, 2006.

Thomas, A.; Vertrauen im interkulturellen Kontext aus Sicht der Psychologie; http://www.psychologie.uni-regensburg.de/Thomas/aktuell/Vertrauen_im_interk_Kontext-pdf; 30.09.2006, 2006.

Tillmann, K.-J. 2004. Sozialisationstheorien. Eine Einführung in den Zusammenhang von Gesellschaft, Institution und Subjektwerdung. Reinbek bei Hamburg: Rowohlts Enzyklopädie.

Trompenaars, A. & Wooliams, P. 2005. Business across cultures. Oxford: Capstone.

Uzzi, B. 1997. Social Structure and Competition in Interfirm Networks: The Paradox of Embeddedness. Administrative Science Quarterly, 42: 35-67.

Watley, L. D. & May, D. R. 2004. Enhancing Moral Intensity: The Roles of Personal and Consequential Information in Ethical Decision-Making. Journal of Business Ethics, 50(2): 105-126.

Weinkauf, K. & Woywode, M. 2004. Erfolgsfaktoren von virtuellen Teams - Ergebnisse einer aktuellen Studie. Zeitschrift für betriebswirtschaftliche Forschung (ZfbF), 56: 393-412.

West, M. A. 2000. Reflexivity, Revolution, and Innovation in Work Teams, Advances in Interdiciplinary Studies of Work Teams, Vol. 5: 1-29: JAI Press Inc.

Zand, D. E. 1972. Trust and managerial problem solving. Administrative Science Quarterly, 17: 229- 239.

Zolin, R., Levitt, R. E., Fruchter, R., & Hinds, P. J.; Modelling and monitoring trust in virtual A/E/C Teams; http://www.stanford.edu/group/CIFE/online.publications/WP062.pdf (18.05.2005).

Lehrangebote, wissenschaftliche Veranstaltungen und Forschung der Universität Lüneburg zum Security Management

Wilma Merkel*

1. Ausgangslage
2. Lehr- und Weiterbildungsangebote der Universität Lüneburg zum Security Management
3. Wissenschaftliche Veranstaltungen und Veröffentlichungen
4. Forschung zum Security Management
5. Schlussbemerkung

Literatur

---

* Prof. Dr. Wilma Merkel (Jahrgang 1942); 1965 bis 1969 Studium in Berlin, Abschluss als Diplom-Volkswirtin, 1974 Promotion in Berlin, 1979 Habilitation in Leipzig; 1986 Berufung auf den Lehrstuhl Wirtschaftsführung der Technischen Hochschule Leipzig; Studienaufenthalte 1985 an der Baufakultät in Moskau und 1988/89 an der University of Zimbabwe in Harare; 1990/91 Gastprofessur für Systemvergleiche an der Universität (GHK) Kassel; seit 1990 an der Universität Lüneburg, hier in ununterbrochener Folge bis 2002 Lehraufträge für Betriebswirtschaftslehre am Fachbereich Wirtschafts- und Sozialwissenschaften, insbesondere zu Organisation und Unternehmensführung; ab 1998 Leiterin des Zentrums für Wissenschaftliche Weiterbildung der Universität Lüneburg; seit 2007 im Ruhestand; zahlreiche betriebswirtschaftliche Veröffentlichungen u.a. zum Security Management

1. Ausgangslage

Die Sicherung der Existenz und des Wachstums von Unternehmen sind entscheidende Faktoren für die Erwirtschaftung der erforderlichen jährlichen Zuwachsraten des Bruttoinlandsprodukts zur Verwirklichung gesellschaftlicher, wirtschaftlicher und sozialer Zielstellungen. Eine Voraussetzung dafür ist die Einhaltung unserer im Grundgesetz festgeschriebenen demokratischen Rahmenbedingungen. Der Schweizer Philosoph Jean Ziegler vertritt aber schon seit längerem folgende, durch umfangreiche Recherchen belegte Auffassung zu Konsequenzen aus den sich abzeichnenden gesellschaftlichen und wirtschaftlichen Entwicklungen: „Die Wirtschaftskriminalität, deren Auswirkungen noch immer von vielen verkannt werden und die leider noch zuwenig erforscht worden ist, bereitet … den Boden für eine weitere Schwächung unseres sozialen Immunsystems und damit für die organisierte Kriminalität." (Ziegler 1999, S. 56)

Schon die Möglichkeit dieses erschreckenden Szenarios zwingt die Unternehmen, aber auch ihr gesellschaftliches Umfeld, zu tiefergehenderen und umfassenderen Sicherheitsanalysen als bisher üblich. Die Zunahme wirtschaftskrimineller Handlungen ist bereits nachgewiesen (- siehe dazu aktuelle Informationen im Internet). Erhärtende Aussagen in der gleichen Richtung beinhaltet eine Studie zur Sicherheitslage in der deutschen Wirtschaft über den Zeitraum von 2005 bis 2007 von Price Waterhouse Coopers (Price Waterhouse Coopers, 2007). Im Executive Summery dieser Studie wird herausgehoben: „Knapp die Hälfte (49 %) der Unternehmen in Deutschland ist im Erhebungszeitraum durch Unterschlagung, Korruption, Produktpiraterie oder andere Formen der Wirtschaftskriminalität geschädigt worden." Und im gleichen Text weiter dazu: „Der Gesamtschaden, der deutschen Unternehmen allein durch die aufgedeckten Delikte entstand, beläuft sich hochgerechnet auf gut sechs Milliarden Euro pro Jahr." (a .a. O. S, 3)
(Anmerkung: Anliegen des Beitrags ist es nicht vordergründig, die Ursachen von Schäden zu untersuchen. In den weiteren Darlegungen werden deshalb Schäden aus Wirtschaftskriminalität, aus Wirtschafts- und Konkurrenzspionage und aus Katastrophenfällen als Einheit behandelt, da die Folgen aus betriebswirtschaftlicher Sicht gleiche Wirkungen erzeugen.)

„Die „Global Player" sind sich der Gefahren der Ausspähung durch fremde Nachrichtendienste oder Konkurrenten bewusst. Ihre Sicherheitsabteilungen haben Konzepte und Programme entwickelt, um bereits vor Eintritt eines Schadensfalls erfolgreich gegensteuern zu können. Kleinen und mittleren Unternehmen fehlen dagegen sehr oft die Erfahrungen, die personellen Ressourcen und der finanzielle Background, um auf Bedrohungen entsprechend zu reagieren." (Verfassungsschutzbericht 2006, S. 321)
Auf die Leitungen vor allem von kleinen und mittleren Unternehmen kommen damit neue Aufgaben zur Sicherung ihrer Betriebe und der von ihnen verfolgten Ziele zu.

Sicherung ist eng verbunden mit dem Begriff Sicherheit. Nach Kahle ist „Sicherheit ... einer der vielen Begriffe, die mit mehreren Bedeutungsinhalten ausgestattet und hochgradig kontextabhängig sind." (Kahle 2002, S. 22).

Da ein Anliegen dieses Beitrags die Würdigung ausgewählter Leistungen von Prof. Dr. Egbert Kahle ist, wird im Folgenden vor allem sein Engagement zur stärker als bisher üblichen Einbeziehung von Sicherheitsaspekten in den von ihm vertretenen Komplex der Betriebswirtschaftslehre sowohl in der Ausbildung, als auch in der Weiterbildung, in der Mitarbeit im Arbeitskreis Security Management, bei der Schwerpunktsetzung von Sicherheitsforen als auch in der Forschung und der Herausgabe von Wissenschaftlichen Arbeitsberichten behandelt.

Bevor auf die o. g. Aktivitäten im Einzelnen eingegangen wird, sei an dieser Stelle ein kurzer Exkurs zur Vorgeschichte gestattet:
1993 wurde, unterstützt von den Innenministerien der Länder Niedersachsen und Sachsen-Anhalt, der „Gemeinnützige Bildungsverein Sachsen-Anhalt und Niedersachsen e. V." zur Umsetzung der im Einigungsvertrag (Bonn 1990) verankerten Verwaltungshilfe zwischen den einzelnen Bundesländern gegründet. Prof. Dr. Kahle war eines der Gründungsmitglieder. In den Jahren 1995 bis 1996 leitete er in Sachsen-Anhalt im Auftrag des Innenministeriums hauptsächlich für Führungskräfte der Polizei Fortbildungskurse mit einem Umfang von 600 Stunden zum Themenkomplex „Führung und Controlling im öffentlichen Sektor". Schwerpunkte dabei waren:
- Grundlagen der Betriebswirtschaftslehre

- Führung und Controlling im öffentlichen Sektor
- Führung und Controlling in Unternehmen.

Eine wesentliche Erkenntnis aus dieser Zusammenarbeit mit der Polizei war die Notwendigkeit der stärkeren Beachtung von Risiken aus wirtschaftskriminellen Handlungen in der Betriebswirtschaftslehre, aber auch die stärkere Ausstattung der polizeilichen Kräfte mit betriebswirtschaftlichem Wissen. In Umsetzung dieser Erkenntnis erarbeiteten überwiegend Mitglieder des Bildungsvereins zum Abschluss ihrer Tätigkeit im Rahmen der Verwaltungshilfe im Jahr 2000 eine umfangreiche Studie zur Sicherheit in der Wirtschaft, die u.a. vom Bundeskanzleramt, von der Niedersächsischen Staatskanzlei, von der Staatskanzlei des Landes Sachsen-Anhalt, vom Bundesministerium für Wirtschaft und Technologie positiv bewertet wurde. Die Studie umfasst Abhandlungen zum Thema aus verschiedenen Blickwinkeln als Grundlage eines modular aufgebauten Bildungskonzepts mit präventivem Ansatz zur Zusammenarbeit von Polizei und Wirtschaft. Das gestellte Thema wurde aus rechtswissenschaftlicher, aus entscheidungs- und organisationstheoretischer, aus unternehmensberatender Sicht, aus der Sicht polizeipraktischer Arbeit sowie aus journalistischer Sicht mit folgenden Einzelbeiträgen untersetzt:
- Der Beitrag der gesetzgebenden staatlichen Gewalt zur Sicherheit der Wirtschaft durch einfach-gesetzliche Regelungen auf nationaler Ebene)
- Sicherheit in der Wirtschaft unter europäischer Perspektive – nach Europarecht mögliche Formen der polizeilichen Zusammenarbeit
- Entscheidungs- und organisationstheoretische Grundlagen des Security Managements in Unternehmen
- Sorgt Risiko-Management für „Sicherheit in der Wirtschaft"?
- Sicherheit in der Wirtschaft aus dem Blickwinkel eines Sicherheitsberaters
- Polizei (Justiz, Verfassungsschutz) und Wirtschaft: Kritische Gedanken zu einem Bildungs- und Präventionskonzept
- Wachstumsmarkt Wirtschaftsspionage.

Im Zuge der Untersuchungen zur Studie wurde auch deutlich, dass sich eine beträchtliche Anzahl Einzelpersonen und Gruppen in Unternehmen und Einrichtungen mit Fragen der Sicherheit unabhängig voneinander auseinandersetzen, diese aber nicht durchgängig zu einem Gesamtkomplex zusammen führen. Der Gedanke der Schaffung von in sich geschlossenen verallgemeinerungsfähigen theoretischen Grundlagen sowie eine darauf ausgerichtete Lehre und Forschung wurde von dem Fachbereich Wirtschafts- und Sozialwissenschaften der Universität Lüneburg und seinem Dekan Prof. Dr. Egbert Kahle aufgegriffen.

2. Lehr- und Weiterbildungsangebote der Universität Lüneburg zum Security Management

2.1 Ausbildung

In dem von Prof. Kahle vertretenen Lehrkomplex „Entscheidung und Organisation" werden seit Ende 1999 entscheidungstheoretische Grundlagen des Security Managements vermittelt. Daraus entwickelte sich über mehrere Semester ein fachrichtungsübergreifender Lehrkomplex „Wissenschaftliche Grundlagen des Security Management", der auch über das STUDIUM GENERALE für Gasthörer geöffnet wurde. Im Sommersemester 2002 gehörten beispielsweise, eingepasst in den laufenden Vorlesungsplan, folgende Lehrveranstaltungen dazu:
- Entscheidungstheorie mit Schwerpunkt Security Management
- Organisationsentwicklung und Unternehmensberatung
- Organisationstheorie – Corporate Governance
- Operations Research
- Globalisierung des Wirtschaftslebens
- Wirtschaft und Gesellschaft im Nahen Osten
- Einführung in die Kriminologie
- Grundlagen des Strafrechts

(Studium Generale 2002, S. 15/16)

2.2 Weiterbildung

Ebenfalls mit Unterstützung von Prof. Kahle wurde, abgestimmt mit dem Arbeitsamt der Stadt Lüneburg, der IHK Lüneburg-Wolfsburg und der Bezirksregierung Lüneburg und auf die Bedürfnisse der Region zugeschnitten, ein 400 Stunden umfassender zertifizierter Weiterbildungslehrgang „Business Manager" entwickelt, anfangs für arbeitslose Akademiker, dann im weiteren für Fach- und Führungskräfte. Der Kurs wurde ab 1999 drei Mal erfolgreich gemeinsam mit der Grone-Schule Lüneburg durchgeführt. Ein Wahlfach innerhalb dieses Zertifikatslehrgangs war Security Management, dessen Ziel wie folgt formuliert wurde: „Ziel der fachrichtungsübergreifend angebotenen Veranstaltungsreihe "Security Management" ist die Sensibilisierung der Hörer für Führungsaufgaben mit präventivem Ansatz auf dem Gebiet der Unternehmenssicherheit. Anlass ist das wachsende Bedürfnis der Wirtschaft, den Gedanken "Sicherheit für die Wirtschaft" stärker in den täglichen Betriebsablauf einzubringen." (Flyer, 2002)

Zur Fixierung der Schwerpunkte der Weiterbildung im betriebswirtschaftlich geprägten Komplex „Security Management" entstand als loser Verbund ein „Arbeitskreis Security Management", dem u.a. Vertreter der Bezirksregierung Lüneburg, der Polizeidirektion Magdeburg, der Kriminalinspektion OK Braunschweig, der Deutschen Telekom, der Philips AG Hamburg, der IKON AG, Plettac electronics Fürth, des Bundesamtes für Sicherheit in der Informationstechnik Bonn angehörten. Die seit 1999 von diesem Kreis für die universitäre Aus- und Weiterbildung empfohlenen Schwerpunkte sind bis heute noch nicht voll bearbeitet, bildeten aber einen Leitfaden für alle Folgeaktivitäten. Einige sollen an dieser Stelle kurz skizziert werden:

1. Rechtliche Grundlagen, z.B.
   Zusammenarbeit von privaten Sicherheitsunternehmen, Detektiven und der Polizei in Form von Sicherheitspartnerschaften;
   Internationales Recht für private Sicherheit;
   Wirtschafts- und Industriespionage (national und international);
   Möglichkeiten und Grenzen der Zusammenarbeit mit staatlichen Stellen im In- und Ausland
2. Sicherheitstechnik/technische Prävention, z.B.
   Taktische Grundsätze zum Einsatz von sicherheitstechnischen Produkten (Mechanik, Elektronik, Organisation, Logistik);
   Planung, Projektierung und Einführung von Zutrittskontrollsystemen
3. Grundlagen der BWL einschließlich Entscheidungs- und Organisationstheorie, z.B.
   Ziele und Strategien des Security Management als Beitrag zum Ergebnis;
   Risk-Management;
   Entwicklung von Bedrohungsszenarien und/oder Tatbegehungsweisen;

Lage- und Informationssystem;
Notfall- und Krisenmanagement einschließlich Entscheidungshilfen für
Not- und Krisensituationen;
Ermittlungstechniken
4. Wirtschaftsinformatik, z.b.
Bedrohungsszenarien in der IT;
Grundlagen und Funktionsweise von IT-Sicherheitslösungen;
IT-Sicherheitskonzeptionen,
Bedeutung von IT-Sicherheit für den Informationsschutz in einem
globalen Markt
(interne Arbeitsunterlagen, ab 2000)

Die von dem Arbeitskreis empfohlenen Schwerpunkte haben sowohl in der sich an der Universität Lüneburg behutsam entwickelnden Security Forschung als auch in den ab dem Jahr 2000 in Zusammenarbeit mit Einrichtungen der Region durchgeführten Sicherheitsforen für die Wirtschaft Berücksichtigung gefunden.

3. Wissenschaftliche Veranstaltungen und Veröffentlichungen

3.1 Lüneburger Sicherheitsforen für die Wirtschaft

Ein Ziel der Sicherheitsforen war die Schaffung einer neutralen Diskussionsplattform zum Thema Unternehmenssicherheit mit in- und ausländischen Führungskräften der Wirtschaft und Sicherheitsexperten u.a. aus der ASW (Arbeitsgemeinschaft für Sicherheit in der Wirtschaft Bonn), aus den AKSiBe (Arbeitskreisen für Sicherheitsbevollmächtigte des Bundes und der Länder), aus großen, mittleren und kleinen Unternehmen, aus Bundes- und Länderministerien, der Banken, der Sicherheitsdienste, der Polizei, der Versicherungen, der Wissenschaft – um nur einige zu nenne. Der Anstoß dafür kam von der Bezirksregierung Lüneburg, die den Schwerpunkt „Security" auch im RITTS-Projekt 1. Kategorie verankerte. (RITTS Aktionsplan, 2001, Punkt 24.)

In dieser Reihe international ausgelegter, einmal jährlich stattfindender Treffen von Sicherheitsexperten und Führungskräften wurden, vor allem unterstützt von der Bezirksregierung Lüneburg, der IHK Lüneburg-Wolfsburg, der HWK

Lüneburg-Stade, der Konrad-Adenauer-Stiftung Lüneburg , der Landeszentrale für politischen Bildung Niedersachsen, der Landeszeitung Lüneburg folgende Themenkomplexe diskutiert:

Im Jahr 2000 „Wirtschaftsspionage und Korruption"
mit folgenden Schwerpunktsetzungen durch das Niedersächsische Landesamt für Verfassungsschutz Hannover, durch das Dezernat Interne Ermittlungen Hamburg, durch das Deutsche Forum für Kriminalprävention Bonn und unter der Schirmherrschaft der Regierungspräsidentin der Bezirksregierung Lüneburg:
- Wirtschaftsspionage – Lagebild und Instrumente ihrer Bekämpfung
- Korruption in der gewerblichen Wirtschaft
- Das Deutsche Forum für Kriminalprävention: Ein zukünftiger Partner für die Wirtschaft im Netzwerk der gesamtgesellschaftlichen Kriminalprävention

Im Jahr 2001 „Gefahr für Unternehmen durch Euro-Kriminalität"
mit folgenden Schwerpunktsetzungen durch EUROPOL Den Haag, durch das BKA Wiesbaden, durch den Anlegerschutzbund Frankfurt a. M. und unter der Schirmherrschaft der Regierungspräsidentin der Bezirksregierung Lüneburg:
- Kriminalität und Bekämpfung anlässlich der Euro-Einführung
- Kriminalität und kriminogene Faktoren bei der Einführung des Euro
- Euro-Einführung und Grauer Kapitalmarkt

Im Jahr2002 „Unternehmen und Terrorismus"
mit folgenden Schwerpunktsetzungen durch die FAZ Frankfurt a. M., durch die Ecole de guerre economique Paris, durch das Bundesamt für Verfassungsschutz Köln und unter der Schirmherrschaft der Regierungspräsidentin der Bezirksregierung Lüneburg:
- Internationale Terrorismusgruppierungen
- Ökoterrorismus gegen Unternehmen
- Internationaler Terrorismus mit Schwerpunkt islamistische Bestrebungen

Im Jahr 2003 „Notfall und Krisenmanagement im Katastrophenfall"
mit folgenden Schwerpunktsetzungen durch das Niedersächsische Innenministerium Hannover, durch die Polizeiführungsakademie Münster-

Hiltrup, durch den Landkreis Lüneburg und unter der Schirmherrschaft des Ministerpräsidenten des Landes Niedersachsen:
- Notfall- und Krisenmanagement im Katastrophenfall aus landespolitischer Sicht
- Notfall- und Krisenmanagement aus der Sicht der Polizei
- Notfall- und Krisenmanagement im Katastrophenfall, Aufgaben und Zuständigkeiten des Landkreises

Im Jahr 2004 „Korruption und Abrechnungsbetrug im Gesundheitswesen" mit Schwerpunktsetzungen durch den Counter Fraud Service London, den AOK-Bundesvorstand Bonn, die AOK Niedersachsen Hannover, den Verband der privaten Krankenversicherung Köln, die Kassenärztliche Bundesvereinigung Berlin, den Bundesverband der Pharmazeutischen Industrie Berlin, Generalstaatsanwaltschaft Celle, die Apothekerkammer Niedersachsen Hannover, das Allgemeine Krankenhaus Eilbek/Hamburg und unter der Schirmherrschaft der Bundesministerin für Gesundheit und Soziales

Im Jahr 2005 „Korruptionsbekämpfung und Transparenz in Pharmaindustrie/Gesundheitswesen" mit Schwerpunktsetzungen durch den Verband Forschender Arzneimittelhersteller, der Freiwilligen Selbstkontrolle für die Arzneimittelindustrie, der Ärztekammer Westfalen-Lippe, von Transparency International Berlin, von Pfizer Deutschland Karlsruhe, der Arzneimittelkommission der deutschen Ärzteschaft Berlin, dem arznei-telegramm Berlin, der Staatsanwaltschaft München, dem Polizeipräsidium München, der AOK Niedersachsen Ermittlungsgruppe Abrechnungsbetrug Hannover, der Sozietät Taylor Wessing Hamburg und unter der Schirmherrschaft des Bundesministers des Innern

Ausgewählte Vorträge sind in den Wissenschaftlichen Arbeitsberichten des Zentrums für Wissenschaftliche Weiterbildung der Universität Lüneburg zum Security Management abgedruckt.

3.2 Wissenschaftliche Arbeitsberichte zum Security Management

Prof. Dr. Kahle ist Mitherausgeber der Wissenschaftlichen Arbeitsberichte des Zentrums für Wissenschaftliche Weiterbildung zum Security Management (ISSN: 1611-0021). Zum gegenwärtigen Zeitpunkt umfassten sie folgende Titel:

- Sicherheit in der Wirtschaft unter europäischer Perspektive: Nach Europarecht mögliche Formen der polizeilichen Zusammenarbeit
Autoren: Prof. Dr. Hartwig Donner (Universität Lüneburg, Präsident), Assessor jur. Ulrich Kaden

- Der Beitrag der gesetzgebenden staatlichen Gewalt zur Sicherheit der Wirtschaft durch einfach- gesetzliche Regelungen auf nationaler Ebene
Autor: Eike Ingwer Schmidt (Verwaltungsgericht Stade, Präsident)

- Notwendigkeit der Kooperation mit der Wirtschaft im Bereich der inneren Sicherheit
Autor: Landeskriminaldirektor R.-P. Wachholz

- Polizei (Justiz, Verfassungsschutz) und Wirtschaft: Kritische Gedanken zu einem Bildungs- und Präventionskonzept
Autor: Dipl.-Päd. Hans-Jürgen Wieben (Leitender Kriminaldirektor)

- Entscheidungs- und organisationstheoretische Grundlagen des Security Managements in Unternehmen
Autor: Prof. Dr. Egbert Kahle, Universität Lüneburg,
Dekan des Fachbereichs Wirtschafts- und Sozialwissenschaften

- Risikomanagement als Führungsaufgabe von Unternehmen
Autor: Dipl.-Kfm. Sebastian Hartmann

- Wirtschaftsspionage, Euro-Kriminalität, Terrorismus, Katastrophenfälle - Lüneburger Sicherheitsforen für die Wirtschaft 2000-2003
Diverse Autoren

- Korruption und Abrechnungsbetrug im Gesundheitswesen – 5. Lüneburger Sicherheitsforum für die Wirtschaft 2004
Diverse Autoren

- Korruptionsbekämpfung und Transparenz in Pharmaindustrie/Gesundheitswesen – 6. Lüneburger Sicherheitsforum für die Wirtschaft 2005
Diverse Autoren

Prof. Dr. Kahle ist weiterhin Mitherausgeber der Wissenschaftlichen Arbeitsberichte des Zentrums für Wissenschaftliche Weiterbildung zum Management ambulanter und integrierter medizinischer Versorgung, in der ebenfalls sicherheitsbezogene Themen bearbeitet wurden. Stellvertretend für den gesamten Komplex soll hier genannt werden:

- Krankenhaus-Krisenschutz, Integrationsmanagement für außergewöhnliche Situationen
Dirk Greunig

4. Forschung zum Security Management

Neben studentischen Haus- und Diplomarbeiten im Rahmen der Aus- und Weiterbildung wächst der Anteil der von Prof. Dr. Kahle betreuten Dissertationen zum Themenkreis Security Management. Stellvertretend hierfür wird auf die Dissertation von Axel Sitt verwiesen, dessen Forschungsergebnisse zur Risiko-Modellierung bereits Eingang in die Lehre an der Universität Lüneburg gefunden haben. (Sitt 2003, S. 109 ff.)

Hervorzuheben ist die mit großer öffentlicher Resonanz aufgenommene, über einen Zeitraum von zwei Jahren für das Land Baden-Württemberg erarbeitete Studie. (Kahle/Merkel 2004) In die Studie integriert sind Vorstellungen zu fachrichtungsübergreifenden Schulungsmaßnahmen für Mitarbeiter der Sicherheitsbehörden und für die Sicherheitsverantwortlichen in den Unternehmen, aber auch zu einem universitären Weiterbildungsstudiengang auf dem Gebiet „Security Management".

Das Curriculum zu diesem Masterstudiengang „Strategisches Management mit dem Schwerpunkt Security Management" wurde von Prof. Dr. Kahle entwickelt. Er gliedert sich in die Module:
- Normatives Management mit Unternehmenszielen, Unternehmensethik und Unternehmenskultur, Interkulturelles Management und Corporate Governance
- Management Strategien mit Unternehmensstrategien, Strategisches Marketing, Finanzstrategien und strategisches Human Ressource Management
- Risikomanagement mit Früherkennung strategischer Risiken und vorbeugender Planung, Security Management, Krisenmanagement sowie Ursachen und Formen organisatorischen Wandels
- Technische Sicherheit (im Verbund mit der Universität Saarbrücken)
- Entwicklung eines ganzheitlichen Strategie- und Risikokonzepts mit dem Grundkonzept vernetzter Unternehmensplanung (Fokus-Konzept), Ganzheitliches Risikomanagement und Unternehmenssimulation (Planspiel)

Für diesen Studiengang wurden bereits mehrere Verbundpartner gewonnen - und es liegen aus der Wirtschaft sowie dem Öffentlichen Dienst aus Bund und Ländern Interessensbekundungen vor.

5. Schlussbemerkung

„Sicherheit bedeutet innerhalb der betriebswirtschaftlichen Entscheidungstheorie, dass alle notwendigen Informationen über ein Entscheidungsproblem vorliegen und die Wirkungen von Maßnahmen bekannt sind und eindeutig eintreten. Dieser Zustand ist in der Realität selten bis nie anzutreffen, wird aber für die Erklärung vieler Zusammenhänge vereinfachend angenommen. Das Nichtvorliegen von Sicherheit beruht auf folgenden Ursachen:
- fehlende Informationen,
- falsche Informationen,
- fehlerhafte Informationsverarbeitung,
- Unbestimmtheit künftiger Entwicklungen,
- Unbestimmtheit des Verhaltens anderer." (Kahle, a. a. O. S.22)

Für die Unternehmensleitungen vor allem von kleinen und mittleren Unternehmen bedeutet das die Überprüfung ihrer bisherigen Sicherheits- und Unsicherheitsanalysen auf begrifflich klar voneinander abgegrenzte und dem verfolgten Ziel zuordenbare Sicherheitsaspekte einschließlich ihrer betriebswirtschaftlichen, personellen und sozialen Facetten. Grundlage dafür sind wissenschaftlich fundierte und auf breiter Basis erprobte betriebswirtschaftliche Instrumente, die in der aktuellen Betriebswirtschaftslehre gegenwärtig nur partiell vermittelt werden, für die aber die Universität Lüneburg unter Leitung von Prof. Dr. Kahle gute Grundlagen entwickelt hat.

Literatur

Kahle, S.: Security-Management unter HR- und Organisationsaspekten, in: Personalführung 5 (2002)
Kahle., Merkel , W.: Fall- und Schadensanalyse bezüglich Know-how- /Informationsverlusten in Baden-Württemberg ab 1995 (Schlussgutachten), Lüneburg, 2004
Sitt, A.: Dynamisches Risiko-Management – Zum unternehmerischen Umgang mit Risiken, 1., Deutscher Universitätsverlag, Wiesbaden 2003
Ziegler, J.: Die Barbaren kommen, Goldmann Verlag München 1999
Flyer des Zentrums für Wissenschaftliche Weiterbildung der Universität Lüneburg, 2002
interne Arbeitsunterlagen des Zentrums für Wissenschaftliche Weiterbildung der Universität Lüneburg, ab 2000 fortlaufend
RITTS-Handlungsfeld lt.Strategie Aktionsplan, Bezirksregierung Lüneburg, Februar 2001
Sicherheit in der Wirtschaft (Studie), Zentrum für Wissenschaftliche Weiterbildung, Universität Lüneburg 2000
STUDIUM GENERALE SS 2002, Aus- und Weiterbildungsangebote für Studierende, Gasthörer und Senioren, Zentrum für Wissenschaftliche Weiterbildung, Universität Lüneburg, 2002
Verfassungsschutzbericht 2006, Bundesministerium des Innern, Berlin, 2007
Vertrag zwischen der Bundesrepublik Deutschland und der Deutschen Demokratischen Republik über die Herstellung der Einheit

Deutschlands, Presse- und Informationsamt der Bundesregierung, Bonn 1990

Wirtschaftskriminalität 2007, Price Waterhouse Coopers, Wirtschaftskriminalität 2007, Frankfurt am Main und Halle an der Saale, im Oktober 2007

http://www.bundeskriminalamt.de

http://www.pwc.de/fileserver/RepositoryItem/studie_wikri_2007.pdf?itemId=31 69192, 18.10.2007, 15:30 Uhr)

GPSR Compliance

The European Union's (EU) General Product Safety Regulation (GPSR) is a set of rules that requires consumer products to be safe and our obligations to ensure this.

If you have any concerns about our products, you can contact us on

ProductSafety@springernature.com

In case Publisher is established outside the EU, the EU authorized representative is:

Springer Nature Customer Service Center GmbH
Europaplatz 3
69115 Heidelberg, Germany

www.ingramcontent.com/pod-product-compliance
Ingram Content Group UK Ltd.
Pitfield, Milton Keynes, MK11 3LW, UK
UKHW022130220326
11407UKWH00003B/16